U0601834

"十五"国家重点图书出版规划项目

社会工作经典译丛 **Social Work Classic Series**

主编 隋玉杰　副主编 范燕宁

小组工作导论

第八版

An Introduction
to Group Work Practice （Eighth Edition）

［美］ 罗纳德·W.特斯兰 (Ronald W. Toseland)　著
罗伯特·F.里瓦斯 (Robert F. Rivas)

刘梦 译

中国人民大学出版社

·北京·

主编简介

　　隋玉杰，中国人民大学社会工作系副教授，博士生导师。首届全国社会工作者职业水平评价专家委员会委员、中国社会工作教育协会副秘书长暨老年社会工作专业委员会主任委员、北京市社会工作者协会常务理事、国家开放大学特聘教授。担任全国多地十余家实务机构的顾问。作为专家组成员参与了民政部和前国家人口和计划生育委员会推动社会工作职业化、专业化的多项工作，包括民政部《老年社会工作服务指南》（MZ/T 064-2016）行业标准的制定工作。主要研究领域为老年人服务需求综合评估与社会支持、心理健康、临终关怀与丧亲服务、社会工作职业化与专业化。主持了多项国家社会科学基金项目、北京市社会科学基金项目，以及民政部、国务院发展研究中心、联合国教科文组织、亚洲开发银行等组织机构的十余项招标和委托课题。

副主编简介

　　范燕宁，北京大学哲学硕士（1988），香港理工大学社会工作专业硕士（MSW，2007），首都师范大学社会学与社会工作系主任、教授、博士生导师。中国社会工作联合会专家委员会委员、中国社会工作教育协会常务理事。北京市海淀睿博社会工作事务所所长、2016年度中国十大社会工作人物之一。主要教学、研究、社会服务方向为：当代社会发展理论与社会问题、社区矫正、青少年社会问题等。代表性作品有：《矫正社会工作研究》（范燕宁、席小华主编，中国人民公安大学出版社，2009）、《社会问题：事件与解决方案》（第五版）（扎斯特罗著，范燕宁等译，中国人民大学出版社，2010）、《社区矫正社会工作》（范燕宁、谢谦宇、罗玲等编著，中国人民公安大学出版社，2015）。

献给我们的父母：斯特拉和艾德，玛格和阿尔

社会工作正面临着前所未有的发展契机。

所谓契机，一是大的社会背景为社会工作的发展提供了舞台。随着改革的深入，中国在取得举世瞩目的成就的同时，如一些社会学家所言，也出现了"发展困境"的苗头或"类发展困境"的现象。新千年，政府在工作报告和政策文件中明确提出要关心弱势群体、加强就业和社会保障工作。与社会工作传统的工作对象，如贫困者、残疾人、妇女、儿童、老年人相关的一系列政策法规纷纷出台。这些都为开展社会工作提供了良好的政策环境。

二是社会工作专业本身已经步入组织化、规范化的轨道。中国社会工作联合会、中国社会工作教育协会等组织开始发挥行业指导和自律的作用。此外，经过多年的酝酿，2004年劳动和社会保障部办公厅制定的《社会工作者国家职业标准》在上海出台，明确了社会工作者的专业人员地位，一改多年来社会工作人员师出无名的状况，同时也为社会工作者在专业上不断发展提供了方向和路径。社会工作职业化、专业化有了突破性进展，在政府认可上迈出了坚实的一步。

进入新千年后，许多迹象表明，社会工作正在朝着进入新的发展时期的方向迈进。

然而，社会的需要和认可也给社会工作带来了挑战。社会工作是否已经拥有了完备的知识储备，成了一个羽翼丰满的专业，能发挥社会所期待的作用呢？

在今天，对中国的许多社会工作者来说，社会工作发展伊始弗莱克希纳提出的问题"社会工作是一个专业吗？"仍是个具有挑战性的问题。弗莱克希纳之所以断言社会工作不具备一个专业的资格，是因为他认为社会工作不是建立在科学知识的基础上的。按照格林伍德提出的著名观点，成为一个专业应该具备五个特性：拥有自己的理论体系、具有权威性、得到社会的认可、有专门的伦理守则以及专业文化。其中排在第一位的就是专业知识的建构。

应当说，自1986年国家教育委员会同意北京大学、中国人民大学、吉林大学等高校设置社会工作与管理专业以来，中国社会工作理论与实务知识的建构已经有了可喜的收获。然而，在总体上，社会工作的专门知识仍然十分匮乏，对国外的社会工作仍缺乏系统的介绍，而本土的理论仍未形成。拿知识建构的领军团体社会工作教育界来说，情况也不容乐观。中国社会工作教育协会开展的中国社会工作教育发展状况调查的结果表明，以在学术期刊上公开发表论文的数量、出版专著数、编写教材数、承担课题数等数据来衡量，社会工作教育院校教师的科研情况总体上水平不高。在这一形势下，社会工作教育却在经过十几年的缓慢发展后，在世纪之交进入了高速扩张期。据中国社会工作教育协会统计的数据，截至2000年，协会的团体会员只有32个，到2003年12月已经达到148个。近80％的会员是在2000年之后的三年新加入的。于是有了这样的景象，一方面是知识提供和传输上的不足，另一方面是跨入社会工作之门的莘莘学子嗷嗷待哺。这便有了策划和出版社会工作经典译著的最初动因。我们希望通过这一系列书籍能够较为全面地介绍在西方已有上百年历史的社会工作专业的核心知识，为建立中国自己的社会工作知识体系做参考。

在整体结构上，"社会工作经典译丛"由三类书籍构成，即社会工作的基础理论、社会工作的基本方法和社会工作的价值观。这也是基于对社会工作知识体系构成的基本共识。具体来讲策划这套书主要有以下几点考量：

其一，完整性。整个译丛力图完整地呈现社会工作作为一个学科的全貌。译丛精选了社会工作理论、人类行为与社会环境、社会政策、个案工作、小组工作、社区工作、社会工作督导、社会工作研究和社会工作伦理等方面的书籍，全面涵盖了社会工作专业知识的三大组成部分，即基础理论、工作方法和价值观。考虑到价值观方面的教学一直是专业教育中非常重要的一部分，也是专业教育中的难点，所以本套丛书特别精选了再版7次的专门用来帮助学生认识伦理问题和困境，并适当加以处理的有关社会工作伦理的专著。其中涉及的保密原则和隐私权问题、当事人的知情权和自决权问题、临终关怀问题、艾滋病问题等在中国的社会工作实践中已经出现，由于处理不当而引发的争端和法律诉讼也曾见诸报端。这方面的论述相信不仅对于社会工作学生，对于社会工作从业人员也不无借鉴作用。

其二，经典性。所选书籍都是广受好评的教材或论著，对社会工作的知识有精到的描述和评说。作者都是各自领域的专家和知名学者，有着丰厚的积累，在书中详细展现了与所述主题相关的专业知识，特别是融合了许多最新研究成果和实务动态，对读者来说极具参考价值。这些书在许多国家都被社会工作教育者采用。几乎每本书都再版过多次。经过了使用者的检验和编写者的不断完善，这些书非常适合做社会工作专业教学的配套教材使用。

其三，适切性。为了能更好地配合教育部高等教育司组织制定的对社会工作专业主干课程教学的基本要求，译丛所选择的书籍基本都是社会工作专业主干课程的教材或论著。各书的框架也多与国内教学所要求的主体结构相契合，更能配合教学用途。

其四，实用性。一方面，所选书籍在内容的编排上注重方便读者使用。受以实证为本的工作方法的影响，大部分书籍穿插了与所涉及内容相关的研究结果和案例讲解，将理论与实践相结合。在语言上也大多深入浅出，贴近读者，减少了他们在消化吸收知识上的障碍。另一方面，书籍所涉及的内容也多是国内社会工作界涉足和关心的领域。如通才社会工作实务模式，操作层面的社会工作方法，社会政策的研究、分析与应用，身为社会工作教育和高层次管理人员开展督导的方法，等等。书中推荐的一些专业网站更可以帮助读者找寻更多的资源，丰富对书中相关内容的理解和把握。

其五，时代性。丛书中的每本书都是近两年来的最新版本，书中的内容涉及社会工作实务领域的一些最新发展，整套书如同一个多棱镜折射出社会工作学科的发展现状。大到社会福利体制管理上的变革，小至一些新的工作方法的使用，都有鲜明的时代特点。比如其中谈到的管理型卫生保健制度，个案管理，基因技术对社会工作的影响，网络技术对社会工作的影响，以实证为本的实践，私人执业，充实生活性质的社会工作，等等。一些实验性的工作方案在书中也有所介绍。这些无疑会拓展读者的视野。

2003 年的一场"非典"像是对整个社会运行机制的一次检测，留下了许多宏观层面的问题，有待社会工作者去思考和解决。比如，社会危机处理机制、弱势群体保障机制、社会捐赠机制、基层社区的疾病预防和康复机制、志愿者的动员与使用机制等。而 2004 年的马加爵杀人案则给开展微观层面的社会工作提出了许多问题。比如，如何更有效地建立个人的社会支持系统、如何筛查处于危机边缘的人、如何提供更有效的危机防范与干预方法等。

德国著名哲学家恩斯特·卡西尔在《人论》中说："当领悟了一门外语的'神韵'时，我们总会有这样的感觉：似乎进入了一个新的世界，一个有着它自己的理智结构的世界。这就像在异国进行一次有重大发现的远航，其中最大的收获就是学会了以一种新的眼光来看待我们自己的母语。"歌德也说过："谁不懂得外国语，谁也就不了解本国语。"我们希望"社会工作经典译丛"的面世能起到这样的作用，让读者能有一次异国社会工作之旅，看到社会工作在专业发展比较成熟的国度里的情况。虽然译丛中谈到的都是国外社会工作的状况以及他们的问题与处理方法，但对我们反观自身、处理中国的问题应当说不无启示。

译丛的策划得到了中国人民大学出版社潘宇博士，首都师范大学教授、博士生导师范燕宁和中华女子学院教授刘梦的鼎力相助。在甄选书籍的过程中，笔者同她们进行了反复的讨论，最后确定的书目是笔者与她们共同斟酌的结果。丛书的译者队伍也都是各高校的教师，有较丰富的社会工作专业积累，为翻译质量提供了保证。在此对上述参与本丛书策划和翻译等工作的人员一并表示衷心感谢。

虽然参与本丛书的人都倾尽了心力，但仍难免挂一漏万，希望广大读者对不当之处能给予指正。

隋玉杰

2004 年 10 月 14 日

世界各地的社会工作学院的专业人士、教育工作者，都在本科生和研究生的课程中广泛地使用本教材，对此，我们深表荣幸。

长期以来，我们一直致力于从通才的角度来呈现一个连贯的、结构严密的小组工作实践，因此，本书第八版中保留了在微观、中观和宏观层面上用治疗小组和任务小组的分类方法来说明小组工作的实践过程。我们的研究和实务主要集中在治疗小组上，因此，第八版中，我们还是会更多地关注不同类型的治疗小组的实务内容。

第八版的创新之处

● 对虚拟小组的研究。近年来，我们针对远程小组（电话协助的小组和电脑协助的小组）开展了一些研究，本版的第六章中包含了与开展远程小组有关的内容。

● 本版中增加了很多个案内容，展示了很多不同类型的小组实务。我们采纳了使用本教材的学生、匿名评审专家、教师还有跟我们取得过联系的读者的建议，他们都特别提到了增加循证实务案例的重要性。

● 更新并深化了治疗小组和任务小组中期实务有关章节的内容。第九章到第十二章增加了最新的、循证治疗小组和任务小组的内容。这四章的内容有增删，变化比较大，有利于对当前实务进行反思。

● 本书的第七章至第九章中加入了关于与非自愿组员和抵制的组员开展工作的最新文献内容。

● 我们发现，我们的学生面对的是那些在自己的生活和社会环境中遭遇了很多创伤性经历的个体，因此，这些人不愿意与小组工作者及其同伴们一起工作，也不相信小组工作能够帮助他们康复。因此，我们增加了一些章节内容，专门讨论如何帮助那些不愿意与小组工作者合作的组员，以及不愿意留在小组中的组员，同时，还增加了有关冲突解决的技巧，因为这些技巧在治疗小组和任务小组中都是适用的。

● 由于小组工作者在一个日益多元的社会中开展实务，因此我们彻底更新了第五章"领导和多元性"的内容。

● 本书的培生集团电子教材也已经面世。培生集团电子教材平台上有教材每节内容后面的各种小测验，可以用来检验学生对每章的知识和所需能力的掌握情况。这些测验问题与每章的学习目标是一致的，这些测验的设计也是按照美国社会工作理事会联盟的执照考试内容来设计的，这样，可以帮助学生为执照考试做好准备。

● 彻底更新了参考文献资料，增加了循证的实践资源相关的内容。

关于小组工作

在过去几年中，我们感到特别欣慰的是，我们的教材得到了在社会工作实务领域致力于改进任务小组的教育者的广泛运用。小组工作是社会工作实务中容易被人忽视的一个领域，任务小组就更加得不到人们的重视。很多社会工作者要花很多时间来参加各种类型的会议，很多社会工作者还需要在这些不同类型的小组会议中承担领导者的角色。将小组工作有效地运用到宏观社会工作实务中是非常重要的，因此，我们在本书中会继续强调社区小组实务。第八版的重点主要放在下面三个实务领域中：（1）个体组员；（2）小组整体；（3）小组运作的环境。我们将继续强调后面两个领域的重要性，因为根据我们督导小组工作者和学生的经验，以及主持各种专业人士工作坊的经验，我们发现，小组整体的动力关系以及小组运作的环境常常没有在小组工作实务中得到应有的重视。

培养核心能力系列丛书

本教材是培生集团"培养核心能力系列丛书"的一个组成部分，这一系列丛书包括各种基础级的教材，帮助学生学习社会工作教育委员会2015年确定的九大核心能力。本教材包括：

● 每章的学习目标和本章概要把社会工作教育委员会的核心能力与相关章节的内容紧密联系在一起。批判性思考问题是用来帮助学生更好地掌握社会工作教育委员会的标准。

● 为了便于参考，在本教材的开头，我们提供了一个矩阵表，将教材各章节的内容与社会工作教育委员会提出的核心能力和行为能力进行对比。[①]

教师补充资料

以下补充资料可以从 pearsonhighered.com 网站下载。

教师资源手册和考试题库。教师资源手册中有一个示范教学大纲，其中包括章节摘要、学习目标、章节提纲、教学方法、讨论问题、多项选择题和论文评估项目（不同于培生集团电子教材中的内容），以及其他支持性资源。

致谢

本教材所表达的观点是在多年的学习、实务和研究中形成的。与伯纳德·希尔（Bernard Hill）、阿兰·克莱因（Alan Klein）、谢尔登·罗斯（Sheldon Rose）和马克斯·史坡林（Max Siporin）多年的合作和交往，对我们产生了重要的影响。他们对我们思想发展的贡献在书中随处可见。本教材中反映出的思想观点还受到了阿尔伯特·艾丽西（Al-

---

① 出于实用性及本书整体架构的考虑，此矩阵表从略。——译者注

bert Alissi)、马丁·伯恩鲍姆（Martin Birnbaum）、里奥纳德·布朗（Leonard Brown）、查尔斯·加文（Charles Garvin）、阿里克斯·吉特曼（Alex Gitterman）、波顿·甘姆尔（Burton Gummer）、玛格丽特·哈特福特（Margaret Hartford）、小格拉夫顿·赫尔（Grafton Hull，Jr.）、诺尔玛·朗（Norma Lang）、凯瑟琳·帕佩尔（Catherine Papell）、威廉·里德（William Reid）、比乌拉·罗斯曼（Beulah Rothman）、贾罗尔德·夏皮罗（Jarrold Shapiro）、劳伦斯·舒尔曼（Laurence Shulman）以及彼得·沃恩（Peter Vaughan）的影响。我们要感谢本书第七版的评审们，他们就如何改进第八版提出了很好的建议。他们是：东康涅狄格州立大学的汤姆·博若夫曼（Tom Broffman），南卡罗来纳大学的丹尼尔·B. 弗里德曼（Daniel B. Freedman），新墨西哥州立大学的金·诺克斯（Kim Knox），西肯塔基大学的盖尔·马林格（Gayle Marllinger），以及小石城的阿肯色大学的小约翰·沃尔特·米勒（John Walter Miller，Jr.）。我们还要感谢近年来与我们密切合作的实务工作者和学生们，他们与我们一起回顾实务经验，讨论和分析小组聚会的录像，为所研究的小组的实务工作者提供咨询和督导，所有这些都帮助我们进一步明确和完善了本书中的思想和观点。

我们还要感谢给我们提供了很多物质支持和鼓励的我们执教的学校——纽约州立大学阿尔巴尼分校社会福利学院和锡耶纳学院的管理层，他们在我们完成本书的写作过程中发挥了重要的协助作用。最重要的一点，我们要感谢我们各自的夫人：谢乐儿·霍兰德（Shery Holland）和唐娜·埃林汉姆·里瓦斯（Donna Allingham Rivas）。她们个人的专业见解极大地丰富了本书的内容。如果没有她们持续的支持和鼓励，我们是无法完成本书的撰写工作的。还要特别感谢丽贝卡（Rebecca）、史黛丝（Stacey）和希瑟（Heather），他们牺牲了与爸爸一起玩耍的时间，从而使我们可以集中精力让本书内容不断更新，与当今的实务环境紧密联系起来。

罗纳德·W. 特斯兰
罗伯特·F. 里瓦斯

目　录

第一章

引言

学习目标

- 以通才的视角描述小组工作的实务方法
- 解释价值观和伦理在小组实务中的运用
- 明确小组工作的定义及其实务应用
- 分析任务小组和治疗小组之间的差异
- 列举小组工作在助人及完成任务方面的优缺点
- 描述治疗小组的类型和功能
- 描述任务小组的类型和功能

本章概要

本书的重点是讨论专业社会工作者从事的小组工作实务。小组工作指的是社会工作者在专业价值观和专业社会工作实务伦理准则的指导下，有目的地运用干预策略和小组过程，帮助个人、小组和社区实现其目标的工作。如果有人希望成为一名合格的社会工作实务者，那么，就有必要认识到小组对人们生活所起的作用。如果不能作为小组的一名成员或领导者，那么他/她是不可能成为社会的一员的。而且不直接参与互动，也不可能受到他人的影响。随着人们逐渐可以选择与他人面对面见面或是虚拟地进行网上见面，互联网群体变得越来越常见。虽然人们可以选择以一种孤立的方式生活，或是与他人以面对面互动或虚拟互动的方式交流，但我们的社会认定这些生活方式既不可取也不健康。

小组为建构社区和社会提供了机构基础。小组是工作场所的正式和非正式的基本构成形式，还为个人与重要他人建立关系提供了一种手段。在家庭小组、同辈小组和课堂小组中，个体组员的小组参与活动可以使他们学习社会接纳的行为准则，建立社会认可的社会关系，确定个人奋斗目标，并且，个体组员可以通过参与联系更紧密的社会系统来得到各种各样的益处。在社交场合，教会、娱乐中心和其他工作场合中的参与经验，对于人和社会的发展和维持是至关重要的。帕特南（Putnam, 2000）的研究指出，人们在俱乐部和其他民间组织中的参与度在不断减少，而且当代社会也不再重视社会资本的价值。同时，以网站为基础的社交网络和自助小组网站继续发展壮大，这种发展成为一种势不可挡的趋势，而它们的用户也因此可以与越来越多的其他组员建立联系。本书的一个宗旨是强调小组是建设一个紧密联系的、充满活力的社会的非常重要的组成部分。

一、本书的结构

小组工作是在小组生命周期过程中，由小组工作者主持开展的一系列活动。我们认为，把这些活动分为六个发展阶段对概念性地理解这些活动很有帮助。

- 策划期
- 初始期
- 形成性评估期
- 中期
- 结束期
- 评估期

在小组发展的每个阶段，小组都会呈现出不同的特质和过程。小组工作者的任务就是在小组的各个发展阶段参与小组活动，以促进小组及其成员的成长和发展。本书分为五个部分，第一部分着重介绍小组实务工作的知识系统，余下四个部分依次讨论小组工作实务的这六个发展阶段。在第六章到第十四章的末尾，我们会用案例展示小组的每个发展阶段。

二、小组工作实务的焦点

社会工作者运用小组工作技术来满足个体组员、小组整体和社区的需求。在本书中，小组工作涉及以下内容：

- 包括治疗小组和任务小组在内的广泛的实务活动。
- 根据社会工作教育委员会的《教育政策和认证标准》（2015）制定的一系列以核心能力为基础的通才实务。
- 注重个体组员、小组整体以及小组环境。
- 在实务中处理某些特殊的困难和难题时所需的批判性思维和循证实务。
- 从通才社会工作实务到广泛的领导力和团队建设情境中的基础知识和对技巧的应用。
- 全面评估特殊小组成员和小组的需要的过程中对专业知识和技巧的应用。
- 明确领导力的互动性和情境性特点。

本书是以通才视角为基础的。为了实现社会工作的专业使命和目标，通才实务工作者需要掌握社会工作教育委员会的《教育政策和认证标准》（2015）所规定的核心能力，这样他们才能有效地为个人、家庭、小组、组织和社区服务。本书强调通才实务工作者掌握这些核心能力的重要性。

> **干预**
>
> **行为**：严格选择并实施干预，以达到实务工作目标并提高案主和社区的能力。
>
> **批判性思考问题**：通才社会工作实务涉及多个系统。小组工作与通才社会工作实务有何关系？

本书希望能够帮助通才实务工作者理解如何运用小组工作方法帮助个人、家庭、小组、组织和社区更有效地发挥其功能。大多数小组工作的教科书都强调了小组在临床实践中的运用，侧重于研究治疗小组或支持性小组，却很少关注社会化小组、娱乐性小组或教育小组。另外，委员会性小组、机构性小组和其他任务小组也很少被谈及。其实，在这样的小组中，社会工作实务者正是以小组成员和领导者的身份参与小组活动的。尽管社会工作专业特别强调了个人与其所处环境之间的衔接互动，但是大多数小组工作教科书很少提及社会行动小组、社会联盟小组和其他形式的社区小组。本书会以通才实务的视角，探讨与个人、组织和社区有关的各种性质的小组。

本书还以一种批判性思维和循证的实务方法为基础。本书的观点是尽可能以研究文献积累的实证为基础提出的。尽管在定量研究中实证很重要，但是小组工作案例研究中的定性实证也是本书提到的循证的一部分。批判性思维和实务经验在人们缺乏坚实的经验性依据的时候显得尤其重要。

麦高恩（Macgowan，2008）的研究指出，小组工作者在运用循证实务原则时要结合批判性思维的技巧，比如质疑那些想当然的假设。小组工作者们要评估和检测这些证据来源的严谨性、影响和适用性。麦高恩（Macgowan，2008）的研究提出了一个四步法：（1）提出问题；（2）检索证据；（3）批判性地审核这些证据；（4）运用和评估这些证据。尽管在小组工作的实务进程中，小组工作者不可能严格地遵循这个步骤，但是在策划小组和每个小组活动时，可以采纳这个建议。小组工作者也可以在自己的专业领域中使用循证干预计划。例如，莱克罗伊（LeCroy，2008）编辑出版了一本针对儿童和青少年的循证治疗手册。还有很多针对其他群体的类似的出版物。实务的艺术这一部分内容是使用批判性思维技巧、实证、实务技巧和类似情境中得出的经验，帮助小组成员和受小组工作影响的他人实现利益最大化。

在个人为主的小组工作实务、以小组整体为主的小组工作实务，以及以小组环境为主的小组工作实务等方面，出现了一些非常杰出的小组工作者，例如吉特曼和舒尔曼（Gitterman & Shulman，2005）以小组整体为实务干预对象，而较少关注以个人为主的小组工作。而其他小组工作者则关注小组成员的个人改变，而非动态的小组整体（Boyd-Franklin, Cleek, Wofsy, & Mundy，2013；Rose，2004；Walsh，2010）。这两个视角各有千秋。在主持任何一种小组时，无论使用哪种方法，小组工作者都应该既注重个体组员，也关注小组整体和小组所处的环境。以个体组员为案主的小组工作者帮助个体组员实现他们的目标。以小组整体为案主的小组工作者帮助小组实现最优功能，确保小组实现其预期目标。小组工作者会在干预前评估小组所处的环境，然后决定是帮助小组适应这个环境，还是改变这个环境。在干预阶段，要同时侧重关注小组活动过程和小组与环境的互动程度，这一点尤其重要。这种双重的干预焦点被称为半对半原则（Chen & Rybak，2004）。

小组的目标有助于大家明确小组在每个阶段的重点是什么。例如，在为刚刚分居人士开办的支持性小组中，小组工作者的工作重点可能是挖掘和发展所有组员间的互助。而个体组员可能也需要小组工作者帮助他们制订计划以解决特殊的个人问题。与之相关，在刚刚分居人士的小组中，小组工作者的工作重点可能不仅仅是帮助个体组员制订计划以处理他们面临的问题，还要注重强调和提升小组的凝聚力、互助力和其他有益的小组动力。小组工作者可能要关注那些处于小组之外却会对小组成员产生影响的因素。这符合人在情境中的视角，这一视角对通才小组工作实务非常重要。例如，对刚刚分居人士的支持性小组所处环境的功能进行进一步研究，可能会发现有必要开发新的社区服务以回应组员的需要，比如为单亲爸爸提供支持。这也可能会导致人们需要成立一个社会行动小组来处理这个问题。本书将在后面章节详尽地讨论这三个重要的实务领域，即个体组员、小组整体和小组环境。

小组工作实务的另一个方面是，小组工作者要吸收通才实务中的知识和技巧，并将它们应用到更广泛的小组工作中。通才视角强调社会工作者在自己的专业生涯中要扮演很多角色，认为扮演不同的角色需要不同的基础知识系统和技巧。例如，为有效地开展个人、家庭、小组和社区工作，具备深入的人类发展的基础知识系统和共情式的回应技巧就非常重要。本书系统地介绍了基础知识和技巧，但是在与面对着各种问题的儿童、青少年、成年人和老人群体开展工作时，也必须掌握相对应的专业知识和技巧。因此，本书也同时介绍了针对这些群体和他们的问题的实务工作所需要的专业知识和技巧。与小组实务工作中的循证视角一致，本书介绍的专业知识和技巧也是以通过已有的研究文献得出的实证结果为基础，或是在只有很少的或根本没有实证证据的情况下以批判性思维和实践经验为基础的。

经验丰富的小组工作者总是尝试使用不同的小组工作方法，以不断更新知识和技巧。不同的工作方法，比如人本主义的方法、行为主义方法和赋权方法，在某一特定情境中通常是可以互相整合在一起，以满足小组成员的多层面的需求和偏好的。通才视角的一个重要宗旨就是，社会工作实务应该建立在对每个处于其独特和复杂的情境中的小组成员的需求的全面评估的基础之上。使用综合的实务方法往往比使用单一的实务方法更受小组工作者的欢迎。使用某一方法对有着某一特殊需求的某一小组可能非常有效，但这一方法在有着另一需求的小组中可能就不再奏效。在决定什么是最好的工作方法的时候，小组工作者通常会应用批判性思维。固守一种工作方法会使小组工作者无法接受其他有效的方法，这也会导致小组工作者在制订工作计划前做出错误的评估。小组工作者可能会错误地将从某个情境中得出的数据套用到另外一个情境中，而不是选择最适应这个情境的实务方法。因此，当小组工作者熟练掌握了多种小组工作方法，而且能够根据特定的小组工作需求区别性、批判性地应用专业知识和技巧时，他们的工作将是最有效的。

本书采用的通才视角还认为，小组工作的助人实务过程具有互动性的特征。小组工作的初学者通常会采用一种静态的和既定的小组工作方法，因为这种方法比较简单，但它往往不能满足小组工作面临的具有复杂性和多元性特点的现实社会。第四章提到的领导力模式就展示了小组工作者在决定如何开展小组工作时应该考虑的一些因素。

三、小组工作实务的价值观和伦理

（一）实务价值观

小组工作实务深受系统的个人价值观和专业价值观的影响。这些价值观会影响小组工作者的干预风格和他们开展小组工作的技巧。它们还会影响小组成员如何回应小组工作者的工作。虽然社会工作教育委员会的《教育政策和认证标准》（2015）强调了价值观和伦理的重要性，但斯特罗齐尔（Strozier，1997）在研究中发现，小组工作课程大纲仍然很少提到小组工作实务中的价值观和伦理的重要性。

价值观是一套工作信念，它是描述人们应该如何行动的框架。价值观代表的是一个值得追求的目标（Rokeach，1968）。价值中立的小组工作实务是不存在的，所有的小组工作者都是根据自己对人类本性、组员的角色和小组领导的角色的特定假设和价值界定来开展实务的。价值观影响了人们选择以什么方式来实现小组和个人的目标。即使是一位完全包容的、从不强加自己意志的小组领导者，他/她的立场也反映了某种价值观。

小组工作者在小组中的干预活动往往受到情境化的价值观、组员价值观系统和工作者个人的价值观系统的影响。莱文（Levine，2012）界定了美国社会中的一些主流价值观。

美国价值观

- 犹太–基督教的价值观，强调人的尊严和价值，以及对邻里的责任。
- 民主价值观，强调平等和参与，包括男性和女性的生活、自由和追求幸福的权利。
- 清教徒的伦理观，强调男性和女性对自己的责任，以及工作在其日常生活中的核心地位。
- 社会达尔文主义，强调社会的长期演化进程中适者生存的原则。

小组所处的情境影响着它所表现出来的价值观。情境化的价值观包括小组的资助机构及资助者、社区、认证机构、监管机构、社会工作专业以及社会的价值观。所有这些机构和专业的价值观都会对小组价值观造成直接或间接的影响。

在小组工作开始前，小组工作者首先要熟悉机构的正式和非正式的价值观。这些价值观都隐含在机构使命声明、机构工作目标、机构方针政策、机构工作程序和机构工作实务中。治疗小组是提供治疗服务的最佳方法吗？任务小组中，组员都参与决策的制定了吗？或者，大部分的决策是由机构的行政管理人员做出的，没有采纳组员们的建议？了解某一机构中与小组工作有关的机构政策、程序和实务操作，可以帮助小组工作者处理可能遇到的抵制，从而更好地评估和使用机构内的支持性资源。小组所处的社区也会影响小组的运作。例如，不同的社区有不同的社区标准、传统习惯，这是因为它们是由不同种族和不同社会经济背景的成员构成的。在策划小组工作时，小组工作者需要考虑社区的这些因素会以哪种方式对小组及其组员造成影响。

小组工作者和小组还会受到专业价值观的影响。这些价值观包括：尊重个人的价值和尊严，尊重人的自治和自主，引导个人参与助人过程，保持非批判的态度，保证个人平等地获得社会服务和社会福利供给，保障个人和社会之间的相互依存关系。

除了拥有所有专业社会工作者都应具备的价值观外，小组工作者还需具备适用于基本的小组工作实务的一套特殊的价值观。吉塞拉·克那普卡（Gisela Konapka，1983）曾经阐述过小组工作的几个关键价值观。她认为，所有小组工作者都应该遵守以下价值观，这些价值观在小组工作实务中具有重要意义。

小组工作价值观

● 不同肤色、种族、年龄、国籍和社会阶层的组员的参与和他们之间积极的人际关系。

● 体现在参与式民主原则中的合作和共同决策的价值。

● 重视小组中的个人创造性。

● 小组中个人参与自由的重要性，包括对关系到个人或小组整体的事务的自由表达和感受，并且拥有参与小组决策过程的权利。

● 小组中高度个性化的价值，确保小组中每个组员的独特需求得到满足。

这些价值观也适用于其他社会工作实务。但在小组工作中，它们具有特别重要的意义。除了以上五个核心价值观外，我们发现，在各种各样的治疗小组和任务小组工作实务中，还有另外四个关键价值观。

四个关键价值观

● *尊重和尊严*——无论社会上的人怎样贬低或诋毁小组成员，我们都要尊重这些组员的价值和尊严。包括尊重和欣赏组员对小组的贡献，遵守美国社会工作者协会伦理守则等。

● *团结和互助*——我们坚信，组员间的良好关系发挥出的力量和组员做出的承诺可以帮助组员成长，帮助他们愈合创伤，满足他们与他人交往及互动的需求，提升团结意识和集体意识。

● *赋权*——我们认为，小组的力量能够帮助组员建立自信，使他们通过发挥自己的能力实现自助，也为自己的生活带来改变。

● *来自不同背景的人们之间的相互理解、尊重和友谊*——我们重视小组的力量，它有能力帮助组员与来自不同背景的人建立关系。组员间的相互尊重和欣赏会随着小组的成长及组员间关系的加深不断强化。因此，小组社会工作的一个优势就是，它有助于减少不同背景的人之间的冷漠、误解和偏见。

除了以上这些核心价值观之外，小组工作者和组员也会把他们自己独特的个人价值观带入小组中。小组工作者的任务之一是帮助组员厘清他们自己的价值观，明确和解决存在于小组领导者和组员之间、组员和组员之间、组员和他们所处的社会环境之间的价值冲突。对于如何解决这些冲突，我们将在第四章和第十一章进一步讨论。

小组工作者还要特别关注文化多元性对小组中重要行为的影响。例如，在美国本土文化里，尽管合作是一种重要的价值观，但是如果在别人未主动提出要求的情况下单方面提供自己的建议、帮助或观点，则会被视为不礼貌（McWhirter & Robbins，2014；Ratts & Pedersen，2014）。此外，小组工作者需谨记，不要对组员有刻板印象，不要假设来自某种社会背景的组员就一定具有与这种背景相关的某种特殊的价值观（Sue & Sue，2013）。小组工作者个人的价值观系统也会对他们如何开展实务工作产生影响。如果小组工作者不愿意讨论某些附有价值观的话题，或者希望把自己的价值观强加给小组，他们的工作效果就会大打折扣。同样，如果小组工作者没有意识到他们自己的价值观所产生的影响，他们就可能会与持有不同价值观的组员产生冲突。

如果小组工作者没有意识到自己的价值观所产生的影响，他们就可能在价值观模糊或者预设价值观的时候感到束手无策、无所适从。小组工作者的目标、机构的目标、社区的目标和组员的目标并不总是一致的（Rothman，2013）。当小组是由那些被法律强迫接受服务的组员，或那些行为不能被社区接受而被迫参加小组活动的组员组成的时候，这种目标不一致的情况就会发生。小组工作者越能清楚地意识到自己的价值观和开展小组工作时自己的目标和立场，就越能厘清不同的目标，并能让组员了解小组工作者的目的和意图。

在小组工作过程中，帮助小组工作者明确自己的价值观立场的最好办法之一就是接受专业督导。尽管小组工作者从来都不可能做到价值中立，但是专业督导可以帮助他们意识到他们带入小组中的个人价值观。督导过程还可以帮助小组工作者修正或改变个人价值观中与社会工作专业价值观不一致的部分，也可以帮助他们理解哪些价值观对他们的小组工作实务有益。价值观澄清练习也能帮助小组工作者区分什么是影响自己小组工作的个人价值观，什么是影响小组工作的专业价值观（Dolgoff，Harrington，& Loewenberg，2012；Rothman，2013）。

（二）实务伦理

美国社会工作者协会开发了一套伦理守则，用来指导自己会员的实务工作。这套伦理守则对社会工作专业核心价值观进行了阐述。开展小组工作的社会工作者应该熟知这套伦理守则的内容。这套守则可以直接从美国社会工作者协会索取，也可以在很多社会工作实务的教科书中找到。科里、科里和科里（Corey，Corey，& Corey，2014）指出，一套专门针对小组工作的伦理守则将是对专业协会制定的宽泛的职业伦理的重要补充和细化。尽管我们现在还没有一套这样的小组工作伦理守则，但是本书附件 A 的小组工作实务标准中包含了小组工作的核心价值观（小组社会工作促进协会，Association for the Advancement of Social Work with Groups，

> **实务中的多元性和差异性**
>
> 　　行为：把自己当成学习者，并且运用自己的专业经验吸引案主和他们所在的社区参与小组工作。
>
> 　　批判性思考问题：组员们把各自不同的沟通风格方式带入小组中来。小组领导如何支持具有不同沟通方式的小组成员间的有效沟通？

2013)。

小组工作实务价值观包括三个方面：（1）知会同意；（2）领导者的专业能力和训练；（3）恰当地组织小组会议。知会同意有以下几层含义：组员对小组的目的和目标很明确；告知组员小组筛选程序和终止的程序等信息；参与小组活动潜在的风险；每次小组活动的花费、时间和进程时间；是否自愿参与；小组聚会中对组员的期望；保证小组活动的机密性的程序手段等。对于必须向小组工作者和机构公开的信息，需有书面或口头的说明。根据不同的组员类型，信息必须公开的情况包括以下几种：（1）儿童虐待或儿童忽视；（2）伤害自己或他人；（3）从精神健康和身体健康护理者那里获取的诊断信息、案例回顾和其他回偿信息；（4）法庭、缓刑或假释；（5）家庭或法定监护人。

在遵循美国社会工作者协会伦理守则中关于保密问题的 1.07 条款时，小组工作者会面临特殊的保密问题的挑战。小组工作者应该告知组员，他们不能保证每个组员都做到保密，不把小组的机密带到小组之外（Fallon，2006；Lasky & Riva，2006）。但是，小组工作者应该明白，如果能够做到保密，小组的可信度就会提升（Reamer，2001；Whittingham & Capriotti，2009）。小组工作者可以让所有组员发誓遵守保密原则，以防止组员泄密。雷默（Reamer，2006）主张，小组工作者还要制定一个严格的政策规定，即除非有专业实务督导，否则不允许在小组外与他人讨论自己的组员。这个政策非常有利于建立小组信任，并且避免在组员中出现厚此薄彼的现象。小组工作者遇到的其他伦理困境在柏杰龙和格雷（Bergeron & Gray，2003）、基尔申鲍姆（Kirschenbaum，2013）和罗斯曼（Rothman，2013）的著作中都有详细的讨论。

在一个针对 300 名小组治疗师的问卷调查中，罗巴克、奥乔亚、布洛赫和柏登（Roback，Ochoa，Bloch，& Purdon，1992）发现，在小组活动中，尽管经常发生违反保密原则的情况，但小组工作者很少与组员讨论保密原则的局限性。

甚至在没有得到某一当事组员的许可的情况下，相关机构也可以要求小组领导者提供某些信息，例如涉及儿童虐待的案例。为了避免因为保密原则的局限而使小组领导者不能提供足够的有效信息，从而造成伦理和法律困境，罗巴克、摩尔、布洛赫和谢尔顿（Roback，Moore，Bloch，& Shelton，1996），雷默（Reamer，2006），法隆（Fallon，2006）建议组员和小组领导者共同签署一份知会同意书（见表 1.1）。

表 1.1 知会同意书

（1）小组聚会前、聚会期间和聚会之后所产生的所有口头和非口头形式的信息都是保密的。这些信息不允许对小组之外的任何人提起，包括你的爱人、家庭其他重要成员或其他亲近的人，即使你认为这些人都是可信任的，也不可以分享这些信息。实际上，这种组外分享信息的情况是绝不被允许的。

（2）如果你在小组中透露的信息表明你有虐待儿童的行为，或企图伤害自己或他人时，法律责任要求我必须报告给相关部门。此外，在我和自己的专业督导开展讨论，或针对该小组活动开展专业咨询时，我可能会在机构内部与我的同事分享小组信息。一般来讲，在这种信息分享中，组员的姓氏不会被提及，并且本机构工作人员必须严守秘密，不能将这些信息分享给他人。

（3）即使所有的组员都已经签署了保密协议，你在小组中透露的信息仍可能被其他组员拿去组外谈论。你由此有可能在情感上和经济上受到伤害。作为小组领导者，我自己和本机构可能不能够保证所有的组员都不破坏保密协议。

（4）小组其他组员可能会告诉你他们的隐私，若你把这些隐私泄露到组外，那么这些被泄密的组员有权就你的这种泄密行为提起诉讼。

（5）如果你破坏了小组的保密原则，你要向小组领导者和其他组员报告。在某些特定情境下，小组领导者可以请你离开小组。

我已经阅读并且完全理解治疗小组中关于隐私分享的以上风险信息。我已经与小组领导者讨论过这些风险责任，并且有机会针对与此相关的问题和我在小组中的参与等其他问题进行咨询。小组领导者回答了我的所有问题，对此我感到很满意。我理解我可以随时离开小组。一旦签署此同意书，我便同意接受小组领导者解释的隐私分享的风险。

组员签名 _____ 日期 _____

小组领导者签名 _____ 日期 _____

见证人签名 _____ 日期 _____

10　　　小组工作实务伦理守则涉及的第二个领域为小组工作者应接受适当的教育培训，并具有领导一个特殊小组的实务经验。小组工作者如果没有充分的、足以保证小组正常工作的教育培训经历、实务经验和督导能力，就不应该主持这个小组或在小组工作中运用某一实务程序或技巧。

在持续的工作实务中，小组工作者还有责任和义务参加持续性的专业发展活动，包括专业工作坊、研讨会，以及其他专业教育。他们还要及时关注和了解与自己目前小组内容相关的当前临床研究和实证研究的成果。

小组工作实务伦理守则的第三个领域是开展小组聚会活动的伦理原则。

伦理原则

- 按照筛选程序来筛选组员，保证小组能满足这些组员的需求。
- 小组工作者帮助组员发展、完善并实现自己的治疗目标。
- 小组工作者和组员讨论小组的程序是否需要保密，并制定保密条约，以保护隐私。
- 保护组员不受到人身威胁、恐吓，以及不接受小组工作者及其他组员强加的价值观。
- 保护组员不受其他形式的强迫和同伴的压力等干扰治疗的因素的影响。
- 平等公正地对待每个组员。
- 小组工作者不能为了自己的利益剥削组员。
- 在小组不能满足某一特殊组员的需求时，要进行必要的转介服务。
- 小组工作者要进行持续性的需求评估、工作服务评估和跟进，从而确保小组能够满足组员的需求。

违背以上伦理原则会对组员造成伤害。例如，有研究发现，无论是组员激进地对抗领导权威，还是小组工作者消极地放弃领导权威，都会对小组工作造成破坏（Forsyth，

2014；Smokowski，Rose，& Bacallao，2001）。总之，一个安全的、低冲突的小组环境会帮助治疗小组取得积极的成果（Kivlighan & Tarrant，2001）。

莱金（Lakin，1991）曾指出，即使是一个怀有良好意愿并充满激情的小组工作者也可能在不经意间违背伦理原则，而这会对组员造成伤害。他举例证明，小组的从众压力会导致组员的想法和观点被压制，只是因为这些想法和观点与小组内表现出的主流思想不一致。为了避免这种情况发生，莱金建议，所有组员都应该考虑如下问题：（1）小组工作者的价值观和组员的需求及问题在多大程度上是一致的；（2）小组工作者要认真对待组员的需求和期望，而不是考虑推进自己的工作目标；（3）要对每个组员的需求进行个性化的评估和干预，而不是把所有组员的需求视为完全一致和无差别的。

2010年，小组社会工作促进协会采用了一套改编过的小组工作实务标准。这套标准包括以下内容：（1）小组工作实务的重要知识框架和价值观；（2）小组工作每个阶段必须完成的任务；（3）完成每一阶段的任务时必须具备的知识框架。这套标准为社会工作者开展有效的、符合专业伦理的小组工作提供了指南，还帮助社会工作者尽量避免那些无意识地违背伦理原则的行为。

这套标准全文收录在本书附件A里。在小组社会工作国际协会［International Association for Social Work with Groups，IASWG（前身为小组社会工作促进协会，Association for the Advancement of Social Work with Groups，AASWG）］网站上也能找到全文。此外，美国小组工作专家协会（ASGW）和美国小组心理治疗协会（AGPA）也各自开发了具体的小组工作实务标准，对指导小组工作实务非常有帮助。

四、小组工作的定义

尽管社会工作专业和相关学科专业中有很多不同的小组工作方法，但是通才视角认为，每一种工作方法都有自己的优势，并各自适用于不同的情境。本章提出的是一个广泛的小组工作的定义，它可以帮助新入行的社会工作者理解小组工作的边界、专业化方法和在实务中的应用。小组工作可以被定义为：

> 在小型的治疗小组和任务小组中开展的、满足案主社会情感需求并完成特定任务的、以目标为导向的活动。这类活动是在一个提供服务的系统和一个更大的社区/社会环境中，围绕小组中的个体组员和小组整体开展的。

这个定义把小组工作描述为以目标为导向的活动，指的是在专业实务的背景中，由小组工作者开展的有计划和有秩序的活动。以目标为导向的活动有多重目的。例如，小组工作的目标可能包括支持或教育组员，帮助他们完成社会化和实现个人成长，或者为解决他们的问题和消除他们的顾虑进行干预活动。

小组工作者帮助小组成员不断发展他们的领导力技巧，这样组员就可以承担日后不断增长的小组发展的责任。通过增强小组内部动力，同时关注小组外部问题的方式，小组工作者也能帮助小组改变其所处的社会环境，其中包括帮助组员在能够对自己生活产生影响的机构和社区中获得更大的控制权。支持"人在情境中"的实务模式的学者们对这一观点大力推崇（Glassman & Kates, 1990；Shulman, 2016）。其他学者则提倡，在小规模的小组中要关注个人改变的技巧（Boyd-Franklin, Cleek, Wofsy, & Mundy, 2013；MacKenzie, 1990, 1996；Rose, 1998；Rose & LeCroy, 1991, Walsh, 2010）。这两个观点在设定小组目标时都具有重要的参考价值。

小组工作定义的另一个内涵是与小规模小组的组员一起开展工作。在本书中，小规模小组这个词意指组员有能力确认自己是小组成员，能够参与小组互动，并且能够通过口头、非口头的沟通方式与其他组员交流思想和感情的小组。在小规模小组中，组员可以面对面交流，也可以通过电话、视频或电脑网络的方式交流。

小组工作的定义还意指，小组工作者可以同时开展治疗小组和任务小组工作。比如，小组工作者帮助治疗小组成员解决他们的问题和实现个人目标。小组工作者需要代表以下机构、组织或小组中的当事人：（1）团队、治疗会议和其他小组；（2）职工大会和商业组织；（3）社区机构和机构间工作团队。

小组工作的定义还强调，在任何形式的小组中，小组工作者都要注意，他们的工作具有双重焦点：针对个体组员和针对小组整体的、以目标为导向的活动。这个定义同时强调，小组工作既关注个体组员，也关注小组整体的动态。小组工作定义的最后一个部分特别说明，小组并不是存在于真空里的。它存在于一个与小组有着千丝万缕联系的社区中，这个社区为小组提供资助，提供法律依托，提供小组创建的宗旨目标。即使是自助小组和私人执业小组，也会受到社区机构和社区的支持、资助或制裁等的影响。

小组和它的资助机构之间会产生相互影响。一个小组通常会受到它的资助机构的资源、机构宗旨、目标和政策的影响。同时，小组也可能是对需要改变的机构政策或工作程序的一个催化剂。

在以下案例中，机构通过限制来自某一特定地区的父母参加小组来影响小组成员的构成。同时，小组也通过为父母们提供小组聚会期间的儿童看护服务来避免对机构造成的不良影响。

案例　针对新生儿父母开展的支持性小组

一个天主教家庭服务机构决定为那些刚成为父母的人成立一个小组，然而，由于可能参加小组的新生儿父母的人数太多，机构规定只有来自它所服务的区域的某一个特定地区的新生儿父母可以参加。此外，机构发现，大量的单身父母也有兴趣参加小组活动。于是机构决定，作为回应，会在小组聚会期间提供儿童看护服务，这样就可以接触到这些单身父母，让他们也能够参加小组活动。

五、小组类型

为了理解小组工作实务的广度，我们需要了解实务环境下各种类型的小组。因为小组工作者需要主持很多不同类型的小组，所以区分小组的类型可能会对提升小组工作的效果有很大的帮助。在下面的小节里，我们将讨论不同类型的小组，我们会根据小组是自然形成的组织还是由外力形成的组织，它们是以治疗为导向还是以任务为导向等，对小组进行区分。

（一）形成性小组和自然小组

形成性小组是那些在外力的影响或干预下聚合起来的小组。它们一般都有资助机构，或属于某种附属组织，是为了某一特殊目标聚合而成的，比如治疗小组、教育小组、委员会、社会化小组。自然小组是在自然发生的事件、人际的相互吸引或小组形成前的某种共同需求的基础上自发聚合而成的。它们通常没有正式的资助机构，比如家庭成员小组、同辈小组、朋友网络、街头帮派，以及社交平台的某一行业的同行们组成的小组。

本书主要讨论的是形成性小组。像家庭这样的自然小组既不需要小组工作者进行小组策划，也不需要小组工作者进行组织。自然小组通常有较长的发展历史，而这对组员间关系有着非常特殊的意义，并且对小组工作者的干预也有着特殊要求。正因为如此，学者们已经开发出了一套独立的知识系统，用来干预像家庭这样的自然小组。

尽管形成性小组和自然小组之间存在很多差异，但是本书讨论的很多技术和技巧都适用于针对自然小组的社会工作实务。而且，我们也鼓励小组工作者们运用这些技术和技巧。其实，有的小组工作者已经这样做了。例如，小组工作者尝试将小组工作技巧应用到以家庭为单位的小组中（Bell，1981），应用到街头帮派中（Berlastsky，2015；Howell & Griffiths，2016），应用到强化被社会隔离人群的社交网络的工作中（Maguire，1991）。小组工作技巧也可以应用到以电话和电脑为媒介的小组中，对于此种情形，我们会在第六章具体讨论。

（二）目标和小组工作

我们还可以根据形成性小组各自的目标对其进行进一步分类。目标这个词可以被定义为小组的一般目标。当然，我们也不能过分强调小组工作中目标的重要性。威尔逊（Wilson，1976）认为，"小组工作的实务框架的性质特点是由小组的目标决定的"（p. 41）。小组目标明确了把组员们聚合在一起的理由。正如克莱因（Klein，1972）所指出的那样，"目标决定了小组的构成"（pp. 31-32），而且它能帮助小组选择以目标为导向的活动，并界定小组服务的广义的可测量的框架。

在本书中，治疗小组这一术语用来指代这样一类小组：其主要目标是满足组员的社会经济需求。治疗小组的目标包括满足组员对互助、支持、教育、治疗、成长和社会化的需求。

与此相对应，任务小组这个术语指代的是另一类小组。在这类小组中，首要目的是完成一个目标，而这个目标与组员的需求既没有本质上的联系，也没有即时性的关联。尽管任务小组工作最终可能会影响到组员，但它的主要目标是影响一个广泛的目标人群，而不仅仅是这个小组中的个体组员。

（三）治疗小组和任务小组

在区分小组是治疗小组还是任务小组时，重要的一点是考察和了解两类小组的区别。表 1.2 列举了在某些指定特征方面这两类小组的主要区别：

14

表 1.2　治疗小组和任务小组的对比

指定特征	小组的类型	
	治疗小组	任务小组
联结	组员的个人需求	要完成的任务
角色	通过互动来发展角色	通过互动或通过指定的任务来发展角色
沟通模式	建立在组员需求之上，公开的、有来有往的互动	关注要完成的任务
程序	根据小组需求，采用灵活或正式的程序	有正式的小组活动日程和小组规则
构成	根据组员共同的顾虑、问题和能力	根据小组需要的资源、专长或劳动分工
自我袒露	期待较高程度的自我袒露	期待较低程度的自我袒露
保密	通常在私密的情境中开展活动，并且信息被保留在小组内部	在私密的情境中开展活动，但有时也向大众公开相关信息
评估	成功与否取决于组员的治疗目标是否得到了实现	成功与否取决于组员是否完成了某个目标、要务或产出了某种产品

- 小组内表现出的组员间联结是建立在把组员聚合在一起的目标之上的。治疗小组的组员是通过他们共同的需求和所处的情境而走到一起的，而任务小组的组员通过一起努力完成某项任务、执行某个要务，或制作某个产品来建立彼此之间的关系。在这两类小组中，共同的文化、性别、种族或伦理特点也会有助于建立组员之间的关系。

- 在治疗小组中，小组形成之前，组员角色并没有被设定好，组员角色是通过组员间的互动来确定和发展出来的。在任务小组中，组员可以通过互动形塑自己的角色，但他们的角色更多地取决于他们在机构中担任的职务。而且，组员的角色通常是根据所要完成的任务指定的。被指定的角色可能会包括主席、团队领导、秘书和干事。

- 治疗小组的沟通模式是公开的，组员之间的互动通常会受到鼓励。而任务小组的组员更大程度上是直接和小组领导者沟通，并且他们的沟通主要关注要完成的任务。在一些任务小组中，组员在某一特殊活动上的沟通时间可能会受到小组工作者的限制。而在另外一些任务小组中，组员可能会限制自己的沟通内容、模式和时间，因为他们认为自己无法很好地被小组接纳。

- 治疗小组通常有灵活的聚会程序，包括热身阶段、处理组员问题的阶段，以及总结小组工作阶段。任务小组大多具有正式的规则，用于指导组员如何完成小组工作和做出小组决议，比如议程。

- 治疗小组的组员通常都有类似的顾虑、问题和能力。而任务小组的组员通常都拥有完成小组任务的资源和专长。

- 治疗小组期望组员能够袒露自己的顾虑和问题。因此，组员的自我袒露过程可能会伴有情绪激动，并涉及个人隐私。而任务小组中，组员的自我袒露并不常见。小组期望组员们控制自己不要分享个人隐私，而集中于讨论如何完成小组任务。

- 治疗小组的聚会通常是保密的。一些任务小组的聚会是保密的，例如关于干预治疗的会议和研讨，但其他类型的任务小组的聚会通常都会有会议记录，且记录会在相关人群和机构中公开传阅，例如委员会或代表理事会。

- 评估治疗小组和任务小组能否成功的标准也存在差异。治疗小组成功的标准是能够帮助组员实现他们的治疗目标，而任务小组成功的标准是完成了小组任务，例如找到了解决问题的方法，达成决策，或者取得了具体的成果，例如一份报告、一系列的规则，或针对某个社区问题提出了一系列的建议。

案例 治疗小组和任务小组

在一个小组中，小组工作者面对的是一群刚成为父母的成年人。这个育儿小组的目标是为组员提供一个讨论如何适应父母角色的平台。在另一个小组中，小组工作者把来自不同社会机构和学区的代表聚集起来，共同探讨日托资源相关的问题，并为政府提供建议，以促进政府为有孩子的低收入家庭提供日托资源。在这个小组里，小组工作者的目的是把社区代表聚集在一起，探讨日托资源相关问题并提出政策建议。

在这个案例中，育儿小组就被认定为一个治疗小组，因为它是为满足组员的个人需求而形成的，组员是依靠小组共同目标、组员们共同的需求和问题彼此联结在一起的。可以预期，组员间的友谊会得以发展，他们在适应父母角色的过程中也会互相帮助。而且小组还预期，因为组员们处于类似的情境中，面对相似的问题，所以他们的情感发泄和自我袒露的程度会很高。也正因为组员们会自我袒露个人隐私，所以，小组的活动程序和记录是保密的。组员角色的发展，取决于组员在完成小组目标的过程中如何互相帮助，以及如何满足彼此的需求。

因为适应父母角色是一个发展性的现象，它涉及不断的探索和改变，所以，小组的程序很灵活，这样组员可以分享自己所面对的任何迫切的问题和顾虑。育儿小组的组员都有类似的问题和需求。沟通模式也聚焦在组员的需求上，比如适应父母身份，成为优秀的父母。小组活动包括父母教育、问题解决、育儿问题讨论等。组员在讨论问题时，自我袒露程度很高，伴随着挣扎且激动的情绪。小组要求组员对这些讨论严格保密。小组的成果取决于组员是否对自己的小组参与感到满意和评估个人目标是否得到了实现。

在日托服务的小组工作案例中，工作重点以任务为导向，小组目标与组员个人需求无关。组员是通过他们在推进日托服务方面的共同需求而聚合在一起的。小组工作者根据组员的特长和偏好分派组员的角色。例如，指派某些组员成立分委员会，负责收集数据。沟通模式也集中在小组任务，而不是组员个人需求上。组员间的沟通和互动是建立在讨论如何为低收入家庭提供日托服务的政策建议这一任务的基础之上的。为了有组织地完成任务，小组要依据一个工作日程开展工作，这个日程应提前制定好并发布出来，以便小组任务的参与各方有时间准备具体的操作程序。为了促进组员分工和鼓励组员发表不同的观点，小组会挑选掌握日托服务项目知识或其他领域知识的专业人才作为组员，比如关于分区限制的知识，本县、州、联邦的儿童护理法规和财政政策相关的知识。

任务小组还期望组员只在小组任务的范围内表达自己的观点。个人情感偶尔也会在小组内被分享，但客观的数据资料才是小组交流沟通的重心。小组活动程序应是公开的，以寻求专家对其进行审议和探讨。保密原则在这种情况下是不合时宜的，因为保密原则会阻碍小组任务的实现。为评估小组的有效性，小组工作者要在清晰度、缜密性和可行性方面考核小组的决议、采取的行动、文字报告，并提出建议。

六、小组工作和个案工作

运用小组工作方法而非个案工作方法来满足个人、机构和社区的需求，既有优点也有缺点。在我们讨论这些优缺点时，我们需要区分治疗小组和任务小组的有效性和效率等方面的问题。

（一）治疗小组的优缺点

治疗小组有很多优点。治疗小组的优点主要源于一个事实，即组员们可以互相帮助。小组为组员提供机会进行社会化，并在小组内验证讨论他们面临的顾虑和问题，让这些顾虑和问题正常化。组员也有机会从其他组员那里学习同辈经验，接受他们对自己存在的问题的反馈，在小组中的榜样和同伴的帮助下做出改变。此外，因为专业的社会工作者也许并没有经历过类似的问题，或他们会被那些非自愿组员看作一个权威人物，所以他们的意见反馈通常没有来自同伴的意见反馈那么有说服力，而且同伴们的反馈常常不具备强制性。在创造"助人者的治疗原则"（helper-therapy principle）这一术语的时候，里斯曼（Riessman，1965）指出，那些帮助别人的人自己也会从助人中获益。互相帮助为组员提供了分享经验知识的机会，并获得共鸣。

治疗小组具有以下优点：

- 来自不同渠道的共情——同辈和小组工作者对组员的经历表示认同和理解。
- 反馈——组员分享的不同观点。
- 助人者治疗——向其他组员提供帮助和互助支持，对分享经验知识的组员具有治疗作用。
- 希望——那些能够有效地处理类似问题的组员的经验，使其他组员看到了希望。
- 互助——组员既接受服务又提供帮助。
- 正常化——去除被大环境认定为不可接受的问题的污名。
- 练习新的行为——在小组的安全环境中，具有尝试新行为的机会。
- 现实检测——分享行为方式，接受反馈，从而了解自己的方式是否现实，是否能够被社会大众接受。
- 扼要重现——在组员的帮助下，对过去不和谐的关系进行重构，例如家庭关系、同伴关系和朋友关系。
- 原生家庭的重现——组员在替代性家庭中象征性地代表家庭成员。

17

- 资源——对组员问题、有助于解决问题的资源和服务的大量知识信息的汇总。
- 角色示范——小组成员和领导者都可以进行角色示范。
- 团结——小组中组员间的紧密关系。
- 社会化——小组为组员提供克服社会隔离、学习他人社交技巧的机会。
- 社会支持——获得其他组员的支持。
- 超越能力限制——组员们分享他们如何接纳自己的能力不足和如何在这些不足中寻找平衡。
- 验证——组员们确信大家拥有类似的经历，面对着共同的问题和顾虑。
- 共鸣性的习得——倾听他人处理问题的经验，从中学习。

尽管这些优点为人们选择小组工作作为干预治疗方法提供了依据，但是小组治疗的几个缺点也要引起注意。小组会助长组员的一致性和组员的互相依赖性（Forsyth，2014）。在组员向其他组员敞开心扉的时候，他们可能会成为他人泄密的受害者，或受到其他形式的伤害（Corey, Corey, & Corey, 2014）。个别组员可能会被小组当作替罪羊。有时候小组会只关注几个特别自信或在小组活动中侃侃而谈的组员，这会危及小组有效性，因为这些组员的问题会得到更多关注，有更多机会得到解决，而那些不自信或沉

> **研究型实务**
>
> 行为：使用研究得出的证据，并把这些研究结果运用到实务工作、政策和服务提供中，为其提供信息，提高服务质量。
>
> 批判性思考问题：小组工作比案例工作更有优势。什么样的研究成果能够支持治疗小组的有效性？

默寡言的组员的问题却被忽视了，他们没有得到足够的帮助（Yalom, 2005）。避免这些问题的最佳方法是确保每个组员都有机会在小组中发言。这一点将在第三章中具体讨论。

如果组员有能力与他人沟通，并且他们的问题能够在小组中得到讨论，那么，组员就能从治疗小组中获益。而某些小组的成员——自闭症儿童和患精神分裂症的成年人，在某种程度上，无法与他人进行有效沟通。这时，小组工作者必须修改活动设计，增加非语言形式的活动。如果需要语言形式的活动，其活动设计也必须和这些组员的语言沟通水平相匹配，活动方法要简单和易操作。对于那些对自己的隐私有特别需求的人来说，如果小组不能提供相应的支持和保障，那么，他们就不适合参加治疗小组。对于那些与他人完全疏离的人来说，小组工作方法也不合适，因为小组活动可能会给他们带来消极的互动，也有可能导致其他组员离开小组。

很多实证研究数据都支持了临床报告提出的治疗小组的有效性。托斯兰和史坡林（Toseland & Siporin, 1986）对有关个案工作和小组工作的比较性研究做了一个综合性文献回顾。文献回顾结果发现，25％的研究表明小组工作比个案工作更有效，而所有研究并没有证明个案工作比小组工作更有效。他们还发现，小组工作比个案工作效率更高，组员中途离组的概率也更低。大多数的文献回顾都证明了小组治疗在满足案主的多种需求方面的有效性（Barlow, 2013; Burlingame, Whitcomb, & Woodland, 2014; Burlingame,

Fuhriman，& Mosier，2003；Burlingame，MacKenzie，& Strauss，2004；Kosters，Burlin-game，Nachtigall，& Strauss，2006；McRoberts，Burlingame，& Hoag，1998；Saksa，Co-hen，Srihari，& Woods，2009）。例如，柏林盖姆、斯特劳斯和乔伊斯（Burlingame，Strauss，& Jogce，2013）所做的文献回顾发现，在解决大多数的案主问题时，小组工作和个案工作的有效性是不分伯仲的；但在解决某些问题时，小组工作会更有效，特别是当问题涉及案主人际交往能力的缺陷的时候。

尽管这些实证性文献还没有发现一种明显的规律，以表明小组工作在解决什么样的问题时最有效，但是，已经有研究证明，在提升社会支持方面，小组工作比个案工作更有效，而在处理激烈紧张、高度个性化的问题和心理问题时，个案工作更有效（Toseland，Rossiter，Peak，& Smith，1990）。小组工作在处理人际关系问题时也会更有效（Barlow，2013）。总之，临床报告和实证性研究文献结果都证明，对面对社会隔离或人际关系问题的案主，小组工作者可以考虑应用小组工作方法。而对于不愿参加群组的个人，小组工作者可以使用个案工作方法。至于那些有严重情感问题的个人，比如边缘性人格障碍、自杀臆想症和创伤后遗症患者，他们可以参加小组，小组工作者可以使用辩证行为疗法和接纳承诺疗法。这些将在本书后文中得到介绍。

（二）任务小组的优缺点

与个案工作相比，小组工作方法在帮助个人、机构和社区完成自身任务方面具有优势。在机构和社区中开展群体工作的过程中，小组工作者鼓励组员们自由地参与小组活动（Forsyth，2014）。通过参与小组互动，组员感到自己与他们所处的组织和社区利益攸关。而且，当那些需要改变的组员通过小组讨论和决策获得了参与改变的机会，他们抗拒改变的可能性就会大大降低。

小组讨论、商议和决策还有其他优点。小组过程中不断增多的信息能够帮助小组准备一些替代性的行动计划，以解决问题和做出决策。某些任务可能很复杂，需要大量有才华和拥有多样化专业知识的人士的参与才能完成（Forsyth，2014）。在运作正常的小组中，劳动分工有助于快速和有效地完成小组任务（Tropman，2014）。

在选择小组工作方法完成任务时，小组工作者也要认识到它的缺点。例如，运用小组工作方法解决问题可能比运用个案工作方法所需的时间更长。而且他人在场也可能会干扰组员更好地发挥解决问题的能力（Forsyth，2014）。在运作不畅的小组中，组员可能会感到压抑、无聊或没人欣赏他们的才能，因此他们的表现不佳，对小组的贡献也很少（Tropman，2014）。有时小组工作方法会被用来做一些简单的决定或解决简单的问题，而在这种情况下，个案工作方法反而能更快速有效地做出决定和解决问题。对机构而言，开设这样的小组所需的费用是很高的。

19

针对小组工作方法和个案工作方法在决策和解决问题方面的有效性的研究发现，小组工作方法会比一般的个案工作方法有效，但最优秀的个案工作方法却比小组工作方法有效（Forsyth，2014；Hare et al.，1995）。在处理有明确答案的问题时，小组工作方法似乎比个案工作方法有效。而在处理尚没有明确答案的问题时，小组工作方法并没有明显优势。这就是福赛斯（Forsyth，2014，p.302）所指的智力性任务和判断性任务。在处理困难的、复杂的、需要多人参与的任务时，小组工作方法会比个案工作方法有效（Forsyth，2014）。

总之，使用小组工作方法解决问题和做出决策，既有优点也有不足。这需要我们在特定的情境下，参考不同的目标类型来做评估。比如，组员共同参与的决策本身可能比决策所需的时间甚至决策的质量更重要。

尽管本书认为，小组工作方法可以广泛地适用于解决很多不同类型的个人、机构和社区问题，但有时同时使用几种工作方法能更有效地解决这些问题。因此，即使小组工作方法本身是一种很有价值的实务方法，但在通才实务框架里，它还是一个更大规模的、有计划地促进案主改变的干预过程中的重要一环。这个更大的干预过程中，我们还要整合其他方法，比如个案工作和社区组织工作方法，以达到特定的目标。

七、治疗小组和任务小组的类型

形成性小组和自然小组，以及治疗小组和任务小组之间更广泛的区别可以被进一步细化，进而发展为一套分类系统，涵盖小组工作者在实务情境中遇到的各种小组类型。发展这样的分类系统的一个方法是根据小组的主要目标把治疗小组和任务小组进行分类。克莱因（Klein，1972）认为，小组工作目标可能包括如下几类：

- 康复——帮助组员恢复他们之前的社会功能性水平。
- 提升——帮助组员成长和发展。
- 矫正——帮助那些违反法律和道德的组员。
- 社会化——帮助组员习得如何与他人相处，按照社会接受的方式行事。
- 预防——帮助组员在一个最佳的水平上发展和发挥功能，帮助他们应对即将发生的事情。
- 社会行动——帮助组员改变他们所处的环境。
- 问题解决——帮助组员解决复杂的问题和顾虑。
- 发展社会价值——帮助组员发展人性化的生活方式。

本章接下来的部分将会讨论小组工作者在实务中可能会遇到的各种类型的治疗小组和

任务小组。这些分类是以治疗小组和任务小组的主要目标为依据的。尽管在实际工作中，只有一个单一目标的小组几乎是不存在的，但是发展出针对目标纯粹的小组——只有一个单一目标的小组——的分类方法，对展示小组间的差异和证明小组工作在多种类型的实务工作中的有效性是非常有帮助的。

八、治疗小组

治疗小组通常有六个目标：（1）支持；（2）教育；（3）发展；（4）诊疗；（5）社会化；（6）自助。在实务情境下，无数种治疗小组的目标都综合了以上六个主要目标。例如，一个为唐氏综合征儿童的父母开设的小组的目标包含教育和发展，而酗酒者的小组可能会包括以上所有目标。表 1.3 非常清楚地说明了具有不同目标的小组之间的相似性和差异性。无论是在单一目标小组中还是在有多个目标的小组中，小组工作者都可以把表 1.3 作为实务指南。

表 1.3 治疗小组

指定特征	小组目标					
	支持	教育	发展	诊疗	社会化	自助
目标	帮助组员处理生活压力，恢复他们处理问题的能力	通过演讲、讨论和经验分享来进行组员教育	发掘组员的潜能，培养组员的理解力、洞察力	改变行为；通过行为改变的干预措施，使组员完成矫正、康复，应对和解决问题	通过小组活动、结构性的练习和角色扮演等方法，培养人际沟通能力和社交技巧	帮助组员解决他们自己的问题
领导	具有共情理解能力，成为组员间互助的协调者	领导者如同教师，为小组提供讨论框架	领导者是协调者和角色示范者	根据不同理论视角，领导者可以是专家、权威人物或协调者	领导者是小组行动或活动的指挥者	领导者可能是一个外行，和其他组员面对类似的问题，但有时候也是专家
焦点	个人处理生活压力的能力；沟通、互助能力	个人学习；构建学习小组	组员或小组的焦点；根据不同的视角，通过小组中的经验实现个人发展	个体组员的问题、顾虑或目标	小组是活动、组员参与和投入的媒介	组员们一起努力，互相帮助，解决自己的问题

续表

指定特征	小组目标					
	支持	教育	发展	诊疗	社会化	自助
联系组带	类似的压力经验，常常是被污名化的经验	有共同的学习和技能开发方面的兴趣	组员有共同的目标，一致愿意利用小组来获得成长发展	小组目标一致但组员目标各异，关注组员与小组工作者、组员与小组、组员与组员之间的关系	共同的活动、事业，处于共同的情境之中	所有组员都被平等对待，被认为是有价值的，可以互相帮助
组员构成	基于共同的生活经历，通常是多元化的	相似的教育或技能水平	根据组员获得成长和发展的能力，可以是多元化的	可以是多元化的，也可以是由面对相似问题和顾虑的人组成的	根据小组的地点和目标，可以是多元化的，也可以是同质的	基于相似的问题和顾虑
沟通	更多地分享信息、经验和应对问题的策略；频繁的感情宣泄，激烈的自我袒露	频繁的领导者和组员间的互动对话，组员间在小组讨论中的沟通；自我袒露程度较低	高度互动；组员都有责任在组内沟通互动；自我袒露程度处于中等到高等强度之间	领导者和组员，以及组员间的沟通；根据采用的方法，自我袒露的程度处于中等到高等水平	通常以活动或非语言行为表现；自我袒露处于低级或中级水平，并且常采取非语言的形式	多元化和开放的组员资格；欢迎所有愿意分享自己的问题的人加入；组员间的沟通伴有很高程度的自我袒露

（一）支持性小组

对治疗小组的分类是从支持性小组开始的，因为为组员提供支持是众多成功的治疗小组案例的一个共同特征。支持性小组与其他使用支持性干预措施的小组的区别在于它们的主要目标。支持性小组的目标有培养组员间的互助，帮助组员应对生活压力，恢复和提升组员应对问题的能力，从而让他们能够有效地适应并且应对未来的生活。支持性小组的常见形式包括：

- 学校里的儿童小组，一起讨论父母离婚对自己的影响。
- 由癌症患者和他们的家人组成的小组，一起讨论癌症对他们生活的影响及如何应对疾病。
- 由新出院的精神疾病患者组成的小组，一起讨论如何适应社区生活。

● 由单亲父母组成的小组，一起讨论独自养育孩子时遇到的问题和困难。

带领支持性小组时应采用协调性的方法，这种方法注重强调组员们分享自己应对生活压力的合作性经验。小组工作者应帮助组员分享经验，帮助他们对他人的分享提供共情式的回应。简单地叙述事件，发泄情绪，反思自己应对问题的方法，这些对让组员进一步了解自己，克服孤独、社会孤立和绝望等负面情绪等都有帮助。小组工作者还应帮助组员通过验证、肯定和正常化自己的经历的方式克服被疏远、被污名化和被社会孤立的情绪。

其中，小组工作者的一个主要任务是通过呼吁自助和互助使组员对未来充满希望，拥有提高自己应对困难的能力的动力（Hyde，2013；Kurtz，2014；Steinberg，2014）。小组工作者应制定出小组规则，以鼓励组员分享关于有效应对问题的信息和建议，并鼓励组员尝试新的应对策略。因为支持是很多类型的小组的基本要素，因此在其他治疗小组和任务小组中，小组工作者也在不同程度地使用这些策略支持组员。

在支持性小组中，因为组员间有类似的经历，所以强烈的情感联结能在他们之间很快地建立起来。当组员被外部社区污名化的时候，他们的情感联结也能很快建立起来，他们能在小组中感到自在，并在和其他组员的联系中感到力量。因此，在支持性小组中，常可见到伴随激动情绪的高度的自我袒露。

除了直接推动支持性小组，小组工作者还常常需要为非专业的组员带领的支持性小组提供间接的帮助。这个非专业的小组领导者可能会向小组工作者征求意见，请求小组工作者提供小组实务专业技能方面的资源，或请求小组工作者提供一些物质上的帮助。求助的形式可以是会议发言，帮助解决小组运作不畅的问题，或帮助有某些特殊问题和需求的组员。小组工作者可能还需要帮助把某些人员介绍到支持性小组中，提供小组聚会的场地，或提供其他支持，例如帮助打印海报或分发宣传品等。

有些学者指出，专业工作者可能会干扰那些由非专业的组员带领的、自助式的支持性小组的有效运转（Kyrouz，Humphreys，& Loomis，2002），包括专业工作者为小组做决定，干涉或接管小组的运作。有时候自助小组的组员对专业工作者的参与非常警惕，因为他们担心专业工作者的参与会破坏小组的独立自主性和保密性。这一点在某些自助小组中表现得尤其明显。比如在一个家长匿名小组中，组员们共同面对儿童虐待或儿童忽视的问题，而这些问题早已被社会公认为是不光彩的事情。

然而，更多的证据表明，自助的支持性小组和专业工作者之间存在紧密的联系，而且专业工作者和非专业的小组领导者都可以在互相合作中受益（Kurtz，2004，2014；Powell，1987；Toseland & Hacker，1982，1985）。专业工作者可以额外获得一种比正式服务系统更灵活、更有针对性的治疗资源，而当非专业的小组领导者需要特殊的专业经验、资源和帮助时，他们会得到专业工作者的支持。在为小组争取游说更多的社区资源和服务时，专业工作者和非专业的小组领导者可以形成合力，共同为实现这个目标努力。

（二）教育小组

教育小组的主要目标是帮助组员获得新信息、掌握新技术。教育小组适用于各种情境，包括治疗机构、学校、护理机构、矫正机构和医院。教育小组的常见形式包括：

- 家庭计划生育机构资助的青少年性行为小组。
- 社会工作者设计的工作单位福利小组，旨在为职员提供援助。
- 儿童福利机构资助的即将成为收养父母的成员的小组。
- 由社区计划发展机构资助的、旨在帮助理事会成员提高工作效率的小组。

23　　　所有教育小组都旨在增加组员的信息量和提高他们的技能。大多数小组定期举办有专业人士提供信息和知识的培训，并且通过小组讨论推动组员学习。在带领教育小组时，小组工作者既要关注个体组员，也要关注小组整体。无论个体组员还是小组整体，他们都是学习、强化和讨论知识技能的载体。

因为教育小组的组员对学习的内容有共同的兴趣，或因为他们有相同的特征，例如都是青少年、即将成为收养父母、是工会会员或董事会成员，所以，这些组员能彼此联结在一起。在组成教育小组时，小组工作者要考虑每个小组成员对即将学习的内容和技能的掌握水平，以及他们的经历，以使所有组员都能从小组学习中最大限度地获益。

一些教育小组会特意把对即将学习的内容掌握水平不同的组员组合在一起，这样，新手就可以从经验丰富的组员那里学习。如果小组规模较小，组员与组员之间的交流沟通和小组讨论的机会就会增多。根据不同的小组规则和即将学习的内容，组员的自我袒露程度会从低水平到中等水平不等。一般来说，在教育小组中，可以预见的是，组员的自我袒露程度会比较低，因为小组活动通常是围绕小组工作者和嘉宾提供的知识讲座或组员发言设计的。通常，组员们要学习的内容更重要，而组员的自我袒露并不是重点。然而，小组工作者经常会使用强调个体组员发展型学习需求的个性化的学习方法。在院舍型或机构型的环境中，这一点尤其明显。因为在这些类型的环境中，组员的情感或社会功能都不同程度地受到过损伤。

带领教育小组的其他方法强调学习是一个获取社会性经验的过程。使用这个方法开展小组工作的小组工作者关注的是小组讨论和小组活动，而不是说教。社区中心的小组工作者通常会使用这个方法来引发和维持组员参加小组活动的兴趣，使他们享受在小组中的参与，丰富个人生活。

（三）成长小组

成长取向的小组为组员提供机会，使他们意识到、扩展和改变自己与他人交往的过程中的想法、感情和行为。小组是一个平台，用来把组员的能力发展到最高水平。成长小组关注的是提升社会情感健康水平，而不是解决社会情感问题。成长小组的常见形式包括：

- 已婚夫妇的交友小组。
- 青少年的价值观澄清小组。
- 妇女社区中心资助的意识提升小组。
- 服务城区同性恋者的社区健康诊所资助的同性恋小组。

成长小组通常强调自我改善，发展个人潜能，通过改善与他人的关系使自己的生活更充实、更有意义。小组提供了一种支持性氛围，组员在其中可以获得启发，尝试新的行为方式，接受别人的反馈，并获得个人成长。联系小组的纽带是组员们的乐于奉献，他们会帮助其他组员获得成长，最大限度地发挥自己的潜能。

在组建成长小组，挑选组员的时候，小组工作者通常会考虑他们的多元化背景以及组员间互相丰富和拓宽经历的可能性。但是，有些成长小组的组员背景类似，目的是提高组员间的共情和小组内的支持水平。在大多数成长导向的小组中，组员的自我袒露水平为中等到高等。成长小组中的沟通以组员为中心，高度互动，期盼组员可以做深度的自我袒露，并且在组员对参加小组活动感到非常自在随意的时候，鼓励组员更多地袒露自己的心声。

（四）诊疗小组

诊疗小组可以帮助组员改变他们的行为，应对和解决个人的问题，或者在经历身体、心理或社会创伤后实现康复。尽管诊疗小组通常也强调支持，但由于诊疗小组的实务重点是治疗和康复，所以它与支持性小组还是有很多区别的。

在小组工作实务中，人们通常格外关注诊疗小组，而排斥其他类型的小组。这样做的原因可能是，在传统上人们一直关注强调诊疗的医学模式，期望诊疗能够帮助患病或功能失调的人们重获健康。克那普卡（Konopka，1983）指出，北美地区的精神病学家享有很高的社会地位，这使得诊疗这个术语听上去比个案工作和小组工作（这些是社会工作的专业术语）这两个术语更珍贵、更重要。因此，诊疗小组通常会作为一种实务方法与小组工作的专业性联系在一起。诊疗小组的常见形式包括：

- 社区精神健康中心开办的门诊患者的心理诊疗小组。
- 由健康服务志愿协会资助的戒烟者小组。
- 由政府缓刑部门资助的青少年改造项目中的初次犯罪者小组。
- 医院资助的吸毒者小组。

在诊疗小组中，组员会聚集在一起解决他们面对的问题。小组领导者通常被组员看作专家、权威人物和组员发生改变的动力来源。在小组工作者的帮助下，组员的问题能够得到预评估，治疗目标得以确定。尽管小组有一个共同的目标，但每个组员有不同的问题、不同的症状表现。而且，每个组员面临的问题的成因和发展也各有特点。因此，为了实现组员的个人目标，小组工作者通常一次只关注一个组员的问题。尽管每个小组工作者采取的方法或立场不同，但他们都鼓励诊疗小组中的组员在共同的问题上互相帮助。诊疗小组组员的自我袒露程度也很高，但会因组员所经历的问题的不同而有所变化。

诊疗小组的组员收获颇多：病症的缓解、情感痛苦的消失、问题的解决等。为了确保满足每个组员的需求，在诊疗小组开始前，仍然需要进行大量的准备和策划。在对组员的个人需求问题进行仔细的评估，并根据组员的问题类型筛选组员和组建小组后，小组工作者就会选择治疗性的干预手段。通常，组员要参与小组招募过程，小组工作者可以借此评估组员是否有兴趣参加小组，确定组员是否合适本诊疗小组，小组工作者还可以向组员解释小组的目标。尽管在其他类型的小组中也会有这样的程序，但是在诊疗小组中，这些程序占据着非常重要的地位。

（五）社会化小组

社会化小组可以帮助组员学习社交技巧和被社会接受的行为模式，使他们在社区中正常发挥功能。社会化小组通常会以项目活动（比如游戏、角色扮演或外出郊游）的方式帮助组员实现个人的目标（Cheung, 2014；Drews & Schaefer, 2010；Harpine, 2008；Miller, 2012；Misurell & Springer, 2013；Nash, 2011；Springer, Misrell, & Hiller, 2012）。

组员个人需求的满足和小组目标的达成通常是通过项目活动的方式实现的，而不是专门通过小组讨论的形式。因此，社会化小组的特点是采用"做中学"的方法，组员通过参与小组活动来提升自己的人际沟通技巧。社会化小组的常见形式包括：

- 天主教青年会的活动小组。
- 精神病治疗中心的门诊患者的社交小组。
- 乡村归国退伍士兵举办的每月越南退伍士兵社交晚会。
- 单身父母小组，包括野营、舞会或其他社交活动。

社会化小组的领导可以是指导性的，也可以是非指导性的，这取决于小组活动的复杂程度和组员的能力水平。组员的积极参与是个体组员和小组整体取得成功的关键。小组是开展活动、组员参与和投入的媒介，组员通过这些活动聚集联结在一起。社会化小组的组员都有相似的兴趣和需求，或针对某一特殊的小组活动有相同的经历。

社会化小组至少有三种类型：（1）社交技巧小组；（2）治理小组；（3）娱乐性小组。一些社交技巧小组，例如自信培训小组，就是由那些愿意提升自己现有的社交技巧的成年人组成的。与其他类型的小组不同，社交技巧小组特别适合那些不能或不愿意进行有效沟通的人，以及那些无法与他人建立良好社会关系的人。年幼的孩子、害羞的青少年、患有轻度自闭症的成年人都可以是社交技巧小组的案主群体，从小组工作中受益。小组活动可以吸引这些人群参加，帮助他们学习社交技巧，建立和谐的人际关系。小组活动为组员们提供了无须通过直接的语言表达即可进行互动和沟通的机会。通过小组活动，小组能够使用非语言的方式来开展工作。

在其他情况下，采用语言沟通形式或非语言沟通形式中的角色扮演、心理剧表演和其他形式的活动都可以提升组员的社交技巧和社会化水平。而组员在这些活动中的表现也可以帮助小组工作者评估组员的问题，从而策划更有效的干预方案。

治理小组在院舍型环境中应用较多，比如护理院、精神病院和集体宿舍中的小组。这些小组的目标是发动（单元楼、病房、楼层或整栋大楼）居民参与到他们所在机构的日常治理中。尽管治理小组的目标包括解决问题和做出决策，因而治理小组和任务小组有着密切的关系，但是治理小组还是被界定为治疗小组，因为治理小组的主要目标是满足组员的需求。

组员通过参与治理过程学习倡导、沟通、解决冲突和赋权的技巧。他们还学习如何与他人分享、如何为自己的行为负责，以及如何参与到决策制定的过程中。在某种程度上，治理小组这个概念借鉴了治疗性社区这个理念，即社区成员要为治理规范他们行为的规则提供建议和做出贡献。治理小组形式包括宿舍楼会议、病房聚会、居民委员会、家庭集会和患者权力会议等。

组员在治理小组中的参与为他们提供了一条确认治疗性社区的目标，并为之奋斗的途径。它帮助组员明确自己在社区中的角色、责任和权利。鼓励治疗性社区的所有成员参加聚会，这样他们在社区功能运作方面才能有发言权。在某些情境下，例如在住宿式的治疗中心，小组工作者可能会要求组员参加小组会议。

第三种形式的社会化小组是娱乐性小组。近年来，很多的小组工作研究都忽视了娱乐性小组在满足组员个人需求方面的重要性。娱乐性小组是小组工作的雏形，比如童子军、野营、体育或俱乐部小组等（Boyd，1935；Slavson，1945，1946；Smith，1935）。娱乐既可以是一种目的，也可以是一种实现目的的手段。作为一种目的，娱乐可以是一项受欢迎的休闲活动；作为一种实现目的的手段，娱乐可以帮助某一特殊群体参与到某一种会带来治疗效益的活动中，比如提高社交技巧。

娱乐性小组在开展针对儿童、青少年和社区中心的老年人等群体的小组工作时尤其重要。因为娱乐性小组充满趣味性，通常能吸引有抵制情绪的服务对象参加，例如帮派成员、有犯罪倾向的人，以及处于人格形成调整期的儿童。娱乐性小组可以帮助组员学习社区价值观和可接受的行为规范。它们还可以帮助组员发展人际沟通技巧和归属感。此外，娱乐性小组还可以培育组员的自信心，使他们作为小组的组成部分有能力在其他社会情境下发挥社会功能。为了实现这些重要目标，娱乐性小组的领导者需要具备熟练的小组工作技巧，并能够设计具有娱乐性的工作模式，开展具有娱乐性的小组活动。

（六）自助小组

支持性小组、教育小组和社会化小组具有很多共同的特征，但是自助小组却有区别于以上小组类型的特征，即它是由组员领导的小组，这些组员领导者和其他组员一样，正经历相同的问题和困难。自助小组的目标是解决各种问题，而且人们可以在网上随时获得这些自助小组的帮助（Norcross et al.，2013）。因为专业工作者在自助小组中通常发挥着重要作用，所以，这类小组也被归入治疗小组中。虽然大家普遍认为，自助小组是由外行组员领导的，但在实务工作中，很多自助小组实际上是由专业工作者领导的，他们和其他组员经历了相似的困难和问题（Kurtz，2004；White & Madara，2002）。还有互助小组，它们与赋权和自助也有紧密的联系（Hyde，2013）。自助小组的例子包括：

- 酗酒者匿名小组，是由尝试摆脱酗酒问题的人和试图保持节制性饮酒的人组成的。
- 心脏病康复患者小组，是由接受过心脏搭桥或其他心脏手术的患者组成的。
- 珍惜每一天小组，是由癌症康复者组成的。
- 嗜赌者匿名小组，是由尝试不再参与赌博的人和试图摆脱赌博成瘾问题的人组成的。

尽管对于在美国甚至全世界到底有多少个自助小组没有一个准确的估算，但是可以肯定的是，这类小组的数量非常多。例如，仅《自助小组资源手册》一书中就列出了 1 000 个总部设在美国和加拿大的国内和国际性的自助小组（White & Madara，2002），以及其他 22 个国家境内的 33 所独立的自助小组信息交换中心。作为回报，这些组织会资助很多在地方社区开办的自助小组。网络支持性小组也是一个重要资源，它们可以帮助很多人应对各种各样的问题（Norcross et al.，2013）。

自助小组的领导模式是非常多样化的。在一些自助小组中，组员轮流担任小组领导者，而在另外一些自助小组中，只有几个小组成员承担领导小组的责任。还有一些自助小组，只有一个或两个组员担任小组领导者。一些自助小组的组员构成非常明确，例如酗酒者匿名小组就是由组员中选出的外行领导者来组织和发展小组活动的。这样的小组欢迎专业工作者加入，但他们会被小组看作普通组员。在需要的情况下，这些自助小组可能会在小组会议之外寻求专业工作者的帮助，但是这些被聘请的专业工作者在酗酒者匿名小组内不享有特殊地位。其他类型的自助小组也会邀请专业工作者担任小组领导者和小组发言人，而且专业工作者和外行的角色分工并不是很清晰。

自助小组的目标可能是帮助组员发生改变，或者是社会变革和社会倡导。也有很多自助小组的目标是多样化的。例如，库尔茨（Kurtz，2004）把自助小组分为五个类型：（1）由同辈领导的、以个人改变为导向的自助小组，比如酗酒者匿名小组；（2）由同辈领导的、以社会变革为导向的自助小组，目标是支持、教育和社会倡导，比如精神疾病患者的全国联盟；（3）由专业工作者带领的、以支持和社会倡导为导向的自助小组，这类小组一般是全国性机构的下属组织，比如阿尔茨海默病基金会；（4）小型的、地方性的、由专业工作者带领的自助小组，一般存在于医院、社会服务机构或其他社区机构中；（5）以改变为导向的自助小组，通常由同辈领导，同时，专业工作者以独立的小组资助者和小组共同领导者的身份参与小组活动设计和小组过程，比如家长匿名小组。很显然，自助小组的形式非常多样化而且数量很多，任何简单的分类方法都不适用于它们。

绝大多数的自助小组有一个共同的特征，即它们都有一个开放的组员政策。任何人只要遇到了小组预解决的问题，都可以参加小组聚会。因为这样的开放性的接纳组员政策，自助小组通常在每次小组会议中都会重复使用小组会议模式。比如，在小组会议开始前，小组发言人都会做一个简短的关于小组目标的声明，然后由组员分享各自的问题和困难。这种会议模式使组员很快就能自如地参加讨论，即使他们是第一次参加小组会议或他们缺席了以前的小组会议。新组员很快地领会了这个小组会议模式后，就能轻松自如地预期接下来的会议会有什么程序，他们应该做什么。自助小组的目标是使组员帮助组员。组员面对共同的问题和困难，每个人都被平等地看待。小组着力去解决的问题是，如何去除组员们共同面临问题的污名，培育强有力的同理心和支持感，以及组员的赋权感，从而使组员能够自己克服困难、解决问题、消除顾虑，并努力互相帮助，过上更好、更有意义的生活。一般来说，自助小组对何人可以参加小组活动没有特殊的要求，但是参加小组的人应该面对相同的问题，这是小组工作的目标，并且参加的组员应该只在小组会议中讨论小组目标相关的话题。因此，组员可以自由地选择参加或离开小组，决定自己什么时候要参加。绝大多数自助小组是自给自足的，尽管某些机构也可能会给予它们一些资助，比如提供会议室，或作为特邀发言人在小组中演讲，或提供一些糕点、茶水等。

九、任务小组

任务小组在机构和组织中非常常见。它们可以用来发现机构存在的问题，并提出新的思路和解决方案。任务小组有三个主要目标：（1）满足案主的需求；（2）满足机构的需求；（3）满足社区的需求。以满足案主需求为主要目标的任务小组的形式包括团队、治疗会议和职员发展小组等。以满足机构需求为主要目标的任务小组的形式包括委员会、顾问会议、理事会等。而以满足社区需求为主要目标的任务小组的形式包括社会行动小组、联盟和代表委员会等。

表1.4展示了各类任务小组的主要特点。与治疗小组的分类相似，在实务工作中，任务小组之间不可能进行严格的区分，不同类型的任务小组之间总会有一些重合。因此，我们将不做严格的分类，而是希望以下分类能够为小组工作者在开办不同类型的任务小组时

提供一个工作指南。

表 1.4　不同类型的任务小组的特点

指定特征	案主需求		
	团队	治疗会议	职员发展小组
目标	● 代表某个案主系统参与合作	● 开发、协调和监督治疗计划	● 培训组员，以便为案主提供更好的服务
领导者	● 由资助机构指定	● 由中立的主席或最有责任感的组员担任	● 领导、督导、顾问和教育者
工作焦点	● 组建团队以高效运作高度关注组员	● 以决策为导向 ● 低度关注组员，高度关注案主	● 关注组员的需求和他们的工作表现
联结纽带	● 团队精神 ● 机构和案主的需求	● 案主问题 ● 治疗计划 ● 机构内部或机构间的协议	● 继续教育的需求 ● 案主福利 ● 专业发展
成员构成	常常具有差异性	因功能、专业不同而多元化	具有相似的教育需求的个体
沟通	● 理论上是亲密沟通，有时候是人为的，或是精神层面的低或中等程度的自我袒露	● 对案主系统的所有观点看法进行考量 ● 高程度的自我袒露	● 领导者和组员间 ● 讲授式和经验式教导 ● 组员和组员间

指定特征	机构需求		
	委员会	顾问会议	理事会
目标	● 讨论问题 ● 完成任务	● 就机构未来发展方向和现存的政策、程序向机构行政管理者提供建议咨询	● 管理一个机构
领导者	● 指派或选举	● 由机构最高行政管理者指派	● 根据章程指定，由分委会提名，理事会成员投票决定
工作焦点	● 某个特殊的任务或责任	● 研究开发机构管理的程序和政策	● 政策制定 ● 管理 ● 监督 ● 财务控制 ● 筹款
联结纽带	● 对任务的兴趣	● 对机构和最高行政管理者的忠诚	● 对机构宗旨和服务的承诺
成员构成	● 多元化构成，以协助制定决策和进行分工	● 根据行政管理责任和专业领域来任命	● 多元化构成，组员的挑选通常根据他们的地位、权力、影响力、专业领域、所代表的利益群体和社区来进行

续表

指定特征	机构需求		
	委员会	顾问会议	理事会
沟通	● 与任务相关 ● 低程度的自我袒露	● 组员根据自己在机构中的地位发表看法、提出观点 ● 建立权力基础	● 正式沟通模式 ● 议会式程序 ● 在分委员会中，非正式沟通 ● 低程度的自我袒露

指定特征	社区需求		
	社会行动小组	联盟	代表委员会
目标	制定和实施社会变革的措施和策略	通过分享资源、专业知识和社会行动小组的权力基础来发挥更大的影响力	能代表不同机构、分会和其他单位
领导者	● 小组内产生的领导者 ● 小组工作者通常是职员或顾问	● 通常是具有超凡魅力或奉献精神的人，由共同协商或组员投票产生	● 由资助机构指派的代表
工作焦点	● 消费者、社区和社会公正	● 建立共识和伙伴关系，以发挥最大影响力	● 集体的投入和行动 ● 平等地代表各方 ● 关注更大范围内存在的问题、顾虑和立场
联结纽带	● 对于不公平和不平等，以及需要变革的认知	● 对某一问题、某一意识形态的兴趣	● 更大的目标和社区问题，而不是个人或机构的问题
成员构成	● 有共同的兴趣、目标和对社区的投入	● 立场的承诺 ● 松散的、临时性的小组或机构联合会，为实现一个共同目标建立的合作关系	● 多元化 ● 代表资助机构的利益
沟通	● 非正式的组员间的讨论 ● 制定和实施社会变革的策略 ● 针对社会问题，组员高程度的自我袒露	● 根据联盟的类型，正式或非正式沟通 ● 在核心小组和分小组中，非正式沟通 ● 代表小组利益，中等程度的自我袒露	● 为不同机构间的沟通提供平台 ● 代表理事会与资助机构的沟通纽带 ● 低程度的自我袒露

（一）满足案主需求的任务小组

团队

目前，有越来越多的研究证明，在社会服务和商业服务的实务情境中，团队工作是非常有效的（Abramson, 2002; Abramson & Bronstein, 2004; Gort, Broekhuis, & Regts,

2013；Greenberg，Feinberg，Meyer-Chilenski，Spoth，& Redmond，2007；Hackman，2002；Heinemann & Zeiss，2002；Klein et al.，2009；Lemieux-Charles & McGuire，2006；Levi，2014；Perkins et al.，2011；Ramirez，2014)。

通过把各种专业工作者和非专业工作者的知识和技巧聚合在一起，团队工作被认为是最有效的方法，能够为有需要的人群提供全面的社会和健康服务（Abramson & Bronstein，2004；Levi，2014；Scholtes，Joiner，& Streibel，2003)。团队可以被定义为来自不同背景的一组职员，他们定期聚会、合作，为某一个特定的案主人群制订和实施服务计划。团队成员代表案主群体的利益，互相协作，共同努力。团队的常见形式包括：

- 在某个康复医院，为中风患者及其家属提供服务的一组专业人士。
- 提供临终关怀服务的一组专业人士。

31
- 由某县精神健康机构资助的、接受过危机干预培训的专业和半专业人士。
- 在某个精神病院里，为患者提供服务的一组专业人士和护工。

艾布拉姆森和布朗斯坦（Abramson & Bronstein，2004）认为，在工作角色方面，社会工作者有时候与其带领的团队之间并没有足够的交流沟通。社会工作者需要在资源采置、专业咨询、倡导和服务提供的协调等方面显示他们的重要性。同时，他们还需要在维护团队和促进团队顺畅地发挥功能方面显示出他们的工作技巧。

使团队能够正常地发挥功能通常是团队领导者的责任。团队领导者通常是由雇佣工作者的机构任命的，但在某些情境下，领导者也可以是由团队成员选举或提名的。团队领导者是小组的协调人，并且为团队的活动对机构负责。团队领导者负责主持会议，动员团队成员，协调来自各方的努力付出，确保团队能有效运作。

在大多数情况下，机构代表某一特殊的案主群体，权衡团队成员的共同参与。通常，团队成员具有不同的专业背景，例如社会工作、护理、物理和作业治疗、药学等。团队成员可能还包括半专业人士，例如精神健康治疗护工。有研究指出，案主及其家庭成员作为团队成员的参与也具有重要价值（Abramson & Bronstein，2004），尽管这在实务工作中并不常见。

团队应该避免把工作焦点仅仅集中在服务提供方面，有时候，还需要关注如何使组员们团结合作，发挥小组的作用（Bruner & Spink，2011；Toseland，Palmer-Ganeles，& Chapman，1986），这就是所谓的团队建设。忽视团队的作用可能会导致一系列问题，例如人际的冲突和敌视、工作的重复、服务不协调或服务提供不完整（Levi，2014）。在一项对团队建设的有效性的综合问卷调查中，克莱因等人（Klein et al.，2009）揭示了团队建设的四种特殊方法：（1）设立目标；（2）改善人际关系；（3）解决问题；（4）厘清角色。他们发现，这四种方法在一定程度上都有效，但是设立目标和厘清角色这两种方法具有最好的效果。因此，清楚地设立团队所要实现的目标，确保每一位团队成员明白他们在团队中的角色，即使自己的角色和同事们的角色有一些重合或者自己的角色和同事的角色是互补的，他们也能适应。这非常重要。此外，研究还发现，信任和凝聚力也是建设有效团队的重要因素（Haines，2014；Penarroja，Orengo，Zornoza，& Herandez，2013）。

团队成员是通过团队精神联结在一起的，这种团队精神能够帮助团队成员以一个整体的方式开展工作，而不是各成员仅代表各自的利益或设置各自不同的专业性议程。要建立和维护一个有效的团队，社会工作者必须发展和争取机构对团队工作的支持，鼓励有不同个性和专业背景的成员一起合作，并帮助成员们发展技巧来厘清自己的角色和处理冲突（Levi，2014）。

理想的情况是，团队成员定期聚会，讨论如何提供服务和如何发挥成员们的整体性功能（Abramson，1989；Gruenfeld，1998）。近些年，网络上的虚拟团队也不断地得到学者们的讨论（Haines，2014；Penarroja，Orengo，Zornoza，& Herandez，2013）。关于这方面的更多讨论将在第六章具体展开。

根据团队的工作状况，团队成员间的沟通方式也非常多样化（Levi，2014）。有些情况下，团队成员各自独立地开展工作。例如，在为儿童提供住宿的服务项目中，儿童看护人员被看作重要的团队成员，即使他们是轮流值岗。在这样的情况下，为了推动团队开展良好的沟通和协调合作，比较好的办法就是在他们交接班的间歇召开团队会议。

治疗会议

治疗会议的目标包括发展针对某一案主或案主系统的治疗计划，监督和协调其实施。治疗会议的成员会考虑案主所处的环境，确定一个为案主服务的工作计划。治疗会议的常见形式包括：

- 在某一精神健康医疗机构中，为某一出院患者服务的一个跨专业的工作小组。
- 一个由儿童看护者、社会工作者、护士和精神病专家组成的小组，讨论一个住院儿童的治疗计划。
- 一个假释委员会，讨论关于是否从惩戒所释放某一囚犯的证词。
- 一个社区精神健康专业人士小组，讨论一位年轻的重度抑郁症患者的治疗方案。

尽管治疗会议表面上可能与团队相似，但它们两者之间还是有很大不同的，这主要体现在五个方面：

（1）治疗会议的成员可能并不像团队成员那样总是在一起工作。他们是不同机构的雇员，为解决某一案主问题而参加治疗会议，讨论如何互相协调，提供治疗方案。

（2）治疗会议的参与者之间可能没有紧密的工作关系，也可能没有共同的目标。但在团队中，紧密的工作关系和分享共同的目标却非常关键。治疗会议的成员可能不需要每天在一起工作，事实上，在治疗会议开始前，他们可能并没有见过面。

（3）治疗会议并不像团队那样频繁聚会，治疗会议的成员只在某些特殊情况下才需要聚会。

（4）团队的成员构成比较稳定，而治疗会议的成员构成通常会根据案主的需求随时发生变化。

（5）治疗会议发展的行动计划可能只由一名全面负责案主治疗的成员实施。例如，在一个家庭服务机构的治疗会议中，一位社会工作者从同事们那里收集建议，以帮助治疗会议的某一成员处理一个特别复杂的问题。而治疗会议中的其他成员和案主并没有直接接触。相反，在团队中，所有成员通常都和他们服务的案主有一定程度的接触。

在治疗会议中，一般情况下参与者一次只处理一位案主的问题。熟悉案主的会议成员需要向案主咨询相关信息，以帮助案主开发或改进治疗计划。而那些对案主情况不了解的成员也可以根据自己的专长，为最有效的治疗方案提供意见。小组可以根据这些信息对案主的整体状况进行讨论研究，并考量其他备选治疗方案。小组最后选择的治疗方案通常是全组成员一致同意的，也将是对解决案主问题最有帮助的。

治疗会议的目标是决策、解决问题和协调成员的行动，工作焦点是案主的需求，而不是其成员的需求。把成员联结在一起的纽带是他们对案主问题的关注，以及愿意齐心协力开发一个获得大家共识的治疗计划。

治疗会议的成员通常包括所有为案主提供帮助和服务的专业人士，还包括那些不直接接触案主的顾问和专家，他们对开发和改进治疗计划发表见解、提供资源和建议。治疗会议的成员构成被设计得多元化。邀请多元化背景的人士参加会议，是因为他们可以根据自己的专业特长和与案主合作的独特工作经验，提出新的思路和治疗建议。

某些机构还规定，邀请案主和他们的配偶、父母、监护人或其他家庭成员参加治疗会议。但是，很多机构中的工作人员认为邀请案主参加治疗会议可能会影响成员畅所欲言。而且，他们认为，治疗会议中讨论的互相矛盾的数据事实、治疗方案的多项选择或带有激烈情绪的问题争论等，都会让案主感到困惑和不安。因此，这些机构会先邀请治疗会议成员对案主问题进行讨论，然后才邀请案主和他们的家庭成员参加部分治疗会议。但是这样做的机构并不多见。绝大多数的机构做了简单的选择，就是不邀请案主参加治疗会议（Toseland, Ivanoff, & Rose, 1987）。

目前，虽然还没有数据资料证明，在什么时候或者在什么情况下，邀请案主和他们的家庭成员参加治疗会议是一个最佳选择，但是，越来越多的观点认为邀请他们参加治疗会议很重要（Abramson & Bronstein, 2004），因为案主的自我决策权是社会工作实务价值观基础的重要部分，所以，要认真考量如何征求案主对治疗计划的建议，因为最终这些治疗计划将会影响案主自己的生活。

确定治疗会议的领导者的方式有很多。在一些机构中，治疗会议总是由同一个人来主持领导。这个领导者可能是机构主任或机构工作人员，比如社会工作者，其工作职责包括治疗计划的协调。一般来说，主要负责案主服务和管理的社会工作者会被指派为治疗会议的领导者。在另外一些机构中，会议领导者由成员轮流担任，或由督导主持会议。在这样的情况下，领导者可以客观地控制会议进程，因为他们不为案主提供直接服务。

职员发展小组

职员发展小组的目标是通过发展、更新或提升小组工作者的工作技巧来改善案主服务。职员发展小组为小组工作者提供机会学习新的治疗方法、获得新的资源、发现新的社区资源，练习新的技巧，回顾他们之前的服务经验并对其进行反思改进。职员发展小组的常见形式包括：

- 一个由专业人士组成的小组，参加由地区精神病学中心主办的一系列药理学研讨会。
- 为酗酒治疗机构的员工提供的关于相互依存的在职发展研讨会。
- 在没有专业的社会工作督导的学区里，由有经验的社会工作者为学校社会工作者提供的小组督导。
- 为社区孤独老人提供外展服务的半专业人士参加由项目主任主持的每周一次的督导小组。

最理想的情况是，职员发展小组的领导者是某个领域的专家。通过专业性的培训、学习和对实务中遇到困难问题的反思，这些人一般拥有丰富的经验和很多专业知识。

职员发展小组的重点是为组员提供小组工作者所掌握的技能，这样他们才能更有效地为案主服务。培训者或小组领导者会运用很多方法来协助小组成员学习，例如通过授课、讨论、播放录音和录像资料、模拟或现场演示等方法，为组员提供在小组中学习新技能的机会，而且培训者和其他组员也会为学习情况提供反馈意见。

把职员发展小组的组员联结起来的纽带是组员们都有提高技能的愿望。通常，他们会对某一案主群体或某一治疗方法有共同的兴趣。而且，由于处于相同的职业发展阶段，他们还有可能会发展出相互信任和友谊。

在一些职员发展小组中，领导者对每一次小组活动承担主要责任，他们自己授课，请嘉宾做讲座，或准备和主持模拟练习或其他形式的练习。在另外一些小组中，所有组员对活动组织都有责任，他们轮流向小组演示和介绍自己的案主服务工作。

组员要事先了解，在小组活动中公开自己的案主服务工作可能会遭到其他组员的审视和批判。小组希望组员参与职员发展相关的练习和讨论，组员还能够从自己的实务工作失误和小组其他组员的失误中学习经验。诚实、坦率、建设性的沟通交流和意见反馈在小组中能够得到尊重，就像高度的自我袒露一样有价值。

（二）满足机构需求的任务小组

委员会

最常见的任务小组是委员会。委员会可以是指定的，也可以是成员选举产生的。它的任务是完成上级机构（比如资助机构或机构管理人）指定的职责或任务。委员会可能只是临时组建的（特设委员会），也可能是某一机构中永久存在的组织（常设委员会）。委员会的常见形式包括：

- 一个青年小组，负责为社区中心开展的活动提供建议。
- 一个职员小组，负责研究机构的人事政策并对此政策的改革提出建议。
- 一个社会工作者小组，共同努力以改善针对早孕少女群体的服务。
- 一个职员小组，为机构内的职员福利项目出谋划策。

在这样的小组里，组员们关心的是创作报告、完成任务、提出建议和做出决定。委员会的工作需要拥有不同观点、专业知识和能力的成员们的集体智慧。

尽管在具体讨论过程中，小组会希望组员们分享个人的观点，但是组员自我袒露的程度通常很低。然而在某些情况下，自我坦露的程度也会发生变化，这取决于委员会制定的小组规范和所讨论的问题的性质。例如，如果讨论的问题比较敏感，那么发表个人观点的时候，就需要组员高度的自我袒露。

绝大部分的委员会都遵循一套标准的程序。有时，委员会会根据议会程序来开会，但在其他情况下，委员会会制定自己的规则，比如规定组员如何介绍自己和讨论问题，以及如何达成决议。

如果每次会议都有一个议程，那么组员就能事先了解会有哪些小组活动和自己应该在小组中做什么。会议议程为组员提供了活动组织的结构、活动的重点和活动的目标等信息。委员会主席负责监督组员遵循和执行会议的议程和已被规范化的流程。委员会主席由机构的管理层指定，或是委员会成员选举产生。委员会通常处理的是非常复杂的问题，这就需要把一个大的任务分成若干个小任务。为了应对这些被分解的小任务，委员会会授权在组员中组成一个或多个分委员会。这些分委员会定期或在任务完成以后向总委员会汇报工作。有时，委员会主席负责组建分委员会，主席会考量每个组员的资格和能力，挑选那些具有完成某一特殊任务的能力的组员组成分委员会。委员会主席也不指定委员会内部的成员，而是邀请志愿者担任分委员会成员，特别是当分委员会要应对一项特别繁重的任务，需要成员必须具有高度自觉性时。在其他情况下，分委员会成员是由委员会的全体成员选举产生的。一般来说，委员会对机构的最高行政管理者或赋予其职权的其他个人或组织负责。委员会拥有的权力取决于它的任务，以及行动的受约束程度。然而，委员会的权力通常就是提供建议，而不是签发小组活动计划。

作为一种任务小组，委员会的重要性是不言而喻的。我们在前面提到的大部分任务小组都使用了委员会结构中的要素来完成它们的小组任务。可以说，其他形式的任务小组是特别形式的委员会，例如顾问会议和治疗会议。

顾问会议

顾问会议的任务通常是为机构最高行政管理者或其他更高层的管理者就政策制定和改革方面提供建议和专业观点。在机构正式发布某一项目计划之前，顾问会议的成员会围绕这一项目对整个机构的影响这一主题，在政策、工作程序和实务操作等具体事项方面进行讨论，发展具体计划或对其进行修改。顾问会议可以促进机构内部高级管理者之间正式的沟通交流，为某个特殊的政策和工作程序在高级和中级管理者中间寻求支持。顾问会议的常见形式包括：

- 一个州政府健康部门中各个部门负责人的会议，讨论关于长期护理费用报销的政策。
- 一个大型市立医院中，由社会实务督导和社会服务部门主任参加的每周例会。
- 由"联合之路"这一机构的高级职员召开的一系列会议，讨论在成员机构中的资金分配方法改革。
- 一个国家政府社会服务部内各部门负责人的会议。

顾问会议的工作重点集中在机构行政和政策层面的问题上，因为这些问题对整个机构和机构内部的各分支部门都有重要影响。委员会一般要向高层行政管理者提建议，而这些管理者并不是委员会成员。但是顾问会议通常是直接向主持小组会议的最高行政管理者或其他管理者提出建议。在一些机构里，最高行政管理者会授权顾问会议做决策。

委员会成员一般是被选举或委派的，而顾问会议成员却不同，他们通常是由最高行政管理者指定的。顾问会议的成员常常是机构内处在权力职位的督导、部门主任或高级管理人员。偶尔，最高行政管理者也会邀请机构外的具有个人特长和专业知识背景的顾问加入顾问会议。

权威和权力在顾问会议中是非常重要的。顾问会议的成员常常会争取受到最高行政管理者的关注，并争取机会增加自己对政策制定的影响力。有时候，成员在政策问题上表明的立场，取决于这是否对他们领导的项目或部门有利。

通常，顾问会议的程序是保密的，成员的自我袒露程度也很低，因为在会议发言时他们需要做策略性的权衡，考虑如何既能影响现有的和将来的政策的制定，又能维护甚至提升自己的权力和地位。从这个意义上来说，顾问会议通常是高度政治性的组织，在组织内部具有很大的影响力。

理事会

　　理事会有两种主要的类型：管理理事会和咨询理事会（Conrad & Glenn，1976）。根据相关的非营利机构的法律规定和企业条款，管理理事会有时也被称为托管理事会，在法律和资金管理方面对机构的运作负责。

　　管理理事会的成员是公众信任的人员，而且他们要对批准理事会章程的州政府和核准理事会免税资格的联邦政府负责，而最终对理事会所服务的公众负责（Jaskyte，2012；Tropman & Harvey，2009）。咨询理事会的成员为机构管理层提供咨询和工作指导，然而，他们并没有法定的制定政策和参与财政决策的权利。理事会的常见形式包括：

- 一家大型公立医院的理事会。
- 一个家庭服务机构的管理理事会。
- 某县级社会服务部门的咨询理事会。
- 某一下设社会服务机构和健康服务机构的企业的理事会。

　　理事会的主要任务是制定政策、监管机构运作、保障机构财政透明和机构的稳定、维护机构的公众关系（Callen，Klein，& Tinkelman，2010；Jaskyte，2012；Tropman & Harvey，2009）。理事会确定机构的宗旨、使命及短期和长期目标，制定人事和机构运行的政策，为最高行政管理者提供咨询和建议，监管机构的运行，制定财务政策，确定预算和完善监督审计机制。他们还要参与筹款、聘用机构最高行政人员，管理公众关系等（Howe，2002）。但是，理事会成员不会参与日常的机构工作或工作人员聘用（除了机构行政主任）或具体的项目活动细节策划。

　　机构法规和企业条例一般会对理事会的主席、副主席、秘书、出纳和其他人员的工作职位和工作职责进行详细的说明。他们的任职期限和选举的细则也在理事会的运作程序中有特别说明。通常情况下，这些成员都是由理事会的分委会提名，并且经过所有成员按照指定的条款选举产生的。

　　在美国，大概有1 115万人在各种非营利机构中担任理事会成员（Waldo，1986）。而且这个数字在最近的三十年里肯定一直在增加。把理事会的成员联结起来的纽带是他们对机构使命和目标的认同及他们在社区服务方面的共同理念。理事会也是由多元化的单个个体组成的组织，它在挑选成员时，要考虑每个成员拥有的权力、地位和社区影响力，以及他们的专长和所代表的某特殊群体和地区等。例如，理事会中有成员是律师，他们可以为机构的法律事务提供咨询；有会计或银行家，他们可以为机构的财务管理提供建议咨询；也有商人，他们可以在筹资上出力；广告和其他媒体工作者可以帮助机构建立和维护公共关系；而政策专家和消费者能为机构服务的程序化和服务质量提供指导建议。

　　通常在理事会会议前，成员会传阅一些书面的会议程序文件。成员们的沟通一般很正式，遵循议会程序的规则。但大部分的实务工作是以非正式的分委员会的会议形式开展的（Pelletier，2012）。理事会一般会有几个常务委员会或临时委员会，在理事会会议中进行工作汇报，并以动议的形式提出行动建议。例如，财务委员会可能提议理事会批准通过机构的年度预算，人事委员会可能提议对职工的健康福利计划进行改革，而提名委员会可能提名一位新的成员等待理事会批准。休斯、莱基和波柏维克（Hughes, Lakey, & Bobowick，2007），贾斯基特（Jaskyte，2012），以及特朗普曼和哈维（Tropman & Harvey，2009）的著作对理事会这一类型的任务小组有更多的详细介绍。

（三）满足社区需求的任务小组

社会行动小组

社会行动小组赋权组员，使他们能够参与集体行动和有计划的工作，为他们所处的社会环境或自然环境带来某些改变（McKnight & Plummer，2015；Pyles，2013；Staples，2004；Walls，2015）。它们常被称为草根组织，因为它们源于社区中无权无势的个体成员对社区问题的关注。尽管社会行动小组的目标与个体组员的需求密切相关，但社会行动小组实现的目标通常使组外的人员也能受益。因此，社会行动小组是为组员和非组员的共同利益服务的。社会行动小组的常见形式包括：

- 一个社区居民小组，代表社区老年人群体的利益，倡导增加对这个群体的政策保护。
- 一个由社会工作者组成的小组，游说政府增加对社会服务的资助。
- 一个由租客组成的小组，为在他们居住区建立一个游乐场所寻求支持。
- 一个由社区领袖组成的小组，为增加非籍美国人使用精神健康机构的机会而努力。

哈丁纳（Hardina，2013）、麦克奈特和普卢默（McKnight & Plummer，2015）、派尔斯（Pyles，2013）、沃尔斯（Walls，2015）都在他们的研究中指出，小型的小组采取社会行动的方法多种多样，包括：组成委员会，委员会成员是备受尊敬的意见领袖，他们聚集在一起组织一个社会运动；召集会议，几个人聚集在一起，讨论招募其他成员或有争议的问题；组成问题委员会，明确问题并确定这些问题的优先顺序，选择需采取行动的问题；组成游说委

> **政策实务**
>
> 行为：评估社会福利和经济政策是如何影响机构提供服务和案主接受服务的。
>
> 批判性思考问题：小组工作者能够帮助制定社会政策。但小组是怎么评估不断变化的社区趋势和需求的呢？

员会，向民选官员提出问题；谈判小组，在谈判桌上为变革努力。小型的小组还经常为实现社会行动小组的其他目标发挥作用，例如筹集资金、开展和协调某些特殊的活动等。

社会行动小组中的小组工作者可以承担很多形式的领导者的角色。他们具体承担哪一种形式的领导者角色取决于小组要获得的变革的属性和小组的需求。小组工作者可以承担

使能者的角色，帮助组员获得信息和资源，决定小组优先完成的目标和工作程序，并计划行动策略。例如，租客行动小组中，小组工作者可以帮助人们组织建立小组，并帮助个体组员，为实现大家共同的目标而努力。

小组工作者可以承担指导性的角色，因为他们擅长开展社会变革的工作。例如，在游说工作中，小组工作者可以利用自己拥有的特殊技巧和知识来影响立法者，在这种情况下，小组工作者可能需要代表社会行动小组发言，或鼓励组员们审视某个特殊问题，使用特殊的策略，包括合作、谈判或冲突等策略。

39　尽管在领导社会行动小组时所使用的指导性方法有时候非常有效，而且也切合时宜，但小组工作者还是应该在小组的目标和组员的喜好的指导下开展工作。小组工作者应该保证，使用指导性的工作方法不会限制从组员内部发展出来的内生领导力。小组工作者的最终目标应该是帮助社会行动小组有效地和独立地发挥功能（McKnight & Plummer，2015；Pyles，2013）。

把社会行动小组成员联结起来的纽带是组员们对不公正和不公平的共同看法，以及需要对现有的社会结构进行变革的共识。然而，蒙德鲁斯和威尔逊（Mondros & Wilson，1994）指出，只有不到2%的组员会连续不断地参与社会行动小组，而大部分组员在他们最初的激情褪去后就退出了小组。有五个因素能够帮助组员持续性地参与小组：（1）小组问题的重要性；（2）小组的有效性；（3）社区归属感和同伴的支持；（4）对任务的兴趣；（5）做出贡献后的成就感（Mondros & Wilson，1994）。在第三章和第十二章，我们将继续讨论如何围绕这些因素和其他因素保持和提高组员的参与率。

社会行动小组的成员构成是多元化的，会根据问题的性质和问题发生的环境而变化。有时候，小组工作者在组建小组的过程中起着领导作用。而在某些情况下，小组是由某个或多个有责任感的公民组成的。在这种情况下，小组工作者需要扮演协调者、使能者或顾问的角色，为小组的变革目标贡献自己的专业技能，同时又无须影响小组的成员构成。

当小组工作者确实需要在小组组建中发挥作用时，他们应该仔细考量关键的社区领袖在实现小组目标方面提供支持的程度。在某些情况下，小组工作者可能会招募一些有影响力的组员，或那些具备赋权小组所需的各种技能和资源的组员。

社会行动小组的沟通模式会根据不同的小组环境而发生变化。小组工作者帮助组员设定开放的交流模式，这样所有组员都有机会参与小组活动。小组工作者还帮助小组与外部环境建立交流联系。良好的沟通有助于避免误解，增强参与小组的各方之间的合作氛围（Hardina，2013）。

联盟

联盟有时被称为结盟，是机构、社会行动小组或个人组成的小组，他们聚合在一起，通过分享资源和专长对环境施加影响。联盟成员一致同意为共同目标而努力，他们认为这样的目标不可能通过个体组员的单独行动来实现。联盟的常见形式包括：

- 一个由家庭计划生育和社区卫生保健诊所组建的小组，支持州和联邦立法机构制定的合法堕胎政策。
- 由非营利家庭康复机构组成的联盟，联合起来游说为慢性病老年患者提供更多的社区照顾资源。
- 由社区机构组成的联盟，期待公众关注社区青少年中心的需求。
- 由商业、社区和公民领袖组成的联盟，联合起来寻找方法以缓解城区的种族紧张关系。

组成一个联盟，使之作为一个政治和社会力量提升社会环境，从而使这个环境中的问题得以解决，这在小组社会工作中具有悠久的历史传统。例如，纽斯泰特（Newstetter，1948）提出了跨机构合作联盟的原则。这些原则也成为近年来众多关于建立和发展联盟的研究的基础（Brown，Feinberg，Shapiro，& Greenberg，2015；Feinberg，Bontempo，& Greenberg，2008；Meyer，2013；Pyles，2013；Winer & Ray，2009；Yang，Foster-Fishman，Collins，& Ahn，2012；Zakocs & Edwards，2006）。

组建联盟的通常是一些有领导魅力或奉献精神的人，他们在社区中享有很高的知名度并受到人们的广泛尊重。他们帮助机构、小组和个体组员意识到，只有大家一起努力才能使共同的目标尽快实现。

因为联盟的组员常常会担心加入联盟后如何保护自己的自主权，所以，在联盟讨论如何建立互惠性目标、达成协议、策划活动、平等分享资源和分配任务时，有可能会产生冲突。因此，组建和发展联盟的一个主要目标是在各方组员之间达成和维护共识，并建立和维护顺畅的合作关系，这样，大家就可以集中精力实现小组目标，而不是把时间花费在解决组内的争端和矛盾上。联盟的组员是因为对某一个或一系列的特殊问题具有相似的思想、共同的理念和兴趣，才联合在一起的。具有人格魅力的领袖就在这些组员的帮助下与组员一起共同实现小组目标。联盟可以有很多形式。在联盟小组会议中，随心所欲的互动经常发生在核心小组、次小组和一对一组员会议中。非正式的互动也通常出现在临时性、关注单一问题的联盟中，这样的联盟一般都没有很长的运作历史。

联盟的形式通常很松散，临时成立的组织间联盟或社会行动小组通过合作共享资源，并联合更多成员获得力量。在这样松散形式的联盟中，应特别注意保护个体组员的自治权。然而，随着时间的推移，一些联盟会发展为长期稳定的、拥有统一管理的职工和资源的组织。这些类型的联盟常常会有一个或几个精英成员，他们往往是决策者，影响联盟的政策决定和操作运行。

联盟会议通常有一个特点，即进行带有强烈意识形态性的演讲和立场表达。会议的大部分内容是发展策略以实现小组目标，以及协调各方在这些策略的执行过程中的参与。联盟会议的互动有时又是遵照议会程序的规则以正式的形式进行的。尽管这里的议会程序不

40

像理事会和代表委员会中的议会程序那样严格，但是联盟中使用的议会程序可以提升组员的归属感和被包容感，这样才会使组员觉得自己有机会全面地参与到集体协商和决策中。

代表委员会

代表委员会的目标是协调和促进机构间的沟通和合作，研究社区层面的社会问题，参与集体社会行动，管理大型机构。代表委员会的成员是由资助机构指派或选举产生的。他们的主要职责是在委员会会议中代表这些资助机构的利益。代表委员会的另一种形式是代表大会，这种形式的代表大会通常规模更大。代表委员会的常见形式包括：

- 各个机构的代表，参加每月例会讨论如何改进机构间的沟通交流。
- 某一专业团体组织的各个分部选举产生的代表，参加机构财务预算会议。
- 各县选派的代表，参加州政府组织的家庭暴力研究工作小组。
- 县内各级家庭服务机构的代表参加年会。

在代表委员会中，一个重要的议题就是代表性的问题。委员会的每一名成员代表的是一个群体、一个机构或一个系统体系。这名成员通常被授权代表自己所属的组织发言。因为既然组织单位同意委派自己的代表参加委员会，就表示一般情况下，它们同意遵守代表委员会产生的决议。

确保代表委员会具有代表性，通常有几种方式。代表每个资助机构的代表人数应根据这个组织的规模或其重要性来确定。例如，立法团体在决定各级组织的代表人数时，要考虑每个选区、县、州的人口基数，根据比例确定每个选区的代表人数。

其他形式的委员会的代表性可以由某权威机构监管，以确保对委员会政策决议的控制权。例如，一个大型的社会服务部内的消费者委员会，更多的代表成员可能是机构职员，而不是被服务的案主，这样社会服务部便能够最终保持对委员会决议的控制权。

代表委员会所关注的问题通常是影响到多个机构、大部分人口或某大型地区的某一人群的宏观问题。代表委员会为来自各个组织的代表提供了一个有效沟通的平台，如果没有代表委员会，代表们可能就没有一种正式的沟通方式。例如，代表委员会为国家级、州级或市级的社会服务机构之间的沟通提供了平台。没有这个平台，这些机构就难以进行有效的沟通。这类委员会也可以是工会或专业团体组织治理结构的一部分，它们代表各种不同背景和区域的组织。

代表委员会可以以讨论为主要形式，也可以以行动为主要形式，或者采用两者结合的形式。例如，与白宫的老龄化会议相关的一系列代表委员会，会针对美国老年公民面对的问题进行探讨，并针对政府的应对措施提出建议。

代表委员会的构成方式有多种。一些是为完成临时性的任务工作组建的，采用了非正式的会议形式。另外一些最初是在某一特殊资助机构的支持和资助下形成的，后来慢慢地发展出了自己的组织特征、规则和程序，寻找到了机构资金来源。代表委员会的成员或是选举产生的，或是被指派的，而委员会的领袖常常是通过选举产生的。

　　因为委员会成员代表的是他们各自机构的观点、立场和利益，所以，这些成员通常代替他们的机构在委员会中发言行事。就委员会的程序这个议题，代表们要和自己的机构沟通。代表委员会的有效性取决于每个代表成员是否有能力在委员会和他们代表的机构之间建立有效的双向沟通。个体的代表成员并不一定需要高程度的自我袒露，因为他们的职责是在委员会中代表自己的机构这一群体，表达集体化的观点。

十、小结

　　这个引言式的章节为研究小组工作和小组工作实务提供了一个框架。小组工作是专业社会工作者在实务操作中的一个广泛的工作领域，它们服务于处在不同情境中的不同的案主群体。小组工作的定义包含了小组工作实务的范围，并且，它也容纳和接受了各种专业方法和服务目标。要想理解实务中存在的各种小组类型，就必须分清治疗小组和任务小组之间的界限。尽管治疗小组和任务小组的某些功能和目标有些重合，但它们两者之间还是存在很多差异的。

　　本章还厘清了实务工作中小组工作者经常遇到的各种类型的任务小组和治疗小组，详细说明了这些类型的小组之间的共性和差异。治疗小组与其他类型小组的区别在于它的六个主要目标：（1）支持；（2）教育；（3）发展；（4）诊疗；（5）社会化；（6）自助。

　　而任务小组的三个主要目标是区分九种任务小组的标志：（1）满足案主的需求；（2）满足机构的需求；（3）满足社区的需求。以满足案主需求为主要目标的任务小组包括团队、治疗会议、职员发展小组。以满足机构需求为主要目标的任务小组包括委员会、顾问会议、理事会。以满足社区需求为主要目标的任务小组包括社会行动小组、联盟、代表委员会。

第二章

小组工作的历史和理论发展过程

学习目标

- 明确小组工作实务在治疗小组中的发展历史
- 解释小组工作实务是如何在治疗小组中发展的
- 引用有关小组工作的社会科学研究得出的成果
- 区分不同的有影响力的小组工作理论

本章概要

小组工作实务和实务研究的成果：治疗小组

小组工作实务的知识：任务小组

社会科学研究的成果发现

有影响力的小组工作理论

小结

　　要想从更全面的视角了解在实务情境中运用小组工作的方法，就必须理解过去几十年小组工作的理论研究发展历史和其在实务中的运用。这样一个历史发展观的视角将会为小组工作者提供坚实的知识基础，帮助他们开展有效的小组工作实务。

　　有两种类型的研究大大地改善了人们对小组工作的理解认知。一种类型的研究是一百多年以来，由工作在不同领域的社会工作者和学者共同发展起来的，包括成年人教育学、咨询、心理学、精神病学、娱乐学科，以及社会工作领域等。另一种类型的研究是由社会科学研究者在实验室环境下进行的小组工作实验。这种类型的社会科学实验揭示了小组的基本属性和小组的过程。这两种类型的研究结果都推动和改善了小组工作的实务方法。

一、小组工作实务和实务研究的成果：治疗小组

尽管个案工作起源于 19 世纪后期英国和美国的慈善机构，但小组工作主要是从英国和美国的安置机构发展起来的。1889 年，简·亚当斯（Jane Addams）在芝加哥创立了第一个社会服务安置中心，应对新移民的同化问题（Singh & Salazar，2010）。在安置中心，大部分的生活技巧和自我倡导的能力培训都是在小组形式下开展的。小组工作的开创者还有约瑟夫·普拉特（Joseph Pratt），他在贫民窟中为肺结核患者提供服务；以及杰西·戴维斯（Jessie Davis），他主要在学校开展小组工作。这两位先驱都开创了运用强调赋权和倡导技巧的小组工作方法来实现社会正义的先河（Singh & Salazar，2010）。

在安置中心采用小组工作方法和在慈善机构采用个案工作方法并不是毫无根据的。小组工作和为开展小组工作提供实务环境的安置中心为市民提供了教育、娱乐、社交和参与社区的机会。在慈善机构中开展的个案工作强调的是针对穷人面临的问题的诊断和治疗，然而，安置中心却以小组的形式为市民提供聚会的机会，让他们分享各自的观点，获得互助，并利用由他们的联合所产生的力量推动社会变革。小组是社会团体和安置中心的核心组成部分。其工作重点是，通过接纳、建立友谊和团结来增进每个组员的福祉，并在公民机构、工业机构和社会机构中推进民主参与、社会公正、社会行动。例如，格蕾丝·科伊尔（Grace Coyle）的《小组行为研究》（*Studies in Group Behavior*，1937）一书就讨论了五个关于社会团体的案例。

但也有一些例外。例如，早在 1895 年，慈善机构运动中就有人意识到，在需要把穷人组织起来推动社会变革的同时，也需要为他们提供一对一的服务（Brackett，1895）。博伊德（Boyd，1935）指出，在州精神健康机构中，小组社会工作在实现机构的治疗目标中发挥了作用。

其他学科对小组工作的发展也发挥了重要作用。例如，1905 年，专治肺结核的普拉特博士，被认为是第一个使用小组工作方法的医生。在精神健康领域工作的早期学者做出的贡献还包括，拉泽尔（Lazell，1921）曾经使用心理教育方法治疗住院患者，马什（Marsh，1931，1933，1935）使用环境疗法、西兹（Syz，1928）使用"此时-此地"的方法治疗痴呆症患者。其他一些早期的心理动力的小组治疗师也对小组工作发展做出了贡献，例如，文德（Wender，1936）、希尔德（Schilder，1937）和斯拉夫森（Slavson，1940）报告了他们的临床小组工作经验。

安置中心和年轻人社会服务机构中的社交小组、成年人教育小组和娱乐性小组的小组工作者对小组工作方法也产生了浓厚的兴趣（McCaskill，1930）。而事实上，在小组工作

发展初期，"社团工作"这个词与"小组工作"这个词经常被交替使用（Slavson，1939a，p. 126）。

人们普遍认为，小组工作的发展历史比个案工作的短，但是开展小组工作的机构的成立其实只比个案工作机构的成立晚了几年而已。早在 20 世纪初期，社会工作学校就已经开设了小组工作的课程（Maloney，1963），而且，在那时社会工作者们就开始运用个案工作和小组工作方法。

个案工作很快就被认可为一种社会工作的专业方法，但小组工作一直到 1935 年的美国社会工作大会上才得到正式的认可。到了 20 世纪 40 年代，小组工作在社会工作中的专业认可度才得到普遍提高（American Association of Group Workers，1947）。虽然小组工作者在娱乐、成年人教育和精神健康领域的社会服务中专业地位仍然不是很高，但是在 1955 年小组工作者和其他六个专业团体联合组成了美国社会工作者协会后，这种情况得到了改善。

（一）个案工作和小组工作的差异

个案工作者依据心理动力学视角和观点，强调为案主提供具体的资源，而小组工作者依据小组活动激发组员参与。各种类型的项目活动是小组实现自己目标的载体（Addams，1909，1926；Boyd，1935，1938；Smith，1935）。诸如野营、唱歌、小组讨论、游戏和艺术手工等形式的小组活动，被用来实现娱乐、社会化、教育、支持和康复的目标。个案工作的主要目标是解决问题和康复，而小组工作开展的活动既可以娱乐也可以解决问题。因此，社会服务安置中心发展出来的小组工作方法与慈善机构发展出来的个案工作方法有不同的工作重心和目标。

在助人关系中，我们也可以清楚地发现个案工作和小组工作的差异。个案工作者帮助的是在工业化过程中被剥夺最严重的受害者个体，工作者为这类案主提供资源，并为案主树立有活力、勤奋的公民形象和行为模式，以帮助案主康复。

尽管小组工作者也为穷人和残疾人服务，但是他们并不仅仅关注那些最贫穷的或那些面对最多问题的人群。他们倾向于称呼自己的服务对象为组员，而不是案主（Bowman，1935）。小组工作者强调组员的能力，并不关注他们的弱点和不足。助人的过程被看作是建立一种共享关系，在这个关系中，小组工作者和组员一起努力，互相理解，针对社区共同的问题采取行动。一旦共同关心的问题被确认，组员们便互相支持、互相帮助，而工作者发挥媒介作用，在社会需求和组员的需求之间进行斡旋协调（Schwartz，1981）。

组员间的互动、权力的分享和共同决策对小组工作者提出了特别的要求，而个案工作者并不会经受这样的压力。小组成员的数量，组员是否会向其他组员寻求帮助，鼓励组员参与决策的民主过程等，都要求小组工作者具备个案工作者所不具备的一些知识和技能。小组工作者要使用自己的工作技能，干预复杂而又快节奏变化的小组互动，同时又得掌握每个组员的发展状况。舒尔茨（Schwartz，1966）用一句话就很好地总结了小组工作者在使用新的小组工作方法时的感受："他们人数众多，而我则是孤军奋战。"（p. 572）

　　早期的个案工作的著作强调的是通过认真研究、诊断和治疗来提升实务工作效果（Richmond，1917）。而早期的小组工作研究（Coyle，1930，1935）强调的则是小组会议产生的过程。例如，格蕾丝·科伊尔是最早出版小组工作相关著作的作者之一，她在 1930 年出版了《有组织的小组中的社会过程》（*Social Process in Organized Groups*），而最早的个案工作著作是玛丽·里士满（Mary Richmond）于 1917 年发表的《社会诊断》（*Social Diagnosis*）。

　　在整个小组工作的发展历史中，小组过程一直保持着其重要性。小组工作者始终要考虑如何在小组中最大限度地利用来自不同背景的组员间的互动产生的独特的机会。因此，小组工作者既要关注小组整体，也要关注个体组员。

（二）干预目标

　　小组工作在启发集体行动（Follett，1926）和倡导民主生活（Slavson，1939b）方面发挥的重要作用，是小组社会工作发展初期的一个重要基础。例如格蕾丝·科伊尔的著作用大量篇幅讨论社会行动、社会变革和社会公正（Coyle，1935，1938）。因此，小组工作有两个起源，一是关注个人改变的早期小组治疗，二是为实现教育和社会变革而在教育、娱乐性的社团和社会服务安置中心开展的小组工作。如今，传统的安置中心的小组工作方法，在发展中国家的社区中心仍然被大量应用（Yan，2001）。

　　20 世纪的四五十年代，在精神健康机构中，小组工作者开始频繁地应用小组工作方法为患者提供治疗和缓解其症状。小组以发展认知为导向，侧重对组员的问题进行诊断和治疗，而不是依赖小组活动来解决问题（Konopka，1949，1954；Redl，1944；Trecker，1956）。

　　强调小组工作在治疗和缓解问题方面的作用，一方面是因为受到了弗洛伊德学派的心理分析和自我心理学派的影响，另一方面是因为第二次世界大战造成受到专业培训的社会工作者数量严重不足，无法为饱受精神创伤的退伍士兵提供精神健康服务。而且，弗里茨·雷德尔（Fritz Redl）和吉塞拉·克那普卡把小组工作服务纳入儿童指导的临床工作中，这也进一步强调了小组工作的重要性。到了 20 世纪 50 年代，在精神健康领域中使用小组工作方法的实务工作越来越多。一个国家级研究所在 1955 年就这个主题编写的一本会议论文集可以证明这一点（Trecker，1956）。

　　尽管在 20 世纪四五十年代，越来越多的社会工作者使用小组工作方法，以提高个体组员的社会功能，但是小组工作仍然被认为是实现娱乐和教育目标的重要工作方法，尤其是在犹太人社区中心和青少年组织中，例如女童子军和基督教男青年会。20 世纪五六十年代，在邻里服务中心和社区机构中，小组工作方法也为实现社区发展和社会行动目标服务。同时，把次小组作为一种社会现象的研究也日益增多。例如，在 1947 年，库尔特·勒温（Kurt Lewin）和他人一起创建了国家培训实验室（National Training Laboratories，NTL），重点研究小组动力学，运用 T 小组（培训小组）来帮助行政管理者和其他小组领导者理解小组动力，并帮助他们学习如何更有效地带领小组。国家培训实验室在 20 世纪五六十年代得以蓬勃发展，然后在 70 年代经历了衰退期。如今，它仍然在孜孜不倦地践行着自己的宗旨和使命。

（三）小组工作的衰退期

20 世纪 60 年代，大家对小组工作服务的热情开始减退。这一点从一些知名的项目中可以看出，例如著名的青年动员实验项目（Weissman，1969）。威斯曼写道："青年动员实验项目的策划者并不认为小组工作会在打击犯罪中发挥重要作用。"（p. 180）人们认为，提供工作培训项目和教育机会比提供小组服务更重要。只有在社区机构里，当小组工作者在组织青少年和成年人聚合起来共同关注某些重要的社会问题时，他们的工作技巧才会发挥重要作用。

另外，在 20 世纪 60 年代，社会工作学校便开始提倡通才视角，以及削弱个案工作、小组工作和社区组织工作的专业化趋势，这就导致小组工作在专业学校得不到重视，而且那些最初把小组工作设为自己主要实务模式，并接受小组工作专业训练的学员的数量大大减少。以上这些因素导致了 60 年代小组工作发展的衰退。而通才实务的逐渐流行无意中也把个案工作方法的重要性置于小组工作和社区组织方法之上。

47

到了 20 世纪 70 年代，大家对使用小组工作方法的兴趣继续减弱。只有几个专业学校提供高级的小组工作课程，少数社会工作者会在实务中使用小组工作方法。为了提升社会工作者对小组工作方法的潜在优势的认知，1979 年，美国和加拿大的小组工作者们聚在一起，召开了第一届年度小组工作推广专题研讨会。此后，这种会议每年举行一次。研讨会吸引了来自美国和其他国家的小组工作者。他们在研讨会上发表自己的临床发现、研究结果，并根据在自己社区里开展的小组工作，举办工作坊介绍自己的实务经验。

在接下来的几十年里，人们一直努力在社会工作专业中振兴小组工作的发展运用。小组社会工作促进协会（AASWG）已经发展为一个国际性组织，下设很多地方性分会。除了资助每年的研讨会，小组社会工作促进协会还有专人负责联络社会工作教育委员会，在各个社会工作学院中推广小组工作的教程大纲开发。小组社会工作促进协会还制定了小组工作课程的教育标准，并向社会工作教育委员会的教育政策委员会提交相关依据。

尽管大家为振兴小组工作做了各种努力，但是帕特南（Putnam，2000）还是指出，大众在志愿性团体中参与度的减弱，以及他们对参与各种形式的形成性小组或自然小组的热情的减退，会一直持续到 21 世纪。帕特南（Putnam，2000）认为以下几个因素造成了这样的情况：（1）时间和金钱的压力；（2）人员的流动性和懒散的精神状态；（3）科技和大众媒体的可获得性。在讨论这些现象造成的危害时，他特别强调了人力资本的重要性和动员大众重新参与到各种类型的社会组织中的重要性。

一些社会工作学院根本找不到合格的老师教授小组工作课程，即便机构在开展小组工作时，采用的基本都是第一章介绍的各种类型的治疗小组工作方法。任务小组工作方法，例如团队、治疗会议，在实务工作中也有相同的重要性。而且，可能会有越来越多的机构采用任务小组工作方法，因为人们开始重视服务管理，并且更多的资助方要求增加协调服务的内容。对全面质量管理的重视，鼓励全员参与，削弱官僚管理方法，这些都会吸引更多的机构采用委员会和其他形式的任务小组工作方法（Johnson & Johnson，2013）。因此，为了在社会工作学院和其他相关学科的教育部门推动小组工作的课程发展，我们还需要付出更多的努力。

（四）当前的实务趋势

治疗小组

帕佩尔和罗斯曼（Papell & Rothman，1962）发表了一篇对社会工作实务有深远影响的文章。这篇文章总结了小组工作实务的三种历史发展模式（见表 2.1）：（1）社会目标模式；（2）治疗模式；（3）互惠模式。尽管近些年这三种模式不断扩展，又包含更多其他模式，但是这三种模式仍然是治疗小组工作实务的基础。

> **研究型实务**
>
> 行为：运用研究成果，并把这些成果引入实务中，以指导实务工作和改善服务提供方式。
>
> 批判性思考问题：明确小组工作实务的三种历史发展模式。如今的小组工作中是如何运用这三种模式的？

48

表 2.1　小组工作的三种模式

指定特征	社会目标模式	治疗模式	互惠模式
目标和目的	社会觉悟，社会责任，知情公民，知情的政治和社会行动	协助有行为障碍的组员恢复功能和康复	在组员中建立一个互助系统，以帮助他们最大限度地适应变化和实现社会化
机构	社会服务安置中心和邻里中心	正式的机构环境，临床门诊或住院机构	兼容临床门诊和住院机构，以及邻里和社区中心

续表

指定特征	社会目标模式	治疗模式	互惠模式
工作重心	大社会、邻里和社会环境下的个人	解决问题，提升处理问题的技巧	在所有组员中建立一个自助和互助系统
小组工作者的角色	角色示范者，发展责任公民的使能者	促进改变的经纪人，参与研究、诊断和治疗，以帮助组员达到个人治疗目标	在组员的需求、小组需求以及更大的社会需求之间进行协调的中间人 提供那些不向组员公开的数据
小组类型	公民、邻里和社区居民	不能充分发挥功能的案主，需要有人帮助他们解决生活上的问题	一起解决共同关心的问题的合作伙伴
小组采用的工作方法	讨论、参与、达成共识，制定和实施小组任务，应用社区组织和其他服务项目与行动技巧来帮助组员获得有关社会行动、社区生活和改变的工具性技能	结构性的练习，来自小组内部和外部的直接或间接的影响，帮助组员改变行为模式	共享权力，借此组员可以讨论问题，互相支持，形成一个有凝聚力的社会系统，共同从中受益

（1）社会目标模式。

社会目标模式强调把组员聚合起来实践民主的社会价值观。这个模式重视文化的多元化和小组行动的力量。在安置中心和青少年组织中，例如女童子军、基督教男青年会、犹太社区中心等，小组工作者过去一直使用这个模式，而且它仍然被广泛地应用在这类机构的实务中。社区机构和发展组织中的小组工作者也使用这种模式，以此改变社会规范和社会结构，增进所有公民的福祉。

在这个模式中，小组工作者扮演使能者的角色，他们利用项目活动，例如野营、讨论及对民主过程知识的讲解把组员组织在一起。小组工作者还通过帮助组员进行集体决策，利用集体的力量使社会对他们的需求做出回应，来赋权组员。例如，麦高恩和彭内尔（Macgowan & Pennell，2001）解释了他们是如何应用社会目标模式赋权家庭成员，帮助他们制订改变计划的。这个模式被作者称为"家庭小组会议"。克莱因（Klein，1953，1970，1972）和特罗普（Tropp，1968，1976）的著作详细地定义了社会目标模式。特罗普强调的是应用小组发展的方法赋权组员，使他们达到他们自己设立的目标。他坚决反对由小组工作者为组员设立目标，他认为小组工作者应当鼓励组员朝着他们共同设立的目标前进，这样组员才能获得成长。克莱因认为，保持组员的需求和成长环境的一致性非常重要。和特罗普的观点一致，克莱因也强调组员的自主性，强调他们有能力自由地追求自己设立的目标。米德尔曼（Middleman，1980，1982）还提出了小组项目活动的重要性，这一观点对社会目标模式发展也做出了贡献。而布雷顿（Breton，1994，1995，1999）、诺斯科和布雷顿（Nosko & Breton，1997 - 1998）、科恩和马兰德（Cohen & Mullender，1999）、科克斯（Cox，1988），科克斯和帕森斯（Cox & Parsons，1994）、李（Lee，2001）、蒙德鲁斯和威尔逊（Mondros & Wilson，1994）、马兰德和沃德（Mullender & Ward，1991）、帕森斯（Parsons，1991）、彭内尔（Pernell，1986）对社会目标模式发展做出的重大贡献在于，他们都指出了赋权策略在小组工作中的重要性。当代的小组工作者仍然在他们的实务工作中使用社会目标模式，特别是在社区组织工作、赋权领域和互助小组中，这种模式被小组工作者们频繁使用（相关案例可见 Pyles，2013；Western，2013）。

（2）治疗模式。

治疗模式的目标是通过帮助案主改变他们的行为来实现案主社会功能的恢复或个体康复。小组工作者扮演的是一个促使案主改变的经纪人的角色。他们以小组工作为干预方法，帮助小组完成由全体组员、小组工作者和社区一起制定的目标。治疗模式采用以领导为中心的方法开展小组工作。在小组工作过程中，小组工作者利用逐步地解决问题、以任务为中心或行为治疗等方法，积极地进行干预。在讨论小组工作的治疗模式时，人们经常会提起加文（Garvin，1997）、罗斯（Rose，1998）和文特（Vinter，1967）。随着学者们越来越关注有时间限制、以目标为中心的实务工作和可测量的治疗结果，这种模式在近些年的小组工作的文献中被频频提及（Conyne，2010；Delucia-Waack，Kalodner，& Riva，2014；Kleinberg，2012；LeCroy，2008）。在住院机构和社区机构中，这种模式被广泛地应用在针对有严重行为问题和社交能力障碍的案主的服务中。

作为一种经济有效的、可替代长期个人和小组心理治疗的方法，有时间限制和高度结构化的治疗小组还被越来越频繁地应用到管理式的护理机构的环境中（Conyne，2010；Delucia-Waak，et al.，2014；LeCroy，2008）。针对管理式护理公司的主任和前线工作者的一项调查显示，这个趋势将在未来几年里变得更加明显（Taylor & Burlingame，2001）。尽管这项调查指出，社会工作者比心理学家和精神病学家更加熟悉如何使用短期的、结构化的小组工作模式，但调查也同时表明，无论来自哪一学科领域，社会工作者们都熟知如何使用传统的、以过程为导向的、长期的小组工作模式，并且他们在使用这种传统模式时更得心应手。这也就意味着，在开办短期的、结构化的治疗小组方面，我们还应该开发更多的研究生和本科生教育课程，以及在岗培训课程（Taylor & Burlingame，2001）。

（3）互惠模式。

帕佩尔和罗斯曼（Papell & Rothman，1962）提出的第三种模式——互惠模式，有时也被称为"互动模式"或"互助模式"（Reid，1997；Gitterman & Shulman，2005；Shulman，2016）。这个模式名称的由来是它强调组员和外部社会之间的互惠关系。组员既可以影响他们所处的环境，也会受到这个环境的影响。小组工作者的角色是协调者，要帮助组员在他们的需求和社会需求之间找到平衡。此外，小组工作者还起到为小组寻求资源的作用，他们一边促进小组发挥功能，帮助组员形成一个互助系统，一边帮助组员寻找新的途径应对和适应社会环境需求。

在治疗模式中，小组工作的目标是帮助个体组员解决具体的问题。与之不同，互惠模式鼓励小组工作者运用小组工作程序在小组整体中培育一个治疗性的环境。互惠模式还鼓励小组工作者帮助机构和更大范围的社区更好地理解个人的需求，从而满足个人的需求。在以小组为中心、过程为导向的小组工作实务中，吉特曼和舒尔曼（Gitterman & Shulman，2005）、舒尔茨（Schwartz，1976）、舒尔曼（Shulman，2016）的著作都享有盛名。其他学者，例如布朗（Brown，1991）、格拉斯曼和凯茨（Glassman & Kates，1990）、斯坦伯格（Steinberg，2014），还有沃瑟曼和丹弗斯（Wasserman & Danforth，1988）对这种小组工作实务模式也做出了重大的贡献。

（五）分散和整合性的实务模式

由于小组的目标和所处环境，以及小组所面临的任务各有不同，所以，目前存在各种模式的小组工作方法。尽管这些小组工作方法重心各异，但是它们都发挥了同样有效的作用。小组工作实务有着折中的特点，即它对各种各样教育性的、娱乐性的、精神健康性的和社会性的需求都做了回应。例如，治疗模式的目标可能更适合某些群体和某些情境，如酗酒和吸毒治疗中心、青少年犯罪管教所；互惠模式可能更适合支持性小组，这类小组的目标是帮助组员应对生活中的困难和压力。互惠模式还适用于推动自助小组发展，在这样的小组中，组员面对共同的问题，互相分享自己的经历，并互相提供支持和接受帮助。例如，在一个名为"珍惜每一天"的由癌症患者组织的医疗性自助小组中，组员们会互相帮助，共同为战胜疾病努力。小组会鼓励组员分享自己的困难、经历和他们各自的家人朋友的反应。

各种实务模式都具有有效性，并适用于不同的情境。这就表明，小组工作者应该根据小组的目标、目的和小组任务，选择不同的小组工作方法。里德（Reid，1981）对小组工作发展历史做了一个全面的回顾，他发现，在美国现存的小组工作实务中，小组工作者通常会使用不止一种实务模式。而且，在未来的小组工作中，小组工作者们仍会继续使用几种实务模式，以完成不同小组的目标和任务。

还有学者尝试把几种不同的实务模式整合起来（Papell，1997）。例如，帕佩尔和罗斯曼（Papell & Rothman，1980）提出了小组工作实务的一种"主流模式"，这种模式把各种实务模式的要素结合了起来。他们指出，在组员间培育一个互助系统，是很多表面上存在分化的实务方法共同具有的一个要素。他们还指出，小组发展和随着小组的发展为增加组员自主权而建立的小组结构，也是大多数小组工作实务的概念化过程中的共同要素。

艾丽西（Alissi，2001）描述了这个主流模式的几个核心要素：（1）民主价值观，包括自愿组成小组、集体讨论、集体决策和行动、文化多元、个体自由和自主，以及推动共同福祉的社会责任；（2）既重视个人的福祉，又关注社会的进步；（3）体现组员需求、兴趣和期望的项目活动；（4）次小组发挥的作用；（5）强调小组工作者与组员合作产生的力量，而不是小组工作者为组员服务的结果。

同样，在考量社会工作专业中小组工作的历史、现状和未来的发展方向时，米德尔曼和伍德（Middleman & Wood，1990）也提出，存在一种将各种模式在实务工作中整合起来使用的模式。他们认为，小组工作的主流模式应该包括：（1）小组工作者帮助组员发展一个互助系统；（2）小组工作者理解、重视和尊重小组过程，因为它是变革的重要动力；（3）小组工作者帮助组员获得能力，从而使他们在小组内和小组外的社会环境中发挥自主性功能；（4）小组工作者帮助组员"在结组的时候，再次体验他们团体性的力量"（p.11）。米德尔曼和伍德最后指出，一些临床小组只提供针对个别组员的一对一的工作，这样的模式不应该被包括在小组工作的主流模式之内，因为这种模式并没有发挥出小组整体的力量在带来治疗性变化上的作用。

（六）循证小组工作实务

小组工作实务的知识库不仅包括来自前线小组工作者的经验，还包括已出版的案例研究或工作坊中被介绍的案例。而且，实务工作者和实务工作研究者们的通力合作也对实务工作的知识发展做出了重要贡献。实务研究形式有很多种，包括对实务工作者的问卷调查、定性调查、针对小组工作模式和项目活动的定量田野调查。在实务中收集数据的方法很多样，包括简捷快速的数据收集方法和通过抽样的、有参照组的调查收集数据的复杂方法。例如，为收集小组体验这方面的数据，简捷快速的方法包括定期向组员分发问卷，或者在最后一次小组会议上向组员收集此类信息。而遵循严格程序的、非常耗时的数据收集方法包括对小组工作实务进行随机的田野调查。我们将在第十四章中对这些数据收集方法进行具体探讨。

有一些实务工作研究者还发展了其他数据收集方法，即对某一主题的各类研究的结果进行汇总，从而得出数据。这类研究被称为"综合分析"研究，例如针对抑郁症和创伤后应激障碍患者的小组工作的各类研究。当从综合分析研究中得出更多数据的时候，以及有更多的数据被提供给综合分析研究时，指导开展循证的实务工作就有了依据。因为实务工作者通常没有时间自己查阅回顾文献，所以，这些方法对繁忙的实务工作者们非常有帮助。这也鼓励实务工作者们可以把已有的循证实务工作指南应用到自己的工作中。如果综合分析研究提供的证据不足，或证据之间存在矛盾，又或者存在多面性繁杂的问题，小组工作者要运用批判性的思维方式，并寻求专业督导，这有助于小组工作者最大限度地使用这些已有证据。

　　如果你带领的小组中的组员面对着某一特殊问题，你可以就这个问题自己做一个文献回顾，这样既可以对文献提供的证据的质量做出判断，又能发现那些已被实务检验过的、也许可以在自己的实务工作中使用的项目活动。图书馆有很多可检索的数据库，包括文章、著作和书目。如果没有条件获得这样的资源，也可以使用谷歌学术搜索，还可以检索政府机构提供的其他形式的数据库资料。例如，美国药物滥用和精神健康服务管理局（SAMHSA）开发的"治疗改善方案"（Treatment Improvement Protocols，TIPS）和其他数据资源。此外，在本地图书馆或各图书馆间的借阅系统中，也可以很方便地获得循证的具体操作手册（案例请见 LeCroy，2008）。

　　但同时，获得某些循证数据的困难仍然存在。例如，伯林盖姆（Burlingame，2010）就注意到，很少有研究会针对如何汇总小组实务工作的实证信息并将这些信息传播给小组工作者这样的主题。而且，资助机构对实务论文的要求不断增加，这也干扰了实务工作者成为循证工作者。因此，我们还需要做出更多的努力，帮助实务工作者们更有效地使用循证实务方法。

（七）心理教育、结构化的实务模式的流行

　　目前还出现了一个日渐明显的趋势，那就是短期的结构化的小组工作模式被运用到了实务中。例如针对抑郁症患者、饮食失调者和其他种疾病患者开办的小组（Barlow，2013；Bieling，McCabe，& Antony，2006；Conyne，2010；DeLucia-Waack，et al.，2014；Kaduson & Schaefer，2015；Kellner，2001；Langelier，2001；LeCroy，2008；McFarlane，2002；Riess & Dockray-Miller，2002；Roffman，2004；Rose，2004；Velasquez，Maurer，Crouch，& DiClemente，2001；Waterman and Walker，2009；White & Freeman，2000）。一些学者，包括比林（Bieling，2006）及其同事，步调一致地在他们的著作中强调如何使用小组动力解决个人问题。然而，主流模式并不适用于其他小组。因为在很多小组工作实务中，小组只是被用作一种工具来治疗多个个体，而不是把小组及其动力作为一种推动改变的媒介。由于实务研究的资助机构通常倾向于支持或要求小组采取结构化的短期干预方案，因此，以小组为中心、鼓励互动的、长期的小组实务模式的研究在文献中并不多见。实务工作者和实务工作研究者意识到这一情况也很重要。

　　在本书的第一版中，特斯兰和里瓦斯（Toseland & Rivas，1984）有一个初步的计划，即消除以下两种不同的小组模式之间的差异：领导为中心的短期的、结构化的小组模式；组员为中心的长期的、松散的、互动和互惠的小组模式。无论第一版还是这一版，本书所要表达的是，尽管指导实务工作的理论各有不同，但社会工作实务的知识体系、价值观、工作技巧和过程等核心内容都会得到详细介绍，因为这些是构成专业的合格的实务工

作的关键。本书的一个目的是展示小组作为一个整体是如何推进组员和社会的变化的。在小组环境中，有时需要为个体组员提供一对一的服务，但是只有当小组工作者把小组看成一个整体，邀请并鼓励所有组员都参与到帮助解决某个组员的问题的活动中的时候，这种一对一的方式才是可取的。

　　本书另外一个目的是介绍各种类型的小组和实务模式，我们强调，没有任何一种类型的模式是可以适用于所有类型的小组工作的。选择何种模式和何种小组结构类型应该取决于小组要解决的问题的特质和领导的互动模式中的多个因素。这一点将在第四章中具体介绍。很显然，在以道德实践为目标、以保险报销为目标，以及以其他的目标为主的小组工作中，提供循证依据是必须的。然而，我们也不应该忽视那些并没有很严格的证据来检验有效性的小组实务模式，例如以强调互助互惠、心理动力能量和组员能力为本的实务模式。从前线工作者的真正的实务经验中收集实证数据意义重大，意识到这一点非常重要。但是，针对很多问题，目前研究者们还没有发现足够的实证资料，以支撑到底使用什么样的实务模式才更有效。更重要的是，工作在前线的实务工作者们已经意识到，组员带来的问题会非常复杂。这些问题不会恰好可以被确定并归入某种诊断的类型。组员可能经历过发生在儿童期的恶性事故，可能面对着成年期的精神创伤、感情依恋障碍、学习障碍、健康问题、应对困难的技能限制、文化差异、环境资源的缺失，以及其他影响有效开展小组工作的因素。循证干预活动能发挥巨大的作用，但它们通常针对的是非常具体的、被精确定义的问题，而这些问题是在随机干预调查实验中依照特定的筛选标准被仔细地挑拣出来的。问题的特质对干预性研究非常重要，但是组员的问题通常具有多面性和复杂性，因此某个单一的工作模式可能只适用于部分问题。批判性地融合各种模式，为不同的问题选择合适的工作模式，为每一个组员和每次小组会议产生的特殊的小组动力制定有针对性的干预策略，这些对经验丰富的实务工作者来说就是实务的艺术。因此，考虑到每一个组员的特殊情况和小组整体的特质，干预计划需要是个性化的、互动的、不断被修改的。循证干预工作只是出色的小组工作实务的一部分。

二、小组工作实务的成果：任务小组

　　自一百多年前社会服务安置中心和慈善机构开始使用小组工作方法以来，任务小组就常常在社会机构中被运用。任务小组和治疗小组的区别在小组工作的发展初期并不存在，那时，小组工作被同时用于实现治疗和完成任务两种目的。近年来，我们才对任务小组和治疗小组做了区分。在小组工作发展初期，1939—1955 年出版的《小组》（*The Group*）和 1952—1977 年出版的《成人领导力》（*Adult Leadership*）两本杂志都大量刊登了关于主持任务小组的文章。

到了 20 世纪 60 年代和 70 年代，除了极个别的几篇文章（Brill，1976；Trecker，1980），关于任务小组的研究慢慢减少。但是到了 80 年代和 90 年代，大家对任务小组研究的兴趣又恢复了，大家再次提到了参与式管理实务的重要价值（Gummer，1991，1995）。例如，德卢希（Dluhy，1990）、埃佛罗斯和瓦西里（Ephross & Vassil，2005）、法杜和罗斯（Fatout & Rose，1995）、特朗普曼（Tropman，2014）都对任务小组研究文献发展做出了杰出贡献。

随着越来越多的机构使用参与式管理和团队方法提供服务，为任务小组工作提供专业知识和实证数据的需求变得非常迫切。本书的目的之一就是希望能填补这方面的空白。

研究型实务

行为：在分析定性研究方法、定量研究方法以及研究结果时，使用批判性思考。

批判性思考问题：目前有大量的小组工作研究。社会工作者如何评估这些研究得出的结论？

三、社会科学研究的成果发现

社会工作者们时常会批评说，由社会科学工作者们进行的研究发现在实务情境下并不适用。一些社会科学工作者是在实验室的环境下开展研究的，他们设计模拟环境，包括组建短期小组，使用人为假设的问题，邀请没有此类问题的学生参加小组。尽管存在这些不足，但是由于可以对实验室环境下的研究进行准确控制，社会科学工作者们还是能够检验出不同类型的小组是如何运作的。而且，这类研究结果也会帮助实务工作者对有效的和负效能的小组动力关系发展过程有更深刻的认识和理解。

社会科学工作者们还使用自然观察法研究社区小组的运作。一些经典的观察研究包括由贝尔斯（Bales，1955）、勒温（Lewin，1947，1948）、勒特利斯贝格尔和迪克逊（Roethlisberger & Dickson，1939）、斯拉舍（Thrasher，1927）、怀特（Whyte，1943）完成的研究。尽管自然观察法的社会科学研究没有实验室情境下的研究那样精确，但是前者却弥补了实验室研究的一些缺陷，为理解小组工作发展提供了很多新的视角。黑尔（Hare，1976）指出，针对小组工作科学性的研究始于 19 世纪末 20 世纪初。当时，一个基本的研究问题是，小组参与能在多大程度上影响到个体组员。这个问题至今仍受到学者们的广泛关注。例如，特里普利特（Triplett，1898）研究了自行车比赛中选手们之间的相互影响。他发现，某个选手的竞争水平很显然会受到比赛中其他选手表现的影响。泰勒（Taylor，1903）发现，如果为工人消除了必须遵守其他工友们的工作标准的压力，这些工人的产量就会提高。这些早期的研究都证明，小组其他组员会对个体组员造成重要的影响。其他组员的在场会形成一种压力，要求小组的成员遵守预期的行为标准。

还有一些早期的社会科学工作者发现了小组对个体组员行为的影响。勒庞（LeBon，1910）把小组互动中产生的力量称为"小组感染"和"小组意识"，指出人们在小组中的表现与他们在非小组中的表现是不同的。麦克杜格尔（McDougall，1920）进一步延伸了小组意识的概念。他提出小组是作为实体存在的，并且提出了作为整体的小组所具备的一系列特征。这些特征可以作为单独的现象进行研究，而且这些特征与组员在非小组环境下的行为表现的特征完全不同。

初级小组这个概念也是对小组开展研究的一个重要贡献。库利（Cooley，1909）把初级小组定义为小型的非正式小组，例如家庭小组或朋友小组，这样的小组对组员价值观、道德标准和行为范式都有巨大的影响。因此，初级小组被认为是理解人的社会化和发展的关键。

在 1905 年到 1920 年间，几乎没有关于初级小组过程的研究著作出版。但在第一次世界大战之后，相关的研究才慢慢多了起来（Hare，1976）。那个时期相继出现了好几个实验研究证明小组对组员的判断和行为表现有着重大的影响。例如，奥尔波特（Allport，1924）的研究发现，其他人的在场能提高任务的效绩。谢里夫（Sherif，1936）和阿希（Asch，1952，1955）的研究发现，组员在很大程度上会受到其他组员的观点的影响。关于小组影响的更多研究，参见福赛斯（Forsyth，2014）的文章，或直接参考他文中列出的原始文献出处。

第一次世界大战后，社会科学工作者们开始研究在社区中开展的小组工作。最早在自然情境下开展小组研究的社会科学工作者之一是弗雷德里克·斯拉舍（Frederick Thrasher，1927）。他的研究对象是芝加哥地区的青少年犯罪帮派组织，通过和这些帮派成员交朋友，他可以从内部观察帮派组织的运作。他发现，每个组员在其组织中都有不同的地位，这个地位与这个组员在帮派组织中担任的功能角色有关。斯拉舍还注意到了帮派组织发展出来的文化，这是每个组员都要遵守的共同规则。这些规则通过对组员灌输小组的观点、强制和体罚等方法不断得到强化。斯拉舍、肖（Shaw，1930）、怀特（Whyte，1943）的研究都对如何在社会服务安置中心、邻里中心和青少年机构中开展小组工作产生了重要影响。纽斯泰特、费尔德斯坦和纽科姆（Newstetter，Feldstein，& Newcomb，1938）合作进行的自然观察研究是针对夏令营中的男生小组的，他们的研究成果也对小组工作实务的历史发展做出了贡献。

后来，谢里夫和同事们（Sherif，1956；Sherif & Sherif，1953；Sherif，White，& Harvey，1955）通过对夏令营中的男生小组进行观察，展示了凝聚力和小组间的敌对情绪是如何在小组中发展演变的。如果这些小组在一起共同活动的时间较长，并且组员有共同的目标，例如在拔河比赛中获胜，那么这些小组就可以发展出合作关系。他们会相互认同，感到自己和队友是团结的。同时，小组的对抗也会加剧。把来自不同小组的男生聚合在一起，只会加剧他们之间的紧张关系，这样的紧张关系可能会一直持续到这些组员需要同心协力完成一个新任务的时候，才会慢慢缓解。

通过在工厂和军队环境中进行研究，社会科学工作者对小组中人们的行为有了更进一步的认识和理解。所有在工厂环境中进行的社会科学研究里，最有名的是在芝加哥的西北电力公司霍桑工厂进行的经典系列研究（Roethlisberger，1941；Roethlisberger & Dickson，1939，1975）。这一系列研究考察了实行新的计件工资激励制度是否可以提高组装电话设备的工人的生产率。这个激励制度的设计理念是一个小组工人的工资增长会使小组中的其他工人受益。管理方认为，如果所有组员都会从生产率的提高中受益，这样的制度就会激励个体组员提高生产率，从而提高小组整体的士气。

研究结果表明，小组中还形成了一个非正式的小组。尽管同样有提高组员和小组的工资的可能性，但这个激励制度并没有提高这样的小组中组员的生产率。日常工作中的非正式规则也会支配组员的行为，这种规则确定了一天的正常工作量应该是多少。那些生产率最高的组员被嘲讽为"计件狂人"，而那些生产率最低的组员被称为"偷工减料者"。有时候，如果有组员不服从大家公认的正常工作量安排，他们可能会受到更严重的惩罚——"敲打"，即人们使劲地击打他们的胳膊，并口头警告他们要遵守大家公认的规则。

在第二次世界大战期间，对作战部队的研究也进一步确认了次小组对组员行为的强大的影响力。例如，在针对士兵作战能力的研究中，谢尔斯（Shils，1950）和斯托弗（Stouffer，1949）发现，对敌人的憎恨和爱国情怀只是在部分程度上支撑了普通士兵的作战勇气。研究还揭示了士兵对自己所在的作战部队的忠诚提升了他们的作战士气，并且支持他们在激烈的战争中继续战斗。

56

在20世纪50年代，对次小组的研究有了爆发式增长。贝尔斯（Bales，1950），詹宁斯（Jennings，1947，1950），勒温、利比特和怀特（Lippitt & White，1939），以及莫雷诺等人（Moreno et al.，1934）的早期研究大大地激发了大家对任务小组和治疗小组的研究兴趣。卡特莱特和赞德（Cartwright & Zander，1968）、福赛斯（Forsyth，2014）、黑尔（Hare，1976）、基斯勒（Kiesler，1978）、麦格拉斯（McGrath，1984）、尼克松（Nixon，1979）、肖（Shaw，1976）等人的著作对这一时期的一些重要研究发现进行了总结。这些对小组动力学和小组领导力的研究将在第三章和第四章得到详细介绍，在这里就不细述了。

在20世纪60年代前就发展出来的次小组的研究主题包括强制力，服从，沟通和互动模式，以及小组发展、领导和社会认知。如今这些仍然是社会科学工作者们研究次小组动力学的主题（Forsyth，2014；McGrath，Arrow，& Berdahl，2000）。然而，新的主题也在慢慢出现，包括：性别和多元性对小组发展的影响（Forsyth，2014，Yuli & Brewer，2014）；团队工作研究（参见Levi，2014）；把电脑技术应用到决策系统中，并使用电话、影像和网络等技术把不能亲自参加小组的人们组织起来，建立虚拟小组（Toseland，Naccarato，& Wray，2007）。

四、有影响力的小组工作理论

通过多年来在实验室和自然环境中进行的次小组研究积累起了丰富的经验知识，在此基础上，小组现象的研究者们开始发展更全面综合的理论，以解释小组的功能。大量的理论随之出现了（Douglas，1979）。本章将介绍六种最重要的理论：（1）系统理论；（2）心理动力学理论；（3）学习理论；（4）场域理论；（5）社会交换理论；（6）建构主义、赋权和叙事理论。尽管全面的系统理论知识是所有小组实务的基础，但本书总结的其他五种理论也对小组工作实务产生了重要影响。随着实务工作者不断积累经验，他们会意识到，这五种理论也会不断丰富他们在不同需求和不同背景的小组中的工作经验。

（一）系统理论

系统理论把小组理解为一个由多个互动个体组成的系统。在研究小组功能的众多理论中，系统理论可能是被应用最多且最广泛的理论（Anderson，1979；Olsen，1968）。几位有影响力的理论学家从理论角度把小组概括为一个社会系统。

帕森斯（Parsons，1951）认为，当小组作为一个整体发挥功能时，小组是由几个互相依存的组员组成的社会系

> **评估**
>
> 行为：把人类行为和社会环境理论、人在情境中和其他多学科的理论框架应用到案主和社区环境的数据分析中。
>
> 批判性思考问题：目前有大量不同的理论被应用到研究人们在小组中的行为表现这个主题中。其中，主要理论有哪些？它们各有什么区别？

统，以期维持小组秩序和平衡稳定。为保证实现小组目标和维持小组平衡，小组要不断地面对压力。为了生存，小组必须要调动资源，并行动起来，以满足不断变化的需要。帕森斯、贝尔斯和谢尔斯（Parsons，Bales，& Shils，1953）认为，对于像小组这样的系统，一般要完成四个主要功能性任务：（1）整合——确保组员之间能和谐相处；（2）适应——确保小组能为应对小组所处的环境要求而做出改变；（3）保持小组工作模式——确保小组能明确并保持它们的基本目标、小组的身份认同和工作程序；（4）实现目标——保证小组努力争取并实现它们的目标。小组必须完成这四种功能性任务，才能维持好小组的平衡。完成这些任务的具体工作由小组工作者和组员承担。他们一起行动以使小组得以生存和发展，当小组目标实现时，小组工作者和组员也会获得满足感（Mills，1967）。为了做到这一点，组员要不断观察和评估小组工作的进程，并采取行动以避免出现问题。小组生存的可能性取决于三个因素：环境的需求、组员在多大程度上能够认可小组的目标，以及组员对完成小组目标的信心有多大。小组只有克服各种困难并成功地完成功能性任务，才可以

尽力维持它的平衡稳定。

另外一个重要的系统理论学者罗伯特·贝尔斯（Robert Bales）对小组的社会系统这个概念有些不同的解读。帕森斯有志于发展一个概括性的系统模式来解释社会功能和小组功能，而贝尔斯着重强调在实验室环境中观察次小组工作，并将之概念化和理论化。贝尔斯（Bales，1950）认为，为了生存下去，小组必须要解决两个普通问题：（1）工具性问题，例如小组实现自己的目标；（2）社会情感问题，包括人际关系的难题、协调问题和组员的满意度。工具性问题一般是由外界环境对小组的要求引起的，而社会情感问题往往是从小组内部产生的。

贝尔斯的著作对小组工作的启发在于，它提醒小组工作者应该关注小组过程和小组结果，即组员的社会需求和情感需求，以及小组预期完成的任务。如果只关注任务是否完成，就会导致小组内部出现不满和冲突；如果只关注组员的社会情感需求，就会造成小组无法达成自己的目标。

因为工具性需求和社会情感需求经常是互相冲突的，所以，同时关注这两方面的需求几乎是不可能的。因此，小组工作者经常在先满足哪一种需求之间来来回回，以使小组发挥最大功能。

帕森斯强调的是小组的和谐和平衡，与之相反，贝尔斯的系统模式强调紧张和敌对。小组需要在适应外部环境和关注内部融合之间来回寻求平衡。贝尔斯（Bales，1950）把这称为小组的"动力平衡"。这种在两者之间来回摆动的状况，其实是小组在努力维持生存时其功能性需求的表现。

为了研究这种动力平衡，贝尔斯观察了几个不同类型的任务小组的互动，例如陪审团和团队（Bales，1950，1954，1955）。贝尔斯发现，为了解决工具性问题，组员们要么要求小组提供信息、观点和建议，要么为小组提供信息、观点和建议。为解决社会情感的问题，组员要在小组中表达自己同意的意见，或者表达反对的意见。组员在小组中要么表现出紧张情绪，要么在小组中释放自己的紧张情绪，而且组员们之间要么团结一致，要么互相对抗。通过这些互动，组员能够处理有关沟通、服务评估、小组控制和决策、缓解紧张关系和小组整合等问题。

贝尔斯（Bales，1954，1955）还指出，小组会经过一个演变和发展的自然过程。通过对问题解决小组的每个环节互动分布进行分析我们可以发现，任务小组的典型特征是组员输出和接收信息的过程一般发生在小组初期，在小组中期阶段，组员通常会提供自己的观点和寻求他人的观点。而组员提供和接受他人的建议发生在小组的后期（Shepard，1964）。

针对组员如何处理工具性任务和表达性任务，贝尔斯（Bales，1950）有一个自己的理论。他根据这个理论发展了一个框架，以分析小组的互动。这个框架被称为互动过程分析，它把组员的互动分为 12 种类型。随后，贝尔斯、科恩和威廉逊（Bales，Cohen，&

Williamson，1979）继续不断地对这个分析小组互动的系统进行发展和完善。这个新的框架被称为"多层次小组系统评价图"（Systematic Multiple Level Observation of Groups，SYMLOG）。第八章将详细介绍这个框架。

　　霍曼斯（Homans，1950）的早期著作《人类小组》（*The Human Group*）提到了与小组动力相关的系统理论中的最后一个概念，杰曼和吉特曼（Germain & Gitterman，2008）的生态系统理论著作中也讨论了这个概念。这些学者认为，小组在生态系统中都有一个自己的位置，不断地和它们所处的环境互动。霍曼斯认为，每个小组都有一个外部系统和一个内部系统。外部系统代表小组处理适应性问题的方式，这些适应性问题一般是由小组和它的社会以及它的地理环境之间的关系引起的。内部系统是在小组发挥其功能的过程中，由小组的活动模式、互动和小组内部规则构成的。

　　与贝尔斯的观点相似，霍曼斯发现，到底是小组内部系统还是外部系统在小组工作中起主导作用，取决于小组的外部和内部环境的要求。然而，霍曼斯却不认同帕森斯和贝尔斯的平衡稳态理论，他更倾向于把小组看成一个不断变化的实体。变化和为保持平衡不断努力是长期存在的状态。

　　对系统理论的不同视角的诠释刚开始可能会给人们造成困扰。但是，如果考虑到现代社会中存在的形态各异的小组和人们在小组中各自不同的体验，就容易理解为什么会有这些形态各异的系统理论视角。每一个系统理论代表了一个特殊视角，帮助我们理解发生在所有社会系统中的小组过程。认识到这一点很重要。

　　由系统理论的这些不同视角繁衍出来的概念，特别是对小组工作者有指导意义的概念包括：

- 小组作为一个整体表现出来的特质源于个体组员间的互动。
- 小组的力量对组员行为有很大影响。
- 在面对冲突时，小组要努力维护自己的整体性。
- 小组必须既要与外部环境建立联系，又要维护其内部功能。
- 小组处于不断形成、发展和变化的状态中，这个状态会影响小组的平衡和后续的生存。
- 小组具有一个发展性的生命周期。

　　小组工作者运用这些概念来推动小组过程的发展，帮助治疗小组和任务小组实现目标，满足组员的社会情感需求。

（二）心理动力学理论

　　心理动力学理论对小组工作实务有重要影响。在弗洛伊德（Freud，1922）的著作《群体心理学和自我分析》（*Group Psychology and the Analysis*）中，他针对小组和小组对人类行为的影响提出了自己的理论性描述。弗洛伊德的其他著作也对小组工作实务产生了影响。例如，常见的"顿悟""自我力量"和"防御机制"等术语都源自弗洛伊德的著作。尽管心理动力学理论主要关注的是个体，而且弗洛伊德本人没有开展过小组心理治疗的实务，但是他的很多追随者都把心理动力学理论应用到了小组工作实务中（Bion，1991；Kauff，2012；Klein，Bernard，& Singer，2000；Kleinberg，2012；Leszcz & Malat，2012；Marmarosh，Dunton，& Amendola，2014；Piper，Ogrodniczuk，& Duncan，2002；Redl，1942，1944；Rutan，1992；Rutan，Stone，& Shay，2014；Yalom，2005）。心理动力学理论还影响了小组实务的其他理论学派的奠基人，包括埃里克·伯恩（Eric Berne）的交换分析理论、弗里茨·佩尔（Fritz Perl）的格式塔疗法和雅各·莫雷诺（Jacob Moreno）的心理剧理论。

> **研究型实务**
>
> 行为：应用研究结果，并用它们指导和改善实务工作、政策制定和服务提供。
>
> 批判性思考问题：有很多支持小组工作实务的理论。有哪些经验证据可以支持心理动力学理论？

　　根据心理动力学理论，组员在小组中的行为反映了他们早期生活中经历的未解决的问题。从很多角度来看，小组是家庭情境的再现。例如，弗洛伊德（Freud，1922）认为，小组的领导者就是一个至高无上的家长，对组员拥有绝对的权力。组员也会把领导者当成"自我理想的模范"（Wyss，1973）。组员会根据自己早年的生活经历对领导者和其他组员形成移情反应。因而，小组内的互动反映了组员的个性结构和在早年生活中形成的防御机制。

　　小组领导者会借助移情和反移情的反应帮助组员发现自己过去的行为模式，并帮助他们将这些行为模式与现在的行为结合起来，以此来解决过去未解决的问题。例如，对于两位组员为引起小组领导者的关注而互相竞争的行为，小组领导者把它解释为这两位组员在过去生活中未能解决的兄弟姐妹之间的冲突。如果小组工作者能及时为组员的行为提供解释，组员就会对自己的行为产生一种"顿悟"。根据心理动力学理论，顿悟是组员在小组内外环境中修正和改变自己行为的核心要素。

　　心理动力学小组治疗的视角（Kleinberg，2012；Yalom，2005）借鉴和修正了经典心理动力学理论，包括它更加强调小组互动的"此时此地"的经历。正因为这种对"此时此地"的强调，这样的理论应用在文献中通常被称为"人际小组治疗"（Leszcz，1992；Leszcz & Malat，2012）。强调组员此时此地的经历，有助于组员处理急需解决的问题。通过分析组员在小组情境中此时此地行为的模式，小组工作者能够帮助组员重新理解建构他们在儿童期未解决的问题，形成一种"修复性的情感经历"（Leszcz，1992，p.48）。通过直接的、互惠性的人际沟通，组员提升了处理人际关系的技巧，发展了适应能力，实现了自我力量的成长，也可以对自己的行为进行反思。小组的凝聚力也会鼓励组员在一个安全和支持性的小组环境里分享个人生活隐私，并向小组展示自己面临的问题。功能性小组模式与小组工作的人际模式非常类似。功能性小组模式也强调整合的、主体间的、以关系为基础的、以小组为中心的工作过程（Schermer & Rice，2012；Schwartzberg & Barnes，2012）。

心理动力学理论还对我们进一步理解个体组员在小组中的行为表现起到了重要作用。威尔弗雷德·拜昂（Wilfred Bion）是一位具有心理动力学训练背景的学者，他发展了塔维斯托克方法，帮助我们理解组员在小组中表现出的最早期的情感过程。他认为，组员常常会通过不反抗和依赖的方式回应小组领导者的权威，以此逃避小组活动（Bion，1991）。

针对小组功能的心理动力学理论的讨论分析不在本书的讨论范围内。如果想进一步了解现代的心理动力学理论在小组工作实务中的应用，请参考考夫（Kauff，2012），克莱因贝格（Kleinberg，2012），莱斯茨和马拉特（Leszcz & Malat，2012），麻马洛什、邓盾和阿曼多拉（Marmarosh，Dunton，& Amendola，2014），以及鲁坦、斯通和谢伊（Rutan，Stone，& Shay，2014）等人的著作。

（三）学习理论

在小组社会工作领域中，学习理论可能是唯一一个引起了颇多争议的理论。与心理动力学理论一样，学习理论的重心是个体组员的行为，而不是小组整体的行为。因此，学习理论一般会忽视小组动力的重要性。而且，像心理动力学理论早期强调原始驱动力一样，学习理论早期也强调环境突发偶然性，并不重视组员的自由意愿。这些特征也使得小组工作者们认为学习理论是一种确定性的理论。因而，一些学者认为，学习理论违背了社会工作实务一直遵循的成长、自主和自决的价值观和传统。

尽管存在争议，学习理论还是对当今的小组工作实务模式产生了重要影响。它的影响包括强调设立明确清晰的小组目标、合约、环境对组员的影响、按部就班的治疗计划、可测量的治疗结果和评估等。短期的结构化的心理教育小组的重要性证明学习理论在小组工作实务中发挥了重要作用（Antony & Roemer，2011；Burlingame，Strauss，& Joyce，2013；Kalodner，Coughlin & Seide，2014；Kazdin，2013；LeCroy，2008；Raczynski & Horne，2014）。

根据社会学习理论（Bandura，1977），组员的行为可以由三种学习理论模式的任意一种来解释。经典学习理论认为，人的行为与某种刺激物密切相关。例如，如果一个组员总是在小组工作者和其他组员发言时扭头与其他人说话，而每次这个组员做出这样的行为时，小组工作者都会口头批评他。这样处理几次后，即使这个组员仅仅是做出了回头的动作，没有与其他人说话，这种行为也会成为一种暗示，使小组工作者不由自主地做出口头批评的回应。

第二个也是更常用的学习理论模式被称为操作条件反射模式。这个模式认为，组员和小组工作者的行为是由他们行为的后果控制的。因此，如果组员 A 做出某种行为，组员 B 做出了积极的回应，那么组员 A 可能就会继续这样的行为。与之类似，如果小组工作者就某种行为从组员那里得到了消极的反馈，他就不太可能再做出这样的行为了（Antony & Roemer，2011；Kazdin，2013）。

小组工作中，小组工作者可能会通过表扬的方式增加组员和组员之间的沟通，用批评的方式减少组员和小组工作者之间的沟通。为了帮助组员解决那些在外部环境中面临的问题，例如超重问题，小组工作者可能会要求这个组员制订一个计划，计划中要有具体的自我奖励措施鼓励减少卡路里摄入的行为，也要有具体的自我惩罚措施约束增加卡路里摄入的行为。

有些学者（Feldman，Caplinger，& Wodarski，1983；Feldman & Wodarski，1975；Rose，1989，1998，2004；Rose & Edleson，1987）把操作条件反射模式的原则应用到了自己的小组工作方法中。例如，罗斯（Rose，1989）认为，代币、奖金或其他形式的强化措施都可以用于增加组内、组外环境下的预期行为，或减少不良行为出现的机会。主题明确的小组，例如社交技巧培训小组、自我肯定小组、娱乐性小组和育儿技巧培训小组，也经常大量应用学习理论的原则。

班杜拉（Bandura，1977）还发展了一种被称为社会学习理论模式的学习理论模式。如果组员和小组工作者还在期望经典学习理论或操作条件反射理论的模式能发挥作用，那么在小组中进行行为学习的过程就太慢了。班杜拉认为，大多数的行为学习是通过观察和对他人所遭遇的强制或惩罚产生的共鸣进行的。例如，如果一个组员因为某一行为受到了表扬，那么其他组员就会复制这样的行为，因为他们希望受到同样的奖励。如果一个组员因为某一行为受到忽视或惩罚，那么其他组员就习得那样的行为是不可取的，因为那样的行为会带来负面的后果。

有人提出学习理论没有考虑到行为动机、行为期望和行为的其他认知层面。针对这样的争议，埃利斯（Ellis，1992）和其他几位学者发展了认知行为疗法（Beck，2011；Leahy，1996；Sheldon，2011）。尽管学习理论并没有阐述小组的整体功能，但是学习理论的原则已被证实在帮助组员完成预期的行为改变方面是有效的。所有的小组工作者都应该做到熟练运用学习理论和认知行为改变的基本原则。因为在治疗小组中，经典学习理论、操作条件反射理论、社会学习理论的原则和认知行为疗法经常会被小组工作者采用，因此，我们将在第十章里讨论治疗小组中使用的具体方法。

（四）场域理论

当讨论小组动力学的研究时，库尔特·勒温被认为是此领域最著名的一位社会学学者。他进行过无数次试验，试图发现影响组员行为的因素。例如在早期的一项调查领导力的研究中，利比特和怀特（Lippitt & White，1939）把小组分为三类：专制型、民主型和放任自流型。我们将在第四章讨论这个研究结果。勒温和他的同事们是最早把科学方法应用到小组理论发展中的学者。1944年，他和同事们建立了实验室，在麻省理工学院成立了小组动力学研究中心。场域理论的独特贡献在于把小组看作"格式塔"，即一种由对抗力量组成的不断演变的实体，这些力量帮助组员留在小组，并推动小组朝着目标前进。根据勒温（Lewin，1947）的理论，尽管有些时候小组必须保持一种类似静止的平衡状态，但是小组是不断变化的，以应对它们所处的社会环境。

但无论在什么情况下，个体组员的行为和小组本身都是整个情境的组成部分（Lewin，1946）。在发展场域理论的过程中，勒温使用了以下几个概念来帮助描述存在于小组中的各种力量：（1）角色，指的是组员的地位、权利和义务；（2）规范，即主导组员行为的规则；（3）权力，即组员相互影响的能力；（4）凝聚力，指的是组员对彼此的吸引力和小组对组员的吸引力；（5）共识，即组员对小组目标和其他小组现象达成一致的程度；（6）效力，指的是小组的生命周期中小组目标的影响力。

勒温试图从个体组员的视角解释小组整体中的各种影响力。他从数学和地形学的角度，应用矢量去描述和解释小组中的力量。大多数的场域理论学者都强调小组的属性对个体组员有重要影响，因此他们的研究重点在于"小组的凝聚力"，他们将之定义为把组员留在小组内的所有力量的集合。场域力量的研究证明，凝聚力和组员对小组目标、小组规范达成的共识，组员间的相互理解和相似的社会文化地域背景，以及小组活动的生产率、满意度、合作互动的模式等，都有密切关系（Cartwright，1951；Cartwright & Zander，1968；Lippitt，1957）。

除了有志于发展一个小组动力学的理论模式，勒温还致力于研究小组对个体组员心理特征形成的影响。他把T小组发展成一种方法，用以观察小组过程对组员的影响，他还把它作为一种帮助个体组员改变自己的行为的手段。尽管他没有直接参与实验，但是1947年他参与创建了第一个国家小组发展培训实验室。从那以后，T小组作为一种实验手段在各个国家级的培训实验室中得到了广泛应用，由培训小组工作者向个体组员传授小组动力学，帮助他们检验和改变自己的行为。

勒温的场域理论指出，如果个体组员无法理解别人如何看待自己的行为和态度，他们就不会改变自己的行为。根据这一原则，T小组的经验是尽力为组员们提供最大限度的、针对他们行为的反馈。组员也因此要面对自己的行为对其他组员和小组工作者造成的影响。角色扮演、模仿和其他实验性的项目活动是经常被使用的方法，以展现小组过程的发展和小组过程对组员的影响。

勒温（Lewin，1951）被认为是在小组工作实务和评估中采用行动研究方法的第一人。这一部分将在第十四章中得到讨论（Lawson，Caringi，Pyles，Jurkowski，& Bozlak，2015）。勒温认为，理解一种社会现象最有效的方法是尝试在它发生的自然状态下改变它。行动研究是一种实务活动，也是一种研究方法，在制定项目活动满足社区居民的需求的过程中，这些居民会作为项目伙伴参与进来。行动研究过程是循环性的，因此研究的参与者会进入一个反复更新的过程——在社区环境中尝试新的工作方法，收集关于该工作方法有效性的证据，然后返回项目活动的计划制订过程中，根据获得的数据对项目计划进行修改。

只有邀请受问题困扰的社区居民全程参与小组设计和小组干预活动，他们才会感到自己是有尊严的和被尊重的。此外，这些社区居民还会被鼓励全面地参与到针对他们的困难和需求的干预活动的具体实施过程中。随着这个循环过程的持续，针对新方法和新项目活动的信息和反馈意见也不断地被收集上来，然后在这些全员参与的信息反馈的基础上不断地对小组活动进行调整（Lawson et al.，2015）。因此，几十年前由勒温发展的理论基础对今天的社会工作实务和社会工作研究仍然有很大的启发和借鉴意义。

（五）社会交换理论

场域理论强调小组是一个整体，而社会交换理论的关注点是个体组员的行为。布劳（Blau，1964）、霍曼斯（Homans，1961）、蒂鲍特和凯利（Thibaut & Kelley，1959）是小组工作中社会交换方法领域的主要理论学者。他们的社会交换理论起源于动物心理学、经济分析理论和博弈论，他们认为，当组员在小组中参与互动时，每个人都会以一种预期能获得最大收益和付出最小代价的方式来做出某种行为。组员选择主动与他人互动，是因为社会交换可以为他们提供某些有价值的回报，例如认可。社会交换理论学者指出，人们一般相信没有付出就没有回报，所以，在所有的人际关系中都存在某种交换。

根据社会交换理论，学者们会通过观察个体组员在保持与小组互动时如何追求回报来分析小组中的行为。至于小组中的个体组员，决定采取何种特定行为取决于他们对这个行为所带来的利弊的衡量。组员的目的是增加自己的行为所带来的积极成果，减少消极后果。社会交换理论还强调了小组互动过程中组员相互影响的方式。

任何形式的社会交换的结果都取决于处于当前特殊互动情境中的互动各方所拥有的不同社会权力和社会依赖性。"指导性小组互动"（Empey & Erikson，1972；McCorkle, Elias, & Bixby，1958）和"积极的同伴文化"（Vorrath & Brendtro，1985）是小组工作的两种专业方法。这两种方法在很大程度上就是以社会交换理论的原则为基础的，被频繁地使用于青少年犯罪小组工作中。在采取这两种方法的小组工作实务中，小组工作者运用结构化小组对抗、挑战和削减同伴小组的反社会规范，并通过指导性的小组互动，用接纳社会的规范取代那些反社会规范。

有学者批评社会交换理论太机械，因为这种理论假设人们都是有理性的，采取行动前都会衡量分析自己的行为可能会带来的影响（Shepard，1964）。在大多数情况下，这种批评是站不住脚的。社会交换理论学者们很清楚，认知过程会影响人们在小组中的行为（Keller & Dansereau，1995；Knottnerus，1994）。认知过程会影响组员对自己行为利弊后果的理解，例如行为的意图和期望。因此，心理学领域的社会交换理论和社会学领域的符号互动理论的研究成果，都有助于我们理解在小组和其他互动情境的个体组员的行为中，认知过程是如何发挥作用的。在巴尔戈帕尔和瓦西里（Balgopal & Vassil, 1983）以及厄尔利（Early, 1992）等人的著作中，可以看到更多关于符号互动理论和社会交换理论对社会工作实务的影响的讨论。

（六）建构主义、赋权和叙事理论

建构主义和叙事理论的焦点在于理解组员如何通过生活故事和主观体验来建立和维持他们的生活现实。赋权理论与建构主义和叙事理论有着错综复杂的关系，通过解读自己的生活故事，组员可以提升开始新的生活和行为方式的能力（Western, 2013）。赋权和优势为本的工作方法并不强调组员的问题和能力缺陷，而组员处理问题的技巧和面对险恶的社会环境时需具备的顽强应变能力等这些积极因素会被反复强调。我们把这三个理论归为一类，就是因为它们有相同的理论假设，即人们会根据自己的社会经验和他们与周围世界的互动交流，为自己的生活经历赋予特殊的含义（Granvold, 2008）。

建构主义和叙事理论认为，通过语言表达和小组活动体验，组员重新解读了自己的生活故事。例如，在治疗小组中，组员讲述的生活经历经常充满了各种问题和困难（Walsh, 2013）。组员如何表达自己的生活经历通常反映了他们如何处理自己的生活，对他们的自我概念和自尊心的形成也有重要影响。建构主义理论学者认为，自我概念会影响组员的社会化方式和他们的生活方式，而且组员的身体特征和他们的脾气秉性也相互交织，影响自我概念在他们生活经历中的作用（Granvold, 2008）。

理解每个组员独特的、带有主观色彩的现实生活是这些理论的重中之重。这也是长期存在的"案主从哪里来"的社会工作实务的基础。一旦理解了组员的现实生活背景，变革性和互动式的领导方法（将在第四章中讨论）就可以帮助小组工作者重新解读组员所描述的生活经历，赋权组员，发挥组员的优势，提高组员处理问题的能力。组员可以在小组工作者和其他组员的帮助下，对自己的生活经历进行再创作和理解，从更积极的视角审视过去被认为消极负面的生活经历，把这些经历理解为获得机遇、建设能力和发挥优势的基础。小组工作者帮助组员发现自己是如何在诸如性别歧视、同性恋恐惧和种族主义之类的压迫下轻易地对自己的生活状况进行了负面消极的描述。本书介绍的其他类型的叙事治疗的方法还包括记日记、写信、互助、视觉化描述、认知想象和正念冥想等。如果这些方法是在小组中实施的，组员之间可以互相帮助，帮助对方重新解读他们的生活经历，例如在创伤幸存者小组中，这些方法可以帮助组员发挥优势，提高处理问题的能力，以过好经历创伤后的生活。

与本书中介绍的其他理论相比，建构主义和叙事理论是小组工作实践中较新颖的工作方法。它们与赋权和优势为本的小组工作方法相互兼容，因为其理论基础都是帮助组员克服现实生活中消极的、压迫性的、使他们处于社会低级阶层的条件和社会制度的限制。通过口头讲故事、记日记，组员能够逐渐理解他们在儿童期和成年期所承受的负面生活经历是他们所处的不利环境造成的，而不是他们个人的缺陷或错误导致的。组员在小组中公开讨论自己的经历，并获得其他组员的肯定和支持，有助于组员学会用新的视角来重新看待自己的经历，尤其是重新审视那些对自尊心造成过伤害的经历。以此，组员互相帮助，彼此交换自己的方法，以克服被边缘化和被压迫所造成的问题和困难。

目前有一些以研究为基础的证据支持这些理论，所以，我们认为，这些理论方法与本书介绍的循证方法并没有对立冲突（参见 Buckman, Kinney, & Reese, 2008；Walsh, 2013）。这些理论并没有倚重定量研究方法，而是依赖定性研究方法（Buckman, Kinney, & Reese, 2008）。例如，"通过主动的方式讲授赋权"（Teaching Empowerment through Active Means, TEAM）就是一种以研究为基础的小组活动，能够帮助组员从解决问题的能力和方法的视角建构和解读他们的经历（Redivo & Buckman, 2004）。

把组员从外界施加的禁锢中解放出来，这个概念可以帮助那些被压迫的人理解什么是社会施加的限制，通过赋权和优势为本的方法帮助他们重新理解和定义他们的生活经历。这些方法与本书的目标是一致的，它们也会随着小组工作历史的发展而发展。尽管接纳承诺疗法（Acceptance and Commitment Therapy, ACT）和辩证行为疗法（Dialectical behavior therapy, DBT）是建立在认知行为理论（学习理论）之上的，但是这两种疗法仍然借鉴了建构主义、赋权和叙事理论的视角。我们将在第十章进一步讨论 ACT 和 DBT 两种疗法。

小组工作中的建构主义、赋权和叙事理论方法当然也有些缺陷，因为这些理论方法一直在尽力避免把组员的经历统一和普适化，它们强调组员独特的生活经历和被社会制度建构的生活现实，而且倾向于将组员的问题看成一种外在的、被社会制度影响的结果。这一观点也许并不能帮助那些违反了社会规范和社会习俗并很有可能再犯的组员（Walsh, 2013）。同时，在治疗那些因为经历了儿童期和成年期的乱伦、性虐待或其他类型的不幸而产生创伤的幸存者的时候，建构主义、赋权和叙事理论方法尤其有效。具有身份认同问题和遭遇偏见的同性恋者、双性恋者和跨性别者，极度自卑及低估贬损自我价值的人，身体和精神残疾的人，他们都把自己看作是背负破坏性标签的局外人，而这使得他们把自己固化在了被压迫的社会角色里，从而不能发挥自己的优势和应对问题的能力。针对这些人群，建构主义、赋权和叙事理论方法也很有效。

五、小结

本章描述了小组工作在实务和社会科学领域的发展历程。我们提供了一个历史的视角来帮助小组工作者在实务情境下对小组工作有一个全面的理解，并建立了一个知识基础框架，指导小组工作者有效地开展各类小组工作实务。

本章讨论的关于小组工作实务的历史性回顾表明，在整个 20 世纪，小组工作被用于各种目的，例如教育、娱乐、社会化、支持和治疗。在早期，应用小组工作方法主要是为了实现教育、娱乐和社会化的目的，但最近，这种趋势慢慢弱化，小组工作者和学者们开始重视用小组工作实现支持、互助和治疗的目的。而伴随这种新趋势，小组工作开始由 20 世纪 30 年代和 40 年代松散的成年人教育、娱乐和社会工作实务，慢慢地在 50 年代正式融入社会工作专业中。

近年来，小组工作在社会工作学院和实务机构中不断蓬勃发展。目前的趋势表明，人们越来越认识到了小组工作的发源和基础，而且小组工作能够服务于多种目标。

本章还简单地探讨了社会科学研究中的小组历史发展进程，这非常有助于我们理解小组过程。这些科学研究结果进一步强调了小组作为一个整体对个体组员的强大影响力。本章结尾，我们回顾了六种理论：（1）系统理论；（2）心理动力学理论；（3）学习理论；（4）场域理论；（5）社会交换理论；（6）建构主义、赋权和叙事理论。这些理论都对小组工作实务产生了重要影响。

66

第三章

理解小组动力学

学习目标

- 探讨能促进助人性的小组动力关系的策略方法
- 理解并解释重要的小组动力学内容，包括沟通和互动模式、凝聚力、社会融合和影响，以及小组文化
- 描述小组发展的各个阶段
- 识别支持助人性小组方法的实务原则

本章概要

助人性的小组动力关系的发展

小组动力学

小组发展的阶段

小结

从组员的互动中产生的力量通常被称为小组动力。由于小组动力会影响个体组员的行为，也会影响小组整体，因此多年以来，小组动力学一直是小组工作者们非常感兴趣的主题（Coyle，1930，1937；Elliott，1928）。

对小组动力学建立一个全面的理解和认识，有助于小组工作者在各类小组中开展有效的工作。尽管理论学者发展了很多不同的理论来解释小组功能，但是所有理论的基础都是一致的，即把小组看成一个社会系统，一个由很多部分和这些部分之间的互动组成的系统。作为社会系统，任务小组和治疗小组可以被理解为小组中个体组员之间的互动。小组不是各个组成部分简单相加后的总和（Forsyth，2014），小组中个体组员之间的互动产生了小组动力过程。

一、助人性的小组动力关系的发展

小组工作者的重要任务之一是，在推动小组目标实现的同时指导小组动力的发展，以满足组员的社会情感需求。很多年前，诺森（Northen，1969）就提醒小组工作者，这个过程不是自动出现的。

忽视小组动力关系，会对组员的社会情感需求的满足和小组目标的实现等方面产生负面影响。小组既会产生破坏力，也会产生助人的力量。在 20 世纪 20 年代和 30 年代，"希特勒青年团"、"三 K 党"、"琼斯镇"、得克萨斯州瓦克地区"大卫教"牧场的宗教组织，还有其他邪教团体，都是大家熟知的小组破坏力的例子。过去的研究清楚地表明，破坏性的小组动力关系会给组员带来严重的伤害，即使在小组结束多年后，这种情感伤害的影响也会对组员造成长期的困扰（Galinsky & Schopler，1977；Lieberman，Yalom，& Miles，1973；Smokowski，Rose，& Bacallao，2001；Smokowski，Rose，Todar，& Reardon，1999）。极端的小组领导形式有两种：激进的对抗和极端的被动。它们会对组员造成尤其恶劣的影响（Smokowski，Rose，& Bacallao，2001；Smokowski et al.，1999）。相反，恰当地引导小组动力关系的发展会为实现小组目标和满足组员需求带来积极的效果（Forsyth，2014）。

本章的目标是：（1）帮助小组工作者识别和理解在各种类型的任务小组和治疗小组中存在的、通过小组过程产生的小组动力关系；（2）帮助小组工作者建立和发展小组动力关系，以满足组员的社会情感需求；（3）帮助小组实现与社会工作专业的人文价值观一致的小组目标。可以采用的策略包括：

- 在小组不断的互动过程中识别其中出现的小组动力关系。
- 评估小组动力关系对个体组员和小组整体的影响。
- 评估当前的小组动力关系对小组未来功能的影响。
- 反思小组动力关系对不同背景的组员的影响。
- 促进和引导小组动力关系的发展，以使组员对自己的小组参与感到满意，并使组员和小组整体有能力实现自己的目标。

二、小组动力学

在本书中我们认为，小组动力关系中，以下四个方面对帮助小组工作者理解、有效地在各种类型的任务小组和治疗小组中开展工作具有重要作用：

- 沟通和互动模式。
- 小组凝聚力。
- 社会融合和影响。
- 小组文化。

丰富的小组动力学理论知识对理解小组结构和小组实务中初级工作技巧的发展都非常重要。

（一）沟通和互动模式

诺森（Northen，1969）认为"社会互动是指多种力量的动态的相互作用，在这一作用过程中，人们之间的接触和联系会造成对他们行为和态度的修正"（p.17）。社会互动由语言和非语言的沟通组成，而沟通是人们通过符号互相传递信息的过程。沟通包括：（1）用语言和其他符号代表人的观点、想法和感受（编码）；（2）对这些语言和符号进行传递；（3）接收者对这些语言和符号进行解读（解码）。图3.1就展示了这样一个过程。当组员互相沟 *69* 通时，一个互惠式的互动模式就出现了。这个互动模式可以对小组产生积极的影响，也可以给小组带来消极的后果。如果小组工作者对积极的沟通和互动有足够的理解，那他们就能够进行干预，建立沟通和互动模式，帮助小组实现既定的目标和满足组员的社会情感需求。

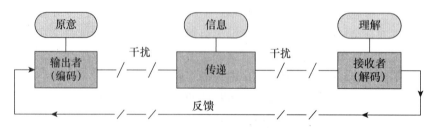

图3.1　沟通过程

沟通可以是语言式的、非语言式的或者书面式的。在面对面的小组中，组员沟通一般会采用语言和非语言的方式，而在电话小组中的组员只能通过语言沟通，在借助电脑组成的小组中，组员只能以书面形式的信息进行沟通。沟通可以是同步进行的，即即时性的你来我往的沟通；也可以是不同步的，即沟通各方不是在同一时间段进行沟通。不同步沟通一般发生在电脑小组中，组员可能要等到信息在留言板或聊天室发布以后才能进行回应。

作为过程的沟通

在理解和干预组员的互动模式的第一步中，小组工作者要明白，一旦人们进入面对面的小组，他们之间的沟通就开始了。即使他们暂时没有进行语言形式的沟通，他们的非语言沟通其实已经开始了，他们的行为有意或无意地传递了信息。

如图 3.1 所示，所有的沟通都是有意地传递某种信息，例如沉默表达的可能是悲伤、深思、愤怒或缺乏兴趣等。此外，每位组员与他人沟通可能不仅是为了传递信息，也为了其他目的。基斯勒（Kiesler，1978）认为，人们的人际沟通是基于以下几点的：（1）理解他人；（2）明确在与他人的关系中自己处于何种位置；（3）劝服他人；（4）获得权威或维护权威；（5）为自己辩护；（6）激起他人的回应；（7）给他人留下印象；（8）建立关系或维护关系；（9）向小组显示一种团结的形象。还有很多沟通的目的没有被罗列出来。例如，巴克（Barker et al.，2000）和同事们就强调了沟通中各方关系的重要性，例如合作、联合、自主、相似性、灵活性、和谐和污名化等。

理解了组员的沟通有着不同目的，小组工作者就可以去观察、评估和理解小组的沟通和互动模式。由于沟通在不同的情境下也是具有一致性的，因此小组工作者可以运用从沟通中获得的信息，与个体组员和小组整体一起为实现目标努力。例如，小组工作者观察到某个组员在小组活动中一直表现得优柔寡断，他可以帮助这个组员练习如何果断地应对小组中出现的各种状况。由于优柔寡断的沟通模式很可能会在组外的情境中出现，因此，小组工作者会建议这名组员在小组活动之外不断练习果断的应对技巧。

除了理解组员在每次沟通中传递的信息，小组工作者还应该意识到，人们是有选择性地接收信息的。选择性认知指的是对信息进行筛选，使这些信息符合接收者自己的价值观体系。如图 3.1 所示，信息被解码后，它代表的意义才能被接受。由于个体组员的选择性认知，他们对沟通的信息有自己独特的解读。选择性筛选信息有时候会导致信息不能被传递出去，从而不能被解码和接收。内皮尔和格尔圣菲尔德（Napier & Gershenfeld，1993）认为，对沟通过程中产生的信息的认知会受到以下几个方面的影响：（1）由早年生活经历导致的生活态度；（2）刻板印象；（3）沟通者的社会地位和态度；（4）过去的生活经历；（5）假设和价值观。因此，一个初级的观察者看到的也许是一个简单的、直接的和客观的社会互动沟通，但这个沟通过程对沟通双方（信息输出者和信息接收者）而言却很有可能具有相当多的隐含意义。

案例　育儿小组中的选择性认知

在一个育儿小组中，一名组员谈起了她教育女儿和儿子时的区别。她提到，自己与女儿相处比与儿子相处要困难得多。这时小组的另外一名组员用非常生气的语气说："你就是从来都不相信你女儿会做任何事情而已。"整个小组都安静了。第一名组员说，即使她与女儿相处时确实遇到了一些困难，但并不意味着她女儿"做什么事情都不对"。小组工作者请其他组员谈谈对他们之间的沟通互动的看法，没有人愿意发言。小组工作者请第二名组员谈谈自己与母亲还有女儿之间的关系。这名组员在谈到这些关系时，很显然，在母亲对待年幼的自己的态度和方法上，她有很多怨恨和不满。成年后，她在和自己女儿的互动沟通中做了很多补偿。然后，小组工作者问这名组员，从第一名组员与女儿的互动沟通中她体会到的方法是否让她想起了她的母亲是怎么对待她的。还没等这名组员回答这个问题，其他组员便纷纷开始发言，谈到自己的父母是如何对待自己的，而这又是如何敏感地反映到了他们与自己孩子的互动上的。在这次小组会议快结束的时候，第二名组员针对自己的对质性言语向第一名组员道歉，说自己反应过度了。第一名组员也表示自己从小组讨论中学到了很多，如果女儿再惹怒她，她将考虑用新方法和女儿沟通。接着小组开始讨论什么事情会导致他们对自己的孩子发怒，而怎么做才能避免自己发怒。

　　当然，小组工作者不可能对小组中发生在每一名组员身上的沟通做分析（这也是不可取的）。但是，经过一些练习，小组工作者可以长出"第三只耳朵"，即理解信息背后隐含的意义，以及这些意义对某一组员和小组整体的影响。如果能够完全理解每名组员的沟通信息，小组工作者就能更好地开展小组工作。

　　小组工作者还需要特别关注组员之间的非语言的沟通信息。身体语言、姿态和面部表情都包含重要的暗示，提示组员会如何回应语言沟通。如果组员不想用语言表达负面情绪，或不知道如何用语言表达情绪，他们就会使用非语言。如果小组工作者能够捕捉到这些非语言信息，就可以把这些信息传递出来的情绪用语言表达出来，鼓励组员在小组中讨论他们之前不能用语言表达的那些问题。例如，小组工作者不需要指出具体是哪些组员在讨论某种情绪时会感到不自在，他们可以说："我注意到，在我们讨论……的时候，我们小组的气氛有点紧张。有谁愿意和大家分享自己对此的感受吗？"小组工作者还可以说："我注意到，在我们讨论……时，小组气氛有点沉闷。你们觉得我们对这个话题的讨论是不是可以结束了？你们希望接下来讨论其他话题吗？"

　　信息在传递时也可能会被扭曲。在图 3.1 中，我们可以看到信息的扭曲被看作是一种干扰。最常见的产生信息传递问题的就是语言障碍。在美国，小组通常由不同文化背景的组员组成，他们的第一语言并不是英语。因为口音和方言的问题，很多单词的意义都会受到组员文化背景的影响而被重新解读，它们可能不再代表信息输出者所要传递的本意。所以，小组工作者要尤其注意这些情况，尽力避免这些信息的本意被扭曲。

　　小组会议室内外的噪声和其他干扰因素也会影响沟通交流的效果。类似的情况还包括听力和视力问题会对信息

> **实务的多样性和差异性**
>
> 　行为：在微观、中观和宏观的实务层面，应用和交流对多样性和差异性在影响组员的生活经历的重要性方面的理解。
>
> 　批判性思考问题：组员把他们的沟通方式带入小组，而他们的沟通方式也受到小组性质的影响。那么，小组工作者该怎样支持和促进具有不同沟通方式的组员间的有效交流？

接收造成阻碍；例如，根据美国眼盲基金会的报告，大约10％的成年人有视力障碍；而美国听力协会报告大约20％的成年人有听力障碍。因此，在小组工作中，小组工作者应该对组员的身体健康问题有清楚的了解，意识到这些问题可能会阻碍沟通交流。在表3.1和表3.2中，我们罗列了由有听力和视力障碍的组员组成的小组的一些沟通交流技巧。

表 3.1　与有听力障碍的组员沟通交流的技巧

（1）要站在一个可以让组员很清楚地看见你的位置，你的面部表情要生动。

（2）用正常的声音说话。

（3）说话要慢，要清楚。强调关键的词，句子之间要停顿。

（4）当一名组员说话的时候，或者另一名组员在和这名组员说话的时候，要确保其他组员保持安静。

（5）确保会议室没有背景噪声，音响效果好。

（6）从组员的面部表情或其他不相称的回应中，寻找那些会导致组员产生误解的线索。

（7）如果你怀疑信息被扭曲了，要重述刚才的内容。

（8）直接和个体组员交流，不要背后谈论他们。

表 3.2　与有视力障碍的组员沟通交流的技巧

（1）询问组员是否需要帮助，帮他们找到会议室。如果需要的话，让他们扶着你的胳膊。要走在他们前边半步的位置，你的身体位置可以告知他们步行的方向，例如停下来和向前。

（2）在小组开始时，介绍你自己和所有小组组员。可以以顺时针或逆时针顺序介绍，这样会帮助组员知道每个组员所在的位置。

（3）当你陪着一名有视力障碍的组员进入一个新的会议室时，要描述房间的布置、家具的摆放和其他障碍物等，这会帮助这名组员熟悉会议室的环境。

（4）尽量不要打乱会议室原来的布局，如果必须这样做，一定要告知组员这些变化。同样，要让组员知道谁离开了或进入了房间。

（5）把有视力障碍的组员带到他们座位的时候，把他们的手放在椅背上，这样他们可以自己坐下来。

（6）和有视力障碍的组员说话时，要直接和他们交流，不要通过他人转述。

（7）在和这样的组员说话的时候，眼睛要看着他们。

（8）不要担心使用例如"看"或"瞧"这样的字眼。

（9）用普通的音量说话，不要高声。

（10）有视力障碍的人和视力正常的人一样，很珍惜自己的独立性，所以不要对他们有过度保护的行为。

（11）在小组活动间隙，具体地说明咖啡和零食摆放的位置。例如，要说"咖啡壶在你椅子左边10英尺①的地方"，而不要说"咖啡壶就在你的左边"。

　　为了方便记忆，信息接收者会对信息进行简化，这样他们可以简单地接收复杂的信息。为了方便接收相关的、有明显意图的信息，被传递的信息可能会一部分被吸收，另一

------

① 1英尺约为30.48厘米。——译者注

部分被忽略。因此，从一名组员传递给另一名组员的信息会受到很多因素的影响，比如这些信息是如何被沟通传递的，它们在传递过程中是如何被扭曲和选择性接收的，它们是怎样被接收的等。尽管信息沟通是通过语言和非语言两种形式进行的，但小组工作者应该意识到，在信息被表达、传递和接收的过程中，它们的本意可能会被扭曲或曲解。意识到这一点非常重要。

即使在信息被表达得非常清楚的时候，语言障碍和不同文化背景对信息意义的解读，也可能使得信息接收者无法接收到信息的本意（Anderson & Carter，2003）。对那些英语是第二语言的双语背景的组员来说，这尤其是个令人挠头的问题（Sue & Sue，2013）。例如，有研究指出，在教育背景相似的情况下，白人通过语言沟通方式参与小组活动的比率明显高于亚裔美国人、印第安人和墨西哥裔美国人（Gray-Little & Kaplan，2000）。而小组中较高的语言沟通参与率与较少的离组率和其他形式的治疗结果相关，这样的话，多元文化背景的少数族裔组员的低参与率就成为影响小组有效性的一个问题（Gray-Little & Kaplan，2000）。因此，小组工作者应该关注这个问题，确保每个组员都能自如地参与小组讨论。小组工作者应该帮助所有组员，包括那些被社会边缘化的和被压迫的组员，让他们拥有更多的在小组中发言的机会。小组工作者可以把被传递的信息明确指出来，并重点强化，这样所有组员的观点都会在小组中被认真对待。

为了避免因信息在沟通中被扭曲而引起误解和冲突，应注意提醒传递信息的组员接受他人对信息的反馈，这样，信息的真实意义才能被进一步厘清。做到这一点也很重要。反馈是检验传递的信息所包含的意义是否被对方正确理解的一种方法。有效地应用反馈的方法包括：（1）描述沟通信息的内容，或其他组员接收和感知信息时的行为表现；（2）在收到信息以后，应该尽快把反馈传递给发出信息的组员；（3）用试探性的态度表达反馈意见，这样，发出信息的组员就会明白，信息接收者的反馈是为了厘清信息的本意，而不是向他们提出质疑或挑战。

表达反馈的例子如"约翰，我理解你所说的是……"或"梅，如果我理解正确的话，你是说……"，反馈和澄清有助于避免信息被误解。反馈还可以帮助那些由于各种理由注意力不集中的组员重新加入信息交流沟通，再次参与到小组讨论中。例如，当小组工作者注意到精神创伤康复小组中的组员在小组活动中注意力涣散的时候，他们就可以试探性地指出这个问题，然后提醒组员重新加入小组讨论。在这里，不需要特别明确到底是什么原因造成了注意力涣散，除非组员提到他们有这个问题，而且对这样的问题的探讨可能会对所有组员都有益。

互动模式

除了理解沟通过程，小组工作者还必须考虑如何在小组过程中形成互动模式。

小组互动模式主要包括以下几种：

- 仲夏柱式——小组工作者是互动的中心人物，信息沟通过程包括由小组工作者将信息传递给某个组员和这名组员将信息传递给小组工作者。
- 知更鸟式——组员轮流发言。
- 焦点式——小组工作者和某一组员不断地来回沟通互动，而其他组员旁观。
- 自由流动式——所有组员都参与交流沟通，根据自己的能力尽力参加小组话题讨论。

前三种模式是以小组工作者为中心的，因为他们决定了沟通的模式。第四种模式是以小组为中心的，因为这个模式是由组员的主动性造就的。这四种模式可以简洁地描述在小组中发生的所有交流沟通。

在大多数情况下，小组工作者应该全力促进以小组为中心的互动，而不是以自己为中心。在以小组为中心的互动模式中，组员们可以自由地与他人沟通互动，组员间的沟通渠道是开放的；而在以小组工作者为中心的互动模式中，沟通渠道要么是组员直接通向小组工作者，要么是小组工作者直接通向组员，组员间自由沟通的机会大大减少了。

以小组为中心的互动模式会增强组员间的社会互动，提高小组士气，增加组员为小组目标付出的努力和做出创造性决策的机会（Carletta, Garrod, & Fraser-Krauss, 1998）。然而，这种模式没有以小组工作者为中心的互动模式效率高，因为这种模式中的某些沟通可能是多余的，或者是和小组任务目标毫不相干的（Shaw, 1964），从这种沟通模式中梳理挑选出有用的信息需要花费大量的时间。因此，在常规性决策的任务小组中，当时间比较紧迫，而且没有必要选择创意性的问题解决方法时，小组工作者可能就会有意地鼓励小组选择以小组工作者为中心的互动模式，而不是以小组为中心的互动模式。

以小组工作者为中心的互动模式在心理教育小组中也可能比较有效，但小组工作者应该时刻注意，在没有组员互动或没有应用性的学习经验的情况下，小组工作者不要提供过多的信息。例如，在为患有严重和长期性精神疾病的患者的家属开办的支持性小组中，小组工作者可以计划为这些家属提供一些关于住房或照护管理的资源信息。在介绍这些信息的过程中，小组工作者应该邀请组员们发表他们对这些服务和资源的感受和想法。

为了建立和维持适宜的互动模式，小组工作者应该熟知一些改变互动模式的因素：
- 组员从某种特定的互动交流中接受的暗示和强化的信息。
- 组员之间发展起来的情感联结。
- 小组中发展出来的次小组。
- 小组的规模和组员的座位安排。
- 小组中的权力和地位关系。

小组工作者可以通过改变这些因素来改变小组的互动模式。

暗示和强化：暗示包括语言和手势，可以代表一种信号，提醒组员之间或组员与小组工作者之间少说话或多说话。小组工作者和组员也可以有倾向性地对某些信息表示关注或采用其他强化式方法，鼓励有益的互动。例如，表扬和发表其他支持性的评价、眼神接触和微笑会促进更多交流，而漠不关心会抑制交流。为了让所有组员都有机会全面地参与完整的小组过程，小组工作者可以限制某些在小组讨论中滔滔不绝的组员，而鼓励那些沉默寡言的组员多发言。一般来说，改变互动模式就要首先指出小组是什么样的互动模式。同时，口语和非口语的暗示提醒也是很有必要的。

　　有时候需要更多的暗示提醒。例如，在小组采取轮流发言的模式时，沉默寡言的组员会在轮到他们发言的时候得到说话的机会。同样，轮流发言也可能会减少那些经常滔滔不绝的组员在小组交流沟通中发言的时间。如果这些策略都不奏效，在组员同意的情况下还可以采取其他方法。例如，为了防止那些滔滔不绝的组员独占小组交流的时间，小组工作者可以在他们发言超过 2 分钟或 3 分钟的时候打断他们，然后提名其他组员发言。采取这样的策略的前提是，所有组员能理解大家都应该有参与的机会。小组工作者可以说："你的想法很重要，但其他组员可能也需要时间与我们分享他们的想法。如果你没有意见的话，我想问，还有谁愿意谈谈自己的想法？""这个想法不错，但你已经发言很长时间了，能不能先把你的想法放一放，让其他人也来说说他们的想法？"如果小组工作者能时常这样提醒，就能有效地减少个别组员在小组讨论中占用大多数发言的时间。

　　情感联结：正面积极的情感联结，例如人际的喜好和吸引，会增加人际互动。而负面消极的情感联结会降低组员的团结度，从而减少人际互动。当两个组员有共同的兴趣、相似的价值观和思想意识形态，并且性格互补或有相似的人口地域特征时，他们就可能对对方产生好感，互相吸引（Hare et al.，1995）。

　　哈特福特（Hartford，1971）把在情感联结基础上发展出来的组合称为"兴趣结盟"。例如，某个计划委员会小组中的两个组员可能对某一问题有一样的投票方式，而且他们对商业社区的需求有同样的利益取向，所以他们在和其他委员交流的时候表达了类似的想法和感觉。同样，在少数族裔的小组里，如果组员对少数族裔社区服务缺乏这样的问题有同样的关注，那他们有就可能组成一个兴趣结盟。

　　次小组：次小组也会影响小组的互动模式（Forsyth，2014）。次小组是小组的个体组员基于情感联结和兴趣结盟形成的联盟，是自然而然产生的。因为个体组员总是盼望和自己亲近的其他组员有互动交往，所以，次小组有助于提升小组对组员的吸引力。除非次小组对组员的吸引力变得超过小组对组员的吸引力，否则小组工作者不应该把次小组看作一种破坏小组整体性的威胁。

　　次小组有各种各样的形式，包括两人组、三人组和小帮派。而且也会存在一些游离的组员，他们不和小组互动。还有一些充当替罪羊的组员，他们总是收到小组的负面评价和批评。在第八章，我们将详细讨论这些组员的角色。

　　在某些情况下，小组工作者可能会积极鼓励组员组成次小组，特别是在小组的规模很大，要完成很繁杂的工作的情况下。例如，因为次小组可以在小组中开展有效的会议讨论，所以大型委员会、代表大会和团队中通常会形成次小组（Tropman，2014）。组员会被指派到某些次小组中完成某些特定的任务或次小组任务，然后次小组讨论得出的结果被带回小组中重新进行讨论，或者付诸实施。

无论小组工作者是否积极地鼓励组员成立次小组，次小组都会自然而然地出现，因为并不是小组中的每个组员都有同等量的互动交流。然而，有时候互动过于密集的次小组也是一个麻烦。次小组组员可能会挑战小组工作者的权威，当次小组有了自己的目标，并有自己的方法达成目标时，其目标可能会取代小组的目标。在小组其他组员发言时，次小组的组员间的沟通交流可能会打断小组互动。这些次小组组员可能会遗漏那些不在次小组中的组员在讨论什么。这些类型的次小组会对小组整体的工作效果造成非常负面的影响（Forsyth，2014）。

当这样的次小组对小组整体造成干扰和破坏的时候，可以采取几个策略，让组员更好地融入小组整体中。

- 反省小组作为一个整体是否对组员有足够的吸引力。
- 推动小组发展一些组员行为规范，强调组员互相聆听和尊重。
- 推动小组发展一些组员行为规范，当一名组员发言时，要求别人保持安静。
- 调整组员座位。
- 邀请某些组员和其他组员进行更频繁的互动。
- 利用小组活动材料和练习活动把次小组的组员打散。
- 安排次小组的组员承担组外的工作任务，组成由不同组员构成的新次小组。

如果次小组的组员对次小组的热情忠诚仍然不减，小组工作者就应该考虑开展一次小组讨论，让组员探讨次小组的形成原因和它们对小组整体的影响等。坦诚地讨论次小组形成的原因常常会对小组整体的发展有益，因为这样的讨论可以发现小组互动模式中存在的问题，以及小组目标设立和决策过程中的问题。讨论结束后，小组工作者应该努力提高小组对全体组员的吸引力，帮助他们相互联系，以重新建立沟通渠道。

在某些情况下，小组工作者可能会希望通过次小组来实现治疗的目的。例如，亚隆（Yalom，2005）认为，小组工作者可以利用组员间的关系，帮助他们重新体验家庭小组的经历。对组员的移情和反移情的反应进行阐释，可能会有助于组员理解自己早年的经历是如何影响当前自己与他人互动及自己与外界沟通的方式的。这样的此时此地的干预活动代表了现代心理动力学理论方法在小组工作中的运用，这一点我们已经在前面的章节中讨论过。更多关于人际的、关系的和综合的心理动力学理论方法在治疗小组中的运用，请参见克莱因伯格（Kleinberg，2012）和亚隆（Yalom，2005）著作的内容，或前一章的心理动力学部分讨论的内容。因为这些理论方法是非常专业化的，小组工作者需要获取额外的教育资源和培训，也需要运用评估技巧和批判性思维，来确认针对什么样的案主群体需要采用什么样的理论方法才会有帮助。

小组的规模和组员的座位安排：影响小组互动模式的因素还有小组的规模和组员的座

位安排。随着小组规模的扩大，组员间可能发展的关系种类也会呈几何级增长。例如，3个组员可能会形成共计 6 种关系，而有 7 个组员的小组，可能会发展出共计 966 种关系。因此，随着小组规模扩大，小组工作者要意识到，每个组员都会面对发展和维护更多的社会关系的可能性，但是真正维护这些关系的机会反而会减少。

随着小组规模扩大，组员间沟通的机会和时间反而会减少。在一些小组里，组员缺乏参与机会可能不是一个太大的问题。那些发言不积极的组员也许在很积极地聆听其他人发言和积极地参与小组活动。这时，小组工作者就要评估是否所有的组员都在积极地参与小组活动，还要在组员表现出对小组活动不热心的时候进行干预。

一些组员希望有机会积极参与小组，但他们只有在认为自己的发言对小组有贡献的时候才会参与，否则他们宁肯不参与。对这样的组员，小组工作者最好不要施加干预。然而，对其他组员来说，缺乏参与机会会导致他们对小组的决策产生不满，以及不愿意执行小组决策。在这些情况下，小组工作者应该把大组分为几个次小组，然后分工合作，再邀请次小组把它们的小组工作成果汇报到大组中。

小组组员的座位安排也会影响互动模式。例如，围成环形的组员之间的沟通交流会比一排排坐的组员之间的沟通交流更频繁。而且，即使是同在以环形安排座位的小组中，组员的座位也会影响互动模式。例如，面对面坐的组员间的沟通会比面朝同一方向的组员间的沟通更方便，因为朝同一方向的组员之间通常会隔着一两个其他组员。

因为环形的座位安排会促进面对面的互动，而且这也是组员在小组中有平等的地位和参与机会的一个标志，所以，这样的座位安排通常比较受欢迎。但是，也存在小组工作者或组员倾向于选择其他形式的座位安排的情况。例如，任务小组领导者可能希望坐在长方形桌子的上位，以彰显他们的权力地位。小组领导者也可能希望坐在某一重要组员旁边。在教育小组中，领导者可能会站在一排排就座的组员的前面，这种安排会促进组员与领导者的沟通交流，也会最大限度地减少组员间的互动机会。

座位安排还有助于评估组员间的关系和小组互动中可能存在的问题。例如，互相有好感的组员常常会相邻而坐，而相互无好感的组员会希望他们的座位彼此离得越远越好。同样，如果组员把自己的椅子从组员们组成的圆圈中拖出来，或是坐在其他组员后面的位置，可能表示他对小组缺乏兴趣，不愿意参与。注意到不同形式的组员座位安排所代表的意义，将会帮助小组工作者有效地开展小组工作。

小组中常常出现的另外一种有趣的座位安排，是组员每次参加小组会议时都坐在同一个位置。组员坐在属于"自己的位置"上，与熟悉的组员相邻，就会感到安全，所以这样的座位安排可能会一直持续下去。为了维护和提升组员的舒适度、安全感和信任感，小组工作者不应主动地对这些座位安排进行调整，除非他有意要改变小组互动模式或其他小组动态形式。通过观察组员的座位安排和在必要的情况下对这些座位安排做干预调整，小组的社会情感环境会得到改善，小组完成目标的能力也会得到提升。

权力和地位：另外两个影响小组沟通和互动模式的因素是组员的相对权力和地位。起初，组员的权力和地位取决于他们在社区中的地位和声望、他们的外部物理特征和他们在资助机构中的地位等。随着小组的发展，组员的权力和地位也会发生变化，这种变化取决于组员在帮助小组实现目标的过程中所扮演的角色，还有他们在帮助其他组员满足社会情感需求时所发挥的作用。如果一名组员承担了小组中的重要角色，那么他的权力和地位就会得到强化和提升。

组员如果在加入小组之时就感到自己被边缘化和被压迫，那他们有可能从一开始就会产生一种认知，这种认知告诉他们，在小组中他们不会拥有权力和地位。小组工作者要随时关注组员间的地位差异，帮助那些有被压迫感和无力感的组员在小组过程中发挥作用。工作者在小组成立之初就要强调组内的权力和地位平等的重要性，而且要不断地观察，随着小组的发展壮大，组内的权力和地位是如何分配的，并在必要的时候进行干预，以确保每个组员都觉得自己是小组重要的一部分。

实务原则

掌握了小组沟通和互动模式特征的基本知识后，小组工作者就可以在任何形式的小组中进行干预，调整或改变互动模式。下列关于沟通和互动的原则对开展小组工作有帮助：

- 组员总是不停地沟通交流。小组工作者要不断地评估这些沟通过程和模式，以帮助组员在小组整个生命周期中自如和有效地进行沟通交流。

- 沟通模式可以被改变。要做到这一点，首先要在小组中明确小组的沟通模式，或者在小组会议快结束的时候专门用一小段时间讨论小组过程，明确小组的沟通模式。然后，小组工作者应再次强化预期的沟通互动模式，帮助增强或减弱组员间的情感联结，调整次小组和小组规模及结构，改变小组内的权力和地位关系。

- 组员间的沟通是有目的的。小组工作者要帮助组员通过讨论来澄清和理解沟通各方的意图。

- 所有的沟通都有某种含义。小组工作者要帮助组员理解和体会不同的沟通所表达的意义。

- 并非所有的信息都可以被清楚地传递出来。通过信息传递者进一步澄清信息，鼓励信息接收者提供反馈，小组工作者可以帮助降低信息在传递中被扭曲的可能性。

- 信息在传递过程中可能会被误解扭曲。小组工作者要帮助组员澄清那些表达不清楚或含糊的口语和非口语的沟通信息。

- 信息通常会被选择性地接收。小组工作者要帮助组员聆听信息的本意。在信息可能会被误解或被扭曲的时候，鼓励组员们开展对话和建立开放的沟通模式。

- 反馈和澄清可以促进对沟通交流信息的准确理解。小组工作者要引导组员提供和接受有效的反馈，并在小组中进行示范。

● 开放的、以小组为中心的互动模式一般比较受欢迎，但也并不总是如此。小组工作者要鼓励那些能为完成小组目标服务的互动模式。

● 要尤其关注那些被边缘化和被压迫的组员。小组工作者要确保所有组员在小组中都有足够的权力和地位，这样他们才会感到自己也是小组中重要的和有价值的一部分。

在小组工作中遵循这些原则，小组工作者才能帮助小组发展出良好的沟通和互动模式，以便在实现小组目标的同时也满足组员的社会情感需求。

（二）小组凝聚力

小组凝聚力是各种力量对组员施力的结果，为的是使他们继续留在小组内（Festinger，1950）。福赛斯（Forsyth，2014）认为，凝聚力有三个组成部分：（1）组员和组员之间的吸引力以及小组整体对他们的吸引力；（2）团结和社区意识，这样小组才能被看作一个整体；（3）团队合作意识和团队精神，使小组能够成功地作为一个协调性组织实现小组目标。

吸引组员参加小组的原因各式各样。小组动力学专家卡特莱特（Cartwright，1968）和福赛斯（Forsyth，2014）指出，吸引组员参加小组的主要是以下几组相互作用的因素：

● 归属感、被认可感和安全感的需求。

● 通过小组参与获得的资源和声望。

● 对参加小组产生的有利和不利结果的预期。

● 本小组的经验与其他小组的经验的对比。

有凝聚力的小组会满足组员对归属感的需求。一些组员因为在组外的社会关系令人不满意或他们在组外根本没有社会关系，所以他们有社会化的需求。例如，特斯兰、德克尔和布里斯内（Toseland，Decker，& Bliesner，1979）的研究表明，小组工作可以有效地满足那些被社会孤立的老年人的需求。有凝聚力的小组发现并欣赏组员的成绩，并提升组员的竞争意识。当组员感到自己的参与对小组是有价值的，并且他们在小组中受欢迎的时候，小组就会对他们有吸引力。当小组可以为组员提供安全感时，小组的凝聚力就会更强。例如，沙克特研究显示，恐惧和焦虑会增加人们对组织的需求。此外，其他研究发现，当组员信任小组有能力实现某个目标的时候，小组的凝聚力会更强，它的运作也会更有效率（Gibson，1999；Pescosolido，2001，2003；Silver & Bufiano，1996）。同样，组员对集体的自我效能感也会对小组的实际运作产生重要影响（Bandura，1997a，1997b）。

小组的凝聚力也可以通过激励人们参加小组来增强。很多人参加小组是因为他们期望通过小组遇到并结识某些人。有机会认识新的人，并且有机会认识社会地位高的组员，也是人们参加小组的动机。在一些小组中，参加完成任务为目标的小组活动本身就是让人身心愉悦的事情。在其他小组中，某些组员在完成某些任务时是需要其他组员的帮助的。声望也可能是一种参加小组的激励因素。例如，被提名为代表团成员或其他任务小组组员，就会提升这个组员在某一组织或社区中的声望和地位。另外一个参加小组的动机可能是获得在组外得不到的资源和服务。

期待获得的满足感和与过去小组经历比较后对现小组的好感，是另外两个增加小组凝聚力的因素。例如，如果组员对小组参与抱有很高的期望，而且认为这样的期望在其他小组中不可能实现，那么该小组对他就会有很大的吸引力。蒂博和凯利（Thibaut & Kelley，1959）发现，小组对组员的持续吸引力取决于"对其他选择的比较"，也就是说，对现小组的参与的满意度与过去小组参与经历的比较。

小组吸引组员的原因也会影响组员在小组中的表现。例如，巴克（Back，1951）的研究发现，如果小组吸引组员的主要原因是组员觉得小组中的其他组员和自己很相似，或者认为那些组员可能会成为自己个人生活层面上的朋友，那么他们之间的交谈内容就可能与小组活动不相关。而被小组的任务目标吸引的组员会希望快速且有效地完成这个任务，所有的交流内容都与这个任务有关。被组员身份赋予的声望吸引而来的人会非常谨慎，不愿拿自己在小组中的地位冒险，他们很少提起有争议的话题，并且只关注自己的行为，并不关心其他组员的行为。

高度的凝聚力可以在很多方面影响个体组员和小组整体的功能。有很多研究和临床性的观察记录都证实，凝聚力会帮助小组获得很多有益的小组动力关系。

凝聚力的影响

- 可以表达正面和负面的情绪（Pepitone & Reichling，1955；Yalom，2005）。
- 愿意聆听他人（Yalom，2005）。
- 有效地应用他人的反馈和评估意见（Yalom，2005）。
- 组员间的相互影响（Cartwright，1968）。
- 自尊心、自信心、个人调节能力，以及集体效能（Pooler，Qualls，Rogers，& Johnston，2014；Seashore，1954；Yalom，2005）。
- 对小组参与经历的满意度（Widmeyer & Williams，1991）。
- 为实现小组目标的坚持（Cartwright，1968；Spink & Carron，1994）。
- 愿意为小组功能的有效发挥承担责任（Dion，Miller，& Magnan，1971）。
- 实现小组目标，发挥个体组员和小组整体的功能，保证机构对小组的支持付出（Bulingame，McClendon，& Alonso，2011；Evans & Dion，1991；Gully，Devine，& Whitney，1995；Mullen & Cooper，1994；Wech，Mossholder，Steel，& Bennett，1998）。
- 保证组员的出席率和他们长期地参与小组（Prapavessis & Carron，1997）。

尽管凝聚力有很多积极的效果，小组工作者还是要注意到，凝聚力还与小组的其他特征之间有着复杂的互动关系。例如，尽管凝聚力强的小组会比凝聚力弱的小组高效，但是

高凝聚力的小组做出的决策的质量会受到小组任务的性质（Gully，Devine，&
Whitney，1995）和小组规模的影响（Mullen & Cooper，1994）。例如，小组的凝聚力对小
组活动结果的影响力大小和小组任务的互相依存性大小成正相关，即任务的相互依存性高
的时候，凝聚力对活动结果影响大，反之则影响小（Gully，Devine，& Whitney，1995）。
凝聚力也会随着小组过程的发展而发生变化。例如，布德曼、索尔茨、德比、戴维斯、梅
里（Budman，Soldz，Demby，Davis，& Merry，1993）的研究发现，在小组初期，表现为
凝聚力的行为可能在小组后期就不再被认为是那样了。

81
尽管凝聚力通常会提高小组的效能，但是福赛斯（Forsyth，2014）的研究指出也不总
是如此，即凝聚力也可能会产生负面效果。如果在小组里，大家都能接受中低水平的工作
效能，那么高度的小组凝聚力就会促使这些中低水平的效能被长期保持下去。如果凝聚力
对组员造成了太多的控制，那么它也会对小组的功能造成负面影响（Hornsey，Dwyer，
Oei，& Dingle，2009）。它可以打压个人表达和少数意见，还可以威慑那些会造成分歧和
争论的声音，即使这样有争议的观点代表的是成熟小组中组员间已经建立起了信任的关
系。组员应当在不必担心被制裁和被排斥的情况下自由地表达自己的观点、承担风险和
发表不同的意见。当小组凝聚力不会打压组员自由开放地表达自己观点的时候，组员就
会在小组中更开放地自我袒露、剖析自己，更有效地解决问题的方法和过程也就应运而
生了。

凝聚力是"小组思维"发展过程中一个必要因素，但并不是唯一的因素。詹尼
斯（Janis，1972）认为，小组思维是"一种思维模式，即当组员高度融入一个有凝聚力的
小组时，以及当组员发现为实现共同目标付出的努力得到的结果会超出他们评估其他可选
行动可能会产生的结果的时候，他们就会积极参与小组"（p.9）。一旦小组思维产生，小
组就会变得非常保守，而且保持一致性的压力也会限制小组开展详细的调查和评估程
序（Forsyth，2014）。

除了鼓励组员保持这种消极的统一，凝聚力还会导致组员对小组的依赖。这对集中性
的治疗小组而言是一个尤其棘手的问题，因为在这样的小组里，组员在加入小组之前都有
严重的问题和很低的自我评价。因此，在提高小组凝聚力的时候，小组工作者要确保组员
仍能保持他们的个体独立性。要鼓励组员表达自己的观点，尊重其他组员发出不同的声
音。同时，帮助组员在小组结束前做好准备，发展独立性。这一点也很重要。关于帮助组
员的具体工作方法，我们将在第十四章进行讨论。

小组缺乏吸引力的原因

当组员表现出心不在焉，或不愿意参与和被迫参与的时候，小组工作者通常要主导小
组活动。不愿参加小组的组员包括酗酒者、吸毒者或家暴者。即使在任务小组中，也会有
组员感到自己是被迫参加小组的。

被迫参加小组的压力有很多种。例如，在为儿童或青少年开展的小组中，父母、学校管理人员和法律系统工作人员必须参加，如果不参加，他们可能会面对严厉的惩罚。在我们的社会中，有很多成员被边缘化，受到压迫或被忽视，他们也可能是社会偏见和歧视的目标，那么当被要求参加由他们认为会造成自己权力和地位低下的社会系统组织的小组活动时，这些人就会表现得无动于衷或怀有敌意。处于支持性环境中的组员都很难处理个人问题，更不要说很多组员在他们的家庭和社区环境中几乎无法得到情感支持、社会支持和物质支持系统。这也是治疗小组参与率低的原因。

在小组开始之前，小组对组员没有吸引力，为了提高小组的凝聚力，小组工作者要集中精力尽快在组员间建立互相关心的关系。他们还要全力在他们和组员间建立信任关系，以及在各个组员间建立信任关系。这样，小组工作者不仅要帮助组员，也要鼓励组员互相帮助。建立信任关系有很多方式，包括和组员谈话以了解他们的问题，直接与组员讨论他们不愿意参加小组的原因（Prochaska, DiClimente, & Norcross, 1992），以及采用动机调查策略（Hohman, 2012；Miller & Rollnick, 2013），这一点将在本书后面部分讨论。让那些不情愿参与的组员了解过去组员的成功小组经历也是一个非常有效的策略，但是，这要求小组工作者和过去的组员保持联系，并邀请他们在第一次小组活动开始之前或在第一次小组会议中，向新小组成员分享他们的经验。

小组工作者要尽早认识到在小组初期会遇到组员参与度的挑战，这一点很重要。在接下来的小组过程中，持续性地关注组员的参与仍然应该是小组工作者的首要任务。小组工作者可以使用第十四章介绍的麦高恩（Macgowan, 2000）的参与度测量方法或麦高恩在2008年介绍的其他测量方法来评估组员参与度和小组凝聚力。

信任和自我保护

建立信任的作用是无可替代的。信任是参与的核心。有时候，因为在住院部或其他情境下开展活动时可支配的时间很少，所以小组工作者"被迫"需要快速地实现干预目标。在这样的情况下，即使没有组员的信任，一些干预目标也能实现，比如传播信息。但是，在组员全力参与并已建立起互相信任关系的小组，仍然会有更好的保持和使用信息的效果。还应该认识到，虽然有可能，但是如果组员之间没有形成信任的关系，那么让组员参与到涉及高度的情感、心理和人际问题的小组活动会非常困难。

建立信任关系需要时间，但小组工作者通常并没有很多时间。短时间内在住院部开展的以解决组员健康问题为目标的小组工作只是一个例子。在这样的情况下，小组工作者会发现自己碰到了一个无法解决的难题，因为他们想在小组中建立信任，但时间限制和其他原因阻碍了建立信任关系的计划。这时，小组工作者要放松心态，做好自我保护，要承认某些特殊情况可能会限制他们具体在实务中能取得的工作成果，例如机构政策或资金要求的限制。因此，小组工作者一边对可能取得的工作成果保持现实的认知，一边要尽最大可能帮助那些不愿意参加小组的组员参与进来。这非常重要。在团队和治疗的专业会议中，小组工作者要和他们的同行交流，讨论怎样提高那些不情愿参与的组员的积极性。团队和治疗的专业研讨会通常可以启发一些关于提升参与积极性的创新性想法，而且它们还可以为小组工作者提供资源。小组工作者和他们的同事们一起努力，呼吁改变那些阻碍组员参与的机构政策或实务操作。而且，这些研讨会还鼓励小组工作者自己或和同事们一起做好自我保护。

实务原则

鉴于凝聚力有诸多好处，小组工作者应该努力增强小组凝聚力，以吸引更多组员参与进来。下列的实务原则有助于增强小组凝聚力：

- 高水平的开放互动模式能增强小组凝聚力。小组工作者要利用小组讨论和小组活动鼓励组员间的互动。

83

- 如果小组能够满足组员的需求，组员就愿意继续参与小组。因此，小组工作者要帮助组员确认自己的需求，并且帮助他们了解在小组中如何满足这些需求。

- 小组目标的实现会提高它对组员的吸引力。小组工作者要帮助组员关注小组目标，为实现小组目标努力。

- 组内的非竞争关系有助于组员表达自己的观点，从而增强小组凝聚力。小组工作者要帮助组员相互合作，而非相互竞争。

- 组内的竞争关系有助于明确小组的身份和目标，从而增强小组凝聚力。小组工作者可以利用组内自然出现的竞争关系来建立组员间联系。

- 如果小组规模过大，就会限制组员的全面参与，从而降低小组的吸引力。小组工作者在组建小组的时候，要考虑到让全体组员都有机会全面参与小组活动。

- 如果组员的期望能够被理解，需求得到满足，他们就会觉得自己是小组的一分子。小组工作者要帮助组员明确自己的期望，努力在实现组员的期望和完成小组目标间找到平衡。

- 如果小组能为组员提供他们在组外无法获得的回报、资源、地位和声望，小组对组员就是有吸引力的。因此，小组工作者要帮助组员获得小组能提供的这样的奖励性资源。

- 作为组员的荣誉感也会增强凝聚力。小组工作者要帮助组员发掘从小组的组员身份和它的工作目标中发展出来的荣誉感。

- 信任是凝聚力和参与的关键。小组工作者可以使用变化的阶段理论、参与动机的调查访谈和其他策略吸引那些参与积极性不高的组员。

如果组员认为自己参加小组的成本高于收益，他可能就不再参加小组了（Thibaut & Kelley, 1954）。所以，尽管小组工作者无法保证在每个小组中所有有利于小组参与的因素都存在，但是他们至少要尽力确保小组对现有的所有组员有足够大的吸引力。

（三）社会融合和影响

社会融合指的是小组中组员团结一心，互相接纳。如果组员之间没有一个高水平的社会融合，小组就不能有效地发挥功能。社会秩序和社会稳定是形成和维持有凝聚力的小组的前提条件。社会融合帮助组员在个人目标和小组目标方面建立共识，帮助组员采用一种有序而高效的方式完成小组任务，实现小组目标。

规范、角色和地位等级会影响组员在与他人的关系中的行为，还会指定组员在小组中应处的位置，从而促进社会融合。规范、角色和地位等级还为小组过程提供了次序和流程，有助于预知组员的行为，让所有组员可以接受。规范、角色和地位等级的动态变化能够帮助小组避免那些可能造成混乱和分裂的不可预知和不必要的冲突。过分僵硬和严格的规范、角色和地位等级也会造成过分的服从和统一，这又会压制组员的个体创造性、积极性和贡献能力。同时，一定程度的可预见性、服从和统一，对组员共同努力实现小组目标是有必要的。因此，小组工作者需要引导小组开发自己的规范、角色和地位等级，从而可以在过分服从统一和过少服从统一之间达到一个平衡。

不同小组的社会融合和影响程度也是不同的。在社会影响力极强的小组，组员会放弃很多的自由和个性。在一些小组里，放弃自由和个性是小组有效发挥功能的必要条件。例如，在某一代表委员会中，每个组员代表的是他们机构的立场观点，组员几乎没有机会表达他们个人的好恶。在这样的小组里，规范和角色非常清楚地指明了个体组员如何在小组中行动。然而，在另一些小组里，组员享有很大的自由，他们的很多行为都是可以被小组接受的。在下面几节里，我们将讨论小组工作者如何能找到一个平衡，使规范、角色和地位等级既可以满足组员的社会情感需求，又能促进小组高效地发挥其功能。

规范

规范是在某个社交场合中，例如一个小组，组员针对小组内的行为方式所达成的共同期望和信念。它指的是小组可以接受的某些特殊的组员行为和总体的行为模式。规范可以使组内的行为稳定化并规范化。通过明确指出什么样的行为在小组中是恰当并且是可以接受的，规范增加了组员行为的可预测性、稳定性和安全性，也有助于鼓励有组织和高度协调的小组行动，以完成小组目标。

规范源自小组认可的价值观、喜好和可接受的行为。在制定小组规范的过程中，与社会地位较低的组员相比，那些社会地位较高的组员的意见通常会被优先考虑。但是在一定程度上，所有组员都参与了小组规范的制定过程。

随着小组的发展，规范也会发生变化。在组员观察其他组员的行为时，或者在小组互动过程中组员表达自己的想法和观点时，规范就会产生。在组员表达自己的喜好、分享观点和以某种特定的方式采取行动的时候，规范会变得更清晰。组员很快就会明白，究竟哪些行为会带来惩罚和社交上的不认可，而哪些行为会带来奖励和认可。小组初期会议的结构与小组凝聚力的提高、冲突的减少、组员满意度的提高都有关系（Stockton, Rohde, & Haughey，1992）。然而，随着小组的发展，规范的形成会降低对小组会议结构的需要，也会减少小组工作者对小组的控制。

由于规范是在组员的互动过程中产生的，因此规范会约束和限制小组领导者或其他组员滥用权力。而且，它们还会降低外界对小组施加的过度控制。

规范有很多不同的表现形式，可以是显性明晰的，也可以是隐性含蓄的。显性明晰的规范是可以由小组领导者和组员清楚地阐述和讨论的；相反，隐性含蓄的规范对组员行为和互动方式有着重要影响，但是组员们并不会交流或讨论它们。例如，某一小组领导者明确说明，小组活动将准时开始和准时结束，并且在每次小组会议中都遵循这个"规则"。这样就是以一种显性的方式阐述了一个明晰的小组规范。相反，在一个夫妻小组中，隐性含蓄的规范可能是避免讨论夫妻间亲密行为或不忠行为。这个隐性含蓄的规范是：在这样的小组中不要讨论这样的话题。

案例　夫妻小组

在某夫妻小组的第四次会议中，小组工作者注意到，组员们从来没有提到过他们的性生活。在这次会议进行到一半的时候，小组工作者发觉，尽管组员讨论了很多婚姻生活中的矛盾冲突，包括经济上的、家务劳动上的和其他方面的问题，但是没有人提到性生活这个话题。当小组工作者询问组员是否愿意谈谈他们对自己性生活的满意度的时候，小组安静了一下。然后，一位女性组员主动发言，说她和自己的丈夫已经好几个月没有性生活了，她感觉自己的丈夫好像对性生活很抗拒。她丈夫一开始没有做出回应，但是其他组员开始谈起了自己的性生活。最后，那位丈夫也开始谈起自己的感受。在接下来的小组会议过程中，小组工作者利用禁忌的"性"的话题引导组员开展了一次富有成效的讨论，即当难以启齿的话题被提到小组中讨论时，怎样让组员感到安全有保障，以及如何让他们在讨论这些话题时感到轻松自在。后来，讨论达成了一个共识，即组员不要在小组会议结束后对另一方在会议中的发言感到生气。但是，他们可以把这些情绪带到下次的小组会议中。

根据组员之间关系的亲密程度不同，规范也会发生变化。一些规范可以被严格地执行，而一些却不能。一些规范可以容忍很大的自由行为空间，而一些却对组员行为有明确具体的规定。规范对不同组员还有着不同的影响程度。某一特定的规范可能会对某些组员造成很大的影响，而对另一些组员可能完全没有作用。

抛弃小组规范不一定就会对小组造成负面影响，因为抛弃某些规范有助于小组朝着新的方向发展，或者挑战那些已不再发挥功能或已完成使命的旧方法。规范有时可能会失效，或者违背伦理，所以，抛弃规范对组员来说可能是有益的。例如，某个治疗小组中，小组制定的规范让组员很难表达他们的紧张情绪。不遵守这个规范的组员会帮助小组反思它的规范，使组员能够进一步深化交流沟通的水平。小组工作者要尽力理解抛弃规范的意义，要了解抛弃规范在发挥小组功能上所起的作用。同时，抛弃也有助于指明那些隐性含蓄的规范，帮助组员反思这些规范是否对小组功能发挥了积极作用。

由于规范非常具有说服力和影响力，所以改变它们多多少少会比改变角色期望和地位等级更困难。因此，小组工作者要竭力确保小组制定的规范会使小组受益。勒温（Lewin，1947）就认识到了改变小组规范的困难性，他指出，让规范保持不变的是平衡和现状。要想打破平衡、改变现状，需要经历三个阶段。第一个阶段是由某个危机事件或制造紧张情绪的情况导致的不平衡和小组骚动。在这个过程中，组员会重新审视现存的小组规范。有时候，小组工作者会引导组员对现存规范给小组造成的影响进行讨论或者分析，从而形成一个危机。但多数情况下，危机是由失效的小组规范引发的。

第二个阶段，在新规范代替旧规范以后，小组可以重回平衡状态。勒温（Lewin，1947）认为，第二个阶段可以被称为"冷冻"期。第三个阶段被称为"再冻结"期，在这个阶段，新的平衡被稳定下来，小组承认和接受的新的规范是保障小组发挥功能的规则。

改变规范的方法有很多种：

- 讨论并识别小组规范，并对之有具体的规定。
- 直接干预小组，改变规范。
- 抛弃某一规范，帮助小组采用新规范。
- 帮助小组意识到外在力量的存在，以及它们对小组规范的影响。
- 聘请专业顾问帮助小组改变它的规范。

角色

与规范的作用相似，角色也会对组员产生重要影响。角色和规范密切相关。在某种程度上，如果每个组员都认可小组规范，那么针对每个组员应在小组中发挥的作用这样的角色期望也会得到小组的一致认可。然而，角色和规范的不同之处在于，规范是在一个宽泛的范围内定义组员的行为，而角色是在相对具体的功能状况下或者为完成某项具体任务时，对组员的行为和他们应承担的工作进行界定。随着小组工作任务在不同时期的变化，角色也在不断演变（Forsyth，2014）。

> **评估**
>
> 行为：在评估和研究结果，以及案主与社区机构的价值观和偏好的基础上，选择恰当的干预策略。
>
> 批判性思考问题：角色理论有助于理解人类行为的某些方面。在小组中承担重要角色的组员如何帮助小组实现目标？

86

由于角色对小组做出了劳动分工，并对权力的合理使用进行了分配，因此角色对小组功能的发挥有着重要作用。它们可以确保指派某些人承担相应的角色，使他们能承担重要的小组工作。角色还明确了特定情况下组员的具体行为规范，发挥着小组控制的功能。扮演某种特定角色不仅明确了特定的行为，还限制了扮演这种角色的组员的任意行为的自由，使他们不能偏离对他们的角色期望。例如，如果一个培训小组的领导者在小组中分享了与培训内容不相干的个人情绪和私人感情问题，那他/她就被认为扮演了不恰当的小组角色。

案例　一个癌症幸存者小组

在一个癌症幸存者小组中，组员玛丽承担了社会情感方面的领导者的角色。她负责在组员讨论某些困难的话题时安抚他们的情绪，或者设法引起那些看上去情绪非常低落和敏感脆弱的组员的注意力，鼓励他们参与小组活动。另一名组员乔承担的角色是小组任务方面的领导者。当小组讨论偏离设定的主题（例如怎样应对癌症或怎样处理癌症对生活的影响等）的时候，他的责任是保证小组回到这些主题中来。而杰妮是一个非常幽默的人，她总是对别人的发言做出正面的回应，并且当小组讨论陷入一种悲观的氛围时，她能指出问题的正面积极的一面。琼的角色是本地组员的领导者，她帮助小组工作者桃乐丝布置会议室，给小组带烘烤的零食，在会后帮助有交通需要的组员去看医生或在他们情绪低落时开车送他们去会见某位咨询师。

改变或调整角色最好的方法包括明确角色、描述和谈论可替换的角色、澄清现有角色的责任和相应的特权、让组员承担新角色，以及根据组员在小组讨论中的表达增加或调整角色。

地位等级

除了规范和角色之外，社会控制还可以通过组员在小组的地位等级得以实现。地位等级指的是，每一个组员在小组中所处相对位置的评估和排序。组员在小组中的地位受到他们在组外的声望、社会地位和专业特长的影响。然而，在某种程度上，地位可能还会受到情境的影响。在一个小组中，组员的地位等级可能是由他们在资助机构中所处的位置决定的。在另一个小组中，组员的地位等级可能是由他们在其他组员中的受欢迎程度决定的，或者他们的专业特长能在小组中发挥多大的作用，又或者他们能在小组中承担多大的责任。组员的地位等级还可能受到他们加入小组后的行为表现的影响。由于组员的地位等级是相对于其他组员而言的，因此，组成这个小组的成员也影响了其他组员在小组中的地位等级。

地位等级以一种相当复杂的方式发挥着社会融合的作用。地位等级低的组员最有可能不服从小组规范，因为那样做他们并不会损失什么。地位等级低的组员很有可能会对积极的小组过程造成破坏。但是如果地位等级低的组员有希望获得较高的小组地位等级，破坏性的行为可能就不会出现。处于中等地位等级的组员倾向于遵守小组规范，以保持自己的地位等级，或获得较高的地位等级。因此，小组工作者要为地位等级低的组员提供参与小组活动的机会，这样他们就能更好地融入小组，获得更高的地位等级。一旦地位等级高的组员在小组中稳固了自己的地位等级，他们就会为小组提供很多有价值的服务，并遵守小组规范。但是，由于他们的小组地位等级，高地位等级的组员享有更多的自由，这使他们可以不遵守小组设立的规范。当小组处于危机中时，小组通常会期待这些高地位等级的组员能采取一些特殊或有创造性的行动帮助小组解决危机（Forsyth，2014）。如果中等地位等级或低地位等级的组员不断地偏离小组规范，他们可能会面临被惩罚或被勒令退出小组的风险。而如果高地位等级的组员不断地偏离规范，他们在小组中的地位等级会受损，但不大可能会受到严厉的惩罚或被勒令退出小组。

案例 一个设在住院部的精神科小组

在一个设在州立精神健康医院的青少年住院部的小组里，精神病医生被明确地认为是小组中拥有最高地位等级的成员，社会工作者和护士是处于中等地位等级的组员，而心理健康治疗助理和实习学生是处于低地位等级的组员。然而，随着时间的推移，社会工作者和一个治疗助理的地位等级慢慢地提升了，因为他们能够与一些面临最大困难的青少年建立和谐的关系。

同时，精神病医生的地位等级却慢慢地下降了，因为他总是在小组会议中途离开或者缺席整个小组会议，而且组员们认为他过于迂腐地坚持自己的理论观点并且总是命令组员按照他的期望去开展小组活动。护士的地位等级也有一定的提升，因为她是与精神病医生见面交流的那个人，并且她可以对药物做出必要的调整。另外一个心理健康治疗助理仍然处于相当低的小组地位等级，因为他好像对自己的工作并不热心，并且用贬低的语气谈论病人，而且对小组会议几乎没有积极贡献。

地位等级可以非常容易地通过新组员的加入或现有组员的离开来改变。如果这样的组员增减不可能发生，或者小组不期望发生这样的情况，那么小组工作者可以通过小组讨论的方式，帮助组员对现有的地位等级所造成的影响以及如何改变这些地位等级发表自己的看法、提出建议。改变组员的组内角色，帮助他们在组内获得一个更显眼的位置或能承担更多责任的位置，都会提升组员的地位等级。改变组员的地位等级并赋权低地位等级的组员的策略还包括，指派他们扮演与高地位等级相关的项目活动中的角色，或者扮演小组整

88

体或次小组的领导者角色，又或者要求他们扮演其他特定的角色等。

总之，规范、角色和地位等级是小组对组员实施社会影响的重要组成部分。由谢里夫（Sherif，1936）、纽科姆（Newcomb，1943）、阿希（Asch，1952，1955，1957）和米尔格拉姆（Milgram，1974）进行的早期研究就清楚地说明了小组对个体组员施加的影响。但是，也有研究表明，不代表主体观点意见的个别组员也能影响小组的大多数组员（Moscovici，1985，1994；Moscovici & Lage，1976；Moscovici，Lage，& Naffrechoux，1969）。持少数观点意见的组员可以采用下面的方法，使他们的观点得到小组的重视。

- 提出令人信服并连贯一致的观点。
- 在表达观点的时候，请小组认真倾听，并认真考虑你的观点。
- 表现出对自己观点的自信。
- 不要固执己见，要对他人的观点持开放接纳的态度。
- 立场灵活，必要时可以妥协退让。
- 利用主体观点中的不确定性和逻辑失误，来传递你的观点。

实务原则

规范、角色和地位等级是相互交织在一起的概念，它们会影响个体组员在小组中的社会融合，它们限制个性、自由和独立，但同时又使小组运行稳定和规范化，帮助组员对自己在小组中所处的位置感到自在安全。因此，在开办任务小组和治疗小组时，小组工作者要平衡满足个体组员需求和满足小组整体需求之间的关系。在确保规范、角色和地位等级能够服务于小组整体和个体组员的需求的同时，也要处理好服从和偏离的关系。在促进小组工作的过程中，小组工作者可以考虑应用下列动力关系的原则。

- 小组工作者要帮助组员评估，在什么样的情况下，规范、角色和地位等级会有助于组员的参与和社会融合，并且有助于实现小组目标。
- 对那些能为小组提供足够框架的规范、角色和地位等级，小组工作者要积极推动它们的产生和发展，这样就可以避免小组互动体现无组织、混乱，或令组员感到不安全或产生焦虑的情况发生。
- 而对那些阻碍组员发挥判断能力、体现自我意志及发挥完成既定目标的能力的规范、角色和地位等级，小组工作者要尽量避免它们的出现。小组工作者要确保在小组可接受的行为范围内，组员仍然享有一定的行动自由和独立性。组员的赋权一直都是小组的一个基本目标。
- 规范、角色和地位等级是在小组内缓慢地建立起来的，一旦建立起来，就很难被改变。因此，小组工作者要非常认真地参与有益的社会融合机制的建立和发展，还要非常警惕，一旦发现有无用的规范、角色和地位等级在小组中出现，要立刻对它们进行调整。
- 组员会选择遵守那些对自己有吸引力和有小组凝聚力的规范、角色和地位等级。因此小组工作者要帮助组员通过参加小组活动来满足自己的需求。

● 如果组员认为小组目标意义重大，那么他们就会选择遵守小组的规范、角色和地位等级。因此，工作者要强调小组工作任务的重要性和每个组员为此所做的贡献的重要意义。

● 如果因为自己的需求或组内和组外的压力，组员希望能继续保持自己的组员身份，那么他们就会选择遵守小组的规范、角色和地位等级。因此，小组工作者要考虑到组员参加小组的动机。

● 奖励和惩罚都会有助于组员遵守规范、角色和地位等级。小组工作者要评估奖励和惩罚措施是否应用得当，是否公平，以推动健康积极的社会融合，让小组整体和个体组员都能受惠。

遵循这些原则，小组工作者可以确保小组规范、角色和地位等级不仅能满足组员的需求，也有助于实现个体组员的目标和小组整体的目标。

（四）小组文化

尽管在讨论小组动力关系时，小组文化常常被忽略，但是，小组文化却是影响小组整体的一支重要力量。小组文化指的是组员共同认可的价值观，如意识形态、习俗和传统习惯（Yuki & Brewer，2014）。利瓦伊（Levi，2014）指出，可以从三个层面理解文化。在表层，符号和仪式展现了小组的文化。例如，在酗酒者匿名小组里，组员在互动一开始时只说自己的名字，不介绍自己的姓氏，他们通常也会说自己是一个酗酒者。到了更深一个层面，文化就通过组员互动的方式展现了。例如，某一小组解决冲突的方式能在很大程度上说明它的文化。最深层面的文化包含了组员们共同认可的核心理念、意识形态和价值观。

小组内部的多元文化差异对小组文化的发展及组员的社会融合有着重要影响。例如，北美和欧洲文化更重视个人主义、竞争和成就感，而谦逊和虚心在某些非西方文化中更盛行。同样，小组的生存经历、社会等级、包容和种族认同等，都会对由多种族组员构成的小组的理念、意识形态和价值观的发展产生重要的影响。但是，对来自主流群体并长期接受主流价值观的组员来说，这些却几乎没有

> **人权和正义**
>
> 行为：参与促进社会、经济和环境正义的实务。
>
> 批判性思考问题：对于非正义和违法人权的问题，很多人都有亲身体验。小组工作该如何解决这些问题？

带来什么影响（Burnes & Ross，2010；Hopps & Pinderhughes，1999；Matsukawa，2001）。然而，如果对这些多元文化的价值观视而不见，就会造成少数族裔组员的社会隔离和疏远，减少他们融入小组的机会。如果小组中组员的身份是多元化的，那么小组文化的形成就会比较缓慢。因为组员会将他们各自的经历和他们继承的从各自民族、文化和种族遗产中发展出来的独特价值观带入小组文化的形成过程中。这些不同的价值观通过小组

沟通和互动相互交融。在小组初期的会议中，组员们会互相探索和理解独特的价值系统，并尝试找到一个与所有人都有关的共同价值观。到了后期的会议，组员们将有机会分享各种文化并理解彼此的价值观系统。最终，就会产生一套共同认可的价值观，这就是小组文化。小组文化会在整个小组过程中不断发展演变。

案例　拉丁裔看护者小组

　　一个由社区组织资助的拉丁裔看护者的支持性小组里，小组工作者有着丰富的相关工作经验，但她的经验主要来自非拉丁裔的看护者小组。在这个支持性小组中，小组工作者注意到，组员在谈论他们的长辈时，对长辈家庭地位的尊重程度比盎格鲁-撒克逊看护者对长辈家庭地位的尊重程度高得多。她还注意到组员不愿意主动发言，除非被点名邀请发言。她决定邀请组员对这一点进行讨论。而且她得知，传统拉丁文化中对领导者的尊重使组员不愿意主动发言。于是，她向组员们解释，在这个小组里，主动发言是受欢迎的，大家可以自由地针对看护问题和需求发表自己的看法。她发现，虽然大部分人主要用英语交流，但有两个组员还是会使用西班牙语描述自己的情绪。她担心并不是所有的组员都能理解这两个用西班牙语交流的组员在说什么。因此，小组工作者和组员一起讨论了这种情况再发生应该怎么办。后来，大家认为，这种情况是可接受的，而且小组对如何处理这样的情况达成了共识。在出现这种特殊情况时，如果某些组员的西班牙语不是很熟练，那么他们可以随时要求其他组员对西班牙语的交流内容进行翻译。

　　当组员身份同质性很高的时候，小组文化能很快形成。如果组员有共同的生活经历和类似的价值观体系，他们独特的文化视角就会更快地融入小组文化中。例如，由文化机构资助的小组，像城市联盟或市民中心，代表某一特殊观点的机构，像全国妇女组织，这些小组中的组员与其他多元化小组的组员相比更有可能分享类似的生活经历和类似的价值观。这些同质性高的小组的优势是为组员提供了一个具有肯定性和支持性的氛围。

　　小组文化还受到小组所处的环境的影响。作为组织机构、社区和社会的一部分，小组享有和这些大的社会系统一致的价值观、传统和文化遗产。这些大的社会系统对小组的影响程度取决于小组与这些系统之间的互动程度。例如，一个行政管理团队的工作程序，通常在很大程度上受到机构的政策和实际工作情况的影响；与之相反，帮派组织则倾向于脱离社会、社区和当地青年组织所奉行的主流价值观。通过观察小组和它所处的环境之间的互动，小组工作者可以更好地了解小组，获得大量的小组信息。

　　以满足社区需求为目标的小组通常与它们所处的环境有更多的互动。这种类型的小组在分析发生某种变化的概率，建立一个选民区，或决定如何实施一项行动计划时，一定要非常仔细地考虑这个社区的主流价值观和传统。在某种程度上，社区里有权势的人物是否能够或者愿意接受小组，是由这个小组的活动是否在一贯地支持他们奉行的价值观和传统决定的。无论何时，以满足社区需求为目标的小组都应该在社区主流价值观的框架内设计和开展活动。小组工作者可以帮助小组和社区在它们各自的价值观中间找到一个双方都认可的平台。如果小组的活动计划被认为与社区价值观相冲突，小组就不会受到社区权威领导者的支持。在这样的情况下，小组可能需要通过冲突策略来实现它的目标（这一点将在第十二章得到介绍）。

　　一旦小组文化形成了，那些认同小组文化的组员就会在小组中获得安全感和归属感，而那些不认同的组员则会感到被疏远甚至被排斥。对那些感到被疏远的组员，参与小组无法满足他们的需求，他们会感到丧气和压抑，觉得自己被误解，从而被排斥在外。这样的被压迫感会日益加剧，使不认同小组文化的组员离开小组或对小组造成破坏。更极端的疏远感还可能导致他们的反抗和攻击行为。那些感到自己被疏远的组员组成的次小组可能会通过各种方式对抗已经形成的小组规范、角色和地位等级。为了避免这类情况发生，小组工作者要特别关注那些有疏远感的组员在小组内的发展，激励所有组员共同合作，接受有差异性的并超越个别差异的信念、价值观和意识形态。他们还应鼓励全体组员全面参与和融入小组的整个生命周期。

实务原则

　　小组文化对小组既能实现自己的目标同时又能满足组员的社会情感需求的能力有重要影响。强调自我决断的能力，鼓励开放、公平和多元的观点的小组文化，能够极大地推动小组整体目标和个体组员目标的实现。有时，组员会把自己独特的种族、文化或社会刻板印象带到小组里，从而约束小组的发展，阻碍小组发挥功能。通过鼓励组员间的互动和讨论，小组工作者能帮助组员克服社会刻板印象，鼓励组员学习理解和欣赏那些不同的价值观和各民族的文化遗产。

　　在帮助小组建立一种积极的文化时，小组工作者可参考如下原则：

　　● 组员带入小组的各种价值观的交织融合产生了小组文化，小组工作者要帮助组员审视、比较和尊重彼此的价值观系统。

　　● 资助或批准成立小组的机构、社区和社会，它们的价值观也会影响小组文化，小组工作者要帮助组员识别和理解它们的价值观。

　　● 组员和小组工作者可能会持有刻板印象，而刻板印象会阻碍他们的互动。小组工作者要帮助组员克服对彼此的刻板印象，并帮助他们意识到自己的刻板印象。

　　● 价值观冲突会削弱小组凝聚力，在极端情况下，还会造成小组解散。小组工作者要调和组员间的价值观冲突，以及组员和外在社会环境之间的价值观冲突。

　　● 小组文化可以对组员的价值观施加影响。小组工作者要以身作则，亲自示范价值观，例如开放、自我抉择、公平和接纳差异等。这些都是小组工作和社会工作专业的基本价值观。

● 如果小组能满足组员的社会情感和工具性需求，那么小组就是成功的。因此，小组工作者要在组员的情感表达需求和实现特定目标的需求之间找到平衡。

（五）小组发展的不同阶段

诺森（Northen，1969）曾指出，"阶段是成长和发展过程中可区分的时期或可识别的等级"（p.49）。本书的其他章节将围绕小组工作者在小组发展的各个阶段可以使用的技巧方法来组织安排。随着小组的发展，它的整体社会结构、沟通和互动模式、凝聚力和社会控制及它的文化也会发生演变。因此，深入地了解小组的发展对有效地开展小组工作至关重要。本小节将回顾小组工作理论学者总结的关于小组发展的一些理论方法。

很多学者对小组发展的阶段做过归类。表3.3列举了文献中出现过的一些小组发展阶段归类模式。大部分文献都基于文献作者从自己的工作模式中得到的经验或观察到的小组模式，而且文献中描述的大部分模式都表明，所有的小组都会经过几个类似的发展阶段。然而，如表3.3所示，关于小组要经历的发展阶段的数量和类型，不同的作者有不同的看法。例如，贝尔斯（Bales，1950）的小组发展模式只有三个阶段，而萨里和加林斯基（Sarri & Galinsky，1985）提出的模式却有七个阶段。

目前，还几乎没有针对某个模式进行的实证研究，也几乎没有实证证据可以证明某一种模式能准确地描述所有类型的小组都要经历的阶段。但是，研究表明，小组发展确实会经历不同的阶段，而不同的小组类型经历的发展阶段也有不同（Shaw，1976；Smith，1978）。麦肯齐（MacKenzie，1994）、蕙兰（Wheelan，1994）和沃克尔（Worchell，1994）指出，

> **研究型实务**
>
> **行为**：运用并转化研究成果，以指导和改善实务、政策和服务提供。
>
> **批判性思考问题**：认识到小组会经历不同的阶段，有助于小组工作者理解组员在不同时期的行为。支撑小组发展具有阶段性的研究成果有哪些？

表3.3　小组发展的阶段

发展阶段	开始期	中间期	结束期
贝尔斯（Bales，1950）	熟悉	评估	决策
塔克曼（Tuckman，1965）	形成	讨论 规范 操作	结束
诺森（Northen，1969）	计划 熟悉	探索和检验 问题解决	预结束
哈特福特（Hartford，1971）	组前策划 召集小组	分解和冲突 小组形成和维系	结束

续表

发展阶段	开始期	中间期	结束期
克莱因（Klein，1972）	熟悉 抵触	谈判 亲密性	结束
崔克尔（Trecker，1972）	开始 小组感情的出现	联系、目标和凝聚力的产生 强烈的小组感情 小组感情的减弱	结束
萨里和加林斯基（Sarri & Galinsky，1985）	初始阶段 形成期	中级阶段 I：调整阶段 中级阶段 II：成熟阶段	结束
加兰、琼斯和克洛德尼（Garland， Jones, & Kolodny，1976）	加盟前期 权力和控制	亲密关系 差异性	分离
亨利（Henry，1992）	启动 召集	冲突 维护	结束
蕙兰（Wheelan，1994）	依赖 妄想	抵抗依赖和逃脱 信任和建构 努力	结束
席勒（Schiller，1995）	加盟前期	建立关系基础 互助和人际的共情 互助和改变	分离

　　小组发展过程存在前进型和循环型两种形式。也就是说，尽管小组都经历了从开始到结束的发展过程，但是它们有时会以循环或者来回摇摆的方式，回到原点重新处理某些基本的过程性问题。例如，组员的感受就会经历这样的变化：（1）从投入小组任务到情感上疏离小组任务；（2）从小组的一分子到独立自主；（3）从保守防御到开放接纳；（4）从被孤立到积极参与。

　　研究表明，小组发展的阶段可能会受到组员需求、小组类型、小组目标和小组会议地点环境和领导者的定位取向的影响（Shaw，1976；Smith，1978）。例如，一项针对开放式小组的研究发现，这样的小组大部分就只停留在小组发展的最初阶段（Schopler & Galinsky，1990）。而那些能够超越发展的最初阶段继续往前发展的开放式小组，是指每次小组会议时，组员变化并不频繁或组员变化低于 50% 的小组（Galinsky & Schopler，1989）。大部分的酗酒者匿名小组都符合这个标准。

　　如果组员变化很频繁并且范围很大，这样的小组的发展通常会停留在初期的形成阶段。这类小组需要通过遵循高度仪式化和结构化的小组会议程序来解决小组持续性和小组发展的问题。例如，在一家大型教学医院的中风患者康复中心，患者一般在康复中心住院 3～4 周。小组每次聚会的内容可能是，一开始半小时是教育讲座，接下来是半小时的讨论。小组每周聚会三次。小组会议至少有九个主题，然后再循环。因此，通常住院 3～4

周的患者，可以了解所有九个主题，然而他们可能随时开始和结束参与。因此，在封闭式小组中期阶段才能产生的组员间的亲密关系，几乎是不可能在那些组员随时进出的开放式小组中形成的。

尽管不同的学者对小组发展阶段的描述各不相同，但是，他们描述的模式大多包含着类似的发展阶段。正如表 3.3 所示，小组的发展阶段可以大致分为三个：开始期、中间期和结束期。小组发展的每一个模式都与这三个大致的阶段有关。

大部分学者认为，小组在开始期的主要工作是计划、组织和召集。小组的开始期以小组凝聚力的形成为特征，但它的形成并不是一帆风顺的。因为组员们虽然非常愿意互相认识，建立组员关系，但他们还是希望能保持自己的独立自主性。加兰、琼斯、克洛德尼（Garland, Jones, & Kolodny, 1976）把这样的倾向定义为一种避免冲突的方法。随着开始期向前发展，小组的规范和角色被确定下来，组员开始探索自己将要承担的小组角色。这时，冲突也许会出现，小组领导者要指出并帮助组员理解遭遇冲突和处理冲突是准备进入小组中期阶段、建立平稳的关系时所要经历的一个正常环节。

尽管某些小组工作是在经历了所有的小组发展阶段后才能完成的，但是，大部分的小组工作在小组的中期阶段就完成了。在小组开始期的后半阶段出现的，针对小组规范、角色及其他小组动力关系而产生的冲突的重要性，会让位于已建立的小组互动模式。更深厚的人际关系和更强的小组凝聚力也会开始出现。随后，小组的重心就转变到那些为完成某些特定任务和小组目标而必须开展的工作上来了。在这一阶段，常用的术语包括问题解决、履行职责、维持、亲密关系、工作和成熟。在完成任务之前，先要区分组员角色，并且在完成任务的同时，要发展出反馈和评价机制。

小组的结束期的特点是总结和评估小组工作。贝尔斯（Bales, 1950）的小组发展模式指出，在这一阶段，任务小组会做出决定，完成自己的工作，汇报总结自己的工作成果。而在治疗小组，由于既要满足组员的社会情感需求又要完成小组任务，所以它们的结束期首先要经历一个分离的过程。在此过程中，小组的情感和凝聚力会慢慢减弱。通常，组员会以总结小组所取得的工作成绩和在一起庆祝的方式来结束小组。

小组发展模式提供了一个框架，用来描述每个小组发展阶段中小组工作者应承担的角色和应采取的干预活动。小组发展模式还有助于小组工作者把干预策略进行组织化和系统化。例如，在小组开始阶段，小组工作者的干预活动包括帮助小组明确它的目标，帮助组员相互认识、建立关系，让他们在小组中感到轻松自在。

小组发展模式还能帮助小组领导者做好准备，预测不同类型的小组的各个阶段可能会发生什么。例如，在表 3.3 中，席勒（Schiller, 1995）的发展模式就能帮助妇女小组的小组工作者把工作重心放在发展妇女组员动力关系上。

然而，小组发展模式的理论对小组工作实务的指导意义受到每个小组的独特性的影响。叙事和建构主义理论能够支持这一观点。在各种不同类型的任务小组和治疗小组中，小组发展的阶段也变化万千。我们不要想当然地认为，所有类型的小组都会经历同样的发展模式，或者某一小组中有效的干预活动会自动地在另一个处于相同发展阶段的小组中发挥同样的作用。但是，如果是在培训学生和实务工作者如何领导和成为有效率的组员，那么把培训内容安排放入特定的小组发展阶段，就是一种有效的启发式手段。

　　本书所讨论的小组发展模式包括四个大致的阶段：（1）计划；（2）开始；（3）中期；（4）结束。本书中的若干章节讨论开始阶段，包括小组开始和小组需求评估；另外有四个章节讨论中期阶段，内容包括带领任务小组和治疗小组的一般技巧和专业技巧；讨论结束期的几章内容是评估小组的工作，与个体组员和小组整体一起结组；其他章节讨论在小组发展的各个阶段中有助于小组发挥功能的技能、技巧和程序。

实务原则

　　小组工作者应该了解有关小组发展阶段的理论框架。了解在小组每个阶段组员的正常行为应该是什么样的，将会帮助小组工作者评估小组是否正朝着既定的目标前进，同时，还会有助于小组工作者识别某个组员表现出来的功能失调的行为，或者识别小组整体存在的问题。下列实务原则就是从对小组发展阶段的理解中延伸出来的：

　　● 封闭式小组是在可明确识别和可预测的阶段中发展的。小组工作者要利用系统的方法观察和评估小组的发展，并且指导组员增加对小组发展的可预测阶段的了解。

　　● 开放式小组的发展，取决于组员人数的增减。小组工作者应该帮助这类小组制定简单的组织结构和清晰明确的小组文化，以帮助新组员迅速融入小组中。

　　● 一般来说，开始期的小组工作是和组员一起研究探索小组目标、小组工作者和每个组员的小组角色。小组工作者要提供一个安全和积极的小组环境，这样组员就能够全力地参与探索小组目标和挖掘为实现小组目标所需的资源。

　　● 在小组发展经过初期之后，小组通常会进入下一个阶段，制定规范、尝试角色和明确每个人的地位，这些活动也使组员和工作者之间存在的差异显现出来。小组工作者要帮助组员理解和接受这些差异是小组发展的正常表现。

　　● 小组结构能增加组员的满意度、增加组员的安全感和减少在小组初期活动中出现的冲突。如果小组没有结构，就会导致组员焦虑，产生不安全感，还会造成抵触或出格的行为。因此，小组工作者要为小组互动提供充分的结构，这在小组初期活动中尤其重要。

　　● 组员间的差异性有时会产生紧张和冲突。小组工作者要帮助小组制定规范，强调互相尊重和接纳的重要性，还要弥合分歧，寻找组员间的共同点，以此解决小组冲突。

　　● 小组进入中期阶段的特点是小组凝聚力得到提升和小组工作重点转变为完成小组任务。为了推动小组进入这一阶段，小组工作者要帮助组员以小组目标为中心，推动组员制定适宜的小组文化，帮助小组克服实现小组任务的困难和障碍。

● 在结束阶段，小组完成了它的工作。小组工作者要帮助组员一起回顾和评估小组工作，强调已取得的成绩和指出后续的工作。

● 有时候小组对结组会表现出强烈的情绪。小组工作者要帮助组员认识到要表达这些情绪、回顾自己取得的成绩，协助他们做好离开小组的准备。

四、小　结

小组是由互动的个体组成的社会系统。本章描述了由组员互动产生的一些最重要的动力因素。在开展任务小组和治疗小组工作时，理解小组动力关系并能够运用这些动力关系实现小组目标非常重要。如果对小组动力关系缺乏一个全面深入的了解，工作者就不能帮助组员满足他们的需求，也不能帮助小组实现它的目标任务。

小组工作者要充分理解小组动力的四个层面：（1）沟通和互动的模式；（2）小组凝聚力和它对组员的吸引力；（3）社会融合，例如规范、角色和地位等级；（4）小组文化。小组沟通和互动模式是所有类型小组形成的基础。通过沟通和互动，小组整体的性质就会形成和表现出来，小组的工作也得以完成。本章就介绍了沟通过程的一种模式。

小组只有借助它们对组员的吸引力才能维系下去，而组员参加小组的原因也各式各样。小组在多大的程度上能满足组员的需求和期望，决定了它们对组员的吸引力有多大和小组有多大的凝聚力。随着凝聚力的不断增强，小组结构也变得更加细化，小组规范、角色和地位等级也随之形成。规范、角色和地位等级是社会融合的力量，它们有助于明确做出什么样的行为会被小组确认为恰当的。遵守这些预期的行为模式会带来奖励，否则就会面临惩罚。小组在发展过程中遇到组内外的压力的时候，社会融合有助于小组保持一种平衡。然而，如果社会融合的力量控制太严格太死板，或它们间接地鼓励了与社会工作专业价值观相违背的行为，那么社会融合的力量还可能会带来负面的后果。

随着小组的发展演变，小组会从它所处的环境和组员的理想信念、习俗和价值观中发展出一种小组文化。小组文化对小组的功能有非常广泛的影响。例如，小组文化会影响小组目标、小组要完成的任务、组员如何互动，以及小组会使用什么方法开展小组活动等。

尽管人们在讨论小组的特性的时候，总以为它们好像是一成不变的，但其实在小组的生命周期中，小组的特性是在不断地变化的。很多学者都尝试描述所有类型的小组都会经历的几个必经阶段。虽然还没有哪一个小组发展模式广泛地被大家接受，但是，在本章中，我们还是讨论了在小组发展的各个阶段中，能够区分小组过程的几个最主要的特征。这些特征可以指导实务工作者在小组发展的开始期、中间期和结束期有效地开展小组工作。我们将在本书的后面部分讨论这些内容。

　　本章明确指出了小组动力关系在影响组员和小组工作的成败等方面所发挥的作用。随着小组工作者对小组整体的特性的认识和理解逐渐加深，他们对自然小组和形成性小组以及它们对组员生活的影响就会有越来越深刻的体会。而且，小组工作者还可以运用他们关于小组动力关系的知识来提升自己的工作能力，从而更有效地为治疗小组和任务小组提供服务。

第四章

领导小组

学习目标

- 明确领导小组的几个影响因素
- 建立领导小组的一个互动模式
- 讲解成功领导小组的领导技巧
- 对比共同领导小组的利弊

本章概要

领导、权力和赋权

小组领导的互动模式

小组领导技巧

共同领导

小结

领导小组是带领小组和组员发展成长的过程。积极有效的领导小组的目标如下：(1) 帮助小组和组员实现与社会工作实务基本价值观一致的目标；(2) 满足组员的社会情感需求。任务型领导小组的内容包括明确小组结构，设立标准，确认角色，以目标为中心，策划和协调活动，解决问题，监督执行，强调效率和成果的必要性 (Yukl，2012)。关系型领导小组的内容包括提供支持和鼓励，鼓舞士气，建立和谐关系，关心组员，减少紧张和冲突 (Yukl，2012)。

另外，还有过程型领导小组。过程型领导小组本身并不是一个目标，而是为了完成上述两种目标的关键要素。过程型领导小组确保小组动力关系既可以推动小组活动朝着目标前进，又能够为满足组员的社会情感需求发挥作用。工作者领导小组的过程中，会帮助组员建立其对工作者和其他所有组员的信任关系。工作者可以利用小组过程，确保所有组员在他们参与小组时都会感到安全有保障。工作者帮助所有组员建立一个支持性的小组规范，让每一个组员知道自己的最大利益是小组的重中之重。有大量的文献可以证明，治疗小组动力关系在组员对工作者和其他组员的依恋和互动方面发挥了重要作用（Barlow，2013；Burlingame，Whitcomb，& Woodland，2014；Harel，Shechtman，& Cutrona，2011；Joyce，Piper，& Ogrodniczuk，2007；Kivlighan& Tarrant，2001；Lieberman & Golant，2002；Marmarosh，Dunton，& Amendola，2014；Marshall & Burton，2010；Ogrodniczuk，Joyce，& Piper，2007；Tasca & Lampard，2012）。这些文献还指出，治疗小组动力关系对小组工作产生积极成果也有重要作用（Joyce，Piper，& Ogrodniczuk，2007）。因此，领导小组的首要任务是，保证组员在小组中感到安全和受到支持（Barlow，2013）。

　　领导小组并不是静止的、只由某一人发挥功能的过程。相反，它是一个对等互惠的、互动的、变革的、合作的和不断适应的过程，涉及所有组员（Forsyth，2014）。因为不仅小组领导者会影响组员，而且领导者和组员之间会互相有影响。所以，领导小组是对等互惠的。因为领导者和组员一起工作，交流想法和技巧，为增加回报和实现目标而努力，所以，领导小组是互动的。而有效的领导者可以激励组员，建立组员自信心和相互的信任，在共同的信仰、价值观和目标的基础上把组员联结在一起，因此领导小组是具有变革性的。领导小组还是一个合作的过程，在这个过程中，小组领导者并不是在使用他们的权力，而是在以实现目标为目的的小组活动中实现组员的合作和相互尊重。领导小组还是一个不断适应的、寻求目标的过程。在这个过程中，领导者帮助组员改变并适应新的情况，以实现组员个人目标和小组整体目标。

　　尽管领导小组的领导者通常是被指派的，即小组工作者，但是区分两种不同的领导者非常重要，即被指派的外来的小组领导者–工作者和随着小组发展在组员内部产生的小组领导者。由工作者单独承担小组领导者角色的情况其实并不常见。工作者应该尽可能地激发和支持在小组内部产生小组领导者。鼓励小组内部产生领导者有助于赋权组员，然后组员会感到自己在小组里有一定的影响力和控制力，与小组利益攸关。而领导技巧的运用也会提升组员的自尊心，增加他们将来为自己权益和小组外他人权益做出倡导呼吁的可能性。

　　鼓励小组内部产生领导者还有助于组员练习他们自己的技巧和能力，这也会增强小组的自治功能，确保组员现有技能不会退化。因此，本章既强调工作者作为小组领导者的重要性，也强调了组员在小组发展过程中共同承担领导者角色的重要性。

　　现在有越来越多的研究证明，性别角色对新兴的领导小组有着重要影响。在新兴的小组领导者的研究中，通常认为男性领导者比女性领导者更活跃积极。但在社会变迁的过程中，随着女性角色的改变，这种情况也许会发生变化（Forsyth，2014）。目前来看，当男性领导者和女性领导者采取了同样的领导行为时，男性领导者的表现通常会被认为比女性领导者更积极主动（Forsyth，2014）。这些关于男女领导者角色差异性的观点与美国及很多其他国家社会中存在的社会性别期望和文化刻板印象相互作用、相互影响。传统上来说，在小组中，男性被允许以主导性的和不服从的方式采取行动，而女性则要采取配合和符合公众利益的行为方式（Forsyth，2014）。所以，小组领导者如果了解这些信息，就会更有意识地为女性组员提供机会，使得她们能拥有小组领导者的能力，并防止男性在领导者角色上一统天下。随着社会观念的变化，性别规范和性别角色也正在发生转变。而且，男性和女性参加小组的方式是一个非常复杂的话题。在某些领域，男性和女性有不同的人际交往风格，这些风格与他们领导小组和参与小组的方式之间的互动非常复杂，也涉及很多层面的内容。关于小组动力关系中性别复杂性的更多讨论请参见福赛斯的相关研究（Forsyth，2014）。

一、领导、权力和赋权

对于刚刚开始承担小组领导者角色的工作者来说，有时候他们可能会对自己的权力和影响力感到不太适应，因此，他们要么拒绝使用他们的权力，要么就过分使用权力过多地控制小组。这些方法策略几乎是不起作用的。特别是在小组初期，组员常常会就如何开始小组活动向小组领导者寻求指导。而有经验的领导者可以非常自如地使用他们的权力和影响力去赋权组员，使他们能慢慢地随着小组发展增加对小组的责任感。

工作者利用他们作为领导者在组内和组外的影响力，推动小组和组员努力实现他们各自的目标。在组内，工作者的干预活动是指导小组的动力关系发展和帮助组员个体达到自己的目标。以目标为导向的小组活动形式各式各样。因此，工作者在帮助组员决定采取什么样的目标导向活动时，一定要灵活变通。有时候，组员的目标是回应他人的期望，但是很多时候，组员的目标和机构、社区或更大的社会目标和期望是不协调的。这种情况下，只要组员的目标不违法或不会造成自我伤害，工作者都要尊重和支持他们，这一点很重要。此外，工作者还有一个艰巨的任务，就是要让组员明白他们对目标的想法观点很重要，同时也要帮助他们理解他人的期望。工作者永远不要把目标强加给组员或者强迫他们接受他人对他们的期望。工作者要做

伦理和专业实务

行为：在做伦理决策时，要参考 NASW 伦理守则的标准，伦理决策的相关法律、规定和模式，研究中的伦理行为，以及适应其当下情况的伦理守则。

批判性思考问题：小组工作者要积极地运用本章讨论的领导小组的权力，以推动组员个人目标和小组整体目标的实现。那么，工作者在运用这些权力的时候可能会遇到什么样的伦理困境？

的是帮助组员清楚地了解他人对他们目标的期待，如果不坚持自己的目标则会有什么样的后果，以及使他们能够在关心和支持自己的同组成员陪伴下表达自己对此的感受和想法。但是，这并不意味着工作者必须接受组员的观点，而是鼓励并使组员能够分享自己的故事、经验和想法，建立信任和理解。这表明工作者和其他组员在真心地聆听并理解他们的经验，但并不表示工作者和其他组员一定要同意并附和他们的某一观点。

工作者的任务是探索发现组员的想法观点，并获取其背景信息，以便在日后为所有组员提供尽可能多的帮助。然后，工作者可以使用互惠模式，以协助调和存在于组员自己的期望和他人对他们的期望之间的冲突。而这只能是在组员感到能自如地表达自己的观点而不会受到惩罚的时候才会发生的情况。信任关系建立在一个温暖的、具有支持性和肯定性的小组环境里，这是所有改变发生的关键。同时，工作者还要鼓励组员向小组大胆地说出自己具备的能力、应对问题的技巧、自己的梦想及优势等。当小组慢慢地建立起了信任的氛围，工作者就可以将组员对变化的矛盾态度和他们的观点或目标的改变，以及他们之前的行为后果作为激励的手段帮助组员以与自己的梦想和希望相一致的方式成长和改变。总之，工作者的总体目标就是帮助组员以自我导向的方式进行改变，使其符合自己对健康的生活期望以及他人对他们的期望。

在组外发挥领导小组的功能时，工作者要影响小组和组员所处的社会环境。例如，工作者可以试着改变那些影响小组的机构政策，或从资助方那里获得更多资源，以保证小组能完成自己的目标。无论是在组内还是在组外扮演小组领导者角色的时候，工作者都要对小组过程、行为和任务完成情况负责。

在讨论工作者的权力的时候，要注意区分两种权力：赋予的权力和实际的权力。赋予的权力来自组员和组外他人对工作者领导小组的能力的看法。工作者领导一个小组时就承担了所附有的责任，他们也因此获得了影响小组的权力和领导小组的能力。权力是由组员、同行、上司和资助机构以及组外更大的社会系统赋予领导者的。

赋予的权力的来源各式各样，其中有工作者的专业地位、受教育水平、机构中的职位、经验时间长短、工作者和组员角色之间的界限、服务收费，以及像小组的成败取决于工作者的领导力这样的被大家公认的想法等。工作者要认识到，在促进小组和组员的发展过程中，被赋予的权力和实际的权力发挥着同等重要的作用。

工作者可以提升由组员们赋予自己的权力。有研究表明，组员对小组和小组领导者的期望会影响小组的功能表现（Bednar & Kaul, 1994；Karakowsky & McBey, 2001；Piper, 1994）。用图像、小册子或个人访谈等方式帮助组员了解小组和它的领导者以及小组之前的成功经验，都可以有效地增强组员对即将发生的改变的期望和信心，也会有效地帮助个体组员和小组实现他们的目标（Bednar & Kaul, 1994；Karakowsky & McBey, 2001；Kaul & Bednar, 1994）。如果无法进行这些正式的准备工作，那么可以使用非正式的方法，例如口头表达或借助已有的声望。

随着被赋予权力的增强，工作者在组员眼中的威望不断提高，他们被组员看作榜样，他们有效处理问题的技巧和行为被组员模仿，组员会遵从他们的教导。当然，工作者不要一味地追求权力，或者在组内外带领小组时单方面地把自己的价值观、标准和规则强加到小组工作中。

实际的权力指的是为改变组内和组外环境条件，工作者所拥有的资源。实际的权力是由工作者影响力的来源决定的。对权力来源的最早描述由弗伦奇和雷文（French & Raven，1959）提出。

权力的来源

- 联合的权力——能够召集和利用有影响力的人物或资源。
- 专家的权力——拥有促进小组工作的知识或技术。
- 信息的权力——拥有对他人有价值的和他人需要的信息。
- 合法的权力——在机构或更大的社会系统中占据某一权威职位，并由该职位产生的权力。
- 认可的权力——被喜爱和仰慕以及组员希望被工作者认可。
- 奖励的权力——能够提供社会或物质性奖励。
- 强制性的权力——能够处罚或拒绝提供资源和特权。

权力的运用既会产生积极效果，也能造成消极效果。例如，强制性的权力有时候就可以用来帮助案主接受治疗服务。但是，它也有负面效果，例如使组员产生敌意、愤怒和反抗情绪，以致缺席小组活动等。因此，工作者应该谨慎地使用权力，并在使用权力时注意和自己的个人价值观、专业价值观和社会价值观保持一致。

102

即使有时候经过考虑协商，组员要承担领导小组的责任，工作者作为领导者的权力也不能且不应被否认。为了避免小组出现无序和混乱，小组是需要领导者的。因此，领导和权力是不可分割的（Etzioni，1961）。

参加新小组第一次会议的所有组员都会认定工作者就是被指定的小组领导者。在第一次会议的最开始阶段，观察组员行为和情绪的工作本身就生动地展示了他们的权力。

> **人权和公正**
>
> 行为：参与促进社会、经济和环境公平正义的实务活动。
>
> 批判性思考问题：分享权力和赋权组员等这些对有效领导小组有着重要作用。领导者如何为组员赋权效力呢？

组员大部分的沟通交流都是直接和工作者进行的，或者通过工作者传达给其他组员。这时，组员通常会很焦虑，也很好奇，他们不知道自己会从小组和工作者那里得到什么。因此，他们一般都会遵守工作者的要求。尽管他们对于工作者到底是否有能力帮助他们、是否有能力带领小组和他们组员可能心存疑虑，但是他们通常还是会给予工作者空间时间，接受工作者选择的小组工作模式和工作程序，以完成小组目标。

从第一次小组会议开始，工作者要尽快与组员和小组分享他们的权力，这一点非常关键。这会鼓励组员开始为小组承担责任，让组员发挥更多潜能。它还使组员能够讨论自己的能力、优势和处理问题的技巧等（Saleebey，2013）。一些分享权力的方法如下所示：

与组员分享权力的方法
- 使组员能够在小组讲述自己的经历。
- 对组员的现实经历加以肯定和赞同。
- 强调组员处理问题的能力和方法、优点和自我驱动力及目标。
- 强调组员在能够使小组产生改变的权力中的作用，以便在小组中培养信任的氛围和凝聚力，使得组员可以互助。
- 鼓励组员和组员间的沟通交流，而不是组员和领导者间的沟通交流。
- 针对会议议程和小组未来的议题，征求组员的意见。
- 在组员第一次尝试在小组中发挥自己影响力的时候，支持在小组内产生领导者。
- 鼓励组员尝试相互分享和相互帮助。
- 在小组发展的早期阶段，向组员示范精选出的领导技巧并对他们进行培训。
- 利用小组生命周期过程中自然发生的事例，来"处理"关于领导技巧和风格的信息知识，并赋权组员。
- 在遇到难以改变的问题和解决棘手情况的时候，鼓励组员承担领导者的角色。

（一）领导、赋权和计划的改变过程

无论是在任务小组还是在治疗小组中，领导者都要承担的一个主要任务是赋权组员，使他们愿意参加计划的改变过程。在任务小组中，领导者要从一开始就帮助组员制定自己的会议议程和小组工作计划。作为领导者，工作者不要把自己看成指挥官，而是帮助组员完成任务的小组的顾问和协助者。组员应该感到自己拥有那些被要求完成的任务，因为有人帮助他们对这些任务进行管理，并帮助他们按照计划的改变过程一步步地努力，最终完成任务。

在治疗小组中，赋权意味着帮助组员看到成长和改变的可能性。在领导治疗小组的过程中，工作者要强调组员的选择、他们面对困难时的处理方法，以及他们改变和克服恶劣生活条件的能力和优势。而且，工作者要提供新的参考框架和新的思路，使得组员把成长和改变看作他们和他们所关心的人遇到的机遇。

（二）小组领导的理论

关于最好的领导小组方法的早期理论主要集中在领导风格方面。领导力被认为是一种特质，而不是一组可以习得的行为（Avolio，Walumbwa，& Weber，2009）。然而，近期

103

有越来越多的研究清楚地表明，尽管某些个人因素可能会培养有效的领导力，但领导力是可以通过后天学习获得的（Forsyth，2014）。

代表领导行为连续性的三个形态即自由放任型、民主型和专制型，这些是早期调查研究的主题（Lewin & Lippitt，1938；Lewin，Lippitt，& White，1939）。图 4.1 显示了领导行为的这种连续性。这些研究结果发现，与民主型小组相比，在专制型小组中更容易出现攻击性、敌对性和替罪羊现象。尽管三个类型的小组在完成任务方面没有差别，但有研究证明，民主型小组完成任务的质量要比专制型小组和自由放任型小组完成任务的质量优良很多。组员也青睐民主型小组的过程，即他们喜欢自己的小组领导者，感到更自由，更愿意提供自己的建议和想法。总之，这些早期研究似乎说明了让组员参与小组决策的过程是更受欢迎的领导风格。

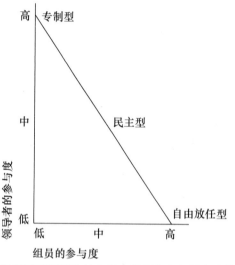

图 4.1　具有三种领导技巧风格的小组中领导者和组员在决策方面的参与度

（三）影响小组领导的因素

后来人们发现，早期以研究领导风格为主的理论过于简单，无法解释很多情况下的领导问题（Chemers，2000）。权变领导理论慢慢地越来越被广泛接受。这些理论强调的是，处于不同具体情况下的因素有助于决定什么样的技巧和领导风格对某一特定小组是最适宜和最有效的。例如，尼克松（Nixon，1979）指出，在决定采取什么样的领导风格或领导行为是最有效的时候，要考虑七个因素：

- 组员对领导的期望。
- 已有的领导方法。
- 在被指派的领导者和由小组内部产生的领导者之间是否存在竞争。

104

- 个体组员和小组整体的需求、任务和目标。
- 组员的任务和社会情感技巧。
- 存在于组内外的权威的属性。
- 环境施加于小组及其领导的要求。

为了理解各种治疗小组和任务小组中领导小组的动力关系，不仅要考虑工作者的个性和领导风格等因素，还要考虑其他机构因素。在分析任务小组时，很多研究者发现，小组的领导者与不同的组员有着不同的工作关系（Dienesch & Liden，1986；Graen & Schiemann，1978；McClane，1991）。例如，对每一个组员"个性化的考量"是巴斯（Bass，1985，1998）提出的变革型领导理论中的一个核心概念。

还有学者指出，一定要把领导小组看作处于小组情境中及其小组所处环境中的一个过程。例如，加文（Garvin，1997）就强调了机构在影响治疗小组工作中所发挥的作用。而希普（Heap，1979）在研究领导小组时也发现，工作者的能动性大小直接关系到组员社会关系的健康水平高低。因此，当组员表现得"与现实脱节"或者"沉闷保守或非常激进"的时候，工作者应该更积极主动（p.50）。例如，在一个州立医院为重度精神疾病住院患者开展的治疗小组中，工作者的领导可能就需要是管理性和指导性的。作为一个"专家"，工作者要轮流与每个组员沟通 5 分钟到 10 分钟。工作者可能会邀请其他组员发表意见或提供意见反馈，但主要的工作重点是帮助每个组员实现特定的治疗目标。

类似地，特斯兰（Toseland，1995）也提出，在与年老体弱的组员一起工作时，工作者必须积极主动。一般来说，这些组员的精力不旺盛，而且常常被自身的健康问题困扰。此外，年老体弱的组员更倾向于和小组领导者进行直接沟通，而不太愿意和其他组员来往。在这类情况下，如果工作者激情洋溢和不辞辛苦地帮助他们建立组员间的关系，就会降低上述状况发生的概率。

相反，在和那些对小组活动感兴趣、愿意积极参与、精力旺盛的组员在一起工作时，工作者不要表现得太活跃，而是要承担一个使能者的角色。因此，以小组为中心的领导方法更适于支持性、成长性和社会化小组的工作目标，因为这些小组的组员一般都愿意分享他们的经验，而且仍然具有一定的社会功能。在运用以小组为中心的方法时，工作者的职责是促进沟通、互动、理解，并鼓励组员之间相互帮助，而不是把工作者看作专家，向他们寻求解决问题的方法。

总之，由社会科学研究和小组工作实务中得来的经验和数据表明，一种领导方法并不能有效地服务于所有的小组工作情境。工作者的领导技巧和干预策略应该根据小组整体和个体组员的自治水平而变化。小组的自治水平越低，工作者就越有必要承担领导小组的核心角色。相反，小组的自治水平越高，工作者就越要促进组员提高自我决定能力，并推动小组内部领导力的提升。然而，不论在什么类型的小组，为了有效地实现工作目标，一个安全、具有支持性和组员间相互信任的小组环境一定是小组互动的基础。

（四）有效的小组领导

尽管仍然有学者运用权变领导理论来研究小组领导，但是近年来，越来越多的学者开始运用"变革"领导理论。1978 年，伯恩斯对领导理论的发展做出了一个重要贡献，他明确区分了交互型（以应急为本）领导模式和变革型领导模式。变革型领导者可以做到以下方面：（1）表现出高水平的能力和可信任度；（2）启发和激励组员发表自己的看法；（3）激励组员独立和具有创造性思考问题的能力；（4）理解每个组员有各自不同的需求和目标（Avolio, Walumbwa, & Weber, 2009; Bass, 1998; Bass & Avolio, 1990a, 1990b, 1993）。变革型领导模式认为，领导者是具有远见卓识的有魅力的角色榜样，可以帮助组员，使他们自己的个人目标与小组和机构的目标保持一致（Avolio, Walumbwa, & Weber, 2009）。在实现组员个人目标、小组和机构目标的过程中，变革型领导者对组员的自治能力和个性加以肯定并对之进行保护和强化，从而赋权组员。领导者鼓励组员质疑假设，并鼓励他们用新方法解决问题，这样他们就可以成为有创造力和创新能力的问题解决者（Alimo-Metcalfe & Alban-Metcalfe, 2001）。因此，即便变革型领导者使用了他们所能使用的权力，但是其领导的核心仍然是启发和赋权组员，而不是引导组员服从规则（Sosik & Jung, 2002）。当组员完全接纳了小组和机构的目标，并把自己的个人目标看作这些大目标中的一部分时，变革就产生了。

切摩斯（Chemers, 2000）曾经尝试把权变理论和变革理论综合在一起。他认为，有效的领导者首先必须通过自身能力和可信任度，建立自己的合法领导地位。对此，他称之为"形象管理"。因此，有效的领导者是高瞻远瞩并深受他人尊敬的人。他们竭力推动建立一个安全友好的小组环境，以避免组员间出现激烈对抗的极端情况，或被动地将领导权让给那些尝试左右小组的组员（Kivlighan & Tarrant, 2001; Smokowski, Rose, & Bacallao, 2001）。其次，领导者必须对组员的能力、价值观和个性都有所了解。他们会利用这些了解到的信息，鼓励和引导组员为小组目标努力，同时也帮助组员满足自己的需求和实现他们的个人目标。有效的领导者可以熟练地调度支配他们可使用的资源，既包括赋权组员、强化组员信心、提高组员和小组的效能（Bandura, 1995, 1997b; Saleebey, 2013），还包括确保小组在良好的信息处理和决策过程中运行，以便在配置资源时认真考虑组员和小组的环境要求（Chemers, 2000）。总之，变革型领导模式能提高工作者和组员的主动性和伦理操守水平，从而达成共识，并以各方满意的方式来实现目标（Forsyth, 2014）。变革型领导模式会带来有效的领导，而且还会带来比传统领导模式更好的结果（Avolio, Walumbwa, & Weber, 2009）。

二、小组领导的互动模式

权变领导理论和交互型领导理论主要集中于领导者的角色，而本书讨论的领导模式与这两个理论不同，它关注的是小组、被指派为领导者的工作者、组员以及小组运行所处的环境。图 4.2 展示了这个模式。这个模式把领导小组看作小组和它的组员，还有被指定的领导者以及他们所处的环境之间互动的产物。因此，这个模式与热尔曼和吉特曼（Germain & Gitterman，2008）以及吉特曼和舒尔曼（Gitterman & Shulman，2005）提出的在个案工作中使用的生态系统理论密切相关。然而，它也结合动机访谈调查的方法，综合行为、认知、人文、人际关系、心理动力，以优势为本和变革等观点和视角，帮助组员一起为变革努力。

互动模式把小组领导看作一个共同承担的责任，它不仅仅是领导者所独有的责任，更有赋权组员的功能（Saleebey，2013）。图 4.2 清楚地显示了，除了工作者承担了被指派的领导者角色，随着小组的发展，领导模式会在各种各样的因素的互动过程中慢慢出现。这些因素包括：（1）小组目标；（2）小组处理的问题类型；（3）小组运行所处的环境；（4）小组整体；（5）小组组员；（6）小组领导者。

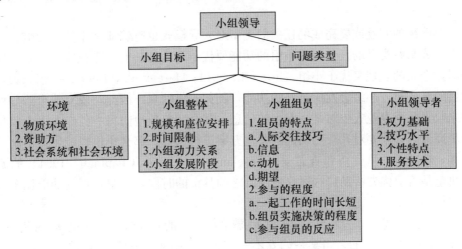

图 4.2　小组领导的互动模式

（一）小组目标

当我们探讨小组领导者是如何在小组中产生的时候，我们一定要考虑到小组目标对其所发挥的作用。布朗宁（Browning，1977）的观点认为，一个小组的形成，要具备以下条件：（1）完成至少需要两个人的任务；（2）满足个人的需要；（3）将有同样或类似问题的人聚合在一起；（4）代表更大范围的群体；（5）动员一切可以动员的人以组成大的群体；（6）维护机构比个人更经济；（7）提高动机；（8）作为物质环境性因素的结果，例如一起在同一间办公室工作。还有，用小组改变小组外部环境和条件、服务提供系统或整个社会系统。

107

一个小组可能只有一个目标，也可能有多个目标。工作者要考虑到，各个与小组互动的系统是如何理解和认知小组目标的。他们应该确保小组要完成的目标和小组要解决的问题是一致的。例如，某一小组的目标是满足那些被社会隔离的组员的需求，那么小组要解决的问题就是如何增加组员的社会交往互动，而不是满足住房或经济上的需求，除非这些问题与减弱组员的社会隔离这个主要目标密切相关。

小组目标有助于确定工作者如何指导小组的工作过程。例如，如果某一小组的唯一目标就是完成某项任务或解决某一问题，那么工作者可能就会鼓励组员尽量建设和维持他们之间的互动。而在另一小组中，如果它的目标是让组员分享他们对某一问题的想法和经验，那么组员的互动也许就没有像前面那个小组那样重要了。

（二）问题类型

108

小组要解决的问题或要完成的任务的类型对领导模式也有着非常重要的影响。有研究发现，在完成某些类型的任务时，小组的功能要优于个人的功能，而在完成另外一些类型的任务时，个人的表现又优于小组（Forsyth，2014；Hare et al.，1995）。一般来说，在完成累积性的任务时，小组会发挥更好的功能，例如收集信息。因此，成立一个治疗性的会议小组来收集各个专业人士对某一案主的信息，就会比单独地向每一位专业人士收集此类信息要更高效。如果要对几个已明确的备选方案进行选择，那么小组也能发挥更高效的功能。例如，特斯兰、里瓦斯和查普曼（Toseland，Rivas，& Chapman，1984）的研究发现，在决定是否要优先资助那些医疗资源匮乏的县市的时候，小组表现的功能比个人表现的要有效得多。

在处理那些需要广泛收集应对措施的任务的时候，小组也表现得更有效（Thorndike，1938）。例如，当某一妇女不知道如何表达自己的愤怒情绪的时候，可采用小组的方法，由组员和小组领导者一起工作，提出多种解决方案。这可能就比这个妇女仅仅和领导者单独讨论解决方案更有效。为了完成这些类型的任务，工作者要推动所有组员之间互动、鼓励他们投入和反馈。这样一来，大范围的建议就被收集起来并被用来评估小组工作，而组员在这个过程中也感到自己被赋予了权力。而解决另外一些类型的问题或完成某些任务时，个人单打独斗会比小组更高效更快捷，例如解决一些技术类的问题或需要专业知识技巧的复杂问题。在这类情况下，个人的工作效能可能会比小组整体更高（Forsyth，2014）。

在领导一个小组时，也要考量小组要解决的问题的其他几个方面。其中一个是，这个问题是整个小组、次小组都关心的还是某一组员关心的问题，但并不是所有组员受到某个问题或任务的影响的程度都是一样的。例如，在领导一个为寄养父母开设的小组时，工作者为这些组员培训育儿技巧，要尽力使所有组员都能参与到大家都感兴趣的问题的讨论中来。如果某一组员提出的问题比较独特，大家都参与讨论并提出建议，就可能会出现很多解决方案。这时，工作者就要试着从这些解决方案中总结出所有组员都感兴趣的通用的育儿原则。这个技巧通常被称为"普适化"。

在考量小组处理什么样类型的问题时，工作者还要非常清楚自己合理影响力的边界在哪里。如果工作者鼓励组员只讨论某几个限定的问题，可能就不是很合适。例如，在领导一个任务小组讨论应急性的住房计划时，工作者就不会鼓励某一组员谈论自己的个人生活或他们个人的住房需求。但是，在另外一些情况下，工作者可能就会鼓励对某些禁忌的话题进行讨论。例如，在小组要讨论处理的问题是儿童虐待这个主题时，如果工作者鼓励所有组员参与讨论在幼儿期他们是如何受到家长的管束教育的，对解决小组的问题就会很有帮助。

案例　个人解决问题和小组解决问题

在策划为受龙卷风灾害影响的社区提供紧急资助的分配方案时，工作者决定采用一个象征性的小组程序，即鼓励组员在与小组分享自己想法之前先独立思考这个问题。此外，在个别组员提出的某些特殊问题被带入正式的小组讨论之前，工作者还会成立次小组，专门对它们进行讨论处理。通过个人工作和小组互动，工作者能够帮助小组更有效地解决复杂的问题。

109

（三）环境

小组工作的环境对领导是如何在小组中出现的也有着重要影响。环境的影响力主要来源于三个相互关联的因素：（1）物质环境；（2）资助方；（3）社区和更大的社会环境。

物质环境

工作者要保证小组的物质环境有助于推动小组工作。等候区域和会议室的装饰和舒适度，以及设备的供应（例如桌椅、黑板和信息栏等）都会影响工作者对小组的领导。工作者要注意把组员的需要和偏好与能够促进小组工作的物质环境结合起来，这一点很重要。

例如，围着桌子坐可能会推动某一任务小组的工作，因为组员可以很容易地摊开纸做笔记。相反，在一个治疗小组中，桌子可能会阻碍组员对非口头的交流进行观察，可能会阻碍组员角色扮演，以及参与其他小组活动。

资助方

除了物质环境，资助小组的机构也会从几个方面影响小组领导。例如，工作者一定要非常清楚资助机构针对小组工作的政策和规章制度。资助、认证和监管等组织在机构对小组服务的授权上都有重要影响。机构赋予工作者合法的权力帮助小组完成它的任务。在机构给工作者授权的

> **政策实务**
>
> 行为：评估社会福利和经济政策是如何影响社会服务的提供和获取的。
>
> 批判性思考问题：小组部分是环境的产物。资助机构是以何种方式影响小组的？

时候，就意味着机构认为工作者会沿用机构提供服务的现有方法。例如，帮助孕妇戒酒的两位小组工作者就可能会使用不同的方法提供服务，这取决于这两个小组的资助机构的项目类型。一个小组工作者可能会使用现实疗法，而另一个可能会在认知行为自我控制过程的基础上开展小组工作。

社区和社会环境

环境影响小组领导的第三个方式是发挥社区和大的社会环境的作用。社区和大的社会环境的行为规范影响着工作者的小组领导。例如，在某个为施暴家长开设的小组中，工作者提供干预，帮助组员遵守那些被认为是正确的养育行为的社会规范和价值观。小型的社会系统也会影响小组工作。例如，如果社区计划机构已经组织了一个代表委员会，目标是寻找方法以开发更多的紧急住房资源，那么机构委员会可能就不愿意去寻找更多这样的紧急住房资源了。

（四）小组整体

110

小组作为一个整体，至少它的四个属性会影响小组领导模式，这四个属性如下：(1) 小组规模；(2) 小组完成任务的时间限制、开放式和封闭式的组员身份以及组员加入和退出小组；(3) 小组动力关系；(4) 小组发展阶段。

小组规模

随着小组规模扩大，组员的参与机会则会减少。工作者为了维持小组秩序和控制小组，也会不断增加小组规则，次小组可能会出现，领导者很可能会面对一个规模很大的小组。因此，领导者与组员及组员与领导者的互动概率会远高于组员与组员之间的互动概率。

时间限制、开放式和封闭式的组员身份以及组员加入和退出小组

对小组完成任务的时间限制可能是自愿性的，也可能是强制性的。例如，一个治疗小组可能会决定采用一种限制时间的方法，如行为小组方法或以任务为中心的小组方法。而一个任务小组如某个代表委员会，就可能会认为，它应该在下次全国会议开始前尽快对某一具体问题做出一个决定。无论在哪种情况下，时间限制都影响了领导行为。一般来说，时间限制与更大互动结构的出现密切相关，也与更多以任务为核心的行为的出现成正比，但时间限制与小组内出现领导者的概率成反比。

开放式和封闭式小组的组员身份对小组领导模式有着重要的影响。在封闭式小组中，从一开始就参与小组的组员会留在小组中，直到小组任务完成或组员退出小组。在此类小组中，工作者对每一名组员都有充分的了解，能够推动小组经历其成长和发展的各个阶段。而在开放式小组或滚动式招募组员的小组中，组员来了很快就又离开了，工作者不了解组员，因此就只能依靠已有的程序化模式欢迎组员，使他们感到自己是被小组接受的。

组员加入和退出小组也对领导模式有影响。即使有组员来了又走，但小组是否有一些核心组员留下来，而且组员参与小组的时间长短，都会影响小组领导模式。例如，有个小组欢迎所有参与某医院 28 天康复项目的成员加入小组，而另一个小组的组员是参与了平均 7 天的康复项目的成员，那么，这两个小组的领导模式就完全不同。如果那个参与 28 天康复项目的开放式小组中有一些核心组员一直参与小组活动，那么小组的领导模式就又是完全不同的。

小组动力关系

影响小组领导模式的另外一个小组属性是小组运作过程中的动力关系。在第三章中我们讨论过，动力关系包括沟通和互动模式、凝聚力、社会融合和影响，以及小组文化。工作者要运用自己的工作技巧促进小组动力关系的发展，以帮助小组完成目标，满足组员的需求。本书从始至终一直在探讨改变整体小组动力关系的干预方法。

小组发展阶段

小组的发展阶段也会影响领导小组的行为（Brabender & Fallon, 2009）。为了小组发展的顺利进行，工作者必须清楚小组在每个阶段要完成的发展性任务是什么。本书的大部分内容就是讨论在小组发展的每个阶段工作者可以运用的特殊技巧和方法。

111

（五）小组组员

小组组员以三种重要方式影响小组中会出现什么样的领导模式：（1）通过他们带到小组的、自己独特的地域文化和生活经历；（2）通过他们参与小组的程度；（3）通过他们分担领导小组责任的程度。

组员的特点

组员有几个特点能决定他们影响小组的能力，包括组员的人际关系技巧、获得信息的能力、对小组工作的责任感、动机，以及对小组成果和过程的期望。考虑在一个小组中如何发展何种领导模式的时候，一定要考虑这些组员特点所起到的重要作用。例如，研究已证明，在治疗小组（Gelso & Harbin，2007）和任务小组（Forsyth，2014）中，组员的期望会影响小组的结果。而且组员的人际关系技巧和他们对某一问题的相关知识信息的掌握程度也会决定小组如何发挥功能（Barlow，2013）。

案例　自闭症儿童的小组活动

有八个患有自闭症谱系障碍的儿童参与的小组在一个独立教室中开展活动。为了帮助这些孩子理解他人的感受，工作者可能会使用表情游戏。例如，工作者首先向这些孩子展示记录了人们不同表情的几张图片，然后再示范这些表情。接着，工作者邀请担任志愿者角色的孩子呈现某一表情，让另一个孩子猜这是什么表情。工作者也可以使用一个被称为"镜子"的动作游戏，帮助孩子们互相关注，并帮助他们练习如何在某一社交场合中跟随别人的指引。在这个游戏中，工作者会用一面镜子向孩子们展示在镜子前的任何动作都会被镜子反射。然后工作者邀请孩子们组成两人一组，一个孩子模仿另一个孩子在镜子前的动作，接下来角色互换。

组员特点各异，因此他们的领导能力也表现在不同方面。如果某一组员对某个问题非常有经验的话，那么当小组讨论这个问题的时候，这个组员就可能变成解决这个问题的领导者。而另一组员因为能够体会其他组员的感受，并对他人的感受做出回应，那么这个组员就可能会成为小组在完成社会情感方面的任务的领导者。这表明，在小组发展的过程中，工作者应该了解每位组员潜在的领导能力，帮助组员承担起与他们能力和兴趣相匹配的领导角色。这一点与本章之前讨论的变革型领导模式是一致的，它强调领导者个性化地看待每一位组员，赋权组员，帮助他们发挥独特的兴趣和优势，在更大的小组目标的情境下审视自己的个人目标（Avolio，Walumbwa，& Weber，2009）。

参与的程度

组员参与的程度也会影响工作者如何领导一个小组。如果某些组员缺乏人际沟通技巧或动力，那么可能会阻碍他们全面充分地参与小组。这种情况下，工作者可能需要采取更积极的行动以鼓励他们互动，包括使用圆圈形式让每位组员轮流对某主题发表意见反馈，或使用项目活动和其他表达疗法，例如音乐、运动或艺术活动等吸引组员参与。但在学校环境下开展的某些小组，因为组员可能患有发育性残疾，参与小组活动的能力会受到限制。

分担领导

组员是否愿意分担领导小组的责任，取决于他们对自己能力的判断、他们过去的领导经验、他们对被指派的领导者是否愿意分享领导权力的看法，而且还在某种程度上受到组员加入小组时间长短的影响。在组员关系已经建立起来的小组中，一个新组员很难获得小组的领导者角色。同样，如果某个街头帮派的成员已经加入帮派组织好多年了，那么他对这个帮派组织而言就会比一个刚开始参与帮派组织的小组工作者更具有影响力。

（六）小组领导者

在考察小组领导模式是如何在小组中出现的时候，我们会发现，被指派的小组领导者所拥有的权力基础、技巧水平、个性特点和服务技术都发挥了重要作用。如前所述，有七种类型的权力基础可以用来影响小组：联合、专家、信息、合法、认可、奖励和强制性。大部分工作者都拥有各种各样形式的权力基础，但是工作者在领导小组时要清醒地认识到自己可以使用哪些权力。

案例　酗酒者小组

某一工作者计划为法庭转介来的几名酒驾者开展小组工作。为了领导这个小组，这个工作者有几项基础权力，可以提供关于酒精所造成的伤害性后果的信息，可以把其他治疗资源介绍给组员，例如酗酒者匿名协会（AA），甚至可以把组员介绍给 AA 的资助方。工作者还可以使用其他权力，例如以专家的身份证明某一名组员是否顺利完成了此小组目标，这也许可以帮助这名组员重新获得驾照或获得假释。

工作者拥有的领导技巧水平也会影响他们的领导能力。工作者的经验和培训经历直接影响他们是否能开展有效的个案和小组工作（Barlow，2013；Brown，2010）。

工作者的个性、人际交往风格以及他们对领导模式的偏好等因素都会影响小组最终会出现什么样的领导模式（Bauman，2010；Trotzer，2010）。例如，工作者如果比较羞涩，对他人的表情比较敏感，那么在领导小组时就不太可能使用对质的技巧。因此，工作者要清楚地认识到，为发挥积极有效的领导功能，自己的人际交往风格会如何影响他们客观分析小组的需求。这在社会工作实务中被称为"有效地利用自我"。本章的后面部分将会介绍一些方法，帮助工作者意识到自己的领导风格和如何调整和改进这些风格。

工作者使用的服务技术也会影响他们如何开展小组工作。服务技术指的是工作者使用的特殊的干预理论和干预方法。例如，三个不同的酗酒者小组的领导者进行干预的方法就可能完全不同，可能会使用交互分析方法，或使用行为疗法，或使用现实疗法。工作者选择什么样的服务技术可能会受到个人偏好、受训背景或工作机构理念的影响。

工作者的技术水平和意识形态立场常常会帮助他们组织干预计划。工作者可能希望在某一特殊服务技术方面得到专门的培训，例如行为修正这样的服务技术。但是，在接受专业的特殊培训时，更重要的是工作者必须先掌握领导小组的基本原则和方法。

三、小组领导技巧

小组领导技巧指的是为帮助小组实现其目标、完成任务和帮助组员实现个人目标而开展的行为或活动。工作者和组员都可以运用领导技巧，但是工作者一般要比组员更频繁地运用这些领导技巧。在召开小组会议时，各种领导技巧都会被综合起来使用。例如，在某个家庭服务机构的小组工作中，工作者在运用解决问题的方法时，需要采用大量的领导技巧来帮助委员会做出人事方面的决定。同样，在为药物依赖患者开设的康复小组中，工作者要运用很多不同的领导技巧来帮助组员摆脱药物依赖。

长期以来，社会工作实务的研究者一直对"熟练运用自我"这样的技巧特别感兴趣（Goldstein，1983）。然而，针对领导技巧会对小组预期结果产生什么影响这个主题的绝大部分研究，数据都来自对个案工作的评估，而不是对小组工作的评估（Dies，1994）。通过文献回顾我们可以发现，领导技巧是可以习得的，不同的领导技巧水平会带来不同的小组运作水平（Barlow，2013）。还有研究表明，特殊的领导技巧诸如积极的关注和共情式的回应，都与治疗小组积极的干预结果密切相关（Egan，2013；Luke，2014；Kivlighan & Kivlighan，2014；Marmarosh，Dunton，& Amendola，2014；Paquin，Kivlighan，& Drogosz，2013）。然而，这些研究结果只能是试验式的、参考性的。因为很难通过研究的手段去评估某一特殊的领导技巧的独立效果。

在小组工作中使用的领导技巧和个案工作中的领导技巧还是有所区别的。工作者和组员都可以对他们之间的互动水平和互动的焦点做出选择。例如，他们可以选择主动的互动，也可以选择被动的互动，他们也可以决定和某些组员进行更多互动，而与另外一些组员较少互动。而且，共同分担领导权和承担不同领导责任的可能性大大增加。

表4.1中罗列了小组领导的一些基本技巧，根据它们在小组中发挥的功能，这些技巧可以被归纳为三类：（1）推动小组过程；（2）信息收集和评估；（3）行动。但是，被列在某一类

中的技巧可能也会在另一类中出现，尤其是当这个技巧与其他技巧综合在一起被使用的时候。例如，"回应他人"这项技巧被归类为推动小组过程，然而，对其他组员的行为或语言的回应不仅会促进沟通，也可以促成进一步的信息收集和评估或者行动等。

表 4.1 小组领导技巧的功能性分类 *114*

推动小组过程	信息收集和评估	行动
1. 让组员参与进来	1. 明确和描述想法、感受和行为	1. 支持
2. 关注他人	2. 索取信息、提问和追问	2. 重新解读和重新定义
3. 表达自我	3. 总结和分解信息	3. 连接组员间的沟通
4. 回应他人	4. 综合思想、感受和行动	4. 指引
5. 聚焦小组沟通	5. 分析信息	5. 提供建议、意见和指导
6. 明确小组过程		6. 提供资源
7. 明确内容		7. 袒露
8. 提示、阻止和指导小组互动		8. 示范、角色扮演、演练和教导
		9. 对质
		10. 解决冲突

（一）推动小组过程

表 4.1 列出了推动小组过程这个分类中的几个不同的领导技巧。不同的工作者对这些技巧的运用也会不同，这取决于在影响小组过程时他们的目的是什么。一般来说，如果工作者增进了组员间的理解，建立了开放的沟通渠道，鼓励信任关系的发展，那么推动小组过程的领导技巧就会带来积极的小组结果。因此，组员也愿意尽全力解决小组干预的问题。

让组员参与进来的理想状态是所有组员都积极地参与小组，并对小组讨论的问题保持兴趣。亚隆（Yalom，2005）称之为小组组员经验的统一化。鼓励那些沉默寡言的组员参与小组，会帮助他们了解他们生活经验的共同和不同之处。随着组员的不断参与，他们会意识到某些问题是怎样影响他们的，而解决他人问题的方法也可以直接或间接地帮助他们解决自己的问题。组员参与还对形成小组凝聚力有关键作用，有助于培育组员的互助意识，鼓励组员参与集体决策。

让组员参与进来还意味着帮助组员承担小组内的领导者责任。工作者要非常谨慎，不要替组员做太多的事，这样会扼杀组员的积极性。工作者不要紧紧地抓住自己的领导权不放，反之，他们要鼓励组员为小组会议内容提供自己的想法和建议，鼓励他们为形成小组动力关系提供帮助。在小组活动过程中，为组员提供机会承担领导者角色，或对他们承担领导角色时所付出的努力给予肯定，又或在小组互动过程中邀请或鼓励组员参与和发挥主动性。例如，工作者可以这样说："玛丽，我知道，对于这个问题你有很丰富的知识，你能不能对汤姆刚才的发言进行一些补充?"或者工作者说:"汤姆,上星期你的角色扮演非常精彩,你愿不愿意再扮演一次那个恼羞成怒的店主呢?"

关注技巧

关注技巧包括非语言行为诸如眼神接触和肢体语言,以及语言行为。这些技巧能传递共情、尊重、爱护、信任、真诚和诚实。关注技巧有助于在组员间建立和谐关系,也有助于营造一种接纳的氛围和凝聚力。伊根(Egan,2013)认为,除了肢体语言和眼神接触,所有能够反映工作者在聆听和理解组员的技巧都是有效关注技巧的一部分。研究表明,有效的关注技巧是成功的小组领导者的一个重要特征(Luke,2014)。有效的关注技巧包括复述和解释组员的发言,对组员互动给予设身处地的回应,并理解其背后隐含的意义。有效的关注技巧还包括被米德尔曼(Middleman,1978)称为"环视扫描"的技巧,即当工作者环视整个小组,和所有组员进行眼神接触时,是为了让他们知道,工作者对他们每一个人都很关注。环视扫描技巧有助于降低工作者只关注少数几个组员的情况的发生。

表达技巧

表达技巧对推动小组过程也非常关键。工作者要能够帮助组员表达他们对小组所面对问题和任务的想法和感受,帮助他们在必要的时候对自己的想法和感受做陈述和总结,还要帮助组员用合适的方式围绕小组目标这个主题尽情地表达想法和感受。通过针对影响小组和组员的某些禁忌话题进行自由充分讨论,任务小组和治疗小组组员也会从中受益。自我袒露也是一种有效达到这一目的的表达技巧。尽管在运用这个技巧时要非常谨慎,但是如果在某些情况下运用得当,它可以帮助工作者推动小组就一些困难的话题进行公开的交流沟通。例如,工作者可以说:"我刚刚失去我的母亲,她在去世前已经病了很久了。贝亚,当你说眼睁睁地看着自己爱的人慢慢地离开你,你心里是多么痛苦时,我理解你的心情。尽管我们的遭遇稍有不同,因为你失去的是你的丈夫,但是我还是可以想象你所遭受的痛苦。你愿意和我们分享一下你是如何挺过来的吗?"

回应技巧

熟练地运用回应技巧有助于小组整体和个体组员完成各自的任务。例如,工作者可以通过回应技巧,挑明某些意义含糊的信息,或以平缓的方式介绍某些语气强硬的信息(Luke,2014)。工作者还可以重新解读可能更适合某一组员或小组整体的信息。

工作者可以选择性地使用回应技巧,以引发某些特殊反应,这些反应将会影响接下来的小组过程。例如,工作者通过回应支持某组员对小组工作的投入,那么这个组员很有可能会继续为小组任务和问题做出努力。如果工作者对某组员的观点或行为有不同的意见,那么这个组员可能会回应工作者的意见,或保持沉默,但这个组员不太可能再坚持自己原来的观点。因此，针对不同的情况选择不同的回应技巧，工作者可以影响接下来的小组沟通模式的形成。

聚焦技巧

通过把小组过程聚焦于某一方向，工作者可以推动小组过程。具体而言，可通过澄清的方法做到，即邀请某一组员进一步阐述，重复某一沟通过程或沟通的顺序，或提醒组员把讨论的内容限制在某一特殊主题上。通过减少那些不相关的交流沟通，鼓励就小组面对的问题进行充分讨论研究，以此帮助小组维持其工作重心，从而促进小组工作的高效完成。特朗普曼（Tropman，2014）在其著作中就强调了聚焦任务小组议程的重要性。

明确小组过程

明确小组过程的技巧有助于组员意识到他们是如何与他人互动的。例如，工作者明确指出某些意义含糊的小组规范、某些特殊的组员角色或某种特别的沟通模式。工作者可以询问组员是否注意到了某种特别的互动模式或互动类型，他们是否对这样的互动模式和类型感到满意，以及他们是否希望看到组员互动方式的变化。沃德（Ward，2014）认为，工作者一定要把治疗小组的规范用语言表达出来，鼓励小组发展自己的传统和仪式程序。例如，在每次小组会议开始前都明确指出组员要轮流发言，"讲讲自己的故事"，并准备接受别人对自己处理问题的方法的意见反馈。这样做其实是鼓励组员去思考，他们是否愿意继续保持这样的互动模式。

案例　指明小组的动力关系

在为酗酒者康复而开展的一个支持性小组中，小组领导者为了帮助组员理解他们的互动是怎样影响小组整体的，常常会在小组讨论中抽出时间讲一讲小组动力关系和小组过程。他注意到，有时候组员并不在意其他组员的非语言反应，所以他常常邀请组员注意观察在整个小组中到底发生了什么样的互动。最终，组员慢慢地可以熟练地观察到发生在小组中这样的互动以及其他形式的沟通互动。领导者会经常请组员对其他组员的领导行为进行评估，利用这段"处理加工"的时间讨论组员和小组的优点。随着小组的发展，领导者和组员把这些讨论固定地放到会议结束前的最后几分钟，这样，他们每周都会有时间专门讨论小组过程。

明确指出此时此地的小组互动其实是一个不太常用的技巧（Ward，2014）。有时，工作者太关注互动的内容，会因此忘记注意小组过程。还有一些工作者不愿意让组员知道自己在观察他们。工作者如果无法将小组的注意力引导到小组过程上来，那么应该练习这样的技巧：在每次小组会议开始前或即将结束时，抽出几分钟时间专门讨论小组过程，或者在每次会议中间的休息时间时不时地以简洁总结的形式明确指出小组过程。来自临床的经验和督导的经验都证明，明确指出此时此地的小组互动在具体实务工作中比较容易。上述案例就展现了在小组会议中如何明确指出此次此地的互动。

明确内容

向组员明确指出小组过程，这对有效发挥小组领导者的功能有着重要作用。同样，明确指出组员互动的内容也有同等功效。明确内容的目的是帮助组员有效地进行沟通交流。明确内容的技巧包括确认组员确实理解领会了某信息，帮助组员更清楚地表达自己的想法和感受，还有当小组互动受到了不相关话题的影响，偏离应关注的问题讨论的时候，工作者要向组员指出这一点，提醒他们回到应关注的问题讨论中。

工作者还可以使用明确内容的技巧，指出那些可能被回避了的禁忌话题。例如，在一个老年人照顾的支持性小组中，工作者可能会指出养老院的安置问题还一直没有被讨论。

提示、阻止和指导小组互动

工作者通常会发现，引导小组以某个特定的方向进行互动，将有助于小组完成它自己设定的目标。工作者可以从环视小组开始，寻找关于小组过程中出现的语言和非语言的线索，进而启动小组互动过程。工作者要避免过于关注小组互动的内容，而要关注组员间的互动过程。工作者可以使用提示技巧邀请组员发言，这样小组讨论就会一直保持在应关注的主题上。当工作者想使小组转入一个新的讨论方向时，也可以使用提示技巧，包括组员提出一个新的重要议题时引导小组对此进行讨论。当某个组员的发言脱离了主题或者说了不合时宜的话题，工作者可以使用阻止技巧。鼓励某一组员发言，或阻止或限制某一组员的交流，工作者可以此引导小组互动的模式。因此，阻止技巧的运用既可以保护组员，也可以激发他们的活力（Barlow，2013）。工作者可以通过阻止和打断组员的交流沟通，做到有计划性地选择某种小组沟通模式，以此帮助小组按照既定计划实现其工作目标（Barlow，2013；Luke，2014）。

案例　丧亲支持性小组

在一个为最近丧偶的人士举办的支持性小组中，组员谈起了怎么处理他们失去的爱人的私人物品。组员约翰开始提及他会把这些东西送给救世军。但是，当工作者环视整个小组时，他注意到玛丽和海伦两个组员对处理爱人的物品这个话题表现出了非常强烈的个人反应。然后，工作者转向约翰说，救世军是一个很好的处理私人物品的机构，但是问他是否可以等到小组会议快结束前再进一步讨论这个话题。接着，工作者又问玛丽和海伦，或其他人，在具体讨论这个话题前，他们是否愿意分享一下他们的感受或想法。

引导小组互动的技巧有很多用途。例如，工作者可以纠正小组过程中功能失调的那一部分，包括打扰其他组员交流沟通的次小组的出现。工作者如果可以熟练地引导小组互动的模式，就可以限制次小组组员的交流，并增强他们与其他小组组员的沟通互动。工作者还可以运用引导技巧，对某一问题进行深入探究，并帮助组员把他们的工作精力保持在解决问题和完成任务的方向上。另外，工作者还要鼓励开放的沟通交流。例如，在引导组员交流时，工作者应帮助组员互相沟通。工作者可以说："约翰，你的信息是想传递给吉尔的，但你为什么不直接跟她说，而要跟我说呢？"

118

（二）信息收集和评估

在制订影响小组沟通模式的计划以及选择什么样的行为技巧来实现小组目标时，信息收集和评估技巧非常有帮助。这些技巧把两种方法结合起来，即推动小组过程的以过程为导向的方法和运用行为技巧的以任务为导向的方法，从而实现小组目标和满足组员需求。如果没有有效的信息收集和评估技巧作为保障，工作者就无法对小组情境有全面的了解，进而也就无法开展有效的干预工作。这就会导致工作者采取一些未经仔细分析和权衡的不成熟、过分简单的解决问题的方法，或直接采用之前的解决方法。

> **参与**
>
> **行为：** 使用同理心、反思和人际交往技巧来有效地吸引各种案主和其他人士的参与。
>
> **批判性思考问题：** 小组领导者不断地在小组内收集信息。什么样的技巧对于收集小组信息是非常重要的呢？

明确和描述

最基本的信息收集技巧可能就是帮助组员能够明确和描述某一状况。这个技巧可以使得那些影响小组所应对的问题和任务的相关因素得到充分的描述解释。在使用这个技巧时，工作者要引导组员对问题特征进行尽可能清楚具体的描述。为了充分了解问题，工作者要对问题的历史及其现状有清晰的认识并可以加以描述。这个技巧还可以鼓励组员使用其他方法去看待问题，以获得多样性的参考框架和对事件的其他解读，以及解决问题的潜在方法。例如，工作者可以说："艾米，你已经非常完整地向我们描述了到底发生了什么，但是，我想知道，如果我让吉米也给我们解释一下这个事情是怎么发生的，你会怎么看？你认为他会怎样看这个事情呢？"

索取信息、提问和追问

明确一个问题情境并对其进行描述的技巧，对工作者通过索取信息、提问和追问的方式收集资料来说非常关键。运用这些技巧，工作者可以获得更多对所有组员有用的信息，将其用于澄清问题和困难，并拓展小组工作的范围。工作者要仔细准备，准备的问题要清楚并容易回答。似是而非的问题或有价值观依附的问题可能会使回答者不愿意、不主动提供信息，或者让他们感到不满，引起误会。对于某些组员来说，针对某些问题的提问或追问可能会被他们认为是一种责问或挑衅，特别是当这些问题在之前被讨论时，这些组员已经表示不愿意提供更多信息，因为他们认为这些信息可能会带来情绪的迸发，或会潜在地威胁自己在小组中的地位。工作者在向某个组员收集更多信息时，要非常谨慎地处理组员的这些顾虑。帮助组员发掘探讨他们对提供这些信息可能带来的潜在后果的顾虑和担心，是非常有效的干预方法。另一方法是邀请其他组员对这位组员基于现实的顾虑提供他们的想法和意见反馈。

总结和分解

在讨论小组要解决的问题时，工作者可以运用总结和分解技巧。总结技巧可以使得工作者把小组讨论的核心内容呈现出来，它还为组员提供了对问题进行反思的机会。总结技巧使得工作者和组员都有机会去思考解决问题的下一步计划，也使得组员能够将工作者的总结和自己对小组工作过程的看法进行对比。而分解技巧可以把复杂的问题分解成几个易处理的小块，还有助于把组员的主动性分散到解决问题的不同方面。例如，工作者可以说："约翰，我听到你多次谈到因小组讨论与小组目标脱节而感到很丧气。你可不可以给我们简单谈谈你希望小组做到而我们现在还没有做到的方面？……好的，你的建议就是，为了保证我们的小组讨论为小组目标服务，我们应该在接下来的小组讨论中采取三个步骤，……我对你的建议解释得正确吗？你认为这三件事能帮助我们完成既定目标吗？"

案例　单亲父母小组

在一个单亲父母小组里，组员约翰有一个 11 岁的儿子，这个孩子患有注意力缺陷多动症，在学校和家里表现出很多行为问题。工作者请约翰描述一下他对自己儿子的这些行为问题的感受。约翰不由自主地回应说："有时候我太烦了，我就想打他的脑袋。"但很快他又说自己是不会那样做的。工作者感觉到约翰对自己刚才的话很难为情，她转而问其他组员对自己的孩子是不是也有类似的感受。有几个组员也谈到他们的沮丧和自己几乎不能控制自己情绪时的感受。在组员讨论自己是如何处理情绪失控的时候，一个良好的组员互动就开始了。工作者也加入了讨论，她坦承自己也遇到过这样的情况，她对自己的孩子感到暴怒时，曾不得不离开房间以免做一些或说一些日后会后悔的事情和话语。只有这样，约翰和其他组员才会向小组表达他们更强烈的情绪，而不需担心小组会怎么看他们。

综合

另一个有用的资料收集和评估技巧是对语言和非语言的沟通信息进行综合。综合技术包括在组员的行为和语言背后所表达的意义之间建立联系，指明隐藏的会议议程，将隐含的感受和想法表达出来，在组员沟通中建立联系以指明包含在组员行为和语言里的沟通主题和趋势。

综合技巧能够为组员提供意见反馈，使他们了解别人是怎么看待自己的。由于综合技巧的运用常常会牵扯到对事实的大量判断和推测，因此工作者一定要谨慎使用，而且所有组员都应该有机会为综合信息出力。理想的做法是，在工作者综合一定数量的组员互动的信息，并指出在解决问题或小组沟通模式中存在的相似性的时候，所有组员都应该能够针对这种情况提供他们的意见反馈。例如，在某州立精神病医院中的青少年部，工作者在一次员工周例会中提到了在员工中形成的沟通模式，在描述这些沟通模式的时候工作者可能会邀请组员针对这些沟通模式提供他们的看法，以收集组员的反馈意见。

120

分析

一旦资料信息被收集整理，工作者就可以运用分析技巧来综合信息，并评估下一步怎么使用这些信息（Ward，2014）。分析技巧包括指出资料信息中的规律模式，发现资料的空白，建立获取资料信息的机制或计划以完成评估（Tropman，2014）。例如，在某青少年中心的一次治疗会议上，工作者可以运用分析技巧，指出工作人员在早前为某个青少年提供服务时所运用的模式，然后治疗小组就可以接着探索新的方法和技巧，以便将来更好地为这位青少年提供服务。而在为有暴力倾向的父母开设的教育治疗小组中，工作者可以运用分析技巧，把这些父母的行为模式和他们对孩子的身体虐待行为联系起来。

（三）行动

支持小组组员

行动技巧是工作者在帮助小组完成任务时使用最频繁的技巧。而行动技巧中最基本的技巧就是支持组员，以使他们自助和互助。有研究证明，为他人提供支持会增加自我价值感和自尊（Sarason & Sarason，2009），以及小组整体的互助水平（Shulman，2014）。如果组员不能把小组看成是一个将会接受自己想法和感受的安全之处，那么支持组员的技巧就不会产生作用。因此，工作者一定要在小组开始的阶段就帮助小组发展一种文化，在这个小组文化里所有组员的经验和想法都被认为是有价值、有意义的。做到这一点非常重要。工作者支持组员的方法包括鼓励组员对小组的问题发表自己的想法和感受，为组员提供机会发泄自己对所遇问题的感受，征求他们的要求和意见，对他们的要求和意见做出回应。

支持还意味着帮助组员做到有同感的回应彼此，互相体谅，对其他组员分享的经验予以确认和肯定。支持技巧还包括指出组员的优势，向他们指明他们的参与将有助于解决他们的问题，还要为组员灌输希望，使他们对下一步的发展进步和成功充满信心。

某些小组的主要目标是给组员机会讲出自己对问题的感受，并为他们提供支持。例如，为某地方医院的新生儿重症监护病房和烧伤科病房的医护人员开设的支持性小组。这样的小组为医护人员提供机会，让他们谈论和反思经常面对的情绪低落问题。医疗社会工作者组织和协调这些小组活动，支持工作人员发泄被压抑的情绪，并为彼此提供同伴的支持。同样，为新近丧偶的人士开设的治疗小组，其使用的治疗性元素就包括让组员宣泄自己对失去爱人的感受，对组员间类似的经历和感受予以肯定，并鼓励组员除了应对悲伤的情绪，还要有效应对这段转折期。

重新解读和重新定义

121 　　小组工作或个案工作常常遇到的最大问题之一就是，工作者不能从不同的视角看待问题，因此很难找到一个创新的解决方案（Forsyth，2014；Tropman，2014）。对某一问题进行重新定义和重新解读，可以帮助工作者用一个全新的视角来看待和分析这个问题。因此，工作者愿意对小组面临的问题和困难进行重新解读和定义。例如，在某小组中，某个组员被看成了问题的替罪羊，工作者要帮助其他组员重新定义他们和这个组员之间的关系。具体做法可以包括让组员讨论他们和这个组员有着怎样的关系，以及他们怎样才能改善与这个组员的这种关系。在这种情况下，重点从仅关注这个替罪羊组员来理解这个问题转换到通过所有组员分享讨论如何改变和这个组员的互动方式来理解这个问题了，从而重新定义了这个问题。随着问题被重新定义和组员与这位组员关系的改变，这个问题也就弱化或消失了。

连接组员间的沟通

　　连接组员间的沟通技巧包括邀请组员分享他们对其他组员传递的信息的反应。米德尔曼和伍德（Middleman & Wood，1990）把这个技巧形容为寻找一种感觉连接或信息连接。组员倾向于和工作者而不是和其他组员进行沟通，尤其是在小组的初期阶段。工作者可以以邀请组员对某一沟通内容进行互动的方式阻止这种沟通模式的形成。例如，在某个精神病院住院部开展的小组，小组目标是帮助组员为独立生活做准备。工作者可以说："玛丽，你对刚才乔的发言有什么感受？我记得在我们上一次小组会议上，你说对自己一个人生活感到很焦虑。"工作者还可以这样说："你们中间还有谁也有类似的感受？"在组员宣泄和确认大家都有类似经历和感受的时候，他们就会产生一种归属感。组员就不再感到被孤立，不再感到自己是在独自面对这样的问题了。他们也不再质疑自己对某个问题的理解和怀疑自己对这个问题的反应了。

连接组员间的沟通技巧还包括邀请组员在其他组员请求帮助时做出回应。帮助组员对彼此之间的沟通做出回应，会培养信息分享和互助，并可以对如何处理问题达成共识。例如，当某个组员询问工作者是否知道有什么资源可以帮助自己在工作的时候照顾自己的老父亲，工作者在回应的时候就可以询问其他组员是否正在使用成人日托或暂时托管服务。工作者会发现，如果组员听到其他组员对某服务或资源有正面评价，他们通常就会更愿意使用这些服务或资源。

当组员是被强制参加或不愿意参加小组的时候，他们尤其可能会对工作者建议的某种资源表示不信任和持有怀疑态度。这些组员认为工作者与他们所推荐的资源有利益关系。相反，如果对某一资源或服务的评价是来自小组组员的体验，那这个资源或服务就不太可能受到质疑。工作者还要意识到，一旦他们对某组员的问题做出了回应，其他组员就不太可能表达自己的观点了。因此，尽管工作者应该确保组员可以得到直接的回应，但是更好的实务工作方法是工作者应该在做出自己的回应之前，邀请其他组员提供建议和意见。

指引

无论是明确小组目标，帮助组员参与某项目活动，带领一次讨论，分享新的信息，还是评估某个问题，都是在指引小组的活动。在提高组员参与和鼓励其对小组投入上，指引技巧能发挥最佳作用（Chen & Rybak, 2004; Saleebey, 2013）。而如果没有获得组员的同意，或在决定如何实现小组目标时组员没有参与讨论，那么工作者就不应该使用指引技巧。工作者应该了解，针对小组工作中一个新任务的指示，每位组员会有什么样的反应。例如，在某个旨在帮助青少年学习有效控制愤怒情绪的救治小组中，工作者在指导一个角色扮演活动时，应该了解这个活动会如何影响每位组员。由于组员表达愤怒的方式不同，在扮演某些角色时某些组员可能会比其他组员受益更大。

建议、意见和指导

工作者提供建议、意见和指导，以帮助组员习得新行为、理解问题或改变有问题的情境。然而，工作者首先要就组员对问题解决做过的努力做一个了解评估，然后再提供建议。这样就会避免发生下面的情况，即工作者提供的建议或意见其实已经被组员尝试过且是无效的。而且，提供建议的时候，工作者要使用试探性的态度，例如"你是否考虑过……"。这样的句式能使组员表达对建议的看法，或者他们是否愿意接受这个建议。小组工作实务专家还指出，提供建议要非常谨慎，特别是在没有征求组员建议的时候（Kot-

122

tler & Englar-Carlson，2015），或者治疗小组和支持性小组的过程分析表明，这样的建议并不是由专业人员提供的时候（Smith，Tobin，& Toseland，1992）。然而，很多案主，特别是社会经济地位低的案主，他们期望工作者能提供建议（Aronson & Overall，1966；Davis，1975；Mayer & Timms，1970）。这些提供建议和指导的技巧显然在帮助案主获得解决问题的新思路和新方法方面有积极的作用（Davis，1975；Ewalt & Kutz，1976；Fortune，1979；Reid & Shapiro，1969；Smith，Tobin，& Toseland，1992）。例如，在针对改变的各种治疗机制的研究文献回顾中，艾姆里克、拉森和爱德华兹（Emrick，Lassen，& Edwards，1977）指出，建议的提供与案主的积极改变有着密切的关系。提供建议、意见和指导的有效方法如下：

- 选择恰当的时机。
- 清楚简明，并符合组员的理解水平。
- 对组员的语言和文化具有敏感性。
- 鼓励组员在过程中分享。
- 推动组员间的互助网络。

提供建议、意见和指导时要选择恰当的时机，这样组员才愿意接受。而且这些建议、意见和指导要清楚简明，符合接受它们的组员的理解水平。例如，对于一群高中未毕业的青少年父母组成的小组和一群受过高等教育而推迟育龄的妇女组成的小组，为这两个小组提供建议时的表达方法就有很大的区别。

123　　工作者对组员的语言和文化也要具有敏感性。某些英语单词也许不能恰当地翻译成另一种语言，或不能在另一种语言中表达同样的意义。而且，某一民族的文化传承也可能会影响处于这个文化中的个体组员接受和理解工作者传递的信息。

工作者不应该独自提供建议、意见和指导，这样会把工作者放在一个高高在上的专家位置，而让组员觉得他们的指导性太强。工作者要鼓励组员互相分享信息，提供建议、意见和指导。舒尔曼（Shulman，2014，2016）称之为工作者寻找组员不愿意分享的感受和信息，其目的是深化小组分享的程度以增加小组凝聚力。它还有助于赋权组员，使得他们了解自己的优势和意志力，从而在改变过程中承担自己的责任。

为了鼓励组员互相分享信息和意见，工作者要促进建立互助网络，使得组员可以在其中自由地分享他们的生活经验、信息和资源，以及他们的想法和观点。相比个案工作，小组工作的一个突出优点就是，为解决问题和完成目标，组员能够相互依赖，寻求帮助。经验表明，一个组织完备的互助网络往往在小组结束后仍然会继续发挥其功能。例如，在某老城区为单身父母开办的一个培训育儿技巧的支持性小组中，工作者帮助组员成立了一个儿童照顾合作社。在12周的育儿技巧培训小组结束后，这个合作社持续发展壮大了好多年。另一个类似的案例是，在老城区为那些刚出院的病人家属开办的一个支持性小组中，工作者帮助组员成立了一个全国性福利组织在本地的分会。

提供资源

资助小组的机构一般都拥有各种各样的资源，例如医疗救治、家庭保健、经济资助、工作和康复咨询、家庭计划和家庭财政管理咨询等，工作者可以将这些资源介绍给组员。通过精准的预评估和转介，工作者熟练地使用这些资源来帮助组员。工作者还可以鼓励组员介绍他们认为有效的资源和服务。这样，所有组员的知识和信息会累积起来，以达到互助的目的。通常，如果某资源或服务是由组员热情洋溢地介绍给小组的，其说服力要远远高于工作者介绍的资源或服务。

在任务小组中，工作者还要为组员提供各种资源。这些资源可以直接或间接地影响小组的环境，使得小组更加容易地完成自己的目标。工作者可能会接触重要的人物或行动小组，他们可以为小组的工作提供方便。而且，任务小组的组员通常都具备各种不同的专业技术和资源，因此组员之间也可以互相帮助以实现小组目标。

袒露

袒露是一种行为技巧，工作者可以谨慎地使用这个技巧达到加深小组内部沟通交流的目的。作为新手的工作者常常会坦然地展示自己，以期能加入小组并成为小组的一部分。然而，工作者应该记住，他们的主要职责是推动促进组员间的沟通交流。因此，工作者要关注发生在组员中的小组过程，这要比工作者直接参与组员讨论更重要。因为后者会造成消极的后果，工作者会被认为是偏向性地选边站队。而且，这样也会使工作者分心，不能集中注意力观察发生于组员间的语言和非语言互动。袒露的价值优势在于，它有助于加深小组的沟通，和组员产生共情，让组员明白工作者理解他们的处境。袒露还示范了一种开放和风险承担的氛围，显示了小组是一个可以安全地讨论情感难题的地方。

示范、角色扮演、演练和教导

示范、角色扮演和演练的行为技巧在治疗小组和任务小组中都发挥了重要作用。示范指的是工作者或某个组员演示在某个情境下的行为，这样其他组员可以观察到应该做什么和应该怎么做。例如，在某个训练果断力的小组中，工作者可能会演示如何应对一个处于暴怒中的配偶。而在另一个小组中，工作者可能会走到一个马上要哭出来的组员面前揽住他的肩膀，向组员示范怎样爱护和关心他人。

案例　在某夫妻小组中的袒露

在某一夫妻小组的互动交流中，组员开始谈到在婚姻中为自己行为负责是多么困难的事情，而把责任推给自己的配偶要容易得多。他们接着谈起，他们对配偶的怒气是如何持续了几个小时甚至几天的时间。这时，工作者插话进来，说自己也有类似经历，而且当时也很难做到退一步想想在这种情况下自己到底做了什么。接下来，工作者邀请组员思考，如果他们在当时后退一步，冷静审视当时的情况和自己的行为，将会发生什么？工作者的问题引发了组员间富有成效的讨论，当一方指责另一方的时候怎么才能后退一步，而且如何做到不再持续几个小时或几天对另一方抱有怨气。

角色扮演指的是组员相互帮助表演某个情境。角色扮演有两个主要目的，即评估组员应对某人际情境的能力技巧，帮助组员提高某些特定的能力技巧。具体来说，可以通过意见反馈、演练新技能或给予指导等方法改进应对的技巧。特别是在帮助组员改善他们对压力情境做出回应时，角色扮演是一个非常有效的工具。例如，某个旨在改善夫妻关系的小组里，工作者可以邀请每对夫妻表演他们在上周发生的某次争执。在角色扮演过程中，工作者请每对夫妻互换角色，这样双方都可以体验对方在那种情境下的感受、想法和行为。然后，夫妻两人可以利用他人给予的反馈，尝试在争执情境中使用新的和更好的方法交流沟通。就这样，夫妻双方都学习了新的沟通技巧，这使得他们在日后的争执中可以使用改进的方法回应对方。

125　　演练指的是根据从角色扮演中收到的反馈来练习新的行为或应对方法。鉴于学习某种新行为以改变自己固有行为模式一般是比较困难的，所以，组员可能需要多次练习这种新行为。

教导指的是运用语言和体态指导组员重新做出回应。例如，为智力障碍人士开展的小组中，组员在人际互动中练习表达自己感受。在组员练习时，工作者指导并为他们演示如何改善他们的回应。在第九章里，我们将进一步讨论角色扮演的技巧。

对质技巧

在处理组员的抵制和激发组员主动性方面，对质是非常有效的行动技巧。对质是一种澄清、检验和质疑行为的能力，用来帮助组员克服存在于行为、思想和感受等之间的曲解和差异（Chen & Rybak，2004；Egan，2013）。只有工作者对当时情境进行了仔细评估，并认为自己的话不会受到组员排斥，对质技巧才会被使用。某个组员如果还没有准备好对自己的想法、行为或感受进行检验反思，就有可能采用负面的方法，比如采取消极被动、愤怒或敌对的态度来回应对质。

由于对质常常具有冲击力，并附带情感的迸发，所以工作者应该做好准备以面对组员的强烈反应。在某些情况下，工作者在进行直接的和全面的对质前，可以采取一些温和的或试探性的对质方法。对质通常会涉及组员的缺点或不足，但是对质也可以帮助组员认识到自己的优势和优点。例如，在为精神疾病住院患者开展的康复小组中，工作者可能会采取对质技巧，帮助某个常常贬低嘲笑自己的抑郁症患者组员意识到自己的优势和长处。类似的情况还有工作者应用对质技巧帮助某个成长小组的成员，使她意识到她的语言和行为是不统一的。

解决冲突

最重要的行动技巧还包括解决存在于组内的组员间的冲突，以及他们与组外的个人、小组与社会系统的冲突。小组内，组员可能会出于各种原因发生冲突。例如，在某代表委员会中，组员代表的选区具有完全不同的问题、利益和目标。在某治疗小组，由于不同的组员负责不同功能和任务，因此可能会产生冲突或竞争，特别在为完成某项任务所需的资源非常有限的情况下。

前面一章讨论的很多小组发展模式都表明，随着小组的发展，冲突可能会出现。工作者应该帮助小组把冲突看成一个正常的过程，它有助于明确小组的目标和目的、组员相互合作的方式。

尽管冲突会不可避免地出现，但是熟练的工作者可以协助小组避免不必要的冲突，并在组员间的争执发展到激烈的敌对状况之前帮助化解这些争执。为了避免不必要的冲突出现，工作者可以建议小组制定小组参与规则，并维护其执行。在早期与组员讨论小组合同时，这些规则通常会被提出来。有时，这些规则需要所有组员的参与才能定下来，所以这些规则应该被记录下来形成一个书面协议，在小组开始工作时让所有组员在上面签名。图 4.3 就是这样的书面协议的一个例子。在儿童小组中，把经过组员同意的参与规则写在黑板上或展示架的纸板上，就是非常有效的方法。在工作者的指导下，孩子们喜欢自己制定自己的小组规则，他们会互相帮助以遵守自己制定的规则。

我签署下面协议，同意：
1. 参加每次小组会议，如果不能参加则会在小组会议开始前一天打电话告知，并解释不能参加的原因。
2. 不在组外跟任何人讨论组内讨论的内容，除非这样的内容只涉及我自己而不涉及他人。
3. 在小组过程中履行小组商量决定的所有任务。
4. 轮流发言，以保证每一个人都有机会发言。
5. 如果决定不再参加小组，则要提前两周告知小组。

    名字　　　　　　　　　　　　　　　　　　　　　　日期

图 4.3　小组参与的规则

当组员间出现冲突时，工作者还可以使用协调、协商、调解或仲裁技巧，在组员的争执演变成相互敌对的状况前就化解冲突。工作者可以使用协调技巧，把小组会议内容维持在限定的范围内，以避免冲突。协商技巧帮助组员在发表不同意见之后达成某项协议或谅解。当两个组员之间或更多组员之间发生冲突时，可以使用调解技巧，采取行动使他们达成共识、解决纷争。而仲裁技巧通常需要邀请权威第三方加入小组。这个第三方会聆听组员间的争端，约束组员以解决冲突。有时候，仲裁技巧会被使用在任务小组中，以解决某劳动合同的争议。在第九章和第十一章中，我们还会具体讨论解决小组冲突的某些特殊方法。

组员有时候会与小组外部的力量产生冲突。例如，治疗小组的组员常常期望工作者能指导他们如何解决他们与配偶、其他家庭成员、朋友、同事或其他熟人之间的冲突。例如，当组员在为提高自己的决断力而努力的时候，他们可能会受到家庭成员或朋友的敌对性的、愤怒的或攻击性的回应。在这样的情况下，工作者要直接提供干预，尽力减少冲突，或者帮助组员掌握独自处理冲突的必备技能。当组员希望在组外发生某种变化，而这种变化会带来不可避免的冲突的时候，工作者要帮助组员正视并理解这种冲突的出现，并能够等到某种新的平衡状态出现后解决这种冲突。

127　有时候，为了解决冲突，工作者可能需要与组外的相关人员见面，例如工作者可能需要和某个青少年小组组员的父母见面，讨论父母应该如何为他们的孩子设立规则和限制。而在另外一些情况下，工作者可以帮助组员应对组外可能遭遇的冲突。例如，当组员变得更加自信果断以后，他们可能会受到某些人对他们的排斥或敌意，这时候工作者就要帮助组员学习技能，以应对这些负面消极的回应。工作者还要帮助组员为应对在各种情境或状态下可能发生的事情做好准备，这有助于组员在不熟悉的情境或状态下应用新习得的行为技巧，成功解决冲突。

工作者可能还需要解决存在于小组整体和更大的外部社会系统之间的冲突。例如，工作者可能要帮助解决存在于诸如租客协会和政府住房部门之间、社会福利权利组织和社会服务部门之间或慢性病患者的支持性小组和卫生保健部门之间的冲突。协调、协商、调解或仲裁技巧的运用通常在这些情况下都会非常有效。然而，在某些情况下，可能需要运用动员和社会行动技巧（将在第十一章进行介绍）来处理冲突。

（四）学习小组领导技巧

接受培训以成为小组工作者的人，应该首先全面地掌握整体小组的理论知识，以及组员和小组领导者在小组中如何发挥功能的方式。然而，为了将小组动力关系的理论知识和实务经验整合起来，学员应该做到以下方面：（1）参与和练习角色扮演，以掌握小组动力关系是如何运行的；（2）观察他人是如何带领小组和如何作为组员行事的；（3）作为自然性小组或形成性小组的成员，观察自己是如何参与小组的；（4）在有督导参与的实习活动中，领导或协作领导小组。对学员来说，接受优秀的实习督导也是必不可少的（Riva，2014b）。

在教室里，学员可以通过结合教学和体验式学习方法，学习在各种条件和情况下如何领导小组。教学材料应该帮助组员理解不同类型的小组，因此，讲座、讨论和案例要包括在不同情境下各种带有不同目标和服务不同人群的小组。讲座的资料可以是影片和录像，以展现不同的小组实务活动。

为了开展有效的小组工作实务，仅有认知性的知识是远远不够的。培训需要包括练习和角色扮演以演示和进一步讲解讲座中提供的文字和影视资料。通常，可以组成一个实验小组来帮助组员练习讲座的内容。这个实验小组为学员提供了机会，使他们可以得到作为组员会是什么样子的体验。此外，在实验小组中，组员可以轮流担任领导者，这样所有组员都至少有一次机会领导小组。

通过使用录影或录音设备，学员在实验小组中的体验可以被进一步深化。这些设备使得学员有机会对他们在参与或领导小组过程中的语言和非语言行为进行反馈。在督导环节，学员和小组领导者可以回顾在实验小组中录制的录像带，帮助组员提升领导技巧。

学员还可以通过观察小组或作为小组的组员，学习如何领导小组。通过观察领导者的行为，学员可以潜移默化地学习领导技巧。领导者也可以作为领导技巧的示范者，帮助组员学习。

对小组过程进行反思批判，也是一种学习。批判性地分析小组还有助于保证组员不会毋庸置疑地全盘接受小组领导者领导的所有小组活动。它也为学员提供一个机会，审视小组在不同时期的发展变化和观察领导技巧如何影响小组活动。组建实验小组以便组员可以花时间去分析小组过程，这个相对来说比较容易操作。但是，在社区小组中，学员可能没有组建这样的实验小组的机会。因此，为使学员能够最大限度地从参加社区小组中受益，小组领导者应该为学员提供机会，让他们能够在督导环节或课堂上讨论自己参与小组的经验体会。

当学员通过上述的经验体会逐渐熟知并掌握了领导小组的基本技巧以后，他们就可以进入实习阶段了。实习内容包括带领小组展开几次活动，与小组领导者共同领导小组，或者在督导下领导整个小组过程。为了学习小组领导技巧，小组督导要优于个别督导。因为督导者在和小组一起回顾评论某一学员的实习成果时，督导者可以向小组示范小组领导技巧。里瓦斯和特斯兰（Rivas & Toseland，1981）的研究发现，一个培训小组是提供督导的有效方法。罗斯（Rose，1989）也在他的研究里讨论了开展小组督导的方法。如果没有足够的实习机构，学员可以自己组成任务小组或治疗小组，为社区居民或学生提供小组服务（Rivas & Toseland，1981）。

在开始领导小组之前，如果学员就第一次小组会议上可能会出现的问题展开讨论，将对学员非常有帮助。罗纳根（Lonergan，1989）的研究指出，学员担心的问题可能包括以下方面：（1）组员表现出无法控制的抵制行为，例如不说话；（2）因为组员过度敌视他人或情绪爆发，而对小组失去控制；（3）无力处理和应对组员的某些行为，例如某组员毫无征兆地离组，组员之间约会，某组员在组内外向他人示爱；（4）组员绝对性的依赖；（5）出勤率和小组融合性不高。由于学员对他们第一次的小组经验反应各有不同，督导者应该和每位学员一起探讨他们担心的问题，讨论他们领导的小组可能做出的反应，分析最坏的结果发生时该如何应对，以此帮助学员应对他们的焦虑情绪。里瓦（Riva，2014a），斯托克顿、毛兰和张（Stockton，Morran，& Chang，2014）的著作对小组领导的有效方法有更详细的介绍。

（五）领导风格

尽管领导技巧是可以学习的，但在实务中这些技巧不可以被机械地、千篇一律地使用。认识到这一点是非常重要的。小组工作是组员之间的主观性接触互动，每个组员都有明显的个性特征，对客观现实有独特的想法和应对方式。工作者和组员都会把自己的期望、偏好和与他人交往的风格带入小组（Bauman，2010）。在交往活动中，这些个人的期望、偏好和风格都会有所变化，但这些特性仍然会持续性地对不断发展的小组互动产生影响，也会影响工作者激励小组时所运用的工作技巧。例如，在旨在解决受虐妇女问题的不同小组中，运用女性工作方法的小组会强调权力差异、女性身份形成和平等参与（Pyles，2013）。

129　正如戈德斯坦（Goldstein，1988）所言，"当人们加入小组以后，他们就在参与小组目标的制定。他们把自己看待问题的方式、自己的观点和自己对问题的解释带入小组，这些先入为主的观点想法不可避免地决定了小组工作是如何开展的"（p. 25）。里德（Reid，1997）也补充指出，在治疗小组中，"每个组员都把自己与他人交往的经验带进小组，有些经验是成功的，有些却不成功。在这样一个治疗联合小组里，组员回应治疗师的方式就像把对方看成自己家庭里的一个重要成员。同样，小组领导者也可能会以同样的方式回应组员，把自己尚未解决的情绪或问题投射到组员身上"（pp. 105-106）。在心理分析的传统领域中，组员将自己的情绪投射到小组领导者身上的行为被称作移情，而小组领导者把自己的情绪投射到组员身上的行为被称作反移情。

然而，想要成为一个高效的小组领导者，只学习小组领导的技巧却不关注这些技巧是如何在实务中应用的，则远远不够。想要成为一名具有自我反思能力的实务工作者，一定要仔细考虑自己与所有组员互动的意义。一位高效的领导者需要具备的核心能力之一是有能力和意愿去检查和审视个人的信仰、期望、偏好、个性及与人交往的风格和对现实的主观经验等对小组的影响。而且高效的小组领导者并不担心和组员、自己的督导或同事一起探讨自己在小组中的行为可能会造成的影响或后果（Okech，2008）。他们会仔细观察，认真思考组员对某互动的反应所表达的意义。

要帮助领导者更充分地了解自己的互动风格所产生的影响，第一步要做的是对自己作为领导者的优势和不足做一个自我评估。自我评估的一个方法是邀请参与学员完成图 4.4 所示的领导舒适度量表（Leadership Comfort Scale，LCS）。这个领导舒适度量表可以让参与学员对自己在担任小组领导者时常常经历的十种情境下的舒适程度进行评级。参与学员还被邀请对一系列的开放性问题进行回答：

- 请描述一下作为领导者，你认为自己的主要优势和不足是什么。
- 请问什么类型的组员会让你感到不安？
- 小组会议中出现的哪些情况或事件会让你觉得非常难以处理？
- 他人对你的领导技巧有什么样的评价反馈？
- 你采取了哪些行动来改善自己的领导技巧？还有什么计划你已经考虑过但还没有落实？

130

请表明当下列情况出现的时候你的感受，在合适的选项上画圈。		
1. 处理组员的沉默	舒服	不舒服
2. 处理组员的负面情绪	舒服	不舒服
3. 小组的组织结构薄弱	舒服	不舒服
4. 小组目的模糊	舒服	不舒服
5. 不得以向小组袒露自己的经历	舒服	不舒服
6. 面对组员高度的自我袒露	舒服	不舒服
7. 处理小组的冲突	舒服	不舒服
8. 自己的领导权威受到挑战质疑	舒服	不舒服
9. 被组员评估	舒服	不舒服
10. 允许组员承担对小组的责任	舒服	不舒服

图 4.4 领导舒适度量表

参与学员匿名提供的答案被制作成表格，然后被汇总展示在演示版或黑板上。接下来，邀请参与学员自愿向小组分享自己对开放性问题的答案，而这会自然而然地引发大家对领导小组时所遇到的困难和在处理这些困难时自己的优劣势进行激烈讨论。这样的讨论也非常有助于帮助参与学员发现，在应对领导小组的挑战时其实有各种各样的方法。

图 4.5 的结构观念量表（Beliefs About Structure Scale，BASS）是对自己进行进一步评估的另一个工具。在填写这个量表时，参与学员可能会说，自己的答案取决于小组目标和组员类型等。领导小组确实是一个互动的过程，但是个人会倾向于采用他们感到最舒适

的某种程度的互动结构。因此，参与学员会被邀请以一个最能反映他们自然倾向和偏好的方式来回答这个量表中的问题。

　　完成了结构观念量表后，参与学员会被邀请将自己在 A 栏和 B 栏上画圈的各项选择加起来，得出一个总分，然后他们会被分成两组：一组是 A 栏得分较高的，代表偏好更高程度的小组互动结构；另一组是 B 栏得分较高的，代表偏好较低程度的小组互动结构。接下来，每个小组的参与学员会讨论他们为什么偏好程度较高的或较低的互动结构。两个小组的组员还会展开辩论，说明他们所采取的领导小组方式的优点是什么。

在 A 栏和 B 栏中画圈标出你在领导小组时最常使用的方法。

A 栏	B 栏
有时间限制的小组	开放式小组
高程度的结构/规则	低程度的结构/规则
正式协约	非正式协约
领导者设立小组目标	组员决定小组目标
专注组员目标	专注小组过程
领导者为主的权威	共同分担领导权威
封闭式的组员身份	开放式的组员身份
同质的组员身份	异质的组员身份
运用小组活动	运用开放式讨论
关注组员的行为	关注沟通交流的意义
指导性的领导风格	非指导性的领导风格

通过以上选项总结一下对自己领导风格的理解。什么样的主题会促使你倾向于某种程度的小组结构？

图 4.5　结构观念量表

　　参与学员还要填写组员如何实现改变量表（How Members Achieve Change Scale），如图 4.6 所示。填完这个表后，参与学员接着开始讨论有助于组员做出改变的各种方法。例如，在心理分析小组，心理治疗所强调的顿悟的重要性和格式塔疗法中明确此时此地感受的重要性会形成对比。同样，在认知治疗中认知的重要性和行为治疗中行动的重要性会形成对比。参与学员还会被邀请举例说明他们运用了什么方法来帮助组员实现改变的目标。例如，喜欢采用行动策略方法帮助组员改变的参与学员可能会举例说明角色扮演或心理剧是非常有效的方法。

小组领导的风格部分反映了领导者对组员怎样改变自己生活的观念态度，以及领导者对小组应该怎样承担责任帮助组员改变的观念态度。请回答下列有关动力关系的问题。请尽量避免使用"视情况而定"的字眼，你的答案要尽可能最大限度地表现你的自然喜好或倾向。

1. 实现组员改变的最佳方式是顿悟还是行动？
2. 实现组员改变的最佳方式是关注他们的感觉（感受）还是他们的认知（想法）？
3. 在帮助组员实现改变的目标时，你关注的是这个组员的行为还是他的想法？
4. 在评估组员是否在改变的过程中有所进展时，你评估组员行为的依据是他自己设立的标准，还是你设立的标准，或者是社会设立的标准？
5. 你认为，关注小组的内容重要还是关注小组的过程重要？
6. 你认为，应该是小组领导者承担小组发挥功能的责任，还是组员？

画圈选择一个最大限度代表你的观点的说法。

7. 小组的目标是：
   a. 提升社会意识、社会责任感、知情的公民意识以及社会政治行动。
   b. 帮助行为表现异常的组员恢复正常和实现康复。
   c. 在组员间组织一个互助系统，以帮助他们实现最大限度的社会适应性和社会化。
8. 工作者的角色是：
   a. 角色示范和帮助组员成为负责任公民的推动者。
   b. 变革的推动者，和组员一起解决问题以实现他们的目标。
   c. 在组员的需求和小组以及更大社会的需求之间做调节员。
9. 你倾向在小组工作中使用什么方法？
   a. 讨论、参与、共识、小组任务。
   b. 结构化的练习，在组内外直接施加影响。
   c. 共享领导权威、支持，并建立一个积极的小组文化。

根据以上九个问题的答案，请总结你在帮助组员改变方面的偏好选择。

图 4.6 组员如何实现改变量表

参与学员还可以讨论自己喜欢以过程为导向的领导风格还是以结果为导向的领导风格，自己偏向选择以组员为主的领导风格还是以领导者为主的领导风格。这些讨论并不旨在推广某一种类型的领导风格，也不旨在帮助领导者发现他们到底喜欢什么样的领导风格。讨论的目的是鼓励参与学员更积极地自我反思，对自己的自然倾向和偏好进行认真思考，以便更深入地了解自己的自然偏好是如何影响自己和组员之间的互动的。 *132*

四、共同领导

共同领导小组为小组工作者带来了一个两难境地。共同领导模式真的利大于弊吗？尽管还缺乏研究证据说明两个领导者会比一个领导者更好（Luke & Hackney, 2007；Yalom, 2005），但是确实有大量的临床报告支持两个领导者（Luke & Hackney，2007；Okech，2008）。

共同领导可以发现更大范围的小组动力关系，尤其是当参与共同领导的两位领导者相对而坐时。因为如果组员坐在你左边或右边，你就很难看到他们在做什么，而如果两个领导者相对而坐，他们就很容易观察到两边组员的活动。而且，在研究小组互动行为的各个方面时，两位领导者各有所长。例如，根据其专长，共同领导者会轮流把工作重心放在小组互动的过程或放在小组互动所讨论的内容上。下面是一些被学者们引用最多、关于共同领导的优点的说明。

共同领导的优点

- 领导者可以互相支持。
- 领导者可以互相提供反馈，以利于专业发展。
- 通过备选的参照框架，领导者的客观性得到提高。
- 经验不足的领导者能够得到培训。
- 为组员提供恰当的交流沟通、互动和解决分歧的模式。
- 在治疗干预过程中，尤其在角色扮演、模仿和项目活动中，领导者会相互协助。
- 在设立小组规则或组织小组活动时，领导者可以互相帮助。

这里列出了共同领导的几个优点，对新手来说，共同领导小组的最大好处可能是他们有一个支持者和合作伙伴，这个支持者或合作伙伴能够理解成为一个有效的领导者是一个多么艰巨的任务。就如加林斯基和肖普乐（Galinsky & Schopler，1981）指出的那样："拥有一位包容的共同领导伙伴的支持，会大大减轻因处理困难而又复杂的小组互动所产生的压力"（p.54）。在小组会议过程中，共同领导者可以互相协助以推动小组工作。在小组活动间隙，他们还可以互相分享对小组的感受和他们在小组中扮演的角色等。除了在领导小组工作方面互相支持，他们还可以对彼此的优缺点进行反馈评价，从而增进彼此的专业成长和发展。

共同领导还有一个作用，它可以使工作者共享有关小组互动的其他备选的参考框架（Okech，2008）。这不仅有助于填补两位领导者对小组互动事件记忆的缺失，而且会帮助领导者从另一个视角去看待小组互动。在策划未来小组活动时，这个过程反过来也会帮助领导者做出一个更全面准确的评估和制订一个更充分恰当的活动计划。

共同领导对小组的益处就是有两个工作者一起解决小组问题。它为组员提供了两个行为模式来帮助组员参加小组的角色扮演、模仿和其他项目活动。只要有共同的目标，共同领导还会提高工作者设立和执行小组规则的能力。共同领导者还可以规划自己的角色以满足组员的需求。例如，一位领导者专注满足组员的社会情感需求，而另一位则专注于组员的任务性需求。共同领导最完美的形式就是，它以一种强有力且有效的方式策略性地被用于促进治疗目标的实现。例如，在讨论男性和女性共同领导某配偶暴力小组的优点时，诺斯科和华莱士（Nosko & Wallace，1997）指出，组员把男性工作者和女性工作者看作不一样但又平等的领导者，他们对小组的共同领导可以有效地组织他们的领导活动和互动，以促进组员解决在自己的性别社会化过程中遇到的问题。有效的共同领导者能利用他们之间的关系，为组员示范有效的人际互动模式，这样组员可以在组内外人际互动中效仿领导者的模式。

尽管共同领导有诸多优点，但它的缺点也是不容忽视的。

共同领导的缺点

- 比单人领导模式的花费要高。
- 需要协调策划小组活动。
- 如果两人配合不好，则会给小组带来不好的角色示范。
- 把新手和有经验的领导者组合在一起以达到培训新手的目的，这样可能会造成冲突和争议。
- 领导者之间的冲突会为小组结果带来负面影响。

因为共同领导需要两位领导者的工作时间，所以它的成本会很高。两位领导者在策划小组活动时必须协调合作。在小组活动间隙，如果两位工作者根本没有时间一起讨论他们的小组工作，那么他们的沟通交流就会是一个问题（Luke & Hackney，2007；Miles & Kivlighan，2010）。如果他们配合不好，他们可能就无法为组员提供一个治疗性角色示范（Davis & Lohr，1971）。因此，亚隆（Yalom，2005）建议，两个领导者应该有同样的地位和经验水平，他认为，这种学徒的形式，即把新手和有经验的领导者组合在一起以培训新手，会引起冲突和争议。

领导者之间的冲突会对小组的结果带来致命的影响（Miles & Kivlighan，2010；Yalom，2005）。组员可能会支持一个领导者而反对另一个领导者，或者他们会回避解决较为困难的问题。如果领导者之间出现冲突，比较好的办法就是在组内解决。这会让组员知道，领导者能坦然面对冲突并且会一起努力解决。这还会使领导者能够向小组示范恰当的解决冲突策略。但在某些情况下，也许没有在组内解决领导者之间冲突的好的方法。例如，冲突由来已久，并且没有希望找到解决办法。这时候，最好的办法是把冲突带到督导环节进行处理。决定是否要在组内解决冲突，则应该考虑冲突可能会对组员造成什么样的影响。由于组员一般都会意识到领导者之间存在冲突，所以一般来讲，比较好的方法是在组内解决，尤其是在组内解决的过程是友好的，而且不会对组员造成困扰的情况下。如果冲突在组外解决了，一些组员可能就没有意识到冲突已经解决了，他们就没有机会看到解决冲突的技巧到底是如何运用的。

由于没有经验证据证明共同领导的有效性，因此在决定是否在小组中使用两位领导者时，要仔细评估共同领导的优点和劣点。赖特（Wright，2002）指出，是否使用共同领导者，要根据小组的需求来决定，而不是因为某位工作者偏好于单独或共同领导小组的方式。在某些需要具有不同观点的工作模式的情况下，可能就会选择共同领导。例如在某夫妻小组中，同时有男性和女性的领导者就会非常有效。但是，在另外一些情况下，共同领导产生了高成本或两个即将合作的领导者之间不合拍，共同领导的优势就不存在了。

当决定共同领导一个小组以后，接下来的关键是两位领导者要定期见面开会，策划小组活动和讨论随着小组发展而出现的小组过程中的问题（Okech，2008）。为了避免因为繁忙无暇见面，在每次小组会议结束后他们可以专门安排一个时间见面。在见面开会时，他们应该回顾总结他们之间合作的成功之处是什么，他们遇到了什么困难，在下次会议中他们计划怎样合作，以及组员和整个小组的进展如何等。特别是，他们还应该讨论他们是如何与组员互动的，以及他们怎么看待组员所遭遇的困难或阻力。他们还会回顾总结小组各个发展阶段及整个过程，以期形成更有凝聚力和富有成效的互动。他们还应该讨论他们之间的关系，例如他们对小组责任的分工和他们对小组同等投入的感受等。这种反思性的共同领导实务对工作者获得成功和富有成效的经验非常关键（Okech，2008）。

奥基和克莱因（Okech & Klein，2006）指出，对领导者伙伴专业能力的考虑在很大程度上影响了共同领导者的关系和他们在小组中的工作表现。因此，两位领导者要讨论他们在小组中各自承担的角色，这一点非常关键。他们要非常清醒地认识到，任何分裂合作的行为都会导致他们在达成小组目标上分道扬镳，或造成他们在小组工作上各自为政。他们应该在小组会议结束后尽快见面以总结回顾自己的工作，因为只有这样他们才能对刚刚开展的小组活动有清晰的记忆，而且在总结回顾之后他们会有更多时间为下次小组会议做准备。

经验证明，如果两位领导者有不同意见，那么共同领导的结果就会比单独领导更差。因此，小组工作者在选择自己的领导者伙伴时要非常谨慎。如果两位工作者没有仔细考虑他们是否能够有效合作就同意一起共同领导某小组，那么一定会出现问题。即将一起合作的领导者应该在同意共同领导某小组前，通过带领一次小组会议或彼此见面讨论，看看对方的领导风格是什么样的。图 4.7 提出了在决定是否共同领导小组前需要讨论的几个话题。

1. 请说明或描述你们的领导风格。具体说明一下你们的风格是培育性的还是对质性的，你们倾向于做一名高调的还是低调的领导者；与严格执行计划好的工作议程相比，你们接受随机自发性工作议程的可能性有多大？
2. 描述作为一名领导者你们自己的优劣势。在领导小组时，什么事件或情况会让你们感到不安？
3. 谈谈你们对组员如何改变和成长的观点想法，以及你们将怎样干预小组工作。例如，谈谈你们最喜欢的干预方法，你们通常喜欢迅速干预，还是缓慢干预，直到组员开始参与互助。
4. 谈谈你们期望小组获得什么样的成果。
5. 讨论一下你们在小组中分别承担的角色。请重点谈谈：（1）你们会坐在哪里？（2）如何开始和结束会议？（3）对小组会议的内容你们是怎么分工的？（4）对健谈的组员和沉默的组员，你们准备如何应对？（5）对充当小组替罪羊的组员和小组守门人的组员呢？（6）对组员迟到和缺勤，你们准备如何处理？
6. 谈谈你们准备何时、何地和怎样处理你们之间的冲突，或你们其中一人和组员间的冲突。
7. 谈谈你们将如何处理组员激烈的情绪表达，例如哭泣和愤怒。
8. 你们如果共同领导小组，是否会存在不可调和的矛盾？

图 4.7　在成为共同领导的合作伙伴之前要讨论的几个话题

五、小结

本章讨论的重点是如何有效地领导任务小组和治疗小组。尽管领导小组有时候被看作仅由工作者负责的工作，但是领导的责任其实应该由工作者和组员共同承担。因此，针对工作者作为小组被指定的领导者角色和随着小组发展出现的组员承担的领导者角色，本书做了区分。

领导小组是促进小组发展和指导组员，以实现与社会工作实务价值观相符的目标的一个过程。工作者指导组员的能力取决于组员、资助机构和社会赋予工作者的权力，还取决于工作者是否能够运用本章讨论的某种领导互动模式。这个模式的运用会产生变革的可能性，赋权组员，使他们能够运用自己的能力、坚韧不拔的努力和优势来实现小组和他们个人的目标。

领导小组受多种因素的共同作用。因此，没有哪一个正确的方法可以被运用到所有类型的小组中。相反，领导方法会根据工作者所领导小组特征的变化而变化。本章回顾总结了小组领导的社会目标模式、治疗模式和互惠模式，并且分析研究了影响小组领导的几个变量。为了帮助工作者分析情境性变量，本书讨论了小组领导的互动模式包括：（1）小组目标；（2）小组要处理的问题类型；（3）小组工作所处的环境；（4）小组整体；（5）小组组员；（6）小组领导者。

工作者要熟练掌握在各种类型小组中和各种情境下的各种领导技巧，这一点非常关键。这些技巧包括：（1）推动小组过程的技巧；（2）信息收集和评估的技巧；（3）行动技巧。合在一起，它们就构成了有效领导任务小组和治疗小组的核心技巧。

工作者对自己的领导风格应有清醒认知，这一点也很重要。我们提供大量的练习帮助工作者明确自己偏好什么样的领导风格，也有助于他们了解自己的偏好会怎样影响他们在小组中的实务工作。

本章结尾处，我们分析总结了共同领导模式，并讨论了它的优点、缺点以及常见的错误。

136

第五章

领导和多元性

学习目标

- 探讨推动社会正义和具有文化敏感性的小组工作实务方法
- 解读在小组中发展文化敏感性的准则
- 描述文化对小组行为的影响的评估方法
- 讨论小组领导者如何提供具有多元文化敏感性的干预服务

本章概要

多元文化小组工作的方法

领导多元性小组的工作框架

小结

    小组领导者通常面对的是来自不同背景的组员。小组中的多元性表现形式各种各样，例如包括文化、身体健康状况、民族、性别、国籍、种族、宗教、性取向和社会阶层。如果组员们之间或组员与领导者之间存在差别，那么领导小组的工作就会面临很大的挑战。有经验证据指出，在多元性和多元文化方面的培训和能力有助于小组工作者更高效地开展工作，但仅有这些是不够的（Barlow，2013）。

    在与多元背景的组员一起工作时，工作者应该尽力去了解每一位组员，要尽可能全面地理解各种不利因素叠加对组员的影响，这些因素可能包括儿童期的不幸遭遇、资源缺乏、被社会边缘化、压迫、社会污名化、创伤、加害等（Hays，2007）。但同时，要识别组员的成就、能力、反抗、资源和优势，这也很重要。特别在小组初期，组员之间还没有建立起信任关系，对组员的能力和优势的评估即将开始之时，做到这一点非常关键。

早在 25 年前，戴维斯和普罗克托就提出过一种针对小组中出现的种族、性别和社会阶层问题以经验为本的学习方法（Davis & Proctor，1989）。自那以后，关于种族、性别和社会阶层问题的研究不断增长，但是为多元性群体服务的循证小组工作实务仍然非常少见。例如，妇女小组工作的研究大幅增加（Holmes，2002；Kurtz，2014；Pure，2012；Western，2013），但是针对这类小组有效性的循证研究仍然非常有限。同样，关于女同性恋者、男同性恋者、双性恋者、跨性别者和酷儿（LGBTQI）的小组工作研究文献（Debiak，2007；Dickey & Loewy，2010；Horne，Levitt，Reeves，& Wheeler，2014；Pure，2012；Ritter，2010）都存在，但是对这些类型小组有效性的实证研究却还不足。类似的还有其他弱势群体的小组工作实证研究，比如移民群体（Akinsulure-Smith，2009；McWhirter & Robbins，2014；Weine et al.，2008）。本章提出了一个领导多元性小组的工作框架，供实务工作者和研究者使用，以期能填补这些实务和研究领域的不足。

138

一、多元文化小组工作的方法

在所有小组里都存在一定的多样性，因此，小组工作者要发展运用一种工作视角来处理自己和不同背景的组员之间的工作关系，这一点非常关键。这些工作视角包括：（1）社会正义（Finn & Jacobson，2008；Hays，Arredondo，Gladding，& Toporek，2010；Ratts，Anthony，& Santos，2010；Ratts & Pedersen，2014；Smith & Shin，2008）；（2）种族/文化认同（D'Andrea，2014）；（3）反压迫（Brown & Mistry，1994）；（4）民族敏感性（Devore & Schlesinger，1999）；（5）过程中的阶段（Lum，2003，2011）；（6）跨文化和多民族（Green，1999；Pinderhughes，1995；Sue & Sue，2013）；（7）文化/多元文化的能力（Diller，2015）。

多元文化视角的工作方法的必备要素
- 个人对差异性的接受度和适应度。
- 对有关组员背景的新信息持开放的接受态度，并且愿意在接受这些信息后对自己的行为和观念进行调整和修改。
- 通过组员的文化和社会视角来看待组员，而不是通过工作者自己的视角来看待他们。
- 积极寻找讯息，并了解组员在小组中表现出的行为背后反映的信念和价值观。
- 当工作者对组员的背景不熟悉的时候，工作方法要有灵活性和适应性。

● 整理并综合小组工作的社区的各种信息，以了解如何将这些信息具体对应到组员身上。

社会正义和赋权

拉茨、安东尼和桑托斯（Ratts，Anthony，& Santos，2010）以及巴罗（Barlow，2013）认为，社会正义的工作视角应该在小组社会实务中被大力提倡，因为有很多组员都处于压迫性的环境中。社会正义的目标是保证所有组员都有平等的机会成为一名社会的贡献者。小组工作就是帮助组员更加有效地应对压迫性的环境，同时也尽可能地改变这些压迫性的环境。海斯等（Hays et al.，2010）描述了社会正义实务的工作技巧。他们建议，要明确组员们普遍面对的某个问题，然后他们所有人将在小组工作中一起应对，并在组外环境中共同进行倡导呼吁。例如，关注公正和平等地分配资源，倡导呼吁以实现全社会的最大利益（Crethar，Torres，& Nash，2008）。还有提高那些因社会不公而受到创伤的人们的意识，赋权他们的能力。为那些受虐妇女或遭受童年不幸以及青少年和成年期创伤的人们举办康复小组就是使用这个工作方法的工作案例（Kurtz，2014）。拉茨、安东尼和桑托斯（Ratts，Anthony，& Santos，2010）合作开发了一个社会正义小组工作模式，其包括五个层面：（1）无经验；（2）多文化的融合；（3）自由式的批判意识；（4）赋权；（5）社会正义倡导。每一层面代表了社会正义在小组中落实的程度，从无经验到社会正义倡导。无经验这个层面指的是，工作者在考虑评估组员的问题时常常会忽略环境和文化的变量因素。在多文化的融合这个层面，工作者会鼓励组员之间相互考虑彼此的文化背景和世界观。自由式的批判意识层面更进一步帮助组员如何从历史、政治和社会的根源去理解他们的经历，使他们理解自己的经历是被建构的，因此他们的问题并不是个人造成的，而是环境造成的。在这个层面上，组员能够把问题外化并重新理解它们，例如霸凌、乱伦、强奸、家庭和社区暴力都是环境造成的。在赋权层面，帮助组员发声，发现并发展他们自己的优势，发展自我倡导技巧。在这个模式的最终层面，工作者和组员要超越他们在小组内的角色和责任，去倡导社会正义。

伯恩斯和罗斯（Burns & Ross，2010）提出了几项策略，使赋权的社会正义信念可以落到实处。

赋权的社会正义信念

● 尽可能避免只邀请那些能代表边缘化社区的成员参与小组，要有计划性地邀请不同背景的组员参与。

● 要把社会建构性的偏见与实际的心理问题区分开来。

● 对小组活动中显现出来的关于压迫的社会问题，要进行处理和干预，从而推动组员社会正义意识的提升。

- 运用组织化的项目活动来凸显特权和压迫问题。

为有效开展小组工作实务，了解种族、民族和文化之间的动力关系非常关键。但是组员们还在其他很多方面有差异，包括性别、社会阶层、地域位置、教育和身体状况水平、语言、性取向、适应和同化的水平、年龄等其他多种因素。因此，除了要学习使用在某些特殊小组中的实务原则，如原住民小组（McWhirter & Robbins, 2014; Ratts & Pedersen, 2014; Weaver, 1999）、非裔美国人小组（Aponte, Rivers, & Wohl, 2000; McRoy, 2003; Ratts & Pedersen, 2014; Steen, Shi, & Robbins, 2014）、拉丁裔小组（Rivera, Fernandez, & Hendricks, 2014）、残疾人小组（Brown, 1995; Ellis, Simpson, Rose, & Plotner, 2014）和其他更有可能遭遇压迫和特权问题的人群小组等（Delucia-Waack, Kalodner, & Riva, 2014; Lum, 2004, 2005; Ratts & Pedersen, 2014; Sue & Sue, 2013），小组领导者会更加受益于一个多元性小组工作的概念性框架。

二、领导多元性小组的工作框架

下面这个框架可以用于领导多元性的治疗小组和任务小组：

- 发展文化敏感性。
- 评估文化对小组行为的影响。
- 开展具有多元敏感性的干预。

（一）发展文化敏感性

140

"身份"和"文化"这两个术语经常被用来指代人们在各方面的差异。为了发展一个工作视角以便更有效地服务来自不同文化背景的组员，小组领导者应该经历一个自我探索的过程，以获得文化能力（Diller, 2015; Sue & Sue, 2013）。具备文化能力的工作者可以意识到自己的文化局限性，对文化的差异性持开放接纳的态度，并认同其他文化的融合性。发展文化敏感性的过程涉及以下几个步骤。

- 探索自己的文化身份。
- 学习了解组员是如何在文化上定义和确认自己身份的。
- 通过强调各种文化的优势，引导组员对文化差异进行讨论。
- 为组员提供机会讲述他们如何体会自己的文化背景和身份。
- 熟悉并掌握自己常常服务的群体的文化背景。
- 掌握特殊的文化社区的相关知识。

- 深入了解某一特殊文化。
- 认同多元性的价值，向组员示范对他人的价值观、生活方式、信念和行为采取的接纳和不判断的态度。
- 认同社会态度对多元性小组成员的影响。
- 以真诚的态度研究探索，在服务多元性背景的群体时自己是否持有偏见、误解和刻板印象。

工作者可以通过对自己身份的个人感受的探索，进一步提高自己的文化敏感性。有时候领导者没有考虑自己怎样体会自己的身份，也没有考虑自己的身份是怎样影响他们与有不同文化背景的组员的互动的。领导者和组员可能对身份问题和这些问题如何影响价值观、信念和工作技巧还认识不足。原因可能是大家还不适应去讨论身份这个话题，或者因为领导者担心讨论身份问题会减弱小组的凝聚力。但是，对小组内存在的差异性视而不见，就是不承认每个组员的背景和自我认同。例如，戴维斯、加林斯基和肖普乐（Davis, Galinsky, & Schopler, 1995）提出，"只要不同种族的人聚在一起组成了小组，领导者就可以断定种族会是一个问题，但不一定会是一个难以解决的问题"（p.155）。这也可以扩大到种族的差异，以及身体残疾、性别趋向和其他形式的差异。各种形式的差异都应该得到认可，工作者也应该肯定在小组互动中出现的各种不同视角和观点。

了解了组员是如何界定自己身份的，将会帮助小组工作者更有效地开展工作。由于表现种族、文化、民族和其他身份的变量因素是由组员们主导的，而不是由领导者来表现的，所以领导者应该为组员提供机会去讨论自己的身份。例如，领导者可以问："我们的文化背景是怎样影响我们在日常生活中的自信的？""我们怎样利用我们不同的民族背景来集思广益，为我们现在讨论的问题找出一个新的解决方案？"同时，工作者还要认识到组员成长环境的重要性，以及这种环境怎样影响他们的身份。做到这一点非常重要，例如，他们是来自一个特权环境还是一个充满压迫和社会不公的环境？

在发展文化敏感性时，适应和同化是另外两个要考虑的重要因素。同化理论认为，对所有生活在美国的人，他们的少数民族身份只是暂时性的，无论是何种种族或民族，最终都将会慢慢地接受主流文化的文化价值观。所有人最终都会同化的这一假设深深地被美国社会认同，但是仍然有些少数族群的传统、与他们的文化捆绑的社会规范被代代相传。因此，文化多元理论可能为培养工作者的文化能力提供了一个更好的理论框架（Pillari, 2002）。文化多元理论的主要假设是，不同民族和种族的群体在与更大的外界社会互动时，能够保持自己的文化独特性和完整性（Parrillo, 2014）。文化多元框架鼓励工作者和组员积极地把态度、规范、结构和价值观的差异看作定义某人身份的独特要素。这个框架还可以帮助工作者了解移民在文化适应方面遇到的困难，帮助工作者更好地服务这个群体（Akinsulure-Smith, 2009；McWhirter & Robbins, 2014；Weine et al., 2008）。

在引导组员讨论差异性的时候帮助他们发现自己文化背景的优势，也通常有利于工作者开展有效的小组工作。因此，多元性应该被视为小组的一笔财富。福赛斯（Forsyth，2014）在对同质性和异质性小组工作成果的研究分别进行了文献回顾和分析后指出，"多元性小组在处理变化的工作环境时表现出更好的效果，因为小组具有更广泛的人才和素质，这大大地提高了小组的灵活性"（p. 364）。麦克劳德、洛贝尔和考克斯（McLeod, Lobel, & Cox, 1996）还发现，包含亚裔、非裔和拉丁裔美国人以及白人的小组的表现往往会优于那些只有白人组员的小组。同样，沃森、约翰逊和梅里特（Watson, Johnson, & Merritt, 1998）的研究也发现，多元性小组比单一性小组的效果更佳。福赛斯（Forsyth，2014）指出，社区机构组织应该采取行动，想办法把多元性可能造成的负面影响降到最低，并把多元性的积极作用发挥到最高水平。多元性小组一般需要时间接受由性别、肤色和其他因素造成差异的表面性的第一印象。领导者要向组员强调，不同的观点想法是小组的一种财富，以此帮助组员理解和适应价值观和原则等方面的差异性。整个机构组织也需要一个文化转变，鼓励集体主义价值观，这样才能将由表面特征的差异造成的区别和干扰降到最低。领导者要帮助组员参与、聆听、尊重彼此，用合作性的工作联盟关系代替竞争性的或负面的互动关系。

组员可能会有各种不同的自我身份认同问题，这些问题会影响他们在小组活动中的表现（Forsyth，2014）。例如，有些组员可能可以清楚地确认自己某一民族或种族的文化背景来源，而另外一些组员会明确自己有多个种族或民族文化背景，还有一些组员可能无法确认自己的文化背景来源。如果工作者为组员提供机会，让他们讲述自己如何体验自己的文化背景来源，他们是否遭遇过身份冲突的问题等，将有助于组员建立自我身份认同。

自我身份认同对 LGBTQI 小组的组员们来说尤其重要。小组为组员们提供了一个重要的支持网络，帮助组员提升对诸如社会孤立、边缘化、压迫、偏见、刻板印象和公开性取向等问题的认识，并协助他们解决这些问题（Mallon，2008）。目前，针对 LGBTQI 人群开展的小组工作，有大量的研究文献供工作者参考（例如，Debiak，2007；Dickey & Loewy，2010；Lev，2009；Mallon，2008；Nystrom，2005；Pure，2012；Ritter，2010；Rothman，2008；Walters, Longres, Han, & Icard, 2003）。

尽管工作者不可能完全了解掌握所有组员不同文化和背景的详细资料，但是，如果工作者能熟知那些经常和自己打交道的组员的文化和种族背景，也是有利于自己开展工作的。但是，我们要避免给某种族和文化小组的特征拉清单，因为被认为来自单一性小组的组员，通常都有各自独特的、混合性的身份，而且他们的文化适应性程度也各有差异。例如，在拉丁裔美国人群体中，墨西哥裔美国人和波多黎各裔美国人的生活经验就有非常大差别（Moreno & Guido，2005）。类似的还有祖先来自非洲地区的非裔美国人和祖先来自加勒比海和南非地区的非裔美国人之间也有文化上的差别。组员们即使具有相似的文化背景，对某些文化规范的认同态度也可能会有天壤之别。例如，很多拉丁裔的组员都认同家族的重要性，但是在某些概念上却有不同的想法，比如宿命论或大家庭的等级感。但不管怎么样，工作者了解熟悉自己服务的小组成员广泛的文化传承底蕴，都会帮助他们提供有效服务。

有多种途径获取这种知识，例如，领导者可以通过文献回顾和其他信息检索形成关于不同文化的个人知识储备。如果服务某一文化社区的成员，工作者可以访问文化社区中心，访谈社区领导者和关键的社区人物，参与式观察社区活动，借助这样的方法获取知识效果会更好。这样的知识不仅有助于工作者开展工作，还有助于工作者观察组员是如何形成自我身份认同的，这样组员可以被个性化地区别开来，避免工作者对他们产生刻板印象。同样重要的是，工作者还应该评估组员所处的社会阶层和社会等级，特别是还要评估一下组员遭遇社会排斥、边缘化和压迫的程度（Rothman，2008）。这些都是一些敏感话题，组员可能不想谈起，特别是在小组初期组员间的信任还没有建立起来的时候。因此，工作者要花时间去分别认识了解每一位组员，不要有先入为主的观念，要利用一切机会建立小组间的信任关系。任何附有价值观倾向的互动都可能会降低和阻碍组员间的信任度和理解，因此鼓励组员对这样的互动行为进行开放式的讨论和对话也是很重要的工作。工作者也可以将这样的互动作为培训组员的机会，循序渐进地探究组员如何看待自己的身份认同，并邀请他们对自己在社会中的遭遇发表看法。工作者可以做角色示范，引导组员开展开放性对话，并对组员的身份和认知概念中的核心问题进行探讨。下面这个案例展示了工作者如何通过开放式对话和探讨自我身份认同的方法来演示文化敏感性。

案例　文化敏感性

在为准备重返职场的妇女开展的某个支持性小组中，小组工作者很担心其中某个组员是否能参加小组活动。这个组员总是迟到，而且看上去总是很疲劳。工作者怀疑她可能为家务所累，但是工作者也不排除还有其他因素影响这个组员正常参与小组活动。在一次小组会议上，工作者邀请组员们讨论一下他们的文化背景是如何影响他们重返职场的。这个组员提到，家庭责任占据了她相当多的时间，大大限制了她找工作的能力，她不确定如果自己找到一份全职工作的话，她的家庭成员会有怎样的反应。她解释说作为一个拉丁美洲人，文化传统教育对她有特殊的角色期望。例如，要求她总是把家庭放在第一位，期望她能承担家里和家外的责任。这个组员向小组袒露了她的自我身份认同问题。紧接着，工作者就此鼓励大家进一步讨论他们自己的文化身份和这些文化身份如何影响他们找工作的行动。这个讨论给组员提供了新的视角，去看待自己文化身份是怎样影响自己的就业准备的。

143

领导者还可以通过"社会关系图"增进对某文化社区的了解。在这个过程中，社区成员间存在的正式和非正式的关系都得到了系统化的观察和分析。例如，在某个课后小组中有几个拉丁裔组员，带领这个小组的工作者为了更好地了解社区年轻人的需求，拜访了当地为西班牙裔服务的教区牧师，并访谈了教区的几个成员。此外，工作者还参加了多项由教会资助的社交活动，并和家长们及其他社区成员见面交流，这些都为工作者理解拉丁裔年轻人的需求提供了新的思路。

德沃尔和施莱辛格（Devore & Schlesinger，1999）的社区概况手册为绘制一个社区的社会关系图提供了有用的工具。而卢姆（Lum，2004）的"文化图表"可以通过绘制组员的个人经历、他们对社区资源的获取和他们的支持网络，个性化地展示每位组员的社会关系。罗斯曼（Rothman，2008）认为，如果使用优势和需求的视角，而不是以问题和不足的视角来评估这些社会关系，那么这个过程将会更富有成效和积极意义。

尤其重要的是，工作者要通过语言和非语言的方式向组员表明，他们接受组员在小组发展过程中表现出的价值观、生活方式、信仰和行为，并不会对此评头论足。认识并承认价值观的差异和多元性，是在小组发展过程中建立信任和形成凝聚力的关键要素（Diller，2015）。工作者利用小组发展过程中的一切机会鼓励组员分享他们的自我身份认同体验，以此表达他们希望帮助组员和了解认识每一位组员的愿望。

同样重要的是，要认识到随着小组的发展和社会态度的变化，组员在分享自己被边缘化和被压迫的经历时会变得更加开放。领导者应该随时都有清醒的认识，要承认少数群体的小组成员还在遭受偏见、刻板印象和公开的制度性歧视。在工作者努力发展更高层面的文化敏感性时，要认真考虑社会中存在的种族和民族的主题现实、阶级对某些群体的权利和资源的剥削历史等。下面这个案例就展示了工作者怎样引导小组讨论歧视问题，并帮助小组发展一个积极的多元性视角。

案例　歧视和多元性

在某个为发育性残疾儿童的家长开设的教育小组中，工作者邀请组员们讨论社会对残疾儿童的态度是怎样影响他们和他们孩子的。组员们都积极举例说明自己所经历的偏见和受歧视的事件。工作者利用这些讨论接着鼓励组员分享因种族、民族、文化和性取向等引起的其他形式的歧视经历。这些讨论帮助组员了解到，在小组中这些受歧视的经历是普遍存在的，而且他们理解了隐藏在偏见和歧视后的动力关系。工作者还帮助组员们发现自己文化背景的优势，以及负面经历如何帮助他们变得更强大和更有效地应对困难。小组讨论还有助于赋权组员，帮助他们学会如何面对刻板印象，挑战在小组之外的环境中遭遇的歧视。

144

威廉斯（Williams，1994）认为，小组领导者自己也可能会经历民族文化发展的过程，在这个过程中他们也会经历文化抵触和"色盲"，直到他们认识到文化影响的重要性和建立文化敏感性。参加文化敏感性主题的工作坊、自我反思检查、研究自己的文化传统、参加社区的文化活动、加入文化组织等这些都会在工作者服务多元性小组时帮助他们提高文化自我意识并更好地了解自己的优劣势。

麦格拉斯和安格斯森（McGrath & Axelson，1999）以及奥甘-加西亚（Hogan-Garcia，2013）也开发了很多练习，以帮助领导者在服务多元文化小组时提高他们的文化意识、知识和敏感性。

（二）评估文化对小组行为的影响

评估文化对小组行为的影响，要求工作者在整个小组的周期过程中都保持警醒。工作者要考虑不同文化背景组员的多元性，以及同一文化背景组员的多元性。罗斯曼（Rothman，2008，p.45）建议使用"文化图表"，以及考虑除了传统生物社会心理测量外的另外四个因素：（1）移民史；（2）适应；（3）学校调整；（4）就业。在评估文化对小组行为的影响时，需要考虑如下几个问题。

> **实务中的多元性和差异性**
>
> 行为：把关于多元性和差异性影响生活经历的重要性的理解应用到微观、中观和宏观层面的实务工作中，并就这一重要性和组员进行沟通交流。
>
> 批判性思考问题：我们建议小组工作者要考虑文化对组员行为的影响。工作者如何在小组策划阶段中使用这样的信息？

评估文化对小组行为的影响时要考虑的因素

- 组员和领导者文化背景的匹配。
- 组员的文化背景对其参与小组的影响。
- 组员对小组的资助机构的看法。
- 外展服务和招募组员时的文化敏感性。
- 不同背景的组员间关系的形成。
- 组员所处的大环境对他们小组行为的影响。
- 组员在组内的行为、价值观和语言的首选模式。
- 组员受压迫的经历，以及他们对自己、自己群体的身份认同和更大社会的感受。
- 组员的文化适应和他们通过工作和学校融入社会的方法。

145 在小组策划阶段的早期，要考虑组员和领导者文化背景相匹配的各种益处。有研究证据表明，少数民族的案主倾向于选择有类似民族文化背景的工作者作为自己小组的领导者（Atkinson & Lowe，1995；D'Andrea，2004）。但组员和领导者文化背景的匹配是否真正能够取得更有效的治疗效果，对于这个论题，既有支持性研究证据，也有否定性研究结果（Hays，2007；Yuki & Brewer，2014）。而且，在实际工作中，很难达到组员和工作者文化背景的匹配（Forsyth，2014；Yuki & Brewer，2014）。

即使达到了这种背景的匹配，组员之间和组员与领导者之间的文化背景还是很有可能存在某些差异性。因此，在策划组建某一小组时，领导者要考虑组员的文化背景会怎样影响他们参与小组，这一点非常重要。例如，对即将参加小组的组员们的不同文化背景、文化适应性和同化水平会怎样影响他们理解和看待小组目标，评估这些准组员对小组目标的理解和想法会帮助领导者更有效地开展工作。不同文化背景的组员带着不同的期望和经历进入小组，这些都会影响他们怎么看待和理解小组目标和小组工作方法。组员如果不能清楚地理解小组目标，就会导致他们在小组初期阶段产生困惑和焦虑。评估的要素还包括为实现教育目标而提供的书面资料的水平或什么时候参与小组活动。这些评估不仅针对那些英语是第二或第三语言的组员，还针对那些因贫困或其他原因辍学的来自低社会经济阶层的组员。

此外，领导者还要考虑，组员的背景可能会如何影响小组与小组资助机构的互动。例如，工作者要考虑具有不同背景的组员怎样看待资助机构，以及资助机构对即将参加小组的组员在心理上和地理位置方面的可及性。正如戴维斯、加林斯基和肖普乐（Davis, Galinsky, & Schopler, 1995）指出的那样，组员可能难以超越他们所在社区在民族和社会经济方面设立的边界。如果资助机构被认为来自一个不接受不同文化的社区，那么领导者可能就要选择在更具开放性的社区开展小组活动。社区中的关键成员，例如牧师、政治领袖和社区长者，在帮助工作者获得社区支持和招募组员方面发挥了重要作用。

> **评估**
>
> **行为**：在分析评估从案主和社区获得的数据时，应用人类行为和社会环境、人在情境中的相关知识，以及其他多学科的理论框架。
>
> **批判性思考问题**：组员受他们所居住的环境的影响。小组工作者如何能全面地了解掌握这些环境呢？

在构建一个多元性小组的时候，工作者要考虑到，来自不同文化群体的组员可能会有怎样的关系。如果某种文化背景的组员在这样的关系中占据很明显的优势，那么可能会导致次小组、孤立或这样文化背景的组员在小组中占主导地位等问题（Burnes & Ross, 2010）。例如，普雷（Pure, 2012）就指出，如果小组任务是解决个人身份认同、社会压迫、赋权和个人与政策改变等问题，那么同性别的小组会具有优势。

在对小组组员进行全面评估时，要考虑组员生活的大环境和这样的环境是怎样影响他们在小组内的行为的（Ramos, Jones, & Toseland, 2005；Ratts, Anthony, & Santos, 2010；Rothman, 2008）。种族、性别和其他形式的社会压迫的直接经历都会对组员的行为造成深远影响。但是，社会影响理论却认为，少数民族群体在小组里的聚集会提升并赋权他们面对主导文化的能力（Forsyth, 2014）。下面这个案例就展示了在一个为柬埔寨难民开设的安置小组中组员的经历是如何影响开放性沟通和自我袒露的小组讨论的。

146

案例　沟通和自我袒露

在一个柬埔寨难民安置小组中，工作者尽全力为小组示范进行开放性沟通和自我袒露的技巧，但是他发现，一旦讨论到这些组员的祖国环境状况时，组员们就变得沉默不语。在讨论这样的话题时，几个组员表现出很为难，不愿意谈论自己的经历，也好像不信任其他组员。在工作者鼓励组员发言，并向组员真诚地表示自己对他们的经历有兴趣后，几个沉默的组员才慢慢地在工作者的帮助下讲述了自己在祖国所遭遇的各种极端环境条件，包括严刑拷打、内乱、政府指使的暴力。还有一位组员勇敢地揭露了她亲眼看到自己父母被另一民族和宗教组织成员杀害。这位组员向小组坦诚讲述自己经历的勇气激发了其他沉默的组员对小组的信任，也使得他们慢慢地开始和小组分享他们的经历。工作者也从而得知，组员在组外被压迫的经历可以怎样深远地影响小组内的沟通和互动。

如果出现组员对小组感到不满或组员间出现冲突等问题，领导者就要警惕地认识到，这些问题的出现可能不是小组过程中个体组员的个性特征或缺点造成的，而是文化差异造成的。例如，有两个非裔美国人组员在激烈地讨论自己受压迫的经历时，小组中某些成员就会感到很不舒服。而其他组员也谈到他们对这两个组员表现出来的愤怒情绪的反应。工作者就引导组员们讨论，如果每天要面对种族和偏见，这样的生活是一个什么样的状态，以及为什么这两位组员会有这样的愤怒情绪。她理解白人组员不知道应该怎样回应小组中他人表现出的愤怒情绪。工作者还帮助组员看到，小组中的问题在某种层面上折射出了社区中难以解决的难题。在工作者干预之后，组员间的互动使得所有组员变得愿意设身处地地考虑他人的问题，并可以理解他人的问题背景，从而提高了小组的凝聚力。

在工作者了解学习文化背景如何影响组员组内行为的过程中，有几个干扰因素。领导者也许无法认识到文化的差异性或可能低估它们的重要性。

正视差异性不是一个容易的过程，领导者可能会认为，承认组员间的差异性并将之表现出来会造成小组内的冲突。领导者还有可能认识不到，即使具有相同背景的组员间也存在差异性。他们也许会想当然地认为，这个文化背景下的所有组员都有共同的行为特点，因此他们使用某一常见的文化传统来过度概括或用刻板印象去理解组员的行为。然而，即使组员有共同的文化背景，但是组员在文化适应程度、经济地位及其他因素等方面的主要差异也会影响组

> **实务中的多元性和差异性**
>
> 行为：把关于多元性和差异性对生活经历的影响力的重要性的理解应用到微观、中观和宏观层面实务工作中，并就这一重要性和组员进行沟通交流。
>
> 批判性思考问题：小组工作的对象是来自各种各样文化背景的组员。文化因素是如何影响小组的动力关系的？

员的小组行为和体验（Lum，2011；Ratts & Pedersen，2014；Sue & Sue，2013）。组员的

文化背景是如何影响小组动力关系的，请见下面讲解。

文化对小组动力关系的影响

147

沟通和互动

- 来自多元文化背景的组员的语言、符号和非语言沟通模式。
- 语言的敏感性和在多元文化背景下恰当使用文字的知识能力。
- 多元文化背景的小组之间沟通的风格元素。
- 非语言沟通和不同的文化背景小组在空间和距离使用上的差异性。
- 多元文化背景的小组独特的互动模式。

凝聚力

- 在多元文化背景小组中存在的次小组模式。
- 多元文化背景的组员的期望和动机。
- 影响小组共同目标的文化特征。
- 适合各种文化背景的小组的开放性和组员亲密程度。

社会融合

- 深受文化影响的规范性行为。
- 文化对小组的任务和社会情感角色发展的影响。
- 组员的受歧视和被压迫的经历影响他们在组内体验规范、角色、地位和权利。

小组文化

- 来自多元文化背景的组员共同认可的关于主导文化的思想、信念和价值观。
- 受自己文化认同的那部分文化规范影响的组员，他们所表达出来的小组感受的水平。
- 来自不同文化的组员在物质财富价值和精神实践方面的世界观。

领导者应该评估组员的文化背景会怎样影响他们参与体会小组沟通和互动模式、小组凝聚力、社会融合以及整体小组文化。为了评估沟通和互动模式，工作者要了解不同文化背景的组员所使用的语言、符号和非语言沟通模式，做到这一点很重要（Lum，2011；Ramos，Jones，& Toseland，2005）。例如，在第一次带领某个华裔美国人小组时，工作者发现某些组员会对自己从社会工作教育中学到的某些关注行为的技巧感到不自在。通过仔细向来自那个社区的成员进行咨询和探讨后，她了解到直接的眼神对视、前倾的身体姿势和开放式的身体坐姿都可能会被这些组员看作有威胁性和不尊重的行为。

D. W. 约翰逊（Johnson，2014）认为，评估多元文化背景小组的沟通和互动模式，需要领导者有文化的敏感性，并要了解掌握自己的语言文字和表达在什么文化背景下是合适的，在什么文化背景下是不合适的。领导者还要了解沟通的风格元素，包括不同文化背景的组员是如何交流沟通的。例如，出于尊重领导者的权威地位，一些亚裔美国组员会对领导者言听计从，在小组开始阶段尤其明显。而在某些有印第安人参与的小组里，印第安组 *148*

员可能会认为在小组里提建议是不礼貌的行为，而他们的这些行为态度却可能被领导者或其他非印第安人组员误解为一种抵触行为。

领导者应该尽力去识别不同背景的组员发出的信息之间的细微差别，包括不同文化之间非语言信息的差别（Ramos，Jones，& Toseland，2005）。不同文化背景的组员在传递语言信息的时候，常常会用肢体语言、姿态和表情来界定他们传递的语言信息的含义。而且领导者还要考虑到，不同文化在空间的使用上有什么区别，即距离的远近是否有规范，是否还有什么其他非语言的沟通规范会制约组员在这种文化中的互动模式。如果领导者能够学习来自不同文化背景的组员的语言，也有助于开展有效的小组工作。如果工作者真诚地学习组员的语言技巧，即使是很初级的语言技巧，他们也会赢得组员的尊重。这是一个有助于发展与组员间的信任、专业性助人关系的重要因素。

领导者应该认识到，文化可以影响互动模式，某些文化背景的组员喜欢组员和领导者之间的互动模式，而另外一些文化背景的组员可能喜欢组员和组员之间的互动模式。下面这个案例就展示了文化是怎样影响小组互动模式的。

案例　文化和小组互动

在某城中的某华人社区，社区中心的某一委员会负责策划某个募捐活动。领导者发现，小组中有一位年长的男性组员经常在小组活动中独断专行，而华裔组员不愿意对这位长者的行为进行批判或评论。由于这个小组领导者并不是华裔，所以他在某次会议结束后就组员们的这种反应咨询了一位组员。然后他才得知，华裔组员之所以不愿意把他们对这位长者的行为的反应带到小组会议上，是因为这位独断的组员是长者，而且在社区有较高的地位。根据华裔美国人的传统文化，在和年长者或地位高的人交流时，要表示对他们的尊重，而批评他们是不可接受的行为。然后，领导者询问组员应该如何处理这种情况。组员建议采用轮流的方式和设计一个由其他组员参与汇报的会议议程，这样会减少这位年长组员的专断行为，因为他会觉得自己没有必要在松散的会议过程里去填补无人发言的时间，或自己也没有必要一定在小组中带头发言。这个建议在后来的小组会议中被证明非常奏效。

组员的文化背景也可以影响小组凝聚力。例如，在为家庭看护者们开设的某支持性小组中，某些西班牙裔的组员不希望透露自己的家庭隐私或在公开场合抱怨自己的家庭看护责任，这自然会影响他们与其他组员的关系。如果组员们的文化背景特征差异比较大，而且工作者没有充分考虑这些差异性，那么团结的小组氛围就无法形成，对小组目标的共识也不能达成，从而影响整个小组的凝聚力。

小组工作者要评估组员的文化背景特征究竟会怎样影响组内的规范、角色、地位等级和权力。小组规范通常是组员将自己过去的经验带到小组的期望中而形成的结果。领导者应该评估组员的文化背景是如何影响规范在小组内形成的。例如，在很多非裔美国人社区，社区成员对精神的力量有强烈信仰，他们相信"美好的"基督徒生活方式是解决一切问题的良药，包括药物滥用、婚姻不和谐、教育孩子的困难、抑郁症和关系疏离等问题（Diller，2015）。

149

组员们所应承担的角色也往往是在他们所处的独特文化环境下发展出来的，这些角色的期望也通常指导他们在小组中的行为。例如，在某些民族文化群体中，针对性别的角色期望就很突出。因此，领导者应该考虑组员的文化背景是怎样影响这些组员的角色期望的。

工作者还应该意识到，有不同背景的组员在组内的权力和对控制方面的体验会有不同。来自少数民族群体的很多组员都有被压迫、受歧视和遭到偏见对待的亲身体验，这些体验会影响他们对组内权力运用的感受以及他们会如何回应。

小组工作者还要了解个体组员的文化背景会怎样影响小组整体文化的形成。组员们一致的想法、信念和价值观从某种程度上反映了个体组员把什么样的经历带到小组中。例如，在由印第安人或西班牙裔美国人组成的小组中，小组文化就会包括强烈的灵魂精神意识。某些文化背景的优势可以使小组文化的其他重要方面得以强化，例如，在为非裔美国人的家庭看护者开设的某小组里，组员的文化将大家庭看作一个自然的互助网络，这种文化优势有助于建立一个组员间的网络和形成互助的小组文化。

表达情感也是组员文化背景的一个功能。在拉美裔小组里，组员关于感受和情感的表达水平可能会比亚裔小组组员的表达水平高。因为在亚裔小组里，组员们可能会认为在家庭外的环境下表达自己强烈的情感是不合适的（Gray-Little & Kaplan，2000）。然而，工作者在实际的小组会议互动过程中，除了要考虑这种可能性之外，还要考虑文化适应和很多其他因素。

工作者除了要意识到文化背景对小组动态有影响，包括小组文化，还要注意组员的文化背景会深刻地影响小组发展以及小组领导是怎样产生的。例如，可以考虑一下性别对这些方面的影响力。席勒（Schiller，1997）认为，在小组发展这一方面，归属感和亲密感通常会出现在妇女小组的早期阶段，而冲突通常发生在小组后期。席勒（Schiller，1995，1997）在使用加兰、琼斯和克洛德尼（Garland，Jones，& Kolodny，1976）的小组发展模式时就提到，建立归属感前的小组阶段和结束阶段，即小组的第一个和最后一个阶段是保持不变的，但是小组发展的中间三个阶段（即权力和控制、亲密感，以及差异）却可以被更好地理解为建立小组的关系基础和组员间的相互关系、发展人际共情、迎接挑战以及改变等。席勒（Schiller，1997）接着还阐述了小组发展的另一个概念即她所称的"关系模式"在实务工作中的运用。

福赛斯（Forsyth，2014）指出，女性的领导能力技巧通常会被低估，因为她们常常被认为是社会情感方面的专家，而并不擅长工具性的应用。由于性别的刻板印象和对领导的典型样板的理解，人们通常认为男性更具有领导潜力，男性更有机会成为小组的领导者，即使在妇女小组里也不乏男性领导者（Forsyth，2014）。但是，也有证据表明，小组工作者意识到在任务小组和治疗小组存在这样的动力关系后，他们会为女性组员提供更多的机会承担领导者角色（Forsyth，2014）。

（三）开展具有多元敏感性的干预

小组领导者可以通过多种方法提供带有多元性敏感性的干预活动。其中的大部分方法是建立在社会工作实务的原则基础上的；而有一些方法则具有文化特殊性，非常有助于培养工作者在实务中的文化敏感性。下面就列举了一些具体的方法：

- 运用社会工作价值观和技巧。
- 运用优势视角。
- 探索发现组员间的共同经验和不同经验。
- 探索信息的含义和语言。
- 挑战歧视、压迫和偏见。
- 为组员呼吁倡导。
- 赋权组员。
- 运用带有文化敏感性的技巧和项目活动。
- 提升组员对社会正义问题的认识和意识。
- 理解造成被排斥、边缘化和被压迫的更深层次的政治、社会和历史根源，从而发展出自由批判意识。

运用社会工作价值观和技巧

发展一个具有文化敏感性的小组领导方法，就意味着要运用社会工作价值观指导干预活动。不批判、真诚和接纳的价值观通常都可以弥补存在于组员和领导者文化背景之间的差异。这里和本书其他章节中讨论的治疗性因素对发展具有文化敏感性的小组工作方法非常关键。

有效的沟通技巧也可以发挥重要作用，例如，良好的询问技巧，提出开放和非批判的问题，这些会鼓励组员以自己熟悉的文化风格回应问题。类似情况还有，工作者要意识到，为了做到积极有效的聆听，聆听技巧还要根据组员的文化背景进行适当调整。下面的案例展示了如何做到这一点。

案例　文化和沟通

在某个药物滥用者的小组中有一个印第安人组员。在这个组员发言时，领导者采用了积极倾听的技巧。他常常会对这位组员的发言内容进行进一步解释和总结。当这个组员参与小组活动发言变少的时候，小组领导者就在想是不是因为这个组员的药物滥用复发了。尽管这是他对组员的最初印象，然而，这位领导者的督导却告诉他，他对那位组员的发言进行解释和总结的行为会被印第安人组员看作一个非常不友好的冒犯行为。意识到自己的领导风格在这种情况下并不管用后，这位领导者开始改用非语言的聆听技巧。例如在组员发言时，看着他并点头，表明自己正在认真地听他发言，而且对于他的发言内容，自己也会仔细考虑。这样一来，这个组员的参与就变得更积极了。领导者也得知，根据组员的文化风格特点，语言聆听技巧对某些组员可能会有效，而非语言技巧却可能适用于其他组员。

运用优势视角

领导者应该探索发现组员文化传统中的优势，并在实务中使用这些优势（Appleby，Colon，& Hamilton，2011；Saleebey，2013）。任何文化传统都有自己的优势，这有助于赋权组员。在小组开始前的评估工作和干预活动应该着重强调组员的优势而不是他们的问题和缺陷（Rothman，2008）。下面的例子就阐释了领导者如何在某成年人小组中运用优势视角。

案例　优势视角

在某个为阿尔茨海默病患者的看护者开设的小组中，领导者谈到了几个非裔美国人组员所拥有的强大的自然支持网络和这些支持网络是怎样为这些组员提供支持的。这几个非裔美国人组员承认，他们的支持网络是可以为他们提供暂时看护资源的，使得他们可以从长期看护工作中抽身，获得暂时休息。当其他组员得知这些非裔美国人组员的大家庭的优势后，他们也开始愿意和自己的家人或其他亲戚联系，看看能否获得这样的暂时看护资源。

还是在这个小组里，有位拉丁裔的女性组员受到了另一组员的批评，说她一直在被动地接受家庭里所有的看护照顾责任。小组领导者对此进行了干预，她指出，家庭照顾者的角色是由这位组员所处的文化传统背景决定的，在拉美文化里一般都由家庭中的女性承担这样的角色，而且，照顾家庭成员被看作拉美文化的核心价值观。拉美裔社区成员以及社区外成员都认为，这样强烈的家庭价值观是拉美文化的一个优良传统（Flores，2000；Rivera，Fernandez，& Hendricks，2014）。其他组员也同意领导者的观点，而那位拉丁裔的女性组员觉得自己的文化传统受到了大家的肯定，所以她开始更积极地参加小组活动。

无论是在任务小组还是在治疗小组中，领导者一定要意识到，来自不同文化背景并具有多元性视角的组员是小组的优势，这样的小组会更健康壮大。工作者要告诉组员，有越来越多的数据证明，多元性视角会有效地帮助人们解决小组的问题。这样做也有助于工作者开展小组工作（Forsyth，2014）。工作者还要鼓励组员表达他们的不同观点想法，帮助小组全面深入地探讨每一位组员表达的想法所代表的含义。工作者最终要达到的目标就是，通过沟通交流，各种不同观点和视角都有机会被表达出来并由组员们进行探讨，从而最终使全体组员受益。

探索发现组员间的共同经验和不同经验

在有多元性背景的小组里，认识到并探索组员间的共同经验和不同经验，通常都会帮助工作者开展更有效的小组工作。这个过程可以从小组迎新活动开始，在第一次小组会议就说明小组的多元性，并且探讨组员的文化背景如何造就这种多元性。例如，在某个为丧子的父母开设的支持性小组里，工作者一开始就告诉组员，自己是一个爱尔兰裔美国人。她解释说，在她的家庭里，纪念逝者的方式是家庭大聚会，有时候这样的家庭聚会还会有节日的气氛。她理解，有些组员会觉得在家庭成员过世后举办聚会是非常不可思议的。她鼓励这些组员谈谈他们的家庭是如何纪念逝者的。组员们就开始讨论在自己的文化里如何应对死亡和悲伤。

152　　　　探讨组员间的共同经验和不同经验，还会帮助组员克服心理障碍，进行自我袒露。组员如果认为其他组员会批判自己的文化价值观、行为或生活方式，就不会在小组中讲述自己的经历了。下面的案例说明了探讨文化的差异性和增进对不同文化的欣赏理解都会有助于组员在组内表达自己想法和感受的时候感到更安全。

案例　探讨文化差异性

在某个为父母开设的支持性小组里，工作者发现，对来自华裔文化背景的组员来说，在小组里分享自己的家庭隐私实在是太困难了。工作者就试着先分享自己的经验来为组员做个榜样，然后鼓励组员们大胆地谈谈他们和孩子相处时遇到的问题。然而对华裔父母来说，做到高度的自我袒露仍然是个难题。在某次小组会议结束后，一位男性华裔组员和工作者简单地聊了聊，他告诉工作者，在他的文化里某些家庭事务被认为是私密性话题，只能在核心家庭成员之间讨论。工作者意识到这一点后，承诺将会帮助组员在今后的小组活动中意识到这种文化差异性。从那以后，华裔组员在组内感到更加放松，也更加积极地参加小组发言了。

小组工作者要认真考虑那些隐形的和后天形成的组员身份属性（Rothman，2008）。某些身份属性是显性的，例如性别和种族，但是另外一些属性并没有表现得那么明显。例如性取向、宗教和政治隶属、某些疾病如艾滋病，这样都是不容易在小组中被识别的，除非组员自己向小组坦承报告（Ellis, Simpson, Rose, & Plotner, 2014）。组员是否向小组透露这些身份属性，是由小组的信任水平、凝聚力和其他很多因素决定的。工作者应该敏感地意识到，这些隐藏的身份属性可能确实是存在的，并且要努力确保所有组员都感到自己在小组中是受欢迎的，而且大家会通过互助解决问题（Rothman, 2008）。

探索信息的含义和语言

信息的含义是通过语言表达的，很多文化对某些现象并没有赋予共同的含义，如社会问题或医学疾病等现象（Dinges & Cherry, 1995）。例如，在西班牙语里，就没有相应的词语来描述某些精神病学的诊断。同样，某些疾病像阿尔茨海默病，在西班牙语里是由非医疗用语来定义。因此，领导者要帮助组员探索不同语言反映出来的不同含义。掌握另外一种语言，即使只是简单初级的水平，也是一种财富，而且，领导者还应该认识到语言有助于对现实的理解。英语中一些通用词汇和俗语在其他语言中没有对应的词汇，所以，英语不是母语的组员就会以他们母语的文化习惯来定义和理解社会环境、问题和其他条件因素。就像下面的案例那样，如果所有组员一起来探讨语言和文化是怎样影响他们理解和定义他们的问题的，那将会是非常有意义也会是非常有趣的发现。

案例　语言的影响

在某个由刚刚成为父母的组员组成的社会化小组里，有位组员行动不便，需要轮椅才能活动。其他组员都意识到要照顾这位行动不便的组员，但他们在小组讨论时用了各种不同的词语指代这位组员，包括"残障人士"（the handicapped person）和"残疾人"（the disabled person）。领导者请组员们在称呼这位组员时，考虑使用一个"以人为先"的称谓。她认为这位组员只是受到一种身体上的限制，而不是一个残疾人或残障人士。在小组讨论中，工作者指出，大多数遭受身体失能的人士都会受到他人语言的冒犯，因为这些语言常常用他们的身体残疾状况来定义他们的身份，而"以人为先"的语言则考虑到身体残疾人士和其他人士一样，具有一样的优势、能力和潜能。通过干预后，组员们开始更加注意自己的语言及语言可能带来的含义，也更加清楚地意识到语言是如何强化身体残疾人士的优势的，以及如何加剧他们的弱势。

领导者可以帮助组员向小组解释说明他们文化中的某些重要特征。在某些情况下，组员也许不能理解某种文化或现象背后所蕴含的意义，从而导致组员间的冲突或漠视。例如，在为脊柱受伤患者开设的康复小组里，一位来自中美洲的组员说，他去看过当地一位赤脚医生，这位赤脚医生为他开了本土的草药和其他药方。有几位组员听后的第一反应就是反对这样的看病方式，并且批评这位组员不应该使用这种非正统的医疗方法。然而，领导者和其他组员替这位组员向他们解释了民间医疗和传统治疗手法在这位组员文化习俗里的重要地位，以及当地赤脚医生在这位组员的精神和身体健康方面所发挥的作用。提出批评的组员从而了解了这种文化习俗以及不同的民间治疗方式对某些组员的意义（Koss-Chioino，2000）。

同样，灵魂信仰也会对组员的健康起着重要作用。工作者要意识到，灵魂信仰对某些组员有着重要意义，并且还要向组员们解释不同宗教信仰的意义。有时候，工作者由于认为灵魂信仰与组员所从属的某个宗教派别有关，从而忽视了灵魂信仰对组员的影响。但是工作者需要用一种普适的视角，强调灵魂信仰是可以超越有组织的宗教影响的。工作者要避免由此可能会造成的组员宗教信仰的转化，但应该认识到灵魂信仰在众多组员生活中所起到的重要作用。

挑战歧视、压迫和偏见

由于组员会把在组外的社会中所经历的歧视、压迫和偏见表现在小组活动中，因此，带领组员挑战歧视、偏见和刻板印象就是重要的领导技巧（Burnes & Ross，2010）。然而几乎每个人都会多多少少持有某种程度的偏见，只是他们没有意识到而已，某些组员更有可能会否认自己持有偏见。组员的不同背景可能意味着他们处于不同水平的社

> **实务工作中的多元性和差异性**
>
> 行为：工作者要把自己当成来学习的学生，把组员和社区代表当成有经验的专家。
>
> 批判性思考问题：很多组员都有被歧视和压迫的经历。工作者应该怎样在小组里探讨这些问题呢？

会特权和压迫地位，而且这些不同的背景也使得他们对社会正义的看法大相径庭。因此，在享有社会特权的组员和毕生都在被压迫、被统治和缺乏支持性资源的组员之间，几乎不可能找到共同点。享有社会特权的组员可能会完全无视或非常蔑视其他世界观和社会现实，而无论是特权组员真正表现出来的无动于衷还是仅仅被察觉到这样的轻视行为可能发生，被压迫组员都会表现得高度警觉敏感。因此，在这种情况下，小组领导工作将会具有非常大的挑战性，即使工作者已经意识到了这种裂痕。

随着小组开始，工作者要带领组员在彼此之间和小组过程中建立信任，其中有很多障碍要克服。工作者要从组员的立场出发，注意不要太着急让组员接受新观点，因为他们可能会认为这些观点太激进而拒绝接受。工作者要挑战组员，让他们以更现实的角度去理解自己对其他组员不同文化背景的感受，但在这些情况下，工作者一定要尤其注意以共情和开放态度倾听组员的发言。

最终的目的应是帮助组员更深刻地理解造成社会边缘化和压迫的政治、社会和历史根源，以及这些因素是如何深远地影响同组的组员们的，从而帮助组员发展解放者的批判意识（Hays, Arredondo, Gladding, & Toporek，2010；Ratts, Antony, & Santos，2010）。为了做到这一点，领导者要帮助组员认识理解他们过去所经历的和现在仍然在经历的歧视。几乎所有的少数民族群体都有被歧视的经历，如伯韦尔（Burwell，1998）认为，对

于被灭绝、驱逐、社会排斥和同化等情况，人们在一个更隐蔽的层次上社会经常忽视少数民族群体的观点声音，把他们对社会的贡献弱化、边缘化。例如，施莱弗（Schriver，2011）和罗斯曼（Rothman，2008）就指出，少数民族群体并未享有主流群体通常拥有的特权。因特定的民族、性别、社会经济地位或其他特种属性而获得的特权地位，为某些群体带来很多不劳而获的利益。例如在美国，白人男性就比非裔男性处于更优越的地位，这对这两个群体都造成了深远的影响。

邀请组员描述自己感到被歧视的某种情境，并邀请其他组员一起讨论这种经历，可以使工作者能帮助组员认识理解特权和歧视的影响和后果。通常经过这样的练习，组员都能更好地体会他人处理歧视的经验，并更加理解歧视是怎样影响他们看待自己、他人以及自己目前的生活处境的。

挑战歧视、压迫和偏见的过程一直贯穿治疗小组的整个周期。经验证明，工作者的态度要温和，但是立场一定要坚定，工作者要相信，对其他组员持有刻板印象的组员应该接受教育，让他们意识到他们的同组成员所面临的并仍然在经受的歧视是真实存在的。改变这些组员的态度并不容易，但是工作者要坚持不懈，用一种理解的方式帮助组员变得更开放和包容。多元性组员间的小组互动和项目活动能够促进理解，工作者也应该积极寻找更多机会以帮助组员获得彼此更好的理解信任。

经验还证明，任务小组也有助于克服偏见。文化理念间的差异（Maznevski & Peterson，1997；Diaz，2002）、对人际互动的态度（Goto，1997）、对自我和他人的态度和判断上的差异（Earley & Randel，1997）、语言的差异（Orasanu, Fischer, & Davison，1997）都可以在任务小组中得到干预处理。下面这个案例就讨论了基于年龄刻板印象的组员的态度倾向和判断。

案例　克服偏见

在某个为青少年和年轻的无家可归者提供住宿的联合策划小组中，几个较年少的组员似乎对稍年长组员的建议采取置之不理或不认可的态度，而这竟发展成为小组初期会议的互动模式。领导者注意到这个情况以后，在第三次小组会议即将结束前，邀请组员花时间留心一下小组互动过程。她特别提出，要组员注意年龄的差异是怎样阻碍小组互动的。然后她向小组提出自己对小组的观察，并邀请小组讨论。经过讨论，领导者帮助那些年少组员正视反思自己对年长组员的态度。最初，这些组员表示他们没有意识到自己的行为，申明他们不是故意对年长组员的意见置之不理，他们说自己珍惜而且愿意聆听他们的意见。随着小组工作的继续开展，小组互动模式发生了变化，小组变得更加有凝聚力，每位组员的观点都得到了更多的重视。

为组员呼吁倡导

少数民族群体的成员可能需要特殊的帮助，工作者要与社会服务体系协商，帮助他们获得社会福利资源和服务。例如，在某个育儿技巧培训小组，有几个印第安人组员缺席了，这引起了领导者的关注。在调查他们缺席的原因时，她发现这几位组员为参加小组活动而不得不把照顾孩子的活儿留给他人，他们对此感到很内疚。领导者随后与社区组织沟通，保证他们在参加小组活动时能够享有日托服务。因为领导者的协调，组员能够定期参加小组活动，他们对小组的投入和对小组的归属感也大大提高了。

领导者还希望能代表组员参与其他形式的倡导活动，包括建立有组员的家庭成员和社区的支持系统。例如，在某老人中心为年老体弱者开设的一个社会化小组中，虽然组员看上去很喜欢小组活动，但是他们的缺勤率却很高。工作者调查发现，很多组员是依靠家庭成员或朋友帮助接送来参加小组活动的，如果家庭成员或朋友很忙，就没法接送组员参加小组活动。领导者就利用这个信息代表组员去和老年人办公室以及市政府协商，倡导这些政府部门为组员提供来往的交通服务。因为资金不足，工作者又和当地几个商家联系，争取他们的资金支持。最终，在所有合作者的支持下，该老人中心购买了一辆大型轿车专门接送组员参加小组活动，同时也为中心的其他活动提供交通服务。还有一个案例，工作者在各种同性恋和双性恋支持性小组中建立了一个联盟，为通过有效的反歧视立法对市政府官员施压。

在组内和组外共同为组员进行倡导，这对那些遭遇偏见和歧视的群体非常重要。例如，被诊断患有艾滋病的群体通常很难获得他们理应得到的住房、医疗保健、社会服务和其他社区服务。因此，在为那些经历了高度歧视的组员服务的小组里，领导者要准备好花时间在小组外的环境下进行倡导，帮助组员获得他们需要的服务。

促进组员的意识提升和帮助组员对自己身份及身份属性有重新的认识，这一点也非常重要（Burnes & Ross, 2010）。特别是在社区组织中开展的小组，工作者也可以鼓励组员在小组外的环境下进行自我倡导活动，可以以个体组员的形式，也可以以小组整体的形式进行。拉茨、安东尼和桑托斯（Ratts, Anthony, & Santos, 2010）建议，工作者除了帮助组员发展解放者的意识，还要赋权组员走出小组，"为解决问题进行倡导，也要为消除问题根源而倡导"（p.165）。

赋权组员

提升组员的文化意识和发展组内的互助关系，这样的小组干预都有助于赋权组员。组员间的建设性对话和发展文化认同及认知的小组讨论，都能够促进个人的、人际的和政治的权力发展（Rothman, 2008）。领导者通过强化组员积极的自我认同感受，鼓励组员彼此间进行互动，以此来帮助组员获得更强烈的个人权力意识和自我价值感。而组员也可以通过意识提升受到鼓舞，为争取自己的权利而倡导呼吁（Burnes & Ross, 2010；Rothman,

2008)。所有层面的系统性干预，包括大的系统像机构和社区，都应该被纳入倡导活动范围内。下面这个例子阐释了社会支持性小组是如何与更大的社会系统互动的。

案例　参与社区

由中央机构资助的某社会支持性小组决定资助一个"老年人博览会"活动，旨在展示拉丁裔长者对本社区的贡献。这次活动包括少数民族美食、艺术和手工艺品、画展、讲座以及志愿者活动。此外，这次活动还有两个重要内容：(1) 选民登记动议；(2) 社区成员有机会与市政人员讨论他们关心的公共交通及安全问题。

运用带有文化敏感性的技巧和项目活动

带有文化敏感性的技巧和项目活动一般都重视小组内的多元性，认可少数民族组员的独特经验，而且这样的技巧和项目活动使得组员既能欣赏少数民族文化，也会欣赏主流文化的情境（Burnes& Ross，2010），还能帮助组员建立互相尊重的关系。如果组员间分享共同的民族或其他形式特征，他们通常都会觉得大家可以互相理解，因类似的传统习俗和相似的生活经历产生共鸣。

通过回顾总结，从针对特定文化背景的组员构成的小组的专业化形式的文献研究中可以发展带有文化敏感性的干预技巧。例如，皮尔森（Pearson，1991）建议，在亚洲人和亚裔美国人的小组里，领导技巧的使用需要一个更具组织结构化的方法。如果采用传统的西方模式，组织结构性不强，依靠组员主动负责小组互动就有可能让这些组员感到不适应。相反，女性主义小组工作者则建议，要鼓励无结构性的组外小组互动，尽可能缩短领导者和组员间的距离，强调导致组员问题的社会和政治因素（Holmes，2002；Pure，2012；Western，2013）。还有其他学者也开发了针对某些少数民族小组的带有文化敏感性的技巧。例如，米苏雷尔和施普林格（Misurell & Springer，2013）为性虐待儿童小组开发了一个带有文化敏感性的项目活动，谢伊和同事们（Shea et al.，2012）为患有暴饮暴食症的墨西哥裔妇女小组设计了一个关于文化适应性的认知行为治疗项目。

157

总之，小组干预应该围绕帮助组员提升民族意识和民族自豪感、发展民族资源系统和民族力量、挖掘组员领导潜能而展开。下面这个例子就简要地介绍了社区机构是如何调整为印第安人组员提供的治疗性干预的。

案例　具有文化敏感性的治疗性干预服务

多年以来，某机构一直为酗酒和吸毒者提供治疗性干预服务。但是工作者发现，相对于为其他背景的组员提供的干预服务，为印第安人组员提供的干预服务效果要差很多。机构负责人为此联系了一位有印第安人背景的社会工作者。这位社工曾经开展过一个名为"红色之路"的文化体验性小组活动。这个小组活动采用了三天集中式方法，让组员体验印第安人的传统文化和精神性文化的各个方面，包括传统的谈话圈、祷告和讨论、传统的舞蹈和音乐，以及其他精神层面的活动，例如烟熏、烟斗仪式和参加汗蒸小屋活动等。而且，组员还可以讨论他们的前辈被压迫和受歧视的历史，包括针对印第安人的美国社会政策、寄宿式学校和各个印第安人区设立的保留地所造成的后果。后来发现这样的活动向组员提供了印象深刻的体验，而且之后的质性评估结果也进一步证明了这种具有文化敏感性的治疗方法的有效性。

实务原则

小组工作者对多元性具有双重责任。工作者应该既要在组员间进行区分，个别化地区分每位组员的优势，同时又要把组员们共同的特点和目标统一联合起来。工作者要确保文化的多元性，即不同文化背景的组员都有权利保持自己的传统文化习俗和世界观。而且，工作者还要努力促进这些不同文化背景的组员间的和谐关系。

针对多元性小组工作的研究文献发现，不同小组的工作对象是不同群体。实务工作者可以从这些文献研究中受益，将这些文献总结的成果应用到自己的实务工作中。但是，从广泛意义上讲，工作者应该鼓励组员去认识、理解和拥抱小组的多元性。一般来讲，组员是理解和学习多元性最好的老师。尽管这并不是组员的主要职责，但是工作者要邀请他们分享他们的经验。

为了理解多元性和为不同背景组员提供具有文化敏感性的干预服务，小组工作者要考虑如下实务原则：

- 小组中经常会出现多种形式的多元性。工作者应该认识到这样的多元性，帮助组员探讨他们与其他组员的差异性。

- 对多元性的敏感性，对工作者和组员都是非常重要的。工作者如果对自己文化身份的感受进行过自我评估和探索，就比那些缺乏自我认知的工作者更容易开展干预服务。

- 培养文化敏感性的过程对所有小组工作者都是一个持续不断的责任。因此，工作者要不断了解掌握组员如何定义自己以及他们的身份认同是如何影响他们参与小组活动的。做到这一点非常重要。

- 文化敏感性要求工作者做到思想开放。工作者对组员们表现的差异要保持非批判的态度，要鼓励和欢迎多元性，充分认识到多元性带给整个小组的丰富多样性和各种正能量。

- 工作者要意识到，社会排斥、压迫、待遇、权力和特权既可以是隐蔽含蓄的，也可以是公开的，而且这些社会现象既发生在个人层面，也发生在制度层面。

- 有多元文化背景的组员通常对偏见、刻板印象、歧视和压迫都有亲身体验。
- 工作者应该了解并认识到这些社会现象的影响后果，并帮助组员理解这样的遭遇是怎样影响他们参与小组活动的。
- 多元性和差异性对小组功能有着深远的影响。工作者要承认，由于组员的身份认同和背景的差异，小组动力关系各式各样。因此，工作者要考虑到多元性有可能影响小组的发展。
- 组员的身份认同和背景还会影响他们为实现自己目标所做出的行为。一个包括组员、小组整体和小组环境的全面评估要考虑组员的不同个性特征和他们成长的文化环境。
- 沟通风格和语言的差异会影响组员整体的沟通能力。工作者应该注意观察语言和沟通对小组活动所产生的影响，要尽力了解掌握不同文化背景的组员的不同沟通方式。
- 基于他们在组外环境下的经验，某些组员可能缺乏权力也没有机会获得社会资源。
- 通过共情、个别化、支持和倡导对组员进行个人层面和社区范围的赋权，是重要的小组工作技巧。
- 来自不同文化的组员通常会保持他们在文化和精神方面的习俗。因此，工作者要承认并支持这些传统习俗。
- 小组中有些组员的身份可能是隐蔽不公开的（例如，同性恋者、跨性别者和艾滋病感染者）。因此工作者要时刻提醒自己，有多重身份的组员可能并没有向小组介绍自己的所有身份。
- 通过意识提升和其他变革性领导技巧培训活动的手段赋权组员，是非常重要的干预手段。
- 工作者的最终目标是帮助组员发展自由批判意识，以使他们可以自如地理解排斥、边缘化、压迫的影响后果，并审视这些经历被内在化和外在化的过程，从而增强所有组员的能力、优势和坚持不懈的努力。
- 如果组员间存在刻板印象或歧视现象，那么工作者要鼓励他们正视自己的偏见和刻板印象，而且要告知组员这些行为是不允许在小组中出现的。 *159*
- 可以被运用到不同情境下的小组中的特殊文化形式有很多种。不断发现适合自己的领导某文化群体的各种干预技巧和项目活动，并把它们整合起来，将会有助于工作者开展有效的小组工作。

三、小结

本章重点介绍了如何领导多元性背景组员构成的治疗小组和任务小组。发展一个工作视角以更有效地服务不同背景的组员，这对小组领导者而言非常重要。为此，领导者应该通过一个自我探索的过程发展对文化的敏感性。他们还可以研究发现他人的身份认同，了解掌握不同文化和民族群体的知识，以获得专业发展。要做到这些，一个前提就是对多元文化展示出的差异性持开放接纳的态度。在策划和组建小组的时候，领导者要考虑不同背景的组员在小组中将会有什么样不同的体验，以及小组将会如何影响他们的参与。组员的文化背景对他们如何参与小组有着深刻的影响。对小组和组员的全面评估应该考虑组员生活的大环境，以及这种环境如何影响小组的动力关系。

此外，本章还讨论了领导者就多元性怎样提供带有文化敏感性的干预服务。对此，本章提供的建议包括运用社会工作价值观和技巧，强调优势视角，探索发现组员间存在的共同经验和不同经验，探索信息的含义和语言，挑战歧视、压迫和偏见，为组员呼吁倡导，赋权组员，运用带有文化敏感性的技巧和项目活动等。本章最后总结了实务原则，以帮助小组领导者在多元性背景下开展更有效的小组工作。

第六章

策划小组

学习目标

- 明确有哪些重要的策划因素会促成小组成功
- 制定指南来招募组员，组建小组
- 确定计划来指导组员并与组员达成协议
- 指出环境中的多种因素如何影响小组策划过程

本章概要

策划重点
小组工作策划模式
小结

一、策划重点

策划小组标志着工作者正式开始小组工作。策划阶段由两个部分组成：第一部分是组织小组，这是本章的主要内容。第二部分包括组长和组员在小组开始、中期和结束阶段中对活动进行前瞻性安排，并根据具体情况做出及时的调整。

第一部分，在组织小组时，工作者关注的重点是个体组员、小组整体和小组环境。工作者在关注个体组员时，要考虑每个组员参与小组的动机、期望和目标；工作者在关注小组整体时，需要考虑的是小组目标以及在组员互动过程中发展出来的动力关系；工作者在关注小组环境时，需要考虑的是资助机构、社区和大的社会环境可能对小组领导的影响。

第二部分，工作者应关心小组过程是如何逐步展开的。在小组的开始阶段，工作者和组员都要详细、具体地策划如何实现小组的总体目标。工作者要对小组中的每个组员进行具体的评估，这些评估会促进在中期和结束阶段进一步的策划活动。例如，在治疗小组中，工作者和组员都会参与到过程评估中，从而可以知道小组在多大程度上能够帮助组员完成自己的目标。这种评估反过来又能够提炼、调整和完善最初的治疗计划，根据不断修订的小组目标，来与组员重新订立合约。

在任务小组中，工作者运用在评估阶段收集的资料制定程序，指导小组完成小组工作，例如，制定每次聚会的日程，对工作和责任进行分工，决定采用什么方法来进行决策和解决问题。例如，工作者协助理事会选择理事会成员时，要考虑让律师、筹款人、会计或者在机构服务方面有专长的人参与。

尽管本章更多关注的是小组前期的策划，但是，在很多情况下工作者的策划能力受到了很多限制。例如，很常见的情况就是，在招募组员阶段需要考虑建立一个准组员队伍，这样才能够保证有足够多的组员参加小组。在这种情况下，工作者可能面临的问题就是必须接受所有申请人，因为要继续招募组员而推迟开组时间，或者是刷掉一些申请人，在组员人数不够时就开组等。工作者还可能必须继承现有小组的领导模式，或者根据某个服务计划为所有服务对象开设一个小组等，在这种情况下工作者基本上是无法选择组员的。

策划某个任务小组可能也会受到多个因素的约束。例如，招募组员必须遵循机构的规定，也可能受到其他行政架构的制约。同样，代表委员会的成员常常是由该委员会所代表的机构来指定的，因此，这样对小组构成的策划也是受到约束的。虽然有这样或那样的限制，工作者还是有责任认真考虑自己应该怎样来领导小组的发展，确保小组工作的效率，为组员提供满意的服务。在面对诸多限制时，工作者还是需要尽可能全面地策划小组。这样的策划有助于促进小组取得积极成果，避免小组过程中出现困难。

案例　策划顾问小组

河流瀑布道的第一卫理公会教堂决定启动一个服务计划，安置来自萨尔瓦多地区的难民。虽然教徒们都有强烈想要帮助难民们的愿望，而且社区内也有非常丰富的资源，但是，他们几乎没有任何专业的助人知识来开展助人活动，或者启动这个志愿服务计划。此外，他们对萨尔瓦多了解甚少，对那些逃离家园来到美国避难的人们也缺乏基本的了解和认识。

教徒们决定建立一个委员会来协助实施这个服务计划。成员们一开始就花了很多时间来确定委员会的目标。他们觉得目标应该包括以下方面：（1）给教堂提供建议，说明如何开始和管理这样一个志愿服务计划；（2）决定具体人员来提供具有文化适应性的关于萨尔瓦多难民的相关信息；（3）通过基金和筹款的方式，确保教堂有足够的资金能够用于该服务计划。

接下来，教徒们讨论了邀请谁参加委员会。他们一致认为，委员会需要一些来自不同背景、具有各种资源的人。例如，有人提议，应该邀请一些社会工作机构的人参加，特别是那些管理过志愿服务计划的人。委员中还应该有人会讲西班牙语，来自萨尔瓦多，了解天主教，因为这是萨尔瓦多的主要宗教。他们还认为委员会委员可能需要写筹款标书的经验和筹款经验。

除了上述考虑之外，教徒们还讨论了在第一次会议上可能出现的其他突发情况。他们讨论通过了一个会议日程，以及一个小组需要开展的工作内容清单。

> 评估你所认为的从策划阶段开始就能促成小组成功的因素。

二、小组工作策划模式

162

我们发展了一个适用于任务小组和治疗小组的策划模式。这个模式包括下列内容：

- 确定小组目标。
- 评估潜在的资助机构和准组员。
- 招募组员。
- 组建小组。
- 将组员导入小组。
- 约定。
- 环境准备。
- 文献回顾。
- 选择监测和评估工具。
- 准备书面计划书。
- 策划远程小组。

这个策划模式是一个按时间顺序展开的程序，可以指导工作者的工作。在实务过程中，工作者可能不会按部就班策划小组。相反，工作者可能会发现其中的几个步骤应同步进行，例如，招募组员、签约和环境准备可以同步进行。同样，确定小组目标和评估准组员也可以同步进行。第一个步骤可能会影响下一个步骤的实施。例如，在评估潜在组员时，工作者可能会意识到，安排组内某个组员外出旅行的预算也是必不可少的。因此，在实施某个程序（评估潜在组员）时收集的资料就会影响下一步骤（确保财政安排）的实施。

（一）确定小组目标

在谈论某个计划中的小组时，第一个常见的问题就是"小组的目标是什么"。对小组目标的说明应该比较宽泛，可以包含不同的个人目标，同时还需要有针对性，能够界定小组的独特目标。对小组目标的清晰说明，能帮助组员回答这样的问题："我们在一起要干什么？"它还可以避免小组没有方向感，如果小组没有方向感则很容易使组员感到无所适从，小组就很难取得成效。

一般来讲，概括性说明小组的目标要包括这样的信息：小组需要处理的问题，需要完成的个人目标和小组目标，以及个人和小组整体协作的方式等。

下面就用几个案例来展现如何说明小组目标：

● 小组将给组员提供一个论坛来讨论育儿技巧；我们鼓励每个组员将自己在日常育儿中遇到的问题提出来，并对这些问题提出自己的反馈意见。

● 小组将研究我们社区中的家庭暴力问题，每个组员都要参与最后的报告，讨论如何处理这样的问题。

● 小组将回顾和评估改善少数民族社区青少年服务的计划书，并决定资助什么样的计划。

163 这些案例说明是很宽泛的，但是提供了足够的信息来帮助组员理解小组的本质。正如第七章中讨论的那样，小组组员常常会在小组初期讨论和澄清小组的目标，通过彼此之间的互动以及与工作者之间的互动发展出更加具体的目标。对于工作者来讲，要准备一些组员可能会提出的问题，明确可能的日程，澄清组员和工作者在小组中扮演的角色，以及考虑在小组正常运作过程中可能遇到的障碍。

小组的目标还要常常得到澄清，需要不断重新考虑开办小组的想法是如何产生的。这些想法可能来自不同的渠道，例如来自小组工作者、机构工作人员、潜在服务对象，或者大的社区。下面的例子就说明了开设小组的想法有不同来源。

源于小组工作者的想法

● 根据自己的观察，发现青少年需要接受性教育，工作者提出要给青少年开设一个教育小组。

● 根据自己对雇员满意度的调查，发现医院不同的专业科室之间应该增进沟通，工作者提出要在医院中建立一个代表委员会。

源于机构工作人员的想法

- 几名机构个案工作者，对不断上升的家庭暴力比例感到担忧，他们建议自己的个案服务对象参加一个给儿童施暴者建立的治疗小组。
- 某个机构的理事会主席要求成立一个委员会来开展研究，并提供新的资金来源支持机构。

源于组员的想法

- 一个日托中心的儿童的父母要求提供一系列的教育小组，共同讨论儿童在家里的行为问题。
- 领取了住房补贴的服务对象向机构的主任提议成立一个社会行动小组，来改善社区内的住房条件。

源于社区的想法

- 一群代表社区教堂的牧师们来到社区中心，讨论为工薪阶层贫困者提供放学后儿童照顾服务。
- 社区小组的联盟要求与社区中心的负责人见面，讨论如何为那些被黑帮拉入伙的青少年提供外展服务。

（二）评估潜在的资助机构和准组员

虽然评估小组潜在的资助机构和小组组员可能是分开的两个方面，但是，在实践中机构和服务对象却是有机联系在一起的。工作者在策划小组时，必须同时评估潜在的资助机构和准组员，机构的资助决定了小组可能获得的资源和支持的水平，而评估准组员则可以帮助工作者对小组的潜在活力做出一个大概的猜测。

164

评估潜在的资助机构

资助机构的性质，对小组的形成会产生重要的影响。下面我们来看看在策划小组、寻找潜在资助机构时需要考虑的因素：

- 机构的使命、目标、目的和资源。
- 机构的政策与策划的小组目标是否匹配。
- 机构对策划的小组的支持水平。
- 小组没有满足的需要和不断变化的需要有哪些。
- 小组与资助机构之间的关系可能会带来的风险和利益。

- 社区对小组的需求水平与社区利益和支持的水平。
- 联邦、州和地方政府资助授权和监管机构在小组中扮演的角色。

在治疗小组中，资助机构可能受到联邦、州和地方的资金授权及许可机构或其他实体的影响。工作者必须了解资金和法律规定、医疗需要以及其他因素可能发挥作用，特别是在准组员受到严重损害的情况下。例如，治疗小组依赖于机构管理者和工作人员的财政支持、成员转诊和物理设施。资助方往往在服务谁和如何确定小组目标方面发挥作用。

任务小组与其资助机构有着内在的联系，并且必须不断地回应组织的使命、章程和政策来澄清他们的任务、职责和授权。在评估一个组织作为资助机构来资助小组时，工作者应该仔细注意机构的政策和目标与即将资助的小组的目的之间的契合度。被资助的小组应该符合资助机构的总体运营目标。如果小组代表了新的服务形式，或者涉及的问题领域或人群不是资助机构关注的重点，那么，工作者就要做好准备来说明为什么要开展这样的小组服务。

工作者对资助机构的评估，并不仅仅是为了确定机构对策划中的小组的支持水平，而且是为了储备小组开始后所需要的额外支持。有必要确定机构和小组所在的社区双方的共同利益和需求到底是什么。这就涉及资金和监管机构，它们可能对一个新的小组的服务应该如何运作有着微妙但强烈的影响。

165　　在早期，有必要与前线工作人员和机构主管沟通，了解他们认为的人们对一个特定的小组服务计划到底有多大需求。在一个跨学科的机构中，非常重要的一点就是，需要找社工以外的人士来评估开设一个新的小组的想法是否切合实际。在向其他专业人士介绍新的服务计划时，需要特别强调人们对尚未满足的需求的看法，要指出新的小组服务如何支持和提高其他专业的工作效率。这个过程能够降低不同专业之间的竞争，可以培养一种共同的使命感，并且能够与其他专业之间建立一种联系，因为新的小组组员需要这些专业人士的转介。例如，在一个诊所的保健门诊为那些有创伤后应激障碍的病人开办一个新小组，就需要得到心理学家的支持，需要他们来做一些测量，也需要医生来给病人开处方，也可能需要其他健康专业人士来开讲座，或者提供转介资源。

工作者可能还希望做一个需求评估，或者收集一些资料，来激励服务对象提出自己没有得到满足的需求。机构的主管或者理事会可能特别关注的是拟开办的小组到底会有什么成本，又有哪些收益。如果能对类似的小组实务做一个简单的回顾，就可以澄清开设这样一个小组需要什么成本，能有哪些收益。有时，机构会根据自己的成本分析来决定是否支持一个小组。在第十四章中，我们将详细介绍这个问题。

还需要从大的社区中获得对开设新的小组的支持，鼓励某个区域内的服务使用者来表达自己的需求，也可用通过社区领导或者是能够影响社区社会服务机构的人来表达自己的兴趣所在，从而确定是否会支持新的服务计划。在这个过程中，还需要特别强调拟开办的小组与资助机构的使命是一致的，提供好的服务，对某个机构来说也是一种宣传。

在某些情况下，潜在的资助机构可能会认为，策划中的小组代表的并不是自己的核心使命。例如，在一个由国家资助的强奸危机中心，工作者可能建议为受虐妇女提供小组服务，她们是家庭暴力的受害者，但不一定是强奸的受害者。尽管这个服务提议符合机构的目标，但是超出了机构的使命、职员的能力，也不符合机构财务支出的内容。

当工作者拟开办的小组得不到足够的支持或者遭到抵制时，他们应该好好想一想，是否需要修改自己的计划书，以获得更多的支持，减少对方的顾虑，或者换一个资助机构再试一试。例如，在上面提到的那个关于家庭暴力受害者的小组计划中，工作者可以与自己的督导以及机构内的其他主管进行讨论，强调开设小组的必要性，并寻找额外的资源来支持这个小组。还有一个方法，工作者也可以与其他家庭服务机构或者社区中心沟通自己的想法，这些机构也许会有兴趣支持为家庭暴力受害者提供服务。

从机构内外获得对拟开办新小组的支持能确保小组成功运行。对于获得支持的方法，我们总结如下。

166

- 确定小组想要解决的问题与资助机构的使命和目标的契合程度。
- 确定小组要解决的问题能够得到资助机构和大的社区的认同和支持。
- 获得机构管理部门的支持，以探索开展新的小组服务的可能性。
- 了解社区内是否有机构能够满足小组的需求，联系这些机构，以避免重复提供服务，并探索联合不同机构共同开展小组服务的可能性。
- 发现并解决员工之间可能出现的观点分歧，这些分歧可能是隐蔽的，但会对小组服务带来负面影响。
- 希望员工对计划目标和小组工作方法达成共识，并运用这些方法实现小组目标。
- 评估资助机构提供外部支持的意愿，例如，交通、日托或提供小组需要的物资等。
- 确定新的小组服务的资金来源和监管要求。

评估准小组组员

在评估潜在的资助机构、争取大家支持开设新的小组的同时，工作者还需要评估自己的准组员。这种评估并不需要特别复杂的程序，例如确定每个组员的个人目标或者签订个人协议等。相反，在早期评估中，工作者需要关注的是应该招募谁来参加这个策划中的小组。下面我们提出了一系列在评估潜在组员时需要考虑的因素。

- 小组处理的问题的范围和需要。
- 组员对小组目标的认可和看法。
- 可能会影响组员对小组目标看法的文化和其他因素。
- 组员对资助机构的看法。
- 组员参与小组是否带有矛盾、抵制或者不情愿等情绪。
- 理解组员以及与组员一起工作需要专业知识。

- 准组员人口统计学方面的异同之处。
- 组员参与小组的潜在好处。
- 组员参与小组的障碍、限制和弊端。
- 为确保组员的兴趣和参与，需要机构和社区提供资源。
- 资助机构对谁有资格参加小组的指导性原则和强制要求。

167　　在策划治疗小组时，工作者可以从收集问题、是否需要提供新服务的资料开始。如果需要的话，工作者可以通过直接观察、个人或电话访谈、与家庭成员或机构工作者交谈等方式，来收集服务对象的资料。在这之前，要获得准组员的许可。很多时候，人们往往会忘记从周围的人那里获取相关资料，反之则会极大丰富资料的来源，帮助我们根据组员的需要量身定制小组内容。

　　在策划任务小组时，工作者需考虑准组员的标准，看这些人对该任务的兴趣、专长以及他们的权利和地位是否能够有助于实现小组目标（Tropman，2014）。评估准组员的另一个标准可能是组员是否是资助机构的重要人物，他们在社区中的地位以及他们的政治影响力是怎样的。

　　评估准组员的一个重要方面，就是要确定准组员对小组面临的任务的看法是否与工作者一致。共同的看法会产生小组的凝聚力，提高组员对小组功能的满意度。此外，如果组员对小组目标有共识的话，工作者就不需要花费很多时间来处理小组目标实现过程中可能会遇到的障碍和抵制。

　　还需要掌握的信息包括组员在多大程度上对小组的需求、目标、任务和目的的看法是一致的。这个过程能够帮助工作者了解组员对小组的投入程度，还可以帮助整合组员对小组目标以及实现小组目标手段的不同看法。舒尔曼（Shulman，2016）把这个过程形象地比喻为让组员"和调"。

案例　单亲母亲育儿小组

　　某家庭服务机构联系了当地的社区领袖、一个社区中心和一个主要为非裔美国人服务的卫生保健诊所。该家庭服务机构还与该地区服务非裔美国人社区的浸信会牧师联盟进行了接触。在分别会见了这些组织的人员之后，举行了一系列策划会议，决定在卫生保健诊所主办单身母亲小组，参与的每个组织将宣传该小组并鼓励单身母亲参加会议。一名来自该家庭服务机构的工作人员主持这个小组，但有关健康和营养教育主题的发言者来自卫生保健诊所，一名来自社区中心的工作人员在成员参加小组时负责提供托儿服务。

有时候，工作者也要主持一个由非自愿参与者组成的小组。这种不情愿的矛盾状态，既有想寻求外界帮助的心态，又有主动的抵制。非自愿这个词常用来描述那些被法庭强制要求接受治疗的人群。与非自愿的服务对象一起工作，需要一些专业特长。在策划阶段，工作者就要充分熟悉法律条文和伦理守则，了解服务对象的个人权利等（Rooney，2009）。

168

> **投身小组**
>
> 行为：运用同理心、反思和人际交往技巧来引导不同的案主和参与者投身小组。
>
> 批判性思考问题：工作者经常会遇到非自愿参加小组的案主，小组工作者需要采取什么技巧让他们投身小组？

工作者有时也需要为非自愿组员策划小组，他们面临的选择可能是要么接受治疗，要么接受监禁、缓刑或者是吊销驾照等。在这种情况下，工作者需要具备一些技能来提高组员的动机，运用小组经验，产生积极作用（Rooney，2009）。例如，在一个吸毒者的住宿服务计划中，工作者要把处理组员否认自己吸毒与强有力的奖励措施有机结合起来（例如归还驾照等），以此来帮助他们。在院舍背景中，将向组员宣传酒精的害处、分享同伴间的戒酒经验、获得某些特权等方法混合起来运用，可以帮助组员从小组中获益。后面我们将详细介绍如何处理非自愿组员和抵制的组员。

为一个新的群体制订小组计划时，工作者不太可能了解在与这个群体开展工作时到底应该采取什么策略，运用什么方法。有经验的工作者会通过回顾文献和实践来收集信息，这一点非常重要。在为来自不同文化背景的人策划小组时，或者当工作者的背景与小组成员的背景显著不同时，获取关于某个具体小组的信息就显得尤为重要。这些信息可以帮助工作者认识到自己的偏见，培养他们对自己和他人看法的容忍度，并增强他们准确感知服务对象需求的能力。这也是一种良好的循证实践。

在评估准组员时，工作者应该考虑组员在人口统计学方面的异同之处，以及这些特点对下一步策划的影响。例如，在一个照顾年老父母的子女的支持性小组中评估拉美裔组员时，工作者要掌握一些特定的技术，例如，要印刷一些西班牙语的广告单，在西班牙语报纸上登广告，或者去接触拉美社区的宗教领袖们。

准备招募组员的非自愿小组和强制性小组在向组员介绍小组时，如果能列出参加小组的好处并向准组员进行充分的说明，效果会更好。有些工作者不太愿意向准组员说明参加小组的好处，因为他们担心准组员会认为这样做是工作者自吹自擂，也可能担心这样会提高组员对自己服务的期望值。其实，对于那些正在犹豫是否参加小组的人来讲，这样的介绍是非常有帮助的。工作者的热情和乐观主义的态度具有感染性，会提升潜在组员参加小组的意愿，增强潜在组员对小组目标的兴趣。亚隆（Yalom，2005）把这个过程称为"灌注希望"。

在评估组员时，工作者还需要明白有什么障碍、限制和弊端会降低组员参与小组的热情。在招募组员的过程中，工作者有时会轻描淡写地提及个人可能在小组中遇到的困难。经验表明，最好先说明参与小组可能会遇到的不利因素，并试图提出一些解决办法，这样

169

可以保证组员对小组有全面的了解。一般来讲，在策划阶段能够与准组员讨论一些不利因素，并找到解决办法，是一个很好的方法。有时候，可能还需要找到一些额外的资源来增强资助机构和社区对小组的支持。例如，如果资助机构能够提供交通、儿童照顾服务或者灵活的费用，可能会解决组员的一些实际问题。

案例　为拒绝参加和非自愿参加小组的组员做策划

要为一群违反了宿舍禁酒政策的大学生开设一个小组，贝丝很兴奋，但是她同时又担心组员到底会怎么看待他们被强制参加这个小组。在小组准备阶段，她了解到，学校的规定是禁止在宿舍内喝酒。她希望自己对政策的了解有助于回答组员们提出的为什么要参加小组之类的问题。她还准备了一段话来说明自己在小组中的角色，以及期望大家如何参与小组。此外，贝丝在第一次小组聚会时就给组员准备了一张清单，上面罗列了很多小组目标供组员讨论。贝丝同时还查找了文献，了解如何带领非自愿小组。根据她的知识，她还准备了第一次聚会时该说些什么。在开场白中，她指出了小组的性质是带有强制性的，还谈到了组员参与小组时的矛盾心理。她指出，最终还是由组员来决定他们如何参与小组互动，以及小组是否会对每个人产生积极影响。她希望这些准备，加上自己的热情和真诚，能够帮助组员克服小组初期的抵制情绪。

（三）招募组员

招募程序要确保有足够的准组员能够参加小组。在招募组员时，工作者要考虑组员的来源，保证能够找到准组员并转介他们参加小组。组员的招募可以在工作者工作的机构内进行，也可以在其他机构或社区中进行。

在社会服务机构中，可以从个案工作者、个案记录或者联络清单中找到准组员。在某些小组中，小组的组员可能会帮助我们找到准组员。准组员也可能自己联络工作者，或者直接找到机构，建议机构开设一个小组。最后，工作者可以查看机构的预约名单，看看在等待接受服务的服务对象中是否有人适合参加小组。

> **投身小组**
>
> 行为：运用人类行为和社会环境、人在情境中和其他跨学科理论框架知识来引导案主和组员投身小组。
>
> 批判性思考问题：招募组员需要创造性的社区行动，工作者可以采用什么方法来招募组员？

对于某些治疗小组，例如施暴的男性，单凭工作者自身的机构可能很难找到足够的准组员。在策划小组阶段，工作者可以联络其他服务机构的人以获得转介。工作者要熟悉这个群体，这样可以找到准组员，还可以与前线工作者取得联系，因为他们比较有机会接触这个群体。可以与社区和宗教领袖、政治家、警察以及学校老师交谈，他们可能会提供一些有益的方法帮助工作者接触准组员。

至于任务小组，小组的类型和目标决定了哪种方式是最佳的招募方式。例如，研究机构雇员福利状况的委员会的成员，最好是从机构的雇员和理事会中招募。研究难民安置问题的任务小组组员，就是在社区中为这个人群提供服务的所有机构人员。同样，还可以根据专业和职业专长来选择组员。理事会需要招募那些能够代表社区的理事，因为理事会"代表"了社区，要就机构提供的服务对社区负责。

招募组员的方法

工作者在确定了招募对象之后，就需要决定如何招募这些组员。有很多方法可以帮助准组员来理解小组的目标，帮助他们决定是否参加小组。

- 通过访谈或者电话的方式直接联络准组员。
- 联络准组员网络中的关键人物。
- 直接通过邮件散发广告。
- 在社区机构中张贴广告。
- 运用网站宣传小组。
- 在公众聚会、广播电台和电视节目中介绍小组。
- 举办记者招待会，在相关机构和协会的通讯上发布开设小组的消息，与记者一起准备新闻稿。

在某些情况下，工作者可以通过接触某个人群非正式网络中的关键人物来招募准组员。例如，在招募由印第安人组成的小组时，工作者可能先要与印第安人社区内的长者讨论自己的想法，以争取他们的接纳。在招募华裔组员时，工作者需要找到为华裔提供支持的文化协会，这样才有办法评估小组是否合适，以及是否有可能招募到组员。由于在招募来自不同文化背景的组员时信任是一个很大的问题，因此在开设小组之前，工作者需要花费很多时间来了解社区、了解组员。

简明的书面广告也是一个非常有效的招募工具。无论如何，大家要注意确保广告能够到达合适的读者手中。为了高效，必须保证邮寄的广告或者张贴的广告能够被准组员看到。因此，选择合适的准组员人选是非常关键的。在很多时候，工作者依靠的是具有其他用途的通讯录，或者将广告张贴在目标人群注意不到的地方。现在越来越多的人开始使用电脑上的记录系统，这个系统有助于发现可能需要服务的人群。

工作者如果有了一个准组员名单，就可以直接将广告邮寄给他们。工作者也可以将广告邮寄给其他服务机构的工作人员，这些人可能也有机会接触适合参加小组的人群。我们的经验表明，给收到我们广告的人打一个跟进的电话会增加转介的机会。还可以把广告贴在社区的信息栏、房屋的信息栏上，以及公众聚会场所、地方商业中心。在农村地区，广告可以贴在消防站、教堂、学校、商店和邮局等处。这些地方比较适合贴广告，因为人们喜欢在这些场所聚集，讨论与社区相关的信息。工作者还可以在社区服务小组、教会小组、商会和共济会组织的聚会中宣读广告。

电脑的普及、地方网络的建立和互联网的使用，提高了小组接触潜在组员的可能性。小组的广告可以被放到地方网络上或者社区网站的信息栏上，或者发送给使用网络服务的目标用户。还有一个可能性就是，机构或者全国性团体可以建立自己的网站，这样成千上万对自己服务感兴趣的人就可以登录网站，进行信息查询。

附件 B 中是两个小组的广告案例。广告需要对小组的目标进行说明。策划的小组的地点、日期、时间、聚会的长短和次数以及服务是否收费等问题，都要在广告中清楚说明。同时还要说清楚资助机构、组长是谁，以及电话号码，以供潜在组员咨询。最好还能提及是否有一些特殊的安排，例如是否有日托服务、交通安排和茶点等。

工作者可能还希望通过地方电台和电视台等手段来宣传小组。很多民间组织和宗教团体都会邀请嘉宾来演讲。因此，利用这样的机会来系统介绍小组的目标以及小组的运作是一个非常有效的招募手段。商业电视台和广播电台播放的一些社会服务广告，一般来讲都是有利于大众的。因此，利用这些渠道来进行宣传也是一个很好的途径。

商业电视台和广播电台常常会发展自己公众感兴趣的节目，例如脱口秀、公开讨论、专题新闻报道和社区新闻广播等。尽管有线电视观众人数比较有限，但是，工作者也可以利用这个途径来宣传自己的小组，并邀请大家参与。

新闻发布会和报刊文章也是招募组员的方法。很多新闻报道会介绍某个时间段内的一系列社会服务计划，可以把有关小组活动的广告放进这里。报纸特色专栏中的文章也拥有很多读者，其中不乏准组员。报纸也会不断刊登一些文章，介绍新的小组服务计划或者某个特定的社会问题。工作者也可以考虑自己的小组是否具有新闻价值，如果有，就可以与报纸的编辑接触，要求接受新闻采访。我们发现，在社区中，报纸的专栏文章成为招募组员的最主要途径。

（四）组建小组

滚动招生、资助机构的使命、资金来源和其他因素可能会使工作者难以或无法选择组员。当工作者可以选择组员时，他们应该考虑组员和小组的需求和目标，以及他们自己与小组成员一起工作的能力。有时，小组可以通过问卷或其他措施帮助决定选择谁进入小组（Burlingame，Cox，Davies，Layne，& Gleave，2011）。例如，在治疗小组中，小组治疗问卷可能有助于选择合适的组员（MacNaire-Semands，2002）。不过，一般而言，组员的选择应遵循三条主要原则。

- 组员在目标和个人特点上的同质性。

● 组员在应对策略、生活经验和专长上的异质性。

● 互补的整体结构，包括组员的一系列素质、技能和专业知识，以实现组员之间的平衡，使他们能够很好地合作，并帮助彼此实现个人和小组目标。

同质性

同质性原则意味着，组员应该对小组的目标有一个比较类似的认识，在个性特征上也会有一些共同之处。同质性能够促进沟通，协助组员彼此之间建立关系。

组员应该认同和接纳小组的主要目标，这样他们在小组聚会中才能有所收获。工作者需要评估在多大程度上组员之间的目标是一致的，组员的个人目标与小组目标在多大程度上是一致的。如果缺乏对目标的共同认识，组员在小组中的互动就缺乏起码的基础。

组员之间还需要有一些共同之处，例如年龄、受教育水平、文化背景、完成小组任务所需要的专长、沟通能力和问题类型。工作者需要确定组员有足够多的共性，从而促进小组工作的深入开展。组员在多大程度上应该有共同之处，取决于小组的类型。在给刚做父母的人开设的教育小组中，所有的组员需要有一定的受教育水平，能够阅读英文文献，这样才能理解小组工作者安排的带回家阅读的材料。在治疗中心开设的青少年活动引导小组中，最重要的因素可能是他们的生活条件。而给酗酒者、吸毒者和罪犯开设的小组中，基本的共同点是组员面临着同样的问题。

在对治疗小组组员筛选标准的研究中，里瓦、利珀德和塔科特（Riva, Lippert, & Tackett, 2000）发现，一个从全国抽取的小组组长的样本中，人们提到了最重要的变量是组员的问题必须与小组主题完全一致，其次是组员的个人改变动机，接着是参与小组的热情，以及对小组能够帮助自己解决问题的期望。其他一些筛选组员的重要标准包括：（1）现实检验；（2）自我意识；（3）表达情感的能力；（4）忍受焦虑的能力；（5）自我袒露的能力；（6）对他人需求的敏感性。在一个对中途退组的组员和自始至终参与小组的组员的比较研究中，人们发现，表达自我的能力、信任他人和与他人建立关系的能力是最重要的预测性指标（Blouin et al., 1995; Oei & Kazmierczak, 1997）。因此，在筛选和选择组员时，个性因素是最重要的考虑。福赛斯（Forsyth, 2014）认为，性格外向、亲和力强和开放性大是受到大家喜欢的三个个性特点。

异质性

在大多数小组中，组员在应对策略、生活经历和专长水平上存在多元性。这有助于组员了解新的选择、不同的方法和不同的观点，他们可以选择这些来适应自己的环境。例如，在互助小组中，组员可以了解到其他组员采用了哪些有效的应对措施，自己可以学习哪些策略来解决问题。

在某些小组中，为了促进组员间的互相学习，工作者特意选择了一些拥有不同社会经历或者不同性格特征的组员。例如，成长小组中的组员可能来自不同的文化、社会阶级、职业或者地域，这样组员就有机会了解不同的观点和生活方式。组员间的差异会提供更多的机会，让组员获得支持、自我确定、互相帮助和学习。

工作者在任务小组的组员选择中要刻意建立异质性，以确保小组在处理复杂的任务，进行劳动分工时，有足够的资源。例如，机构的理事会通常是由那些来自不同的专业背景、不同机构或职业的人组成的。这些理事们会将法律、财政、市场推广和其他专业专长带入理事会。还有一些任务小组，例如代表委员会的成员代表了不同选民和不同利益的群体。例如，为研究青少年犯罪问题而成立的一个联合小组，其成员可能需要来自城市的各行各业，例如商业区、旧城区和郊区等。这种异质性就成为小组完成任务的一笔重要财富。

互补性小组结构

工作者还应该考虑选择具有互补属性的组员，这样在完成目标工作时可以产生小组协同效应（Forsyth, 2014）。要选择的组员应该包括下列特点：

- 在小组中有能力也有意愿与他人沟通。
- 接纳他人行为。
- 可能接受不同的观点、看法或态度。
- 有能力理解他人的行为。
- 态度开放，愿意与他人分享自己的经历，并倾听他人。

在治疗小组中，与同伴沟通不畅的组员通常会产生较多的敌对情绪，得不到同伴的支持。如果这些人一开始就被单独看待，或者和有类似沟通困难的人一起进入小组，那么，情况会更加糟糕。同样，那些不能接受或使用他人反馈意见的人，以及那些固执己见、不愿考虑其他观点的人都不是很合适的组员候选人。他们如果意识不到自己的行为如何影响他人的话，接受个案服务可能比参加小组更好。在任务小组中，同样的原则也适用，但是更强调招募那些有专业知识和献身精神来完成特定目标的组员（Tropman, 2014）。

非常可行的是招募那些能够把小组的需求或任务的要求放在个人需求之前的组员。工作者还应该寻找那些表现出相互合作能力的组员。无论组员的专业水平或能力如何，任务小组都可能因缺乏合作而受到阻碍。虽然我们难以预测组员们将如何一起工作，但当工作者组建任务小组时需要考虑组员的人格特征，如随和性、合作精神和开放性，重视这一点非常有益。

人口学和社会文化因素

在选择组员时，工作者要注意组员的三个主要特征：年龄、性别和社会文化因素。

在组建小组时，仅仅考虑年龄是远远不够的。工作者要找的组员，最好都处在同一年龄发展阶段，面临同样的生命周期任务。即使在同一年龄组中，成熟程度、自我看法和社交技巧也会有所区别。儿童和成年人具备各自的特点，这些特点并不仅仅依赖于年龄大小，而是通过与自己周围的环境、家庭、同辈小组和文化的多元互动形成的。例如，在组建一个儿童小组时，需要考虑儿童的社会和情感发展水平，以及儿童的年龄。

研究结果表明，小组内组员性别不同，组员的行为也有所不同（Forsyth，2014）。例如，在男性或者女性的支持性小组中，如果是同一性别构成的小组，组员间的支持和开放的气氛就很容易建立。在一个儿童治疗小组中，混合性别的组员间互动可能会受到影响，因为儿童在某个年龄段可能希望吸引异性或者忽视异性。

在某些情况下，混合性别小组会更加有效。例如，在青少年俱乐部策划的任务小组聚会中，混合性别小组是最适合异性组员间充分互动和建立关系的。同样，果断性训练小组应该包括男女两性，这样组员之间就可以真实地练习角色扮演。

在第五章中我们已经讨论过了准组员的社会文化背景的重要性。工作者需要根据社会文化因素来评估组员间的异同点。如果组员具有相同的社会文化背景，那么他们之间的支持和互动水平会随之提高。在某些情况下，工作者可以决定是否将具有相同经历的组员放在同一个小组中，以协助组员来处理某些类别的问题。例如，工作者可能对招募某个民族的组员进行限制，只招收同一民族的组员。同样，在给患有不治之症患儿的父母开设的支持性小组中，工作者也可以只招收来自同一民族的组员，从而保证组员在生与死、疾病、痛苦和失落等方面的信仰、希望和价值观是相同的。

还有一些情况，工作者可能需要有意识地吸收来自不同社会文化背景的人参加小组。多元性可以让组员们互相理解和互相学习。邻里中心和青年组织开办的社会化小组可能是由工作者组建的，这样，他们就可以鼓励来自不同种族、文化和民族的组员参与小组。有时候，组员间的差异会成为小组的力量源泉。例如，在策划一个关注提高邻里治安保护的社会行动小组中，来自不同文化背景的组员们可以对小组的最终目标提供广泛的支持。有的学者认为小组不要仅仅招收一名少数民族的组员，从而避免装门面的情况（Burnes & Ross，2010）。下面的案例中，我们展现了小组组建过程中常见的一些错误。

案例　组建小组

大卫是一名刚刚从业的学校社会工作者，他应副校长之邀，准备为七年级的学生组建一个小组。这些学生因父母正处在分居或者离婚中而在学业上遇到了困难。学生是由学校的老师、医务室的护士和学校的指导顾问们转介和推荐来的。在第一次聚会后，大卫不明白小组为什么搞得一塌糊涂。组员们不愿意听从他的指挥，工作者也无法按照自己计划的方案来开展活动。组员们互相嘲笑，也不服从小组规则。此外，小组中出现了几个次小组，阻碍了小组的讨论。大卫一直是按照小组建组的规则来操作的。尽管这样，小组还是没有凝聚力。他假定说，组员之所以这样，是因为他们在家庭中缺乏共同的情感联结。他还认为，因为这些组员同在一个年级，所以有很多的相同点，从而可以放在一起来工作。他们年龄相仿，上下不超过一岁，生活在同一个富裕的郊区社区中。在经过认真思考之后，他终于发现了自己的错误。自己组建了一个男女生混合的小组，没有考虑到在这样一个年级、年龄段和社会阶段，对男生和女生来讲其受到的影响是完全不同的。对中学生来讲，单一性别小组更加受到欢迎。他也没有去问组员是否真的愿意参与小组。另外，他没能够对组员进行筛选，从而导致两名语言和行为都很暴力的组员参与了小组。他们在小组中表现得非常具有攻击性，而这些组员分开的时候，大卫并没有发现他们的问题。后来，大卫还策划了一些时间比较短的小组活动，这样的活动很容易吸引组员的参与兴趣，情况与第一次聚会相比改善了很多。

规模

工作者要根据几个标准来确定小组的规模。工作者应该考虑需要多少组员才能有效地达成目标和完成任务。在确定治疗小组的规模时，工作者应该考虑组员可能受到的影响。组员对他们关注的事项或问题是否感到满意？这对于领导治疗小组的工作者来说是一个问题，因为组员之间可能需要时间来相互了解和分享个人信息。一般而言，研究文献表明理想的小组人数为七人左右，但应该考虑缺席情况，这样小组会议的规模就不会太小（Yalom，2005）。

在大型治疗小组中，组员有更大的学习潜力，因为小组中有很多额外的角色榜样。组员们有更多的机会获得支持、反馈和友谊，同时发言或表演的压力也更小。组员可以偶尔中断小组活动，并反思他们的参与情况。此外，在较大的小组中，当一个或多个组员缺席时，不会影响小组进展。小组参与者多的时候，就不会出现组员不够，无法产生有意义的互动等问题了（Yalom，2005）。

大型小组也有一些不足。小组规模越大，个体组员得到的关注就越小。亲密无间、面对面的互动就比较困难，形成不同次小组的危险也就增大。大型小组会导致某些沉默组员的退组和匿名。同时，大型小组不会对缺席的组员构成压力，因为此处组员的缺席不像小型小组中那么引人注目。对工作者来讲，对大型小组的控制比较困难。它们需要一个非常正式的程序来完成聚会任务。大型小组还很难获得凝聚力，达成共识也比较困难（Forsyth，2014）。

在任务小组中，工作者应该考虑不同的小组规模所固有的优点和缺点。与小型小组相比，大型小组为组员提供了更多的想法、技巧和资源，他们可以处理复杂的任务（Forsyth，2014）。总之，在任务小组和治疗小组中，应考虑到底需要多少组员，同时要考虑小组的目标、组员的需求、完成小组任务的能力，还要考虑一些实际的问题，例如组员是否能够参加小组活动，资助机构是否有限制等。下面我们来总结一下在决定小组规模时需要考虑的因素。

大型小组：

- 给组员提供更多的想法、技巧和资源。
- 可以完成更加复杂的任务。
- 给组员提供角色示范的潜在学习机会。
- 让组员有更多的潜在机会获得互相支持、反馈和建立友谊。
- 允许组员暂时性退出小组，并反思自己的参与。
- 即使有组员缺席时，也可以确保小组有足够的组员进行有意义的互动。

小型小组：

- 高度关注个体组员。
- 可以进行面对面的互动。
- 降低形成破坏性次小组的可能性。
- 降低组员退组的可能性。
- 工作者比较容易管理小组。
- 可以进行更多的非正式运作程序。
- 有更多的机会来建立凝聚力。
- 较容易达成共识。

177

开放式组员身份和封闭式组员身份

通常，在开放式或封闭式组员之间进行选择会受到小组目标或实际情况的影响。有些小组采用滚动招募组员的方式，工作者没有机会决定该小组是否是开放式小组或者是封闭式小组。例如，设在住院式治疗机构的治疗小组会在病人入院时增加其组员。在许多情况下，开放式组员资格是唯一可行的选择。例如，由于医院的病人流失率很快，工作者会发现组建一个小组，期望同样的病人参加固定期数的会议，然后一起出院是不切实际的。

然而在某些开放式小组中，还是可以计划好定期新增组员的。例如，一个用来研究精神病患者去机构化问题的委员会可能会发现，其需要不断增加来自社区组织和护理员的代表，才可以提出更加全面的建议，而新增组员不会中断小组过程。在治疗小组中，每隔一个月增加一些新组员也是可行的。这会给组员提供在新组员进来之前彼此之间建立联系的机会。

当工作者决定小组到底是开放式的还是封闭式的时候，他们需要认真考虑每种小组类型的优缺点。开放式小组可以保持小组达到一定的规模，当组员离开时可以补充新组员进来（Yalom，2005）。在小组生命周期中，组员可以进入小组、离开小组，但小组依然能够运作下去。

通常，封闭式小组比开放式小组更可取，因为前者可以获得更大的凝聚力，并能更快地通过小组发展进入小组工作的中期阶段。基于这个原因，他们通常更有成就感。在治疗小组中，有更多的隐私存在，可以发展信任关系，并且组员们能够经常在一个支持性环境中公开情绪化的和潜在污名化的经历（Yalom，2005）。例如，一个愤怒管理小组可能会发现，以同样的组员开始和结束小组活动很有帮助，这样新组员不会妨碍原来组员的进展。一个封闭式小组也可能有助于青少年母亲学习育儿技能，这样大家可以按照一个规定的课程大纲，学习以能力为基础的课程内容，学习方式非常系统。

封闭式小组的不足之处就是，如果小组中有组员退出的话，组员的人数可能就会过少，从而导致组员间的互动不够充分。封闭式小组中由于缺乏新组员加入，因此没有更多的新的想法、观点和技巧，这样封闭式小组可能就会出现像詹尼斯（Janis，1982）所描述的那样的"小组思维"，或者基斯勒（Kiesler，1978）所描述的"回避少数人或者外部的观点"（p.322）的情况。这种回避会导致小组内部出现极端形式的顺从，从而降低小组的有效性（Forsyth，2014）。

因此，在某些情况下，开放式小组是可取的。开放式组员身份允许新组员将新想法和新资源带到小组中。新组员可以改变整个小组的性质。在一个已经在运作的小组中增加新成员所涉及的困难是可以被克服的。例如，亚隆（Yalom，2005）指出，组员可以加入一个小组，学习小组规范，并参与其中，并不需要小组从头开始。例如，AA 的成员们很欣慰地发现，他们可以不经通知地参加社区内任何公开的 AA 会议。组员身份具有开放性的小组可以为生活中经历危机的人提供及时的治疗选择。他们不需要等待一个新的小组的开设。

然而，开放式小组也有潜在的缺点。开放式小组的组员可能会经历较弱的凝聚力，因为在这样的小组中，角色、规范和其他社会融合机制的稳定性尚未牢固建立。他们可能会有更少的信任和自我袒露的意愿，更少承诺定期出席小组活动或参与小组工作（Forsyth，2014）。组员的不稳定性也使得工作者更难策划有效的小组活动。

在策划开放式小组时，工作者还需要考虑哪些问题？工作者如果能够控制组员何时参加小组、何时离开小组，就需要在策划阶段决定什么时候最适合让新组员加入。例如，工作者可以决定，新组员可以在小组的初期阶段加入，然后就要保持组员稳定直至小组结束。或者，工作者也可以决定在某次特定的聚会上增加一至两名新组员。

在第三章中，作者提出当组员变更频繁且剧烈时小组发展会受到不利影响。为了应对组员变化的影响，开放式小组的策划者应该考虑确保每一次小组聚会都有一个完整的、可用来进行宣传的固定结构（Galinsky & Schopler，1989；Keats & Sabharwal，2008；Schopler & Galinsky，1984，1990；Turner，2011）。例如，每次小组活动可能会有一位特邀发言者，然后进行小组讨论。在每次会议中要不断讲解小组活动的主题，并强调会议对新组员开放是有帮助的。在高流动率的小组中，每次小组活动都要独立进行。也就是说，一个人就算没有参加以前的小组活动也可以参加当前的小组活动，并进行交流和沟通。此外，应考虑在一个固定的周期内轮换话题，以便所有住院病人或门诊病人都有机会学习小组中的每部分内容。总的来说，工作者应该为开放式小组策划结构化的活动，同时还要使组员能够按照自己的喜好和需要来适应和修改小组活动内容（Turner，2011；Keats & Sabharwal，2008）。

目前没有证据证明，与封闭式治疗小组相比，开放式治疗小组的有效性更强。临床经验表明，工作者更喜欢封闭式小组；但现有证据表明，开放式小组和封闭式小组一样有效（Tourigny & Hebert，2007；Turner，2011）。因此，我们还需要更多的证据来证明到底哪个小组更有效，因为在实践中许多小组都是开放式的，组员在治疗计划完成后就走了，并且在滚动基础上增加新组员。以这种方式更新小组也具有成本效益，因为它比创建一个全新的小组更容易（Tasca et al.，2010）。

（五）将组员导入小组

在招募了准组员之后，工作者需要对他们进行筛选，以确保他们适合这个小组，然后要将他们导入小组。治疗小组中最合适的导入方法就是接案访谈。一般来讲，接案访谈需要个别进行。接案访谈非常重要，因为它给工作者和组员提供了彼此形成第一印象的机会。

另外，将治疗小组的组员导入小组，也可以通过集体观看录像资料回顾前一个小组的情况，启发式的讲解，练习小组技巧例如如何有效地向他人表达自己的思想和观点等方式来进行。还有一个方法就是角色诱导策略，这一方法常被称为小组前的培训，可以通过半个小时或者几个小时的聚会来进行。小组前的培训可以提高小组的产出率，降低组员的中途退组率，提高组员对未来小组活动的满意度（Barlow，2013；Conyne，2010）。

将任务小组的组员导入小组，有时是以小型小组的形式进行的。例如，可能邀请新的理事会成员参加一个理事会培训活动，其中包括用几次小组活动来讨论机构的管理和规则、财务责任、筹款和公共关系等问题。

导入活动也可以有很多目的，但是主要还是：（1）解释小组目标；（2）让组员熟悉小组程序；（3）筛选合适的组员。

解释小组目标

工作者在将组员导入小组时，需要说明小组目标。在说明中，尤其要允许组员就小组提问，并澄清他们对小组的期望。当然，说明还需要比较详细，从而可以邀请组员提出反馈和建议。这可以帮助准组员参与讨论，澄清他们参与小组的矛盾心理。

让组员熟悉小组程序

组员比较关心的问题是小组的运作是怎样的。通过提问，组员可以试着理解小组运作的某些规则。在导入性访谈中，工作者需要向组员解释参与小组的程序和小组活动的过程。

治疗小组和任务小组的组长在小组初期活动的策划和主持阶段，都需要制定出一个聚会的常规程序。例如，某些治疗小组的聚会在开始阶段会利用几分钟的时间来讨论、回顾上次聚会的情况，然后用几分钟时间讨论本次小组活动中某些组员的担心和顾虑。小组还可以利用最后几分钟的时间总结一下本次小组活动，讨论每次的家庭作业，或者谈谈小组的进程。

任务小组常常会遵从固定的程序，例如阅读上次聚会的纪要，讨论没有解决的问题，提出新的问题等。这些程序一般都是由小组在初期聚会上决定的，但是在策划阶段讨论小组的程序能够帮助组员了解自己可以怎样参与小组，并对小组发展做出贡献。

筛选合适的组员

180

在导入阶段，工作者需要对组员进行筛选，确保组员的需求与小组的目标相匹配。工作者需要观察组员，并收集相关的信息。工作者也可以运用自己发展的标准来筛选组员，决定到底谁适合参加小组。在导入性访谈过程中，常常可以发现一些功能有障碍的组员，这样工作者就可以看出他们参加小组是否合适。

影响组员参加小组的因素如下：（1）无法解决交通或其他实际问题的人；（2）个人特质，例如社交技巧，与小组中绝大多数组员完全不同的人；（3）个人的需求、期望或者目标与其他组员完全不同的人。这些因素会与后期组员的退组密切相关（Barlow，2013；Brabender & Fallon，2009；Conyne，2010；Yalom，2005）。

> **实务中的多元性和差异性**
>
> 行为：微观、中观和宏观实务中，应用并传递对多元性和差异性塑造人们生活重要性的理解。
>
> 批判性思考问题：工作者要思考人口多元性如何影响小组。多元性对小组的贡献是什么？

（六）约定

在小组策划阶段，工作者就要进入与组员之间的约定过程。这种约定通常始于小组的开始阶段，通过工作者和组员之间的动态互动来推进，但某些约定过程在小组形成之前就已经启动了。

约定是小组中两个组员或更多的组员之间的一种口头或者书面协议。在一个合法的约定中，双方都要同意提供某些东西，尽管双方所提供的东西不一定需要对等，但是为了防止一方不能完成约定，需要将惩罚措施具体明确化。

在小组策划阶段，有两种形式的约定：约定小组程序和约定个体组员的目标。在小组开始之前，工作者应该对小组的程序做出一个基本的决定。这些决定包括小组聚会的时间长短和频率，参与小组的要求，确保保密性，以及其他的考虑，例如聚会的时间和地点，是否需要收费等。工作者还需要与个体组员约定各自的目标，尽管这种约定会在小组工作开始阶段进行。

在大部分任务小组和治疗小组中，约定是一种口头协约。例如，给领养孩子的父母开办的教育治疗小组中，组长可能同意小组进行五次每次两个小时的聚会，以说明如何成为领养孩子的父母，以及如何承担父母责任。组长还可能要统一解释机构会给小组提供什么样的帮助，以及如何保护寄养儿童的法律权利。组员可能会同意参加每次小组活动，运用小组中提供的信息来成为出色的领养孩子的父母。同样，一个治疗会议的组长可能会口头上与组员达成共识，讨论案例，决定讨论过程中每个组员的职责，以及商议在案例策划过程中获取到的每条信息应该被如何利用等。

有时也需要书面约定。书面约定可以帮助我们解释小组目标，还可以帮助组员澄清对工作者和机构的期望，使得工作者能够明确组员对自己的期望到底是什么（见图6.1）。

作为小组成员，我同意：
1. 参加所有的小组聚会。
2. 按时出席每次活动。
3. 不对组外的任何人提及组内成员谈及的内容。
4. 按时完成阅读计划、联系和治疗计划，承担所有我同意的任务和责任。
5. 参加小组聚会中的各种练习、角色扮演、发言和其他活动。

作为小组组长，我同意：
1. 为每次小组聚会做好充分准备。
2. 按时开始小组，并准时结束。
3. 为小组活动提供活动材料和点心。
4. 只与我的同事讨论小组内容，不与工作背景之外的人谈及小组情况。
5. 对每次活动进行评估，以确保小组能够协助组员解决自己的问题，并使得每个组员满意。
6. 为组员提供合适的机构和社区资源，以协助他们解决自己的问题。

_____   _____
　　　　　组员　　　　　　　　　　　　　　　　日期

_____   _____
　　　　　组长　　　　　　　　　　　　　　　　日期

图6.1 治疗小组的约定范本

如果组员或者工作者需要不断记起小组的目标、期望或者责任，那么在小组聚会时可以使用书面约定。一般来讲，书面约定可以明确说明小组参与的基本规则，而这些规则在小组生命周期中不可以改变。然而，约定的内容也可以在小组过程中由工作者与组员之间通过共同认定来协商。

任务小组中很少使用书面约定。聚会的日程和规则或者其他制约任务小组运作的规定，通常是联结小组组员的唯一书面约定。任务小组通常口头约定小组需要完成的任务、组员角色以及组内分工。

约定小组程序

工作者开始确定小组程序时，首先需要确定聚会的时间长短和频率。这些需要与小组的目标和组员的需求统一起来。在治疗小组中，每次聚会最理想的时长各不相同。在护理院中，给老年痴呆病人开办的小组，每次聚会可能不能超过 30～45 分钟；而给门诊病人开办的支持性小组，每次聚会可能会是 1～2 个小时。有些小组，例如敏感性培训小组，每次聚会时间就可以相对长一点，短期的长时间聚会可以让组员提高沟通水平，降低防御性。

在约定小组程序时，也需要确定小组聚会的频率。一般来讲，每周一次的聚会适合于治疗小组，当然，如果需要的话，聚会的次数还可以增加。任务小组的聚会频率要根据小组的任务要求、任务完成是否有时间限制等因素来确定。工作者还要考虑每个组员到底可以贡献给小组多少时间。

关于小组程序，还需要考虑其他问题。工作者要具体说明参与的要求、讨论的保密性或者其他制约小组行为的规则，例如讨论如何进行、决策怎样制定等。还有一些细节也需要介绍清楚，包括聚会的时间和地点、是否需要交费，以及工作者所采用的监督和评估程序是什么。

约定组员的目标

在策划阶段，工作者还要与具体的组员进行约定。在导入阶段，工作者要帮助组员描述自己参加小组希望实现的目标。工作者还要描述自己给小组制定的宽泛的目标，并邀请组员来描述自己对小组的期望。可以使用诸如这样的问题："通过参加小组，你希望实现什么目标？"它可以鼓励组员思考自己在小组中的角色、他们对小组的期望、自己的期望与工作者所描述的期望有什么异同。在第七章中，我们将详细描述与治疗小组和任务小组的组员达成约定的方法。

（七）环境准备

在准备小组环境时，需要考虑三个因素：物理环境，对有特殊需要的成员的安排，以及资金支持。工作者对这些因素的控制有时是有限的，但是在任何可能的情况下都要将它们纳入策划过程，这样可以增加小组成功发展的可能性。以下的清单中列出了需要考虑的环境因素。

- 房间：大小要适合小组规模和小组聚会的各项活动。
- 家具：座位的安排以及工作区和活动区能够满足组员的特殊需要。
- 技术：音像设备、电脑和通信工具等。
- 气氛：灯光、暖气和空调等用于营造聚会场所气氛的设备。
- 特殊需要：聚会场所是否适合各类人群的需要，如协助性技术、儿童照顾、交通和翻译等。
- 财务支持：资料费、技术、复印、广告、邮寄、招待（食品和饮料），以及其他的特殊安排。

准备小组的活动场所

小组的活动场所会影响小组组员的行为和小组聚会的形式。房间的大小、空间、座位安排、家具布置和气氛等都需要经过仔细考量。对小组活动场所的安排不周，会导致在聚会早期遇到困难、组员产生不合适的行为，以及在小组过程中出现难以预料的问题等。

房间的大小会影响小组组员是否能够积极主动参与小组活动，从而影响整个小组进程。一般来讲，小一点的房间能够促进组员之间产生积极的亲密感，较少分散注意力。大一点的房间会让组员的距离感加大，可能导致组员分心。如果小型小组在一个大房间中进行活动，组员的注意力就会被空旷的空间分散，比较难以专注于小组过程。

另一方面，房间过小会使得组员感到彼此之间没有空间，导致组员产生不安、易躁、焦虑的情绪，甚至具有攻击性。某些人群对聚会的空间大小尤其敏感。例如，小孩子喜欢空旷一点的房间，这样他们就有足够的空间活动。同样，残疾的老年人喜欢有轮椅通道的房间，舒服的、容易坐下起来的高背椅子，明亮但不晃眼的灯光，以及良好的音响等（Toseland & Rizzo，2004）。

要提供舒适的座椅。有时候，组员们可能喜欢坐在地板上，这样可以形成一个非正式的气氛。地毯、台灯、工作台和其他家具也可以协助营造一种舒适的气氛。令人放松的场所会给组员们传递这样一个信息，即机构把自己当成服务对象，处处为自己着想。

总之，工作者要考虑环境对小组完成任务所能产生的方方面面的影响。如果小组要进行非正式的讨论，工作者最好提供一些坐垫或枕头，让大家坐在地板上，借此来营造一个非正式的气氛。如果小组要完成正式的任务，例如回顾过去五年的计划，工作者就要营造一个更加正式的气氛，最合适的安排就是，将会议放在一个光线很好的会议室内进行。

做出特别的安排

工作者要高度关注组员的某些特殊需求，确保他们的特殊需求得到满足，从而使他们能正常参与小组聚会。例如，在与一些弱能人士一起工作时，工作者需要准备一个有无障碍设施的会议室，或者用电话或电脑的方式取代面对面的聚会。在策划家长小组时，要考虑儿童照顾服务。在儿童小组中，工作者要讨论交通问题，获得家长的同意，以保证家长能支持自己的孩子参加小组。在为英语是第二外语的人开设的小组中，工作者要安排翻译服务，或者找讲双语的同事来协助自己。

工作者还要特别关注残疾组员是否需要一些特别的帮助。例如，工作者要给听力障碍的组员提供手语翻译。在教育小组中，如果有某个组员身体高度残疾，最好邀请其私人护理一起参加小组，以确保这位组员能充分参与小组的讨论和其他活动。还有对于视力障碍的组员，可能要给他提供一些供盲人阅读的资料。

工作者要注意有些组员的疾病通常难以用肉眼发现，例如哮喘，但这种疾病可能会影响他们参与小组活动。因此，如果可能的话，工作者要在接案访谈中评估组员的情况，及时发现他们是否有特殊需要。

保证财政支持

工作者应该关注小组的各种支出情况。出于这个原因，工作者需要与小组的资助机构讨论相关的财政支出问题，首先需要评估机构的整体财政状况。治疗小组和任务小组所需的费用是不同的，但是，主要支出还是包括工作者的工资、聚会场所的费用、机构督导的费用等。其他的费用还包括复印、电话、邮寄、点心和交通费等。

掌握了有关开销和收入的信息，工作者就可以决定从哪里获得这些财政支持。有些开支，例如工作者的工资和聚会场所的租金都可以由机构提供。而对于有些现金支出，工作者需要事先向机构的财务部门提出预算。如果有少量现金在手头，工作者就可以比较灵活地将其运用于小组。

对于某些治疗小组，工作者可以向组员收费，或者申请某些合约服务或基金。任务小组通常都不能创收，小组的部分收入来自新的服务计划的筹款或者机构的筹款。还有一些任务小组可以通过向机构提供创造性的问题解决办法或者决策来获得一些收入。

（八）文献回顾

在策划治疗小组时，回顾文献资料是很重要的。循证小组工作的一个重要部分，就是搜索正在策划中的小组的有关文献。策划小组的人至少应该搜索四种文献：

第一种文献是针对类似小组的案例、定性研究的文章和书中的章节。这些信息有助于了解领导一个类似小组可能会是什么样子的，以及在策划过程中应该考虑哪些问题和主题。

第二种文献是循证类的文章或书中的章节，讲述一个类似小组的研究发现。这些文章不仅为策划中的治疗小组要解决的问题或解决问题的某些方法提供了证据，而且还可能指出用于评估策划中的治疗小组的措施，也可能有文献综述或元分析研究，总结了循证文献中关于策划此类小组的方法。这些总结文章为策划小组的不同方法积累了证据，可以让工作者知道类似小组是否已经被实施和评估过。如果有强有力的证据证明某个特定的方法非常有效，工作者应该在策划自己的小组时充分考虑文献中的发现，并将其融入自己的策划中。

185

第三种文献是工作者可以利用的各种电子数据库资源，用于看看是否有关于类似小组的专著讨论了自己要开办的小组的相关问题。即使工作者找不到策划相关的小组工作书籍，针对个人、家庭或其他治疗方法的书籍也会有帮助。心理学和社会学的书籍可能也有助于工作者在策划小组中概念化问题和制定治疗策略。

第四种文献是关于如何组织类似小组的实地测试以及循证研究手册和课程。这些循证研究手册和课程有时甚至还包含针对参与者的工作手册。通常，经过实地测试的课程可以在目录和其他出版物中找到，这些出版物来自针对特定人群（如儿童和青少年）的营利性出版公司。上网搜索或询问同事是否知道这些目录，也是找到这些课程的方法，这样工作者就不必在没有任何背景信息的情况下开始策划治疗小组。工作者可以对发现的课程进行精心改编，以适应所面临的特殊情况，满足本机构的需要。另一种方法是给组织过类似小组的论文作者发邮件或打电话，看看他们是否为自己领导的小组制定过小组工作议程和课程。还有针对儿童和青少年的小组治疗手册汇编（LeCroy，2008），以及政府机构如药物滥用和精神健康服务机构为许多不同的药物滥用和精神健康问题提供的免费治疗改进方案。

（九）选择监测和评估工具

考虑如何监测和评估一个小组的进展，越早越好。因此，在策划阶段，工作者就应该考虑如何监测和评估小组的进展。监测小组非常简单，可以像工作者使用记录表单记录小组活动的主要特点一样。小组记录形式如图 14.1 所示。组员们也可以自我监测自己在治疗目标或任务目标上的进展，并且可以在个案会谈中给出反馈。具体的方法，我们在第十四章中进行详细描述。

监测小组的变化过程和进展可以帮助小组维持在正常轨道上，并确保一致的目标是明确的并能够实现。我们的经验是，在临床研究中我们回顾了数百个小组的磁带和光盘，当小组偏离轨道时那些善意的工作者没有明确地尝试重新集中小组的注意力，导致人们远离目标，或者忘记自己的目标。这会使整个小组偏离既定的目标或完全失去重心。对此我们很惊讶，当我们回顾一组磁带和光盘时这种情况发生的频率非常高。当然，这里不应该忽略社会情感性因素的影响，我们并不是在暗示小组必须始终专注于任务和只专注于目标。平衡社会情感需求和任务需求对于一个小组的正常运作至关重要。与此同时，应该避免因为小组漫无目的地漂流而偏离轨道，监测小组的进展就是防止这种情况发生的重要方法。

　　在策划阶段，工作者还应决定以何种方式促使目标实现。在治疗小组中，工作者可能只是想在每次治疗开始或结束时与组员们联系一下，看看他们目标实现的进展如何。在小组结束的时候，可以要求组员评价他们目标的完成程度，以及就他们的目标还有哪些任务需要完成。在任务小组中，这可能意味着在每次小组会议上都要回顾小组完成了什么，还有哪些任务。工作者可能需要做一个更正式的评估，小组开始时做一次评估，然后每隔一段时间或小组结束时再做一次评估，看看目标是否完成了。在第十四章中，我们将详细讨论这些评估治疗效果和效率的过程和方法。在策划阶段，我们试图提出的主要观点是，不要把监测和评估任务留到最后一次小组活动中进行，这样就太晚了。监测和评估是持续的过程，应该在整个小组的生命周期中持续进行。早做计划往往比留待小组活动更有用和有效。

（十）准备书面计划书

　　在策划小组时，工作者可能会发现需要准备一份书面计划书。这样的计划书有时需要包含如何获得机构的资助，或者从不同的渠道获得经费支持，一份书面计划书还可以向准组员介绍小组的情况。花一点时间来组织和撰写这样一份计划书，还可以帮助工作者为小组聚会做准备。对于大多数小组而言，一至两页的简要说明就足够了。在附件 C 中，我们提供了这样一个样本。在附件 D 和 E 中，我们提供了两份计划书，一个是治疗小组的计划书，一个是任务小组的计划书。

（十一）策划远程小组

　　远程小组指的是组员并不需要面对面聚会的小组。相反，他们会通过电话或者互联网进行聚会。随着我们进入 21 世纪，这两类越来越受到大家的欢迎。

　　出于很多原因，远程小组是对"面对面聚会小组"的一种重要的补充和替代。在某些时候，人们无法通过参加小组社会工作来进行面对面的互动。例如，得了重病的人或者年老体弱的人通常无法参加小组聚会。还有的情况是，得了疑难杂症的人很难通过参加一个小组找到与自己同病相怜的人，从而互相支持。

　　交通和距离等问题也可能阻碍人们参加面对面聚会。在很多农村地区和郊区，公共交通不是很发达，而这里的人们又没有私家车，所以，对他们来讲，参加聚会是很不容易的事。还有一些人很难享受到机构服务，因为他们住的地方太远。即使在城市和郊区的社区中，某些健康和社会服务机构，例如地区性医院，也需要为分布在很大区域内的人提供服务。因此，要找到一个合适的聚会场所并不容易，加之时间安排和交通费用等问题也会对人们参加面对面的聚会造成很大困难。

还有一些情况是，人们有参加面对面聚会的条件，但是不愿意参与这样的活动。例如，有些问题是社会性污点问题，组员们并不希望在面对面聚会小组中向他人暴露自己污点化的文化身份。还有一些人，时间的限制使他们无法参加面对面聚会（McKenna & Green，2002）。对另外一些人来讲，社会性焦虑、高度的内向性都可能使他们很难参加面对面聚会小组。很多人认为远程小组非常安全，因为他们可以控制参与小组的时间、口头和书面互动的频率，不需要直接的身体接触等（McKenna & Bargh，1999，2000）。

与人们的预期不同的是，近年来的研究表明，在某些情况下远程小组比面对面聚会小组更加具有凝聚力，对组员行为的影响力更大（McKenna，Green & Gleason，2002；Postmes，Spears，& Lea，1999；Postmes，Spears，Sakhel，& de Groot，2001；Smith & Toseland，2006）。因为组员之间是匿名的，相互看不见，也就不会导致组员偏离小组的兴趣和价值观，而这些兴趣和价值观正是鼓励组员参与的主要动力（McKenna & Green，2002）。组员们再也不会将注意力放在某些个人特征上，例如肤色如何、处于什么社会阶层、穿什么衣服、开什么车等（McKenna & Bargh，2000）。他们更加关注吸引大家走到一起的大家共同关注的问题。例如，有个研究课题研究了以电话形式开设的心理教育支持性小组对年老体衰的老人的照顾者所产生的影响。研究发现，照顾者主要是老人们的成年子女及其配偶，他们具有不同的社会经济背景，彼此却很容易沟通。他们之间的关系就建立于大家都有共同的照顾经历，面临了相似的问题，而不是因为他们个性相似，或者社会经济背景相似（Smith & Toseland，2006）。

尽管远程小组有很多优点，但是，对远程小组的不足之处还是需要认真对待。有些研究表明，在远程小组中容易出现敌对情绪和攻击性倾向（Siegel，Dubrovsky，Kiesler，& McGuire，1986；Weinberg，2001）。例如，"火焰"这个词常被网民们用来描述那些发送过来的带有很强感情色彩、敌意的信息，而事先并未预警（Oravec，2000）。也许正是远程小组的这种匿名性导致了这样的行为。在互联网小组中，没有任何非语言暗示，没有口语中常出现的语调变化，也没有视觉上的暗示，这些都使得小组组员担心自己的信息在传递过程中可能会混入负面信息，而他们希望所有的信息交流都是正面的（Smokowski，Galinsky，& Harlow，2001）。

还有一个问题是隐私问题，特别是在向公众开放在线沟通时，隐私更是一个需要关注的因素（Oravec，2000；Smokowski et al.，2001）。即使在一个需要密码进入的小组，偷窥者也可以登录，只是不能参加互动。有些组员会在电脑屏幕上留下信息，而这些信息公众都可以随意看到。远程小组的组员也可以掩盖自己的真实身份，这样比较容易与那些处在弱势之中、希望与那些跟自己有相同生活经历的人互动的组员建立关系。

另一个值得考虑的问题是远程小组互动过程中组员得到的服务和信息的质量问题（Glueckauf & Noel，2011）。网络上交流的信息与科学杂志上的信息标准是不同的，在线和电话咨询员可能是那些没有接受过专业培训的人，他们无法按照专业标准和职业伦理

188 来提供服务。远程小组的组长可能需要对没有任何背景和情境的文字信息及时做出反应。由于这种载体的开放性，防止有害性互动或者抵消或抵制错误信息并不容易，由此提供一些有效的信息就变得非常困难。

　　远程小组的又一个潜在缺点是，要确保用于电话和网络小组的网站是安全的。组员需要小心病毒和其他安全问题，这可能是他们以前使用电脑时所带来的问题，还有来自外部网络黑客的安全威胁。组员的电脑必须清除间谍软件和其他病毒。密码应该不易被破解，并保持安全。还应该有一套信息提供给组员，并清楚地说明如何使用在线网站。这包括设置的屏幕截图，以确保隐私（Page，2010）。

　　如何提供紧急护理也是一个问题。佩奇（Page，2010）介绍了几个步骤，以确保在紧急情况下提供足够多的可以利用的信息。第一，建议准组员向组长发送一张带有签名的照片，并附上电子邮件、住宅地址和电话号码。第二，让每个组员发送两个容易联系到的紧急联系人。第三，应制定一份表格，其中包括组员医生的姓名和联系信息、服用的药物以及可能影响小组参与的任何慢性或急性疾病。第四，组员应准备一份书面的安全计划书，工作者根据每个组员的情况、社区和国家的资源准备情况，准备一份应急护理文件，例如热线，这样可以使每个组员都受益。第五，工作者应确保适当的信息发布到位，以便必要时工作者能够与应急服务提供者共享信息（Page，2010）。

　　尽管远程小组的缺点需要在实践中克服，但是电话和互联网服务为小组组员提供了帮助，近年来深受人们的欢迎，开始流行起来了。对于治疗小组和任务小组的许多组员和组长来说，远程小组的优点大于缺点。下面的章节描述了使用电话和电脑调解的远程小组的具体问题。

特别考虑：电话协助的小组

　　近年来，技术的发展使得多人同时在电话中沟通成为可能。这就是我们常说的电话会议或者是打个会议电话（Kelleher & Cross，1990）。直到最近，运用这个技术的还主要是大机构，用来召开任务小组会议，因为组员可能分布在不同的区域。但现在的很多社会服务机构也开始运用这个技术来给那些不能亲自参加小组或者更喜欢电话小组的人提供服务。

　　在组织这样一个电话协助的小组时，需要考虑这些因素：（1）确保机构的电话系统中有电话会议功能，或者能够找到足够的经费来购买这些服务；（2）如果参与者人数比较多，则需要一个话筒；（3）电话会议的设备；（4）参与者愿意保持相当长的一段通话时

189 间。本书的作者之一发现使用免提耳机和耳塞式耳机非常好用，但是后来我们发现没有这个必要，因为有些参与者购买和使用这些耳机非常困难。很多电话都有话筒，但有时其他组员会觉得听起来声音效果不好。此外，如果家里还有其他人的话，小组中的隐私就得不到保护了。

　　文献回顾表明有很多电话协助的小组，都是给那些有视力障碍以及感染了艾滋病的人开设的。尽管这些研究都不是受到严格控制的研究，但我们回顾后发现研究结果整体上都是很积极的。电话协助的小组有很多优势，主要包括下面这些：

- 方便并容易在家中参加小组活动。
- 减少了参与小组的时间，因为不需要出门。
- 私密性好，减少了污名化程度。
- 可以接触到那些居住在农村地区没有交通工具的人。
- 可以接触到那些不能出门或者需要在家照顾他人的人。
- 更愿意分享在面对面聚会小组中无法分享的话题。

　　与此同时，电话协助的小组也有潜在的缺点。一个缺点是会议电话的成本，如果使用主要的固定电话供应商，那么费用会相当昂贵。使用低成本的互联网语音电话会议供应商，如 Skype，可以大幅降低成本。也可以购买被称为电话会议桥的设备来进行电话会议，但是一个机构需要有足够的电话线来运行一个呼叫中心。对于非常大的机构来说，这是一种成本效益，因为成本可以分摊到许多工作者身上，这些工作者也可能将该技术用于管理和临床目的。为了帮助负担成本，也可以将电话会议设备出租给其他组织和私人从业者。下面列出了电话协助的小组的潜在缺点。

- 由于缺乏面部表情和非语言暗示，难以评估组员的需要，以及互动的影响。
- 难以给有听力障碍的组员提供服务。
- 技术问题可能会带来信息的扭曲、电话打不进来、背景嘈杂等问题。
- 在打电话者的家中可能会因为缺乏保密性而出现泄密的问题。
- 缺乏视觉和非语言暗示会导致小组动力关系改变。
- 难以开展小组活动，只能使用图表和声音媒体。
- 当组员没有面对面交流时，敌意或不敏感可能会被放大。

　　电话协助的小组还有一些不足，并非技术问题，而是在使用过程中出现的问题。例如，超过一个小时的电话协助的小组容易引起组员疲劳，特别是当组员体弱年老时（Stein, Rothman, & Nakanishi, 1993；Wiener, Spencer, Davidson, & Fair, 1993）。鉴于此，由于每次电话会议的时间长度是由电话服务提供者事先确定的，因此，小组长每次都要准确把握好时间，准时结束每次聚会。尽管对于大多数治疗小组会议来说，1个小时是最理想的，但我们已经能够成功地进行75分钟，甚至长达90分钟的治疗小组会议，这取决于小组的组员。例如，支持性小组的组员通常可以坚持90分钟的会议，只要他们不是太虚弱。对于小组会议的理想时间长度还需要进一步研究，但值得注意的是，任务小组电话会议通常持续90或120分钟，甚至更长时间，而组员们不会因为太累而无法继续。

　　电话协助的小组的另一个缺点就是，在每次聚会前后，都无法让组员有机会非正式地聚会。一个解决办法就是，在征得组员同意之后，安排组员在两次聚会之间找机会另外聚

190

一聚。在我们刚刚完成的对给照顾者开办的电话协助的小组的研究中，我们发现，组员可以在聚会之间找时间另外聚一聚，比如在电话会议结束之后，大家出去一起喝喝咖啡，或者去某位组员家里坐一坐。还有一个解决办法就是，在正式小组活动之前或者之后，大家可以打电话一起聊聊天。

由于在电话会议期间，组员之间缺乏视觉暗示，工作者需要特别关注组员声调的改变、沉默或者其他的暗示，例如组员对小组的回应比较少或者完全不参与讨论等。下面几个技巧能够帮助工作者：（1）每次沟通时都要让每位组员明确自己在参与；（2）在小组会议期间，要协助组员讨论一些令人沮丧的情境，例如小组聚会期间出现被忽视的暗示和打断别人的谈话，同时，要对大家积极讨论表示赞赏；（3）及时提醒组员澄清自己的观点，并互相之间提供反馈；（4）时常关注组员的情感反应，并让全体组员都意识到这些反应（Schopler, Galinsky, & Abell, 1997）。一般来讲，电话协助的小组的组长应该比在面对面聚会小组中更加活跃，协助组员在没有视觉暗示的情况下，更加有效地沟通。尽管有这些限制，但电话小组还是给那些身体虚弱或者孤独的人们提供了一个很好的替代面对面沟通的机会，来参加小组活动。

工作者如果计划开办一个电话协助的小组，可能还需要考虑下列问题，这些都是我们从自己最近开办的电话协助的小组中总结出来的一些经验（Smith & Toseland, 2006; Toseland, Naccarato, & Wray, 2007）。例如，我们发现，组长一个个地给组员打电话让他们参加电话会议的效果，就比让组员自己用密码打进来要好得多。如果让组员打进来，那么他们可能会晚一点才打，或者是在一个不太方便的地方打电话。如果组员事先知道，在某个特定的时间，组长会给自己打电话，他们就会等待。我们的经验是，如果组长给组员打电话，准时开始小组的可能性就会提高。我们使用的电话服务商会帮助我们强化每个打电话的人的声音，如果对方声音太小，他们就会设法提高他们的音量，而如果对方声音过大，他们就会降低对方的音量。尽管这样，我们还是不断提醒组员不要用免提功能或母子电话，因为采取这两个方式音量都很不好。我们还发现，每次都让组员在发言前自报家门，组员很快就能熟悉各自的声音，很快就能辨别出发言者是谁。我们的经验还表明，组长在电话小组中需要比在面对面小组中更加积极地参与。例如，在一个开放的轮流发言中，组长需要提示下一个该谁来介绍自己了，因为在电话协助的小组中，人们不能像在面对面聚会小组中那样明确发现下一个该谁发言了。

191   电话协助的小组的组长必须主动地将讨论的问题传达给每一个组员。重复或解释问题通常是有用的，因为组员可能没有意识到需要自己回答。在小组开始之前，组长与每个小组组员至少见面一次，这是一个很好的做法。有时候，要做到这一点是不现实的，因为组员之间的距离很远。在这些情况下，可以给电话协助的小组的每个组员发送一本工作手册，里面有所有的讲义、工作表和会议期间会用到的其他材料。这本手册会对组员参加小组很有帮助。通过这种方式，当小组组长谈论一个特定的话题或要求组员参加一个练习

时，组员们可以跟随工作手册的指引来参与相关的活动。这有助于弥补电话协助的小组无法像面对面小组那样使用活动挂图或其他可视媒体的不足。我们还发现，电话协助的小组的组员喜欢在小组开会一段时间后，找个机会见面聚一下。因此，如果计划召开一系列电话会议，那么最好让处于相同地理位置的组员加入同一个小组，这样就方便他们聚会。这样做还可以帮助小组组长在需要时将组员与自己周边社区的服务系统联系起来。至今为止，我们还没有发现组员因为在家中参加小组而出现分心现象。即使是要处理家中的一个突发事件或者必须离开一会儿，他们也会事先说明，他们回来后也会告诉大家一声。总之，我们发现参与者非常喜欢电话小组这样的形式，大部分人都可以参加 1 小时 15 分钟的电话小组聚会。

电话协助的小组还没有被广泛使用，在未来几年里还有一些问题需要解决。例如，对电话集团服务的补偿并不是很普遍，从业者在成立一个集团之前必须检查私人或公共保险公司是否会对服务进行补偿。关于提供电话服务的专业标准的文献中也很少有讨论（Glueckauf, Pickett, Ketterson, Loomis, & Rozensky, 2003；Maheu, Whitten, & Allen, 2001；Nickelson, 2000）。美国心理学会已经制定了一份关于电话心理治疗的道德声明（Haas, Benedict, & Kobos, 1996），但它的重点更多的是针对有心理健康问题的患者的一对一的电话治疗，而非聚焦于支持、教育或提供慢性疾病应对技巧的小组干预。然而，最近已经制定了一些远程服务标准，这些标准可以帮助那些领导电话、视频和其他计算机调解团体的人（National Board For Certified Counselors, 2012）。想了解更多有关电话协助的小组的信息，请参考格卢克考夫和凯特森（Glueckauf & Ketterson, 2004），格卢克考夫和卢米斯（Glueckauf & Loomis, 2003），格卢克考夫、尼克尔逊、惠顿和卢米斯（Glueckauf, Nickelson, Whitton, & Loomis, 2004），马丁代尔-亚当斯、尼克尔斯、伯恩斯和马龙（Martindale-Adams, Nichols, Burns, & Malone, 2002），罗斯沃姆、拉腊比和张（Rosswurm, Larrabee, & Zhang, 2002），特斯兰等人（Toseland et al, 2007）。

特殊考虑：电脑协助的小组

近年来，借助电脑的方式来开办小组越来越受到人们的欢迎。理论上来讲，现在有成千上万个给不同人群开办的电脑协助的小组，涉及身体健康、精神健康和社会问题方面。近年来也出现了很多对电脑协助的小组的研究，但都没有达到循证的标准（Page, 2010）。

工作者必须使用电脑和在线服务，才能成为开发人员、小组领导或电脑协助的小组的成员。该在线服务用于访问搜索服务，如必应、谷歌或雅虎，这些搜索服务依次被用于在互联网上查找所需的站点。例如，匿名戒酒组织可以在网上访问。

一些电脑协助的小组活动是实时进行的，也就是说，每个人都在特定的时间参与，讨论是交互式的。其他小组活动要求组员发布消息，其他组员可以随时响应。尽管术语可能有所不同，并且经常更新，但有三种不同而广泛的方式被用来规划和管理电脑协助的小组：（1）电子邮件/列表服务；（2）即时信息传递、聊天室，以及其他论坛；（3）讨论板。电子邮件/列表服务允许一组个人接收消息、信息和新闻。新消息和信息的发布可能仅限于特定的组员，只要有权限的人发布新信息，通信就会发生。即时信息传递能够形成实时的、同步的、交互的小组，这些小组通常限定在特定的时间段内，例如，每周五从下午1点到下午2点。讨论板通常24小时开放。这使个人可以在任何时间发布和回答信息，从而实现异步交流。

互联网上的网站对于那些可能面对面或远距离见面的组员来说也是信息和教育的极好来源。例如，可以鼓励癌症患者计算机调解的同步通信支持性小组的组员访问由著名数据来源（如美国癌症研究所）资助的站点，以获取有关诊断和治疗选择的最新信息。

近年来，像健康网络联盟（Alliance Health Networks）、一起治疗（Cure Together）、糖尿病联合（Diabetic Connect）、健康中心（Health Central）、激励（Inspire）、康宁（Ning）、与我相同的病人（PatientsLikeMe）和 Wetpaint 这样的社交网站，把有类似慢性健康问题的人们聚集在一起。他们可以相互联系，获得有关慢性病及其治疗的最新信息。其中一些网站鼓励成立新的小组，以满足那些有健康问题却没有得到支持性小组服务的人的需要。

我们还可以创建视频小组。组员必须在他们的电脑上安装网络摄像头，并且可以使用Skype、谷歌 Hangouts、参加会议（Go To Meeting）或者类似的技术平台。通过使用这项技术，说话的人的头像出现在电脑屏幕中间，参与者的头像出现在屏幕边缘，这样组员就可以同时看到每个人。当新组员讲话时，他们的头像会移动到屏幕的中心，而位于屏幕中心的人的头像会移动到一边。这使得非语言线索可以被观察到，不像使用电话小组技术。视频会议技术在小组社会工作中很受欢迎，在未来几年还会得到进一步发展。

计算机为参与者提供了许多优势。就像电话小组一样，电脑协助的小组提供了各种各样的支持。特别是对于脆弱的小组成员和有特殊关注的人而言，后者可能在任何一个地理区域都没有足够多的人组成一个小组（Page，2010）。电脑协助的小组也像电话小组一样提供匿名性，但对那些喜欢书面交流或24小时访问的便利的人特别有吸引力。虽然电脑协助的小组需要在硬件和软件上进行初步投资，但一些在线服务的收费比一些电话会议服务要便宜。此外，电脑协助的小组在消除时间和距离的障碍方面甚至比电话小组更有效。

有大量的报告显示，电脑协助的小组组员有着许多与面对面的支持性小组通常相关的治疗因素（Barlow，2013；Glueckauf & Loomis，2003；Page，2010）。也有越来越多的经验证据表明，电脑协助的小组是有效的（Coulson & Greenwood，2011；Fukkink & Hermanns，2009；Golkaramnay, Bauer, Haug, Wolf, & Kordy，2007；Haberstroh & Moyer，2012；Owen, Goldstein, Lee, Breen, & Rowland，2010；Riper et al.，2011；Spek et al.，2007；Spek, Nyklicek, Cuijpers, & Pop，2007）。即使如此，这方面的文献仍处于起步阶段，而且对于某些类型的小组，如乳腺癌和自我伤害行为问题的结果研究要多于其他问题的结果研究

(Haberstroh & Moyer，2012；Merchant & Yozamp，2014；Page，2010)。

电脑协助的小组有潜在的缺点。电脑协助的小组有时缺乏明确和负责任的领导。反过来，这有可能导致破坏性的互动、表面的自我袒露，以及使人际交往困难的人更加孤立无援（Barlow，2013）。可能还有其他问题，如不安全的场所、导致伦理问题的模糊边界，以及缺乏获得紧急服务的途径（Barlow，2013；Page，2010）。电脑协助的小组倾向于限制社会经济地位较低的个体使用计算机硬件、软件和高速网络服务。此外，私人、非营利或政府健康计划可能不提供某些类型的远程新小组服务。

除了费用报销之外，计划开办电脑协助的小组的工作者需要考虑许多其他问题。社会工作者和其他受过训练的专业助人者可能缺乏正式的协助，这可能使某些类型的电脑协助的小组面临很多风险。此外，还缺乏专业标准来规范如何远距离引导小组，或如何通过私人或通过社会和保健服务机构对服务收费（Glueckauf et al.，2003）。美国国家注册咨询师委员会制定的远程专业服务标准是解决这一问题的重要步骤，但还需要由国家社会工作者组织和相关卫生专业人员展开更多工作。

总的来说，在对其有效性得出任何明确的结论之前，需要更多的研究来揭示电脑协助的小组的好处和局限性，还需要有关于服务问责、法律要求、记录保存、报销，以及其他电脑协助的小组工作方面的道德和实践标准。

案例

194

凯西在一所大学的咨询中心工作，这个中心特别重视提供预防性服务。她发现，大学的医疗中心不断向她转介一些有抑郁症和焦虑征象的妇女，且人数不断增加。很多人已经生了孩子，她们希望能够继续大学学业，以便在孩子离家之后还可以有自己的职业发展。除了担心自己重返校园学习已经超出了正常读书的年纪之外，很多妇女的配偶或者父母们都不支持她们继续学习，因为他们担心她们要开始新的职业发展是瞎子点灯白费蜡。凯西就在考虑，开办支持性小组可能会帮助这些妇女。她用书面报告的形式，把自己的想法跟自己的督导进行了讨论，然后就开始筹备这个小组。

她首先与咨询中心的同事和医疗中心的同事进行了沟通，了解他们过去与年纪大的学生交往的情况，以探讨开办支持性小组是否有必要。她发现，这些同事也见过很多这样的妇女，她们都是在婚后很多年再出来读书，的确需要一些支持性服务。为了进一步了解这些大龄学生们的问题，她给当地社区学院打了电话，与社区学院中的一项专门给大龄人士提供服务的计划"从头开始"的顾问们讨论自己的小组计划。此外，她还跟几个妇女一起讨论了自己的工作计划，以确定她们是否需要参加这样一个支持性小组。她们似乎对这个主意非常感兴趣。凯西还跟自己的督导讨论了自己关于这个小组的初步想法。她的督导说，支持性小组与机构的使命和目标是一致的。她认为，这个小组能够帮助凯西的当事人完成重返校园的转换，预防以后可能出现的心理、社会和生理问题，因为这些妇女在寻求生活改变时还伴随着要开启自己的第二次职业生涯。

根据自己对小组初期的需求评估，凯西开始界定小组的目标。她发现，对小组目标的初步表述应该包括一些基本的信息，这样就可以帮助组员了解小组的性质，以及如何运作小组。她决定，小组的目标应该是"将妇女们集合起来，讨论如何开启第二次职业生涯，作为一个非正常年纪的学生重返校园，处理因生活改变而出现的家庭问题"。组员可以分享自己的经验，通过讨论和社会活动来互相支持。凯西希望小组可以帮助组员克服或者降低焦虑和抑郁水平，提高她们的应对能力。

凯西制订了一个包含两个阶段的招募计划，希望能够有足够的组员参加小组。她在咨询中心和医疗中心每周的员工例会上，向大家介绍了自己计划的小组目标，并请自己的同事们转介一些准组员。此外，她还写了一篇小短文介绍自己的小组，并刊登在学生通讯月刊上，这样小组的信息就在校园内广泛传播。在这篇短文中，她介绍了小组的目标，建议准组员给她打电话，来讨论她们是否有兴趣参加小组。

尽管凯西做出了这么多的努力，但只有几个人跟她联系，了解小组的情况。通过在电话中与感兴趣的人交谈，她得知很多人对重返校园学习已经感到力不从心了。虽然大家都认为参加小组的确非常有意义，但是，她们还是不太愿意把时间花在这件事情上。凯西建议说，准组员可以开一次会，来评估一下小组能否满足她们的需要，是否值得参加这样的小组。12 名妇女同意参加一次会议，但是，对大多数人来讲，最方便的会议时间只有 9 个人能来。

在第一次导入性会议上，凯西对每个妇女的情况做了笔记。她注意到，所有准组员都已经 40 多岁了，她们大多有了上中学或者大学的孩子，只有一个人没有孩子。所有人都面临着如何平衡学业压力和家庭生活压力的问题上。她们还在很多方面表现出了多元性，如家庭收入、种族、民族和文化背景等。她们在处理来自配偶或伴侣的不支持问题上，采用了各种策略，这表明她们可以互相学习。凯西还感到，所有准组员都思路清晰，对自己的私人和家庭状况都有独特的看法，并且有潜能来互相帮助。尽管只有 8 名组员参加了这次导入性会议，但凯西觉得小组的这种构成会促进小组治疗性过程的发展。

凯西描述了小组的目标，回答了组员关于小组如何工作的提问，并协助组员讨论和决定小组如何发挥功能等问题。在这次讨论之后，组员开始真正有兴趣参加小组的活动，她们似乎也很乐意与那些跟自己生活转换经历相似的人碰面。凯西和组员们约定，小组可以是开放式的，可以不时地增加新组员，但是小组的规模不要超过 8 人。此外，组员还讨论了有关出勤、保密、聚会时间长短、凯西在小组中的角色等问题。这次讨论过后，凯西注意到，组员们开始形成一个非正式协议，这样，在下次聚会时，就可以深入讨论这些问题了。她指出，在小组初期，组员可以先考虑自己的个人目标，可以跟小组里的其他组员一起签约。总之，导入性会议看上去举办得非常成功。

　　接下来，凯西与咨询中心一起做了很多安排，以支持开办新的小组。她给小组找到了一个舒适的聚会场所，交通方便并且很隐蔽。尽管组员不需要儿童照顾服务和交通服务，但是，她还是从咨询中心申请了经费，来购买一些茶点供组员享用。

三、小结

　　本章强调在小组工作中进行策划的必要性。社会工作者会考虑很多变量，并尽可能多地对这些变量进行控制。策划过程应以小组的宗旨、成员的需要和任务的要求为指导。

　　本章介绍了策划治疗小组和任务小组的模型。模型的步骤包括：（1）确定小组目标；（2）评估潜在的资助机构和准组员；（3）招募组员；（4）组建小组；（5）将组员导入小组；（6）约定；（7）环境准备；（8）文献回顾；（9）选择监测和评估工具；（10）准备书面计划书；（11）策划远程小组。该模型可以用于社会工作者可能会带领的各种不同类型的小组。所有的策划模型都代表了一套理想化、系统化的程序，这些程序根据机构实务的实际情况可能有所不同，但是遵循一个逻辑即策划模型有助于社会工作者帮助小组满足组员的需要并实现既定的目标。

第七章

小组开始

学习目标

- 解释小组开始阶段的工作目标和技巧
- 描述用来介绍组员和开始小组的具体技术
- 解释帮助组员建立小组归属感的指南
- 理解组员在参与小组时面临的挑战

本章概要

小组开始时的目标

小结

　　小组初期的特点是大家都小心谨慎和踌躇不定。如果有组员参加过其他小组，就会对这个小组产生很多期望。另外，他们可能在小组开始之前与工作者见过面，或者通过机构的其他工作人员或其他组员，对小组的目的有所了解。即使这样，在所有的小组初期，组员对小组能否达到预期的目的通常仍心存疑虑。组员会猜测他人对自己的期望如何，组长和其他组员是什么样的。因此，从第一次接触开始，组员们通常通过一些非语言暗示，例如着装和长相来了解对方。第一次正式接触的特点就是，组员会通过大家共同感兴趣的地方、人物、事件、休闲方式、职业等，来互相了解。

　　随着小组聚会的深入，就会出现"进攻-回避式"的冲突（Garland, Jones, & Kolodny, 1976）。有些组员试图努力接近他人，但是他们会刻意避免彼此走得太近，因为他们对在这种环境中建立的紧密关系还是比较害怕的。组员比较在意自己在小组中最初的表现，因此，在小组初期，每个人都会小心行事。在这个阶段，大家往往对自己对小组的期望以及自己在小组中的表现能力心中没底，表现得很谨慎。

在小组初期，最好不要讨论一些涉及情感方面的问题。这个时候如果有组员自我袒露了一些有情感深度的问题，其他组员就会感到不安，可能在一段时间内都不会袒露自己的想法。之所以这样，是因为在这个阶段，小组的规范还没有形成，组员们还不太清楚到底应该怎样做，应该怎样对他人进行回应。如果要求所有的组员都进行同样程度的自我袒露，组员就会感到紧张、害怕。他们可能还没有准备好在众人面前袒露自己，或者他们认为自己不会被他人接纳，不能得到他人的支持。

通过初期的接触，组员会确认自己在小组中的地位。随着小组的发展，组员开始明白在小组中什么行为是可以接受的，什么行为是不可以接受的。这种在小组初期出现的试探性的互动，成为组员们发展彼此关系的一个实验过程。小组组员们正在探索谁值得信任，可以向谁表露自己的思想和感受，可以跟谁建立持续性的关系。

组员过去的经历会影响他们在一个新小组中的互动。在小组初期可以做这样一个有益的练习，即让所有组员描述自己过去参加小组的经验，在描述中要特别强调这个经验会怎样影响自己参与目前这个小组。

组员对小组的反应是各式各样的：有的人会保持沉默，采用的是观望的态度。有的人会试图通过与他人交谈克服自己的不安情绪，或者通过向他人提问来探究自己在小组中的地位。慢慢地，小组内就形成了一个互相交往的模式，随着小组的发展，这个模式会越来越明朗化。

工作者要在小组发展进程中，明白这个模式的状况。工作者可以在模式形成和发展时期，不断指出这些相关模式是如何协助小组来实现小组目标和个人目标的。例如，工作者可以示范和强化那些鼓励组员积极参与小组的公开互动模式。

197

一、小组开始时的目标

小组工作的新老工作者都会把小组开始阶段看成小组工作最艰难的阶段，因为这个时期组员们都在寻找小组发展的方向，但是又对所有的建议表现出矛盾心理。组员们一方面要确保自己的自主性，另一方面又要适应小组，与其他组员和平共处。工作者的最初目标就是协助组员走到一起来，使组员以合作的、有效的方式来参与小组，同时还能感受到自己对小组的特殊贡献得到他人的尊重和肯定。

要实现这些目标，需要做到以下几点：

- 确保组员在与组长和其他组员建立关系时周围的环境是安全的。
- 协助组员做自我介绍。

- 从工作者的角度、组员的角度和资助机构的角度来明确小组的目的和功能。
- 讨论和明确组内的保密性。
- 使组员感受到自己是小组的重要一分子。
- 引导小组发展。
- 在小组过程中，要平衡完成任务和满足组员社会情感层面的需要。
- 设定目标。
- 签订协议。
- 鼓励组员参与，发掘他们的能力，让他们在小组中发挥作用。
- 处理组员的矛盾心理和抵制行为。
- 与非自愿组员一起工作。
- 了解和预测实现小组目标和个人目标过程中的障碍。
- 随着改变过程开始，要监测并评估小组。

198　　在后面几节中，我们还要详细介绍这些任务以及完成这些任务的技巧等。当然，在实务过程中，小组工作者需要同时关注这些任务，不能有所偏颇。

（一）确保环境安全

　　组员只有在参与过程中感到安全，才能很好地完成小组任务。因此，在开始阶段，工作者最基本和最重要的任务，就是确保组员在参与中感到舒适、安全和有保障。缺乏经验的工作者应该认识到，小组组员可能来自不舒适、不安全或不令人安心的环境。事实上，一些组员可能会高度警惕，在所有或大多数环境中担心会出现最坏的结果。这可能是许多不好的童年事件，或当前的生物、心理、社会、环境给他们带来了很多负面的影响所致。例如，组员们可能在童年时期目睹或经历了反复的创伤，如经历了儿童忽视，或者精神和身体上的虐待。他们可能经历过严重的贫困、种族歧视或暴力。他们可能在儿童青少年时期就被欺负过，或者知道在社区生存的方法就是加入帮派。作为成年人，他们可能会继续经历暴力、被边缘化、剥削、压迫等等，使他们在群体中保持高度戒备。

　　工作者应该表现出耐心和镇定，逐步向这些受创伤的组员展示小组是一个提供积极的支持、治疗和重建的地方，在这里，他们可以信任工作者，和其他组员一起努力，实现有意义的目标。工作者必须花时间建立安全和信任，然后才能继续进行小组议程，实现小组目标。如果小组的环境不安全的话，工作者是无法带领小组获得成功的。如果小组不能保障组员的身心安全，而单纯追求实现小组目标的话，那么这种方式是错误的。不能向组员提供安全保障，这本身也违反了职业伦理原则。

　　在很多的情况下，工作者需要在组员准备好之前完成指定的小组目标。工作者们应该牢记组员拥有自决权，需要社会正义。有些组员能完成的事情是有限的。工作者们需要认识到自己在某些情况下所能完成的工作的限制，要适应这种限制，并做到自我照顾。小组开始阶段的目标应该是参与和尊重，用一种积极的、轻松的步伐，让组员们逐渐分享他们的故事，并表达他们希望从这个小组中得到什么帮助。工作者应该认真倾听，尽可能地学习，同时鼓励组员使用他们的韧性、技能和力量来克服逆境，走向更健康的生活。小组组长可能会对某些组员产生即时或延迟的影响，也可能无法帮助另一些组员。工作者们通常很难知道他们对组员产生了什么影响。因此，他们应该保持积极心态，学会自我安慰，尽管他们可能会质疑自己能否对组员产生积极的影响。

有很多方法可以建立一个安全可靠的环境。首先，工作者应该承认，组员们可能没有安全感，也没有准备好自我袒露。在一些家庭和文化中，个体表现出脆弱——如感到不安全——是不可接受的行为。因此，组员一开始可能不想冒险分享自己的感受，这样的行为需要得到工作者的认可。工作者可以从询问组员愿意分享怎样的个人信息开始。工作者可以成为榜样，首先示范如何分享自己的信息，然后鼓励组员谈论他们的愿望、目标和梦想。工作者可以将这些愿望与小组能够帮助他们实现的目标联系起来。

另一个步骤是利用一切机会支持组员的目标，密切关注他们当前和长期的需要和愿望。工作者应该成为角色榜样，描述他们以前在类似小组中的积极经历，以及他们如何能够帮助组员拥有更好的生活。他们可以要求组员共同把小组变成一个安全、愉快的地方，以实现康复和成长。

在开始阶段，应该避免冲突、批评和其他形式的负面反馈。当出现任何不具支持性或激励性的语言或非语言互动时，工作者应该介入，温和地鼓励支持性互动，以提升和建立自尊。工作者们应该记住，在小组发展的后期，有足够的时间可以集中处理问题和议题。当组员之间建立起相互尊重和信任的关系时，在后期的小组会议中使用对抗或其他策略是更合适的。

在小组成立之初，工作者应该着重指出小组组员的优势和韧性，帮助他们获得力量，成为小组成功的重要推动者。在早期的小组活动中，以积极、乐观、热情的方式赞扬和鼓励组员的独特贡献是至关重要的，特别是当与非自愿、抵触或被强制参加的组员一起工作时，更需要这样。当组员们讲述自己的故事并得到肯定时，他们开始变得更加信任和开放。通过肯定和确认组员的经验，工作者表现出他们的细心和善解人意。他们会从组员的需要出发，与组员一路同行。反过来，这有助于与组员形成治疗联盟，增加信任。随着真诚和温暖的互动继续进行，组员们开始与工作者和彼此建立联系，并开始感到安全，这样才能解决他们在前进过程中面临的一些困难。当非自愿的组员开始参与小组活动时，及时帮助他们建立信任感，意识到小组是可以提供帮助的，这些都是非常重要的。

（二）介绍新组员

组员们到齐后，小组就可以正式开始了，工作者要做的第一项工作就是请组员做自我介绍。自我介绍能够帮助组员分享各自的担心和兴趣，由此发展出对彼此的信任。工作者可以告诉组员在自我介绍中主要介绍哪些内容，比如，除了介绍各自的名字之外，组员可根据每个小组的目标来确定需要介绍的信息。例如，如果小组是一个研究受虐妇女问题的跨机构的任务小组，组员之间需要介绍的信息就包括原因。如果小组的组员都是子女有行为问题的家长，那么除了要介绍自己的个人信息外，可能还需要介绍自己孩子的情况以及他们的行为问题等。

200

小组中的自我介绍给组员之间的互动提供了一个起点。因此，在分享各自信息的过程中，就需要能够提炼出组员之间的相似性。这时，工作者就要协助组员指出大家的共同点和共同关心的问题。工作者可以鼓励组员讨论大家的相似性和共同点，而不要过分关注自我介绍。相似点和共同点的讨论会让组员感到放松和自在，还可以增强小组的凝聚力——有时某个组员向别人呈现的问题，在别的组员身上同样存在。

案例　老年失智症照顾者支持性小组

工作者要求每个组员依次谈谈他们自己、他们关心的人，以及他们眼下正遇到的问题。其中有一名组员叫玛丽，她提到非常担心她丈夫开车，但他一直不肯放弃开车。这时，这位工作者暂停了小组介绍环节，问其他人是否经历过类似的问题，以及他们是如何处理的。有几个组员开始谈论这个问题和他们的担忧。工作者建议，既然这似乎是许多组员关心的问题，那么在小组会议期间还可以继续谈论开车的话题。在接下来的小组介绍环节中，另一名组员提到了她丈夫一些反常的行为，以及他是如何在她的房间里踱步、跟着她走的等等。这名工作者又问其他组员是否也遇到过这个问题，有几个人回答说有。这位工作者说，如果今天的会议没有时间讨论这些行为，那么他们会在下次小组会议上继续讨论。

提供机会让组员充分讨论和分享各自的共同问题和关心，是小组工作实务的一个独特之处，亚隆（Yalom，2005）把这种现象称为"普遍化"（universality）。参加治疗小组的组员通常相信自己是唯一受到某类问题困扰的人，在现实生活中，他们以封闭的方式在忍受某种问题的困扰，但是，实际上还是有很多人也受到同样问题的困扰的。小组的第一次聚会就提供了这样一个机会，让大家感受到自己并不是孤立的，这样会让他们感到自在，感到已获得他人的支持。

类似的过程在任务小组中也会出现。例如，来自不同社区机构的工作者在给某些有特殊需要的人群提供社会服务时，常常会感到心情不好，碰到很多问题。过去工作者可能会认为是自己在努力让制度不断完善，从而可以更好地回应服务对象的需要。现在不同的是，在任务小组中，或在治疗会诊中，当大家聚在一起时，工作者互相之间会分享各自的担心，他们共同努力，团结起来，为改变这种处境而奋斗。

轮流发言

让组员介绍彼此的最常见的方式就是让组员轮流发言。在使用这个方式时，工作者需要首先做自我介绍。在小组初期，组员会从工作者那里得到很多暗示，这时的工作者就发挥了示范作用，向组员展现如何介绍自己的个人特点。一旦组员听到了工作者的介绍，他们在介绍自己的时候，就会仿效工作者的做法，来介绍自己的个性特征。

有时候，工作者还希望组员在介绍自己的信息时，能够涉及一些工作者自身没有经历过的内容。例如，在家长小组中，工作者自己可能还没有孩子。工作者在自我介绍时，需要说明这一点，即自己没有孩子这一点可能会影响自己的工作，然后，邀请组员在自我介绍中就这个问题发表自己的看法。例如，工作者可以这样说："我自己还没有孩子，但是，过去四年中，我在夏令营、收养照顾机构中与孩子们一起工作过。"

组员在进行自我介绍时，一般不会超出工作者介绍的范围。事实上，他们介绍的范围往往限于工作者介绍的范围。因此，如果工作者希望有某种程度的自我袒露，或者希望组员能够在某个方面进行自我袒露，工作者在自我介绍中就要提出自己的期望。这样做并不是说要工作者点名让组员来介绍自己的私人生活。在小组初期，这样的强迫行为可能会为后来的开放式沟通带来障碍。

沟通方式和对自我袒露的期望会受到我们的文化传统的影响。例如，皮尔森（Pearson，1991）指出，在华人社会中，那些认定自己带有多种文化色彩的服务对象会相信，封闭的、私人的关系只在家庭组员之间建立，高层次的自我袒露是不合适的，因为"情感的经历和表达需要有一个平衡和限制"（p.51）。

轮流发言的其他形式

在某些小组的开始阶段，还可以采用轮流发言的其他一些形式。例如，为了鼓励组员之间的互动，可以把组员分成两人一组，让组员分别访问对方5分钟，根据工作者的要求，问对方一些具体问题。时间到了之后，大家回到大组中，每个组员根据自己通过访谈掌握的资料，向小组介绍自己的搭档。这个方法除了能够协助组员互相之间建立关系，还可以让组员在大组中更加容易进行自我袒露，因为新组员在一个一对一的环境中，相对比较开放，愿意更多地介绍自己，而在大组中则通常比较保守。

另一个方法就是舒尔曼（Shulman，2016）称之为"问题交换"（pp.428-429）的方法。组员在小组开始前，自愿公开讨论自己担心的问题。这样的开头会促进小组的互动，引导大家明确各自面临的问题和担心，同时也会让组员考虑如何处理这些问题。

在成长性小组中，还有一个比较有效的方式就是高度机密方法。工作者要求组员写下自己从来不会对新结识的人透露的一件事。工作者将这些高度机密收集起来，并在小组中念出来。组员共同猜测每个机密是谁说的，同时要说出一个理由，即为什么会猜到是某个组员。这个练习可在小组中反复进行。这个环节可以揭示组员间的信任程度和凝聚力。在小组中，组员一般在彼此之间的关系亲密和熟悉之后，才会透露比较隐私和亲密的高度机密。这种练习也可以叫作"我最尴尬的经历"和"我最了不起的成功之处"。

还有一个能够帮助组员袒露自己或家庭状况的练习叫作"我的名字"。工作者要求组员讨论自己的名字的由来、名字对自己的意义和对家庭的意义等。例如，有一名组员说，他父亲坚持给他起名叫塞缪尔，这是他死去叔叔的名字。这名组员不断地提及这个叔叔以及家庭的一些情况。他还提到了自己很讨厌父母叫他山姆，在13岁那年，他终于决定，他的父母和朋友以后要叫他艾伦，这是他的中间名字。这个练习可能会引出关于组员现在和过去感受的有趣的讨论。此外，它还能协助组员互相了解彼此的名字，这是开放式私人沟通的重要环节。

另外，还有一些游戏，比如"寻宝"，也是非常有效的。工作者要求组员发现其他组员身上的两三个特点。这个活动提供了一个结构式的但又是非正式的互动，它能帮助组员克服小组初期的焦虑情绪。组员发现的这些特点还需要在大组中进行分享。

在小组开始阶段，也可以配合一些小组活动。这些活动能够帮助组员分享个人的重要信息，同时有助于完成小组工作任务。小组活动除了能够提高组员间的自我袒露，还能够建立小组间的凝聚力。例如，在儿童小组中，可以要求组员选择一个小动物来代表自己。在介绍自己的时候，组员就用小动物来称呼自己，并要说明为什么选择这个动物来代表自己。还有一项适合儿童青少年小组的活动，就是让组员站成一个圈，然后与两个不站在自己左右的人拉上手，并要求在不松手的情况下，形成一个新的圈。

小组开始的其他形式

有很多因素会影响小组开始的方式。有时，工作者与组员在小组之前就已经熟悉了，这可能是因为组员是邻里服务中心或机构治疗中心的服务对象，或者是社区内的老朋友。同样，在一个任务小组中，组员可能彼此都熟悉，因为他们可能是同一机构中的同事，或者是同类机构的同行，他们服务于同一个服务对象，处理同一类问题。组员互相熟悉的小组，与组员互不相识的小组相比，给工作者带来的挑战是完全不同的。

对于那些过去认识的组员来讲，他们之间的互动模式会受到过去的交往模式的影响。不管目前小组的功能是否正常，过去建立的角色、关系和交往方式都会被带到小组中来。有几个组员互相认识，在过去的关系中组员之间可能是友好的、中立的或者不友好的，与陌生组员构成的小组相比，这类小组中出现次小组的概率会更高。这里有一个自然的趋势，即朋友和熟人之间的互动会较多，通常比较排斥陌生人。

如果能够了解到准组员的一些信息，那么工作者应该了解组员之间过去的互动关系。这些信息会给工作者提供一个指南，让他们去了解在小组开始时，组员关系可能是怎样的。它同样还给工作者提供了机会来制定干预策略，处理紊乱的互动模式。工作者可能希望利用组员过去的关系来重新考虑如何组成小组，理解小组过程中组员间的互动。例如，在某个院舍开办的小组中，工作者可能会根据院舍居民之间过去的关系，来决定如何干预，改善刚成立的这个小组的沟通模式。

常见的另一个方法是，工作者在小组开始前，就介入了一个过去形成的小组（参见下面的案例）。这个方法用于下列几种情况：（1）工作者开展外展服务，接触到了一群青少年；（2）工作者是一个自助小组的顾问；（3）工作者应邀参加一个过去成立的委员会；（4）工作者应邀担任一个原来设计的治疗小组的组长。这些情况与陌生组员构成的小组是完全不同的。在陌生组员构成的小组中，组员都在观望组长，寻找小组的发展方向；与此不同的是，在过去形成的小组中，工作者是小组的新来者，而小组已经形成了固定的互动方式。这类小组的组员关心的是工作者怎样才能影响小组，他们需要做什么才能适应这个工作者，工作者对组员的期望是什么，等等。组员们还可能表现出要与先前的工作者分离的情绪。在下面的案例中，我们展现了这些状况。

案例　处理组员对工作者离组的情绪

在接手担任一个药物滥用小组的组长之后，新来的工作者开始举办小组聚会。一开始，她就让组员来讨论如何看待自己取代原先的那位工作者。由于这个小组的存在已经超过一年了，组员彼此之间非常熟悉，所以，大家就坦诚地讨论了自己对换组长的担心。他们直言不讳地问及新来的工作者的资质、经验和领导风格。在讨论结果汇总时，新来的工作者非常认真地倾听着每位组员的发言。她很少说话，这样组员就有更多的机会发言。通过鼓励组员更多地表达，工作者有条件对小组的结构做出一个初步的评估，同时也发现了之前小组中发展出来的非正式的领导结构。

在与过去形成的小组一起工作时，工作者需要特别了解小组结构、目前的功能状态和过程。还有一点特别重要的是，工作者还需要熟悉小组的正式的和非正式的领导结构、组员之间的关系、小组面临的任务等。从原来的小组组长那里和机构的记录中获取的资料，能够帮助工作者了解如何接触小组。在与帮派或者其他社区小组一起工作时，很难找到这些小组的资料，工作者就要设法通过不同的渠道来获取信息。从小组组员那里获得的资料，只能作为参考，因为很难预测现有的组员会怎样回应一个新来的小组组长。工作者还可以在正式接手小组之前，对小组做一些观察。

工作者过去参加过小组活动的经历，会给组员带来很多适应问题，会出现一个接受并适应新的工作者，将其融入小组的文化中这样一个过程。一般来讲，在凝聚力强、自治的小组中，组员在过去一段时间内相处和谐，这样就很难接纳一个新的工作者，他们会希望工作者能够融入正在进行的小组之中。例如，来自一个邻里中心的工作者，可能有兴趣与一群一起长大的青少年一起工作，但是，在这些青少年真正开始考虑参加邻里中心组织的活动之前，工作者需要花时间与他们建立彼此信任的工作关系。

（三）界定小组的目的

小组的开场白

在小组组员的自我介绍之后，工作者需要就小组目的、工作者在小组中的作用等，进行一个简单的说明。如果组员不清楚小组的目的或工作者的动机，他们的不安情绪就会增强，对参与小组活动的热情就会降低。有证据表明，很多工作者没能很好地界定自己小组的目的（Fuhriman & Burlingame，1994）。尽管在小组组前访谈时，工作者已经跟组员详细介绍过小组的目的，但是，工作者还是需要在第一次小组聚会时，重申小组的目的。

工作者应该带头向组员们做一个宽泛而简洁的目的陈述。这些陈述帮助组员意识到并专注于目的，让他们能够参考并决定是否想要参与到小组中来。在陈述小组目的时，工作者应该清楚资助机构的角色、法律和资助要求，以及任何其他可能影响小组组员参与的因素。各组员应充分了解其参与的意义。工作者应该使用简单直接的语言，按照他们对组员参与小组情况的了解，把复杂的情况介绍清楚。

工作者要向组员展示自己是开放的，并且愿意充分地告知组员们一切信息，这是建立信任和工作联盟的一种方式。鼓励组员提供反馈是非常重要的，因为这能让组员觉得，在决定如何进行工作时，他们是工作者的伙伴。工作者应该尽可能多地营造一种氛围，让组员们觉得自己融入了小组，并且在小组中受欢迎（Paquin, Kivlighan, & Drogosz, 2013）。这包括促进互补性互动，帮助组员认同他们的同伴的情况，而不是把自己的处境和问题与其他组员的进行比较或者攀比。对其他组员所处环境的认同有助于每个人感到他们有共同之处，从而形成凝聚力，而比较或者攀比会导致组员彼此之间的疏远、竞争或对差异的感知的增强（Maxwell et al.，2012）。

案例 家庭暴力小组的目的陈述

在一个庇护所给家庭暴力女性受害者开办的新小组中，工作者是这样陈述小组目标的："这个小组将为那些遭受了家庭暴力，为逃避施暴者而无家可归的人提供支持、赋权和资源。这个家庭暴力庇护所长期以来一直在帮助与你处境相似的人。在这里，我们鼓励大家对谈论的内容保密，同时给大家提供支持和同理心，因为我们致力于帮助大家治愈并改变，过上更好的生活。记住，这里是一个安全的空间，你可以分享你想分享的内容，想分享多少都可以。希望你们能够互相帮助，我们也会尽我们的一份力来支持你们过上更好的生活。"

请注意，这一目的陈述旨在鼓励组员相信，工作者和其他组员将通过相互帮助和支持，让组员在小组的安全环境中实现康复和成长。该陈述说明了工作者试图在所有参与者之间建立治疗联盟。它强调安全、保障、参与自由和互助，并明确承认组员的权利——只在他们愿意披露的范围内分享。工作者可以继续强调保密性和资助机构的匿名保护原则，这对这类小组的组员来说是非常重要的。

协助小组界定小组目的
- 准备一个对小组目的的简要说明，在小组中传阅。
- 正面说明小组的目的，包括组员从小组中可以得到什么。
- 如果需要的话，在引导新组员进入小组时，让组员表达自己是如何看待小组目的的，并就此进行讨论。
- 以提高组员在小组中"匹配度"的方式来陈述小组目的。
- 组员在进行情感袒露时，要提到让组员感到安全和安心的重要性。
- 强调了解组员情况的重要性。
- 鼓励组员间的相互帮助和互补性互动，以建立友情和消除不信任感。
- 在初期的小组会议中不要关注分歧和争论。
- 突出共同点和对美好未来的共同愿景。
- 讨论小组与其资助机构之间的关系，强调小组与机构之间的互惠性。
- 邀请组员发表反馈意见，运用这些反馈意见来重新界定或修订小组目的。

对小组目的需要尽可能正面地进行表述。弗兰克（Frank, 1961）以及其他认知心理学家都指出了在心理治疗中运用劝说、期望和安慰剂效应的重要性。这些因素在小组实务中都有表现。对小组可以做什么提出一个积极的、充满希望的说明，就是充分利用上述认知期望的效果。在表达小组目的时，工作者不要关注组员的问题和担心，相反，可以从小组可以实现的目标的角度来描述小组目的。如下开场白就把重点放在了对积极的目标和目的的描述上："通过这个小组经历，你们可以学会……""你可以结束……""通过我们任务小组的共同努力，我们可以……"这样的表述通常很有效，这时不必过于关注组员所担心的各种问题，以免造成一种负面的表达。

工作者如果之前曾经成功地带领过类似的小组，就可以向小组介绍成功的经验。在治疗小组中，组长这样的陈述会给组员带来一个希望，那就是他们也能实现自己的目标。在任务小组中，组员通常会受到过去成功经验的鼓舞，使自己能够坚持不懈实现目标。

在开放式的治疗小组中，如果出现了老组员离开，新组员加入，那么那些离开的组员能够表达自己从小组中取得的改变，这对新加入的组员非常有帮助。专业的小组工作者应该学习一些自助小组的做法，如酗酒者匿名小组，它把成功组员现身说法当成了小组活动的重要组成部分。在任务小组中，工作者可以邀请有过小组经验的组员来向新组员进行介绍。

206

在小组的开场白中，需要简单介绍小组资助机构的功能。在治疗小组中，开场白需要说明小组服务的局限性，这样，组员就可以明白小组可以给他们带来什么，机构的服务领域是什么。组员的期望如果得不到满足，他们就会非常沮丧。开场白还要简单说明工作者可以怎样协助组员实现自己的目标。

在任务小组中，向组员介绍机构的任务和使命以及与小组目的之间的关系，能够帮助组员理解为什么开设这么一个小组。开场白要让组员理解机构的使命与小组任务之间的关系。例如，一般来讲，在任务小组中，组员常常会问自己的工作结果会被如何运用。例如，任务小组的组员有兴趣了解，小组工作的发现和建议在多大程度上能够推动政策、程序和实务层面的改革。

让组员走进小组

小组的开场白还有一个作用是让整个小组关注聚会的目标，为小组未来的深入讨论打下基础。开场白中的小组目的不应该是一个无法讨论、不可更改的定义。如果只是单方面把对小组目的的定义强加给小组组员，而不听取组员的反馈，就会减少组员对小组的投入感和需要改变的动机，同时，还会让他们感到自己的独立自主性受到威胁。

组长介绍的小组的目标和目的应该是比较宽泛的，这样，组员在讨论的时候就可以将自己的目标和目的放进小组目标和目的中。这并不是说工作者的开场白应非常简单，因为要清楚地介绍小组的各种目标和目的。在说明小组可以怎样改善组员的社会功能性或者是提高他们的应对能力时，也不能过于抽象，要让组员感到易于理解。开场白的语言应该简单明了，不要用专业术语。无论如何，组长还需要避免特别具体地谈及小组的目标和目的，而应该邀请组员就如何实现小组的目标和目的发表意见和建议。

当开放式的沟通与工作者期望的目标相冲突时，就可能出现这样的情况，即在开始阶段，非自愿组员可能不太愿意表达与工作者或其他组员不同的观点和想法。因此，除了鼓励组员就小组的目的和目标表达自己的观点和担心的问题之外，工作者还要征求组员的反馈意见。有几种不同的方式来完成上述工作。在治疗小组中，工作者要清楚地说明，小组的目的就是满足组员的需要，因为是组员的需要最终决定了小组的目标和目的。接着，工作者可以邀请组员表达自己的目标和目的，并对工作者介绍的小组的目标和目的发表意见。在这个过程中，工作者要认真考虑组员的评论，并对组员愿意分享自己的感受和想法表示欣赏，同时，还可以进一步鼓励组员提出反馈。在任务小组中，工作者应鼓励组员就资助机构对小组提出的要求提意见，与组员讨论是否有什么修改建议，并将这些修改建议转达给资助机构或提出具体要求的管理者。

要让组员感受到工作者邀请大家发表意见时的态度是真诚的。如果工作者不断鼓励大家发表意见，表达自己的观点和看法，组员就会感到自己的反馈是有价值的。例如，工作者可以要求组员针对小组的目标和目的怎样才能满足自己的需要提出建议，让小组得到改进。下面的案例就展示了如何简单明了地要求组员表达自己的目标。

> **专业的、符合伦理的行为**
>
> 行为：通过应用美国社会工作者协会的伦理道德标准、相关法律法规、伦理决策模型、伦理研究行为和符合特定情境的伦理规范来做出符合伦理的决定。
>
> 批判性思考问题：小组规范常常具有伦理意义。小组工作者如何在小组中帮助组员了解保密性？

207

案例 施暴者强制性小组

在开场白中，工作者提到，这个小组的主要目标之一是帮助小组中的男性控制自己的脾气。工作者问组员们他们还想完成什么目标。一开始大家都保持沉默。工作者什么也没说，过了一分钟，有个组员说他想和他的女朋友复合。另一个组员开始谈论他如何做了一些让他感到后悔的事情，并希望"把事情做对"。与此同时，几名组员表示，他们感到自己是被伴侣逼到了墙角，最终才"爆炸"的。他们原本是希望控制局面的，但是他们的伴侣不依不饶，一直在拱火。工作者接受了组员提出的这些目标，并告诉大家，小组就是要传授一些技巧和手段，来帮助大家应对这些状况的。

（四）保密

在治疗小组和某些任务小组中，在小组的开始阶段，工作者需要引导组员认真讨论保密的问题。可能对很多组员来讲，这是第一次讨论需要对小组过程中的内容进行保密的问题。因此，工作者要特别强调保密的必要性，以及泄密可能带来的危害。组员间的互相信任，是小组凝聚力产生和小组进展顺利的重要保证。当工作者让组员相信，小组是一个非常安全的场所，是一个可以安全地讨论具有情感深度的问题的地方时，组员对小组的信任感就会加强，凝聚力就产生了。在治疗小组中，组员通常比较担心的问题是工作者和其他组员会怎样利用自己在小组中分享的信息。组员在没有安全保障的情况下，是不会透露内心的担忧、建立信任感的。因此，工作者可以在整个小组过程中，时常提醒组员保密性的原则。这一点在一些院舍机构的小组中尤为重要，因为组员在组外的频繁接触，可能会造成泄密的情况。另外，在儿童小组和其他一些特殊人群的小组中，由于他们可能很难信守小组第一次聚会时做出的保密承诺，所以，工作者需不断提醒和强调保密原则，这是非常重要的。这在住宿机构中尤为重要，因为在小组之外组员间频繁的互动可能会导致违反保密原则的事情出现。

　　在第一章中我们提到过，在某些情况下，工作者可能有责任与执法机构的官员一起讨论问题。在治疗会诊中，工作者还可能会与自己的督导和同事交流信息。因此，工作者从伦理的角度要明白自己保密的底线，即可以在什么情况下与什么样的人讨论什么样的信息。

　　在很多任务小组中，保密也是一个重要的问题。组员可能不确定到底哪些问题、计划书或数据可以在同事或其他组外人员之间进行讨论。敏感的个人信息通常在任务小组中是不会涉及的。特别重要的是，小组组长要提醒大家注意，小组会议中的哪些内容需要保密，哪些内容可以与他人分享，以获得组外人员的反馈。下面的案例就说明了这种情况。

案例　州级任务小组

　　一个州级任务小组计划研究通过哪些方法可以改善社区内的老人服务，针对那些在社区独立生活达六个月以上的老人，如何采用一个单点进入系统来评估社区或养老院中可能需要长期护理服务的个体情况。工作组的组长强调了小组会议程序的保密性，让组员们知道，如果发布不成熟的信息或者不完整的信息，就会影响任务小组的工作，并使目前正在为老人提供长期护理服务的各种利益相关者感到不安。组长指出，工作组需要保密的另一个原因是，小组报告是初步的和咨询性的。工作组的报告提交后，立法机关与州长办公室会在进行磋商后举行听证会，经批准后，州长才会公布该报告。

　　工作者要专门安排时间来讨论保密的问题，在讨论保密问题的同时，可以组织小组讨论一些价值观问题。例如，工作者可能会让小组讨论社交小组怎样重视民主参与，尊重每个组员的个性、自决、合作和共同决策，以及在小组中如何进行个别化的运作。工作者要根据不同的小组类型，讨论因为组员在组外建立亲密关系而可能出现的一些问题。这些问题包括：（1）远离小组目标；（2）因讲闲话、建立次小组而给小组动力关系带来负面影响；（3）处理小组初期的冲突，弥补组员间破裂的关系。

还有一个有效的方式，就是工作者要协助小组设定一些原则，作为小组中组员行为的规范，当然，这要得到全体组员的认可和同意。这就是我们常说的小组规则。例如，组员可能会同意下列规则：

- 按时出席小组会议。
- 如果不能按时出席，需要事先向工作者说明。
- 当其他组员发言时，要认真倾听，不要轻易打断。
- 不要主导小组讨论。
- 尊重每位组员的想法和感受。
- 在表达自己的想法和感受时要真诚、诚实。
- 在回应其他组员的评论时，要本着积极、合作、信任和有益的态度。

工作者不能将小组规则强加给组员，相反，组员应该参与小组规则的制定，这样他们才会有一种主人翁的感觉。小组规则不应与规范混为一谈。随着时间的推移，如果大家都遵守这些规则，那么它们可能会成为规范。然而，规范是逐渐形成的，工作者的角色是引导小组发展，去遵守那些促进社会情感福祉和任务完成的规则。规则可能是这个过程的第一步，如果要让它们成为管理小组工作的规范，就需要温和地执行并遵守它们。

209

（五）协助组员感受到自己是小组一员

在小组的开始阶段，组员的归属感和凝聚力是很弱的。随着组员开始感到安全和自在了，工作者的一个首要任务就是协助背景不同的人（他们可能很理解小组，也可能对小组充满了矛盾心态）参与小组，让他们把小组组员看成一群持续性合作的伙伴。工作者要有意识地建立小组感，最重要的两个要素就是互相支持和尊重。

为了赋权组员，提升自尊，确保组员参加的小组活动都是他们力所能及的，这一点非常重要。要求组员参与小组活动时，不能超过他们的能力，这一点也是很重要的。这样，工作者就可以降低组员对亲密问题袒露程度的期望，或者是对小组不太切合实际的期望。例如，在接纳承诺疗法（Hays，Strosahl，& Wilson，2011）和辩证行为疗法（Linehan，2015）中，针对某个组员的残疾，大家是不能做出任何预期或者评价的。要帮助组员学习接纳过去和眼前发生的事件。

要让组员知道，每位组员都是小组的一分子。要做到这一点，可以采取的一个方法是指出组员的共同兴趣和目标。这样，组员会对彼此间的共同点比较感兴趣，他们知道自己不是唯一受到某个问题困扰的人，从而拉近与其他组员之间的距离。越来越多的证据表明，来自相似背景、拥有互补人生观和价值观的组员比背景、兴趣和价值观相冲突的组员更容易建立信任（Forsyth, 2014）。要做好这个工作，周密的计划当然非常重要。同时，工作者需要调动组员，帮助他们相互认同，强调共同点和互补的技能，同时要避免可能导致分歧或冲突的攀比。

工作者要正视分歧和矛盾，而不是视而不见。工作者可以把它们重新定义为了解其他组员如何看小组面临的问题的机会。工作者还可以鼓励组员们推迟讨论分歧和矛盾，等到他们更充分地了解彼此、建立足够的信任时，再来讨论这些话题，这有助于他们更加建设性地处理这些差异和冲突。指出组员之间的共同点，并不意味着工作者低估组员间的差异。

在小组的开始阶段，工作者可以采用不同的方法让组员发现并欣赏他们之间的差异。工作者要指出，组员的不同背景和视角都会促进小组的发展，这样就可以鼓励组员发现差异，接受不同的视角。工作者还可以提出一个非威胁性的、直接的话题，来帮助组员发现、理解和欣赏组员从不同的角度提出的各种看法。

工作者还可以运用小组活动和练习，采取生动的娱乐方法，来协助组员发现各种不同之处。例如，组长可以组织小组举办一次聚餐，请每位组员带来自己民族或国家的一道特色菜肴。另一个活动就是，要求每个组员设计一个能够代表自己个性特点的徽章，并向小组介绍自己的设计。还有一个活动是，要求组员设计一幅"自我袒露的拼图"，从艺术的角度来呈现自己不为其他组员所了解的一面。一般来讲，组员间的差异源于他们不同的背景和生活经历，对于这些差异既不能夸大，也不能视而不见。的确，工作者的任务就是协助组员欣赏并尊重这些差异。

工作者还需要保护组员不受到伤害，这样，组员会感到自己就是小组的一分子。因此，要及时纠正错误信息，制止人身攻击。同样，工作者还需要不断地观察小组，以确保聚会的内容不会给组员带来负面的情绪影响。工作者可以通过鼓励组员积极参与集体决策来赋予他们权利，也可以帮助组员认识到他们在小组中扮演着重要而有意义的角色。

（六）引导小组发展

不同的学者认为，有很多不同的方法可以用来引导小组的发展方向。有的学者提出，工作者在小组开始阶段，不需要提供任何方向性引导，只需要鼓励组员就目标和目的展开一些探讨，直到最后大家能够达成一致的认识。当小组的目标是学习小组动力关系和个人的人际交往风格时，非结构化的小组方法经常会被运用在动态训练小组和其他成长性小组中。然而，在没有组长任何指导的情况下，让组员自己努力达成目标的过程往往会增加组员的焦虑。因此，工作者在使用非结构式方法时，尤其是在面对一群功能性水平不高的组员、小组的时间比较紧迫、小组目标并不是探索个人风格的时候，需要特别小心。

治疗小组中的结构

小组工作中的人本主义和互助实践方法通常采用有限的结构化。在决定小组运作方式时，他们要确保组员之间能够达成共识，这样才能实现赋权组员的目的。工作者可以运用一些技术来影响组员的互动和自我的过程，但是要特别注意，千万不要操纵、控制、强迫组员（Glassman & Kates, 1990；Stainberg, 2004）。在支持性小组、社会行动小组和联盟小组中，特别适合运用人本主义和互助的方式来带领小组，因为这些小组关注的是提升组员的能力、发掘组员的集体能量和智慧，来实现小组目标（Saleebey, 2013）。无论如何，人本主义方法的一些要素，如尊重个人的尊严、个性和信仰，相信每个组员都有潜能来改变和成长，等等，都是各类小组工作中的核心内容。

人本主义学者指出，有些技术，如"引导"和"提出要求"能帮助组员发展和实施共识性的小组目标（Gitterman & Shulman, 2005；Shulman, 2014, 2016）。当然，也有几位学者提出了使用这些方法的背景限制。他们认为，对那些有严重残疾的组员或者是被强制参加小组的组员来讲，使用这些方法是不太合适的。很显然，在很多实务情境中，资助机构和整个社会，都期望工作者能够运用自己的权威来协助组员像其他社会成员一样发挥功能。例如，亚隆（Yalom, 1983）指出在与精神科住院病人一起工作时，有必要设立界限，明确一个清晰的结构。又如，莱文和加洛格利（Levine & Gallogly, 1985）提出了一些方法，用来在与酗酒者和门诊病人开展工作时，处理挑战工作者权威的问题。同样，第十章中讨论的一些实务方法适用于那些有边界人格紊乱、自杀行为和其他严重精神残疾的个体，还介绍了小组组长应该如何积极结构化小组过程。

在很多实务中，工作者开办了一些短期小组，如儿童社交技巧小组、给精神科住院病人开办的社交技巧培训小组、帮助新手父母学习育儿技巧小组、自我确定培训小组、愤怒控制小组等，因为工作者有足够的信息，可以运用他们认为能够给组员带来好处的一些技巧（例如，参见 Walsh, 2010）。在这些小组中，工作者被当成专家，由资助机构和整个社会任命。工作者可以为小组提供方向和结构，协助组员学习新的技巧。当然，即使在这样的小组中，组员也有机会分享个人的目标、小组的目标和聚会的日程安排，分享各自的担心，互相学习。在很多情况下，经验不足的社会工作者在没有花时间建立信任和帮助组员在小组中感到舒适和安全的情况下，会坚持采用结构化的心理教育小组议程。

在图 7.1 中，我们提供了一个案例，来呈现一个有时间限制的结构性育儿小组的一次活动日程安排。这个日程提供了第一次聚会的组织框架，表明了本次活动的目的、小组聚会中涉及的各种材料、需要阅读的资料和接下来一周中每位父/母需要完成的任务。

日期_____

活动次数 I
目的
在本次活动结束时，每个父/母都能：
1. 了解小组活动的目标。
2. 明确如何学习新行为。
3. 描述自己孩子的一个具体行为。
4. 说明自己在接下来的一周中将要对这一行为进行监控。
5. 描述如何对这一行为进行监控。

日程

1.	介绍
A	组长向小组介绍自己
B	组员向小组介绍自己（名字、几个孩子、希望小组解决的问题等）
2.	向组员介绍小组活动
A	本次活动目的
	目标
	为什么父母要学习育儿技术
	组员分工
B	小组协约——阅读和修改
3.	介绍行为修正——讲座
A	需要学习的新行为
	强化
	消除
	惩罚
B	角色扮演
4.	休息
5.	评估
A	讨论行为核对表
B	描述自己孩子的一个行为
C	制订监控计划：什么，谁，怎样，何时
6.	朋友系统
A	说明
B	选择朋友，组员互相交换联络方式
7.	安排
A	选择一个行为进行监控，并记录
B	给小组中的朋友打电话
C	阅读第一、第二单元（每章后面的作业选择性完成）
8.	评估

图 7.1　有时间限制的结构性育儿小组的一次活动日程安排样本

工作者要为每次小组活动准备与上表类似的小组活动日程表。

在有时间限制的结构性小组中，一般都要在小组活动之前把活动日程定下来。与结构性不强的、关注过程的小组相比，结构性小组更多地把确定小组目标和小组进行的方式的责任放在了工作者身上。在以过程为本的小组中，工作者一般会鼓励组员来扮演非正式领导的角色，发展自己的目标、日程和协议；而在有时间限制的小组中，组员的反馈仅限于用来修订工作者事先设定的小组的目标、日程和协约。

鲍尔和麦克布莱德（Bauer & McBride，2003），比林、麦凯布和安东尼（Bieling，McCabe，& Antony，2006），加文、古特雷斯和加林斯基（Garvin，Guterrez，& Galinski，2004），莱克罗伊（LeCroy，2008），麦凯和帕莱格（McKay & Paleg，1992），帕西（Passi，1998），罗斯（Rose，1989，1998），夏皮罗及其同事们（Shapiro，Peltz，& Bernadett-Shapiro，1998），怀特和弗里曼（White & Freeman，2000），还有其他一些学者都描述了很多类型的有时间限制的结构性小组的功能，如学习技巧、控制焦虑、应对生活难题以及学习育儿技巧等。这些小组的聚会次数大概在6～16次。每次聚会通常包含这些内容：（1）教育性资料；（2）角色扮演和鼓励组员练习学习内容；（3）讨论学习材料，以及组员在组外面临的问题；（4）用一段专门的时间来交流组员在组外完成作业的情况；（5）对聚会进行评估。下面的案例呈现的就是一个心理教育小组。

213

案例　医疗机构中的一个心脏健康小组

一名医务社会工作者决定将最近做过心脏搭桥手术的病人组成一个小组。病人的家庭成员也受到了邀请。这个每天一次、一共六次小组活动的结构是有个演讲人，然后是讨论阶段。讨论的主题包括营养、饮食、锻炼、保持积极的情绪、性生活和其他生活方式问题，如节制饮酒和减压技巧。演讲结束后，小组会为组员提供机会，讨论他们具体关注的问题，并练习减压技巧。

对小组效能的研究表明，带有明确目标、同质性、明确的日程和结构性的小组活动的效果会明显好于非结构性小组（Bauer & McBride，2003）。组员也报告说，他们比较欣赏组长能够提供特定的信息和有效的策略，从而可以帮助他们解决自己的问题。工作者需要时刻记住，组员的问题和需要不一定能在一个有时间限制的结构性小组中得到全部满足。例如，在支持性小组中，如果采用灵活的小组结构，就能最大限度地引导组员参与活动，这样的小组的有效性在协助组员公开讨论自己的问题、组员间彼此提供和接受反馈方面，会优于结构性小组。在这些小组中，工作者会鼓励组员尽可能多地与其他组员交往。在每次聚会中，工作者都会根据组员的反馈和达成的共识来对小组的目标和日程安排进行修改。

不幸的是，主张用短期的、结构性的、行为性的和以任务为中心的方式来开展治疗小组的学者，与那些主张用长期的、以过程为中心的人本主义方法的学者之间，缺乏足够的对话。那些主张采用单一方法的学者，常常看不到其他方法的价值所在。他们通常否认其他方法的贡献和作用，忽视构成所有小组工作的核心技术的重要性。本书的核心观点是，上述两种方式都有各自独特的贡献，它们形成了小组工作实务的一个连续体。在这个连续体的两端，单纯使用一种方法是非常有效的，但是，如果能够将两种方法融会贯通使用，效果就会更好。小组的结构需要在不同的背景中，根据具体情况来使用，才能帮助组员和整个小组实现个人和整体的目标。麦凯和他的同事（Mckay et al.，2011）的研究就是弥合分歧的一个令人鼓舞的尝试。

如果想要找到一些小组工作模板，来指导你解决在实践中可能遇到的各种人群的问题，最好是搜索数据库，订阅图书出版目录，并搜索呈现小组工作专业领域最新信息的网站。例如，World Cat 可以帮助识别包含循证手册和实地测试方案的书籍和章节，而Psych Info、Medline 和谷歌学术可以用来发现描述循证干预、项目和实践的文章。麦高恩（Macgowan，2008）和巴罗（Barlow，2013）写的书也可以帮助小组工作者进行循证小组工作。

任务小组中的结构

为了让组员能够集中精力关注需要完成的任务，要有一个书面的日程。图 7.2 展现了代表委员会日程的示范，在这个案例中，这是一个标准的、需要按部就班实施的程序。会议日程概要如下：

- 同意上次会议的纪要。
- 征求新的讨论议题。
- 宣布通知。
- 接受执行委员会和管理官员提供的报告。
- 讨论目前的议题。
- 讨论小组会议中提出的任何新的议题。
- 休会。

日程可以分成三类：信息、讨论和行动。日程通常还包括一些附件，能够解释日程的内容。带有附件的日程需要在会议前几天就提交给参会者，这样大家才有时间熟悉会上需要讨论的议题。

在任务小组中，需要从几个方面来鼓励组员反馈。组长可以鼓励组员在会议前提交一个正式的意见，这个意见可以放在日程上。当全体组员正式讨论这些意见时，要鼓励其他组员积极提出自己的意见。在会议中，组员的反馈要集中在会议讨论的议题范围之内。只有当预期的议题已经讨论完毕，小组同意讨论新议题时，组员才能提出新的议题。要了解更多有关如何领导初期的任务小组的知识，请参见利瓦伊（Levi，2014）和特朗普曼（Tropman，2014）。

		会议日期_____

塞浦路斯山丘代表委员会

议题顺序	信息	讨论	行动
1. 宣布会议开始			×
2. 同意上次会议的纪要			×
3. 征求新的讨论议题			×
4. 宣布通知	×		
5. 财务报告	×		
6. 计划委员会报告	×		
7. 理事长报告	×		
8. 紧急住房计划书		×	
9. 地方法修改建议（参见附件 A）			×
10. 妇女问题工作小组委员选举（候选人名单参见附件 B）		×	
11. 建议成立一个社区健康照顾特别委员会		×	
12. 新议题		×	

图 7.2 代表委员会日程示例

（七）平衡任务和社会情感焦点

在小组初期，工作者的另一个目标就是，需要在小组过程的任务层面与社会情感层面之间寻找一个平衡。贝尔斯（Bales，1950）通过对领导技能培训小组、委员会、陪审团、班级、治疗小组和劳资关系小组进行系统观察，发展出了描述小组互动的 12 种互动形式。其中，有一半的互动集中在问题解决和任务完成方面，另一半的互动集中在社会情感方面。贝尔斯提出的观察小组互动的框架是非常有指导性的，因为他指出，在所有的小组中，工作者必须同时关注小组过程中的任务和社会情感需要。

有研究发现，在任务小组中，三分之二的小组互动都集中在任务完成上，三分之一的互动集中在社会情感方面，例如，提供支持和缓解压力（Bales，1955）。在治疗小组中，有证据表明，组长和组员会花费更多的时间在社会情感方面，只有很少的时间被花费在任务完成上（Munzer & Greenwald，1957）。尽管贝尔斯（Bales，1950，1955）早期的研究与后来其他学者（Forsyth，2014）的研究重点不同，但是，他们的研究都表明，在任务小组和治疗小组的小组过程中，都不能忽视任务和社会情感方面。在任何小组中，如果只关注任务，可能就会导致组员对小组互动中的社会情感互动不满意。只关注任务，还会造成组员间的冲突，从而降低小组的有效性。因此，要在小组的任务和社会情感方面保持一种平衡。目前，还没有一种有效的方式以保持这样一种平衡。只有通过仔细评估小组和组员的需求，工作者才有可能找到这种平衡，并协助小组实现这种平衡。

（八）小组工作中的目标设定

在小组初期的几次活动中，小组常常需要花时间来讨论目标。当工作者讨论小组目标时，目标形成的过程就开始了。目标的设定实际上产生于个体组员与工作者、与让小组功能得以发挥的系统之间的互动过程中。

工作者的目标受到了社会工作专业价值观和目的的影响。作为社会服务机构的一员，工作者很明白自己的目标和社会服务的局限。工作者还要认识到自己在大的社会环境中的功能，这既有利于开展工作，又能约束工作。工作者目标的形成反映了他们的信仰在小组运作的环境中现有的资源、支持和限制条件下，能够在多大程度上得到实现。

工作者目标还会受到自己对组员了解程度的影响。在治疗小组中，工作者有机会在小组策划阶段与每个组员见面。在选择准组员时，工作者可以根据他们能否与小组的目标和目的相匹配来决定。工作者需要对组员的需求、能力以及面临的问题做出初步的评估。目标的设定就是建立在评估过程之上的。

在任务小组中，也需要经历同样的过程。目标的形成是通过工作者对小组与资助机构的关系和组员能力的评估来进行的。下面的例子展示的就是一个任务小组中委员会委员的角色和地位是如何影响他们做出具有影响力的建议的。

案例 检查跨部门合作的任务小组

工作者负责领导一个委员会来检查案主服务部门之间的协调性。该委员会的委员都是来自该机构各部门的代表，但大家都不是部门领导。委员会举行了几次会议，并提出了一系列改善协调关系的目标和建议。然而，考虑到委员会委员的地位和作用，他们提出的关于改善部门间协调关系的建议没有被采纳。相反，他们要准备一份报告，并将其提交给该机构的执行委员会，以便采取进一步行动，因为该委员会的委员在没有得到机构高层管理批准的情况下无权执行这些建议。

那些对影响自己和其他组员的问题、担心有独特看法的组员，也会影响目标的形成。在形成性小组或自然性小组中，组员都有机会比工作者更加了解彼此的问题和担心。

在形成性小组中，在第一次聚会之前，组员彼此不认识，组员的目标是基于很多因素来设定的。

影响组员目标设定的因素

- 对自己需求的评估。
- 他们过去为实现某个目标而进行的努力。
- 环境、社会和家庭对他们的要求。
- 他们对自己能力和能量的评估。
- 他们对社会服务机构资助小组工作的印象和经验。

小组目标的形成需要经过组员和工作者之间互相探索和谈判的过程。在这个过程中，组员和工作者需要开放式地就各自的目标进行反复沟通。

在不同的小组中，全体组员是否能够发展出共同的目标，情况是不同的。在某些小组中，组员的担心只有一个，而且是比较集中的。例如，在由患有长期肺病的抽烟人士组成的小组中，他们的目标可能就是减少吸烟。而在另外一些小组中，组员的要求可能比较多元。例如，对于精神健康机构中的门诊病人，很难帮他们发展出共同的目标。在这些小组中，共同目标的形成只能是一般性的，例如，改善组员的人际交往技巧。在小组中，个人目标的形成需要在一个具体层面上。例如，个人的目标可能是"在我面对一些自己难以接受的行为时，能够改善我的应对技巧"。

目标设定的过程，就成为工作者与组员共同进行对各自目标的探索和界定的过程。从这个过程中，可以发展出三种类型的目标：（1）以小组为中心的目标，关注小组的功能和维持；（2）关注全体小组组员面临的问题和担心的共同目标；（3）反映组员各自关注和担心的个体目标。在一个给有年幼子女的父母开设的教育治疗小组中，以小组为中心的目标可能就是提高小组对组员的吸引力，共同的目标就是妇女学习年幼子女的正常发展和成长的模式。对有孩子的父母来讲，个体的目标就是减少对子女发脾气的次数。

在任务小组中，可以确定三个层面的目标。例如，在受命对一个家庭服务机构的接案程序进行评估的委员会中，以小组为中心的目标可能就是建立开放的、以组员为中心的互动模式。共同的小组目标是向项目主任提出建议来改善接案程序。委员会个体的目标就是探访其他机构的工作过程，了解不同的接案程序，以便在下次聚会时与其他组员进行分享。

工作者需要帮助组员发展出清晰的、具体的目标。在小组初期，组员会形成一个自己希望在小组中达到的目标。例如，有的组员会说，"我希望不要太抑郁"或者"小组能够减少在给服务对象提供服务的过程中的文字工作"。

在组员陈述了自己在小组中的目标之后，工作者要协助他们界定这些目标，并尽量让这些目标具体化。工作者要协助组员明确自己目标的主观和客观指标，以及进行评价的标准。下面的案例就说明了这个过程。

217

案例　澄清目标，设定评估标准

对于这样的表述"我希望自己的抑郁水平降低"，工作者要协助组员以及其他组员来界定抑郁的指标，如失眠、胃口不好、能量低、抑郁影响等等。工作者还要引导小组帮助该组员确定评估目标实现的标准。对于这名抑郁的组员来讲，可能包括：（1）整晚可以睡好，不会很早醒来；（2）一天吃三餐；（3）干事有劲；（4）常常微笑和大笑。

清楚地界定目标能够帮助工作者和组员集中精力实现自己的小组目标。发展出清晰的目标是小组进入中期的前提条件。在小组目标得到重视，工作者与组员签约之前，首先需要尽可能清楚地说明目标。所有的组员都应该对目标的发展提出自己的看法，并且有机会影响小组实现目标的方式。

在过去形成的、目标不同的小组中，工作者的角色是完全不同的。在某些小组中，有些目标可能界定得不清楚，工作者的任务就是协助组员明确这些目标。这种情况常出现在儿童青少年小组中，他们对自己的目标没有认真考虑过。在其他一些小组中，清晰的目标是可能存在的。工作者不但要帮助组员建立可实现的目标，还要注意修改或者放弃那些可能无法实现的目标。

要在小组中就目标和目的达成共识，对那些被迫参加小组的组员来讲是非常困难的。尽管这样，让他们来讨论一些大家共同认可的目标，还是有一些好处的。例如，年轻的罪犯可能面临的选择是要么参加治疗小组，要么在监狱服刑。工作者可以先说明继续参与小组的条件和标准，然后鼓励组员在上述条件和标准的指导下，提出自己的目标。在这样的小组中，要建立组员间的信任关系，需要很长时间，但是，如果工作者能够不断关注组员的目标、组员的担心和希望，小组就会成为一个非常有效的治疗形式（Bauer & McBride，2003）。

（九）协议

在小组工作中，协议是一种双方就具体的期望、责任和职责达成的约定。下面列出了可以发展出来的各种协议的类型。与小组有关的协议是在小组中发展出来的，个别组员的协议则是根据个别组员的治疗目标或任务来制定的。

> **评估**
>
> 行为：收集和组织数据，运用批判性思维解释来自组员的数据。
>
> 批判性思考问题：帮助组员清楚表达自己的目标非常重要。小组工作者如何帮助组员以可测量的方式来陈述自己的目标？

协议类型
- 小组与机构之间。
- 小组与工作者之间。

- 工作者与组员之间。
- 两个组员或更多组员之间。
- 小组与个别组员之间。

最常见的类型就是个别组员与工作者之间签订的协议。例如，组员可以与工作者签约保证不再抽烟，更加自我确定，结交更多的朋友，等等。

协议也可以在两个或者更多的组员之间进行，以协助这些组员实现某些目标。例如，在自我确定培训小组中，有一名组员可能决定要在小组聚会的某两种情境中做到自我确定，并在组外一个情境中做到自我确定。这名组员可能会邀请其他组员来监督自己，比如在小组中，当该组员做到自我确定时，其他组员要表扬该组员，在组外要常给该组员打电话，看该组员是否在组外做到了自我确定。作为回报，该组员也要同意协助其他组员实现他们的特定目标。

第三种协议类型就是个别组员与小组之间的协议。例如，某个组员可能同意给小组带来某些资源，或者承诺将某次会议的结果报告给小组。在凝聚力很强的小组中，组员与小组间的协议会非常有效，因为组员都希望自己能遵守协议，让其他组员感到满意。

在与组员就目标和任务签约时，重要的一点是要尽可能清楚地说明小组可以实现什么样的行为层面的目标产出。以书面的形式或者口头的形式将目标具体化，需要清楚地表述各人的分工、具体条件，以及如何测量结果。

（十）提升组员动机

在对小组的目标和目的进行了初步的确定之后，工作者应帮助组员提升他们实现自己认可的任务的动机。动机是成功实现小组目标和个人目标的关键。在很大程度上，组员的动机取决于以下方面：（1）组员对工作者在小组中所扮演的角色的期望；（2）组员对小组过程的期望；（3）组员对小组工作作用的期望。组员对任何小组都会抱有一定的期望，而这些期望会对组员在小组中的表现产生深远的影响。例如，组员如果希望工作者告诉自己应该怎样运作小组，那么不会在小组活动中有很多的创意。组员如果之前参加过小组，却没有什么收获，那么期望在这个小组中通过努力合作实现小组和个人目标的动机就会大大降低。

当工作者和组员开始探索如何协作时，工作者应该帮助组员认识到自己的期望和动机。工作者可以通过直接询问组员他们认为在小组中可以做什么，以及期望小组以何种方式运作，来了解组员的动机。这些问题常常可以揭示组员的矛盾心理：一方面，他们愿意放弃自己过去的做事方式，另一方面又会担心出现新的、未知的改变。与此同时，工作者可以赋权组员，帮助他们感到自己是小组的重要组成部分，在小组议程中占有重要地位（Saleebey，2013）。

（十一）处理矛盾心理和抵制行为

有时候，组员不情愿正面回答工作者直接提出的关于期望和动机之类的问题，特别是当工作者在评估组员的期望和动机之前提出关于工作需要之类的问题时（Schwartz, 1971, p. 11）。组员可能不太愿意把自己矛盾的、对于自己完成刚刚签约的小组任务的能力的担心说出来，因为他们担心工作者可能会不同意。被强制参加小组的组员则不愿意回应他人提出的问题。下文就罗列了处理组员矛盾心理和抵制行为的技术。

- 关注公开的和隐蔽的关于完成小组工作的各种信息。
- 承认组员的矛盾心理，对组员成功实现小组目标和改变做出一个现实的评估。
- 协助组员处理自己的矛盾心理和抵制行为。
- 帮助组员选择参与小组的各种活动。
- 协助组员团结合作，发现组员可能会出现抵制行为的环节，克服阻碍他们全身心参与的障碍。

在工作者说明期望组员在小组中做什么以实现小组目标之前，工作者需要关注组员对完成小组任务传达出来的公开的和隐蔽的信息。如果工作者发现组员对实现小组目标的动机很低，工作者就应该与组员一起讨论这些信息的意义。

组员在改变自己有问题的行为时，通常会出现矛盾心理，这可能会成为实现小组目标的主要障碍。在这种情况下，没有矛盾心理，反而是很少见的。对组员来讲，要改变自己有问题的行为，不仅会出现矛盾心理，有时还会感到很痛苦，至少需要放弃一些旧的做事方式。工作者不能忽视、小看和批评这种矛盾心理，相反，要协助组员克服这种心理。指出组员的矛盾心理就是一个非常好的方式，可以让组员自己发现对行为改变的回应方式。工作者要坦诚地讨论组员面对改变的矛盾心理，指出组员有能力实现小组目标，让组员意识到这种心态是面对变化而出现的一种常见的反应。另外，工作者要指出组员已取得的成绩，这也有助于组员克服障碍，完成小组任务。

有个练习可以缓解组员的矛盾心理，即让组员关注某个目标，列出阻碍和推动实现这个目标的心理、社会和环境因素。这个练习的另一种形式是针对个体服务对象来进行的，也就是"工作领域分析"（Egan, 2013）。在任务小组中，所有组员都集中在一个小组目标上。在治疗小组中，比较常见的就是关注某个组员的目标，但是，偶尔也会就一个小组的共同目标展开分析。这样的练习可以在全体组员中进行，也可以将组员分成两人一组，或者组后回家进行。

在工作领域分析中，工作者要协助组员在纸上或黑板上罗列出实现小组目标的积极因素和消极因素，然后，在全体组员面前进行展示。这个过程能协助小组认识到促进小组目标实现的因素和阻碍小组目标实现的因素。这样一种视觉上的展现，可以帮助组员明白，尽管他们口头上都坚信能够实现目标，但是，还是有很多因素会在不知不觉中降低他们的动机。

在图7.3中，我们展现了小组中某位组员所具有的积极因素和消极因素。这位组员面临的决定是是否需要与丈夫分居。对各种因素的分析，能够帮助这位组员决定自己是否有足够的积极的动机来实现某个特定的目标。

221

问题：是否需要与丈夫汤姆分居

积极因素	消极因素
1. 汤姆酗酒。	1. 担心离婚会对孩子们产生影响。
2. 汤姆在过去一年中打过我两次。	2. 担心我的工资能否维持自己的生活。
3. 我和汤姆几乎每天都争吵。	3. 担心我能否在每周工作40个小时的情况下照顾3个孩子。
4. 留在婚姻中会让我感到愤怒和抑郁。	4. 感到我违背了对汤姆的承诺。
5. 我的婚姻关系已经影响到我的工作。	5. 我需要对父母和朋友解释分居的原因。
6. 汤姆和我基本上没有性生活了。	
7. 我们不断地争吵，已经影响了孩子们。	

图7.3　对积极因素和消极因素的分析

在某些小组中，工作者会遇到一些感到有压力的组员，或者是被迫参加小组的组员。这些感到有压力或者被迫参加小组的组员往往没有做好参加小组的充分准备，他们的情绪可能会拖其他组员的后腿。

鲁尼（Rooney，2009）出版了一本非常出色的教科书，来指导如何对待这些具有抵制情绪的组员。他指出，在这样的情境下，工作者要指出组员应该自由选择参加某类小组。某些人会选择参加某类小组，而不参加其他小组，而这些选择是由组员与转介机构之间达成的某种协议决定的。例如，在酒驾问题小组中，组员会选择参加小组治疗，是因为只有参加这个小组才不会被吊销驾照。工作者需要明白，有些组员实际上是不想参加这个小组的。还需要指出的是，组员是在某种环境下做出这样的决定的。工作者还需要说明，组员可以在任何时候自由退出小组，但是，他们一旦决定参加小组，就意味着要遵守小组规范，履行自己在小组初期约定的职责。

随着小组的进展，工作者有必要提醒组员，参加小组是他们的选择，只要参加小组，他们就不用受到更加严重的惩罚，例如坐牢或者增加缓刑的刑期。小组还要协助非自愿组员和抵制的组员找到参加小组的各种好处。例如，工作者可以鼓励组员互相讨论，找出自己目前生活中的积极方面和消极方面，以及他们希望做出怎样的改变。然后，组员可以提出他们希望小组怎样支持自己，协助自己实现这些改变（Saleebey，2013）。还有一个有用的方法就是工作者在提出清晰的工作要求时，运用"我"来表达。

222

案例　运用"我"来表达

我有个问题。你们有些人可能不愿意来这里。如果你们不愿意来，那就不用来。我不希望你们产生这样一个错误的印象，即我希望你们留下来。你如果不愿意留在小组中，则可以与转介你们来的机构进行磋商，接受不参加小组的后果。我的工作就是协助你们有效地利用你们参加小组的时间。因此，我希望，你们中间选择留下来的人认真考虑如何利用小组——你希望从小组中得到什么。认真考虑你生活中的问题，以及希望在小组中解决什么问题。我会给你们几分钟时间来考虑。然后，我们一起来讨论，看看可以一起做什么。我建议，我们先轮流分享自己对目前生活方式喜欢什么，不喜欢什么，以及希望有什么样的改变。然后，我们可以集中制订计划来实现这些改变，看小组可以怎样帮助你实现这些改变。

对角色扮演的期望

在小组初期，除了担心要改变自己平时做事的方式之外，组员还会担心自己不能像组长期望的那样，对小组发展有所贡献。例如，委员会的组员可能认为他们要做的事情太多，没有时间准备小组聚会，或者他们对委员会不能有所作为。同样，教育小组的组员可能对自己学习新知识的能力是比较担忧的；支持性小组的组员可能担心的是组员之间彼此不理解，或者无法分享各自的问题。组员对自己应该扮演的角色有一种期望，这会影响组员对小组的参与程度。因此，工作者需要向组员说清楚自己对每位组员的期望，并鼓励大家发表各自的观点和看法。在与强制性小组一起工作时，"角色澄清"是工作者必须使用的一个关键性技巧（Trotter，2015）。角色澄清给组员提供了一个平台，来表达自己对所面临的挑战的担心。它还可以帮助组员澄清自己不正确的或者不切实际的期望，同时也给工作者一个机会来修正自己的期望或改变自己的期望。

角色澄清还可以帮助组员理解工作者的双重角色——他/她既是社会控制的代理人，又是一个助人者（Trotter，2015）。考虑到组员在组内外的行为，工作者可以让大家明白哪些事情是可以协商的，哪些是不可以协商的。工作者还可以协助组员考虑其他机构对自己的期望，例如转介机构可能会建议组员来参加小组活动，从而使组员免于受到更加严厉的惩罚，此外，还有工作者、家人等人的期望等。用这样的方式来澄清角色可以在组员间建立共情，加深彼此间的理解，从而确保参加小组的各方都能够明确了解大家的共同点、小组的目标是什么。工作者还可以讨论组员不考虑来自转介机构、工作者和家人的期望的后果。这可以帮助组员厘清自己的选择，了解这些选择对自己生活的影响。

就做出改变这一目标或目的进行真诚的沟通

组员对自己做出改变存在矛盾心理，以及担心他人对自己提出过高的要求，可能会导致组员在小组初期不能完全坦诚地开放自己。舒尔曼（Shulman, 2016）指出，治疗小组的组员可以从分享最近面临的一些问题开始，这些问题"可能不会是最棘手的、难以启齿的问题"（p. 348）。建立信任包括让组员们谈论"安全"问题，以便在分享更情绪化的问题之前评估工作者和其他组员的反应。在任务小组中，组员可以提出外围的问题，而这些问题可能会改变小组的主题。工作者可能也希望把这些视为安全问题来进行解决，而不涉及困难或有争议的问题。

为了加强小组中的真诚沟通，工作者可以采取下列几个步骤：

● 对于组员提供的运作小组的建议和想法，给予足够的尊重。工作者不能忽视组员的建议，或者只把他们的观点当成"烟幕"或"无关紧要的题外话"，这样做只会导致组员的疏离，不利于鼓励他们积极参与讨论有意义的问题。相反，工作者应该努力理解组员透露的信息背后的问题。

● 将组员的表述与小组的目标有机结合起来。工作者可以问组员这些表述与大家认可的小组目标之间是否一致。

● 将组员信息中的相关内容放进小组刚刚讨论过的问题背景之中。

● 鼓励组员提出一些新想法，不要对新想法表示支持或反对。可以这样表达："我很高兴了解到你希望在小组中实现的目标"或者"我很高兴看见你非常关心小组的发展，提出了这么多的建议"。要让组员明白，工作者非常欢迎大家提出看法；但工作者不要对信息内容表达自己的立场。

鼓励社会接纳的行为

特罗特（Trotter, 2015）指出，在与强制性小组的组员一起工作时，需要特别鼓励社会接纳的行为。他提出，可以这样做：（1）在小组互动过程中，用社会接纳的方式来发表评论；（2）对用社会接纳的方式表示赞许，也就是说，让组员仿效用社会接纳的评论或其他方式来奖励这种表达；（3）采用社会接纳的方式来示范解决问题和应对困难；（4）澄清和对质反社会的评论和行为。

> **投入**
>
> 行为：应用人类行为和社会环境、人在情境中和其他跨学科理论框架来与案主和组员建立关系。
>
> 批判性思考问题：小组中有时会有非自愿组员。工作者如何将非自愿组员带入小组？

例如，在奖励社会接纳的评论时，可以就组员在小组中的表现，给缓刑官写封信等。还可以鼓励组员讨论各自如何努力学习这些社会接纳的行为，哪些努力是成功的，在组外有哪些因素阻碍了组员们的努力。接纳承诺疗法和辩证行为疗法都会使用家庭作业和实验性练习，在小组活动之外推动社会接纳的行为和自我陈述练习（例如，参见 Linehan, 1993;

Neacsiu, Bohus, & Linehan, 2014；McKay, Wood, & Brantley, 2007）。

（十二）与非自愿组员一起工作

在许多情况下，小组工作者需要与被强制参加小组的非自愿组员一起工作。非自愿是指迫于压力或被要求参加一个小组，以替代一些更严厉的惩罚，比如坐牢、缓刑或吊销驾照。非自愿组员也可能是那些被学校系统、治疗社区或其他机构强制要求加入一个小组的人，它们认为参与其中会对他们有好处。在后一种情况下，虽然组员们知道他们必须参加小组，但对不参加小组的后果可能并不清楚。非自愿或被强制的组员让工作者处于尴尬的境地，因为他们必须帮助组员做出他们可能不想做出的改变。

与非自愿组员一起工作的第一步，是评估他们是否准备好了要做出改变。普罗查斯卡、迪克利门特和诺克罗斯（Prochaska, DiClimente, & Norcross, 1992）开发了一个由五部分组成的改变模型：（1）前静观；（2）静观；（3）准备；（4）行动；（5）维护。赋权组员通常从前静观阶段开始，这一阶段可能表现为多种形式。根据戈德斯坦（Goldstein, 2001）的说法，有些不情愿的前静观者是不愿意考虑改变自己的，因为他们不知道变化对自己到底意味着什么，或者只是因为惯性而不愿意做出任何改变。也有一些叛逆的前静观者，他们的动机是避免改变，维持现状，这可能是因为同辈压力或者害怕改变会让事情变得更糟。有些前静观者已经放弃了改变是可能的希望这一想法。他们意志消沉，缺乏改变的能量。也有一些理性的前静观者，他们要么没有看到问题，要么把问题看成是别人的问题，而不是自己的问题。当与一群被强制参与的前静观者一起工作时，工作者应该仔细评估他们是不情愿、叛逆、听天由命，还是将自己的行为合理化。不情愿的前静观者可能只是需要信息，或者需要强烈感受一下自己行动的后果，以进入下一阶段的改变。因为同伴的压力或感觉他们的生活方式是更好的选择，所以，叛逆的前静观者会主动抵制改变。听天由命的前静观者是那些尝试过却失败了的人。他们缺乏动力和自我效能感来为改变他们的处境做任何事情，他们会为自己的问题找借口。尽管上述每种组员可能会对不同的方法做出不同的回应，但是，还是有一些共同的策略的，工作者可以使用这些策略来帮助这些被迫参加小组的组员，推动他们改变。

为了确定组员在不断变化的过程中处于什么位置，工作者可以从询问组员参加小组的感受以及他们希望从小组中得到什么开始。通过反思性和技巧性倾听，工作者要试图理解组员的感受，而不是评判、批评或责备（Lynch & Cuper, 2010；Miller & Rollnick, 2013；Waltz & Hays, 2010）。鲁尼和霍瓦内茨（Rooney & Chovanec, 2004）指出，在小组的初期阶段，组员可能会表达对工作者的敌意。工作者不应该因此却步，相反，可能需要在小组初期做出说明，承认并接纳组员们对于被施压或被强迫参加的感受，以及组员对小组的谨慎、不投入的态度。工作者还应该寻找有关组员动机的非语言信号。同辈压力、绝望和其他阻碍组员考虑改变的因素可能不会被直接表达出来，而会以沉默或反抗的方式表达出来。意识到这些非语言暗示的工作者应该接纳这些非语言暗示，并将这些非语言暗示反馈给小组组员，让他们知道工作者意识到了他们的感受。工作者应该避免争论或讨论组员们口头或非口头所涉及的内容，而应该顺应阻力，承认它，并让组员们知道，他们不过是对自己参与小组心存忐忑，最不济也就是不愿意改变自己而已（Miller & Rollnick，2013）。

在承认了对改变的抗拒之后，工作者必须弄清楚什么可以激励组员参与到小组的工作中来。要做到这一点没有简单的方法，而且每个组员的动机可能有不同的来源。米勒和罗尔尼克（Miller & Rollnick，2013）建议尝试寻找在组员当前的行为和他们的长期个人目标之间到底存在怎样的差距。在一些小组中，问题在于组员们没有考虑到他们的长期目标，或者他们的长期目标被不正常的家庭生活和贫困的社区环境扭曲。贫穷、绝望、虐待和忽视往往是这些问题的根源。同辈压力、反复失败、自我效能感缺乏或其他问题也可能导致当前功能失调的行为模式与工作者寻求帮助组员实现的积极的长期目标之间存在很大的差异。在这种情况下，工作者应该感同身受地承认这些问题。工作者应该真正关心组员长期的身心健康状况，同时，要非常现实地指出维持目前的不正常的行为，会给他们的生活带来怎样的负面结果。组员们可能不会接受工作者的观点，因此工作者可能需要花一部分时间来面对并确认这些感受，要求组员们讨论自己的世界观，并描述他们认为自己目前的行为模式将会导致什么结果。虽然一开始，组员们可能会对不公平的人、情况或制度感到愤怒，但工作者可以逐渐地重新组织讨论，讨论他们如何适应当前的制度，并获得资源让自己过上更好的生活。这种讨论也会加剧组员当前行为模式与未来期望行为之间的差异。工作者可以利用这些差异来激励组员做出他们认为可取的改变。

逐渐地，工作者为小组设定期望，但同时试图将选择最大化，而将各种要求最小化，帮助组员自己想出他们想在小组中做什么（Welo，2001）。鲁尼（Rooney，2009）发现，让组员了解在强制范围内有哪些选择，是非常有帮助的。例如，工作者可以指出，组员可以选择不遵守命令并接受结果，也可以使用强制性的小组活动时间来实现自己的价值目标，而这些目标又与强制组员参加小组的政府机构的目标一致。通过这种方式，组员们能够看到改变是在他们的控制之下的，并且是可能的，尽管是在强制命令下。

在这个过程中的某些时候，如果工作者请一位得到组员认同的嘉宾到小组中演讲，会很有帮助。通过讲述自己作为强制性小组的组员的经历以及如何克服阻碍改变的障碍，演讲者可能会帮助组员看到一条摆脱当前状况的道路，并开启组员可能没有考虑到的可能性。在小组中，工作者可能会发现有一些组员在变化的连续体中走得更远，比如那些正在积极考虑变化的人，或者那些已经结束了考虑而采取行动的人。通过鼓励这些人讲述自己是如何从前静观到静观再到行动的过程，工作者可以将这些先行者变成催化剂，来激励那些还在静观的组员。对话和互动可以鼓励组员组成一个同伴支持网络，帮助每个人进入下一个改变阶段，并克服他们在尝试改变时面临的任何障碍。

那些定期与非自愿组员或被强制的组员一起工作的人认识到，改变是非常困难的，绝不会一帆风顺。与非自愿组员一起工作是工作者所面临的最困难的挑战之一，但看到组员们愿意行动起来做出改变，也是工作者能拥有的最有益的经历之一。重要的是要记住，改变必须来自每个组员，工作者的角色是培养小组氛围，让组员可以轻松舒适地谈论改变，并开始实现他们自己的愿望。外部激励，如拿回自己的驾驶执照、及早离开治疗机构或减少缓刑时间等，不会带来组员长期的改变，组员只有看到美好的未来和发展所必需的自我效能感，才有可能变得有上进心。工作者可以做好准备，充满热情，与组员们一起应对困难，同时提供必要的鼓励和资源，以帮助激励组员为自己创造更好的生活。更多关于与强制性小组的组员合作的信息，请参见埃德威奇和布鲁德斯基（Edelwich & Brodsky，1992）、戈德斯坦（Goldstein，2001）、米勒和罗尔尼克（Miller & Rollnick，2013）、鲁尼（Rooney，2009）、鲁尼和霍瓦内茨（Rooney & Chovanec，2004）、舒密尔和雅各布斯（Schimmel & Jacobs，2011）、威洛（Welo，2001），以及本书第九章的内容。

（十三）预测障碍

在小组工作初期，非常重要的一点就是，工作者需要协助组员预测在实现小组具体目标和目的的过程中可能会遇到的障碍，有必要让组员来描述自己预见到的在实现个人和小组目标过程中可能会出现的各种障碍。有时，工作者还需要鼓励组员参与时间投射的小组活动。这个活动要求组员想象在小组结束也就是完成了小组任务后，自己会是怎样的。工作者还要鼓励组员讨论小组中出现的变化、怎样才能得到自己周围的人的支持和认可，以及在组外的环境中会有哪些因素阻碍小组实现自己的目标。当组员分享了各种可能的会影响长期、有意义的变化出现的障碍时，工作者就要协助小组讨论如何克服这些障碍。

我们的经验表明，当工作者和组员都意识到有这些障碍存在时，他们就会在小组中期计划如何克服这些障碍。一些工作者和学者的研究表明，冥想、正念或其他经验练习可以帮助人们接受自己的过去和现在（Hays, Strosahl, & Wilson，2011；Linehan，1993，2015；Lynch & Cuper，2010；Waltz & Hays，2010）。在第九章中，我们将详细介绍在小组中期可以运用的一些方法，协助组员克服阻碍小组目标实现的障碍。

（十四）监测和评估小组：改变过程的开始

在小组刚开始工作时就监测和评估过程，是非常重要的。在治疗小组中，在开始监测时，工作者应密切注意在小组成立之初各个组员的问题和关切点，以及他们希望确立的初步目标是什么。仔细记录这一点是很重要的，因为工作者可以从一开始就向组员们展示，他们最初的担忧和问题是如何得到澄清、重新定义或调整的，因为他们从小组中得到了反馈和支持。这本身非常有价值，因为这向组员们表明，改变过程已经开始。当小组不断发展的时候，工作者应该指出积极的变化，对组员的表扬也要慷慨。那些没有迅速改变的组员也可以放心，如果他们继续努力，改变就一定会发生。工作者应该鼓励这些组员避免对自己过分苛求。在开始阶段，组员们需要得到鼓励，以朝着改变的目标前进，并避免陷入自我挫败和自我批评的状态，这种状态往往源于低自尊，并长期生活在不利的环境中。对改变过程保持积极的态度可以帮助组员成长和进步。并且，工作者要让组员放心：即使面对障碍和挫折，他们已经取得的进步也可以继续下去。

监测最初目标实现的程度也有助于为小组确立一个目标，并让组员明白他们正在努力实现的目标。在随后的小组聚会中，我们发现，每次活动开始时，我们都要求组员陈述自己的暂定目标，这个做法非常有帮助。这能让他们专注于自己想要完成的事情，也能让他们修改和重新确定自己在第一次小组活动中提到的目标。它还鼓励尚未制定目标的组员开始制定目标的过程。在第二次小组活动时，可以让组员开始细化目标，建议组员在小组活动结束之后做些什么来明确目标，并开始采取初步的试探性步骤来完成这些目标。让小组组员专注于目标，通过参与小组活动来实现目标，越早越好。与此同时，一些组员可能需要时间来制定目标。工作者应该让小组成为组员的安全场所，这样目标制定的迫切需求就会逐步被这样一种理解取代：改变过程是一个困难的过程，需要时间来完成。

在任务小组中，监测应该关注整个小组的目标。工作者应该记录每个组员对目标制定的贡献，要特别监测谁同意，谁不同意。工作者应该寻找组员之间的共同基础，在此基础上，任务小组可以继续前进。就像在治疗小组中一样，在任务小组中明确目标是必要的。同样重要的是，工作者在随后的小组会议开始时，要描述一致意见和共同点。当然，为了明确目标而进行妥协或协调的工作也是必要的。

小组开始的时候也是任何评估过程落实到位的时候。在治疗小组中，工作者可能要设计一些基线测量手段，小组组员可以采取这些测量手段来监测自己的进展。例如，在一个抑郁症病人的小组中，工作者可能会分发抑郁清单，或者让组员在图表、日记或日志簿中监测自己的抑郁状态。当小组逐步发展时，工作者可以要求组员检查自己的表格，看看是否有任何进展。展示进步能增强小组组员的凝聚力和乐观精神，使他们能够实现自己的目标。同样，在任务小组中，在最初的会议中可以要求组员制定一个基线或基准来了解他们在小组目标中的位置。这个基线或基准可以作为整个小组生命周期的进度指标。

228

案例

起初，杜鲁对自己被某个机构任命来担任"午餐群"小组的组长感到非常兴奋。但他的实习督导告诉他，这个小组由 10 名四年级和五年级的男生组成，他们因为调皮捣蛋而被学校食堂拒绝入内用餐，这时杜鲁开始担心了。小组的目标就是协助组员学习如何与同伴相处，协助他们重返食堂用餐。

杜鲁担心自己无法控制这个小组的组员，还担心当这些"捣蛋分子"全部聚集在一起时，第一次聚会上会发生什么。他访谈了每一位被指派来参加小组的组员，向他们介绍自己，了解他们对小组的期望，向他们介绍小组的目标和目的。在访谈过程中，他发现，这些组员之所以被学校食堂拒绝入内，主要是因为他们与其他学生打架，不懂得用合适的方式来表达自己的愤怒，而采取打人的方式，或者大声尖叫、骂人和扔食物等。他还发现，在访谈过程中，这些孩子们表现都还不错，对参加小组也充满了期望和热情。

在第一次聚会那天，杜鲁做好了充分的准备。除了准备书面的日程安排、名签、小艺术品、几张音乐CD，他还带来了一些巧克力饼干，希望在组员们吃完午饭后，这些甜品可以作为奖励，以促使他们在小组中表现得更好。当组员进来之后，他们发现他们彼此之间都很熟悉。杜鲁就选择让组员来玩"高度机密"这个游戏，以进行自我介绍。他要求组员们将自己不为人所知的事情写在纸上。然后，他将组员们写的纸条当众念出来，组员们非常积极地猜出了每张纸条都是谁写的。杜鲁觉得这个游戏还是比较成功的，因为它让组员全部都参与进来了。

接下来，杜鲁就小组目标做了一个开场白。他在陈述时措辞非常谨慎，这样每个组员都能够理解小组的目标，也能够明白小组有哪些内容。他指出，小组的目标就是"让大家团结起来，学习更好地在食堂表现自己，同时在学习过程中能够有很多乐趣"。有两个组员说，他们原来以为小组就是对他们行为的惩罚。杜鲁澄清了这一点。他说，正是他们过去的行为，才使得他们被转介来参加这个小组，但小组并不是对他们的一个惩罚。他指出，他自己和组员都可以为小组策划一些活动。组员们可以提出他们到底希望在小组过程中开展什么活动。组员们似乎对这一点深表怀疑，因此，杜鲁就请大家进行了深入的讨论。他澄清说，自己的角色就是协助他们探索到底应该怎样与他人交往，并协助他们来策划小组活动。

在小组初期最困难的讨论就是关于保密的问题。有一名组员问杜鲁会不会把他在小组中说的话告诉校长或者他的家长。杜鲁发现，很多组员在组外的互动非常多，这种状况就很容易破坏保密的承诺。此外，杜鲁要向自己的实习督导汇报小组情况，最后还要向校长做汇报。杜鲁就把这两个问题向组员提出来了，并提出了一个保密的基本原则，让下一次小组聚会时讨论。他建议说，可以让组员讨论各自与家长的关系，但是，组员在讨论时都不要提及组员的名字。他强调说，在任何情况下，组员都不能在组外向其他同学提及小组中讨论的内容。最后，杜鲁说，他必须向自己的实习督导汇报每位组员的进展，但是，在与实习督导讨论之前，他会先跟每位组员单独交流一下。

此外，小组就按照小组的规则进行运作。在第一次小组活动中，组员都表示，他们应该做一个好的倾听者，要耐心等到轮到自己的时候才发言，并努力学习互相帮助。杜鲁感

229

到满意的是，在约定的时间内，小组就达成了协约。他建议，组员还可以为小组设计一些其他的规则，在下一次的小组活动时大家再讨论这些规则。

在第一次小组活动快结束时，杜鲁希望让组员在离开之前能够发现小组活动的有趣性。在剩下来的时间中，他们听了杜鲁的音乐，杜鲁问组员们在听了每支曲子之后有什么想法。这个讨论对有些组员来讲是比较困难的，因为他们对这些乐曲不太熟悉。杜鲁提出，下次组员可以带一些他们喜欢的音乐。组员们听到这个消息喜出望外。杜鲁说，如果哪位组员带来了自己最喜欢的音乐，他就会询问其他组员从乐曲中听到了什么。用巧克力饼干做甜品，会降低全体组员面临的小组初期"工作要求"的压力。

二、小结

虽然小组工作的方方面面对小组成功运作都是至关重要的，但是，小组的开始阶段为小组的未来发展定下了基调。在开始阶段，工作者的中心任务就是确保小组能够发展出组员之间交往和互动的模式，以及能够协助小组稳定向中期过渡，形成任务完成模式。

在任务小组和治疗小组的初期，要实现上述目标，工作者应该将重点放某些目标上。这些目标包括：（1）当信任建立之后，确保小组环境是安全的；（2）向小组介绍组员；（3）从工作者、组员和资助机构的角度来澄清小组的目的和功能；（4）澄清保密问题；（5）协助组员感受到自己是小组的一分子；（6）引导小组的发展方向；（7）在小组的过程中，平衡任务和社会情感层面的内容；（8）设定目标；（9）就工作达成协议；（10）提升组员在小组中工作的动机和能力；（11）处理矛盾心理和抵制行为；（12）处理非自愿组员；（13）预测障碍；（14）监测和评估小组过程。

工作者如果能够在初期协助小组完成上述任务，就会比较容易协助小组顺利向小组中期平稳过渡。当小组和组员在后来的实现小组目标的过程中遇到困难时，都需要对在小组初期无法实现的目标进行反思。

第八章

需求评估

学习目标

- 界定并描述需求评估的过程
- 引用一些评估个体组员功能性的方法的案例
- 解释对小组整体功能性评估的方法
- 明确评估小组环境的方法

本章概要

开展有效的需求评估

需求评估过程

评估个体组员的功能性

评估小组整体的功能性

评估小组环境

将需求评估与干预结合起来

小结

　　由于人类行为和小组动力关系都很复杂，因此需求评估成为小组工作实务中最具有挑战性的工作。在本书中，我们使用了"需求评估"这个术语而不是"诊断"，是因为需求评估更符合社会工作视角，也更符合通才社会工作实务方法。诊断借用了一个医学术语，指的是对个人疾病过程的识别。与此相反，全面的需求评估侧重于强调单个组员和小组整体所反映的优势和问题。本书中的需求评估是整体的，采用了生物心理社会和环境的视角。

工作者要进行需求评估，理解特定的实务情境，规划有效的干预。要开展一个全面深入的需求评估，工作者需要考虑的是：（1）个体组员；（2）小组整体；（3）小组环境。与个案工作相比，小组工作的显著特点是，小组的需求评估既关注小组功能，也关注个人功能。对小组过程的评估应该是连续的，因为工作者需要审视小组过程，以确保组员间的互动可以帮助组员完成既定的目标和任务。

工作者在计划阶段就要开始需求评估，这样的评估会不断持续下去，直到小组结束。尽管在小组的全过程中都贯穿着评估，但是，在小组初期，需求评估还是占据了工作者大量的时间。只有经过这个阶段，工作者才能全面地、高效地理解小组和组员的功能性。需求评估也是具有凝聚力和规范的互动模式。在小组中，工作者有机会鼓励小组过程的发展，帮助小组以最有效的方式完成自己的任务。虽然小组领导可能在初期阶段更注意需求评估过程，但评估会随着小组工作的进展而继续进行。

一、开展有效的需求评估

231

需求评估包括收集、组织和对各种来源的信息做出判断。需求评估是一个持续进行的过程，往往需要复杂的协调。随着小组的发展，工作者可能不得不依靠同事、家人、朋友和其他数据来源（如记录）来进行评估。这个过程经常需要接触到许多人，并在整个小组中反复使用不同的信息收集策略。渐渐地，随着小组的发展，一个更完整的画面出现了。信息源提供信息，然后工作者要批判性地对其进行反思，并试图收集所需的额外信息。这个收集数据、引用数据、收集更多数据的迭代过程在整个小组的生命周期中不断重复，因为需要新的信息来实现特定的目标和目的。

在评估过程中，努力获得可靠和有效的信息是很重要的。信息来源是多种多样的。每个信息来源的准确性和完备性各不相同，因此，评估的一个重要方面是使用批判性思维来判断从每个信息来源获得的信息的准确性和充分性（Gambrill，2009）。确定了初始信息是否足够，或者是否需要增加更多信息，工作者就能更好、更准确地理解小组发展过程，这是至关重要的。需求评估的目标是在时间允许的情况下尽可能获得对小组和组员的完整理解。工作者必须批判性地判断根据多少信息可以足够有效地进行干预。

由于时间的压力和伦理上的考虑，工作者在收集数据时应该意识到节俭，只收集帮助组员达成一致的目标和计划所需的信息。在治疗小组中，工作者进行评估以帮助个别组员；而在任务小组中，他们要帮助小组实现超出组员范围的目标。在治疗小组和任务小组中，目标、任务或命令的确定在很大程度上都要依靠组内或组外的信息。工作者必须仔细评估案主和其他类型组员对目标是否明确和认同，或者在评估过程继续之前是否需要进一步明确和统一目标。

在进行评估时，特别重要的是所收集的信息与大家认同的目标保持一致。因为目标是可以改变的，所以工作者应该跟踪目标，并在小组活动开始时使用核对和反复讨论的方式，以确保组员们清楚目标，并始终专注于这些目标。核对和反复讨论使组员能够在情况变化时修改目标。随着目标的变化，可能需要收集新的评估数据。

与小组社会工作实践的其他方面一样，需求评估也要根据工作者所主持的小组类型的不同而有所不同。例如，在任务小组和治疗小组中，大多数工作者会评估整个小组和组员的优势和劣势，以及小组及其组员发挥作用的外部环境。

232

在对处于同一发展阶段的不同小组的评估中也可以发现共性。例如，在开始阶段，工作者要对小组及其组员的功能进行系统评估。在中期，工作者要测量他们最初评估的有效性，并在早期干预成功的基础上修改干预计划。在结束阶段，工作者要评估小组和组员的功能性，以突出小组的成绩，聚焦于某些需要进一步改进的领域，并确保这些成绩在小组期间以及小组结束后，仍然可以保持下去。

（一）聚焦小组过程

很多读者对通才社会工作实务视角非常熟悉，它是根据系统理论，采用整体研究方法来开展评估的（Johnson & Yanca，2010；Kirst-Ashman & Hull，2012）。如果采用通才视角，小组工作者就需要对个体组员、小组整体进行评估，同时还要评估小组和周围环境之间的关系。在实务过程中，小组工作者除了关注小组互动过程或者小组与周围环境的关系以外，还需要关注个体组员。这是因为很多小组工作者都接受过个案工作的训练，并且有大量的个案工作经验。另外，有些工作者还没有接受过正式的小组工作培训。对小组组长的工作内容和风格的研究表明，很多小组工作者对小组动力关系的关注是远远不够的（Barlow，2013；Forsyth，2014；Hill，1965；Toseland，Rossiter，Peak，& Hill，1990；Ward，2014）。尽管缺乏对小组过程的关注，但有证据表明，关注小组过程可以使小组更加团结和有效（Barlow，2013；Forsyth，2014；Ward，2014）。基于此，我们特别强调的是，小组工作者在每次小组活动中，要花时间来讨论小组过程。在小组中，工作者要有意识地指出在此时此地的互动中小组过程是怎样的。

有时如果小组正在讨论某个主题，就不应该停下来明确、澄清或者讨论小组过程，因为这样会中断对某个主题的讨论。为了避免中断小组互动，一个有效的方法就是，在每次小组活动结束时，留几分钟让工作者和组员讨论小组过程。例如，有些组员可能会说，在小组活动时，组员间的沟通太多，留给讨论的时间太少，还有的组员从来不听别人的观点，等等。同样，工作者也可以对小组中形成的规范或组员所扮演的角色进行评论。在小组活动结束时，工作者可以询问组员是否愿意改变任何可能已经确定的小组活动流程，如果这个话题太过宽泛，小组现在无法解决的话，那么可以建议在下次活动开始时进行讨论。工作者可以简单介绍一下下次活动的任务，然后结束本次聚会。在结束时留出时间讨论小组过程时，要注意不要把时间用在讨论内容上。在讨论小组过程时，很容易进入对内容的讨论。下面的案例展示的是在某种类型的小组结束时进行的过程讨论。

233

案例　治疗小组的小组过程

在一个精神健康机构门诊的治疗小组的初期聚会上，在讨论小组互动模式时，两名组员指出，整个第二次小组活动会议花了太多时间来关注某一名组员的问题。另一名组员说："约翰说了很多，因为他和他的妻子有很多问题。"工作者指出，问题不在于约翰和他妻子之间的问题，而在于这个小组是否想把整个讨论集中在只有一名组员关心的问题上。工作者建议，在以后的所有小组活动中，只要组长对上次小组活动进行总结，就会有一个简短的核对阶段。核对阶段用来确保每个组员有一分钟的时间来发言，可以提醒自己努力的目标，简单介绍自己取得的进步，也可以表达是否在后面的小组活动中多涉及一些有关精神健康的内容，等等。然后，这位工作者就整个小组活动时间都集中在一名组员身上的利弊进行了简短的讨论。几分钟后，小组决定在每次小组活动中尽量集中讨论至少有两名组员共同关心的问题。他们还决定，要确保所有组员都能认同并愿意在小组活动中成为组员讨论的焦点人物。

（二）外部支持者和资助方

工作者往往没有对外部支持者和小组环境的其他方面给予足够的重视。外部支持者取决于小组的性质，但可能包括父母、法院、教师和其他与组员的生命有利害关系的人。同样，在评估过程中，资助方对小组的行为和成果的期望也是重要的考虑因素。在一个小组的整个生命周期中，工作者和组员应该定期花时间来确定、描述和更新他们如何看待小组与重要他人、组织以及更大的社区认可和支持群体的关系。

总的来说，小组工作中的评估要比实务中的个人评估复杂得多。除了评估个体组员的功能之外，对小组工作的评估还意味着检查整个小组的过程，以及这个小组作为一个整体在更大的社会环境中可能获得的支持和反对。

二、需求评估过程

在小组工作初期，工作者可能会收集到一些关于小组和组员的不太确定和有疑问的资料。一开始，工作者通过不断收集遗漏资料的方式来弥补资料的不足。随着信息不断增加，工作者开始系统地对资料进行分类和组织。在资料收集和分析阶段，要尽可能多地吸引组员参加。这会帮助他们形成自己的目标，找到干预目标，实现预期的结果。

234   随着资料的收集和组织的完成，对如何干预和解决问题做出评价之后，评估过程就会逐渐聚焦。例如，在某个离婚人士小组中，工作者可能会让组员来描述自己对配偶的感受。通过在这样一个基本步骤中收集的信息，工作者会发现组员对配偶的失落和愤怒的感受。然后，工作者就要协助组员讨论自己的感受，并帮助他们判断什么样的干预能够对他们有帮助。根据这样的评估过程，就能发展出一个干预计划，包括在小组活动中协助组员表达自己的感受，分享有效的应对方法，从而处理自己的情绪。

案例　离婚人士小组

工作者发现，组员们很难谈论他们如何处理对配偶的感觉，于是决定进行一次小组讨论，让每个组员轮流谈谈他们对配偶的主要感受。小组轮流发言结束后，工作者帮助组员们总结大家共同的感受，以及他们是如何处理这些感受的。组员们开始意识到，他们并不是唯一有这种感觉的人。然后，他们开始谈论如何处理并摆脱这些感受。为了获得更多的支持，组员们决定交换电话号码，这样他们就可以在小组活动结束后，继续讨论自己的情绪反应。

（一）需要多少信息

工作者在评估小组和组员的功能性时会出现几个问题，其中一个最基本的问题就是到底需要收集多少信息。尽管很多时候我们会说，工作者应该尽可能多地收集信息（在治疗小组中，需要收集组员的心理社会历史方面的资料；在任务小组中，需要收集全面宽泛的资料），但是，超出某些范围的资料未必会带来多大的好处。另外，工作者有时也会遇到一些紧急状态，使得深入收集资料难以实现。在这种情况下，工作者需要根据在小组策划和小组初期制定的目标来确定自己的资料收集方向。工作者需要特别清楚自己收集的信息的相关性，全面深入地收集信息。如果所收集的信息与小组目标没有关系的话，就会侵犯组员的隐私，对实现小组和个人的目标没有什么价值。

在确定需要收集多少信息之前，工作者不要马上对有问题的情境做出判断，而要先对自己所收集的资料进行分析。对于新手来讲，如果他们在没有完全理解组员们的问题、不了解组员如何应对问题的时候，就做出判断，并制订干预计划，那么可能出现致命的错误。一旦制订了不成熟的干预计划，缺乏经验的工作者常常遇到的问题就是，组员会说："我试过那个方法，但是根本不管用。"这样工作者会感到受到抵制，不知道如何运作小组，而组员对工作者能力的信任度也会大打折扣。

下面就是一个指导工作者进行资料收集的基本原则：

- 有可能的话，要运用多种形式的资料收集方法。
- 明确什么是问题，什么是担心，什么是任务，从而知道应该收集什么样的资料，从什么渠道收集资料。
- 从不同的渠道收集相关的资料样本。
- 要有一个资料收集的计划，确保又快又好地收集相关的信息。
- 发展出一个系统方法，使得收集资料的人和被访者都不会感到压力太大。
- 不要对信息有任何偏见，尽管在资料收集和评估中，选择性和主观性是必不可少的要素。
- 邀请全体组员参与评估过程，这样多元的观点能够弥补工作者由于主观性而造成的不足。
- 在小组活动的间隙，与协同组长或者督导讨论评估信息。

235

（二）诊断标签

在评估治疗小组组员时，常常会遇的一个问题就是，运用诊断性识别系统和标签有助于做出差异化评估，给组员制定有效的治疗方案。有些识别系统，如《精神疾病诊断和统计手册》（DSM），就常用于精神健康机构中的评估、干预和赔偿（American Psychiatric Association，2013）。

诊断标签有时也带有某些社会性污点。在对某个小组的组员，运用诊断标签进行测量时，可能使他们产生不良印象。另外，组员有时会按照这些标签界定的方式来表现（Kirk，Gomory，& Cohen，2013；Kirk & Kutchins，1999）。关于什么应该被划分为精神疾病也存在许多问题，一些学者认为某些情绪状态，如正常的悲伤和担忧，被错误地划分为精神疾病（Horwitz & Wakefield，2007，2012）。尽管小组工作的从业者应该警惕在精神健康领域和其他环境中滥用诊断标签，但我们的临床经验表明，小组工作者经常遇到患有非常严重甚至危及生命的焦虑、抑郁或其他精神疾病的组员。对精神障碍的正确评估，可以帮助组员获得适当的小组治疗和其他形式的治疗，可以减少或消除这些疾病造成的可怕的痛苦和折磨。治疗还可以减少或消除自伤、自杀的风险，以及护理人员和其他深切关心患者的人所遭受的痛苦。此外，很多提供小组服务的机构需要报销小组工作者的服务费用，私人和政府的保险资金往往需要在评估和诊断后才能支付。由于所有这些原因，虽然诊断标签并不理想，但谨慎的评估带来的正确的治疗类型是必要的。患有精神健康障碍的人要得到他们所需要的护理，可能需要诊断标签，以获得必要的服务。虽然深入研究DSM-5 在小组治疗中的应用超出了本书的范围，但下面的案例可能有助于说明它的有用性。此外，还有一些关于评估和诊断的书籍，以及 DSM-5 可以作为小组工作人员的有用资源（例如，参见 Corcoran & Walsh，2015）。

236
案例　《精神疾病诊断和统计手册》（DSM）

有一位 71 岁的男性被误诊为器官性大脑综合征。这个诊断是根据病人表现出来的混乱和不辨方向的特点做出的。根据这个诊断，他们建议这位老人参加一个行动引导小组和一个专为老年痴呆患者设计的活动小组。但是，在运用 DSM 标准对老人进行进一步诊断之后发现，老人得的是抑郁症，还有孤独和营养不良。根据这个诊断，应该在给老人治愈营养不良症后，提供一个完全不同的干预计划。例如，应该鼓励这位老人参加抑郁症的治疗小组，鼓励他扩大自己的社交网络，积极参加老年活动中心的各种活动，或者是参加教堂组织的社交小组。

（三）需求评估的焦点

在评估过程中，第三个常见的问题就是如何将资料收集聚焦。工作者应避免只集中在某个焦点上。片面地关注某个侧面，可能会导致对其他重要信息的忽视，或者是将所有的信息放入对某个情境的概念化框架中。

科特勒和英格拉尔-卡尔森（Kottler & Englar-Carlson，2015）指出，尽管精神卫生专业人士并不认可 DSM 在对人们进行诊断时提出的医学模型的基本假设，但是，几乎所有专业人员在工作中都会使用 DSM。他们这样做主要是为了报账方便，同时还因为 DSM可以帮助小组工作者使用通用语言与其他专业人士交流，并且为评估和干预小组组员的临床决策找到依据。然而，科特勒和英格拉尔-卡尔森（Kottler & Englar-Carlson，2015）也指出，还有其他有价值的评估方法。例如，在发展性评估过程中，工作者寻找的不是病理或问题，而是小组组员当前的发展性功能水平，以及在特定年龄或生活状况下组员与他人的关系。因此，在发展性评估中，小组工作者要看的是一个人是否达到了适合其年龄的发展水平，以及他们是否准备好了承担与他们人生下一个发展阶段相关的任务。

科特勒和英格拉尔-卡尔森（Kottler & Englar-Carlson，2015）还指出，行为评估可能很有用，因为它们不标记病理或特定发展阶段的规范性，而是标记需要改变哪些特定的不良行为。更多信息请参见科克伦和沃尔什（Corcoran & Walsh，2015）或纽霍（Newhill，2015）。

在小组工作的初期阶段，小组工作者还应记住另外两个评估重点。一是仔细评估组员的优势和韧性（Corcoran & Walsh，2013）。采用赋权视角，工作者要将注意力从组员的病理和不适应行为转移到组员现有的应对技能上，要关注自己可以为他们提供什么服务，从而帮助他们克服面临的困难和问题。二是对形势进行系统评估，关注组员在更大的环境中所面临的困难和问题。因此，尽管 DSM 被广泛用作诊断工具，但小组工作者应该记住，其他评估方法同样有效，可能比简单地给一个人贴上特定障碍的标签更有帮助。

在找到评估焦点的过程中，工作者要关注每个组员的特定情境和需要，以及小组的目标。例如，在某个小组中，可能需要特别关注组员的家庭情境，而在另一个小组中，可能需要更多地关注组员的问题解决技巧。换言之，评估的焦点需要根据小组和组员的需要来进行调整。

要做一个准确的评估，工作者需要努力保持客观性，尽管所有的观察中都带有一定的主观性。因此，需要将主观印象和观点与客观观察到的形式和事件分离开，需要根据逻辑和证据来进行推论。推论应该基于逻辑、证据、工作者的观察和对从组员那里收集到的信息和印象的批判性思考（Gambrill，2009）。

还有一个有效的方法就是，与组员分享自己的观察和推论。他们可能会肯定工作者的观察和推论的有效性，同时还会提供一个选择性的视角。工作者还可以与自己的督导一起讨论主观性推论的有效性。用这样的方式来获得其他的选择性方式，能够帮助工作者做出评估，并制订干预计划。

（四）评估改变过程与问题解决之间的关系

在上一章中，我们提到监测和评估小组目标的制定，对于改变过程的开始是至关重要的。需求评估对于改变过程也是必不可少的，因为它可以帮助组员确定个人和小组的哪些目标已经完成，哪些工作还有待完成。在初期的小组活动中，评估提供了一个基线，当小组不断发展时，组员可以通过评估来掌握自己的进度。随着小组过程的不断发展，评估有助于确定小组的进展和成功，同时还可以确定在实现目标的道路上还有哪些障碍。

在治疗小组中，需求评估能帮助组员了解自己的担忧和问题，并使他们正常化。组员们并不知道在自己身上到底发生了什么非常令人不安的，甚至是可怕的事情。这时，评估可以帮助组员了解自己问题的类型和严重性以及有效的治疗方法。组员们开始学会从遇到同样问题的他人的角度来认识自己的问题，这个过程就是希望灌注。

组员们开始感到自己并不是唯一遭遇某个问题的人，小组中的其他人也经历了类似的问题，并已经成功克服了困难。这种感受可以鼓励组员自己探索问题解决办法，从而使组员们更好地了解自己应该从小组工作者那里得到怎样的服务。这就是对组员进行赋权的过程，因为他们已经开始努力做出改变，以更有效地处理或减轻自己的问题。基于优势的评估还强调组员的弹性和改变的能力，这就使得改变过程和解决问题更加容易了。

对于任务小组的组员而言，评估帮助小组概念化自己面临的问题，收集和澄清所需的事实和数据。评估使组员们能够看到自己已经尝试了什么方法来解决小组面临的问题，从而寻找有希望进一步改进的工作途径。它还可以指出小组运作的积极和消极方面，从而提高小组解决问题的能力。总的来说，在治疗小组和任务小组中，全面彻底的评估对于解决问题都是必不可少的。

三、评估个体组员的功能性

在需求评估过程中，工作者需要考虑组员目前的功能性状态，如果可能的话，还要从发展的角度来反思组员的功能性。发展的角度能够帮助工作者评估组员目前的功能性状态是一个演变性的、准确的行为模式，还是一个长期的慢性行为模式。它还可以帮助组员深入理解症状的意义，以及它们的强度、持续性和范围。总之，发展性评估是比较准确和全面的评估。

生态地图和基因图是许多社会工作实务教科书会描述的两个著名工具，可用于发展性评估。它们可以根据组员当前的生活状况由他人填写，也可以由组员填写，就好像他们生活在某个特定年龄段。例如，创伤小组要求一名组员填写一张生态地图，描绘她在八岁受到虐待时的生活情况，而要求另一名组员填写同样的生态地图，让她回忆六岁时的情况。

小组工作者还必须决定什么服务技术可能最适用于解决组员的问题。例如，如果使用认知行为方法，把发展性问题当成认知模式，那么，到底是自我心理学还是人际治疗方法更有助于解决组员的问题呢？只要有可能，就应该选择循证干预措施（Barlow，2010，2013；Macgowan，2008）；但当问题非常复杂，而又缺乏证据时，就不得不将批判性思维和实践经验与现有证据一起应用，以制订有效的干预计划（Gambrill，2009）。

在进行评估时，小组工作者也应该考虑其他可能与小组工作结合使用的方法。例如，一个谨慎的评估可能会揭示，组员可以从个案管理、住房支持或药物治疗中获益。在安排任何服务或资源之前，工作者可以运用小组来评估组员的能力、动机和接受所需服务的准备情况。

在进行评估时，工作者需要评估组员三个方面的功能性：

（1）组员的内在生活；

（2）组员的人际互动；

（3）组员的生活环境。

在评估组员的内在生活时，工作者需要依靠自己的观察、组员的自我报告和一些附加报告。要检验组员的内在功能性，工作者需要关注组员自我认知的精神状态、心理和情感状态，以及认知、信念、动机和期望等。

在评估人际功能性时，工作者需要关注组员的社交技巧、他们的社会支持网络的范围和质量，以及他们的角色扮演。小组给工作者提供了一个自然的背景，来观察组员的人际功能性，但是，还需要了解组员与其亲朋好友之间的互动，因为这些关系会对组员产生非常重要的影响。

工作者还需要研究组员的生活环境。可以问这样一类问题："周围环境能帮助实现小组和个人目标吗？它会阻碍组员实现小组和个人目标吗？""环境中有哪些因素可能协助组员实现自己的目标？"

> **评估**
>
> 行为：应用人类行为和社会环境、人在情境中和其他跨学科理论框架来分析案主和支持者的需求评估数据。
>
> 批判性思考问题：小组工作者要评估每个组员，哪些技术能够帮助理解组员的人际特征？

在任务小组中，工作者会发现对组员的内在的、人际的和环境的功能性进行评估是非常有益的，但是，他们的评估重点与治疗小组是不同的。例如，任务小组的组长一般不会对组员的身体、精神或情感状态进行评估。他们更多地会评估组员参与的动机和组员对完成小组任务的期望。同样，任务小组的组长也不太会评估组员的家庭是如何支持小组工作的，组长的重点可能放于考虑一份有争议的委员会报告会如何影响组员与同事之间的日常互动，以及如何影响他们督导自己的下属。

评估个体组员的方法

有很多方法可以用来帮助工作者评估组员的功能性。最常用的一些用来评估组员功能性的方法有：（1）组员的自我观察；（2）工作者观察；（3）组外能够观察到组员行为的相关人士的报告；（4）标准化的评估工具。

自我观察

自我观察指的是组员对自己行为的观察和评价，也就是请组员回忆并描述自己的行为，然后，在工作者和其他组员的帮助下检查和反思自己的行为（Ward，2014）。回忆性的自我报告和自我反思通常能够帮助组员理解自己的行为，发现自己的行为模式，检验环境对自己的影响。但是，组员的回忆可能不那么准确，出于很多原因，回忆可能是不完整的、模糊的或者是扭曲的。因此，还需要配合使用自我观察的其他方法，如自我检测等。

由于这些方法具有很强的介入性，需要组员的参与，而不仅仅是组员对过去的实践和行为的回忆，因此，前提是组员主动地接受这些方法，并贯彻落实这些方法。工作者需要意识到，自我观察的方法常常假定组员都是以行动为导向的、有自己的看法的、比较敏感的，因此，这些方法并不适用于所有的组员。

自我检测： 除了依靠自己对过去事件的回忆，组员还可以用一种预期性的系统的方式，对某个行为从频率、强度和持续时间、前因和后果等方面进行资料收集。这个过程被称为"自我检测"。了解某个行为的前因和后果能够帮助工作者发现问题行为是如何得以长期保持的。

对行为模式的认识是行为改变的前提。例如，对一名组员在组外的社会情境中产生焦虑的起因的评估，能够揭示这名组员对自己状况的描述，但是，这些描述缺乏相关的内容来陈述是什么导致了焦虑。

有证据证明，自我检测也可以是反应性的，也就是说，自我检测本身也能够强化被期望的行为，减少不良行为（Hopwood & Bornstein，2014）。无论如何，自我检测还具有治疗性，因为它强调组员对自己目前行为的意识，同时还有赋权功能，因为它推动组员的改变（Hopwood & Bornstein，2014）。

要开始进行自我检测，工作者需要确定组员愿意检测自己的行为，并进行记录。然后，工作者要协助组员明确自己到底要检测哪些行为，是让组员检测那些愿意强化的行为，还要检测那些希望减少的行为。这个过程能够帮助组员用一些大家都接受的行为来取代自己那些有问题的行为，而不是仅仅减少有问题的行为。

在决定检测哪些行为时，工作者需要根据实际情况来协助组员决定什么是可行的，什么是现实的。组员常常希望能够同时对几个行为进行检测，收集资料。无论如何，组员很少能够完成这样一项大计划。因此，从一开始，工作者就需要鼓励组员制订一项现实的计划。这样一来，他们才可以比较轻松地实现这些计划，慢慢地就会发展出更大的检测计划。

在制订一个现实计划时，应该清楚在哪里、何时和什么条件下检测某个特定的行为。例如，如果让1个带有4个孩子的单亲家长来检测某个孩子饭前的行为，或者是检测孩子们是怎样准备功课的，这就不太现实。但是，在某些时间段中，单亲家长还是有机会观察某个孩子的行为的，例如，在下午或者晚上。

在大部分小组中，组员可以在每次聚会的空隙中，对自己的行为观察做记录，在下一次小组聚会中分享各自的观察结果。有时要让组员准确地回忆自己检测的资料比较困难，人们发展出了一些自我检测的方法。这些方法包括图表、记录表、日记、问题卡，以及一些自我评分的量表等。

（1）图表法。有些组员发现用图表来记录检测的数据非常有用，因为它提供了有结构的、可视的信息。图表可以让组员从数据中找到趋势，也就是说，一个行为频率是在上升还是在下降。它还可以提醒组员完成自己在小组中承诺完成的行为。要想了解图表法，请参见下面的案例。

241

案例　图表法

在给单亲家长开设的果断性训练小组的初期，工作者可以让组员先讨论一个他们认为是缺乏果断性的行为。如果组员认为他们很难在工作中或者其他社会情境中做到自我确定，那么小组工作者便可要求组员用图表法来记录自己在组外的行为，重点放在记录自己不确定行为的频率上。在接下来的两周中，组员每天都记录自己的行为。然后，工作者协助组员回顾自己的"问题"行为，并将这些行为转化为"积极"的目标行为，最后，就形成了组员在小组中的个人目标。

工作者在协助组员设计图表时，可以搞些创意。例如，工作者和父母在设计可以与孩子一起使用的图表时，可以考虑用笑脸、星星、心形等等图案，不要用分数，这样便能更形象地展示某个行为的改善情况。

图表的格式可以根据自我检测资料收集时采用的手段来决定。最简单的格式就是用得分的方式来记录某个行为的频率。复杂一点的格式是用一个比较准确的评估方式来记录某个行为的频率，而不需要对每个行为都计数。还可以将图表根据时间间隔分成不同的时间段，来给行为计数。例如，组员可以在每晚 6 点到 7 点之间，每隔 10 分钟就对某个行为的出现进行计数。还可以将图表设计成让组员来记录在某个特定的时间内，某个行为是否会出现，例如，每隔 30 分钟。

组员有时候很难按照图表的方式来检测自己的行为。对某些人来讲，图表法比较麻烦，而另一些人则认为在行为发生之后立即记录这些行为很方便。组员有时候可能更加喜欢使用我们下面提到的一些方法。

（2）记录表和日记。记录表和日记不如图表法准确，因为组员是靠自己的记忆，在行为发生之后，方便的时候才记录的。但是，这两种方法比较方便，组员可能比较喜欢用记录表和日记，而不喜欢用图表法。

记录表和日记就是让组员用描述的方式来记录已经发生的事件，这些都会成为工作者质性资料的主要来源，这些资料可以帮助工作者深入了解组员的情况。记录表和日记可以协助工作者进一步理解以定量形式收集的自我观察的资料。为了避免记录表和日记的格式过分个性化，工作者可以指导组员记录哪些资料。例如，工作者可以要求组员记录问题情境和当时的认知、情感和行为的反应。要了解有关如何运用记录表和日记等的详细信息，请参见布卢姆及其同事（Bloom et al.，2009）的著作。

（3）自我评分量表。组员也可以使用自我评分量表来记录自己的观察结果。这是一个测量工具，由工作者和小组组员制作，专门用来记录关于问题行为的数据，这些行为已经被确定为干预的目标。为了开发一个自我评定的评价量表，工作者要帮助小组成员识别与不同程度的问题行为相关联的行为、情感和思想。例如，在开发抑郁量表时，一名组员提到，当他有自杀想法且不吃不睡时，就会出现严重的抑郁。中度抑郁症发生在他认为自己不是一个好父亲或好丈夫的时候，发生在他食欲不振，一天只吃一顿饭的时候，发生在他躺了很长时间才勉强睡着的时候。该组员还说，当他有良好的食欲、良好的睡眠，并认为自己是一个好父亲或好丈夫时，他不抑郁。表8.1显示了一个用自我评分量表来测量抑郁的例子。有关开发自我评分量表的进一步信息，参见布卢姆及其同事（Bloom et al.，2009）的著作。

非常抑郁	中等抑郁	不抑郁
吃不下东西	一天吃一顿	胃口好
睡不着觉	睡眠困难	睡眠好
有自杀念头	认为自己不是一个好父亲或好丈夫	认为自己是一个好父亲或好丈夫

表8.1　自我评分量表示例

工作者观察

在小组活动期间，工作者可以通过观察组员的表现来评价他们的功能性。在很多实务中，工作者依靠的就是在自然背景中的观察。但是，工作者还可以采用一些特定的活动，如模仿和小组活动等，来评估组员的功能性。

自然观察：下面是一个自然观察的案例。工作者可以通过观察组员在小组中的表现，以获得关于组员的大量信息。鉴于在小组中的自然互动，组员常常会表现出自己在组外的一些行为。通过对小组的筛选，工作者可以了解到组员的反应。工作者可以以某种方式来观察组员，还可以做一些笔记。在后面的小组活动中进一步观察，可以帮助工作者发现组员的行为模式以及代表性的应对方式。

案例　自然观察

在给青少年开设的就业技巧学习小组中，组长在小组初期花了很多时间来观察这些组员是怎样表现自己的人际交往技巧的。根据这些自然观察，工作者能够发现每位组员在人际交往中的优势，同时可以明确告诉组员这些优势怎样运用到找工作的过程中。组长还可以请组员互相回应，重点就放在发现各自的人际交往优势，以及如何充分运用这些优势上。借助这些评估技术，组员可以发现自己的优势，明确自己需要在哪些方面进一步努力。在小组的后期，组长要求组员通过角色扮演，模仿求职面试，来练习学到的就业技巧。

243

随着小组的发展，工作者可以要求组员描述自己的行为。这种反馈信息可以用来观察组员的自我认知与工作者的观察是否一致。工作者还可以听取其他组员的观察和反馈。这种根据超过一个人的观察和反馈来进行评估的方式，被称为"三角测量"。三角测量可能使得评估结果比一个人的评估结果更加准确。

尽管自然观察能够给工作者提供机会，以非干预性的方式观察组员的行为，但是，它的主要局限就是，小组互动可能无法提供合适的时机来让工作者观察组员行为的恰当的方面。例如，在一个育儿技巧小组中，有一位母亲可能会描述自己怎样限制孩子的行为，但是，小组互动并不能提供机会让工作者来观察这位母亲是如何限制自己孩子行为的。

此外，实务经验表明，组员有时不会提供足够详细的情况，来说明自己的行为。当工作者能够真正观察组员的某个行为，如限制孩子的行动时，工作者可能会发现组员并没有像自己所描述的那样限制孩子的行动。例如，组员可能会比自己在自我报告中所描述的状况更加严重，更加激进，更有压力感。因此，工作者会发现在观察组员行为时，其他方法可能更加有用。

角色扮演：角色扮演、社会剧和心理剧都是一些非常重要的评估干预手段。它们使得工作者以及其他组员能够观察某位组员在某个情境中的真实表现。有关角色扮演的方法我们将在第十章中详细描述。

模仿：模仿可以评估组员在某些特定的、角色扮演的情境中的功能性。工作者可以邀请一个或者更多的组员作为志愿者，来模仿某个特定的、真实的生活情境。模仿的情境是由工作者设计的，以传授某些特定的技能。根据志愿者呈现的某个现实生活中可能会出现的情境，工作者可以要求接受评估的那名组员回应如何应对这个情境。

模仿可以在很多情况下运用。例如，在育儿小组中，可以模仿两兄弟之间关于谁能玩玩具火车的争执情境，这时，需要让接受评估的组员来展示如何处理家中发生的这种事件。

在模仿中评估组员的行为，也可以由全体组员来决定。出于某个特定小组的目的和目标的需要，组员们可以发展出一个特殊的量表。例如，在自我确定小组中，全体组员都试图降低组员的焦虑，改善他们对问题情境的反应，评分标准需要关注：（1）在回应问题情境时组员的焦虑水平；（2）组员在确定自己的权利时有效的回应方式。

人们已经发展出了很多种模仿游戏，用于不同的人群。戈德弗雷德和德苏里拉（Gold-

244

fried & D'Zurilla, 1969）运用新的模式发展了更多的模仿游戏。这个模式包括：（1）分析一个问题情境，并发展出组员在生活中可能会遇到的现实情境；（2）列举出尽可能多的反应方式；（3）从处理问题情境的有效性的角度出发，评估每种回应方式；（4）发展出一个测量格式；（5）评估测量的信度和效度。工作者可以运用这个模式来创造适应自己工作对象需要的模仿情境。模仿最大的不足就在于，组员知道自己是在演戏，而不是在真实情境中表现。但是，在大部分情境中，组员都会全身心投入，有时会忘记自己是在演戏，而是当成了真实情境的再现。下面的案例就呈现了如何在小组中运用模仿技术。

案例　在自我确定训练小组中对模仿的运用

在一个自我确定训练小组中，请三名组员扮演顾客，他们在一家杂货店排队。接受评估的那名组员站在队尾，当时正排着队看收银台旁边架子上的杂志，然后另一名组员试图插队，站在接受评估的组员前面。工作者和其他组员需要观察接受评估的组员是如何处理这个情境的，并给组员提出反馈，改进他的处理策略。在这种模仿练习中，可以让同一个组员或其他组员再次进行角色扮演，让他们运用改进的策略进行更多的练习。

小组活动：在小组中，有很多活动可以用来评估组员的功能性。如何选择合适的小组活动，取决于工作者所带领的小组的类型。在儿童小组中，工作者可以让组员更多地参与小组活动和游戏。例如，哑剧字谜游戏就可以用来评估组员在某些特定情境中的行为；需要协作的游戏可以用来评估组员如何谈判，协助处理各自之间的差异。

在青少年小组中，一次聚会、一顿饭、一项体育活动，都能帮助工作者评估组员的社交技巧和社会发展水平。在成年人小组中，如果包含了中度或者重度残疾的组员，那么让他们去准备一顿饭，或者郊游，都可以帮助工作者评估他们的日常生活技能。小组活动的设计要考虑到不同年龄组员的不同需要，要给组员足够的机会来发现自己希望通过小组活动可以改善的行为。要了解更多有关小组活动的资料，请参见第九章中有关小组活动设计的内容。

他人报告

除了组员的自我观察和工作者观察之外，组长还需要收集那些跟组员非常熟悉的组外人对组员行为的报告。在考虑其他人提供的报告时，工作者需要评估这些报告的信度和效度，而这些报告的信度和效度则会因人而异，因情况而异。例如，有些报告可能来自谣传、假设或者不确定的第三方，另一些报告可能来自直接的观察。很显然，工作者需要更重视直接观察，而不是谣传。

工作者还需要考虑报告组员资料的人与组员之间的关系。报告组员资料的人到底是关心组员的福祉，还是出于恶意、个人得失或者敌意？通过检测报告组员资料的人的动机，工作者才可以更好地评估一份报告是否带有偏见。

工作者如果能够与报告组员行为的人，如精神健康治疗辅助员、儿童照顾工作者和教师等保持长期联系，那么，工作者就非常有必要协助这些人采用一些信度和效度更好的资料收集系统。例如，一个治疗小组的组长可以主动帮助精神健康治疗辅助员设计图表，监督组员在吃饭期间或者娱乐活动期间的行为。同样，学校社会工作者可以协助初中教师学习使用阿亨巴赫（Achenbach，1997）的检查表，以测量学生们的社交行为，这是一个标准化的测量工具。这样，工作者就可以与那些常与组员打交道的人建立稳定的关系，并确保他们提供的关于组员在组外行为的资料是准确的。

标准化工具

工作者可以用来评估组员功能性的第四个方法就是运用标准化的测量工具。有些测量工具需要长时间的个人访谈，还有一些测量工具则很简洁，用铅笔和纸张就可以完成，我们称之为"快速评估工具"。例如，贝克抑郁量表是一个 21 项量表，可以评估抑郁表现和程度。可以采用不同的方式来使用一些快速评估工具。例如，在小组聚会中或者小组活动的间隔阶段，工作者请精神科门诊病人小组的组员花几分钟的时间填写贝克抑郁量表。工作者还可以要求组员填写斯泰特性格焦虑量表（Spielberger, Gorsuch, Lushene, Vagg, & Jacobs, 1983）或者使用其他工具，来评估组员经历过的特殊症状。

尽管这些标准化的评估工具能够有效地帮助我们理解组员的问题和担心，但是，工作者还是需要记住的一点就是，这些工具不一定适用于所有人群。例如，在运用于一些特定的社会文化人群或者某些发展性残障人士时，这些工具就很难具备信度和效度。事实上，这些工具可能会在测量组员的优势方面，不容易收集到准确的信息。因此，在考虑使用这些标准化工具时，工作者需要核对相关信息，以了解这些工具是否适用于所有人群。如果找不到相关的信息，工作者就需要找出一些现成的、适用于特定人群的工具。我们如果怀疑某个测量工具有文化偏见，那么，在使用这个工具时就需要特别小心，因为即使我们在解释结果时非常谨慎，那些以后要运用我们的结果的人，可能也会得出错误的结论。

鉴于快速评估工具都聚焦于某些特定的范围和领域，因此，工作者在选择这些工具时，就需要根据各自小组的目标和重点来确定。科克伦和费舍尔（Corcoran & Fischer, 2013）就在两卷本著作中提出了一系列适用于儿童、成年人、夫妻和家庭成员等不同人群的快速评估工具。由于这些评估工具适用于广泛的人群，该书成为临床工作者重要的参考资料。

四、评估小组整体的功能性

在大多数实际情况下，工作者将他们对小组功能性的评估限制在小组活动期间和两次小组活动之间。他们也可能会与主管或顾问会面，在后者的帮助下处理他们对小组的反应，并获得在未来改进小组的建议。如果可以采用一些结构化的小组过程评估，那就更好了。这将帮助工作者和组员更加了解小组的功能性，更加愿意投入其中改善小组功能性。如果一个小组沟通顺畅，凝聚力和包容性强，支持性社会整合机制完善，拥有一个积极和有效的文化传统，那么，它一定会在推进组员实现个人和小组目标中做出重要贡献。因此，虽然使用我们在下文中建议的一些评估方法可能会给大家的工作带来不便，但是与建立一个具有支持性、平稳、有效的小组所产生的潜在好处相比，这些不便也就不算什么了。

对小组动力关系的仔细评估可以让工作者立即介入小组当前工作。工作者可以使用许多不同的技能，比如澄清、改变方向、强调、聚焦和重构等，指导小组动力关系的发展。因此，工作者要做出一些批判性的判断，来确定采用什么方式和干预的时间点。接下来所描述的评估方法应该被视为一种手段，它可以被选择性地用于提高工作者在当前的小组过程中熟练运用自我的水平。

评估
行为：应用人类行为和社会环境、人在情境中和其他跨学科理论框架来分析案主和支持者的需求评估数据。
批判性思考问题：小组工作者要评估小组整体，可以运用哪些技术？

没有一种方法可以完美地衡量小组过程。因此，熟悉尽可能多的测量方法是很重要的，这样才能选择在特定的小组评估情况下可能有用的方法。对小组测量方法进行回顾是一个很好的方法，可以帮助我们了解到底哪些方法是有用的（例如，参见 Anderson & West，1998；Chapman，Baker，Porter，Thayer，& Burlingame，2010；Delucia-Waack，1997；Fuhriman & Barlow，1994；Fuhriman & Packard，1986；Johnson et al.，2006；Macgowan，2008；Strauss，Burlingame，& Bormann，2008）。

（一）评估沟通和互动模式

沟通和互动模式建立于小组初期，因此，工作者在初期需要特别关注这些模式的发展进程。认真评估小组的沟通模式，不但能够帮助工作者发现小组潜在的问题，还可以通过建立小组功能性的程序来避免问题的出现。这些模式还有助于工作者促进组员间的沟通，揭示那些可以帮助小组和组员实现目标的重要信息。

在小组初期，工作者需要关注的是小组中组员与工作者的沟通过多，而组员彼此之间的沟通太少这种情况。在新成立的小组中，组员会很自然地找工作者以寻求方向。工作者对此应该感到高兴，并鼓励这种行为。但是，要注意的是，这种沟通有时会不利于组员间的互助和小组问题的解决，因为互助和小组问题的解决产生于组员之间充分的沟通，而不是组员与工作者之间的互动。

其他类型的沟通模式也会让工作者了解到小组中潜在的问题。例如，某位组员可能会试图主导小组讨论，阻止其他组员参与讨论。另一个潜在的问题就是组员的参与不足。尽管在小组初期，某些组员的沟通频率会低于另一些组员，这是很常见的，但工作者还是要意识到当某位组员很少说话时，可能会出现孤立的问题。轮流发言和核对都是很好的方式，将沉默的组员带入小组沟通，而不要将那些更愿意倾听别人发言的人排除在外。

还有一点非常重要的就是，工作者要清楚地知道到底是什么吸引了组员参加小组。工作者需要评估小组对组员的吸引力，要保持并提升这些吸引力，协助小组发展出凝聚力，从而团结一致，为实现小组目标和个人目标而共同努力。

如果担心一个或多个组员可能不参与小组活动，工作者可以使用小组参与度量表来进行测量（Macgowan & Levenson，2003；Macgowan & Newman，2005）。这是一个简洁的测量工具，每个组员都可以运用这个测量工具，给他们在小组活动期间或两次小组活动之间的表现打分。另一种衡量参与度的简单方法是把组员的名字列在饼状图上，然后在每个组员发言时在图上打钩。这个过程可以持续 5 到 10 分钟，然后与小组组员讨论结果。

在儿童小组中，为了鼓励孩子正常参与，可以在 5 到 7 分钟的小游戏中使用代币。工作者可以告诉组员，他们每次发言都会得到 1 个代币，当达到一定数量，比如 5 个时，他们就必须等待，直到所有其他组员都得到 5 个代币。代币可以兑换小奖品。这个方法的另一些不同的形式包括用接力棒或球来引导发言。接力棒或球可以传给想说话的组员。和所有儿童小组的游戏一样，这些游戏的时间长度应该很短，并且应该根据小组中孩子们的年龄而定。

（二）评估凝聚力

小组凝聚力的形成比互动模式需要更长的时间。尽管如此，尽早进行干预以促进高水平的凝聚力是很重要的。小组凝聚力可通过使用社会计量量表或专门为测量小组凝聚力而设计的量表来测量（Budman et al.，1987，1993）。

社会计量法是一种被广泛使用的测量人际吸引力的方法。社会计量学最初由莫雷诺在 20 世纪 30 年代提出（Moreno，1934），指的是对社会偏好的测量，即成员之间相互偏好或排斥的强弱程度。社会计量是通过询问每个组员在特定活动中或彼此互动时的偏好来进行测量的（Crano & Brewer，1973；Selltiz，Wrightsman，& Cook，1976）。

案例 运用社会计量法

在住在治疗机构中的青少年出院计划小组的评估阶段，小组工作者进行了一项社会计量评分，以了解组员之间相互吸引的模式。组员们被要求根据喜好来确定自己在出院前对哪些组员最感兴趣。利用评估所得的数据，这位工作者构建了一个社会关系图和"配对"组员，这些组员相互吸引，他们创建了一个同伴系统，用于完成与个体组员和小组目标相关的任务。这名工作者还利用这些数据来识别那些被评为最不受欢迎的组员，这样她就可以在小组活动中特别关注这些组员。

可以对工作者或组员感兴趣的任何活动进行社会计量评分。例如，工作者可能想要评估组员在两次小组活动之间的社交或选择一个伙伴完成任务时对其他组员的偏好。下面是另一个例子。

在进行社会计量评分时，通常要求组员在一张纸的一边写下其他组员的名字，旁边是一个偏好量表，例如，1 ＝最喜欢，5 ＝最不喜欢。然后，组员们根据一个特定的活动给组里除了自己之外的每个人打分。例如，寄宿治疗中心的孩子可能会被问道："如果我们一起去一日游，你在坐巴士时想坐在谁旁边？""谁会是你的第二选择？"

通过将一名组员从其他所有组员那里获得的总分除以该组员可能获得的最高分数，可以计算出该组员的偏好指数。具有吸引力和凝聚力的小组组员比不具有吸引力和凝聚力的小组组员有更高的平均偏好分数。

展示社会计量数据的另一种方式是通过社会关系图。如图 8.1 所示，实线代表吸引，虚线代表漠视，中断线代表排斥，箭头代表非相互的偏好方向。出于研究目的，社会计量数据可以通过更复杂的方法进行分析，如多维标度（Gazda & Mobley，1981）。

还有一些测量个体组员之间的关系和小组整体凝聚力的工具已经被开发出来。例如，科克斯（Cox，1973）开发了小组治疗相互作用时间图，这是一种表示组员之间相互作用和关系的图形，类似于社会关系图，但比社会关系图更加复杂。关于时间图的心理测量特性和效用的评估，请参阅弗里曼和帕卡德（Fuhriman & Packard，1986），以及雷德（Reder，1978）。布德曼和他的同事（Budman et al.，1987，1993）还开发了哈佛社区健康计划小组凝聚力量表，训练有素的临床评分者可以通过观看半小时的心理治疗小组的录像片段来评估小组的凝聚力。

在治疗小组中，被广泛使用的小组凝聚力测量工具是小组环境量表（Moos，1986），在第十四章中会有具体描述。它可以用来检查任务小组和其他小组的凝聚力（Carless & De Paola，2000）。小组环境量表的使用频率远不如小组氛围问卷，而小组氛围问卷很可能是使用最广泛的测量小组氛围的工具。小组氛围问卷包括三个因素："参与""回避"和

"冲突"（MacKenzie，1990）。凝聚力是小组氛围问卷中"参与"因素的一个方面。关于小组氛围问卷和其他测量工具的最新回顾，参见索达诺等人（Sodano et al.，2014）。

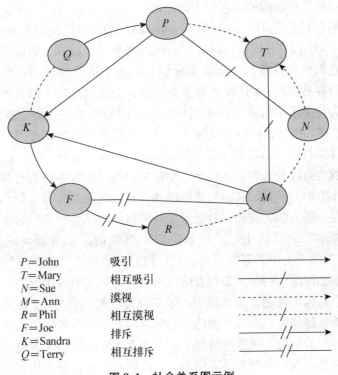

P＝John　　　　吸引
T＝Mary　　　　相互吸引
N＝Sue　　　　 漠视
M＝Ann　　　　 相互漠视
R＝Phil　　　　 排斥
F＝Joe　　　　　相互排斥
K＝Sandra
Q＝Terry

图8.1　社会关系图示例

（三）评估社会融合

　　工作者还需要对新成立的小组中发展出来的小组的规范、角色和地位等级进行评估。小组中发展出来的规范是非常重要的，因为它们界定了在小组中哪些行为是可以接受的，哪些行为是不可以接受的。小组规范会对组员对小组的满意度产生重要的影响（Forsyth，2014）。因为小组规范的形成是需要时间的，规范一旦形成就很难改变，所以小组工作者必须监测它们的发展，并从第一次小组活动开始就指导规范朝着帮助组员实现个体和小组目标的方向发展。工作者的主要职责就是鼓励组员积极参与，不断提醒小组规范的形成过程，征求组员意见，帮助修改偏离个人和小组目标的规范，促进和保护有利于实现目标的规范的形成。

　　组员的角色发展也始于小组初期。在小组初期，组员扮演的角色是意向性的，不一定就会成为日后小组发展过程中组员的角色。组员们会试着扮演这些角色，并在不同的角色中来来回回地变动。这些角色包括社会情感性领袖、任务领袖、主导者等等。在小组的这个阶段，工作者需要向组员指出这些角色功能正常和功能紊乱的表现，协助组员发展出那些有助于组员和小组发挥功能的角色行为。

250
　　在关注一些问题性角色时，舒尔曼（Shulman，2016）把组员的角色分成了"替罪羊"、越轨组员、"守门人"、内部领导者、防御性组员、沉默寡言的组员、能言善辩的组员等等，这些角色都具有挑战性，组员常常会在小组中扮演这样的角色。对于大部分角色，工作者会比较容易发现，例如，"替罪羊"常常会受到比较多的负面关注，受到其他组员的批评，因为这类组员常常会因小组中出现了问题而受到指责。按照舒尔曼（Shulman，2016）的观点，组员之所以会批评"替罪羊"的某些行为，是因为他们实际上讨厌自己身上某些同样的行为。虽然舒尔曼（Shulman，2016）提到，找"替罪羊"行为是很常见的，但我们的实务经验表明，在成年人小组中，找"替罪羊"的行为并不多见，它更多地出现在儿童小组中。但是，合适的小组活动、有时间限制的结构化小组、关注不同小组儿童的发展性能力等方法，都能有效地减少或者消除找"替罪羊"的行为。

　　在寻找"替罪羊"的情境中，工作者应该中立地指出组员互动的模式（Shulman，2016）。在说明过程中，工作者需要明确一点，即有时小组用"替罪羊"来逃避讨论一些难以启齿的、有情感深度的问题。工作者应该向全体组员说明这个问题，然后，邀请组员直接讨论这些难以启齿的问题。与此同时，还有一种可能性就是，"替罪羊"的行为可能对大部分组员来讲是越轨的、令人不满的，组员与"替罪羊"发生负面互动，只是希望能够让该组员停止这样的行为。在这种情况下，工作者需要协助小组讨论，找出更加合适的方式，来帮助该组员。在一些极端的案例中，工作者需要考虑是否让该组员退出小组，或者全体组员一起指出他的不足，使该组员改掉那些令人讨厌的行为。"替罪羊"的行为也许是希望获得他人关注的一种不合适的表现方式，如果是这样的话，工作者就可以协助这名"替罪羊"组织一次小组活动，或让"替罪羊"换一种方式，用社会认可的行为来引起大家的关注，而不是用一些反社会的行为来引起大家的关注。马列克夫（Malekoff，2014）指出，要对"替罪羊"进行人性化分析，这样才可以帮助其他组员对他们有更多的理解，理解"替罪羊"内心的抗争，以及他们为什么要用这样的方式来行动。

　　如果小组中有1到2名组员扮演了功能紊乱的角色，通常就表明小组整体已经无法正常发挥功能了。例如，如果评估表明有一名组员扮演了"守门人"的角色，也就是说这名组员不让小组讨论一些敏感问题，工作者就应该协助全体组员讨论如何改变小组的整体功能，而不要把焦点放在这名组员身上。而从另一名沉默寡言的组员身上，我们可能会看出小组的沟通和互动模式所出现的问题。一般来讲，小组角色出现了问题，基本上反映了组员的问题，而不是小组功能紊乱的问题。下面，我们列出了一些有助于工作者改变小组中功能紊乱的组员角色的方法。

- 记住所有的行为都是有意义的。

- 向全体组员指出这种行为。
- 要求该组员表现这种行为，并描述自己对这种行为的看法。
- 要求其他组员描述自己怎样改变类似的行为。
- 明确所有组员对这种行为的感受和看法。
- 要求该组员表现这种行为并考虑其他组员的感受。
- 协助所有组员考虑自己对这种行为的反应，以及是否希望改变自己在这个问题上与他人的互动方式。
- 调动全体组员一起改变这种行为，从而帮助小组正常发挥功能。

如上所述，协助小组改变组员功能紊乱的角色，第一步就是需要明确所有的行为都应是有意义、有目的的。工作者需要考虑那名功能紊乱的组员按照目前的方式来行动时，希望达到什么目的。例如，组员到底是希望他人接纳自己，还是需要引起他人的关注？组员是害怕别人说自己的闲话吗？工作者有意识地指出并描述组员的行为，能够帮助全体组员意识到这个行为，并开始考虑这个行为的意义。邀请有紊乱行为的组员来描述他人是如何看待自己的行为的，能够使得小组的其他组员理解这名组员，并对其所处的状态感同身受。

下一步就是协助组员考虑每个人对这个行为的反应、自己希望如何改变这些反应，这样就给组员提供了机会来反思小组行为的影响，以及组员在维持或者改变某种行为过程中的作用。这样，全体小组就开始了学习如何承担责任，促使一些不被人喜欢的行为的改变，而不是将行为改变的责任放在有问题的个别组员身上。在这个问题上，组员们常常会讨论角色行为，以及如何改变一些角色行为，从而促进小组目标的实现。工作者就可以引导组员关注小组过程，重视小组目标实现的战略选择。

上述步骤基本上是一般性的指导原则，工作者可以用来处理有行为问题的组员。在与一群有特殊行为问题的组员一起工作时，工作者需要十分谨慎地运用这些步骤。例如，一些强势组员可能会承认自己的行为，但是绝对不会去改变这些行为。因此，在面对那些说得多做得少的组员时，可能需要在与全体组员一起沟通的过程中，设定一个时间限制，或者是指定一名志愿者来专门提醒那些超时发言的组员。还有，工作者可以采取一些主动的方法，如提醒那些健谈的组员不要超时发言，提醒某些组员在轮到自己的时候才能发言，或者让小组将某个问题放到后面再讨论。相反，当面对一些沉默寡言的组员时，工作者需要找出小组中是否有什么东西阻碍了组员间的沟通，或者是他们原本就不想在小组中发言。我们的经验表明，大部分沉默寡言的组员都是很好的听众，他们宁愿听别人讲，而不愿自己发言。如果特别提醒某些沉默的组员，或者是要求他们发表自己的观点，有时会让他们感到不舒服。为了确保沉默组员的充分参与，工作者可以采用轮流发言的原则，在小组活动中给他们指派一些特定的任务，创造机会来鼓励他们充分参与。

252　　　"守门人"和"救火员"也是小组角色功能紊乱的常见形式，需要特别小心地应对这些组员。当小组中出现了一些有情感深度的问题时，就会出现"守门人"和"救火员"。他们可能会转换话题，改变讨论的方向，忽视某些问题，或者公开表示对某些问题的关心。所有这些行为都会阻碍小组深入讨论与小组主题相关的、具有情感深度的、组员会碰到的、急需解决的等等问题。"守门人"和"救火员"很多时候对自己扮演的角色不是十分清楚。工作者可以通过鼓励全体组员讨论为什么害怕讨论一些具有情感深度的问题，来协助"守门人"和"救火员"意识到他们正在扮演的角色。"守门人"和"救火员"的行为实际上是对讨论上述问题的一种逃避，工作者需要协助组员正视自己的担心，同时也要确保小组的环境是安全的、支持性的，在这样一个环境中，讨论一些具有情感深度的问题是安全的。

案例　愤怒管理小组中的"守门人"

　　在一个愤怒管理小组中，组员们开始谈论自己的背景。当童年时期身体虐待和性虐待的话题两度出现时，小组组员弗雷德不停地改变话题，大谈自己最近对妻子实施虐待行为的经历。当第二次发生这种情况时，组长提到弗雷德谈到了自己的妻子，并表达了同理心，这是件好事。与此同时，组长还指出，儿童时期的性虐待是一个涉及情感但又很重要的话题，应该在小组中讨论，而且它可能与一些组员的愤怒和虐待行为有关。因此，组长询问了提出性虐待话题的组员，让他们谈谈自己的经历，他们也邀请了小组的其他成员分享各自的反应和经历。组长并没有明确提及弗雷德是一个"守门人"——因为他不允许小组组员讨论一个情感性的话题——而是通过这种方式，让小组组员开始讨论一个在其他地方没有机会讨论的重要问题。

　　组员在小组中的地位，以及组长和其他组员的权威，也会影响社会融合的发展，影响小组内部的动力关系。例如，尽管在小组中，地位较高的组员可能会遵从小组的规范和程序，但是，他们对小组发展进程的影响力远远大于社会地位较低的组员。处于中等地位的组员可能会遵守小组规范，维护自己现有的地位，从而在小组中获得更大的影响力（Forsyth，2014）。准确地评估组员在小组中的等级地位能够帮助工作者在干预小组过程中，理解组员的互动和行为。

　　对小组中工作者和组员所拥有的权力做出准确的评估，可能在小组初期是非常重要的一个环节。工作者通常会认识到自己对小组组员的影响是有限的，因此，他们能够恰当地
253　运用自己的权威，避免权力的滥用。对组员的权力来源做一个准确的评估，还可以帮助工作者策划小组的干预策略，协助组员在小组中建立互助网络，实现资源共享。

　　评估规范、角色和地位的最成熟的方法是贝尔斯发明的多层次小组系统评价图

(Bales，1980；Bales，Cohen，& Williamson，1979）。多层次小组系统评价图可以作为一种自我报告测量，也可以作为一种观察测量。图 8.2 展示了一个小组中某个组员的多层次小组系统评价图。图 8.2 的横轴表示友好与不友好维度，纵轴表示工具性与情感性表达维度。第三个维度是支配与服从，由圆圈的大小来表示。更大的圆圈代表更大的支配程度，更小的圆圈代表更大的服从程度。例如，在图 8.2 中，莎伦感受到安是最占支配优势的组员，艾德是最友好和情感性表达程度大的组员。组员根据这三个维度对所有其他组员和自身进行评分。除了对公开行为进行评价外，组员还可以通过表示自己会回避拒绝希望的行为以及认为自己应该做的行为，来评价自己的价值观（参见图 8.2 中标有"回避""拒绝""希望"和"应该"的圆圈）。

多层次小组系统评价图可以以多种方法被用于评估。最基本的方法之一是让组员比较自己画的图表。可以根据单个组员的图表建立一个小组的图表。这样，一个小组综合性图表可用于分析整个小组的功能。例如，谁是最占优势的小组组员？哪些组员被包括在主导的次小组中（按照贝尔斯的术语，就是图 8.2 所示的"主导三角形"）？个别组员的特殊角色也可以确定。例如，图 8.2 显示了比尔被隔离在图表中的不友好、工具性区域。他是一个孤立的人还是一个"替罪羊"？有关这些方法的详细讨论，请参见贝尔斯、科恩和威廉逊（Bales，Cohen，& Williamson，1979），以及贝尔斯（Bales，1980）的著作。

254

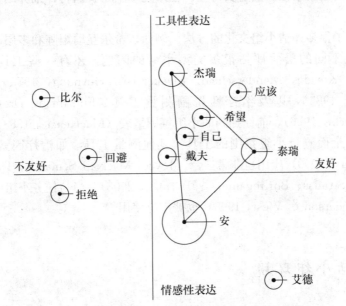

图 8.2 莎伦的多层次小组系统评价图

多层次小组系统评价图有两个局限性。一个不足是，这种方法很复杂，需要花时间学习。还有一个不足是对多层次小组系统评价图的自学大约需要 3 个小时才能完成。尽管对于一个在很长一段时间内每天都要一起工作的小组来说，这个时间段是合理的，但对于一个短期的治疗小组来说，这可能是不合理的。

（四）评估小组文化

对整个小组的功能性进行评估的第四个方面，就是对小组的文化进行评估。组员们共同的思想、信念、价值观和感受都会影响小组的治疗效果。鉴于某些社会文化鼓励社会成员公开表达自我感受，而某些文化则反对这样做，因此，不同的小组发展出来的文化会强调不同的行为方式。

在开始阶段，工作者应该首先反思一下小组中发展出来的文化。这种文化能够帮助组员和小组实现其目标吗？由于小组文化的发展慢于小组动力关系的发展，工作者在初期对小组文化的评估，只能作为小组文化发展的指标之一。小组文化一旦形成，就很难改变了。因此，工作者一开始就要与组员分享自己对小组文化的最初印象。例如，在某个小组中，工作者一旦发现小组正在形成一种消极的、非支持性的小组文化，就要在第一次或第二次聚会中指出大部分组员的沟通是以问题为导向的，而不是以成长为导向的，或者指出在小组中，组员间的反馈很少具有支持性。在第九章中，我们将详细介绍如何修改和改变小组文化。

人们发展出了很多评估小组文化的方法。例如，希尔互动矩阵和多层次小组系统评价图，就是用来从不同的层面评估很多类型小组的问题，还有一些工具如小组氛围量表（Silbergeld, Koenig, Manderscheid, Meeker, & Hornung, 1975）、小组氛围问卷（MacKenzie, 1983），以及治疗性氛围测量工具（Fuhriman, Drescher, Hanson, Henrie, & Rybicki, 1986）。前面提到的小组氛围量表（MacKenzie, 1983）可能是使用得最多的，是用来全面测量小组氛围的工具。其他测量工具，如治疗因素量表（Lese & MacNair-Semands, 2000）应用也非常广泛（Joyce, MacNair-Semands, Tasca, & Ogrod-niczuk, 2011）；Strauss, Burlingame, & Borman, 2008）。当与任务小组一起工作时，小组氛围清单（Anderson & West, 1998）也被广泛使用。

五、评估小组环境

工作者对影响整个小组环境的评估，需要与对影响个体组员的环境性因素的评估区分开。在这样两类评估中，小组和组员所处的环境会对小组工作实务产生重要的影响。在评估环境对小组的影响时，工作者需要关注下面几个层面：

- 资助和支持小组的机构；
- 跨机构环境；
- 社区环境。

强调环境的影响，是小组工作实务的一个明显特点，在任何其他专业学科的小组工作者的研究论文中，都看不到这一点。

（一）评估资助机构

在评估资助机构对小组的影响时，工作者要研究机构是怎样影响小组目标的，机构会分配什么样的资源给小组，在机构中工作者与其他人关系如何、处在什么地位，以及机构对服务提供的观点态度如何影响小组工作实务，等等。将上述因素放在一起考虑，就能够发现它们会影响小组功能发挥的方式。

正如加文（Garvin, 1997）所指出的，机构在支持某个小组工作时，会带有自己的目的。机构的目的有时可以清楚地表述，有时隐含在整个小组活动中。机构管理层面会鼓励发展小组，但是，这不一定与工作者对小组的目的或者组员对小组的目的一致。在多大程度上机构、工作者和组员能够就小组的目的达成共识，将会决定小组在多大程度上为确保正常运作而寻求机构的支持，同时也会决定小组经验在多大程度上能够被各方认可。

工作者如果能够明确机构资助小组的目的到底是什么，将会非常有帮助。正如第六章中描述的那样（参见附件 C、D、E），工作者要准备小组的书面计划书，清楚地说明工作者的意图，同时也给机构管理层提供机会来回应这个书面文件。

在明确机构对小组的目的阶段，工作者可以帮助组员界定小组的目的。例如，一家护理院的管理者可能决定支持一个小组，来协助护理院的居民更好地适应护理院有关洗澡、吃饭和打扫房间的安排。工作者可以协助护理院的工作人员和居民考虑组员和机构的需求，而重新设定小组目的。例如，小组目的可能改为让居民和工作人员一起找到一个方法来应对工作人员繁忙的日程，完成个人照顾任务，同时满足居民的自我管理和个人喜好方面的需求。

机构影响小组的另一个方法就是分配资源。在第六章中我们提到过，工作者需要尽快明确小组需要什么样的资源，来有效发挥作用。一旦这个工作完成了，工作者就可以评估机构是否会分配足够的资源，并制订计划来正确利用这些资源。工作者的评估还要包括到底需要哪些资源，例如，聚会场所或者小点心，能否从不同的机构得到资助。

工作者在资助机构中的地位也会影响小组。如果工作者在资助机构中是一个无名小卒，那么，要向机构获取小组需要的资源，就得说服资助者，让机构认识到小组的目的与

256

机构的总体目标是一致的，等等。在这种情况下，工作者需要请教经验丰富的同事，他们可能会就如何有效开展小组提出一些有启发性的建议。工作者还可以请求同事支持自己即将主持的新小组工作。

资助机构是否支持开设小组服务，可能会对小组工作实务产生重要影响。工作者应该评估机构到底是重视个人服务还是小组服务。例如，某些资助机构口头表示支持小组工作，但是，实际上并没有投入足够的资源（Levi，2014；Ramirez，2014）。当个人服务得到重视时，工作者可能需要花费很多时间来建立开展小组服务的理念，从而说服资助机构，他们对小组的投资是非常值得的（Levi，2014；Ramirez，2014）。资助机构有关招募准组员和接案的政策也会影响小组。工作者应该评估当事人是自愿接受服务的，还是被要求来参加小组的。被强制的组员可能会对小组充满敌意，也可能采取麻木不仁的态度。因此，工作者收集有关信息，了解接案工作者在多大程度上帮助组员做好了接受小组工作服务的准备，也是非常重要的。

机构对某种服务技术，如某种实务理论、意识形态、干预技术等的重视程度，也会影响小组工作实务。例如，如果机构重视长期的心理分析的治疗模式，它可能就会反对短期的行为取向的小组。如果某个小组计划采用的服务技术与机构重视的服务技术相冲突，那么工作者需要就自己设计的服务技术，发展出一个令人信服的理念，来说服机构。在治疗小组中，这种理念可能包括某种技术在处理某个具体问题时，在激发新的思想和决策方面的有效性和效率等。下面的案例就说明了服务技术是如何影响小组的。

257
案例　失智症患者的照顾者的心理教育小组

有一个家庭服务机构主要运用心理动力模式来提供包括长期小组在内的各种服务，一名工作者提议为失智症患者的照顾者开设一个为期六周的心理教育小组。在机构员工第一次会议上，这名工作者提议开办这样一个小组，她指出，许多来机构的案主是老人，许多人提到自己的配偶得了健忘症或者被诊断出有失智症，自己在照顾他们的时候遇到了很多问题。这名工作者表示，她研究了最佳实务模式，并建议开一个短期小组，专注于关于失忆和失智症的教育，为失智症患者提供社区护理资源，并为照顾者提供支持。这名工作者指出，这个小组可以从一个为期六周、每周开会的短期小组开始。然后，如果组员们感兴趣，或者成立了更多的短期小组，就可以由那些想继续参加小组的成员组成一个长期的支持性互助小组。互助小组将更符合这个家庭服务机构提供长期服务的传统。

为了确保资助机构能够不断支持小组，工作者还要抓住每个机会，来向临床督导和其他管理人员说明小组的进展。这个策略给工作者提供了机会，宣传资助机构支持的有效性，以及说明小组进一步需要的资源是什么。例如，带领育儿小组的工作者需要讨论小组进展，以及组员参加小组的交通问题，同时还要指出，如果资助机构在小组活动期间不提供育儿照顾服务的话，组员的缺席率就会上升。在后面的章节中，我们将介绍根据组员的需求和小组整体的需要来选择干预方法和形成治疗方案的方法。

（二）评估跨机构环境

在评估小组环境时，非常重要的一点就是，工作者要关注其他机构中发生的事情，这些也许有助于自己的小组。工作者还可以提出这样的问题来评估跨机构环境：其他机构是否提供类似的服务？其他机构的工作人员看到的需要是否与自己在小组中看到的需要相同？其他机构是否提供可能对自己小组组员有帮助的服务？将不同机构的小组联系起来，游说社会服务改变，能否带来更多的益处？

如果工作者或者机构中的其他人对社区内其他机构提供的服务不太熟悉，那么，工作者在做跨机构评估时的主要任务就是，与其他机构建立联系，让他们了解自己即将主持的这个小组。这样做除了能够获得转介组员，让其他机构了解自己的小组之外，还可以展示哪些是不必要的重复提供的服务，哪些需求没有得到满足，以及在不同的机构中哪些服务需要协调，等等。下面的案例显示了跨机构评估的重要性。

案例 进行跨机构评估

有个较小的资助机构的执行主任在给无家可归的人提供服务时，面临很多问题，这些问题在工作者的每月例会上被多次讨论后，他决定做一个跨机构评估。该主任发现庇护所中缺乏足够的空间，社区中人们对无家可归者的福利漠不关心。该主任邀请来自不同机构的专业人士召开会议，讨论下一步怎样办。这个跨机构小组联系了一个本地规划机构，通过与这个规划机构的合作，这个小组争取到了联邦政府、州政府、地方政府和私人机构的资助，以解决无家可归者的问题。在经过了大量工作后，一个专门给无家可归者服务的项目得到了联邦、州、地方政府的资助，开办了新的社区庇护所。

（三）评估社区环境

工作者还需要评估社区环境对小组的影响，以及其他小组和全社区对本小组的支持程度。在评估社区对小组的影响时，工作者的重点应该放在社区对小组处理某个问题时的态度。例如，在拉美裔美国人和非裔美国人社区中，要组织给老年痴呆患者提供支持的小组是非常困难的，因为人们给这种病贴上了污名化标签。这些社区还相信，处理这样的事情，只要通过家庭照顾就能解决（Ramos，Jones，& Toseland，2005）。

在治疗小组中，如果处理的问题触犯了社区的基本价值观，小组的组员就会被贴上污名化标签。缺乏社区的接纳，以及某些问题被打上污名化标签，还会产生其他后果，例如，阻碍准组员向外求助或参加小组。当然，这既会提高组员的保密水平，也会影响小组程序，使小组难以招募新的组员。例如，由于人们给虐待儿童的家长贴上了污名化标签，家长匿名小组常常会召开秘密会议，为了保护这些参与者，不被那些打探这些人真实身份的人发现，招募的过程也都按照姓氏方式来进行。很多其他的由专业人士主持的小组或者自助小组等处理社会性污点问题的小组，如家暴、酗酒和赌博等，也会采用类似的招募方式。

工作者可能还要评估小组能否得到其他社区小组和整个社区的支持。例如，一些神职人员可能会给殴打或忽视儿童的父母、酗酒者或施暴者开设小组。工作者可以从中获得一些转介资源，或者借用教堂的会议室等。同样，家庭服务机构的工作者可能会发现，有几个社区机构，如妇女人权机构、受虐妇女庇护所、受害者赔偿理事会、教会委员会、冲突解决中心等，都会给家暴受害者提供支持性小组。工作者在评估了社区支持之后，通常能更好地争取到给自己小组的资助机会。我们来看看下面的案例。

案例　评估社区环境

某个农业县城成立了一个社区联盟，评估是否需要给离家出走和无家可归的青少年建立庇护所。县社会服务机构的代表、当地教会的领袖、当地社会工作专业的老师们坐在一起开会，讨论这个问题，研究社区是否会支持建立这样一个庇护所。联盟的组员们一开始就分成了几个独立的工作小组来进行资料收集。一个小组与地方的警察部门开会，了解每年有多少起离家出走的案例。另一个小组负责与社区领袖进行个别访谈，以了解他们是否会支持建立庇护所。第三个小组与社区居民召开焦点会议。第四个小组负责收集联邦政府、州政府有关无家可归和离家出走的数据。当这些小组分头收集资料，进行需求评估时，联盟还发现社区居民强烈反对建立这个庇护所，特别是建在自己社区附近。联盟重新评估了建立庇护所的想法，决定进一步探讨怎样吸引更多的社区居民参加策划服务，以满足这些离家出走和无家可归的青少年的需要。

259　　对于那些有兴趣建立社会行动小组和联盟的小组工作者来讲，他们要善于发现对于社区居民具有重要意义的问题，要清楚地知道，就一个具体问题哪些人有能力改变，哪些人

有能力阻碍改变，同时，还要采用不同的方法，从那些深受某个问题困扰的人群以及能够影响这个问题的解决的人群那里收集相关信息。这些方法包括：（1）集中的个人访谈；（2）焦点小组；（3）社区需求评估；（4）对全国性和全州性的相关调查资料和数据的收集等（参见第十四章）。

当然，也不能轻视那些非刻意收集的信息，例如在与社区居民、社区领袖、政治家和社区活动家们互动和建立联盟的过程中无意间获得的信息。对于那些有兴趣建立社会行动小组和社区联盟的工作者来讲，要尽快熟悉自己工作的社区，要了解社区中存在的竞争的小帮派、隐藏的问题，要投入很多的时间和精力，才能在社区中建立一个联盟。如果工作者的意图就是动员社区行动小组和建立联盟，那么，除了花时间了解社区，与社区中不同机构和组织的代表以及居民建立信任关系，没有别的捷径。

工作者要对社区环境进行评估，常常需要成立包括社区各种力量的联盟，以更有效地解决问题。有研究者（Rubin & Rubin, 2008）认为，在评估社区时，需要采用系统的方法，要从那些长期受到问题困扰并想解决问题的人那里收集信息。可能还需要收集证据，了解问题的严重程度，动员大家来关心这些问题，同时还要有能力采取建设性的策略来解决问题。例如，通过社区评估可以发现警察常常参与解决家庭纠纷。在警察和社区领袖的支持下，社区组织可以走出去接触那些经历了家庭纠纷的人。除了提供个案服务之外，这些调查工作还会促进成立几个治疗小组，如夫妻沟通小组、育儿小组、青少年娱乐小组。它们可能还会促进由社区领袖组成的工作小组成立，来处理社区中人们担心的家庭问题。下面的案例就说明了这一点。

六、将需求评估与干预结合起来

260

在准备治疗小组的中期工作（在第九章中我们将继续讨论）时，需要考虑的是如何将评估结果运用到策划有效的干预中。几乎所有的个案工作和小组工作的教科书，都不会提到如何将评估结果运用到干预计划的制订中。这可能就解释了为什么有很多研究显示，在工作者的评估结果和制订的干预计划之间几乎没有相关性。由于缺乏指导，不清楚到底什么样的干预对于什么样的问题是最合适的，工作者只能依据自己最熟悉的干预方法来制订干预计划，而对小组和组员的评估结果置之不理。

图 8.3 显示了根据对个体组员、小组整体和小组环境的评估制订干预计划的一个框架。由于小组面临的问题常常是多方面的，工作者应选择不同的干预计划，以制订更为全面的治疗计划。例如，在夫妻小组中，工作者和每个组员可能会选择具体的干预计划，以满足个体组员的需求。比方说，一个组员决定运用认知重构的干预方法，来帮助她在与丈

夫争执时，不做出攻击性举动。作为治疗计划的一个部分，另一个组员可能决定参加酗酒者匿名小组。同时，工作者会帮助第一个组员改变自己在小组中的互动模式，帮助第二个组员停止回避小组中的对质。

案例

乔迪给四年级的学生开办了一个"分香蕉"小组，这些学生的父母都处在分居或者离婚阶段。小组已经开办了四个星期了。小组的目的就是协助孩子们讨论自己对家庭变故的担心，协助他们彼此之间建立支持。小组在开始阶段进展很好。组员越来越喜欢乔迪，彼此相处也很融洽。他们似乎开始越来越多地袒露自己的担忧。乔迪利用了一些小组活动来帮助组员彼此熟悉，并明确自己的感受。

在主持小组的过程中，乔迪意识到，她应该开始收集每个组员的信息和整个小组的信息。她也在与不同的人，如教师、辅导员和学校的管理者等一起工作中，了解了小组收集信息的重要性。现在需要根据这些信息，来开展正式的需求评估，为下一步继续开展小组工作做准备。她还希望自己能够更加系统地理解小组动力关系，因为她发现，小组环境对小组过程是否成功，产生了决定性的影响。她采用了几个方法来进行资料收集，以进入正式的需求评估过程。

乔迪首先开始对组员进行需求评估。组员基本上都是同质性的，他们都是来自同一个学区的四年级学生。同时，她还注意到，这些组员的家庭情况完全不同，而这些不同的家庭情况会影响他们应对家庭变故的方式。她从几个不同的渠道来收集信息，了解学生如何应对自己的家庭变故。首先，她与每个孩子的家长取得了联系。她让每位家长填写了一个量表，上面包括孩子在家庭中的一些表现，如吃饭、睡觉、学习习惯等。其次，她让每个孩子的老师对学生在课堂上的表现写了一个总结。她特别要求老师描述他们对孩子的社会互动、学业表现以及整体状况的观察情况。最后，她记录了自己在小组中对每个孩子的观察，运用了孩子们在小组中的对话，仔细地记录孩子的情况。她把这些资料汇总起来，给每个组员建了一个档案。随着她收集的资料增多，她把它们综合起来，写了对每个组员的评估总结，其中包括家庭环境、对父母分居生活的适应程度、课堂行为、与其他组员的关系、在学校中的社会化模式和学习成绩等。她计划用这些信息，来跟组员讨论他们希望在以后的小组活动中实现什么目标。

尽管小组看上去进展顺利，但是，乔迪还是决定正式评估小组的功能性。她开始认真地记录组员间的互动和沟通模式。她注意到，小组中形成了几个小团体，所以，她怀疑是否是组外的组员互动强化了这种动力关系。她给组员们设计了一个小的社会关系交往练习，以全面评估小组的互动。在后来的调查中，她发现，次小组是按照学校对四年级的课程安排而形成的。通过观察，她还发现，组员跟她的沟通比较多，与其他组员的沟通则比较少。作为后来小组活动的目标之一，她计划促进组员之间的沟通，所以，她开始鼓励孩子们彼此交谈。乔迪评估小组凝聚力的一个方法是，在每次小组聚会结束时，请组员对本次小组聚会中自己最喜欢和最不喜欢的活动进行评论。她注意到，很多组员提出了正面的评价。她还注意到，组员越来越独立，在小组决策时责任感不断增强。她觉得，在这个阶段，小组文化正在形成。

乔迪还花了很多时间来策划小组，特别是针对机构的环境。她觉得，非常有必要重新评估小组环境的方方面面，特别是了解学校的老师、管理者和家长们是怎样看待这个小组的。她设计了一个简短的评估工具，将它发放给上述人员，请他们针对这个小组的情况进行填写和反馈。此外，她还访谈了校长，向他汇报了小组的情况，评估小组给学生带来的变化。在与校长访谈时，乔迪得知学校理事会非常有兴趣在其他班级也开展同样的小组。为了避免那些家庭出现问题的学生出现行为问题和校园暴力问题，理事会目前非常愿意做出早期干预，给那些父母在分居或离婚阶段的学生增加相关服务。作为一个目标，乔迪准备就给那些经历了家庭纠纷的学生延伸小组服务，向理事会做一个详细的汇报。

七、小结

263

本章指出，工作者需要评估个体组员的功能性的三个领域、小组整体的功能性的四个领域，以及小组环境的三个方面。从第九章到第十二章，将会描述工作者根据需求评估结果制订干预计划的各种方法。

本章详细地讨论了需求评估过程。尽管需求评估需要贯穿整个小组发展的全过程，但是在小组初期的后半段和中期的前半段，这个方法使用得比较频繁。也是在这个阶段，工作者和组员开始策划干预策略，以实现他们在小组初期一致同意的目标。

在进行需求评估时，工作者要了解个体组员的功能性，以及小组整体和小组环境的功能性。在评估个体组员时，工作者要研究每个组员的内在的、人际的和环境的功能性。此外，工作者还需研究该组员会对小组做出什么贡献，组员带给小组的需求是什么，以及什么样的干预计划最有助于组员解决问题。本章中还提到了很多方法，可以单独或者合并运用，来评估个体组员的功能性。

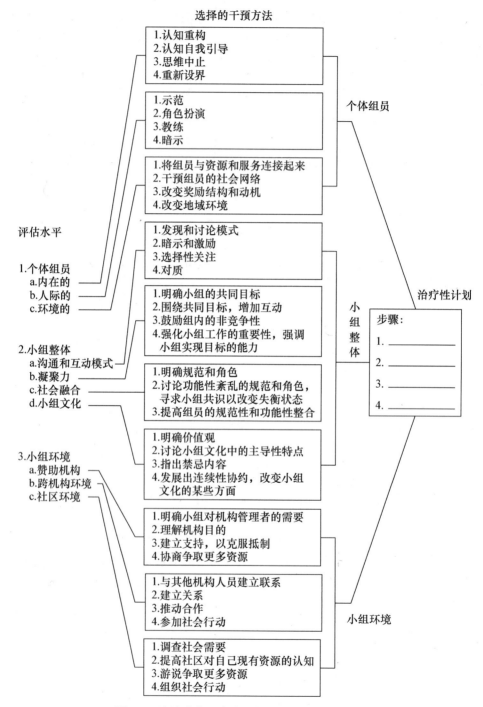

图 8.3　在治疗小组中将需求评估与干预联系起来

要评估小组整体，工作者关注的是第三章中描述的小组动力关系中的四个方面，它们是：(1) 沟通和互动模式；(2) 小组凝聚力；(3) 社会融合；(4) 小组文化。本章还介绍了几个评估小组整体的方法。

由于小组工作实务发生在一个大的社会服务传递系统中，因此，考虑小组环境对小组功能性的影响是非常重要的。要对小组环境做出全面的评估，我们建议，工作者要评估资助机构、跨机构环境，以及小组所处的大的社区环境。在解释了这些因素会怎样影响小组之后，本章还讨论了如何将需求评估结果运用到对干预计划的制订中。

第九章

治疗小组：基本方法

学习目标

- 概述在小组中期准备小组聚会的步骤
- 探索结构化小组工作的各种选择
- 解释如何鼓励组员参与并赋权组员以实现目标
- 描述与非自愿组员或抵制的组员开展工作的技巧

本章概要

中期技巧

小结

在小组中期，小组工作的重点应该放在完成小组初期制定的小组目标和任务上。在小组中期开始时，工作者应该与组员深入讨论小组的目标，与组员一起制定小组协议，以确保保密性、出席率和小组活动的次数，并且为每个组员制定特定的治疗目标。同时，小组作为一个整体，也应该发展出一个基本的动力过程，包括：沟通和互动模式、人际吸引的水平、小组凝聚力、规范、角色和其他社会控制机制，以及小组文化。工作者在中期的一个基本任务就是协助组员实现自己早已定下的目标。

一、中期技巧

治疗小组中期的特点就是当组员在小组中与其他组员建立关系时，需要进行一系列的试探、冲突和调整。组员间需要不断地建立协议关系，在与他人的互动中，不断调整自己的位置。小组也需要与自己的资助方建立一个合适的关系。

小组中出现的试探、冲突和调整，实际上标志着组员逐渐感到在小组中比较舒适，可以充分表达自己的需要和自己对小组的看法。在这个阶段，组员开始表现出自己的独立性和领导能力。他们可能会质疑小组的目标和目的，甚至会质疑实现目标的途径和手段。他们还可能就小组运作过程提出完全不同的观点，或者从完全不同的角度来看自己与他人的互动。在开始阶段，组员们会非常欢迎工作者来主导小组活动，但是，进入中期后，不断出现的试探和冲突实际上意味着组员开始争取自己对小组的发言权和主导权了。如果冲突涉及组员的社会情感性舒适度和目标实现，就应该鼓励组员出面担任非正式小组领导，由他们来把控小组。高效的小组组长非常喜欢用这个方法，因为他们知道，这会提高自己在小组中的地位，因为组员们会认为组长是开放的、受人欢迎的，是赋权组员的。

在很多情况下，工作者需要把控组员担心的问题，对他们的反应做出友善的回应，激发小组讨论如何处理组员们担心的问题，这些都会帮助小组以平稳的、令人满意的方式来继续运作。在某些情况下，冲突可能会不断升级，如果是这样的话，我们在第十一章中谈到的解决冲突的技术和策略就能派上用场了，它们可以帮助工作者在协助小组实现小组目标的同时，满足组员的需要。

尽管在小组的各个阶段，试探和冲突都会存在，但是，在经过了一段时间的调整之后，小组中期的重点还是需要转向目标的实现。组员需要团结协作，完成自己与小组组长、其他组员和整个小组一起制定的小组目标。在小组中期，工作者需要根据自己对组员进展的评估、组员不断变化的需求，以及小组所处的社会环境的不断变化等因素，来对小组目标做出相应的调整。

每个小组的发展模式不同，因此需要不同的领导技巧，然而，在所有治疗小组的中期，组员们还是希望工作者能够完成七大类活动。这七大类活动包括：

（1）准备小组聚会。

（2）结构化小组工作。

（3）吸引组员参与并赋权组员。

（4）协助组员实现自己的目标。

（5）运用循证治疗方法。

（6）应对非自愿组员和抵制的组员。

（7）监督和评估小组的进展。

（一）准备小组聚会

在小组中期，工作者要不断地评估小组的需求和组员的需求，计划在后面的聚会中满

投入

行为：运用人类行为和社会环境、人在情境中和其他跨学科理论框架来鼓励案主和支持者参与小组。

批判性思考问题：工作者要在小组早期鼓励组员参与，如何设计小组活动支持组员的参与？

足这些需求。不断地进行评估、修订计划和再评估，是工作者确保小组不断朝着既定目标前进的主要手段。

在有时间限制的结构性小组中，工作者在两次小组聚会之间需要花费大量的时间，来准备下次小组日程。例如，在给未来的寄养父母开办的一个教育小组中，工作者在准备第四次小组活动时，需要准备：（1）协助孩子建立价值观的材料；（2）关于价值观的讲义；（3）准备一个活动，用来解释某些概念，以协助孩子发展自己的价值系统；（4）协助或组织小组讨论价值观的问题。在准备下一次聚会时，工作者要选择一些资料，以激发组员参加讨论的兴趣。此外，工作者还要估计需要多少时间来完成每个教育环节，并记得在聚会开始时就跟组员们讨论这个问题。

266

工作者运用现成的小组活动来实现小组目标，也需要做准备。小组活动包括锻炼、游戏、玩耍、社交活动、绘画、体育、舞蹈、雕塑和许多其他非语言和语言活动。这些活动可用来为组员提供有趣的经验，同时实现特殊的治疗目标。在小组活动的历史上，程序化活动的使用有着悠久而重要的历史。小组活动的应用非常广泛，尤其是在儿童青少年群体中（例如，参见 Crenshaw, Brooks, & Goldstein, 2015；Crenshaw & Stewart, 2015；Kaduson & Schaefer, 2015；Kastner & May, 2009；Webb, 2015）。

工作者们有时会误以为在小组活动中不适合采用艺术、手工或者跳舞等形式的活动，因为这些活动并不重视具有治疗作用的语言互动。但是，如果选择合适的话，这些活动也会具有很好的治疗性。小组活动实际上可以成为一个很好的媒介，借此，我们可以评估组员的功能性状况，如人际沟通技术、日常活动能力、运动协调能力、关注范围和工作能力等。尽管这些活动经常在儿童青少年小组中使用（Webb, 2015），但它们在很多不同类型的小组中也是非常适用的。例如，米勒（Miller, 2012）在成瘾小组中有效地使用了具有治疗性的小组活动。小组活动的功能除了改进人际功能技巧、提高领导能力、增强问题解决能力和日常生活能力外，还包括协助增强小组的凝聚力，建立小组的社会规范，以及营造鼓励组员参与的小组文化。小组活动还可以用来提高小组对组员的吸引力。例如，在儿童小组中，工作者可以设计一些小组活动，如在小组讨论的间隔安排一些谜语，以提高组员的参与兴趣。

在那些结构较弱的、以过程为导向的小组中，也需要准备工作，至于具体需要做什么，让我们来看看下面的例子。

案例　准备小组聚会

有一位工作者在青少年治疗中心主持小组时，根据自己对前几次小组活动的效能的评估，以及在每周的小组治疗回顾会议上对每位组员的评估，为下一次小组聚会做准备。工作者决定下一次小组聚会重点关注组员如何更好地表达自己的不满情绪。在准备小组聚会时，工作者收集了很多案例，是过去组员们表达不满情绪的各种方式。她利用这些案例设计了一些角色扮演的活动，以不断改进组员表达不满情绪的方式。在下一次聚会中，她就要采用这些角色扮演的活动。工作者需要示范表达不满情绪的恰当方式，并协助组员学习这些新的方式。然后，她鼓励组员讨论在现实中要采用哪些有效的方式，可能会遇到哪些有利因素和不利因素。

选择合适的小组活动，需要工作者对组员的需求进行认真仔细的评估。组员的特点应与拟采用的活动的特点相匹配。高效的小组工作者会利用自己的有关人类行为的知识来确保活动内容是适合组员发展的。工作者在选择对每个组员都有帮助的治疗方案活动时，应该仔细考虑能力水平、注意力、兴趣和动机。没有经验的小组工作者常犯的一个错误就是选择的活动内容难度太大，组员都不感兴趣，从而导致组员不参与。

为了避免出现意外，如果条件许可，要选择那些经过实地测试和循证的小组活动。此外，提前尝试一些活动，并从小组组员或类似于小组组员的人那里获得对这些活动的反馈。当活动没有引起组员们的兴趣时，工作者不应该以死板的方式强制推进。相反，他们应该深呼吸，放松，当场重新安排活动。准备替代方案也是一个很好的做法，以防精心准备的活动不能按计划进行或没有抓住组员的兴趣点。活动要具有创造性、灵活性、幽默感，还要了解组员的兴趣所在，这些都是设计小组活动时必须考虑的因素。小组工作者必须了解与他们一起工作的个人的好恶和特殊利益。如果需要当场调整活动内容，一定要确保所有组员都会参与并喜欢这些活动。工作者要深思熟虑、创造性地运用自己对组员的了解程度，如果组员不参与，就要保持开放的心态，随时准备调整或者完全推翻之前制定的活动方案。工作者不要指责组员缺乏关注或参与，而应该反思一下，自己该如何改进活动方案，使其具有吸引力，让组员乐于参与。

鉴于目前有大量的适合儿童青少年、成人和老人的小组活动，工作者需要将这些活动收集起来，并进行分类，在与不同人群工作时，可以随时选择使用。在小组存在期间，这样一个资源档案是一笔财富。

图9.1是针对特定小组活动的评估程序。在选择小组活动时，需要考虑的因素包括：（1）活动的目标；（2）小组的目标和目的；（3）活动需要的设备、资源和时间；（4）组员的特点；（5）特定小组活动的特点。

图9.1中罗列的程序可以用来帮助工作者给任何形式的治疗小组选择小组活动。例如，在为协助住院病人回归社区生活的小组选择小组活动时，工作者需要考虑一些能够使组员对外部世界感兴趣的活动。除了考虑小组的目标和特定小组活动的目的，工作者还要考虑图9.1中罗列的其他因素。

1. 明确小组活动是否与小组的目标和目的一致。

2. 明确小组活动的目标。

3. 明确要进行的这项活动，在设备、资源和时间上是否满足条件。

4. 选择小组活动还需要考虑的因素包括：
   a. 兴趣和动机。
   b. 年龄。
   c. 技术水平。
   d. 身体和精神状态。
   e. 注意力水平。

5. 将小组活动根据下列因素进行分类：
   a. 活动的特点，如持续时间、结构等。
   b. 活动对身体的要求，如很好的身体协调性、力量等。
   c. 活动对社会环境的要求，如互动性、语言性和社交技巧等。
   d. 活动的心理要求，如情感、思想和动机的表达等。
   e. 活动的认知要求，如时间感、地点感和人员等。

6. 选择那些最能满足小组目标的活动。

图 9.1　选择小组活动的评估程序

案例　运用小组活动

　　住院病人小组在一个职业治疗室开展活动，治疗室中有厨房设备、桌子、黑板、艺术品和玩具等。所有的组员都是 70 岁以上的老人，他们的身体和精神状态都不太好，他们的兴趣包括园艺、自然、旅行和做饭。工作者要选择的小组活动就需要能够鼓励组员从身体上和社会上真正对社区生活感兴趣，从而为出院后的生活做好准备。根据图 9.1 中列出的因素，工作者可以选择一些小组活动，如讨论时事，或者让组员每人带一个菜来，大家一起聚餐分享。在一次会议上，工作者问组员们是否愿意一起做一顿饭。组员们同意了，工作者就利用剩余的时间来讨论大家想吃什么。第二天，工作者把未加工的食材拿来，在职业治疗师的帮助下，督导他们一起做饭。饭后，工作者将组员重新组织起来，一起讨论各自的感受。为了激发大家的思考和讨论，工作者提出了以下这些问题："刚才的活动是否让你们想起了自己过去的生活是什么样的？""再次独自生活，你觉得怎么样？""当你离开这里时，你对做饭有什么担心？""你会考虑邀请你的家人或朋友来家里吃饭吗？"这些问题引发了一场具有治疗性的讨论，并在第二天的会议上继续进行。

小组活动的治疗效果怎样，取决于工作者是怎样运用这些活动的。如果不能将某些活动朝着治疗效果的方向引导的话，那么，小组活动就难以达到预期的效果。在上面的例子中，做菜的活动刺激了组员的感官意识。在这个活动中，工作者需要鼓励组员参与社会互动。在聚餐结束时，让组员们就自己在活动中的想法、感受、经验和行为进行讨论，就可以提升组员的兴趣和动机，有利于其回归社区。在准备聚会时，工作者最好回顾一下前几次聚会的记录，以及来自其他渠道的监测信息。充分利用有关小组过程的反馈信息，是小组中期的一个重要步骤。例如，在上面提到的住院病人小组中，工作者可以根据对小组过程的总结性观察，来决定是否需要改变小组过去的互动模式，以重点鼓励在前几次活动中不太活跃的组员，使他们更多地参与小组活动。另一个例子就是，在给单亲父母开办的支持性小组中，组员们对前几次小组活动的满意度资料表明，在以后的几次小组活动中，应该提供更多的关于成年学生教育机会的信息。

此外，还需考虑将聚会主持过程具体化，如果必要的话，还要对干预程序或技术进行预演。工作者如果采用了一个新的或不熟悉的程序或练习，预演就尤其重要了。

（二）结构化小组工作

对管理式照顾和私人医疗保险的使用的回顾，更有利于我们运用循证的结构化方法进行小组工作（Boyd-Franklin, Cleek, Wofsy, & Mundy, 2013）。结构在多成分小组治疗项目中特别重要，这也被称为"心理教育小组"（Lefley, 2009；Walsh, 2010）。越来越多的文献指出，对于特定类型的心理健康问题，如抑郁和焦虑等，结构化协议和特定治疗模式是非常有效的，如小组认知行为疗法和行为激活疗法（要了解相关综述，参见 Burlingame, Whitcomb, & Woodland, 2014）。认知行为疗法和行为激活疗法已被用来处理许多问题，从强迫症（例如，参见 Muroff, Underwood, & Steketee, 2014）到成瘾治疗（Tuten, Jones, Schaeffer, & Stitzer, 2012；Wenzel, Liese, Beck, & Friedman-Wheeler, 2012）。其他的方法，如简单的、结构化的、以解决方案为中心的治疗，越来越多地得到了实证的支持（例如，参见 Franklin, Trepper, Gingerich, & McCollum, 2012）。下面的案例描述了一个心理教育小组对认知行为疗法和行为激活疗法的结合使用。

案例　抑郁症患者的心理教育小组

　　针对重度抑郁症患者的心理教育小组的第三次聚会开始时，工作者要求大家轮流分享上次活动布置的家庭作业，即每天做一件愉快的事情。工作者逐一询问大家都做了什么，并对努力完成的组员提出了表扬。对于那些不能完成任务的组员，工作者要求他们简要描述一下自己遇到的障碍。在轮流发言之后，工作者拿出了一本认知行为思维监测手册，让组员们检查一下，在上次活动结束本次活动之前这段时间中，他们是否出现了浸入性思维，导致自己出现抑郁情绪。组员们要进行自我监督并在工作簿上写下他们每天至少会出现的一些消极的想法，以及每个想法的前因后果。接下来，工作者要求组员们选择一个搭档，用 10 分钟的时间来做一个练习。首先，他们要安静地反思并写下当天早些时候令人沮丧的想法，然后与他们的伙伴讨论这个想法、它的前因后果。10 分钟后，组员们要回到小组中，并简要汇报他们对这次练习的回应。休息时间过后，工作者让组员们多谈谈他们在做某件愉快的事情时遇到的障碍，这件事在刚刚的作业汇报中曾经被简单提到过。然后，工作者引导小组进行了一场解决问题的讨论，讨论的重点是如何克服两名小组组员所描述的特殊障碍。这位工作者结束本次小组活动时做了一个简短的总结，指出了积极的小组动力关系，并提醒组员们继续每天做一件愉快的事情，要记得在他们的工作簿上写下一些想法。组员们还被要求写下他们最喜欢的和最不喜欢的一次小组活动。随后的小组聚会就集中讨论其他针对抑郁症的认知行为和行为激活策略，以及准备安全计划，还讨论了可能有用的一些资源，如自杀预防热线、药物管理和复发预防。

　　一般来讲，小组的结构化会促进组员快速学习新的知识。因此，安排小组结构化的一个优点就是，它会给组员提供一个高效手段来学习新的技巧（Lefley，2009；Walsh，2010）。现在有各种各样的实地测试课程、心理教育治疗手册、循证疗法的实践指南，都适用于治疗有心理健康问题的儿童青少年和成人。例如，从药物滥用和精神健康服务管理局网站上可以看到莱克罗伊（LeCroy，2008）方案或治疗改进协议（TIP）。例如，TIP 41 包含了对药物滥用治疗小组治疗的在职培训（SAMHSA，2012）。结构化小组方法的一个局限性是，它们往往无法对每个组员进行个性化的小组治疗。然而，结构化小组方法现在变得越来越复杂，工作者能够为个性化的情况量身定做干预措施（例如，参见 McKay，Gopalan，Franco，Dean-Assael，Chacko，& Jackson，2011）。

　　结构化的心理教育方法也可以用来提高有问题的家庭成员的知识和技能水平。下面的案例将对此进行说明。

案例 失智症患者的照顾者小组

心理教育支持性小组的第六次小组会议以一个关于老年失智症中期症状的简短演讲和讨论开始，接下来讨论了如何与认知和行动功能障碍患者进行有效的沟通。工作者鼓励组员们谈论自己的情况，以及他们正在经历的与他们所爱的人沟通的困难。经过一些角色扮演和练习，组长邀请组员们讲述了他们是如何应对在失智症中期患者身上经常出现的躁动、冷漠等常见行为问题的。休息时间过后，几个组员轮流介绍了自己是如何处理他们所面临的具体情况的。在这个特别的小组会议上，解决问题的主题是如何处理困难的话题、不让他们的爱人开车，以及什么时候要考虑家庭护理帮助或安置疗养院。

尽管有证据表明，结构化的短期心理教育方法在小组工作中是有效的，但一些需求显然在长期和不那么结构化的小组中能得到更好的满足。例如，自助小组的流行表明，它们在人生转折和人生危机中提供了重要的支持（Norcross, Campbell, Grohol, Santrock, Selagea, & Sommer, 2013；White & Madara, 2002）。在不强调时间限制的结构化小组中，解决一些组员的需求也是可取的。例如，当组员寻求改变已成型的个性特征时，我们通常会推荐长期而不是短期的小组治疗方法（Rutan, Stone, & Shay, 2014；Seligman, 2014）。在治疗小组中期，工作者可以通过一系列活动来安排小组工作的结构。下面就列出了一些活动内容。

- 通知组员准时开始小组、结束小组。
- 给小组总结留下足够的时间。
- 设定口头的或者书面的日程安排。
- 建立有序的沟通和互动模式，并将其保持下去。
- 协助组员朝着目标前进。
- 关注组员在两次小组活动之间的改变。
- 关注个人、小组和环境层面等多层面的干预。

在这个过程中，一个最基本的活动就是让组员明白，每次聚会都要按时开始、准时结束。除了第一次聚会，其他的小组聚会都不能因为组员迟到而推迟。因组员迟到而推迟小组活动，会强化组员以后不准时出席的行为。

在每次小组活动结束时，工作者应对小组活动进行总结，而不要急着开展新的小组活动。在每次聚会快要结束时，都不能引入新的安排。有时，组员们会等到小组聚会快要结束时，才肯透露自己的一些重要信息，或者表达自己的心声。由于这种"门把手"式的沟通（Shulman, 2016）在小组活动快要结束时才发生，不可能有足够的时间来处理，因此，工作者可以要求组员们在下次聚会时再讨论这个问题。如果组员提出的问题不能等到下次聚会才处理，那么工作者可以安排一次个案访谈。

另一个重要的组织活动是确保组员努力实现自己的目标。有一个对上百个小组过程进行录音的研究表明，在治疗小组中期，即使是有经验的小组工作者，有时也会忘记让组员专注于努力实现自己的目标。要做到这一点，一个方法是在治疗小组中期，在小组活动开始时，工作者要先简单回顾一下上次小组活动的情况，然后再让每个组员用一到两分钟的时间，轮流谈谈他们正在努力的目标和实现目标的进展。尽管这听起来很简单，但许多新手和没有经验的小组工作者在每次小组活动中都会忘记邀请每个组员汇报他们目标实现的进展。这种情况一旦出现，就意味着小组工作者无法鼓励组员朝着目标努力。在小组中期，组员们会因为小组工作者没有鼓励和表扬自己为达成共识而付出的努力和取得的成就，而感到无所适从或不被重视。因此，每次小组活动都要关注目标，这样才能赋权组员，鼓励他们互相帮助，以实现美好的目标，并坦率地讨论他们面临的挑战和障碍，只要他们试图克服障碍，就会实现自我改变。

还有一个方法就是，工作者要建立有序的沟通和互动模式，并将它们保持下去。要组织好沟通过程，就需要给所有组员参与的机会。有些组员在小组某次聚会中得到了较多的关注，而在另一次聚会中则受到了忽视。例如，在一个治疗小组中，组员们都分别拥有自己的治疗目标，工作者可能会决定在不同时期特别关注不同的组员，以促进组员持久地朝着自己的治疗目标前进。而在教育小组中，工作者可能会决定分发教育资料，然后激励大家积极讨论这些资料。工作者会组织好讨论，要求每个组员的发言不能超过几分钟，以确保每个组员都能积极参与。上述两个例子中，工作者都在有计划地组织沟通和互动模式。

工作者要组织好小组沟通和互动模式，基本上是通过这些方式来实现的：协助小组决定针对某个问题需要花多少时间来讨论，引导组员参与角色扮演、练习和其他小组活动。通过这些努力，工作者平衡了个体组员的社会情感需求与小组作为整体要实现小组目标的需求之间的关系。此外，工作者还需要努力培养组员的创造力和领导力，但同时也要防止由某个人来主导小组。有时，工作者不太愿意表现自己，不愿意引导小组讨论一个又一个问题，或者是主导角色扮演和小组的其他各种活动。但是，工作者应该明白，组员实际上是期望工作者能够给他们提供指导和领导的，特别是当小组无法聚焦于既定的目标时。同时，组员们会期望工作者运用自己的专业知识和技能，来引导组员朝着既定的目标前进，而不是主导或者压制组员的积极性。当工作者不太确定小组是否需要花更多的时间来讨论某个问题或者做某个练习时，他们可以向组员提问，以了解他们的需求。

在引导小组活动时，工作者还要确保一个活动向另一个活动的过渡应该是自然、平稳的。要做到这一点，可以对先前的活动做一个总结，提出小组还有尚未解决的问题，然后建议小组开展下一个活动来解决遗留的问题。

聚焦是安排小组结构的另外一个重要方法。在所有的治疗小组中，干预的焦点或曰干预层面，可能放在个人层面、小组层面或者是小组的外部环境层面。小组的焦点应该随着小组需求的改变而不断改变。下面的案例就呈现了一个男性施暴者小组的情况。

案例　聚焦于不同的干预层面

273

工作者在主持男性施暴者小组时，对小组的评估是，小组无法鼓励组员表达自己的不满情绪，这个问题阻碍了小组实现其预防家庭暴力的目标。工作者决定将小组当成干预的目标人群，来协助组员谈论自己的感受。他让组员就自己的组员身份表达两种不同的感受。在后面的小组活动中，工作者还安排了其他的练习，协助组员学会分辨自己的不满情绪，并懂得如何控制自己，不让这种不满情绪升级而引发暴力。在第一个练习结束时，组长对小组的重点做了改变，聚焦于协助组员进行个人层面的干预。在后面的聚会中，工作者又提出改变小组的目标，建议组员考虑是否需要邀请他们的妻子参加聚会。工作者解释说，这样做能够协助组员发现家庭暴力给自己配偶带来的伤害。通过建议改变小组的焦点，工作者协助小组发展出了对自己问题的新的看法，并学会了用多元的方式来处理小组问题，同时也丰富了小组工作的内涵。

要了解更多的关于给男性施暴者开办小组的知识，请参看布莱克、威斯、门戈和卢塞洛（Black，Weisz，Mengo，& Lucero，2015），科尔沃、丹顿和陈（Corvo，Dutton，& Chen，2008），法勒和霍华德（Fall & Howard，2012），汉伯格、劳尔、帕克尔和惠特（Hamberger，Lohr，Parker，& Witte，2009），米尔斯、巴罗卡斯和阿里尔（Mills，Barocas，& Ariel，2013），内森－克拉克和费舍尔－汤森（Nason-Clark & Fisher-Townsend，2015），贡多尔夫（Gondolf，2011），赫尔曼、罗腾达、威廉逊和沃达诺维奇（Herman，Rtunda，Williamson，& Vodanovich，2014），以及桑德斯（Saunders，2008）等人的著作。

结构化小组工作的另一个要点是在每次小组活动结束时做一个简单的总结。总结的内容包括对小组讨论的重点和突出方面的简要回顾，集中讨论仍然需要处理的问题和任务。还应该注意对小组过程的看法，强调小组互动、凝聚力、社会规范、角色和其他整合性的动力关系。小组活动结束时还可以问一些简单的评估问题，比如用 10 分制对小组活动进行总体评价，问问组员最喜欢什么和最不喜欢什么活动内容，以及对下次小组活动的建议，等等。

结构化程度

对小组干预有效性研究（Barlow，2010，2013；Burlingame，Strauss，& Joyce，2013；Burlingame，Whitcomb，& Woodland，2014）的回顾表明，结构化的干预在帮助组员实现

研究为本的实务

行为：运用和转换研究发现，来指导和改善实务、政策和服务提供。

批判性思考问题：小组可以是结构化的，也可以是非结构化的。小组高度结构化有哪些积极的方面？

治疗目标上非常有效。因此，在组员和工作者之间建立一个治疗联盟、提高凝聚力水平、使用循证的结构性计划如小组认知行为疗法，对有效实现小组目标都是非常重要的（Burlingame，Whitcomb，& Woodland，2014）。在对小组工作文献的回顾中，巴罗（Barlow，2010，2013）描述了小组工作者能够使用一个连续的结构来匹配组员的需要，这一点是非常重要的。小组初期的结构有助于缓解紧张，为组员提供一些指导和方向感（Barlow，2010，2013），而小组中期的结构化程度取决于很多因素。

274

小组初期的结构对小组的进程和结果会产生深远的影响。它可以缓解组员的担心和焦虑，促进组员的参与和自我袒露，提升小组的凝聚力，培养对小组的正面感受，等等。随着小组的凝聚力和社会融合机制的发展，减少组员初始焦虑的结构化需求减弱，工作者必须决定需要怎样的结构化才能使小组尽可能有效和高效。

在确定小组结构化程度时，工作者应该考虑的一些因素是组员独立运作的能力、他们的问题的性质和严重性、动机水平，以及问题的同质性。积极性高、工作能力强、有相似问题或担忧的组员，往往能在组织结构化较差的小组中有效开展工作，与没有这些特点的组员相比，这些组员间的互动程度更高，自助程度也更高。例如，与家庭护理人员支持性小组相比，在住院病人心理健康小组中，小组工作者往往必须更加积极和使用更多的组织结构。然而，在这两种类型的小组中，形成一个强大的治疗联盟和有凝聚力的小组氛围对于实现治疗目标而言都是重要的。因此，有效的小组工作者必须既关注小组结构的合理程度，也关注导致高水平凝聚力和强大治疗联盟的过程变量。

当然，就多大程度上的结构化对治疗小组有益，也存在不同的看法。例如，有人提出，完善的结构可能对小组有害无益，因为它压制了组员的创造力（Glassman & Kates，1990）。太多的结构会减少组员对小组的投入，因为他们会感到结构是强加给自己的，而不是由自己自主选择以帮助自己实现自主目标的（Saleebey，2013；Shulman，2016）。尽管许多研究结果表明，使用结构化的循证工具和治疗指南的小组，在处理那些日益广泛的心理健康问题和其他问题上是有效的（例如，参见 Burlingame，Strauss，& Joyce，2013；Lefley，2009；Walsh，2010），然而也强调了在组织结构较松散的小组中具有凝聚力，形成治疗联盟，是非常重要的（例如，参见 Barlow，2010，2013；Burlingame，2010；Burlingame，Whitcomb，& Woodland，2014）。

对于某些问题，结构化程度低的长期干预可能比高度结构化的干预更合适。例如，短期的、高度结构化的方法对那些被强制参加小组治疗的组员来讲，未必是最好的——这样的组员需要很长的时间来建立组员之间的关系、与工作者之间的信任——而对于有酒精和药物滥用问题的人群来说就比较合适（Bowen，Chawla，& Marlett，2011；Substance

Abuse and Mental Health Services Administration，2012；Wenzel，Liese，Beck，& Friedman-Wheeler，2012），对于那些经历过童年和成年创伤的人群来讲也比较合适（Courtois & Ford，2013a，b）。此外，对于那些正处在危机中的案主而言，他们需要即时的干预和帮助，没有时间与工作者和其他组员建立关系，因此，短期治疗更适合他们（Akinsulure-Smith，2009；Yeager & Roberts，2015）。

在安排小组结构时，需要考虑组员的问题性质和需求。例如，在与具有反社会倾向的青少年、治疗中心的住院病人、严重的精神病患者、街头帮派成员一起工作时，就需要采用长期小组。这些小组需要聚焦在具体的、被明确界定的问题上，而小组的目标则是比较宽泛和长期性的。例如，对一群接受短期治疗的儿童来讲，短期的目标就是学习具体的社交技巧，这个目标可以通过短期的社交小组来实现；而对于每个组员来讲，长期的目标就是能够独立在社区中生存，要实现这个目标，就需要开展一系列的短期小组和一个将短期小组内容整合在一起的长期小组，这些短期小组将关注某些具体的技巧和技术。

虽然计划小组聚会非常重要，但是，工作者同时还要明白，在必要的时候，也需要暂时放弃事先制定的日程。人际互动给工作者和组员提供了很多机会来实现小组目标。例如，在小组互动中，可以利用自然机会来教组员一些果断的技巧，而不用按照一个结构化的课程程序来教组员一些难以在小组中出现的概念。同样，当某个组员处在危机之中时，或者是在小组过程中突然出现一个特别重要的问题需要及时处理时，可能就需要暂时放弃小组原定的安排。有效的小组领导"艺术"就是抓住机会，利用小组中出现的新情况来协助小组和组员实现既定的目标。日程安排和结构都是协助小组正常运作的手段，但不能僵化地遵守这些日程和结构。高效的工作者会运用自己的判断、临床经验以及人生经验，在合适的时候进行干预，以协助组员和小组实现目标。

案例　唐氏综合征患儿父母小组

在为唐氏综合征患儿的父母组建的一个小组中，工作者决定采用半结构化方式来组织小组活动。每次小组活动都包含一些与唐氏综合征相关的教育话题，比如发育迟缓的变化，物理治疗、职业治疗和语言治疗，可能有用的资源，等等，这样可以帮助父母和孩子应对其他人对唐氏综合征的反应。在小组短暂的教育之后，有大量的时间留给家长们分享和讨论他们共同关心的问题，以及他们为当一个合格的家长和残疾儿童福利的倡导者所做的各种努力。通过这种方式，小组活动的结构化部分与非结构化部分结合起来了。

（三）吸引组员参与并赋权组员

在治疗小组的工作阶段，另一个重要活动就是协助组员全身心地投入小组工作中。这个阶段的最高目标就是协助组员赋权，使得他们在组内外都能够控制自己的生活。如果工作者对自己的地位不太确定，在带领小组的过程中可能就会犯错误，在小组中过分指导甚至操纵小组。如果工作者自己缺乏安全感，就不能尽力去帮助组员沿着小组的发展方向来承担责任，而是一直考虑自己如何在小组过程中全力控制小组。这种方式常常会起反作用，导致组员出现抵触情绪，甚至攻击性。

276　　对工作者来讲，吸引组员参与、给组员赋权的一个重要方法，就是让组员明白，工作者相信组员是有能力的。工作者要说明自己对组员动机和坚强毅力的信心，就要指出组员的能力所在，说出他们的成就，这有助于增强治疗联盟和组员实现特定目标的决心。以优势为本的视角（Rapp & Goscha，2012；Saleebey，2013）和以解决方案为本的方法（Cooley，2009；Franklin，Trepper，Gingerich，& McCollum，2012；Greene & Lee，2011）是小组工作实务中最常见的方法，小组工作者常常将这些方法与其他方法，如行为、认知行为和人际/心理动力等综合起来，以吸引组员的参与，并赋权组员。

告诉组员自己相信他们是有能力的，并不意味着工作者夸大其词，忽视实现小组目标的障碍。因此，在给组员赋权中的第二个方法就是，当组员在努力实现目标时，需要指出他们可能遇到的困难和障碍，同时还要指出他们有克服困难的勇气和努力。比如可以说这样一些话："安，在你处理女儿遇到的问题中，我真的很欣赏你从不放弃的勇气。""查理，你能把这么痛苦的经历讲出来，的确需要很大的勇气。"这些表达能够增强组员的力量、提高他们的勇气。当然，要做到这一点的确不容易。

给组员赋权的第三个方法是让他们明白，在小组的内容和发展方向中，他们都发挥了重要作用。工作者可以这样说："小组是大家的小组，你们希望办成怎么样的小组？"这可以帮助组员认识到，不能只由组长一人来负责小组的发展。

第四个方法就是鼓励组员走出去，实现互相帮助。工作者可以这样说："我真的很欣赏你们对安的处境的回应。""小组现在正在一步步向前发展，看见你们彼此之间互相支持，真令人欣慰。"这样可以指出组员之间的互助和自助，培养组员间的凝聚力。

第五个方法就是鼓励他们在组内外尝试新的行动。工作者可以鼓励组员从一些小的行动开始，并仔细观察结果。组员也可以把自己尝试新的行动后的结果在小组中分享。要鼓励他们互相欣赏各自的成就。在遇到困难时，要促使他们互相支持。

在吸引小组组员参与小组、给组员赋权的过程中，还可以运用小组活动。小组活动可以动员尽可能多的组员来参与。工作者要鼓励组员来主导小组活动，并在活动中互相支持，同时还要鼓励组员设计相关的活动，以满足自己的需要。在这个过程中，不要特别强调按照规定来组织小组活动。

　　吸引组员参加小组、给组员赋权，并不意味着工作者在整个过程中不管不问。相反，在带领小组的过程中，工作者要密切关注组员的反馈，认真考虑他们的建议。我们来看下面的例子。

案例　用认知行为技术战胜抑郁症小组

　　在一个针对抑郁症患者的认知行为小组中，小组工作者描述了成员的内部对话有时导致抑郁加重的方式。工作者提到了诸如灾难性思维、非此即彼的二分思维和抑制积极思考的自言自语等问题。其中一名组员说，她不确定工作者是什么意思，也不知道这是如何导致她的抑郁症的。这名工作者征求了小组其他组员的意见，其中一些人似乎明白他的意思，但其他人却不明白。工作者随后对第一个发言的组员说，他很高兴该组员提到她不清楚他们说了什么，可能他们进展得有点太快了。于是，这位工作者组织了一场关于内心的对话的讨论，让组员说出他们在感觉不好的情况下会对自己说些什么。然后，工作者以这些内心的对话为例指出了哪些是灾难性思维、非此即彼的思维和其他加剧了组员抑郁情绪的自我陈述。

（四）协助组员实现自己的目标

　　在小组中期，对工作者来讲，一项重要的任务就是协助组员实现自己的既定目标。认真实现既定的治疗目标是一个不断演进的过程。在小组的策划阶段，工作者与准组员进行组前访谈时，就需要与他们制定一个意向性的协议。在小组初期，随着组员间的互动不断增强，这个协议需要不断具体化和强化。尽管在小组中期，大部分治疗小组的工作就是完成在早期设定的这个协议，但是，随着小组进入了中期，协议本身也会发生改变。

案例　运用协议实现小组目标

　　在一个给刚分居者开办的小组中，一名组员约定，当她的前夫来接孩子时，为了减少愤怒情绪，她会深呼吸，避免对他出言不逊。第二个约定是，这个组员在两次小组活动之间，要与另一个组员讨论她的愤怒情绪。在下次小组活动时，该组员向小组汇报了她与另一个组员的讨论情况。她还谈到了深呼吸技术的好处。

可以采用不同的协议，如主要协议和次要协议，来帮助上述案例中的组员实现其在小组开始时确定的目标。因此，在小组的中期，主要协议和次要协议都要随着小组组员实现他们的治疗目标的进展而发展。

尽管治疗小组中的相当一部分工作集中在维持小组的基本功能上，但是，在小组中期，绝大部分小组活动时间要放在协助组员实现自己的目标上。要做到这一点，就需要做到以下方面：（1）协助组员明确自己的目标；（2）发展出具体的治疗计划；（3）克服组员在实现自己目标的过程中的障碍；（4）实施治疗计划。

明确目标

协助组员实现目标的第一步，就是让他们明确自己在小组初期制定的目标，并时刻保持这种意识。在每次小组活动开始时，一个很好的做法是简单回顾一下上次小组活动中发生了什么，然后回顾一下每个组员正在努力实现的目标。一个简短的轮流发言或者核对，可以让组员专注于自己的目标，并让组员知道他们应该朝着特定的目标努力。它也给了组员们一个机会来讨论自己取得的成就或遇到的障碍，以及他们希望在小组活动中解决什么问题。

工作者不能假定在小组发展过程中每个组员都能明确自己的目标。在小组过程中，应该不断地让组员明确自己可以实现的几种目的。这可以让组员明白工作者对自己的进步非常关注，可以不断检验组员与工作者之间是否都能够理解各自的目标，还可以确保组员和工作者都能关注同样的问题。明确目标能够减少大家的困惑，推动组员联合起来，有组织有系统地实现目标。

时不时地重提小组的目标，还可以给工作者一个机会来检验是否有必要改变在小组初期确定的小组目标，同时也给组员一个机会来分享各自对小组成绩和未来工作的感受和看法。例如，在一个等待收养子女的家长小组中，协议的目标包括了解以下方面：（1）儿童发展；（2）收养的法律程序；（3）收养儿童的特殊问题；（4）收养父母和儿童的支持性资源和服务等。在每次聚会时，工作者可能会问组员聚会的内容是否对他们有帮助，组员就有机会表达自己对小组进展的反馈，并提出相关的建议以改进小组内容，或者按照既定计划开展小组活动。

在治疗小组中，一项关键的任务就是让组员不断明确自己的目标，并坚持朝着自己的目标努力。有时候，工作者要花很多时间来协助某个组员实现某个特定的目标。例如，在一个酗酒者小组，工作者可能要花 30 分钟的时间来协助某个组员发展出新的协议，改进控制愤怒的方法。结果，在两次小组聚会中，可能只有三四名组员有机会处理自己的目标。如果出现这种情况，就特别需要将个别组员的情况普遍化，让更多的组员能够参与进来。下面的案例就说明了这个情况。

案例　愤怒管理小组

有一名叫约翰的组员花了一些时间谈论自己是如何与愤怒的情绪抗争的。他说，他发现当他感到愤怒难以控制时，就出去走走，或者只是离开房间几分钟，这个方法是很有用的。组长要求他听听别人的意见。他让其他人谈论他们如何控制自己的愤怒。有几名组员发言了，工作者对组员们的相同和不同的应对方法进行了总结。例如，有一名组员说，他做了几次深呼吸，告诉自己不要回应；另一名组员说，他也试图摆脱这种情况，但发现很难脱身，因为他的妻子会一直追着他到另一个房间。其他组员也经历过类似的问题，当双方矛盾一触即发时，他们都试图找个地方冷静一下，这就带来了一个富有成效的讨论，即在与配偶或其他人发生冲突时，需要制定规则，让他们各退一步，并为各自留出空间。有一名组员说，他试过这个方法，但他的配偶说，之后他们再也没有谈论导致愤怒的原因到底是什么。工作者问道，如果其他组员也遇到这样的情况，他们会怎么做。有一名组员说，他与妻子达成协议，等他冷静下来之后，他会回来与妻子讨论这个问题，但这通常是很久之后的事情了——有时是几个小时之后，有时甚至是第二天。他说，当他的妻子意识到他会在冷静下来后回来跟她谈论这件事时，他们激烈的争吵就大大减少了。

如果小组聚会只关注个别或某几个组员的问题，工作者就需要花时间来看看其他组员的进展。对于那些没有机会把自己的问题拿出来交给小组讨论的组员来讲，工作者要在下一次小组聚会时，鼓励他们更多地参与。这个策略有助于避免小组不断重复关注个别组员的问题，防止某些组员回避处理自己的问题，从而无法实现目标。

在小组中期，工作者要帮助组员制订计划，回顾自己的治疗目标和协议。尽管回顾的计划可能只能针对某个特定的小组目标，但工作者还是要避免任意使用回顾机会或者是不断地改变回顾计划。如果制定的程序不为所有组员所了解，可能就会出现这样的情况：某些组员的进展能够得到监督，而另一些组员的进展可能就被忽视了。如果这种监督是任意的，那些积极参与的组员就能得到监督，而那些不太积极的组员就被忽略了。一个广泛采用的方式就是，在小组聚会开始时，让每位组员轮流花几分钟的时间来说说自己的目标、上次小组活动后自己的收获是什么、下次小组活动中自己的计划是什么等。这样，在整个小组中期，对目标进度的监督就可以贯彻始终。

当小组工作者开始使用核对和轮流发言的方式来监督目标进展时，需要特别提醒大家的就是，要确保每个组员只花一到两分钟的时间来报告自己的目标、最近的成就或遇到的障碍。否则，这个过程会变得很麻烦，而且会占用小组活动的很多时间。在中期小组活动开始时，工作者可以提出组员发言的时间限制，要求那些会超时发言的组员自我提醒一下，不要超时。轮流发言之后，如果还有组员想占用更多的时间，就需要由小组讨论决定。任何想要更多时间的成员都可以成为团队的焦点。

如果采用了非系统的监督程序，在两次聚会之间需要完成的任务就得不到跟进。组员在两次聚会之间的间隔花了大量的时间来完成很多任务，如果聚会时没有给他们机会来报告自己所取得的成绩，就会打击组员的积极性，影响他们参与的主动性。此外，没有机会跟进任务完成的情况，还会给组员产生这样的印象，即工作者工作没有章法，聚会与聚会之间缺乏连续性。

一旦建立了系统的监督程序，工作者就不再需要时时提醒组员汇报自己的进展。每次聚会例行的组员汇报，会帮助保持组员参与小组、完成小组布置的各项任务的积极性，同时，也没必要每次都提醒组员自己的目标是什么。它还会协助组员在向小组汇报自己取得的成绩时，建立一种独立自主的成就感。

发展治疗计划

第二个协助组员实现目标的方法就是，协助组员制订出具体的、以目标为导向的治疗计划。当全体组员都朝着既定的协议目标前进时，工作者就是与整个小组一起来制订和实施计划了。例如，在一个减肥小组中，医疗社会工作者会协助组员制定的方法就是：监督自己每天的热量摄入量，提供良好营养摄入的资料，介绍一些改进饮食习惯的方法。工作者还可能会帮助个别组员讨论自己的特殊需要，协助他们根据具体情况，调整发放的资料。

在协助组员发展特定的个人治疗计划时，工作者应该得到全体组员的支持，就像下面的案例中显示的那样。

> **评估**
>
> 行为：根据认真评估案主和支持者的优势、需求和挑战，建立双方彼此认同的干预目标和目的。
>
> 批判性思考问题：在与个体一起工作时，社会工作者要制订干预计划。小组工作者如何与治疗小组的组员一起制订治疗计划？

案例　发展治疗计划

在门诊病人的心理治疗小组中，有一名身患抑郁症的组员认为，他的负面的、自我贬低的自我陈述，使他的抑郁症久治不愈。尽管这名组员在工作和家庭责任承担上表现得都不错，但是，他的这些想法还是挥之不去。根据这些信息，工作者协助这名组员提出了一个治疗计划，帮助组员用现实的，肯定自己能力、成就和优点的自我陈述，来取代那些负面的自我陈述。这名组员与小组签订了协议，保证每当负面想法出现时，自己会用正面的自我陈述来取代。新的协议还包括邀请其他组员来正面评价该组员，使这名组员从自己生活中的重要他人那里得到积极的反馈。

工作者应该利用每一个机会在组员间建立相互关系，要指出组员间共同的问题和处境，从而鼓励所有的组员一起参与。随着组员变成助人者，小组的凝聚力就加强了。当组员感到对他人有帮助时，他们的满意度也会提高。这个策略就是著名的"助人者治疗原则"（Riessman，1965），它的功效就在于助人者的收获与受助者的收获是一样的。

在决定治疗计划之前，工作者要协助组员探讨和收集有关自己状况的信息。工作者要引导组员讨论相关的状况，讨论各种可能性和机会，这样才能协助组员制订合适的干预计划。有时，组员可能会试图在没有讨论各种可能性的情况下就来制订治疗计划，特别是当组员经历了很多压力和心理痛苦时，这种情况特别容易发生。在制订干预计划前，工作者要鼓励组员深入探讨各种可能性。

对自己问题的深入探讨，可能需要了解更多的信息。工作者要提醒组员在两次聚会之间，花一些时间来收集信息。鼓励组员监督自己的行为、收集有关自己现状的数据，对于发展有效的干预计划是至关重要的。

有时，对自己问题的探讨，未必会马上产生明确的干预计划。在确定干预计划之前，工作者还要协助组员考虑多种可能性。鉴于自己的专业训练和知识，工作者常常要扮演一个可供选择的干预计划的最初激发者。尽管最后选择的干预计划可能会来自工作者或其他组员，但是，还是需要鼓励组员不断修改可能的方案，选择最能满足自己需要的方案。这样的话，他们就不会采纳一个他人强加给自己的方案。组员如果采用的是自己选择的方案，他们执行到底的可能性就会加大。

案例 针对被动和暴怒的复杂的治疗计划

要想变得更加果断，一个长时间处于被动状态并偶尔爆发愤怒情绪的组员需要做到这些：（1）通过小组讨论和阅读关于自信的书来分清攻击性和果断性之间的区别；（2）决定在什么情况下变得更加果断；（3）在小组中，在角色扮演和小组讨论中练习更加果断；（4）在小组之外，在家人或朋友面前练习更加果断；（5）在现实生活中练习更加果断。当组员完成这些步骤后，要帮助他们制订一个计划来控制自己愤怒情绪的爆发。这包括：（1）识别自己和他人的认知模式或固有的看法，这些认知模式或看法可能导致自己愤怒情绪的积累；（2）探索自己在原生家庭中学习到的应对技巧，这可能会缓解愤怒表达，也可能会导致模仿爆炸性的愤怒表达；（3）确定引发自己愤怒表达的事件；（4）学习小组中的其他人如何应对和管理愤怒；（5）自学组长推荐的关于如何管理愤怒的书籍；（6）写情绪日记，或者在小组中与他人分享自己的情绪变化；（7）要求其他组员对自己在小组中的行为和自己的日记内容进行反馈；（8）描述自己在组外使用的愤怒管理策略；（9）在小组中练习愤怒管理策略；（10）决定参加家庭服务机构提供的愤怒管理工作坊。

理想的状态是，治疗计划的每个步骤都明确下列要素：（1）谁；（2）做什么；（3）时间；（4）地点；（5）频率；（6）条件。如果同时有几个人来负责一个复杂的治疗计划，就需要明确每个人的职责。治疗计划涉及工作者、案主、其他机构的人员，以及服务对象的家庭。高效的工作者要确定参与整个治疗计划的每个人都明确各自的角色、责任、需要做什么等。

在某些小组中，所有的工作都是在小组聚会中完成的，但是，如果能够鼓励组员在每两次聚会之间完成一个任务，也是非常有意义的。在两次聚会之间，可以设计很多任务让组员来完成。这些任务可以分成：（1）观察性或监督性任务，用以收集信息，或者提高组员对自己的行为、感情或信仰的认识度；（2）经验性任务，用以激发情感，调整自己的信仰和态度；（3）递增的改变性任务，用以刺激循序渐进的改变。还有其他类型的任务，包括：精神或认知任务，用以帮助组员改变认知和信仰系统；双面任务，即不管任务是否完成，都会带来一定的改变。例如，给一名自卑组员制订的治疗计划包括双面任务，即让组员在自己过去常常选择被动应对的情境中，主动表达自己。如果组员能够做到这一点，就说明她正在学习自我确定了。如果她不这么做，则说明，她对自己的治疗计划有自己的看法。

这些任务有的需要个人完成，有的需要组员和工作者双方配合，有的则需要大家集体完成。例如，在戒烟小组中，某个组员的个人性任务就是记录自己每天的吸烟量，这就是个人完成的任务。而有些任务主要由工作者个人完成，例如，在一个农村福利机构中，工作者可能会寻找是否有交通服务，以方便青少年的父母来参与育儿技巧学习小组的活动。在需要双方配合完成的任务中，如果一方做了某件事，那么另一方也要做一些事。例如，在青少年小组中，如果某个组员每周都在社区中心完成了指定的工作，工作者就需要协助组员获得允许，在周末回家探望自己的父母。第三类任务就是需由多人合作完成的任务。例如，小组的组员间形成了一个伙伴系统，同时也是一个咨询团队，这样，组员就会在两次小组活动之间，互相提醒大家共同完成某些任务。

在制订治疗计划和具体的任务时，工作者要确定的一点就是，组员有能力一步步地成功完成这些任务。组员能否成功地完成第一次小组任务，是非常关键的。他们如果成功地完成了第一次任务，就很可能会成功地完成第二次任务。

成功地完成第一次任务，会让组员感到自己的目标是可以实现的。它有助于组员建立自信心、自我效能感，以及对自己问题的控制感。随着组员自信心的增强，他们会坚持不懈地努力解决自己的问题，这样就会更加成功地完成以后的任务，因为他们的自信心会鼓励自己更好地处理面临的问题（Bandura，1977）。这样，自我效能感就会得到提高和强化，反过来又会赋权组员，促进组员未来更加有效地、坚定地解决自己的问题（Greene & Lee，2011；Rapp & Goscha，2012；Saleebey，2013）。

在发展治疗计划时，工作者要评估组员的能力，与组员一起制订初步计划，并确保这个计划很容易就能够实现。没有经验的工作者制订的治疗计划通常是很不现实的。组员可能为了取悦工作者或其他组员而同意接受某个干预计划，后来就会发现自己并没有准备好来实施这个计划。因此，工作者需要确定任务的步骤能被每个组员接受，并且随着组员自信心和技能的增强，任务的难度能够不断增加。

案例 育儿小组任务

在一个育儿小组中，工作者要求组员制作图表来奖励自己孩子们的社交得体行为。工作者分发纸板，组员根据工作者提供的例子进行制作。工作者要求组员选择他们想和孩子一起解决的问题。其中，一名组员选择了"从他弟弟那里抢玩具"这种不恰当的行为。这名组员接着说，得体的行为应该是"用语言向他的弟弟要玩具"。每名组员提到一项行为后，工作者就会给孩子发星星。这位工作者指出，父母或他们的孩子可以在他们的图表上贴上星星，表示他们的孩子表现得体。接下来的一周，工作者要求他们在家里使用这些图表，看看这些图表是否有助于增加孩子的社交得体行为。当孩子们得到一定数量的星星时，父母们讨论了是否应该给他们奖励。在得到两颗星星之后，他们决定给孩子们一些健康的零食。

工作者要进行干预，确保组员确定的任务不具有很强的挑战性，能够完成。在组员回家、回到社区或其他环境中完成布置的任务之前，需要在小组中采用一些鼓励、角色扮演和其他的练习。在小组中组织一些不友好的或者带有敌意性的活动，可以帮助组员更好地适应这样的环境。小组治疗的一个优点就是，组员在进入真实环境之前，可以在其他组员面前进行练习。进行角色扮演，可以协助组员更好地理解自己在现实中的角色。心理剧就是这样一种治疗方法，它可以帮助组员感受社会经历（Blatner，1996）。

工作者要鼓励组员一次完成一项任务。在治疗策划阶段，令人惊讶的是，常常有组员会提出同时处理多个问题，同时完成多项任务。尽管组员有很高的参与热情，要同时处理多个问题，但是，他们一旦回到家中，参与热情就会降低很多。因此，最好是从一个精心策划的活动开始，不要鼓励组员同时处理几个问题。当组员完成了最初设定的任务后，接下来可以安排一些有一定难度的任务。

在每次聚会结束时，工作者要请组员回顾一下本次聚会大家同意完成的任务是什么。一般来讲，组员和工作者都不会忘记自己刚才讨论过的任务是什么，而回顾可以减少对任务的困惑和误解。同时，还要鼓励组员彼此之间提醒各自需要完成什么任务。这个过程可以保证在结束某次小组活动之后下次小组活动之前，每个组员都有任务要完成。图9.2就是一个记录表，可以用来协助工作者和组员记录大家讨论通过的任务情况。

283

日期＿＿＿＿＿＿＿＿＿
小组次数＿＿＿＿＿＿＿
小组＿＿＿＿＿＿＿＿＿

组员姓名	任务	时间	地点	频率	所处环境

图 9.2　任务小组记录表格

克服组员在实现目标过程中的障碍

当组员面临障碍时，需要协助他们坚持朝着自己的目标前进。帮助组员实现自己的目标、改变自己习惯性的行为模式是非常困难的事。例如，一位心理治疗小组的组员曾经承诺要改变酗酒的习惯，可是在坚持两天之后又会开始酗酒。在另一个小组中，答应不再依赖父母的组员可能会找到很多借口来解释自己为什么没有寻找新的住处。

在上面两个例子中，组员都是在实现目标的过程中遇到了障碍。首先，工作者需要与组员核实他们是否认为自己在实现目标的过程中遇到了障碍。鼓励组员畅所欲言，认真倾听他们说的话，这些策略都来自动机性访谈（Hohman，2013；Miller & Rollnick，2013；Wagner & Ingersoll，2013）。一旦组员这样做了，工作者就可以帮助他们检查完成任务的积极和消极方面，并做出与他们的愿望和目标一致的决定。如果组员们说他们想要的东西和他们实际的行为有差异，工作者可以指出这些差异，并利用它们来激励组员做出想要的改变。动机性访谈已经被广泛运用在小组工作中，用来帮助组员克服障碍，解决许多不同类型的问题（例如，参见 Wagner & Ingersoll，2013）。

舒尔曼（Shulman，2016）指出，假定组员有很强的动机来实现自己的目标，工作者还需要明确具体地提出"工作要求"。首先必须完成的工作就是平和地提醒组员，工作者和其他组员都有兴趣来帮助组员实现自己的目标；此外，工作要求还包括主动提出帮助组员克服在实现目标过程中遇到的任何障碍。

　　如果组员同意的话，工作者还要鼓励组员探讨怎样才能避免在实现目标过程中可能出现的各种障碍。工作者还可以邀请全体组员来参与这个讨论，分析有哪些因素会阻碍组员实现目标。这个方法既可以帮助遇到困难的组员克服困难，又可以协助那些在实现目标的过程中摇摆不定和有抵触情绪的组员。

　　如果协议有问题，加上组员的能力问题，就会影响目标的实现。对协议的认真分析，会告诉我们协议是否合适，是否需要重新界定。协议不合适往往出于以下几个原因：

- 协议中的目标非常模糊，过于宽泛，难以实现。
- 目标在目前的治疗阶段难以实现。
- 工作者和组员关注长期目标，忽视短期目标，而短期目标是在短期内更加可能实现的。
- 工作者与组员对特定的协议目标的本质产生了误解。
- 没有认真评估组员的状况就制定了不切实际的目标。
- 不断变化的问题和状况需要不断修正在小组初期制定的治疗目标。

　　出于上述原因，协助组员朝着治疗目标前进，意味着协助他们明确、修订和重新界定协议目标。

　　朝着目标前进还需要提高组员的动机，采取行动来克服自己在前进中遇到的困难。如果组员认为该行动很重要，工作者的任务就是帮助组员相信，改变是可能的。很多组员愿意采取行动，但是又不想这么做，因为他们不相信自己有能力改变自己的现状。在这种情况下，我们在第十章中讨论的自我指导性训练（Beck，2011；Ellis & Joffe-Ellis，2011）就可以用来强化组员尝试新行为的愿望。还有一个有效的方法就是，邀请其他组员分享他们的经验，这些经验常常会发挥榜样的作用，能激励和推动那些有抵触情绪的组员。

　　如果组员的动机很低，工作者就需要考虑重新制定协议。新的协议需要重视协助提高组员处理某个具体问题的动机，而不是处理问题本身。这样的协议可以帮助组员检验某些会影响组员参与动机的因素，同时有助于考虑不能实现目标所带来的后果（Rooney，2009；Trotter，2015）。

　　在协助组员克服障碍时，工作者不要问"为什么"的问题，因为有研究表明，在协助组员实现自己的治疗目标的过程中，问"为什么"的问题是没有意义的。组员常常无法回答"为什么"的问题，即使他们愿意解释，也常常会归因于一些不正确的理由，同时还会将问题复杂化。相反，工作者要问组员一些"怎样"和"什么样"的问题，这些问题可以鼓励组员描述会影响自己实现目标的认知性、情感性、行为性或环境性状况。

　　"怎样"和"什么样"的问题让组员聚焦于可能会加剧目前问题的某些行为。例如，工作者可能会问："在你发脾气之前发生了什么事？""当那件事发生时，你的感受是怎样的？"这样的问题会引导出具体的行为和事件，而"为什么"的问题会引导出组员根据自己对信息的解释而做出的判断和观点。因此，"怎样"的问题与"为什么"的问题相比，更容易引导组员做出积极的行为改变和实现小组目标。

最后一个步骤就是，协助组员决定采取什么行动来克服实现目标的障碍，不断推进自己实现目标的进展。在制订计划时，工作者要帮助组员尽可能多地得到外界的支持。我们来看看下面这个案例。

案例　克服组员面临的障碍

在酗酒者治疗小组中，工作者邀请一名重新酗酒的组员向全体组员承诺，在下次小组聚会前自己不再碰酒。工作者鼓励其他组员支持这名组员。组员们都强调，很多组员会偷偷喝酒，一两次喝酒不能算是重新酗酒。组员们的回应基本上都是"我很羡慕你决心要解决这个问题"，组员们的回应代表了对这位组员的支持和共感。组员们还可以建议要时时刻刻记住自己正面的自我陈述，从而让自己时刻保持清醒。他们还建议将家中剩的酒送出去，使喝酒的环境得到改变。这名组员过去拒绝采纳这些建议。工作者要求其他组员每周给这名组员打几次电话，帮助他坚持自己的承诺。要得到组员的家庭成员和朋友的支持，工作者要预先得到组员的同意，然后才与其家庭成员和朋友取得联系，以争取支持，鼓励组员不再喝酒。为了让这名组员在夜间也获得持续性的支持，他们还转介组员参加了酗酒者匿名小组。这样，这名组员在组内外获得了大量的支持。

总之，协助组员朝着自己的目标前进，是每一位工作者成功带领小组的重要任务。所有的治疗小组都要求组员付出努力，以成功实现自己的目标。工作者的任务就是帮助组员动员自己周围的资源，最大化地运用小组的力量，协助他们实现目标。工作者要时刻保持清醒的头脑，及时发现组员在实现目标过程中表现出来的会阻碍目标实现的懒惰、矛盾等心理、社会、环境问题。懒惰、矛盾和抵制改变是非常常见的现象，即使在动机很强的组员中，也是常见的。在本章的后面我们将讨论应对非自愿组员和抵制的组员的策略和技术，这些都能帮助工作者协助组员朝着自己的治疗目标前进。

协助组员实施治疗计划

工作者可以运用五种干预角色来协助组员实施治疗计划，这些角色包括：（1）使能者；（2）经纪人；（3）调解者；（4）倡导者；（5）教育者。尽管还有很多其他的角色也能帮助组员实施治疗计划，但是这五个角色在各种类型的治疗小组中发挥了重要的作用。下面我们来总结一下这些角色的作用和功能。

287

- 使能者：协助组员利用自己的资源和力量；鼓励组员在小组中分享自己的想法；支持在组员中形成一种彼此互助的文化。
- 经纪人：发掘社区中那些能够帮助组员实现自己治疗目标的资源，将组员与这些资源连接起来。

- 调解者：解决组员之间、组员与外部机构之间的冲突、纠纷和不同的观点；采取中立的立场，协助组员获得一种双方都可以接受的协议。
- 倡导者：代表组员的利益和需要，帮助组员获取相关的服务和资源。
- 教育者：给组员提供新的信息，以协助他们解决自己的问题；向他们示范新的行为；引导角色扮演、模拟，在实际活动中帮助组员练习新行为或在问题情境中的不同的行为方式。

处理危机情况

只要有可能，所有的治疗问题都应该在小组活动中被处理。然而，在危机情况下，比如当组员可能有伤害自己或他人的危险时，小组工作者可能需要在小组活动之外花时间帮助组员应对危机。在情况缓解或解决后，工作者应该尝试联系那些处于危机中的成员，以确定他们重返小组的计划。在返回之前，工作者应该帮助那些因为危机或其他原因离开小组的组员，让他们决定如何以比较舒适的方式，向其他组员说明自己离开的情况。这样，组员们就不会对经历危机的组员的状态感到惊讶不解，而经历了危机或其他计划外缺席的组员可以控制到底要向其他组员透露怎样的信息。更多关于危机干预的信息，见耶格尔和罗伯茨（Yeager & Roberts，2015）。

（五）在心理治疗小组中运用循证治疗方法

我们在这本书中教授的技能是基于文献中实证研究的结果。我们的目标是涵盖领导所有类型的治疗小组所需的各种技能。在第十章中，我们将介绍一些领导治疗小组的专门技能。在可行的情况下，采用循证治疗方法是引导治疗小组进行治疗的最好方法。有许多研究人员和临床医生在研究、治疗有特殊问题如性虐待、自杀和抑郁症的组员中，发现了最佳实践方法。为有特殊问题的人提供小组服务的工作者应该尽可能多地了解循证治疗方案和指南。在第十章中，我们介绍了各种各样的治疗技术，这些技术非常广泛，可用于有各种不同问题的人群。然而，非常重要的一点仍然是，小组工作实务工作者要多看文献，看看是否有专门的治疗方案能作为解决某个特定问题的最佳方案。

工作者在实践中总会遇到一些特殊的问题。当工作者遇到有心理健康问题或其他他们不熟悉的问题的人群时，通常可以通过互联网上的搜索引擎来找到针对特定问题的、循证的、得到检验的服务方案。麦高恩（Macgowan，2008）提供了广泛的资源，可以用来识别循证疗法，以解决特定的社会小组工作的实践问题。

对于小组工作实务工作者而言，他们常常会碰到的一个问题是，小组通常不是由只有一种心理健康问题或其他问题的组员组成的。组员们可能有共同的精神健康问题、不属于

DSM-5 中的任何类别的精神健康问题，或者与身体或发育问题相关的精神健康问题。使用图书馆资源有时很难找到这些问题的处理方法。

在本书中，我们试图提供一些基本的技能，满足工作者应对多种多样的组员的需要。除了这些技能，社会工作者还可以参加实践课程，学习处理特定心理健康问题和其他行为、认知和情感问题的方法。在治疗小组中，小组工作者必须从他们在课堂、研讨会、会议和其他继续教育项目中学到的许多不同的治疗方法中做出选择。例如，卡赞茨、雷内克和弗里曼（Kazantzis, Reinecke, & Freeman, 2010）提出了 10 种不同的认知和行为循证疗法来治疗精神健康问题：（1）贝克认知疗法；（2）问题解决疗法；（3）理性情绪行为疗法；（4）接纳承诺疗法；（5）行为激活疗法；（6）辩证行为疗法；（7）认知分析疗法；（8）积极心理学和治疗；（9）正念认知疗法；（10）情绪焦点/人际认知疗法。上述很多方法都来自社会学习理论视角。此外，还有许多其他循证疗法来自其他理论观点。工作者不应该对所有的问题都使用单一的理论，而应该根据组员问题的性质选择实践理论。

在小组工作的中期，一个持续的评估过程可以帮助工作者对小组组员面临的问题进行总结和选择正确的处理方法。治疗小组的大多数治疗方法使用多模式或多模块方法来建立一个小组治疗方案。工作者可以从第十章中描述的许多治疗策略中选择，并建立一个治疗方案。另一种方法是，小组工作者可以使用一种治疗方法（如辩证行为疗法），这种方法对特定的病人群体（如边缘性人格障碍患者）是有效的。这种由多部分组成的治疗方案可能在小组工作全过程中使用，也可能由于小组组员的性质，工作者需要对方案做出改变或调整。总的来说，在可能的范围内，工作者应该使用循证干预措施，以最能满足组员多元需求的方式，将这些干预措施整合起来运用。当一个单一的循证策略可能不充分甚至无法解决多种多样的问题时，请参阅第十四章内容，以了解如何结合证据、批判性思维和实践经验的额外信息。

（六）应对非自愿组员和抵制的组员

在小组初期，我们已经讨论过如何与非自愿组员一起开展工作。在小组中期，要与这些非自愿组员一起工作，工作者需要记住，组员是有权利拒绝参与的。因此，工作者应该向组员指出拒绝参与的后果是什么，还要向这些非自愿组员说清楚，如果他们选择了参加小组，在参与过程中就不能挑三拣四（Schimmel & Jacobs, 2011）。具体来讲就是：遵守出席和参与的规则，例如准时出席、不能醉醺醺或者吸食毒品后来参加小组。还有一点就是，要讲清楚组员有什么权利和选择余地。工作者要试图让组员在参加小组时面对法律压力和非法律压力的前提下，拥有最大的自由度，以促进行为的改变（Ne-

> **投入**
>
> 行为：运用人类行为和社会环境、人在情境中和其他跨学科理论框架，来鼓励组员和支持者投入小组。
>
> 批判性思考问题：非自愿组员拒绝参与小组。工作者如何采用合作策略鼓励这些组员参与？

whill，2015；Rooney，2009；Trotter，2015）。

　　非自愿小组中的组员，出于不同的原因可能会抵制小组目标。有些人认为自己的问题太令人尴尬，难以在小组中启齿；有些人心存愤恨，因为他们认为自己不能解决自己的问题；还有人认为自己很失败、无能，因此觉得自己的问题难以解决；还有人否认自己有问题，因为承认自己有问题等于承认自己一无是处。

　　因此，工作者面临的第一个任务就是要发展一个非判断的、接纳的、安全的小组环境，让组员感到能够自由表达自己的观点，说出自己的问题（Hohman，2013；Miller & Rollnick，2013）。具体参见下面的案例。

案例　营造一个安全的环境

　　在护理院中，住院老人小组的组员不愿意参加针对自己与机构环境之间问题的讨论。有些人的担心是，小组的协调人是机构的社工，她会代表机构的观点。此外，很多组员是第一次参加这样的小组活动，他们对自己在这样的场合表达观点深感担忧。协调人也知道护理院的工作者批评过这些老人曾经投诉过自己的服务。工作者坦诚地指出自己观察到组员不愿意表达自己对护理院工作的看法，她鼓励组员认真倾听他人的发言。在倾听他人发言时，工作者很好地示范了积极倾听技术，并很好地利用身体语言来进行回应。此外，她还鼓励组员建立保密的原则，对今天讨论的关于护理院问题的内容，不能外传。工作者还明确指出，工作者的角色就是一个倡导者，希望能够把大家的建议传递给机构的管理层，以便进一步改进机构的服务。在工作者示范了非判断的行为之后，组员开始积极参与小组讨论，畅所欲言，为机构改革献计献策。

　　当组员在表达自己的观点时，工作者需要评估组员愿意留在小组中的动机有多大，从而确定小组如何帮助这些组员（Rooney，2009；Rooney & Chovanec，2004）。

　　组员在表达自己的观点时，工作者还需要采取一种能够最大化组员的自我控制感和权威感的立场。要感谢组员能够帮助组长了解组员内心深处的感受是什么，以表现出对组员的尊重；同时，要指出组员是帮助自己最合适的人，让自己能够与组员同行，来共同解决他们面临的问题（Hohman，2013；Miller & Rollnick，2013）。

　　此外，还要感谢组员对参加小组的所有感受和回应。真诚直接的沟通能够帮助组员表达自己的感情，而不是压抑自己的感情。有时，需要将自相矛盾的干预与真诚、直接的沟通并用，以鼓励组员表达和控制自己的抵制情绪。例如，工作者可能会说，他或她知道组员是被迫来参加小组的，否则他们会面临更严重的惩罚，他们其实完全没有兴趣来参加小组。这种表达有时会带来一些意外的结果，可能有个别组员会回应说，小组可能会给自己带来某种帮助。

工作者还应该试着揭开隐藏在组员抵制背后的深层感受和想法。例如，组员是担心还是受到了伤害？他们是试图控制局面还是要避免面对难以应付的局面？一旦发现了抵制行为的潜在含义，工作者就能更好地提供治疗帮助（Joyce，Piper，& Ogrodniczuk，2007；Miller & Rollnick，2013；Rutan，Stone，& Shay，2014）。

在处理非自愿组员和抵制的组员时，运用合作性问题解决的技巧也是一个有效的方法（Trotter，2015）。合作性问题解决包括要听取组员的观点和对自己的问题的界定，协助他们发展出合适的、可行的且他们又愿意实施的目标，鼓励他们团结协作，发展出策略来实现自己的目标。在这里，关键的一点是，这些目标是组员自己而不是工作者发展出来的（Trotter，2015）。

自然地将出现的某些后果呈现出来，也是一个帮助非自愿组员的方法（Newhill，2015；Rooney，2009；Trotter，2015）。工作者要避免谈论抽象性的后果，相反，要关注那些必然出现的后果，因为组员自己常常无法面对这些问题。例如，工作者可以说："你酒后驾驶，可能就会失去驾照。如果他们拿走了你的驾照，你怎样办？你怎样去找工作？无法开车会对你的生活产生什么影响？"

在这个过程中，工作者要避免唱高调或者指责组员（Hohman，2013；Miller & Rollnick，2013）。要用直接的、陈述性的方式来讨论他们的问题行为。在合适的时候，可以让组员用自己的话来描述自己的问题行为所带来的后果。例如，工作者可以宣布他们在酒后驾驶被捕时血液中的酒精含量，然后问他们被捕后的结果会是怎样的。

291　　工作者可以鼓励组员使用"我"的表达。"我"的表达不是让组员将问题投射或归罪于他人，而是协助组员对自己的感受、想法和行为承担责任。

对质的技术有时也可以帮助组员克服自己的抵制（Newhill，2015；Rooney，2009；Trotter，2015）。最好是让组员互相对质，而不要让工作者与组员对质（Edelwich & Brodsky，1992；Schimmel & Jacobs，2011）。让工作者与组员对质，可能会导致组员与工作者对抗。另外，由于组员的对质建立在自己的生活经验之上，他们的对质比工作者的对质更加有说服力。

工作者要努力培养小组的文化，鼓励组员间的对质，从而提高他们参加小组的动力。但是，由于抵制的组员常常不愿意为自己的行为负责，有时，要让他们彼此对质，似乎不太现实。因此，工作者需要首先示范如何进行建设性对质。

埃德威奇和布罗茨基（Edelwich & Brodsky，1992）认为，建设性对质应该包括这些要素：（1）请求而不是强加；（2）温和处理又充满关心；（3）描述性的而非评价性的；（4）具体翔实；（5）在信任的气氛中进行；（6）及时，所以组员得以倾听和感受这种全面的互动。建设性对质要包括一个描述性的陈述、一个"我"的陈述和一个对自然结果的参照。例如，工作者可能会说："你说你什么都没做，你不能理解为什么自己被选中了，但是，如果我血液中的酒精含量与你酒后驾车被抓时一样的话，我面临的选择就跟你一样，那就是吊销驾照，或者来到这里。如果我不断地逃避自己行为的后果，我就会找不到工作，待在家里，无所事事，还会吃上官司，你现在就是这样。"

要培养小组文化，提倡在组员间对质抵制和逃避问题，而不是由工作者对质组员，还可以邀请过去小组中的组员或者参加小组时间比较长的组员来参加小组，现身说法。对于那些参加过对质，并处理了自己的抵制情绪的老组员来讲，他们可以参与讨论自己当初参加小组的抵制情绪，以及小组是如何帮助自己处理抵制情绪，处理自己的问题的。例如，可以邀请一些老组员来说明逃避问题并不能帮助自己解决问题，而正视问题是改变的第一步。还要建立组员间的共感，协助组员为自己的行为负责，正如鲁尼和霍瓦内茨（Rooney & Chovanec，2004）指出的那样，还可以邀请受害者来参加小组聚会。这些受害者可以说明自己受害的经历，以及对自己生活的影响。

尽管建设性对质能够帮助克服组员的抵触情绪，但还有一点重要的是要记住非自愿组员和抵制的组员在发展和实施治疗计划过程中，还是会遇到很多障碍的。这些障碍会降低他们参与的热情，导致他们不愿意继续参加小组以实现具体的目标。在第十章中，我们将讨论很多可以协助组员改变信念、改变外部环境的方法。

尽管上述各种方法都能帮助我们应对抵制的组员，但是，工作者需要做的最重要的工作就是，要保持一个治疗的立场。工作者需注意的一点就是要避免将不同的行为个人化。同时，还要避免出现报复、威胁和过度惩罚等情况。相反，工作者要具有很好的耐心、热心，保持幽默的心态，不要觉得自己是万能的，也就是说，不要相信自己永远能够帮助所有的人。

（七）监督和评估小组的进展

监督和评估小组进展，能给工作者和组员提供反馈，这些反馈对于发展、修改和改变治疗计划非常重要。它还可以帮助维持小组整体的功能性。监督和评估是重要的持续过程，需要贯穿在小组的整个生命周期之中。

在小组中期，从组员处收集资料的一个最常用的方法就是，在每次小组结束时，向组员提供一个小组评估表（如十四章中图 14.3 所示）。尽管小组评估问题的格式（封闭式问题、李克特式问题、开放式问题等）是小组评估常用的标准化格式，但是，问题的内容却各不相同。按照自己小组的需要，对问题内容进行修改，可以给工作者提供具体的、自己需要的信息。

小组评估表发放的频率是怎样的？在某些小组中，可以在小组聚会结束时发放。对于那些不太习惯使用小组评估表的工作者来讲，有时很难确定组员是否愿意填写这些表格，但是，如果表格简洁的话，只需要组员花几分钟的时间就能完成，一般来讲都不会成为组员的负担。事实上，组员都希望有机会让工作者了解自己喜欢小组中的哪些活动，不喜欢哪些活动。

在另一些小组中，工作者可能更加喜欢每隔两三次小组活动后再发放评估表。具体的评估和监督过程，取决于对小组发展进程反馈信息的需求程度。有时，工作者还可运用口头评估，来补充书面评估，但是，匿名的书面评估，会提供更好的信息，因为它们比口头评估具有更好的保密性。

还有其他一些常用的监督和评估的方法，包括组员的自我监督报告、周围熟人的评估报告（例如其他工作者或者家人等）。这些报告与其他监督和评估方法在第八章和十四章中有详细描述。在收集反馈中使用的方法固然重要，但是，系统地运用这些方法来收集信息，则更为重要。收集信息使得工作者可以在小组发展的中期，对小组进行调整。对组员来讲，这也是个信号，表明自己的观点和看法得到了工作者的高度重视，得以分析和回应。出于这些原因，监督和评估小组过程是小组中期工作者的一项极为重要的工作。

案例

吉姆主持的针对男性施暴者的小组到了中期，他越来越担心自己应该怎样协助组员处理抵制参加小组的情绪。作为对缓刑的一个选择，这些组员被法庭要求参加一个包含十次活动的教育性和康复性的小组。吉姆的责任就是主持这个小组，在小组结束后，给缓刑官提交每位组员的进展报告。

在小组的头两次活动中，组员花了很多时间来处理自己被迫参加小组的感受。有几个组员坦言，尽管缓刑官要求他们来参加小组，但是，他们还是感到自己完全没有义务来参加讨论。还有人说，他们考虑要退出小组。吉姆知道这些话反映了他们对被迫参加小组的抵制。吉姆还发现，这些组员一贯都是通过暴力来维持对自己婚姻关系的控制的，而现在他们则受到了法律的限制。因为家庭暴力常常涉及权力与控制，组员的非自愿性对他们来讲是很难接受的。

在小组第一次聚会中，吉姆让组员们表达了自己的感受，也就是提供机会让组员的情绪得到宣泄。他还指出，大家对如何处理自己的问题充满了困惑。他希望，这样做能够帮助组员克服最初的抵制，接纳小组的目标。尽管这个方法的确起到了一些作用，但还是有几个组员继续通过语言和非语言的方式，表达了自己对被迫参加小组的愤怒和不满。然后，吉姆就请组员来谈谈如果不参加小组会有什么后果。这个讨论强化了组员的认识，即如果他们不来参加小组，他们将面临牢狱之苦。通过这样的讨论，组员似乎开始接受自己的参与，但是，他们还是继续对讨论他们所认为的个人隐私问题表示不满。

在小组的第二次聚会中，吉姆通过重新界定他们的状况，协助几个组员克服了抵制情绪。吉姆让组员明白，他们在参加小组上拥有权利和选择。他说，尽管他们是被法官命令来参加小组的，但是，他们还是积极地配合执行法庭的命令。他对组员的这种积极选择给予了积极的反馈，他还说，既然大家都决定来参加小组了，最好能充分利用小组。吉姆既没有威胁、唱高调，也没有指责，而是通过这样的方法，确保了组员的最初的参与。

当小组进入中期后，吉姆感到，组员们开始接受自己的组员身份。但是，当他建议组员讨论自己希望在小组中实现的个人目标时，他得到的回应是沉默。组员的身体语言表明，组员并不愿意进入小组的中期（即工作阶段）。最后，有几个组员指出，他们觉得自己能够处理自己的问题，他们不愿意与其他组员一起讨论个人问题。吉姆接着说，他认为，作为一个男人，他一直被期望能够控制自己的情感，有能力处理自己的事情。他问组员他们是否也是这样想的。有位组员说，他自己就是这样想的，然后，有几个组员也点头表示同意。这样就开始了关于角色期望的讨论，但这还是不能帮助组员明确要改变自己的行为和感受，需要制定什么样的目标。

通过示范非判断和接纳的行为，吉姆协助组员开始谈论自己与配偶的关系问题。吉姆注意到，大部分组员表现出强烈的权威感，有强烈的控制自己配偶的愿望。他接着又试探组员是否愿意让自己的假设受到挑战。他对组员的感受和信念进行了整理，但同时，也希望组员重新审视自己是怎样看待自己的婚姻关系的。他推测说，这可能就是组员不愿意讨论自己的个人目标的主要原因。尽管有些组员还在指责自己的配偶导致自己使用暴力，但是，他们还是很好地回应了吉姆的诚实坦诚的对质。

吉姆运用了两个技巧，逐渐帮助组员回应了自己的提议。首先，他给组员复印了"权力和控制之轮"，这个图展现了家庭暴力是如何围绕着权力和控制而运作的。他还与组员一起讨论了家庭暴力循环的理论问题。通过讨论，一些组员开始理解了"权力和控制之轮"中揭示的一些观点，吉姆发现这些观点正在被组员们接受。其次，他与组员们一起讨论，如何协助其他组员与自己的配偶建立更加令人满意的关系。他指出，如果组员们能够积极参加小组活动，就完全能够与自己的配偶建立更好、更幸福的关系。他还指出，他会给组员们提供一切需要的支持，但是，他们需要走出第一步，来认真思考自己的个人目标是什么。通过引入新信息来挑战组员的信念，接着灌注希望的方式，吉姆最终协助组员克服了对小组的抵制，深入解决自己的问题。在第四次小组聚会结束时，组员们都制定了各自的个人目标，并决定在未来的小组活动中，努力实现。在后面的聚会中，抵制又出现了。例如，有些组员难以接受自己需要改变思想和行为。还有人觉得很难去处理一些环境性的、导致自己无法全身心投入小组改变的因素。

这样的小组聚会是非常困难的，因为小组中会不断出现不同层次和类型的抵制。无论如何，由于吉姆对组员的抵制有了深入的理解，这就协助他避免将这些抵制个人化。他不断努力，运用自己的专业知识，特别是接纳和非判断的方法，坚持与这群功能失调的组员和不断试探他的能力的小组一起工作。他还与自己的督导一起讨论了自己的感受和处理方法。

二、小结

治疗小组的中期阶段是组员集中精力实现自己在初期制定的目标的阶段。本章的重点在于工作者在小组中期带领小组时需要开展的六项工作。在准备小组聚会时，需要讨论如何选择合适的小组活动；在结构化小组工作时，需要考虑一个合适的小组结构，以满足组员的需要；在吸引组员参与和给组员赋权时，要建立组员的优势，促进他们积极参与小组活动。在协助组员实现小组目标阶段，需要采取的技巧包括：（1）让组员明白自己的目标；（2）发展治疗计划；（3）克服实现目标的障碍；（4）协助组员实施治疗计划。在处理非自愿组员和抵制的组员时，需要采用建设性对质的方法。本章的最后一部分讨论了监督和评估小组进展的基本过程和技巧。

第十章

治疗小组：专业方法

学习目标

- 说明在小组中期运用的人际干预措施
- 与组员讨论环境干预措施
- 探索整个小组中运用的干预措施
- 描述改变小组环境的方法

本章概要

干预小组组员
干预整个小组
改变小组环境
小结

本章重点讨论在干预组员、整个小组和小组的外部环境过程中所需要的各种专业方法。尽管我们讨论的是在三个层面上运用的具体方法，但是，在实务过程中，一个层面的干预会影响另一个层面。随着小组的不断深入发展，经验丰富的工作者会在三个层面上顺利地将组员、整个小组和小组的外部环境有机结合起来，以帮助组员实现自己的治疗目标。

对专业方法的过度依赖

在学习本章中介绍的专业中期技能之前，对于刚开始小组工作的人来说，重要的是要意识到，学习专业的策略和技术并不是成为一个熟练的、高效的小组工作者的主要手段。许多有经验的工作者已经注意到，新入职的社工一般都会高估专业技术在临床工作中的重要性（Boyd-Franklin, Cleek, Wofsy, & Mundy, 2013）。学习各种各样的具体技术当然是有帮助的，但在治疗小组中与人一起工作，需要卓越的人际交往技能，以及引导小组动力关系以利用小组力量进行治疗的能力。在信任、谦逊以及尊重每个小组组员的尊严和价值的基础上，与每个组员建立治疗联盟是任何专业技术有效发挥作用的关键。同样，培养治疗小组的动力关系，能帮助所有组员学习新的应对和解决问题的技巧。它们使组员能够在同伴的支持下，进行共情式的自我反思，这些同伴理解在经历痛苦、耻辱和创伤性生活事件时，自己的自尊是会受到伤害的。因此，在使用先进技术时，关注治疗小组的动力关系也是必要的。

296 研究小组工作的学者经过长期和持续的努力，发现了很多影响组员改变的机制和治疗因素（例如，Barlow, 2013；Burlingame, MacKenzie, & Strauss, 2004；Burlingame, Strauss, & Joy, 2013；Kivlighan & Kivlighan, 2014；Yalom, 2005）。已经确定的一些治疗因素包括：

- 凝聚力。
- 灌输希望。
- 普遍性（即感到自己的问题并不孤立）。
- 就小组行为及其与原生家庭问题的关系，以及根深蒂固的认知图式进行反馈。
- 利他主义和互助。
- 人际关系和信任关系的形成。
- 模仿行为。
- 通气与宣泄。
- 批判性接纳（即承认、忍受、和平对待无法改变的困难事件的能力）。
- 存在性因素，如获得新的或经过调整的信念体系、参考框架、个人意义、灵性和世界观。
- 改善沟通和社交技能。
- 获取新信息和资源。

迄今为止，大量的有关治疗因素的研究成果已出版。这些研究包括对小组实践的临床观察（Yalom, 2005）、对实务工作者的定性访谈（Ogrodniczuk, Piper, Joyce, Lau, & Sochting, 2010）和定量研究（综述见 Barlow, 2013；Burlingame, 2010；Burlingame, Strauss, & Joyce, 2013；Burlingame, Whitcomb, & Woodland, 2014；Kivlighan & Kivlighan, 2014）。为了对这些治疗因素进行实证研究，学者们还开发了测量工具和其他方法（Burlingame, 2010；Burlingame, Strauss, & Joyce, 2013；Joyce, MacNair-Semands, Tasca, & Ogrodniczuk, 2011；Lese & MacNair-Semands, 2000；Norcross, 2011,

2014）。因此，将这些因素与小组内的积极效果联系起来的证据比以往任何时候都要多（Norcross，2011；Norcross & Beutler，2014）。全面深入讨论有关治疗因素的经验文献，超出了本书的范围。不过，当关注小组中期技巧时，希望从事循证实践的新入职的工作者，应该牢记与小组组员建立治疗联盟的重要性，以及小组动力关系所发挥的治疗性作用（例如，参见 Gelso & Harbin，2007；Joyce，Piper，& Ogrodniczuk，2007）。在寻求以死记硬背的方式应用专业技术和策略时，大家一定要记住这个结论。在学习和反思本章接下来介绍的专业技术和策略时，应该记住这个告诫。

一、干预小组组员

在与小组组员个体开展工作时，工作者需要从以下几项中做出选择：
- 关注组员的认知和影响（即他们的思想、信念、价值观、感受、感觉和情绪）的个人内部干预。
- 关注组员与小组内外的他人的关系的人际干预。
- 试图改变或修改组员在其中发挥作用的心理社会和物理空间的环境干预。

当评估已经明确组员的生物心理社会发展是造成其功能失调或不合理的信念系统的原因时，个人内部干预尤其合适。当评估确定组员需要进一步发展其与他人交往的技能时，人际干预尤其有用。当评估确定某个组员缺乏改善问题的物质资源时，环境干预是非常有用的。

（一）个人内部干预

从小组一开始，心理动力取向的工作者通常会将自己的工作重点放在从个人层面来处理组员行为。近年来，在小组工作的实务中，越来越多的实务人员开始运用认知和认知行为疗法（CBT），来处理组员的隐蔽的个人生活层面的东西（Beck，2011；Bieling，Mc-Cabe，& Antony，2006；Chacko et al.，2014；Craske，2010；Dobson，2010；Ellis & Joffe-Ellis，2011；Gopalan et al.，2014；Heimberg & Becker，2002；Kazantzis，Reinecke，& Freeman，2010；McKay，Abramowitz，& Taylor，2010；Reinecke，Dattilio，& Freeman，2006；Segal，Williams，& Teasdale，2013；Sheldon，2011；Wenzel，2013；Wenzel，Liese，Beck，& Friedman-Wheeler，2012；White & Freeman，2000；Wright，Basco，& Thase，2006）。这些实践方法在临床试验中被证明是有效的，因此符合社会工作对循证实践的要求。

研究发现，一些较新的干预方法，如接纳承诺疗法（ACT）、辩证行为疗法（DBT）和情绪焦点疗法（EFT），都是多技术并促的干预方法，对情绪调节和行为改变非常有效（例如，参见 Gross, 2014；Kazantzis, Reinecke, & Freeman, 2010；Lynch & Cuper, 2010；Roemer & Orsillo, 2014；Waltz & Hayes, 2010）。接纳承诺疗法是建立在对言语行为进行仔细的功能和语境分析的基础上的（Harris, 2009；Hays, Strosahl, & Wilson, 2011）。它聚焦于六个核心过程：（1）接纳；（2）认知扩散；（3）在场；（4）情境中的自我；（5）价值观；（6）承诺行为。它经常用于对患有焦虑症、慢性疼痛、抑郁症、精神病性症状和物质滥用障碍的组员的干预。辩证行为疗法是一种全面的认知行为疗法，用于治疗有严重精神障碍的个体，如边缘性人格障碍（BPD）和自杀行为（Linehan, 2015）。这些患者都是广泛性情绪失调的个体（Neacsiu, Bohus, & Linehan, 2014）。辩证行为疗法的主要组成部分是：（1）正念；（2）痛苦承受；（3）情绪调节；（4）人际效能。不同版本的辩证行为疗法随后被用于治疗其他伴有情绪失调的障碍，如饮食障碍、抑郁症和其他人格障碍（Lynch & Cuper, 2010）。辩证行为疗法可以改变：（1）对情绪暗示的易感性；（2）情绪反应倾向；（3）情绪反应；（4）情绪应激反应的后果（Dimeff & Koerner, 2007；Linehan, 2015；Neacsiu, Bohus, & Linehan, 2014；McKay, Wood, & Brantley, 2007）。情绪焦点疗法专注于指导案主克服可能导致不正常思想和行为的情绪（Greenberg, 2015）。

298　　　　在运用任何具体的技术之前，工作者需要了解协助组员做出个人层面改变的整个过程，这个过程可以帮助组员做到：

- 明确和区分自己的想法、感受和行为的差异。
- 找到想法、感受和行为之间的某些关联。
- 分析想法和信念背后的理念。
- 改变扭曲的或者非理性的想法和信念。

（二）甄别和区分

在个人内部干预中，第一个步骤就是协助组员准确地发现自己的想法、感受和行为，并学会了解它们的差异。有的组员可能难以用语言来表达自己的主观想法和感受，但是，如果不能清楚地明确组员的想法和感受，就不可能协助组员来处理或者改变这些隐蔽的过程。

在协助组员明确并区分自己的行为、想法和感受过程中，工作者要鼓励组员用具体形象的语言来描述自己的行为，就好像组员作为一个旁观者来观察行为，然后用一个照相机将事件经过记录下来一样。有时，组员很难用语言来描述自己的行为和感受。这种情况在男性中更为常见，他们从小接受的教育就是表达情感是女人的事，男子汉不能这样婆婆妈妈。下面的案例就说明了这个情况。

案例 描述感受

在回应什么是感受这个问题时，有位组员怒气冲冲地说："我从来都没有感受。"工作者回答说，人们对任何事情都会有感受，不管是大事还是小事。这名组员说："我感到你对我的行为的解释是不对的。"这句话很显然是"思想"，而不是"感受"。这句话同时还反映了这名组员很难发现自己的感受。面对这种情况，工作者有几个选择。工作者可以等待其他组员来谈论自己是怎样经历与那名组员相同的行为的，或者请小组组员来谈谈自己对这名组员的看法。然后，工作者可以引导小组来讨论怎样表达个人情感，以及别人对自己的看法。工作者还可以协助这名组员就其他组员给自己的反馈进行回应，从而进一步了解自己在他人的眼中是什么样子的。

在协助那些很难将自己的感受和想法区分开的组员时，工作者可以请组员听取其他组员的反馈。例如，在上面的案例中，组员就可以询问其他组员对自己的看法。大家的回应是，看见这位组员的怒气在一点点积聚，这一点就表明，这个组员其实根本就没有触及自己的感受。有时，还需要在小组内外，让组员学习辨别自己的思想和感受，这样他们才能学会怎样正确地把握和区分它们。使用一个特别设计的日志，组员可以记录情况或诱发事件、想法或信念，以及行为或情绪的后果。通常，功能失调或扭曲的想法是瞬间的、自动的，因为它们是非常根深蒂固的。确定想法或信念可以帮助组员意识到它们何时发生，会产生什么后果。它也有助于逐渐将自动的功能失调或扭曲的关于自身的根深蒂固的信念联系起来，认知行为学家称之为核心信念或认知图式，心理动力学和人际关系实务工作者将其概念化为幼年创伤遗留下来的应对机制。

接纳承诺疗法、辩证行为疗法和情绪焦点疗法都试图帮助组员识别和区别思想和感受，但也关注行为周围的环境。接纳承诺疗法使用比喻来帮助小组成员接受并打破自我挫败的思维模式。辩证行为疗法使用的方法主要有：（1）通过锻炼增加对痛苦的忍耐力和缓解疼痛；（2）运用正念技术帮助小组组员更有效地集中注意力；（3）使用情绪调节技术，包括通过批判性地接纳使组员冷静，并鼓舞他们；（4）训练人际效能技术，以赋权组员。这四个领域的练习可以在迪米夫和科尔内（Dimeff & Koerner，2007），麦凯、伍德和布兰特利（McKay，Wood，& Brantley，2007），以及莱恩汉（Linehan，2015）的著作中找到。情绪焦点疗法侧重于识别、体验、探索、接受、解释和转化功能失调的情绪和思想，从而产生更有效的应对行为和技巧。

（三）找到关联

个人干预的第二步就是要协助组员找到自己的想法、感受和行为之间的关联是什么。

例如，如果有个男人晚上自己回家时，觉得有个人在跟踪自己，他可能就会感到担心，这种担心也会通过行为表现出来。他可能会常常回头看看后面，或者选择在路灯比较亮的地方行走。同样，如果某个女人认为自己某件事做得不够完满的话，她就会觉得自己能力不够，在遇到困难时，她可能就会放弃；但是如果她认为自己能力很强，那么在遇到困难时，她可能就会继续努力。

要改变组员自身的想法、感受和行为之间的关联，需要让他们明白这些关联的存在。这种意识过程可以通过自我检测的方式来实现。工作者可以要求组员检测自己某些特定的想法，以及随之而出现的感受和行为。整个小组可以协助组员寻找这些想法、感受和行为之间的关联模式，有的时候，组员可以清楚地记得某种特定的想法，以及与之相关的感受和行为，但是有的时候不一定会记录下来，并跟其他组员分享。这种情况常常发生在不断在组员中出现的、无意识的想法中（Beck，2011；Dobson，2010；Freeman，Pretzer，Fleming，& Simons，2004；Sheldon，2011；Wenzel，2013；Wenzel，Liese，Beck，& Friedman-Wheeler，2012；Young，Rygh，Weinberger，& Beck，2014）。

工作者可以用估计的方式或者回忆的方式收集关于组员想法、感受和行为的资料，并把这些资料放在小组中进行讨论。这样的讨论常常能表明，某些想法会强化或者保留某些自己不希望出现的感受状态和行为模式，具体见下面的案例。

案例　追溯想法、感受和相关行为

一个焦虑的小组组员在记录自己的想法和感受如何影响自己的行为一周后，发现自己的想法都集中在自己的信念上，即"没有能力做好任何事情"。她意识到这"冻结"了她，所以，她不能按时完成工作任务。通过在小组中讨论自己的想法，她意识到，关于自己的无意识想法和核心信念导致了她对自己工作表现的恐惧和焦虑，这反过来又分散了她的注意力，使她感到更焦虑，效率更低。这两种结果（例如，分心和无效率）进一步加强了她的信念，即她不能完成任务，她不能正确地做任何事，她是一个失败者。组员汇报的日志引发了小组围绕这个问题以及如何应对进行了讨论。

前面的案例表明，思想能够决定感受和行为，当然，也可能是某些特别的暗示和信号产生了某些思想，从而触动某些感受和行为。例如，在一家单身汉酒吧里，某些焦虑情绪会使人产生奇怪的想法，比如可能会有一位异性过来和自己搭讪。有这种想法的人，可能会想"我希望他/她不要过来""我不知道跟他/她说什么"等。这些想法会引发一些回避性的行为。这样的系列事件会变成一种习惯性的反应，以至于某种暗示，甚至是关于这种暗示的想法，都会带来一系列功能失调的想法、感受和行为。

个人内部干预的第二个步骤就是，要向组员解释会引发一系列事件的"内在暗示"和

"外在暗示"的概念。例如，肌肉的紧张或者胃部的呕吐感，这就是内在暗示；某人的靠近，这就是外在暗示。在以改变人格为主的长程治疗计划中，工作者可能希望帮助组员重新认识某些暗示。一旦组员明白了自己的想法、感受和行为之间的关联，他们就可以开始进入下一个阶段了。

（四）分析想法和信念背后的理念

个人内部干预的第三步是，协助组员分析那些强化和维持自己功能失调的感受和行为模式的想法和信念背后的理念是什么。爱比克泰德在《教义手册》中曾经指出："人们不是受到事件的困扰，而是受到对事件的看法的困扰。"很多认知心理学家认为，功能失调和非理性的想法和信念，产生于自己对事件的错误的或误导性的解释，这反过来又造就了人们的认知模式或核心价值观（Ellis & Joffe-Ellis, 2011；DiGiuseppe, 2010；Freeman et al., 2004；Meichenbaum, 2014；Young, Rygh, Weinberger, & Beck, 2014）。很多小组的组员们就是陷于这种错误的思维和认知歪曲中，大致可分为三种类型：（1）对观察或行为做出错误的推断；（2）将责任或控制归咎于错误的来源；（3）评估推断和控制来源，认为这些会带来可怕的后果。这里列出了一些常见的认知歪曲。

- 对事件过度推论。
- 对事件的某个部分选择性关注。
- 对事件过度负责，从而出现失控。
- 对于未来事件，过多考虑可能出现的最坏的结果。
- 陷入是或否的二元思维中。
- 假定过去某些事件会带来某种结果，那么，未来也一定会出现同样的结果。

有的时候，正确的信息和反馈，会改变一些建立在错误或片面信息基础之上的想法和信念。例如，有些少女相信如果自己只与他人发生一两次性关系，就不会怀孕。如果工作者能够给她们提供足够的知识和信息，她们这种不全面的信念就会得到改变。

埃利斯（Ellis, 1962）曾经指出，错误的解释之所以出现，是因为人们对世界的运作方式有着非理性的看法和信念。例如，人们可能认为"如果他们相信自己是有价值的，他们就完全有能力实现一切目标"（Ellis, p.63）。埃利斯列举了11种常见的影响人们对世界的解释的非理性想法。这些信念常常建立在一种绝对的思维基础上，而不是建立在一种正常理性的、符合逻辑的对事实的解释之上。绝对思维中常用的词语包括应该、绝对、必须等，这些都会导致对世界的错误的、非理性的解释。例如，组员可能认为自己是有价值的，那么，他就应该具备各方面的能力。当自己的表现没有达到自己制定的非现实的水平时，他就会感到灰心。

从心理动力学的角度来看，工作者可能还希望与组员一起来探讨，每个人从小在家庭中学习到的知识，是如何影响个人对自己的看法和评价的（Rutan，Stone，& Shay，2014）。在这个框架下，他们在童年时期与自己的父母以及其他早期的照顾者之间的关系，都会影响他们现在的想法和信念。工作者的角色就是协助组员探索这些早年的关系如何影响了他们目前的功能性水平。这样的探讨能够帮助他们获得一种感悟，使他们能够运用这种感悟来研究他们目前的应对策略。这反过来又能协助他们放弃这些不能奏效的应对策略，从而学习一些新的、能够满足目前需要的应对技巧。同样，认知行为疗法假设，根深蒂固的认知模式和核心信念在我们形成关于自己的想法、感受和信念中发挥着重要作用，而改变这些可以对一个人的思维、感受和行为产生深远的影响（例如，参见 Beck，2011；Meichenbaum，2014；Wenzel，2013；Wenzel，Liese，Beck，& Friedman-Wheeler，2012）。

接纳承诺疗法和辩证行为疗法在认知行为疗法的技能的基础上增加了正念技能，这个概念可以用来分析信念和想法的合理性（Bien，2006；Boyd-Franklin，Cleek，Wofsy，& Mundy，2013）。接纳承诺疗法和辩证行为疗法不像理性情绪疗法那样强调争论非理性的想法和信念（Ellis & Joffe-Ellis，2011）。相反，正念冥想技能被用来分散注意力，让大脑从不正常的自言自语中清醒过来，专注于更舒缓的想法和画面。工作者要带领组员进行简短的专注练习，使用认知意象、呼吸、身体意识和其他正念冥想技能（Brown，Creswell，& Ryan，2015；Stahl & Goldstein，2010；McKay，Wood，& Brantley，2007；Rogers & Maytan，2012；Segal，Williams，Teasdale，& Kabat-Zin，2012）。在小组中，长时间的冥想练习可以由工作者带领，或通过 CD 或 DVD 进行（例如，参见 Kabat-Zinn，2002）。

正念技能要求小组组员专注于一个特定的想法，并在思想游离时重新回到那个想法。小组组员也可能被要求专注于他们的呼吸，并在专注于自己的想法的同时做深呼吸。或者，冥想可以通过让组员专注于一个最喜欢的自然环境或对自己重复的赞美语来进行。可以使用许多不同的焦点，但通常使用的自然背景都是海滩、山、瀑布等。在小组活动间隙，为了稳定和调节情绪，组员可以经常进行正念练习（例如，参见 Brown，Cresswell，& Ryan，2015）。

（五）改变想法、信念和感受状态

个人内部干预的第四个步骤，就是帮助组员改变自己非理性的或者扭曲的想法、信念和感受状态。有几种技术可以用来实现这个目标，下面我们就来看看在小组治疗中常用的这些技术。

认知重构。认知重构是由马奥尼（Mahoney，1974）首先使用的一个术语，指的是一组专注于纠正认知歪曲和消除自言自语的技术。三十多年前，约斯特、博伊特拉、科尔比什利和阿兰德（Yost，Beutler，Corbishley，& Allender，1985）报告了在治疗抑郁的老年人时使用认知重构技术的有效性，这些技术在今天仍被广泛使用（例如，参见 Beck，2011；Meichenbaum，2014）。一些认知重构技术也被设计用来揭示小组组员思维模式中的错误逻辑，帮助他们用逻辑、理性的思维模式取代非理性思维过程（例如，参见 Ellis & Joffe-Ellis，2011；Wenzel，2013；Wenzel et al.，2012）。

马奥尼（Mahoney，1995a，1995b）指出，信念系统是个体在与社会环境互动的过程中逐渐发展起来的。因此，信念本身其实不存在"错误"或者"非理性"，而是在特殊的社会经验过程中建构起来的，而对这些经验的处理，会不断地出现在个人后来的生活经历中。斯马克及其同事（Smucker et al.，1999）发现，童年时期的创伤性经历，会对他们的成年生活产生重大影响。

小组工作能够帮助组员认识到影响自己信念系统的各种因素，同时，还有助于组员明白通过小组内外的各种经验，可以改变这些因素。例如，鲍尔和麦克布莱德（Bauer & McBride，2003）就帮助那些患了躁郁症的病人，在抑郁状态中来认清自己的想法、感受和行为。这样就能协助组员明白，这些感受、想法和行为都能用来帮助我们了解个人抑郁状态的水平。在后面的小组聚会中，根据这个水平，工作者可以发展出一个个人照顾计划和相关的治疗技术要求。

接纳承诺疗法和辩证行为疗法使用其他认知重构技术，比如接纳和冥想，来帮助组员以新的方式思考。小组组员的想法、行为和应对技能在过去是有用的，但目前不再能产生可行的解决方案（Hayes，Strosahl，& Wilson，2011）。一旦组员们意识到如何通过冥想来集中思想，他们就能更好地理解自己为了避免反思自己的想法而采用了哪些控制策略。接纳承诺疗法教组员们接受现有的应对技巧、模式和控制策略已不再有效，它们反而可能会带来问题和痛苦，因此，组员要承诺用新的有效的方法来取代它们。同样，辩证行为疗法描述了如何进行批判性接纳，即不评判或试图改变某事（McKay，Wood，& Brantley，2007）。小组组员接纳自己本来的样子，并在自我接纳的基础上坚定地学习新的思维、感受和行动方式。通过接纳自己本来的样子，小组组员们开始重构自己思考和表达自己和他人的方式，而这反过来又会带来行为的改变。

工作者在协助组员改变自己的信念系统时，可以参照下列活动：

- 让组员回顾自己想法和信念系统所依托的经验。
- 协助组员回顾过去建构经验的方式。
- 协助组员考虑自己建构的经验是怎样影响自己目前的生活的。
- 协助组员从其他组员那里获得反馈，以了解对自己的经验进行建构和回应的其他方法。
- 从认知和行为的角度来练习新的回应方法，从而提高自己的应对能力。
- 准备应对陈述作为提醒，练习用不同的方式来应对歪曲的想法。

303

● 使用纸质或电子记录来记录认知和情绪上的不快，以及证明能够成功消除这些不快的方法，并在小组活动中分享。

通过将小组讨论、分析和行动有机结合起来，组员可以互相帮助，对自己过去看世界的方式获得新的感悟，了解自己对世界的建构对自己生活的影响。接纳承诺疗法指的是发现和建立对自我的觉察，并化解自我，这样一个人就可以把自己看作一个观察者（Hayes，Strosahl，& Wilson，2011）。辩证行为疗法指的是专注于当下，并致力于采取行动使事情变得更好（Lynch & Cooper，2010；Linehan，2015）。情绪焦点疗法指的是解释和转化感受和想法。这些治疗方法的目的是使根深蒂固的想法和信念在认知上得到解冻，从而被更健康的核心信念取代。

认知自我指引。认知自我指引指的是协助组员运用内心对话和隐蔽的自我陈述的方式来解决问题，处理生活中的困难事件。儿童和成年人都可以运用自我陈述这一技术来取代不正常的内心对话，从而协助他们解决问题。例如，我们通常不让组员说"我做不了这个"，相反，鼓励组员说"我尽量试着来做这件事"，或者"我敢打赌我的答案会比别人的好"，以及"首先我要检验一下资料，然后我再来考虑相关的答案"。

认知自我指引可以用在一个设计的情境中，或者还可以协助组员在某个情境中有效表现（Beck，2011；Meichenbaum，2014）。例如，为了准备在一个设计好的情境中运用该技术，组员可能会说："当我跟萨利说话时，我会直接告诉她我做不了那件事，如果她试图说服我，那么我就告诉她我已经决定不做了。"而在一个特定的情境中，组员就可能会说"我能控制局面"，或者"我能做"。内心对话是有效解决问题的重要介质。解决问题能力很差的人会不断地重复不正常的自我陈述，而这些不正常的自我陈述会导致他们放弃努力，陷入难以自拔的局面。而积极的自我陈述则会鼓励人们积极尝试各种方式来解决问题。研究结果和临床经验都表明，这个方法对治疗那些习惯使用不正常的内心对话技巧的组员是非常有效的（Beck，2011；Meichenbaum，2014；Sheldon，2011）。

接纳承诺疗法、辩证行为疗法和情绪焦点疗法也通过认知自我指引来处理不正常的内心对话，但与认知行为疗法不同的是，它们更强调接受侵入性的和不适应的想法。要把过去用来控制而不是接受这些想法和感受的能量释放出来，投入各种应对策略的实践中。例如，辩证行为疗法教小组组员学习悲痛承受技能，如分散注意力，活在当下，放松，思考自我鼓励的应对想法，安抚和改善当前的情绪（McKay，Wood，& Brantley，2007；Linehan，2015）。接纳承诺疗法关注的是集中精力通过接纳来激发新的信念和价值观。使用情绪焦点疗法的小组工作者鼓励组员发现、感知和探索负面情绪和想法，解释它们并将之转化为更积极的情绪和想法（Greenberg，2015）。由于这些都是较新的技术，目前证明其有效性的证据要比认知行为疗法少得多。

思维中止。有些组员很难控制自己，容易失控，或者存在自我拆台式的思维和内心对话。思维中止技术能很快地帮助组员减少这种思维方式（Antony & Roemer，2011；Davis, Eshelman, & McKay，2000；Kazdin，2013）。当组员专注于某个想法时，工作者会突然地、共情式地说："不要再这样想了！"不断重复这个程序，每当这些令人烦躁的想法出现时，组员就会慢慢地想"不要再这样想了"，然后会记住工作者说"停"时的声音。这种技术的其他形式还有，当令人烦躁的想法出现时，让组员掐自己一下，或者让他们用建设性的对话和意象来取代这些令人烦躁的想法，或者让组员冥想一个特别的景色或者某件事的过程。

重新界定。重新界定是一种认知技术，可以协助组员从另一个角度来审视一个情境或者问题。它意味着"要改变与当事人所处的情境相关的概念性或情感性背景或观点，并将其置入一个与所处情境事实相匹配的框架中，同时还要改变其内在的含义"（Watzlawick, Weakland, & Fisch，1974，p. 95）。

例如，有个组员抱怨说，他很怕邀请自己的搭档一起吃饭。对于这个情境的重新界定可能就是，他想努力控制自己，不要与搭档发展出恋爱关系，从而影响他的工作。再例如，有位单身母亲对自己的前夫非常生气，因为他不断地鼓励孩子在受到他人嘲笑的时候，一定要反击。对这个情境的重新界定就是，这位父亲在教导自己的孩子发展男性认同。

一旦组员能够从新的角度来感受某个问题，我们就需要帮助他们重视和强调问题的积极的一面，这样就有机会来改变问题的负面影响。例如，在上面的例子中，那位单身母亲可能就会感谢自己的前夫还在继续关注孩子、教育孩子；同时，她可能会向前夫提出建议，要他帮助孩子学习用非暴力的方式来处理人际冲突。还有，前面那位男性小组工作者可能就会与自己的搭档建立一种柏拉图式的友谊关系。

重新界定还可以用来协助组员将自己经历的问题或者担忧变成财富（Lynch & Cuper，2010；Waltz & Hayes，2010）。例如，某个组员提出自己的配偶不愿意与自己做爱，这个问题可能就是一个有意义的信号，暗示他们的婚姻关系出了问题。

视觉化和认知想象技术。每个人都会做白日梦，对某些地方、某些人、某些事情都有回忆。视觉化技术鼓励小组组员将注意力集中在对他们来说是放松的特定图像上（Stahl & Goldstein，2010）。下面的示例将对此进行说明。

案例　运用视觉化和认知想象技术

在运用视觉化技术时，工作者要求小组组员想象自己在海滩上，坐在池塘边的长椅上，或者在公园里，参与者要动用他们所有的感官。工作者开始帮助组员想象他们最喜欢的海滩，想象他们能在脑海中看到的船、树和云的形成，感受阳光照射到他们的身体，听海浪的声音，闻和品尝带咸味的空气和他们记忆中的其他香味。当他们在想象这个场景时，组员们要对自己说一些可以减少紧张的事情，比如："阳光很好，我对自己和我周围的世界感到平和。"

在小组中使用视觉化技术时，工作者应该通过常规的视觉形象来指导小组。让小组组员坐在一个放松的位置，闭上他们的眼睛。要设置一个场景，并逐步添加细节。与此同时，要确保组员保持放松的状态，并能够生动地想象场景画面。如果组员的焦虑增加，或者他们正在视觉化的认知图像消失，组员要立即向工作者发出信号。为了帮助组员产生生动的意象，工作者应该背诵一个丰富和详细的图像介绍，而组员处于放松的状态，他们的眼睛闭着。如果工作者能呈现场景的声音，比如海浪、微风等，组员就可以用它来增强体验。一旦视觉化完成，工作者就可以分组询问组员各自想象的场景，为什么他们觉得这特别令人放松，同时还可以讨论在家中如何使用视觉化技术。在小组活动的间隙，工作者应该要求小组组员练习使用他们自己最喜欢的视觉化效果，添加细节、声音、颜色、气味和味道。

暴露疗法和满灌疗法这两种认知想象技术能够用来消除对恐惧、焦虑事件的过度的和非建设性的反应（Kazdin，2013）。采用暴露疗法时，要让组员在保护性的小组环境下想象他最担心的事件和刺激。例如，一个组员想邀请某人约会时感到非常焦虑，就可以让他想象邀请人说"不"或者说"对我来说你还不够成熟"等话语而拒绝他的请求。因为组员不会在这次碰钉子的经历中感受到任何可怕的后果，所以，他或她能够克服对邀请约会的可能后果的恐惧。组员对这一技术的回应常常是感到"这并不是太糟糕"或者说"我不喜欢我刚才接收到的反应，但是我会克服它，下一次遇到这样的结果我就不会太担心了"。

满灌疗法的程序和暴露疗法的程序相似，不同的是满灌疗法让组员想象一个实际焦虑的事件而不是极端和夸大的事件。其他组员的反馈可以帮助他看到，尽管有一些不愉快的反应，但是它们处理起来并不困难。这个组员就可以学习其他人是如何应对不愉快反应的，并发展出个人的应对方法。

研究表明，采用满灌疗法和冲击疗法时，与想象性的暴露相比，让组员暴露在实际的情境或者事件下会更容易成功（Kazdin，2013）。在小组治疗中，可以采用角色扮演的练习让组员暴露在恐惧的情境中。当组员能够在小组中应对这个情境时，就可以为组员设计一些任务，让他在组外经历这样的情境。因为持续的暴露与治疗效果相关，要鼓励组员在组内和组外经常练习应对这个情境。

视觉化技术被广泛应用于接纳承诺疗法和辩证行为疗法中。在接纳承诺疗法中，意象是由包含隐喻、悖论和其他语言策略的故事所召唤出来的，以打破功能失调的思维模式。在接纳承诺疗法中，不正常的思维模式被认为是不可行的，因为它们不会激发行动来改善组员的情况（Waltz & Hayes，2010）。在辩证行为疗法中，想象技术被用于学习正念、情绪调节、痛苦忍受和人际效能技能（Linehan，2015）。想象技术被用来抚慰和分散正在承受痛苦想法和情绪的小组组员，改变他们的思维模式，并鼓励批判性的接纳。它们也可以用来帮助组员采取行动，改变无用的控制策略，用积极的应对技巧取代它们，这些技巧对于处理当下问题特别有用（Lynch & Cuper，2010）。

深呼吸。最简单但最有效的方法之一就是深呼吸。尽管深呼吸练习几乎可以在任何地方、以任何姿势进行，但戴维斯、埃谢尔曼和麦凯（Davis，Eshelman，& McKay，2008）建议组员坐着或躺着做，双脚稍微分开。最基本的步骤从组员们用鼻子慢慢地深吸气和用嘴呼气开始。具体做法是做长时间的缓慢呼吸，专注于空气进入自己的鼻子，充满腹部，然后再次通过鼻子释放。组员要冥想自己的呼吸慢慢地进出，这样，他们会变得更加放松。要重复五次深呼吸。组员可以把深呼吸和文字结合起来。例如，组员们每次吸气的时候可以说"我在"，呼气的时候可以说"放松"。除了这种简单的深呼吸方法，还有很多其他的练习方式。例如，戴维斯、埃谢尔曼和麦凯（2008）提出了另一种呼吸方法，即让参与者坐在一个舒适的位置，将右手的食指和中指放在前额上，用拇指堵住右鼻孔。在用左鼻孔吸气后，要用无名指堵住左鼻孔，移开拇指打开右鼻孔，然后用右鼻孔呼气。接下来，要用右鼻孔吸气，用拇指堵住右鼻孔，打开左鼻孔。然后，要用左鼻孔呼气，用左鼻孔吸气。重复这一程序几次，这个练习可以在家中自己进行。

戴维斯、埃谢尔曼和麦凯（2008）也给出了呼吸再训练或控制呼吸的指导，以避免恐慌式呼吸。恐慌的人往往会呼吸困难，持续时间很长，然后跟着浅呼吸或强力呼吸。为了避免这种情况，他们建议，在出现紧张或恐慌的第一个迹象时，大家应该先呼气，然后吸气，再通过鼻子呼气。呼气时，应该确保自己呼气的时间比吸气的时间长。确保这一点的一个方法是慢慢吸气时数到三，然后呼气时数到四。可以在吸气时数到四，呼气时数到五来进一步减缓呼吸。当呼气和计数时，大家要专注于自己的吸气和呼气。慢慢地，在吸气时说"我在"，呼气时说"放松"。

在小组中进行深呼吸练习时，所有的组员通常一起做。事实上，在儿童、青少年和成人小组中开始快速的深呼吸练习是很常见的。这可以使你从先前的环境中轻松过渡，并为平静、专注的互动定下基调。在练习之后，可以设置一个小组轮流发言分享环节，这样每个人都可以谈论自己的感受，以及他们在组外何时何地可以继续这个练习。工作者可能会发现，一些组员说他们以前也做过深呼吸，而且觉得很有帮助。工作者可以鼓励这些组员描述自己的体验，询问他们是否计数呼吸，对自己说什么，或者是否采用了其他技术。

307

案例　深呼吸

工作者让组员舒服地坐在椅子上或者躺卧在地板上，并向他们介绍整个程序。在整个过程中，组员应该尽可能感觉到舒适。工作者（或者录音机）应该采用平静、催眠式的语言重复放松指示，以便放松身体的每一个重要的肌肉群。例如，工作者可以说："伸直你的胳膊（如果是坐着也可以是大腿），双手尽可能握紧拳头，感觉你双手的紧张与压力，让这种姿势保持一段时间（10秒钟）。现在放松，让双手放在地板上放松（如果是坐着也可以是大腿），感觉到紧张和压力此时已经离开了你的双手，感觉到紧张和压力已经被放松和舒适取代，对双手现在的放松和刚刚的紧张进行比较。"

渐进性肌肉放松。 这种技术结合了认知技术和生理活动，来减轻组员的压力，帮助他们克服焦虑。这种技术使用的前提是肌肉紧张与焦虑和压力有关。因此，帮助组员缓解肌肉紧张就是在帮助减低他们的焦虑。

308　　每一个肌肉群都可采用这种方法进行松紧训练。这里没有给出整个放松过程的指导语，因为可以有很多不同的很好的方式（Bernstein, Borkovek, & Hazlett-Stevens, 2000; Davis, Eshelman, & McKay, 2008; Lazarus, 2000）。录音和录像带就是非常好的资源。

尽管渐进性肌肉放松训练更多地在个体治疗中使用，但是它也能够非常有效地用于小组治疗。在小组治疗中使用时，最大的缺点是需要小组中每个成员的合作。只要有一个组员分散了团队的注意力，就会影响到其他人的放松效果。有时这种打扰并不是有意的，例如有人可能会在放松训练中睡着并打鼾。有时也会出现有意干扰的情况，例如在第一次放松训练时有的组员会觉得好笑而笑出来，也会干扰其他组员。

为了让放松更有效果，工作者应该在最开始的时候解释整个过程。为了减少有意的干扰，应该在开始之前给组员机会提出有关使用这个技术的各种问题。为了减少无意的干扰，工作者应该教组员使用示意来让工作者知道他们遇到了问题。例如，如果组员无法放松，还有个别情况的可能会感到更紧张，组员就可以示意工作者，工作者应该给予一些个别的关注。在放松的过程中由于常常采用昏暗的灯光、舒服的姿势，这有时会让组员睡着。因而，某个睡着组员的有规律的呼吸和鼾声会打扰其他的组员。工作者可以通过触碰他的手臂和胳膊把他叫醒来减少这种无意干扰。

也可以使用其他的放松技术来替代渐进性肌肉放松，但都需要改变一些生活方式（Barlow, Rapee, & Perini, 2014）。例如，有些组员喜欢用冥想、生物反馈、催眠、慢跑和瑜伽等技术。尽管每种技术都产生于不同的理论，但是它们能够产生相同的结果，就是能够对小组成员进行放松。因此，对于小组工作者来说，提供一份适合不同组员的生活方式和喜好的放松方式选择菜单是一个好主意。

系统脱敏。 采用这种技术时，工作者帮助组员建构一个关于恐惧的情景或场景的等级。从最不恐惧的情景逐渐到最恐惧的情景，让组员在渐进性肌肉放松后身体达到充分的放松时逐一想象某一情景。每个组员的焦虑等级至少包括焦虑感逐渐增加的 10 个场景，下例就呈现了具体内容。

案例　系统脱敏的等级

针对一个对约会非常恐惧的组员的焦虑等级包括：（1）想象一个可能的约会对

象；（2）考虑邀请这个人约会；（3）打算好在哪里约会；（4）考虑如何向这个人请求约会；（5）接近这个人来请求约会；（6）开始和这个人交谈；（7）请求这个人约会；（8）开车送这个人回家；（9）和这个人一起走进他或她的家；（10）和这个人走出来。组员要以自己舒适的方式逐级处理自己的焦虑，一级解决了，再进入下一级。

根据焦虑情况的不同，焦虑等级可以包括更多的场景。这些场景不应该从低等级到高等级有太快的跳跃。对于每个焦虑的组员，通常来说需要建构 20 到 30 个等级。

每个组员都应该建立属于个人的等级，即使他们都有相同的恐惧症，他们的焦虑等级也是不同的。渐进性肌肉放松技术是用来达到放松状态的。要求组员想象第一个场景，仿佛置身其中，并把这种想象保持 10 秒钟。如果组员感到焦虑，他们就可以伸出一个指头。此时，就要停止想象，并帮助他们回到放松的状态。当他们感到完全放松时，就可以继续对这个场景进行想象。

基于这一点，系统脱敏应该按照最慢组员的速度进行，除非有条件让组员按照自己的节奏进行系统放松。有一个方法可以应对这个问题，就是让组员在制定焦虑等级时结成对子，相互帮助彼此的工作。系统脱敏有严格的程序，无论是在想象的情况下还是在深度放松的状态中，工作者都不应该允许组员在焦虑等级上的工作超过 30 分钟。如果组员无法在一次聚会中完成他们的焦虑等级，他们可以在下一次聚会中继续完成。系统脱敏对由恐惧症患者组成的治疗小组尤其有效，并且可以与其他治疗方法结合来改善惊恐发作和与创伤相关的症状（如创伤后应激障碍）。

正念冥想。 正念冥想是一种看似简单的技术。小组组员选择一个特定的焦点，让其他的想法像云彩一样在他们的意识中飘浮。这里的焦点可能是深呼吸中的呼吸，也可能是一个特殊的想法，如小溪中的一片树叶、一个美丽的山岩，或一个水池旁边的瀑布。根据正念疗法，我们的智力有两种不同的功能。第一种功能是把东西分开，然后把它们分类。第二种功能是连接和看到相似之处（Bien，2006）。第一种功能在西方文化中占主导地位，但其重要性不亚于第二种功能。正念冥想强调第二种功能，这样我们就能看到事物是如何相互关联、相互联系和相互依赖的（Brown，Cresswell，& Ryan，2015）。

当我们冥想的时候（哪怕只有几分钟），我们就成了自己思想的观察者，因为它们穿过我们的意识，我们不做任何干扰它们的事情，只要重新关注我们的呼吸、一座美丽的山、一个瀑布、一片海滩，或任何我们用来作为焦点的东西。这能减少紧张感，因为在聚焦我们的焦点时，我们就不能长时间专注于导致焦虑的情况或其他消极的想法。它还使我们能够以中立的观察者的身份来看待我们目前的处境。一旦我们能够作为一个中立的观察者来观察自己的处境，我们就能看得更清楚。然后就可以决定采取行动来改变我们看待自己或处境的方式。

正念冥想可以让我们放手，让我们和现在的自己在一起（Bien，2006；Brown，Cresswell, & Ryan, 2015）。当我们在放松的状态下学习花几分钟集中自己的思想时，就会建立起一种平静。在日常生活中，我们可以记住这些伴随着冥想状态的感受和行为。

在冥想时，我们并不是"无所事事"。相反，我们积极地、自由地集中在我们的焦点上。练习冥想时聚焦一个具有隐喻特征的故事，或冥想一个视觉化的过程，可以帮助我们获得平和的心态。接纳承诺疗法和辩证行为疗法都要求放弃对过去的控制，愿意接纳我们的过去，没有怨恨或愤怒，也不要试图抓住它不放手。

辩证行为疗法还强调在日常生活中保持正念，并拥有一个正念的空间。这可能包括正念呼吸，专心地做任务，以及智慧冥想。智慧冥想是将情绪和现实考虑在内，在核心价值层面做出正确的决定，并检查我们所做决定的结果（McKay, Wood, & Brantley, 2007; Linehan, 2015）。人们对正念冥想在许多类型的问题上的应用很感兴趣。补充阅读的资料包括：博文、乔拉和马拉特（Bowen, Chawla, & Marlatt, 2011）；布朗、克雷斯维尔和瑞恩（Brown, Cresswell, & Ryan, 2015）；斯特尔和戈德斯坦（Stahl & Goldstein, 2010）；罗杰斯和美腾（Rogers & Maytan, 2012）；西格尔、威廉斯、蒂斯代尔和卡巴金（Segal, Williams, Teasdale, & Kabat-Zin, 2012）；桑德奎斯特等（Sundquist et al., 2014）。评估正念疗法有效性的研究正在逐步增多（例如，参见 Piet & Hougaard, 2011）。

（六）人际干预

小组工作特别适合用来处理人际层面的问题。有效运用小组的方式，小组就会成为一个自然的实验室，可以检验和改进组员彼此之间的人际关系。与个人治疗不同的是，小组给组员们提供了机会来呈现各自的人际技巧，并彼此之间提供反馈。组员自己就成为某些特定的人际技巧的榜样，并在小组的不同的情境中扮演不同的角色。

人际行为可以通过间接地听他人描述的形式来习得。但是，更有效的学习行为的方式是：（1）替代性地观察别人的言行；（2）直接地重复和练习某些行为。在直接学习的时候，新行为需要经历一个不断检验和尝试的过程，直至学会为止。

通过听说的方式来学习新行为，常常是不准确的，会产生很多的误解。因此，学习行为的最好的方式就是，让人们在一旁观察，准确地操作，并在某些角色扮演的情境中进行练习。

很多工作者喜欢让小组花很多时间来讨论应该怎样做，而不愿意让组员来练习新行为，这可能是因为角色扮演情境具有做作性质，以及一些组员对角色扮演存在抵制。通过观察榜样的方式来学习，与讨论如何学习新行为相比，要更加有效。这说明，在小组中，工作者应该更多地运用示范和角色扮演技术，从而协助组员学习和改进人际行为。例如，辩证行为疗法就是把关注基本和高级的人际效能技能训练作为其重要组成部分，而角色扮演可以有效提高这个部分的成效。

（七）通过观察榜样来学习

311

有几个因素会影响通过观察他人来学习新行为的程度（Bandura，1977）。工作者需要理解观察学习的过程，从而运用示范技术来协助组员解决人际问题，学习新的人际交往技巧。

图 10.1 展示了观察学习的主要要素，示范行为的表现取决于下列因素：

- 观察者的关注程度和意识水平。
- 观察者能够将观察到的内容保持下来的程度。
- 观察者练习观察到的行为的能力。
- 观察者继续实践新行为的动机水平。

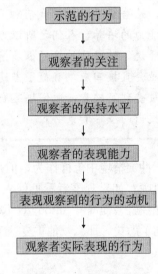

图 10.1 观察学习的过程

组员对示范行为的关注是一个非常重要的问题，因为，尽管人们有时会在无意识中学习新行为，但人们的关注力是有选择性的，取决于他们观察的重点是什么。因此，工作者可以协助组员关注观察到的示范行为，特别提醒大家关注示范行为的某些方面。例如，组员正在学习如何更加果断地表达自己的思想，工作者就可以要求大家关注正在示范的组员的面部表情、身体姿势和音调。示范行为的吸引力也会加强关注的过程。

组员的关注也会因为榜样的吸引力而增强。例如，邀请在小组中倍受大家重视的组员来示范新行为，就会比请一位默默无闻的组员来进行示范的效果好。组员还比较喜欢那些与自己较为相近的组员来示范新行为。因此，工作者在挑选组员出来示范新行为时，应尽量匹配示范者的性格特征。因此，将那些成功完成了小组治疗过程的组员请到小组中，为

312

其他组员树立一个榜样，是非常有效的方式，因为他们可以谈论自己在整个小组过程中遇到的各种障碍，以及自己是如何在小组中不断收获成长的。

保持观察到的行为也是观察学习的一个重要步骤。工作者除了能够在组员的记忆中培养一些容易回忆的形象性的内容，还需要给组员解释他们在做出新行为时，需要经历怎样的公开的和隐蔽的过程，这样也能帮助他们更好地记忆。详细的解释会帮助组员构建认知结构，也就是建构概念性形象。下面的例子就表明，解释一般性原则，能够提供一个框架，组员可以利用这些框架来应对未来的不同情境。

案例　学习新行为

在示范果断行为时，工作者要协助组员理解内在的独白和对话可以帮助人们做出果断性的回应。例如，工作者解释说，她告诉自己："我有权利告诉这个人……"她解释说，这样的自言自语能够促进对果断能力的培养，人们之所以无法做到果断表达，就是因为缺乏这样的自言自语。工作者还解释说，她记住的应对很多情境的一般性原则就是需要做出果断的回应。她解释说，例如，她会直接回应，直截了当地说明自己的需要和观点，明确提出自己的想法和要求。小组组员受到了鼓舞，他们描述自己希望能够果断表达自己的情境，开始练习组员根据各自经历提出的技术和策略。

虽然组员们可能想知道在人际冲突情境中怎样作为，但是这样做的动机可能不够强。那么，哪些因素可以提升人们的动机呢？如果观察者看见他人因做出某种行为而得到了奖赏，那么，观察者重复这个行为的可能性就会提高（Antony & Roemer, 2011；Kazdin, 2013），同样，观察者如果看见某个行为受到了惩罚，那么，他重复这个行为的概率就会降低。

通过角色扮演来学习

在现实生活中，新的行为只有在经过反复练习之后，才有可能表现出来。确保组员能够正确做出某个行为的最佳方法是让组员在小组中不断练习，并听取他人对自己新行为表现的反馈。将组员的行为录像可以提供非常有用的反馈。与不同的组员多次练习新的行为，并在组外请组员与朋友或伙伴一起练习，有助于巩固新学习到的行为，克服恐惧，并使新的行为感觉更加主动和自然。

干预

行为：批判性地选择和实施干预，以实现实务目标，提升案主和支持者的能力。

批判性思考问题：角色扮演可以协助组员学习新行为。在一个愤怒管理小组中，工作者如何在中期运用角色扮演？

角色扮演是评估和行为改变的重要工具。如表10.1所示，角色扮演技术给组员在组内提供了一个计划，以便获得行为纠正性反馈，在小组保护环境中不断改善行为，提高组员对其人际交往技能的认识和理解，并最终带来行为变化。

表 10.1 非结构化角色扮演程序的运用

程序	意识和理解	行为改变
A. 初级角色扮演程序		
1. 自己角色	演示和澄清组员的行为、他们在人际交往中的角色、自己的担心和问题 协助组员对自己的感受、想法和行为的顿悟 发现情境性暗示以做出不同的回应 发现组员的问题和担心	让组员练习新行为 减少组员表现焦虑 协助组员应对障碍和阻力
2. 角色转换	鼓励对其他组员表演的角色表达共感 提高组员对其他人的认知和情感层面的意识 对组员自己的行为的背景进行客观化和澄清	鼓励即时行为和参与 协助调整组员对他人的期望 协助组员改变行为 改进共感表达技术
3. 即兴剧、独角戏和空椅子	与自己角色和角色转换程序类似 与角色转换或自己角色程序相比，能够明确和澄清组员收集的深层感受 提高组员对自我对话的意识能力	与自己角色和角色转换程序类似 协助学习使用自我对话技术 与角色转换或自己角色程序相比，能够促进更加深层、更加复杂的改变
4. 雕塑和舞蹈（行动社会关系网图）	鼓励组员意识到并讨论自己的行为和小组互动模式	促进组员态度、行为和互动模式的改变
B. 补充性角色扮演程序		
1. 现场访谈	发现和明确组员在扮演某个角色时的感受和想法 将一个角色中的思想、感受和行为联系起来	提供自我意识和自言自语的练习
2. 独白	与现场访谈程序类似，但结构性弱一点	与现场访谈程序类似
3. 替身	协助组员用语言来表达自己的想法、感受和行为 与现场访谈程序类似 发现新的行为	与现场访谈程序类似 对组员自己的想法、感受和行为提供支持和许可 协助组员表达感受 提高组员运用感受作为暗示、作为某种回应的能力 允许组员练习自己表达的技术

续表

程序	意识和理解	行为改变
B. 补充性角色扮演程序		
4. 镜子	提高组员对自己行为后果的认识 促进自我对质	让组员有机会来练习新行为 在学习新行为时，提供反馈和强化 协助学习自我袒露技术
5. 分享	将组员的经验普遍化 示范自我袒露	对组员的经验和能力提供支持和进行核实

角色扮演的技术可以是结构化的、半结构化的或非结构化的。结构化的程序采用的是预写设定的脚本或者是小组组长确定的小片段，组员扮演的规定性角色，都是组长认为重要的角色。例如，在一个社交技能小组中，可以要求自闭症儿童表演如何跟人友好地打招呼问候，以及如何向老师求助。工作者会采用那些循证的、经过现场测试的课程，这些课程会清楚地描述如何示范相关的社交技能。

半结构化的角色扮演给工作者和组员提供了自发展现的机会。例如，在心理剧中，首先就有一个热身游戏，接着才是表演，然后才能结束（Duffy，2008；McHenry & McHenry，2015）。在这个结构中，组员和组长就有很大的空间来规划表演的内容。一些心理剧技术，例如"魔术商店"，就同时具备了结构性和自发性的特点（Verhofstadt-Deneve，2000）。"魔术商店"的基本结构是，那些自愿参与的组员必须购买那些他们认为自己缺乏的心理特质。虽然组员购买的那些心理特质，以及他们购买这些特质所付出的代价，都是参与表演的组员身上所特有的，但全体组员通过参与讨论表演的组员所做出的选择，会受益匪浅。

表10.1是非结构化的角色扮演程序，这些程序都是发展性的、开放式的，允许自发展现，可以加入学习和问题解决性质的内容。非结构化的角色扮演程序还可以分成初级和次级程序。初级角色扮演程序可以单独用来实现某些特定的目标，次级程序可以与初级程序配合使用，以延伸活动的结果，扩大活动的领域（Duffy，2008；Blatner，1996；McHenry & McHenry，2015）。

初级角色扮演程序

自己角色。 在自己角色程序中，组员运用自己的经历来扮演主角。其他的角色由工作者或者其他小组组员来担任，他们可以扮演人物、感受状态、思想或者物品。这种自己角色程序特别适合于展现组员的人际关系技巧，因为它能使工作者和其他组员清楚地了解主角是如何在特定的情境中行事的。自己角色程序还可以帮助组员练习新行为。此外，还有一些辅助性程序，例如独白、现场访谈、替身等，都可以用来提高组员在扮演主角的同时对自己行为的认识。

角色转换。 在角色转换中，组员以他人的身份来扮演主角。例如，由丈夫来扮演妻子的角色。这个方法使得组员有机会从他人的角度来感受不同的情境。角色转换对于培养共情是非常有用的，它也可以与独白和替身配合使用。它可以使组员真正认清不同角色的不同感受，提高组员的自我意识。它还可以增加组员在扮演主角时的自发性、灵活性和开放性。这个技术的其他表现形式包括替代性角色扮演（扮演一个象征性、替代性的角色）以及角色距离（扮演一个情感疏离的角色）等。

即兴剧、独角戏和空椅子。 还有一些方法，组员可以扮演各种角色，这就是人们常说的即兴剧、独角戏和空椅子（Blatner，1996）。这些不同的角色可反映组员看待自己或者看待他人的不同的方式。这个程序通常会运用一把或多把空椅子，每把椅子代表一种角色、一种类型或者一种个性特征。组员从一把椅子转到另一把椅子，他们扮演的角色也相应改变。坐在每把椅子上，组员都需要与其他椅子上的人进行对话，这些人则代表了该组员自我中的其他方面。

这个技术能够帮助组员了解自己在生活中扮演的各种不同角色，以及这些角色间的互相影响。它还可以协助组员评估自己的内心对话和自我对话，例如非理性的信念，以及对自我陈述的贬低。因此，这个程序能够有效地用来认知重构，从而协助组员练习自我陈述和自我指引，而这些则可以协助他们学习有效的问题解决技巧。自我角色和替身空椅子是这个程序的另一种叫法。

雕塑和舞蹈。 也叫行动社会关系网图，不同的雕塑和舞蹈技术就构成了心理剧和社会剧（Blatner，1996；Moreno，1946）。在这个技术中，组员作为主角需要用雕塑或者定位的方式，让自己和其他组员一起来再现自己生活情境中的象征性或真实的一幕。主角需要解释每个组员的角色，由工作者来导演具体的活动，这些活动可能会持续很长时间。

这种戏剧性表演用来展现组员生活中的深切感受和冲突，因此，工作者可以将此作为一个评估工具。这个技术的另一个优点就是，可以吸引全组组员全身心参与活动，参与深度的自我袒露，探讨大家关心的问题和议题。这个技术除了能够培养自我意识之外，还可以协助主角理解他人在自己个人生活中的重要性。尽管现在还没有足够的实证性证据表明这个技术的有效性，但是，有临床报告和经验表明，通过参与这种戏剧性表演，组员所产生的经验和不断提高的意识，都会引起组员的想法、感受、行为、态度和互动模式发生改变。

这个程序的心理剧方式，强调的是演员的内在心理状态。社会剧关注的是演员的社会和环境因素。要系统了解对这个程序的详细解释，请参见布拉特纳（Blatner，1996）的著作。

316

补充性角色扮演程序

现场访谈。 现场访谈需要中断角色扮演，然后访问一个或多个演员。工作者应该问一些具体的问题，针对表演中的某个片段，激发演员的思想和感受。这个程序可用来提升组员在表演过程中的认知、情感和行为。它能让组员进一步认清这些功能紊乱的自我贬低的陈述和自白。它还可以教育组员如何进行自我观察，提高自我意识。

独白。 独白指的是停止角色扮演，让演员谈谈自己此时此刻的感受和想法。与要求演员回答具体的封闭式的问题不同的是，独白中的问题常常是开放式的，鼓励演员用独白的方式来揭示自己内心的感受和想法。这个程序可以协助组员提高自我意识。

替身。 替身技术就是，让小组组员来表演主角的变化的自我，或者内心的声音。为了强调与主角的一致性，在替身中要求组员用第一人称表达，例如，要说："我认为……""我感到……"这个技术的变体是"分裂替身"和"多元替身"。在分裂替身中，变化的自我会代言主角的内在自我。而多元替身要求两个或更多的演员来表达主角的自我的不同方面。为了使替身所表达的推论、解释或替代性反应真实化，有时要求主角重复、接受或拒绝替身的陈述。

替身程序能发挥几个不同的功能。它可以让角色扮演更加戏剧化，产生更加深刻的体验。它能促进对主角行为的理解和自我意识。除了能够培养新的视角，它还允许主角承认自己被压抑的或者禁忌的想法和感受。这个程序常常与自己角色、空椅子和雕塑技术合并使用。

镜子。 镜子指的是组员对主角的表演进行模仿、回放。其他组员参与评判表演的准确性。这个方法可能会采用夸大的、放大的或者刻板印象化的方式，以强调主角行为中的某些方面。

这个方法可以被当成一种对质技术，协助主角获得对自己行为的认识。当不具备录影条件时，这个方法就是一个很好的替代录影回放的手段。这个方法如果能与示范、指导、即时反馈等技术一起使用，则可以有效地协助组员学习新的行为。同时，它还可以鼓励组员一同参与某个组员的生活情境，从而培养他们的共情和自我表达技巧。

317 　**分享。** 分享指的是在角色扮演结束时，小组成员向进行角色扮演的组员就他们的表演情况提供反馈。这个程序的目的就是向那些作为主角，冒险来呈现自己生活中最艰难的一段的组员，提供支持性的反馈。它还可以让组员分享自己对角色扮演的反应和感受。

（八）环境干预

环境干预可以协助组员调整或改变自己所处的社会心理和生理状态。环境干预包括：
● 将组员与具体的资源联结。

- 扩大组员的社会网络。
- 当组员表现出期望的行为时调整可能会出现的意外。
- 改变外在环境以协助组员实现目标。

（九）将组员与具体的资源联结

要将服务对象与具体的资源联结，工作者首先需要明确组员的需要，然后评估他们跟进和获取资源的能力和动机。对于那些动机极强、功能性正常的组员来讲，工作者则可以扮演中介人的角色，找到某个资源联络人，告诉组员在接触资源时可以得到什么。工作者需要在下一次小组活动时，核实组员是否获得了所需资源。

在某些治疗小组中，特别是对于那些有严重精神残疾的病人，或者患有脑部疾病的老年人，工作者可能需要采取更多的步骤，来确保组员可以获得自己需要的资源。例如，要给组员提供转介服务，就需要很多时间的准备，因为他们缺乏动机，或者很难发现自己的需要是什么，可能还需要与家庭成员或监护人接触，准备安排他们的转介事宜。此外，医疗上的残疾可能会限制或阻碍组员在没有外界帮助的条件下获取自己需要的资源。工作者需要安排他们的交通，可能要找一个帮手或一名志愿者来陪同他们前往转介机构。可能还需要教授组员一些技能，以获取自己需要的资源。例如，某位失业的组员在找工作之前，需要学习面试的技术、写简历的技巧。下面罗列了一些在协助残障组员转介之前需要经历的几个步骤。

- 为组员全面准备转介服务。回顾转介的原因，转介之后怎样为组员提供更好的帮助，以及怎样协助他们实现个人和小组目标。
- 如有必要，可邀请家庭成员和其他支持系统中的成员参加，共同决定转介，选择转介机构。
- 仔细考虑组员是否有能力接触和获得转介资源。
- 安排陪伴服务/交通或其他资源，以确保组员可以到达新的转介机构。
- 协助组员获得使用转介服务的技巧和支持系统。
- 检查确保组员已经到达转介机构，这个机构能够满足组员的需要。
- 协助家庭成员和组员的其他支持系统中的成员一起，来为组员进行倡导和中介，在维持和尊重组员有能力参与决策的前提下，协助组员获取需要的资源。

（十）扩大组员的社会网络

环境干预的另一个活动就是，协助那些被社会性隔离的组员获得自己需要的支持，从而扩大自己的社会网络（Forse & Degenne，1999）。扩大组员的社会网络的第一步就是分

318

319

干预
研究为本的实务

　　行为：运用批判性思维对定量和定性研究方法和研究结果进行分析。

　　批判性思考问题：在可能的情况下，小组都应该从事循证实践。小组工作者如何分析关于社会网络重要性的定性和定量研究，以了解应该如何帮助组员扩大他们的社会网络？

析组员目前的社会关系。图 10.2 是汤姆的社会网络，在一个给刚分居的人士开办的支持小组中，他是被社会性隔离的组员。这个图显示，汤姆只有两个活跃的社会关系。他的其他社会关系都很不活跃。他已经很久不参加垒球队的活动了；他很久没有见简和鲍勃了，他们都曾经是他的朋友；由于他的弟弟住在 1 000 英里①以外的城市，他们几乎很难见面。

　　把组员的社会网络图画在纸板上或者黑板上，可以鼓励组员积极讨论如何扩大自己的网络。下面这个案例就展现了这一点。

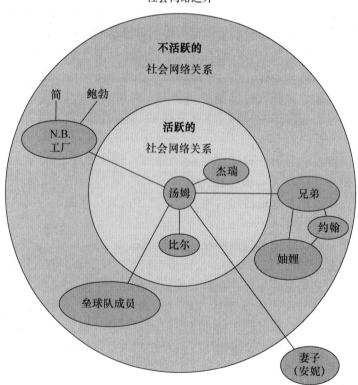

图 10.2　社会网络图

---

① 1 英里约合 1.6 千米。——译者注

案例　绘制组员的社会网络

在仔细分析了图 10.2 中的内容后，有几个组员建议，汤姆需要重建他婚后消失的网络关系。这样汤姆就重新回到了垒球队，恢复了与简和鲍勃的友谊。他们还鼓励汤姆参加单身父母小组，这是一个自助小组，为社区内很多社会、娱乐和教育活动提供资助。在后面几次小组活动中，汤姆不断地告诉大家自己交了几个新朋友；还有，自己通过参加该小组组织的晚餐会遇到了一位女士，现在开始与她约会了。他还说，自己开始与垒球队队友交上朋友了，其中一人还邀请他参加保龄球队。

分析某个组员的社会网络可以刺激其他组员考虑自己的网络。仔细分析图 10.2 可能会让组员明白，如果自己也扩大社会关系，自己也会受益。例如，在确定组员彼此都希望互相之间有更多的交往后，工作者就可以提出建议，大家彼此交换电话号码，然后在接下来的一周中，给某个人打个电话。通过安排一次在组员家中的聚会，并支持组员关于小组活动结束后大家可以交往的建议，工作者鼓励组员组成彼此间的支持小组。随着组员可以定期聚会，很显然，大家会发现，照顾孩子的责任会限制组员社会化的能力。因此，有孩子的组员就会决定在孩子照顾这个问题上，大家可以互相帮助，这样大家才有时间参与社交活动。这样，通过工作者的干预活动，小组的互助特征以及组员的社会网络就相应扩大了。

还有一个策略可以协助组员扩大自己的社会网络，这就是在第一次小组活动时就问他们，是否愿意彼此交换电话号码和电子邮箱地址。如果组员都同意，而且小组两次活动之间组员的聚会不会影响小组的治疗效果的话，在第二次小组活动时，组员就可以彼此交换电话号码和电子邮箱地址。工作者还可以鼓励组员彼此交往联络，可以让组员选出一位组员负责此事，每周都给组员打电话或者发电子邮件。临床经验表明，要促进组员间的有效交往，有必要将组员配对，安排时间打电话，安排谁先打电话，等等。然后，在接下来的小组活动中，可以讨论大家的电话和邮件。

（十一）奖惩管理程序

只要组员能够在小组活动间隙维持所取得的进步，就有必要修改组员行为改变的奖惩措施，以确保他们的行为改变与治疗目标一致。这个程序有时就被称为"奖惩管理"，因为奖惩措施是根据某个行为表现而临时确定的，所以，要修改这些措施以提高或降低某个行为在未来重复的概率（Antony & Roemer, 2001；Kazdin, 2013；Sheldon, 2011）。

可以提高某个行为未来发生概率的措施被称为强化物，传统的正强化物包括社会性奖励，例如口头表扬，以及非言语行为（如微笑、拍拍背或点头表示认可）。正强化物还包括物质性奖励，如金钱和食物等。

负强化物也会刺激某些行为。但与通过奖励来增加行为的正强化物不同的是，负强化物通过给予某人关注或对其他不当行为的奖励来增加其行为出现的概率。为了减少不必要的行为，工作者可以忽略这些行为，也可以实施某种制裁或惩罚。通常情况下，不当的行为如果被忽视或不得到强化，就会自行消失。当有问题的组员想要引起他人对自己不当行为的注意时，这种方法就能产生效果。然而，如果不当的行为是自我强化的，它就不会起作用。因此，工作者可能需要采取制裁行动。工作者可以采用非社会赞许标准或拒绝提供奖励的方式来判断组员的行为是不是不受欢迎的行为。例如，严重精神疾病住院病人小组中的一位组员如果违背了小组有关保密的规则，就可能会被剥夺去看夜间电影的特权。工作者需要重视正强化物的运用，因为组员希望获得某些东西，而不愿意失去某些东西，因为这样会给他们带来严重的副作用，例如不满情绪。除了引起愤怒和怨恨之外，采取某些制裁方式，比如取消夜间看电影的权利，并不能解决问题（例如，为什么会发生违反保密原则的情况），并且它们不会强化那些未来可以避免泄密的行为。

一般来讲，工作者需要鼓励使用正强化物，少用负强化物和惩罚措施。通常我们会奖励自己期望发生的行为，忽视不期望的行为。尽管在合适的时候需要使用正强化物，但是在某些情况下，也需要采取惩罚措施来制止组员违背小组规则的行为。例如一个儿童小组的组员们共同决定，那些在小组活动中迟到的人，要在茶歇之后负责收拾干净。

工作者不能单方面地将惩罚程序强加给组员。全体组员需要制定政策，说明在何种情形下采用什么样的惩罚（社会性否定或开除出小组）。小组一致决定的政策需要大家共同执行。此外，当组员实施自己确定的惩罚措施时，就可以避免原有惩罚程序的一些副作用，这就是所谓的"响应成本"。

工作者需要协助小组制定现实可行的规则，不能限制性太大。有时，组员会提出不现实的、严厉的规则来约束组员的行为。威廉·戈尔丁的小说《蝇王》就是一个很好的例子，可以说明小组是如何提出过分严厉的规则来约束组员的。例如，在儿童小组中，组员们常常会制定出过于严格的小组规则。例如，在某个小组中，组员一致认为，如果有人偷笑，一旦被发现就要被撵出小组。在这种情况下，工作者需要出面进行干预，协助组员制定出略微宽松的规则，来处罚违规行为。

321　　在采用奖惩管理程序时，工作者需要首先帮助组员明确自己做出正确或错误行为时应该得到什么奖励或惩罚。奖惩的确定是通过对某个行为所产生的后果的监控来进行的。如果整个奖惩管理并没有鼓励正面行为、降低负面行为的话，那么，工作者就需要协助组员对这个程序进行修订。有时，组员能够处理好何时给自己奖励。例如，可以鼓励组员对自己的某个正面行为进行奖励，如让自己外出吃一顿，或者给自己买一件漂亮衣服等。这样的自我强化手段能够有效地协助组员控制自己的行为，并逐渐建立自信（Neacsiu，Bohus，&

Linehan，2014）。某些行为还可以做到自我强化，通过他人认可、自信心的建立等方式，可以将改变的行为保留下来。

还有一个方法也非常有效，这就是邀请其他组员或者某个组员周围的重要人物，一起来修订对某个组员的正面或负面行为的奖惩。亲朋好友都可以一起来为组员的改变提供一个支持性的环境，从而协助组员实现自己的治疗目标。例如，妻子或者丈夫赞美对方的明显改变，父母亲表扬女儿协助自己的弟弟做家庭作业。

为了明确什么样的行为需要强化，可以制定一个口头的或者书面的奖惩协议。下面罗列了一些需要在协议中提及的要点。

- 应该做出什么行为？
- 谁来做出这些行为？
- 怎样强化这些行为？
- 谁来负责强化这些行为？

例如，有位青少年小组的组员的父亲表示，如果他的儿子持续两个星期在学校没有不良表现，就会带他去钓鱼。虽然一般认为书面的奖惩协议对某个具体的人来讲比较严厉或者过于正式，但是，这样的协议在后期出现争议时（如同意某人进入小组或者是将其开除出小组）还是会起到重要的作用，能够清楚地说明在什么情况下要进行奖惩。这些具体的措施需要清楚地列出来。

如上所述，组员也可以按照奖惩协议来自我管理。这样的协议可以在组员和其重要人物之间签订，也可以在两个组员之间签订，还可以在全体组员与工作者之间签订。协议可以是双向的，也就是说，签署双方可以互相进行奖惩。双向协议对那些夫妻共同参加小组的人特别有效，因为夫妻能够互相强化各自的正面行为。基于奖惩管理程序，工作者通过改变外在环境，促使组员做出某些正面行为，从而可以协助组员表现出正面的行为。更多的情况是，工作者虽然会有效干预小组，以协助组员实现自己的既定目标，但是很少关注组员在组外是否会使用组内学习到的新行为。奖惩协议就是一种很好的方式，可以将组员的行为延伸到小组之外的环境中。约斯特及其同事（Yost et al.，1985）详细描述了奖惩管理程序怎样协助抑郁小组的组员积极参与娱乐活动，从而降低自己的抑郁水平。马泰尔、迪米吉安和莱文森（Martell, Dimidjian, & Lewinshon, 2010）描述了如何利用令人开心的事件来增加活动的内容。行为激活是几种抑郁症循证干预方法之一（综述见 Dimidjian, Martell, Herman-Dunn, & Hubley, 2014；Forsman, Nordmyr, & Wahlbeck, 2011；Mazzucchelli, Kane, & Rees, 2009）。问题解决疗法是另一种循证干预，它通过增加积极的解决问题的态度和技能，包括使用愉快的活动，来减少压力和异常状态（Bell & D'Zurilla, 2009；Nezu, Nezu, & D'Zurilla, 2010）。

某些人会对奖惩协议产生反感，因为他们认为这些协议具有很强的控制性、人为性，过分强调外因，而不是内因。我们应当记住，奖惩协议是双方自愿签订的、明确的协议。

在制定这样的协议时，不能包含强制性的、剥削性的、操纵性的内容。的确，奖惩协议明确规定了一些人为的奖惩规定，但是这些内容在设计的时候，需要仔细考虑，确保会产生一些自然的结果，从而可以将组员的积极行为长期保留下来。例如，在上面谈到的案例中，尽管父亲不能在儿子在校两周表现很好的情况下，每次都能带他去钓鱼，但是，可以见到的结果就是，一旦儿子在学校表现好了，他就不会再听到老师、校长和同学对自己的负面评价，这样，他就不再厌学了。因此，人为的奖惩安排就会被自然出现的结果取代，例如教师的表扬和优秀的成绩单等。这样，外在的奖励就会被内在的奖励取代，例如感到自己有能力学好和自信等。

（十二）改变外在环境

协助组员改变外在环境，是环境干预的一个重要内容。尽管人们通常不太关注外在环境的影响，但人的外在环境确实会对组员的经历产生重要的影响。环境因素会鼓励或阻碍组员实现自己的治疗目标。例如，减肥小组的组员发现，如果自己的冰箱里面塞满了增肥食品，减肥就会变得非常困难，而当冰箱里面装满了减肥食品时，就有利于减肥。同样，即将出院的住院病人心理治疗小组的组员发现，要在医院学习独立生活技巧是非常困难的，因为这里既不允许做饭、洗衣服，也不能购物。

在条件允许的情况下，工作者应该帮助组员改变自己所处的外在环境，以推动目标的实现。一般来讲，外在环境应该给组员提供机会来练习在小组中学习到的技巧。例如，要学习独立生活能力，组员就应该有机会在自己生活的机构中充分练习这些技巧。外部环境应该减少那些会阻碍组员实现自己目标的障碍。例如，要戒酒的组员应该将家中的酒全部清理出去。

环境干预应该具有超前性和回应性，也就是说，除了要确保环境不产生副作用，工作者还需要协助组员改变自己的环境，使得它们能够推动期望的行为出现。要减肥的组员需要在自己的冰箱上贴一个食物卡路里含量表，以帮助他计划自己的饮食。育儿小组的组员可能会在自己孩子的房间放一个检测表。每次孩子表现很好的时候，妈妈就会在他的表上加上一个金色的五角星。当获得了一定数量的金五星后，他就可以去一次动物园或跟爸爸妈妈额外外出游玩。在上述案例中，对环境的改变，直接刺激了组员朝着目标前进。

在院舍机构中，环境改变可以包括对整个区域的重建。例如，图腾、琼斯、谢弗和斯皮策（Tuten，Jones，Schaeffer，& Spitzer，2012）描述了一种治疗药物滥用的综合行为方法，斯温松、惠特霍尔特和博胡思（Swenson，Witterholt，& Bohus，2007）描述了如何在精神病院使用辩证行为疗法。

二、干预整个小组

工作者一旦发现只有改变整个小组过程才能协助组员实现自己的目标，就要将整个小组当成干预的重点。这样，小组就成了治疗的手段和环境。在第三章中，我们讨论过，一个小组要有效，需要关注四个方面：（1）沟通和互动模式；（2）凝聚力；（3）社会融合；（4）文化。工作者把整个小组当成干预重点时，就需要特别关注这几个方面。

由于大部分小组的动力关系是在小组中期之前建立的，工作者在这个阶段的任务就是改变那些影响小组发展的动力关系。有经验的工作者会发现，小组的动力关系会对小组是否会出现积极的效果产生重大影响，这一点得到了很多文献资料的证明（例如，参见 Barlow，2013；Barlow，Rapee，& Perini，2014；Burlingame，2010；Burlingame，Strauss，& Joyce，2013；Burlingame，Whitcomb，& Woodland，2014；Forsyth，2014）。

（一）改变沟通和互动模式

工作者可以通过干预来改变治疗小组中的沟通和互动模式，包括频率、持续时间、分布和内容。在小组中，某个组员的沟通内容是非常重要的，因为如果组员在小组过程中始终保持沉默，那么就很难评估和治疗该组员。如果他们想得到治疗，就必须积极参与。

舒尔曼（Shulman，2016）指出，沉默寡言的组员通常会担心是否有人会就自己的沉默而发难。因此，如果可以用这样的表达而不是指责他们没有积极发言来鼓励沉默的组员开口说话，那可能就会事半功倍："你怎样看某某某说的内容？""你在这个方面很有经验，你是怎样看的？"

还有一个方法能提高组员参与度，这就是当他们积极参与小组讨论时，需要特别提出表扬。可以采用一些积极的评论，例如"这一点非常重要"，或"我认为你理解了某某某说的话"。这样的表达可以让沉默寡言的组员意识到，自己对小组的贡献得到了认可。有研究表明，积极的强化手段可以有效地促进组员积极参与小组活动（Rose，1989）。还可以让组员带领小组就某个议题进行讨论，专心听每个组员发言，然后对某个议题进行总结和点评等，这样沉默寡言的组员就不会觉得自己被排斥在外。

工作者可能还希望对组员在小组中的沟通持续时间进行干预。这对那些主导了小组讨论的健谈的组员特别重要。有时候，只要指出小组中其他组员也需要时间发言，就足以限制这些健谈组员的发言。另外，在奖惩协议中，还应特别指出，当组员的发言超出某个时间限度之后，就要加以制止。还有一个方法就是，当某个组员发言超过一段时间后，就打断其发言，然后用身体语言来提醒他们发言超时了。

工作者可能还需要改变小组的沟通和互动分布。理想的情况是，每个组员都应该有机会参与小组讨论。尽管某些组员可能在对某个特定问题的讨论中，比其他组员更加积极，但是，在小组每次活动中，小组发言的机会还是应该有一个基本公平的分布。工作者要防止出现这样的情况，即自己主导了小组的讨论，组员只是回应组长的观点，而没有机会对其他组员的观点进行评论。当次小组的成员只跟自己小组的人进行互动，而不与其他组员交往时，工作者可能也要进行干预。在努力改变组员沟通频率和时间长度时，最有效的干预方法包括暗示组员并协助他们意识到自己的沟通方式不太恰当，同时辅以积极强化手段，以帮助他们改变这些模式。

小组中组员发言时发出的信息和组员聆听时接收到的信息，对于组员间的沟通也是非常重要的。工作者需要特别关注小组中的任务导向和信息沟通的基调。如果这些信息都与小组的任务完成无关，而且都很负面，这时工作者就要出面进行干预了。当然，有些小组讨论的内容未必与小组任务有关。开玩笑、讲笑话、讲有趣的故事等，可以活跃小组气氛，组员也需要这种活跃气氛的润滑剂。但是，如果与任务不相关的讨论占用太多时间就不合适了。组员参加治疗小组是要达到某个目标的，把时间过多地花在不相干的讨论上，会影响他们实现自己的目标，也可能会造成他们对小组的不满。

通常只要在小组开始阶段重申小组目标，提醒小组要讨论正题，要求小组就小组日常内容进行讨论就可以了。在某些情况下，这种提醒和要求的方法未必奏效。小组讨论时离题可能是对工作者权威的检验和挑战，或者是组员对小组日常的安排不满的一种表达方式，还有一种可能是组员害怕或担心讨论某个特定的话题。在这种情况下，有效的方法就是，工作者指出关于小组组员离题的个人假设。通过组员的共同讨论和反馈，工作者可以协助组员决定怎样才能重新回到小组议题上来。这个过程可以让组员明白，他们在回避一个必须讨论的话题。但是有的时候，可能还需要工作者改变自己的工作风格或者调整小组日程安排。

工作者还要关注小组中信息传递时的基调。如果小组中不断地出现压制性的、负面的、毫无意义的评论，极少提供支持性的、积极的或强化性的回应，小组对组员可能就会变得毫无吸引力。要改变小组中沟通传递的信息的基调，工作者需要以身作则，在必要的时候，向组员提供积极的支持性的回应。工作者还可以通过忽视或者建议组员在提出负面建议的同时也要提出积极建议，来表示自己对负面信息的不赞同的态度。还有一种有效的方式，就是给组员布置练习，让他们彼此之间提供积极的反馈。例如，工作者可以说："我注意到我们在角色扮演中，对表演不好的组员提出了很多评论。在下一次角色扮演中，我们要求每个组员要对表演好的组员至少提出一个好的地方。"

（二）改变小组对组员的吸引力

在小组工作研究文献中，人们有这样一个共识，即凝聚力和人际吸引力会对小组功能发挥产生重要影响（参见第三章）。小组凝聚力建立在一个温暖的、关爱性的、共情性的小组环境基础之上。工作者可以通过认真倾听、将组员的经历真实化、充分肯定他们过去为解决自己面临的问题而付出的努力，来培养这种环境（Norcross，2011）。通过示范自己对每个组员的真正的关心和兴趣，工作者可以鼓励组员表达各自的需要，并积极参与支持性的、互助式的互动。

工作者还可以通过感谢组员间彼此支持，赞扬组员积极地、建设性地参与小组活动，来促进和提高小组的凝聚力和人际吸引力。因此，除了示范自己对每个组员的真正关心和兴趣，工作者还需要采取积极的立场，来引导小组不断提高凝聚力和组员间的亲密感。恰当的自我袒露和新发现，能够强化小组经验，并赋予这些经验以持久性的意义。同样，还可以采用温和的、关爱性的对质，来鼓励组员不断发现自己的优势，并意识到自己过去忽视的可能性和选择。

对小组环境的安排也能促进小组凝聚力的建设。小组的规模相对小一点，就比较容易建立凝聚力，这样小组中就可以有更多的平均分布的互动。在规模小的小组中，互动会更多一点，组员会深切地感受到自己的想法得到了更多的关注；在规模大的小组中，沟通的分布就会不太均衡，那些无法进入决策圈子的组员，会感到自己的想法和建议没有得到足够的关注。要让小组更加具有吸引力，就有必要重建小组的沟通模式。

要提高小组的吸引力，需要提高小组的舒适度。休息的时候可以提供一些甜点，比如咖啡和甜面包圈；茶歇时的交流，能够减少小组讨论焦点问题时的排他性，还可以使组员能够以普通人而不是当事人的身份，彼此认识并交往。此外，对于某些组员来讲，小点心和饮料可能会鼓励组员积极参与小组，特别是对孩子和住院病人来讲，更加具有吸引力，因为在平时，他们吃点心是受限制的。

还有一些方法能够提高小组的吸引力，包括进行奖励（例如积极参与小组活动的话，就被允许周末外出一次），安排有趣的活动和郊游，鼓励组员选择小组讨论的主题，以及确保组员会继续朝着各自的目标不断前进。

随着小组的凝聚力不断提高，有些组员可能担心自己会对小组过分依赖。工作者应该鼓励组员讲出自己的感受，并指出，当小组的凝聚力和组员间的亲密感产生后，出现这种感受是非常常见的。挑明小组可以提供的帮助和安全感，以及认可组员为保持其自主性和独立行事能力所做的努力，都有助于消除组员的担忧。

担心自己会过分依赖小组，可能跟组员建立亲密关系的能力不足有关。亲密意味着脆弱。当组员揭示了自己的隐私、从未向他人提及的情感问题时，他们实际上就是向小组展示自己的弱点。组员可能也曾向自己亲密的人谈起过自己的情感问题，而这种经历是令他们非常不满意的。这样，组员很自然就会对在小组中与人分享自己的内心世界感到不安和矛盾。这时，工作者应该指出，全体组员都应该以敏感性的、关爱的方式来回应其他组员的分享，这样就可以鼓励组员自我袒露隐私问题。工作者还要向组员讲清楚的一点是，他们会制止任何批评性的评论，鼓励支持性和关爱性的互动，以保护组员不受到伤害。下面的案例就展现了这一点。

案例　支持组员的自我袒露

在由新近丧偶者组成的支持性小组中，有位过去不太发言的组员打破了沉默，开始发言。她说，她觉得自己的经历与其他组员的情况不太相同。另一位组员就问，这是什么意思。这位女组员说，她跟其他组员不同的是，"丈夫去世让她感到解放了，她一点也不想念他"。有位男组员当即跳起来，说这样说话实在太恐怖了。工作者立即感到，这样的表达可能会阻碍组员进一步袒露自己的经历。于是，他便请这名男组员不要着急下结论，先听这名女组员把话说完。接着，这名女组员说，这是自己的第二次婚姻，她跟第二任丈夫的关系一直不好，她常常受到丈夫的语言虐待。特别是在他得病期间，他"简直难以相处"。她还提到，丈夫得的是喉癌，"没人能熬过那种痛苦，他也无法忍受"。工作者问其他组员是否有类似的经历。有位妇女说，她的丈夫死于老年痴呆并发症，得病很多年，他完全"不知道自己是谁"。她说，当他去世时，她的确感到是一种解脱，但是，要这样说，还是感到有点内疚。她很感激前面那位女组员袒露了自己的感受，因为这样才使得自己有机会说出自己的真实感受。那位跳起来回应的男组员立即回应，承认自己说错了，还说，如果她的丈夫悲惨之至，那么，"上帝决定带他走"也许就是一件好事。其他组员也参与进来一起讨论在配偶去世前，自己是多么艰难地照顾他们的。例如，有一位组员在第一位自我袒露的组员的情绪的影响下，回想起自己的不满情绪。她说："当时要不发脾气是很难的，我常常会发脾气，到现在我还很后悔，以后还会后悔的。"

有的时候，工作者可能不希望提高小组的凝聚力。例如，在某些产生了抵制治疗规则的小组中，就不能提高小组的凝聚力。费尔德曼、卡普林格和沃达斯基（Feldman, Caplinger, & Wodarski, 1983）的经典研究表明，在由具有反社会倾向的男孩组成的小组中，组员之间的人际互动，会与小组的治疗结果呈负相关。在这样的小组中，凝聚力很显然会带来朋辈压力，从而产生治疗小组的抵制。因此，小组治疗的结果是强化反社会行为而不是减少。防止青少年加入帮派是另一个与小组实务工作非常相关的例子（例如，参见Berlatsky，2015；Howell & Griffiths，2016）。

（三）有效运用社会融合机制

社会融合出现时能够提高小组整体的功能性，而一旦缺乏社会融合就会导致小组的移位。社会融合是通过规则、角色和地位等级等手段来实现的。这些小组的动力因素既可以被当成是社会控制的手段，也可被当作加强小组成员在小组中的融合和小组凝聚力的方式。没有社会控制，小组互动会变得无序、不可预测，这样小组很快就会丧失功能。但是，在社会控制过强的小组中，组员会感到受到压制和压迫。他们会反抗这样的压迫，或者是拒绝参加以后的小组活动。这样，组员不但不会感到融合，而且会感到自己被贬低，缺乏对小组的忠诚。

尊重和欣赏组员的工作者会鼓励遵循规则、角色和地位等级，从而培养组员间的人际融合，使之融入小组生活。工作者身上的某些个人特征，例如共情和温暖、幽默感、敏感性、洞察力、面对困难境地能够保持冷静，有集体意识和专业态度，都能鼓励组员以自己为榜样，接受自己的领导。同样，专业知识、根据自身和专业经验积累的智慧，都可以协助工作者建立自己的专业能力。能干的工作者应该是自信的，同时也应该勇于承认错误。他们在带领小组的时候依靠的是实例，而不是通过社会惩罚或者试图控制、主导或者操纵小组的方式。他们会对组员的变异行为采取视而不见而不是惩罚的方式。他们更愿意赞扬组员对小组的积极贡献，积极创建一种气氛让组员彼此支持和鼓励。这些都是我们在第四章中讨论过的一个杰出的小组领导者所具备的特质。

在治疗小组的中期，有效的工作者会协助小组发展规范和地位等级，以整合组员的活动来实现小组目标。规范性融合（组员接受小组规范）和功能性融合（组员各司其职，为小组的目标而努力工作）都能积极促进小组有益结果的出现（Forsyth，2014）。要协助组员积极地从规范和功能的角度融合到小组中，可以采取的一个步骤就是防止一个或几个组员主导小组活动，拥有更多的社会权力，而不将这些权力用来促进治疗结果的出现。费尔德曼、卡普林格和沃达斯基（Feldman，Caplinger，& Wodarski，1983）的经典研究表明，在反社会青少年小组中，那些具有社会主导性的组员常常会忽视或者颠覆治疗小组的规范，抵制符合社会规范的行为的出现。

在协助组员实现规范性融合时，工作者要协助组员坚持治疗规范，改变那些会阻碍小组目标实现的规范。例如，小组中，组员们制定了一个规则，要求组员彼此之间不能使用粗鲁语言，一旦某个组员开口骂人了，他就会被开除出小组，除非他改掉了这个习惯。

还有一些情况是，工作者需要鼓励和保护那些与治疗性的小组规范不符的组员。例如，一个夫妇小组中的某个组员开始描述夫妻性关系中的问题，这个问题之前在小组中一直都没人提起过，工作者要支持和鼓励这名组员。在另一个小组中，工作者要鼓励组员去讨论小组中某个被当成替罪羊的组员，他之前一直被其他组员嫌弃。

案例 "香蕉圣代"小组中，对寻找替罪羊的问题进行干预

　　在"香蕉圣代"支持性小组的中期，工作者注意到，小组中很多负面的关注和评论都集中在一个名叫比利的组员身上。在过去三次小组活动中，这种情况越来越多。工作者决定站出来干预一下。他先问大家是否注意到大家把很多注意力都放在了比利身上。两名组员站出来对比利的长相和行为发表了严厉的评论。这名工作者接着说，他认为对比利的负面评论对整个小组来说是一个问题。她肯定了小组的积极方面，包括大家决定互相帮助度过这一学年等事实，但同时指出对比利的负面评论如何干扰了小组这种积极的支持气氛。然后工作者问组员们是否愿意做一个实验。在得到组员们的积极回应后，工作者让所有人闭上眼睛，想一想如果他们处在"比利的位置"会有什么感觉。几分钟后，工作者鼓励组员们谈论他们在短暂的冥想过程中的想法和感受。一些组员说，自己为比利感到难过，当然，也有人说"他活该"。这位工作者继续鼓励组员们谈论把比利当成替罪羊这件事，以及它对整个小组的影响。当这个讨论结束后，工作者要求每个组员说一些他们希望看到比利改变的东西，同时也说一件他们注意到的关于他的好事情。工作者请比利考虑组员提出的反馈意见，然后组员们继续讨论他们对父母关系的情绪反应问题。这位工作者注意到，在小组活动的剩余时间和接下来的小组活动中，大家的替罪羊行为停止了。事实上，工作者观察到，在小组中和学校里，组员们似乎对比利很友好。她还要求与比利见面，简单地谈一下他对整个小组互动的感受，以及他觉得改变自己的人际交往方式的哪些方面，可能会帮助他更好地与同学相处。

329

　　工作者还应指导组员从功能的角度来融入小组。在第八章中我们提到过，某些组员会在小组中扮演一些非常态角色，例如小组的"小丑"或"孤独者"。这样工作者就有责任来协助这些组员重新建立一个新的、具有功能性的角色，或者协助小组来修改程序，为这些组员找到一个更加有意义的角色。例如，对"小丑"来讲，就要鼓励他或她承担一个更加具有功能性的角色，如对某个问题表达自己的感受和担忧等。

（四）改变小组文化

　　在治疗小组的中期，工作者需要关注的小组动力关系中的另一个方面就是从小组中产生出来的文化。这种文化是否可以协助小组实现自己的目标？如果不能的话，改变这种文化的一个方法，就是挑战组员共同认定的信念和想法。下面的案例就说明了这个过程。

案例 改变小组文化

在治疗施暴的父母小组中，小组文化的特点就是制止组员表达自己的深度情绪和感受，工作者希望能够改变这种小组文化。首先工作者指出，在小组聚会中，这些感受几乎没有机会被表达。然后，工作者邀请组员讨论自己看到的现象。有几名组员指出，他们担心的是，如果他们表达了这些感情，自己可能就会失控。工作者建议采用一系列的角色扮演，来协助组员逐步表达自己的感情和感受。在进行角色扮演过程中，组员逐步意识到，自己可以表达这样的情绪，并不会失控。随着小组的不断深入，组员开始承认，与其让这样的情绪不断积累，然后找到机会突然爆发，从而给自己和家人带来伤害，还不如在负面情绪形成之前就学会表达。接下来工作者跟小组一起来讨论紧张关系，以及它们是如何在体内堆积的。然后再讨论组员可以运用怎样的应对机制来处理压力，还有哪些应对措施可以采用。

工作者还可以采用另一个方法来改变小组文化，那就是指出这种文化的主要特点，以及这种文化会导致小组中出现哪些禁忌，他们不能涉及的内容是什么。然后，组员就会说，其实在过去的小组聚会中，他们还是想讨论一些禁忌问题的，但是，他们担心小组不会接受。于是，工作者就要鼓励这些组员就禁忌的话题表达自己的观点和感受。另外，工作者还可以运用角色扮演的技术来激励组员讨论先前被当成禁忌的话题。

第三个改变小组已有的文化的方式就是，工作者与组员签订一个奖惩协议。这个程序被运用到青少年小组中会比较成功。这种协议要清楚地说明，如果一个组员在五分之三的小组活动中，能够对袒露个人隐私问题的组员提供建设性和支持性的反馈，这个组员就可以得到奖励，比如去观看运动比赛或者去看一场电影。由此，这个协议就可以协助小组改变过去那种组员不敢表达个人情感问题的文化，建立一种积极支持和鼓励组员进行自我袒露的文化。

在儿童小组中，还可使用类似的程序。朋辈压力会形成一种氛围，一旦组员要参加角色扮演或其他小组活动，就会受到他人的嘲笑。工作者需要发展一种积分式的奖惩制度。在每次小组活动结束时，通过参加角色扮演就可积分，积分可以换取点心、游戏和小玩具。这种奖励刺激可以有效地鼓励儿童积极参加角色扮演的游戏，从中可以学习问题解决的技巧。

三、改变小组环境

有很多因素会影响工作者向小组组员提供服务，例如小组工作提供的物质资源、案主的类型、机构所认可的服务技术和意识形态等。小组服务还受到不同机构间的联系、社区对小组问题的态度，以及参加小组人员的担忧等因素的影响。在本节中，我们将就以下几个方面提出建议：

- 提高社会服务机构对小组服务的支持。
- 发展跨机构网络联系。
- 提升社区对小组服务可能要解决的问题的意识水平。

（一）提高社会服务机构对小组服务的支持

> **政策实践**
>
> 行为：评估社会福利和经济政策如何影响社会服务的提供和获取。
>
> 批判性思考问题：社会服务机构的政策对于开展和维持小组工作服务很重要。小组如何对资助机构的决策过程施加影响？

在争取提高社会服务机构对自己小组的支持之前，工作者应该全面了解自己的机构。与人群一样，机构也会有自己独特的历史，从而会影响自己的成长和发展。因此，有必要回顾一下该机构的发展历史，了解机构随着时间的推移而发生的改变和创新之处。这个过程能够帮助工作者理解机构开展服务的理念，了解机构对什么样的问题感兴趣，以及过去的服务计划是怎样被纳入机构的制度中的。对机构进行历史性的回顾能帮助工作者避免提供一个在过去曾经被机构取消的服务计划，因为它不符合机构的理念。

这样做还能够帮助工作者理解机构的长远发展目标，理解机构的管理者会支持什么样的服务计划（Breshears & Volker, 2013；Tropman, 2014）。

在鼓励机构支持自己的服务计划之前，工作者还需要全面了解机构发展的目前需要和长远计划。要提出一个小组计划，必须与机构的目前需要和长远发展计划相匹配，这样机构的管理者和理事会成员才会批准通过。这样的计划要特别强调小组工作服务计划的优势。例如，有必要清楚地说明，治疗小组与个人治疗服务相比，具有成本低的优势（参见第十四章中的成本-效益分析案例）。因为大多数机构希望自己的资源能够得到最大的利用，从而可以用最小的成本，服务尽可能多的人，从这一点看，小组服务可能会比个体服务显示出更大的优势。

任何设计完美的计划书都无法确保有关机构一定会支持该小组。工作者还需要知道如何在有关机构内部进行运作，以得到机构管理层的支持。工作者要清楚地知道有哪些机构性的因素，有助于我们预测计划书是否会遭到否决。这些因素包括：

- 计划书中提出的改变的程度。
- 负责审批计划书的官员的价值取向和决策风格。
- 机构实务工作者与决策者之间的管理距离。
- 机构目前的资金投入状况。

例如，工作者可以预见到，对机构服务进行根本改变的计划书，例如从个体治疗向小组治疗的转换，往往会被机构高层否决，而将中等规模的小组服务转换为针对某个特定人群的服务的计划书则比较容易得到高层的支持。

计划书的理念决定了它们是否会被否决。关心节约成本的管理者可能不太会同意需要增加投入的计划书，而会同意一个能减低投入的计划书。如果必要的话，工作者一定要在计划书中呈现多元的小组服务理念。例如，工作者可以引用很多研究结果来说明自己要开设的小组的类型，要提出小组期望的个人和小组的产出和结果是什么，要说明小组工作服务可以怎样降低机构的成本，提高服务的回报。

一份计划书需要经历的审批的层次越多，也就是说，一份计划书从初期提交到最后管理层同意经历的时间越久，它被否决的可能性就越大。如果小组工作者的计划书需要得到机构最高层的管理者批准的话，那么，工作者就必须得到自己顶头上司的支持，这样他们可以在计划书进入高层讨论时，替自己美言几句。即使得到自己的顶头上司的支持，计划书在进入高层后，可能也会需要修改。

如果工作者提交的计划书中包含的内容，颠覆或者否定了机构过去一贯支持的服务因素，那么，这个计划书也容易被否决。机构一般来讲不会放弃自己长期以来承诺的服务，而去支持那些例外的服务计划。

一旦工作者知道自己的计划书要被否决，这时他或她也需要获得一些支持，以帮助克服因此而产生的消极感受。瓦格纳和英格索尔（Wagner & Ingersoll，2013）在他们提出的小组动机性访谈技术中是这样建议的：在提案的制定中让有抵触情绪的同事参与进来。因为他们都参与了计划书的形成过程，在后期与管理层的谈判过程中，他们就会提供一定的支持和帮助。还有一点特别重要，这就是在计划书发展过程中，要请那些最后审批计划书的管理者和以后将执行计划书的人一同给计划书提意见。这样，计划书需要上上下下几次的修改，要充分听取不同人的批评和建议。在正式提交之前，计划书差不多已经经历了几轮不同层面的评审了，这样，相关人士已经对计划书关注的问题和优势有了很理性的认识。这些处理阻力的技术是由特朗普曼（Tropman，2014）和特罗特（Trotter，2015）提出的。

在评审计划书的每个阶段，工作者都必须提供足够的证据来证明小组的有效性。有个实用方法就是提供相关机构开办的类似的成功的小组计划信息。获得这样的信息的主要途径有：与政府和非政府服务机构的个人和专业联系、文献回顾、会议、名单查询、交换的杂志和类似的来源，以及互联网搜寻。

（二）发展跨机构网络联系

干预小组的环境，包括建立机构间的联系。跨机构联系的建立方式是，要发现并与其他机构的为同样人群服务的或者处理类似社会问题的工作人员建立关系。在初期的电话讨论后，还需要安排一次面对面的会谈。

干预

行为：运用跨专业合作，实现有益的实践结果。

批判性思考问题：服务提供者之间的合作会带来共同受益。工作者如何运用小组工作方法来联系服务提供者，加强合作？

建立机构间的联系会有几个好处。当某些机构知道其他机构可以提供某一类型的小组服务时，他们就可以转介当事人去接受服务。例如，如果一个社区机构的工作者知道，受虐服务庇护所给妇女提供支持服务，该工作者就可以转介那些不能在自己机构接受服务的妇女去那里。

机构网络还有助于发现某些特别服务。例如，在不同机构的工作者的例会上，来自家庭服务机构的工作者可能就会知道目前还没有专门治疗家庭暴力的施暴者的服务。经过仔细了解不同机构服务对象的需要之后，家庭服务机构可能就会建立一个小组服务计划。

跨机构网络还可以协助机构避免重复服务。网络可以阻止不同机构复制已有的服务，促进现有机构发展服务空白点，这样还可以避免机构间的竞争。积极参加跨机构联系的工作者还可以彼此之间就与某些特殊服务对象工作的经验和心得进行分享，可以向其他机构的小组工作同行们取经。这样，经验就会越来越丰富，同时还可以避免犯同样的错误。

跨机构网络还可以协助游说，提出新的小组服务计划。例如，在来自若干个社区机构的工作者的会议上，大家一致认为，有必要提供额外的服务，以协助那些失业的青少年避免走上犯罪道路。尽管单个的工作者都不能完成这个计划，但是，如果他们联合起来就可以给市政府施加压力，开始新的服务，以争取资助来聘请一个兼职的小组工作者在社区中心服务。

（三）提升社区意识

小组工作的服务是否可以开展，最终取决于地方社区居民的支持程度。居民要认识到本社区存在的社会问题，以及相信小组服务能够帮助社区保持正常的社会功能，解决社会问题，这一点是非常重要的。小组工作者有责任呼吁本地官员和民间组织关心社会问题，并让他们意识到小组服务能够帮助他们解决面临的社会问题。

有很多方法可以提升社区居民对社会问题的意识，提高他们对小组服务的认识和信心。要记录新增服务的需要，进行需求评估（参见第十四章）是非常有效的方式。机构出面进行统计，了解有多少遭受某个问题困扰的人士，还没有得到相关的服务，也是一个方法。要引起社区居民关注社会问题，工作者可以去参加所有的听证会，参加本地规划委员会，协助那些关注本地社区社会服务需要的官员的选举等。只有通过这些方法，工作者才能有机会真正接触那些需要自己帮助的人群。

小组工作者的很多技巧都可以用来组织当事人，让他们自己主动游说政府，表达自己的服务需要。例如，在某个贫穷的城市社区中，社区精神健康中心的门诊病人基本上都是那些带着未成年的孩子、享受政府困难补助的妇女。很显然，很多妇女的问题都与她们的经济状况以及她们所居住的环境有关。工作者可以将这些情况通报给全国性福利权利联盟，协助她们成立地方权利小组。尽管这些努力并不能立即改变她们的生活状况，但是却能给妇女一个机会表达自己的心声，倡导社区层面的改变。这样就能在一定程度上帮助她们改善被塞利格曼（Seligman，1975）称为"习得性无助"的状态。

案例

作为精神健康协会主办的确定性社区治疗服务计划的一部分，戴安娜主持了若干个小组。这个服务计划的使命是，主动接触那些社区内长期遭受精神疾病困扰的人士，特别是精神分裂症患者。为了确保小组治疗的效果，该计划还辅以就业、个案管理和家庭支持性辅导等服务。

戴安娜主持的一个小组的目标是，通过协助组员建立人际关系、学习问题解决技巧，从而成功地找到一份工作，来提升组员的能力。小组还成为组员的支持系统，协助他们在社区内寻找工作。组员都是成年男女，他们有的住在精神健康协会的社区中心，有的与家人同住。

小组已经办了几个星期了。组员已经走过了小组早期阶段，尽管在这个阶段经历了很多风风雨雨，因为有的组员对小组中的袒露环境表现出不安。接下来，戴安娜成功地协助组员确定并设立了个人的目标。戴安娜鼓励组员互相帮助，形成一个整体，以实现大家共同认可的小组目标。

在小组中期，戴安娜在小组中采用了一些结构性的内容。她将每次小组活动时间和要完成的任务，分成了两个阶段。在第一阶段，组员要参加结构性的角色扮演和其他小组活动，以训练他们为找工作做准备。这些活动让组员学习到了新的找工作的技巧，并学习与雇主的初次接触。他们还要练习人际沟通技巧，模拟工作面谈环节。每次面谈结束后，组员互相之间都要提供反馈，戴安娜也要进行点评。他们还学会运用示范和演练的方式，来学习更好的面谈技巧。在小组活动的第二阶段，组员们开始进行自由讨论。在这个阶段，大家可以分享各自成功的经验，交流各自对保住这份工作的担心和顾虑。这时，组员能够提供互相支持和帮助。戴安娜发现，将小组时间合理分配，运用练习和角色扮演，都能强化组员找工作的技巧。这些活动还能坚定组员对小组有效性的信心。

戴安娜还特别关注和鼓励组员，表示自己相信他们的能力和优势，协助组员感受到自己作为个体和组员的价值。吸引组员积极参加小组活动也就意味着协助他们建立自己作为小组一员的归属感。例如，她常会要求全体组员设计自己认为有意义的小组活动。她还鼓励他们全身心地投入小组活动中，并敢于在小组支持性环境中，尝试新的方法和技巧。

戴安娜还会通过组员与小组之间签订的协议，来不断提醒组员各自的目标。例如，有个组员提到自己在过去的经历中，很难与年纪大的人共事。在个人协议中，这个组员同意与比自己年纪大的邻居交谈，然后向小组汇报自己的情况。还有一位组员过去上班经常迟到，这次，他需要记录自己几点醒来，并对早上的日程安排记日记。这些日记要在小组中进行讨论，并由组员就如何协助该组员更加有计划性和守时而提出相关建议。

在每次小组活动开始的时候，戴安娜都会拿出时间来逐个检查，让组员回顾自上次小组活动以来都干了什么，并向小组汇报自己完成的家庭作业是怎样的。她要求组员汇报自己朝着个人的目标前进时取得了什么进展。她还与组员一起讨论用什么样的方式来监督自己的进展。她成功运用了示范技巧来教组员，当组员有进步时，是怎样给其他组员提供积极强化的。

与小组一起工作充满了艰辛。戴安娜逐步发现自己能够协助组员处理很多由人际困难导致的障碍。有些障碍产生的原因就是组员很难建立支持性的人际关系。戴安娜协助小组讨论如何与他人建立良好的人际关系。她还引导组员发现，他们的某些社交行为可能会影响他们找工作。事实证明，与组员深入讨论这些问题，能够帮助她设计相关的角色扮演活动以及进行排练，从而提高组员的社交和人际交往能力。

335

四、小结

本章重点论述了在治疗小组中期可以采用的专业技术和方法。这些技术和方法可以用于下列层面的干预：（1）小组组员层面；（2）整个小组层面；（3）小组所处的环境层面。组员层面的干预又可以分为这样几个方面：（1）个人；（2）人际；（3）环境。在整个小组层面，关注的重点可以放在：（1）沟通和互动模式；（2）对组员的吸引力；（3）社会融合；（4）文化。

本章最后介绍了对小组所处环境的干预，这一点是小组工作中非常重要但又常常被人们忽视的内容。这个层面的干预包括：（1）增强机构对小组服务的支持；（2）建立机构间的联系；（3）让社区认识到小组治疗是如何解决社会服务中存在的问题的。

第十一章

任务小组：基本方法

学习目标

- 明确带领任务小组的步骤
- 呈现有效决策过程
- 阐述如何在问题解决中发现问题、目标和数据
- 解释如何发展、选择和实施有效解决问题的方案

本章概要

无处不在的任务小组
带领任务小组
有效解决问题的模式
小结

本章主要讨论任务小组中期需要采用的基本技术、程序和方法，包括描述任务小组对案主、机构和社区的重要性，以及小组工作者为了有效地促进这些任务小组而组织的各种活动。本章以一个六步解决问题的模式结尾，该模式可用于处理第一章中描述的所有类型的任务小组。

一、无处不在的任务小组

众所周知，天下的会议是无处不在的，但是许多人发现会议非常"无聊"甚至是"可

怕的"（Tropman，2014，p.1）。然而，参与决定与自己生活相关的事务是民主社会的一个主要特征。社会服务机构的运作就更离不开各种委员会、治疗会议、团队、理事会和其他工作小组。好消息是，有很多方法可以使会议有效、充分和充满乐趣。本章将介绍这些方法。

在社会服务机构和一些主办机构，例如学校和精神健康机构，社会工作者常常会主持会议。社会工作者经常被指定为跨学科环境下的团队领导者，因为社会工作能够在协调、看护管理方面发挥重要作用，并且特别关注人在生物-心理社会-文化上的整体功能性。社会工作者还被要求为由其他专业人员领导的工作小组工作，例如拥有商业或者公共管理学位的医生或管理人员。他们发挥着关键的支持作用，能有效地帮助小组明确其目标，开展工作（Tropman，2014）。社工在这里的职责和角色是多种多样的，包括：资源提供者、咨询者、使能者、分析师、执行者、战略家、变革促成者和技术顾问。尽管在社会服务机构，任务小组得到了广泛的运用，但是，社会服务机构还是很少关注如何领导这些任务小组开展工作；当然，也有一些例外（例如，参见 Ephross & Vassil，2005；Tropman，2014）。

虽然任务小组的运用非常广泛，但是，小组的功能不能很好地发挥，也会使组员感到灰心。任务小组常常被看成一团乱麻，组员之所以忍受这些会议，是因为碍于资助机构的面子。安排合理的会议会给组员带来积极的印象。它们可以很容易就召集组员，建立有效的团队，使得组员分享经验、交流思想，组员之间互相支持，并很快做出决定。在工作场所很少有这样的经验，如果组员的想法得到表达、欣赏和采纳，以处理一些困难的问题，最后可以达成决定，那么，就可以培养凝聚力、使命感和满意度。

二、带领任务小组

> **干预**
>
> 行为：批判性地选择和实施干预措施，以实现实践目标和提高客户和支持者的能力。
>
> 批判性思考问题：任务小组的重要的工作都在中间阶段完成。在这段时间内，任务小组的工作有哪些类型？

在小组中期，要有效地带领任务小组，重要的是将注意力集中在小组预期要完成的目标和发挥的功能上。任务小组通常是根据管理者或者管理机构的规章制度的要求而"成立的"，带有某些特定目标。例如，一个组织的章程可能要求成立一个人事委员会、申诉委员会或者筹款委员会。在关于带领任务小组的经典教科书中，迈尔（Maier，1963）提出，任务小组的基本目标就是解决问题和决策。他接着提出了可提高任务小组解决问题和决策能力的一些基本方法。任务小组的其他目标包括让组员了解小组的进展、积极参与小组、提升组员的能力、监督和检查组员的工作表现等。例如，一个社会服务机构的工作人员会议的目的就是发布信息，为管理者提供关于政策和实践的建议或意见，或者检查治疗计划或整个组织的服务项目。

　　在任务小组的中期，要实现小组的目标，工作者需对下列事宜做好充分准备：

- 准备小组聚会。
- 分享信息、想法，以及小组的担心和对问题的感受。
- 吸引组员参与，帮助他们对小组和他们工作的机构建立投入感。
- 协助小组就自己关心的问题寻找相关证据。
- 处理冲突。
- 高效决策。
- 理解小组中的各种政治派别。
- 对小组的工作进行监督和评估。
- 解决问题。

（一）主持聚会

338

　　在每次聚会初期，工作者要安排几项工作。工作者首先要向小组介绍新组员，给组员分发新的小组活动的讲义。在开始按照程序进行小组活动之前，工作者需要就本次小组活动的目标和目的做一个简短的说明。在这个说明中，工作者需要提请组员回忆前几次小组活动，并且让组员明白每次小组活动都会发挥重要的功能。另外，还需要提醒组员关注小组的每个议程，这一点非常重要，因为它可以不断吸引组员的兴趣，推动组员愿意参与小组各项活动。

　　在聚会开始时，工作者要把上次小组活动的纪要发给组员，听取他们的意见和建议，并将这些内容加入纪要中。然后，要得到他们的通过。纪要得到同意后，工作者还应要求组员提出书面报告，这个报告需要简单明了，直点主题。组员要口头总结一下报告的内容，不需要逐字逐句地宣读报告，因为长篇大论的报告会让其他组员感到枯燥无味，会失去对小组的兴趣。

　　在小组活动的中间，工作者的任务就是协助小组按照程序往下进行。不管每次聚会的目标是什么，小组中期的主要任务都是让小组完成自己大部分较为艰难的任务。为了避免在小组活动中过于纠缠某个细节而拖延小组时间，在每次聚会前，工作者需要将细节问题准备好。如果做不到这一点，特朗普曼（Tropman，2014，p. 46）建议，小组应该"原则上"同意小组的总体目标，然后针对某个具体任务的目标，责成一个小组或某个组员准备细节问题，在下次小组活动中再次提出来供大家讨论。

　　工作者要给组员示范，告诉他们自己期望组员都应该做出什么样的行为。一个能够以身作则、表现出对组员的尊重、和组员有共同的兴趣、办事公正、有责任心的工作者，一定会将自己的感受传递给组员。工作者要不断鼓励组员积极参与，让少数族裔组员有机会表达自己的观点，表扬组员对小组的工作的贡献，这些都可为组员建立一个积极的榜样。工作者应该更多地扮演小组兴趣培育者的角色，而不是将自己的意愿强加于人的主导者。在带领小组过程中，工作者需要向组员显示，小组的整体利益是最核心的内容，这样，工作者就能得到组员的尊重。只有在出现了威胁小组有效发挥功能的因素时，工作者才能运用权威、控制和规则，千万不能将自己的意愿强加给小组。一旦组员意识到工作者在全心投入，支持小组实现共同的目标，工作者就能够得到组员的配合和欣赏。

工作者需要确保每次小组的进度合适，能预留出足够的时间来完成小组程序上规定的任务。工作者不能对某些重要的决定一带而过，因为到了小组活动快要结束的时候，时间就比较紧迫了。如果在小组结束时间不够的情况下，要求组员做出重要的决定或讨论重要问题，组员们还会感到沮丧。因此，在准备小组聚会时，工作者的一个重要职责就是，要安排好每一项活动的时间，从而确保对重要问题的讨论有足够的时间。有时候，对某个问题的讨论会超出预定的时间，所以，可行的方法就是预留出一些时间给某些特定的活动。如果某次聚会的内容很多，工作者需要根据重要性将这些内容排序。那些不太重要的内容可以放到下次聚会再讨论。

在小组聚会结束之前，工作者还需要采取几个行动，包括以下几个方面：

- 总结本次活动的成就。
- 对组员的努力提出表扬。
- 指出需要进一步关注的问题和议题。
- 提醒大家本次活动在整个小组计划中的进度。
- 告知组员小组聚会的主题。
- 尽可能清晰地总结组员一直认可的在下次聚会前需要完成的任务。

这些方法可以协助工作者澄清各自的责任，减少误解，提高组员完成在过去小组活动中一直得到认可的各项作业的可能性。

领导会议还包括要提前做出计划。在两次聚会之间的空隙，有两个主要任务需要完成：（1）保证上次聚会中做出的决定和安排的任务已经落实；（2）为下次聚会做准备。要完成第一项任务，工作者需要阅读前几次聚会纪要。记录完整的纪要需包括以下内容：对已采取的行动的总结、任务分配的情况、向小组汇报时间的安排等。在聚会中，或者聚会结束后，工作者有必要做简单的笔记，记录下在下次聚会前需要跟进的任务。特朗普曼（Tropman，2014）指出，工作者要保证组员能够准备并完成下次小组聚会需要的报告和其他作业，必要时，要为他们提供支持和帮助。例如，工作者可以与分委员会开会，在完成任务过程中，给他们提供相关的信息和指导。

在两次聚会之间，工作者还应该与管理人员、上级主管和其他机构保持紧密联系，因为小组工作可能需要与这些机构打交道。作为小组的代言人，工作者需要记住一点，自己代表的是小组的公共形象。工作者表达的是小组集体认可的观点和态度，而不是个人观点。工作者不能提及私下的协议或者小组没有深入讨论或者一致同意的观点。在一般情况下，工作者在做出决定之前需要召集小组开会，与小组进行磋商。唯一的例外就是，小组、资助机构或者主管部门授权工作者，在没有与小组磋商的情况下，可以独立行事。

两次聚会之间的第二个任务就是准备下次聚会。如果有书面的小组活动安排，工作者或担任小组秘书的组员在每次聚会结束后，都需要提交一个备忘录给每位组员，征集下次小组活动的议题。这个程序使得工作者有足够的时间来准备下次会议日程或背景报告，然后再发给组员，这样他们就有时间在小组聚会之前看完这些资料。聚会日程一定要准备好，这样小组的讨论才会有序有效。下面我们来看看小组聚会日程的框架。

- 检查并通过（必要的话进行修订）上次聚会的简单纪要。
- 发布信息公告。
- 投票表决几个特别的议题。
- 讨论几个争议不大的问题。
- 讨论难题。
- 休息。
- 讨论议而不决的问题。
- 如果时间富裕，讨论一些特殊议题。
- 总结。
- 散会。

在准备下次聚会时，工作者需要准备开场白和总结。对于那些没有书面安排的小组聚会，需要特别小心。工作者需要特别清楚如何主持这样的会议，小组需要完成什么样的任务，小组的目标是什么。

在准备下次小组聚会时，工作者的一个主要职责就是评估小组的功能性水平。在考虑如何安排好下次聚会时，工作者需要回答这些问题：小组与外部环境之间的关系是怎样的？小组的功能性水平正常吗？小组中发展出了什么样的规范、角色和互动模式？

在很多任务小组中，工作者既是领导者又是工作人员。如果还有一个单独的工作人员来辅助任务小组，那么这名工作人员就需要准备背景报告和备忘录，系统分析小组的观点，发掘相关资源，安排每次小组会场，满足小组的其他需要。

（二）分享信息

在小组中期，组长另一个重要的活动就是协助组员彼此之间分享信息、想法和感受。例如，来自不同社区医院的医疗社会工作者组成了一个非正式的支持小组。每隔一个月，组长就要和组员们聚会一次，以分享工作中的信息，交流在医院中与服务对象一起工作时采用的新技术。

团队、委员会和理事会都会把小组聚会当成一个手段，分享各自的经验、观点、特长、关心的问题。这个活动非常重要，因为在很多机构中，员工的分工是高度细致化的，平时员工之间的交往和联络是非常少的。不同的分工，例如个人治疗和家访等，极大地限制了工作者之间的沟通和交流。

案例　家庭保健团队

在为居家老人提供服务的社区保健小组中，家庭保健助理每两周与他们的主管会面，讨论他们所服务的体弱的老人的情况。这些会议还会讨论心理、社会、医疗服务和其他社区服务，这些保健助理可能会利用这些服务来帮助维持这些老人独立生活的功能。因为大家大部分时间不在办公室，团队会议还有一个次要的目标，那就是帮助大家相互了解，并对机构产生认同感。

社会关注的问题通常跟多个资助机构有关，因此任务小组可以邀请不同机构的工作者参加小组某次活动，这样就使来自不同机构的工作者有机会听到各种观点。跨机构任务小组就为工作人员提供了一个分享知识和资源的论坛，还可以鼓励机构间的合作来协调解决问题。

对于任务小组来讲，公开交流和分享信息，是实现目标的关键所在。小组与小组之间、小组与机构之间的有效沟通是团队合作的核心要素（例如，参见 Franz，2012；Levi，2014；Salas，Tannenbaum，Cohen，& Latham，2013；Thompson，2014）。对小组的效率和小组过程的实证研究表明，在小组中如何传达信息会直接影响到小组在生产效力上的质量和数量（Forsyth，2014）。

要促进小组中有效的沟通和信息交流，第一个步骤就是确保全体组员明确了解任务小组需要讨论和解决的问题和目标是什么。要鼓励组员积极参与小组讨论，选择的讨论议题必须与组员密切相关。如果组员对讨论的议题毫无兴趣，与结果没有干系，他们就没有积极参与的理由。在很多小组中，组员会感到枯燥无味、牢骚满腹，因为他们并不理解讨论议题的重要性。这样，组长就要协助组员发现小组议题与自身的相关性和重要性。如果组员发现小组讨论的议题只与部分组员相关，工作者可以考虑组建一个次小组，单独聚会，然后，在后面的小组会议上，让这个次小组准备一个报告，来汇报自己的建议和发现。总结技巧和聚焦技巧的运用也非常重要。工作者可以使用总结技巧来检测组员是否理解讨论的议题，回顾之前讨论过的议题，继续讨论之前没有深入讨论的议题，协助将某个问题分解成若干部分，提请组员关心某些特别重要的问题，等等。在使用聚焦技巧时，工作者还可以让小组一次只讨论一个话题，要提醒小组讨论不要离题、要集中讨论与任务相关的内容。有效的工作者常常会在小组聚会开始的时候，让组员建立自我约束的规则，限制自己的沟通的时间，让组员有更多的机会参加讨论。实际上，在小组工作早期，只要简单地提醒和评论，要求小组讨论聚焦就非常管用。

在小组组员之间，建立公开的沟通渠道，促进信息交流的另一个方法就是，确保组员在小组中的平等参与。有些组员可能对某个特定的话题拥有更多的信息，如果是这样的话，他们比其他人更多地参与和贡献，也是合理的。然而，一些组员天生健谈，而另一些则害羞或沉默。安静的组员通常不喜欢被小组领导者挑出来发言。相反，使用轮流发言和成立次小组的方式来帮助组员参与进来是一个很好的实践方法。小组领导者还可以打断那些啰唆的组员的长篇大论，让他们简短地总结一下，或者建议他们给他人一个机会来做出回应。小组领导者还可以转述健谈的组员提出的一个特别有说服力的观点，并让其他人做出回应。这样，过度健谈和安静的组员就不会感到自己被那些可能被视为控制型领导者的人冒犯。

案例　轮流发言程序

按照轮流发言的安排，每位组员要提出一个观点或者提供一个信息。在小组中采用组员轮流发言的办法，每个组员都会有机会来与他人进行交流。那些提不出新观点的组员可以放弃发言机会，等到所有的组员都提出了各自的观点之后，活动便可结束了。

与非结构性互动式沟通程序相比，轮流发言程序有这样几个优点：所有组员都有相同的机会参与发言，因为一次只允许表达一个观点，这个程序就避免了有的组员可能表达多个观点，而有的组员没有机会表达。通过让组员轮流表达自己的观点这种方式，可以了解到组员是否有新的观点，这样就可在小组中形成互相分享观点的好风气。

在大规模的任务小组中，轮流发言的方法可能需要特别长的时间，如果分成次小组，便可以解决这个问题。要鼓励大组中的组员平等参与，工作者可以考虑遵循议会程序（Robert & Robert，2011）。这些程序给大组的会议提供了一个有序的结构化的参与框架。小组工作者应该意识到，议会程序会受到那些最了解其复杂性的组员的操纵。由于热衷于会前投票或者是在少数组员出席的情况下就可以投票，议会程序可以被用于推翻多数规则。尽管有这些不足，但是，《罗伯特议事规则》还是有助于确保大型会议中的民主参与。在第十二章中，我们将简单介绍这个程序。

（三）提高组员参与和投入

在任务小组工作阶段中，第三项重要的工作就是要让组员认识到自己是资助机构以及这个任务小组的重要组成部分。由于资助机构的工作主要是通过个人来实施的，所以就可能出现这样的问题：工作人员孤军奋战，与资助机构分离。任务小组应该对自己的组员提供支持，培养一种归属感，以抵消疏离感。例如，一个为体弱多病的老人提供外展服务的工作者会花大量的时间跟这些体弱多病的老人一起工作，自己的工作负担很重。与其他外展工作者的每月团队例会，就给这些平日里独自面对年老体弱的人的工作者提供了很好的支持和认可。

343

鼓励组员积极参与到任务小组中，可以让资助机构和雇主获益。任务小组提供了有组织的手段，来发展、执行、落实资助机构的目标、政策和程序。这些任务小组会给雇员机会来影响机构的政策和程序制定，这样反过来又能协助机构即时回应员工的需要。任务小组还可以通过清楚地描述任务小组是怎样与机构的总体架构相吻合的，来组织、协调和传递雇员的建议。因为小组的报告会提交给机构，同时还会表明小组会有什么样的权威和影响力来发展或改变机构的政策，雇员的建议就可以通过小组的形式来进行组织和传递。

有几个重要的步骤，可以让组员意识到自己的建议能够对资助机构的正常运作产生影响。

- 强调小组工作与组织目标的关系以及管理结构的重要性。
- 在小组中为组员分配特定的角色。
- 邀请组员在小组的议程和决策过程中提供意见。
- 鼓励组员参与小组的决策过程。

为了帮助组员建立参与感，工作者要协助组员理解小组工作的重要性、小组与资助机构目标之间的关系，以及小组在该机构架构中的地位。要明确职责、责任、权力和团队成员之间的关系。要强调组员对机构有效运作至关重要。邀请组员为将来的小组会议制定和提交议程项目。在会议前传阅议程和背景文件可以帮助组员在会议前做好准备，提出自己的想法和关注点。这能增加组员参与会议并在会议期间分享他们对议程项目的想法的机会。如果组员愿意，让他们尽可能多地参与决策。这能增加小组参与的动机和兴趣（Forsyth，2014）。正如下面的案例所说明的，在解决问题的过程中获得整个小组的合作也是很重要的。

案例　精神科小组中的问题解决

在一个青少年住院治疗机构中，一个精神科小组的领导者注意到，小组在与好斗或暴力的青少年讨论小组运作方式方面遇到了困难。小组领导者没有批评任何小组成员，而是将问题重新定义为需要大家共同讨论。小组领导者提到，如果大家能够想出办法解决这些青少年的问题，那么，小组的所有成员都将受益。经过广泛讨论，大家确定了处理攻击性和暴力事件的新规则。这个小组还提出了一个想法，让那些专门处理青少年攻击性和暴力问题的人进行在职培训。

（四）发掘信息

在任务小组的中期阶段，工作者的第四个任务就是协助组员寻找信息，提出选择方案，以解决小组面临的问题。尽管人们认为任务小组特别适用于分析信息和发展建设性想法，但是，很多研究表明，常见的互动式小组讨论不但不能起到激励作用，反而会压制信息、想法和创造性解决办法的披露（Forsyth，2014；Kahneman，2011）。

> **干预**
>
> 行为：批判性地选择和实施干预，实现实务目标，提升案主和支持者的能力。
>
> 批判性思考问题：工作者经常帮助组员找到解决问题的创造性方法。在小组工作中，工作者可以如何鼓励创造性的解决方案？

344

- 对社会地位比较敏感的小组组员会感到受到高地位的组员的压制，低地位的组员不太会和他人分享信息，也不太会提出可能冒犯高地位组员的建议。

- 顺从的规范和压力会限制新的建设性观点的表达。

- 小组会因为组员提供了各种观点和知识而获益，但小组组员可能会审查防范那些有争议的观点。

- 小组中会有一些私下的评价，一般不会公开表达。因为这些组员担心自己的评价会影响自己与其他组员之间的互动。

- 互动性小组会在没有获得全面的信息时，做出不成熟的决定。

工作者可以从几个不同的侧面来促使组员获得更多的机会发表个人观点、交流信息，在互动性小组中发展出建设性的解决办法。首先，工作者需要让全体组员明确，小组欢迎每个人提出建议；这就是说，工作者要让大家消除误会，不要担心自己提出了敏感的和争议性的建议会受到批评。如果工作者不能确保组员不受到批评，那么，他们就需要与组员好好讨论一下，小组讨论的界限是什么。例如，可能对于委员会的委员来讲，有必要明确的是，可以讨论与服务提供相关的新政策，但是，如果大家都来批评现有的、照章办事的督导人员的话，这就难以接受了。如果奖惩涉及组外人员，工作者需要跟组员一起考虑对小组内容保密的问题。如果社会地位低的组员担心受到社会地位高的组员的报复，工作者可以在小组聚会前与这些社会地位高的组员讨论相关的奖惩措施，以获得他们的配合，从而避免对社会地位低的组员进行报复。工作者还可以建议地位高和地位低的组员一起讨论这个问题。

组员的反馈可能会有利于或者阻碍小组发掘信息，产生建设性的解决办法。一般来讲，所有的反馈都会有价值，因为它可以协助小组在信息处理过程中检查和改正错误；但是，也会有一些例外。在发掘信息和建设性建议早期，评估性反馈会压制其他的建议和想法的出现（Forsyth，2014；Kahneman，2011）。组员担心的是自己的想法会被他人负面评价，这些都会影响自己在机构中的能力和地位。在这样的情况下，大部分组员不会冒险提出建议、发表观点，或者主动提供信息，因为它们基本上不会被采纳。要鼓励就某个问题进行自由讨论、产生创造性想法和新的观点，工作者应该在小组讨论初期，要求组员不要过分进行评价。

还可以采取其他几个步骤来协助小组发掘信息和创造性想法，以解决问题。

345

- 鼓励小组发展出促进思想自由讨论的小组规范。
- 指出小组中阻碍自由讨论的小组压力。
- 展现创造性、争议性和启发性想法，以利于自由思想的交流。
- 对组员提出创新性建议进行表扬，以鼓励组员提出独特的观点。
- 鼓励社会地位低的组员在小组讨论中尽量提出自己的想法，因为他们常常会感到难以表达。
- 协助小组将信息和观点发展阶段与决策阶段区别开。

如果能够很好地实施上述步骤，就能培养出互动性小组，提出比一般小组更具建设性的解决办法。

（五）处理冲突

要让任务小组的全体组员能够立即就小组工作的方方面面达成共识，是不太可能的。因此，工作者必须明白，即使在高效的任务小组中，也会出现冲突（Forsyth，2014；Franz，2012；Levi，2014；Thompson，2014）。冲突常常发生在小组早期的结束阶段，或者小组中期的开始阶段。在小组生命周期的早期，组员的主要任务是彼此熟悉，因此不太可能会提出冲突性的观点。

对于任务小组的领导者来说，区分任务冲突和关系冲突是很重要的。任务冲突是基于组员对任务小组工作中提出的想法、信息和事实的不同意见。这种类型的冲突通常有助于小组的发展，因为它能促进健康的对话，包括不同观点的解决方案的发展，以及对所提议的解决方案的仔细分析。关系冲突是基于小组内外组员之间的情感和人际关系。这种类型的冲突对小组发展帮助不大。一般来说，关系冲突比任务冲突更难解决，因为它抵制有说服力的推理。

某些个性特征与一些建设性和非建设性冲突密切相关。例如，双赢取向常与建设性冲突正相关，而"一方得益一方受损"取向常会导致非建设性冲突（Jehn & Chatman，2000；Franz，2012；Thompson，2014）。同样，缺乏灵活性会导致冲突的升级，而具备灵活性则有助于改变看法，包容不同的观点和看法（Forsyth，2014）。

有些工作者看到有些冲突很难处理，会采取逃避、视而不见或者息事宁人的方式，只希望冲突很快能够自然过去。工作者这样做，大多会起反作用。回避冲突基本上不会在小组中建立令人满意的、有意义的对话。更多的时候，当小组回避冲突时，组员会得到这样的信息，即他们不应该表达自己真正的想法，只有制止组员真实地分享信息和观点，才能保持小组"和谐"运作。当小组对冲突视而不见时，组员们实际上是在慢慢积累不满，然后，到了某个事件出现时，组员会出现一个总爆发。还有一种情况，冲突平静下来，是因为某些组员感到自己败下阵来。任何一种情况的出现对小组都是不利的。及时地干预小组过程通常有助于缓解冲突，如下面的案例所示。

案例 冲突中的领导力

346

在精神健康中心领导治疗会议的工作者注意到有一个次小组的成员没有像预期的那样参加会议。工作者对此发表了意见，发现这个次小组的成员都很安静，因为他们不同意大多数人的意见。工作者指出了他们之间的冲突，并帮助解决了次小组和其他组员之间的分歧。然而，工作者并没有指出双方在哪些方面意见不一，而是促成了一场讨论，讨论治疗情况的关键因素，以及他们都希望实现的目标。她帮助小组就这些关键因素达成一致意见，并了解各种不同的观点，因为这些不同观点是实现目标的关键因素。随着分歧继续出现，她还充当调解人，不断提醒大家记住共同希望实现的目标以及实现目标的关键因素，从而帮助少数和多数次小组就分歧进行协商。

下面的程序描述了工作者应该怎样以建设性的、令人满意的方式来处理小组冲突。
- 将冲突视为小组发展过程中的自然和有益的部分。
- 协助组员认识冲突。
- 鼓励建立一种开放式的、尊重他人观点的小组规范。
- 鼓励组员在听完整个小组讨论之后再做出评价。
- 鼓励组员从新的角度来看问题，站在其他组员的立场来理解不同的情境，并多角度看待自己的处境。
- 要让组员明白不要过分强调个性冲突和个性差异，相反，要鼓励组员表达隐藏在各自观点和看法背后的事实与喜好。
- 重视那些能够推动在小组讨论中达成共识的因素。
- 寻找信息和事实，寻求专家的意见来解决冲突。
- 尊重事先设计的安排来讨论各种选择，找到解决问题的办法。
- 使用组员同意的决策标准。
- 不断总结讨论的内容，让所有的组员都能够了解决策的标准是什么。

- 在讨论解决办法和决策时，需要敏锐察觉组员在关系上的问题和需求。
- 在冲突中要保持中立，在必要的时候，要提问并不断澄清问题。

在经典著作《谈判力》中，费舍尔、尤里和巴顿（Fisher，Ury，& Patton，2003）提出，工作者应该帮助组员：（1）对事不对人；（2）关注兴趣和问题成因分析，而不是组员对问题的看法；（3）在决定之前发展出尽可能多的选择；（4）认识到如何执行这些决定需要建立在某些客观的标准之上。

347　在处理小组的冲突中，一个最重要的步骤就是，协助组员将分歧当成收集信息、分享观点的机会，而不应当作人身攻击，或者是威胁他人权威和地位的机会。合作性程序包括发现并确认他人兴趣的合理性（Barsky，2014）。因此，组长要真诚地欢迎组员提出不同的观点，同时也要鼓励组员接纳和包容各种观点。另外，还需要：（1）要求组员详细说明自己思考的重点；（2）建议组员先认真听其他组员的观点，然后再做出回应；（3）特别强调共识和大家共同的兴趣。

处理冲突的另一个步骤就是协助组员防止将冲突变成人身攻击。工作者要请组员将自己的评论集中在问题上，而不是组员的个性特点上，鼓励组员用以"我"打头的表达方式，而不要用以"你"打头的表达方式，因为后者可能具有攻击性，也可能给人这样一个印象，即你要揭示对方行为背后的动机。工作者不要因情绪激动而使矛盾升级，不要鼓励组员进行自我防御。相反，工作者要协助冲突的组员描述自己的兴趣点、价值观、担心以及自己的目标和目的。下面的案例就说明了这一技巧。

案例　处理冲突的方法

我们来看看两种不同的处理冲突的方法。在第一种方法中，某个委员会的委员坚持自己的立场，批评一个新的服务计划。他说："我不希望我的雇员来执行这个计划，因为他们已经超负荷在工作了。上个月我们刚刚增加了工作任务。我认为再让我们增加工作量是很不公平的。不知乔（乔是委员会的另一个委员，当时没有出席）的部门能不能实施这个计划？为什么乔和他的部下不能做这件事？乔的部门比较有空。"在第二种方法中，组员采用以"我"打头的表达来表明自己的立场。"我的兴趣在于确保我的部门的员工不要超负荷工作，不能导致服务质量和标准下降。我很感谢你对我们部门的欣赏，但是，我担心的是我们已经超负荷工作的员工会不堪重负。我的目标就是确保我的员工不会枯竭，变得束手无策，不能高质量地完成各项工作。"第一种回应就是对乔的人身攻击，当乔听到这个组员的评论后，一定会大动肝火。第二种回应运用了"我"表达，这就避免了将问题私人化。请注意，第二种表述可能会导致进一步的讨论和协商。例如，组长可能会请那名组员来详细说一说自己部门的工作情况，以及在过去一年中工作负担的改变情况。如果工作负担在不断增加，可能就要考虑超负荷的问题了。接下来，组长就可以协助组员讨论是否有其他方法来协助任务的完成。

处理冲突的另一个有效的程序就是，引导组员超越他们自己所处的位置，来看看别人的期望是什么（Barsky，2014）。工作者要鼓励那些陷入冲突的组员说出他们担心什么、关注什么，但是千万不要鼓励他们来给自己辩解。工作者可以鼓励组员彼此提问题，然后让组员学会站在他人的立场来看问题。工作者要挑明大家共同的兴趣和收获。例如工作者可以指出，所有的部门负责人都希望自己部门的员工不会因负担过重而无法出色地完成工作任务。下面的案例就说明了怎样处理这样的冲突。

348

案例　冲突解决

在那次委员会上，当组员担心自己的工作会超负荷时，组长可能会说："吉姆，我理解你对员工的关心，他们一直工作都很努力，我们也很关心这一点。在场的每个人，都有责任来保证自己部门的人不会过分劳累，但是，如果你们没有一个很好的小组计划，其他各组的人就都不能完成自己的任务。我们来好好讨论一下，看看我们是否能够找到一个方法，既能完成任务，又能不让乔的小组独自来完成这个任务。我给大家几分钟的时间好好考虑一下，我先提一个建议，然后大家轮流发言，我们请汤姆来做记录，好吗？"

工作者应鼓励组员就某些原则和共同认可的目标达成共识，并就目标实现找到尽可能多的解决办法。例如，委员会的成员可能会同意不能再给乔的小组增加新的任务，对这项工作可以进行分解，由几个不同的部门来共同承担，但是首先，工作者需要让组员来表达各自的观点和喜好。如果大家没能就某个解决办法达成一致意见，工作者还需要将各种观点综合起来，包括对各方的得和失的分析等，最后进行协商。

（六）有效决策

作为任务小组的协调人常常需要和组员一起进行决策。例如，理事会的主席要协助理事会成员决定是否要扩大机构的服务。社区组织者要协助邻里协会决定是否要建立一个邻里观察小组，来应对社区中的犯罪问题。执行委员会的主席要协助决定给谁升职。

虽然人们常常通过小组来进行决策，但是有关小组决策的有效性的研究发现，针对不同类别的问题，小组决策不一定总是优于个人决策，有的时候，可能还不如个人决策那么高效（Forsyth，2014）。黑尔及其同事（Hare et al.，1995）在总结了相关的研究，并对任务小组解决问题行为与个人解决问题行为进行比较之后，得出了如下结论。

- 在解决手工操作性问题时，例如拼图，小组优于个人，特别是当某些问题需要分配给不同的个体，让他们发挥自己的特长来解决问题的一个方面时，小组就更具有优势。但是，如果问题的解决需要更多地使用智慧和逻辑推理，小组就不如个人具有优势了。

- 尽管小组会比个人的总体水平要好，但是，小组远远不如最优秀的个人。因此，小组的整体表现可能比不上一个专家。

- 小组的优点之一就是能够汇总组员提供的大量的观点和知识，但是，组员同时也会产生大量的争议性观点。

- 当小组在解决智慧型问题时，组员的理性、信息处理取向可能会受到其社会情感性关切的影响。

- 由于任务小组需要组员不断地商议直到做出决定，因此，任务小组做出的决定的成本一定会高于个人做出的决定。

为了进一步改进小组的决策，工作者应该注意避免小组出现所谓"小组思维"的现象（Janis，1972）。小组思维指的是小组中的不良风气开始主导小组，组员不能再表达自己的思想和观点。它们是与小组中的主导性情绪同时出现的。学者们很早就开始关注这个现象了。例如，在100多年前，勒庞（LeBon，1910）就提出了"小组思维"（group mind）这个词，它指的是组员允许一种源于自己参与小组的情绪状态来主导自己的思维。同样，在90多年前，弗洛伊德（Freud，1922）就描述了小组中有一种控制个人自我的力量。斯通纳（Stoner，1968）还发现，小组有时会比个人做出更危险的决定。他把这种现象称为"风险转移"，这种情况在帮派、邪教、恐怖主义和宗教极端主义组织的运作中经常可以看到。此后，小组思维一直成为学者们关心的话题（Forsyth，2014）。例如，人们曾经用小组思维来比较邪教组织和黑帮中的强制性和操纵性权力（Berlatsky，2015；Howell & Griffiths，2016）。

有几个步骤可以避免小组思维。小组的规范，以及鼓励自由开放地讨论不同观点的氛围，会鼓励大家各抒己见，减少小组思维的影响。制定一个明确的程序，说明小组如何运用各种信息来做出决策，就可减少服从的压力。下面的案例就说明了这一点。

案例 避免"小组思维"

在家庭服务机构，员工委员会正在负责聘请一位新的高级临床督导。他们收到了很多求职信，对求职信的初步审查显示，很多申请人都符合条件。但是，员工委员会的很多委员比较倾向于聘请其中一位申请人，还有几位委员也认为该申请人的条件很好。委员会主席提醒其他委员最好在看完所有申请人的情况之后，再做决定。为了避免仓促的决定，主席建议委员会先制定一个录用标准，然后用这些标准来审查每位申请人。主席还指出，这个录用标准应该包含所有委员提出的担任高级督导必须具备的条件。委员会制定的标准中，包括具有临床和督导经验，能够讲西班牙语，熟悉家庭服务机构常用到的一些治疗精神疾病的药物。

要得出小组最后的决定，需要一个能做出多种选择的程序。很多小组采用了共识、妥协或少数服从多数的方式来进行决策。在某些情况下，每个程序都能做出各种不同的决定。为了避免人们怀疑某些特定的决策程序是用来针对关于某个特定问题的决定的，在对各种选择做决定时，要选择什么方式抉择，需要尽早在任务小组商议的初期就定下来。

一般来讲，达成共识是从众多的选择中做出决定的最理想方式，因为所有组员都会积极参与决定。在回顾了小组工作最有效的方式之后，萨斯坎德和克鲁克香客（Susskind & Cruikshank，2006）指出，协助小组达成共识，能够减少组内的冲突，会使小组的运作更加有效。当然，共识并不是说全体组员意见完全一致。共识要求个体组员愿意接受小组的主导观点，并且忠实地实施这些决定。尽管其他的一些决策程序会更加快捷，但是，达成共识常常会得到大多数组员的支持，因为组员会更加愿意协作来落实这些自己参与和同意的决定。在小组中，有的时候达成共识是非常困难的。达成共识需要很多时间，会出现很多压力，因为每个选择都需要深入讨论，会遇到各种不同的看法。

当问题很具有争议性，观点各不相同的时候，修改原来的计划，常常也能达成一种妥协。为了修改原来的计划，让所有的组员接纳，应该找出组员反对的原因。这个程序能协助所有组员明确每个选择中可以接受的部分和不可接受的部分。讨论完所有的选择之后，就可以将不同选择中可以接受的部分综合起来成为一个解决办法，这个办法常常是绝大多数（或者是全体）组员能够接纳的。

在任务小组中，常会用少数服从多数原则来做出决定，因为这种方式与共识和妥协相比，会更节约时间，并且如果投票是以匿名的形式进行的，还可以保护组员的隐私。少数服从多数原则在决定常规性和相对小的问题上，是最好的程序。然而，因为少数人可能对最后的结果会持不同意态度，在处理重要问题以及需要全体组员的支持和合作来落实决定时，少数服从多数原则就不太具有优势了。针对某些重要问题，三分之二多数同意的原则可能会比简单的少数服从多数原则更加有用。三分之二多数同意确保了小组对决定有实质性的支持。

（七）理解任务小组中的政治流派

任务小组的政治功能经常被新入行的社会工作者忽视，因为他们太天真，或者对以政治方式行事的想法感到不舒服。然而，工作者应该理解只有这些政治职能才能让任务小组发挥作用。

社会工作者也应该意识到，在任务小组的工作中，经常有利益相关者以及与政治议程和利益相关的情况。有效的任务小组领导者要了解这些利益相关者和支持者、他们的影响力，以及如何最好地与他们建立关系。

与其将政治行为当成个性缺陷的症状，不如将这些行为视为"个体需要相关的资源，来实现人格成熟，从而对个人生活领域不断产生影响"（Gummer，1987，p.36）。尽管在我们的社会中，有很多公行行使权力的方式，但是，任务小组中还是会有很多的符号意义式的方式，协助小组管理者来行使自己的权力，表现自己在机构中的地位。在对权力取向任务小组的分析中，甘姆尔（Gummer，1987）特别指出了四种因素：（1）环境；（2）组员身份；（3）日程；（4）程序规则。

在环境安排上，要充分考虑到聚会场所的象征性意义。例如，聚会的地点是在一个"中性"的场所，还是在一个"属于"组长或者某个特别组员的地方？聚会场所是不是在一个具有符号意义的地方，例如一个外展办公室或者一个新的楼房中，从而可以象征场所的重要性？如何安排聚会房间中的座位也具有象征意义。例如，这个聚会环境是否会促进工作，是否会让人感到舒心？椅子是否围着放有纸、笔、投影仪等辅助性设施的桌子摆放？或者这个房间里面有沙发、坐垫、食物和其他设施，从而给人一种放松和自由的感觉？

从政治角度来看，邀请谁参加会议也很重要。参加会议在组织中相当于获得了选举权。邀请某些组织和排斥其他组织，经常被用来描绘一个人或组织的立场。确定谁可以参与是权力的重要来源，是对权力等级制度的具体提醒。例如，当案主参加了咨询委员会时，任务小组的特征可能会改变。同样，如果将专业人士和非专业人士都纳入商议委员会中，那么，委员会在讨论商议员工的比例和工作任务时，情况就会完全不同。

会议日程的操作也具有政治目的。将决策范围局限在某个相对安全的问题上，就是在运用这个权力。会议日程上的各项活动的先后顺序也能反映政治目的。例如，组长或者某个组员可能在小组开始时，花很多时间来讨论一些琐事，这样就没有时间来讨论他们不愿意涉及的问题了。同样，如何安排议事项目也反映了不同的政治立场。在机构的一般性讨论中，带有政治取向的个人都希望某些项目能够提交讨论、否决或者改变，他们会鼓励自己的反对者泛泛地提出自己关注的议题，这样这些问题就没有机会得到深入的讨论，从而变得模糊不清或者令人困扰。据此，那些希望大部分组员能够审议并接受的议题能够有机会得到充分的讨论。

在制定支配小组运作的程序的时候，也要留意政治目的。在民主机构中，程序性规则至少能够：（1）给小组组员提供足够的时间来商议小组要讨论的问题；（2）让少数观点有足够的代表。然而，那些具有政治头脑的人可能会操控程序性规则。例如，一些重要的议题最好留给理事会的执行委员会来决定，而不要让全体理事会的成员来决定。同样，提名委员会的成员或者财务委员会的成员可能到最后会赞成理事会主席或者其他有实力的委员的意见。

（八）监督和评估

工作者常常还需要协助任务小组来监督和评估自己的工作。组长的监督要将重点放在小组过程和小组结果上。组长监督小组的过程，就是在协助小组工作的同时，还要确保小组正在经历一个让组员满意的过程。这种双重的焦点，即既关注组员的满意度，又关注小组目标的实现，一直被当成一个十分有效的任务小组的工作的方式（Bales，1954，1955）。在当代社会中，它依然是带领任务小组的一个重要领域（Forsyth，2014）。

评估

行为：选择和运用合适的方法来评估结果。

批判性思考问题：目标的实现是非常重要的。在小组中期，工作者如何监督小组的功能性？

在小组中期，为了能够有效地监督和评估小组，任务小组必须明确机构的规定，明白上级机构、专业团体和立法会以及全社会给自己提出的伦理的、道德的和法律的责任是什么。

有时候，这些责任会被清楚地写进资助机构的附加条款中。但是，更多的情况是，任务小组有责任来监督和评估自己的表现。下面的案例就展现了理事会的这种功能。

案例 建立一个机构研究审查理事会

某个大型私营社会服务机构决定对自己的几个服务计划进行评估。为了确保这样的研究能够发挥积极作用，保护案主的权利和隐私，遵守联邦政府和州政府的相关法律规则，这个机构组成了审查理事会。这个理事会的第一次会议就重点讨论了其他机构的类似理事会的处理程序，回顾了联邦政府和州政府的相关法令。然后，这个小组又制定了一个指南，以指导自己的运作，指引研究人员如何准备研究计划书，提交给理事会进行审议。这个指南同时也得到了执行员工和机构的理事会的修订和批准。

为了能够恰如其分地履行自己的监督和评估的功能，任务小组要发展出反馈机制来协助他们获取有关决定结果的信息，并在必要的时候采取正确的行动。对任务小组有用的信息主要取决于小组的指令，以及在特定的情境中需要的监督和评估内容。例如，理事会可能需要机构负责人、机构临床负责人、机构的执行主任、志愿服务的协调人等提供的阶段性报告。此外，理事会还需要回顾服务计划的相关统计数据、注册会计的季度财务报告，以及资助机构对机构表现的报告等。有些时候，任务小组可能会采用正式的资料收集程序来开展监督和评估。在第十四章中，我们将详细讨论具体的评估方法。

（九）问题解决

在关于小组工作的文献中，问题解决成为任务小组中人们最关注的问题。虽然任务小组会花费很多时间来执行自己的其他功能，但是问题解决依然是任务小组的主要功能。下面一部分将描述一个全面的、包含六个步骤的问题解决模式，在很多任务小组中，这个模式都会非常有效。

353

三、有效解决问题的模式

> **政策实践**
>
> 行为：明确地方、州和联邦层面的社会政策对人民的福祉、服务提供和社会服务带来的影响。
>
> 批判性思考问题：地方、州和联邦层面的社会政策对社会工作具有深远影响。诸如社会行动小组、联盟或代表委员会等任务小组如何才能影响这些政策？

问题解决的有效性在很大程度上取决于小组会发展出什么样的最好的解决办法，并付诸实施。有效的问题解决模式包括以下六个方面：

（1）明确问题。

（2）发展目标。

（3）收集数据。

（4）发展计划。

（5）选择最佳计划。

（6）实施计划。

如图 11.1 所示，这些步骤之间是互相关联的。在实践中，它们会互相重合。例如，在明确问题阶段，主要讨论初期的目标；在收集数据阶段，目标会被进一步修改和提炼。

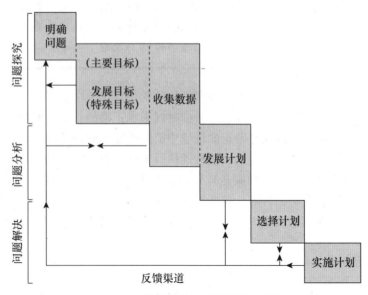

图 11.1　任务小组中的问题解决过程

问题解决的程序可以反复在小组中运用。一个任务小组需要采用两个或更多的解决问题的方法，来完成一个单独的任务。图 11.2 中显示了这个程序的全过程。

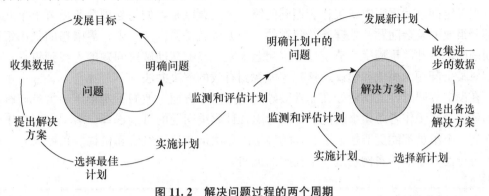

图 11.2 解决问题过程的两个周期

（一）明确问题

如何明确和界定问题是解决问题的关键所在。它会影响后面的步骤：收集什么样的资料，谁来解决问题，采取什么方式来处理，谁会受益于问题的解决，等等。当人们刚开始明确问题时，通常是模糊不清的。例如，有一家社会服务机构的工作人员，在给本社区的墨西哥裔美国人提供服务时，发现了一个问题。这个问题可以从几个不同的角度来分析：（1）缺乏讲西班牙语的工作人员；（2）没有给这个人群提供外展服务；（3）社区中人们对墨西哥裔美国人的印象非常负面；（4）缺乏足够的资金和资源来为他们提供需要的服务；（5）提供的服务没能满足他们的需要。

这里需要采取几个步骤来协助界定面临的问题，促进问题的解决。这些步骤包括：（1）明确问题的界限；（2）了解社区中的服务对象如何看待自己的问题，以及期望如何来解决这些问题；（3）提出问题解决的取向；（4）界定一个可以解决的问题；（5）尽可能清楚地将问题具体化。

案例 问题解决

有个成人保护性服务团队召开了三次会议，制定了安排处理当事人夜间紧急呼救团队成员的计划。这个计划接着就开始了为期三个月的试用期。在试用期结束后，团队成员可能会重新考虑这个计划。团队在第二次使用问题解决程序时，决定对计划进行修订，增加了与警察合作、与本县的健康和精神健康机构合作等内容。

明确界限

355

在界定问题的界限时，工作者遇到的第一个问题就是，如何处理那些由若干个互相关联部分组成的复杂问题。处理复杂问题的一个方法就是要设定界限。界限指的是小组面临的问题的范围和严重程度。清楚地界定问题界限，能够帮助解决问题的人找到重点，澄清他们对某个问题的想法和建议，这样才能找到有效的解决办法。

在设定界限时，工作者处在非常微妙的地位。一方面，他们不希望压制组员们解决问题的创造力，工作者希望小组能够全面考虑各种解决问题的可能选择。另一方面，工作者比任何一个组员都能更清楚地了解，哪种解决办法从政治、经济和机构的角度来看，更加具有可行性。下面的案例就是一个很好的证明。

案例　设定界限

在探讨给墨西哥裔美国人提供更好服务的社区小组中，工作者告诉组员，潜在的解决问题的途径不能仅局限于依靠资助小组的机构来开设新的服务，因为这需要增加经费投入。工作者继续向组员解释怎样向有关机构申请资金来开展新的服务，并解释说本年度的经费预算已经被投到其他计划上了。工作者还告诉大家，尽管不可能获得新的资金来支持新的服务计划，但是，小组还是可以建议资助机构在下一年追加资金。

在问题解决的早期，界限应该比较宽泛一些，要具有一定的灵活性，工作者应该指出界限是什么，组织资助方提出的具体限制是什么。如果没有指导，小组可能会制定一个具体执行的人觉得难以接受的解决办法。如果组员花费很多时间和精力，结果制定的是一个不切实际的解决办法，那么当他们发现自己提出的解决办法无法得到落实时，就会感到失望。

组员的看法和经验

如果某个小组的组员对小组解决问题的方法感到满意，积极参与问题解决方法的探讨，那么，这些组员对问题的看法应该受到重视和关注。要表达对组员观点的重视的最好的方法就是，征求组员的意见，确保他们的观点能够得到其他人的倾听和关注（Hohman，2013）。无法清楚了解组员的看法和期望，常常会使后面的问题解决的程序进展步履艰难。可以制定一个潜在的议事日程，因为组员在参与过程中可能会提出一些不清晰的期望。在行政人员或其他资助方的授权下，公开的讨论常常会协助组员修正自己的看法和期望，逐渐形成一个大家都能接受的目标。

问题解决取向

在明确问题阶段，很重要的一点就是，工作者要协助组员培养批判性思维技巧（Gambrill，2009，2013）。这包括认清需要关注的问题，并愿意正视问题。有时候，要让任务小组来面对和处理问题，是比较困难的。例如，一家精神病院的小组会回避讨论自己运作过程中出现的问题，因为大家担心这样的讨论可能会变成对个别组员的攻击。在这种情况下，小组的组长需要协助小组建立一种氛围，让大家感到讨论的问题是大家在工作中关心的，问题的解决会让整个小组受益。更多关于团队建设和困难小组处理的建议，请参见弗朗茨（Franz，2012），利瓦伊（Levi，2014），萨拉斯、坦嫩鲍姆、科恩和莱瑟姆（Salas，Tannenbaum，Cohen，& Latham，2013），舒曼（Schuman，2010）和汤普森（Thompson，2015）的著作。

在小组中发展问题解决的取向，重要的是要提醒组员，不要随意回应他人观点，因为组员常常会在没有深思熟虑的情况下就提出问题解决办法。缺乏实效的解决办法都是意气用事、缺乏耐心的产物，因此这些方法往往很容易就被否定（Forsyth，2014）。总之，工作者要鼓励组员在做出决定之前，运用批判性思维技巧，认真思考面临的问题，积极收集数据，分析各种可能的解决办法（Gambrill，2009，2013）。

在讨论一些棘手的问题，安排议事日程时，需要留出足够的时间。特朗普曼（Tropman，2014）认为，棘手的项目应该安排在议事日程的中间来讨论。这样安排是因为组员这时正好处在：（1）心理焦点的高峰；（2）社会心理意识的高峰；（3）关注的高峰；（4）参与的高峰。较容易的项目可以安排在日程的前面。因为不太需要投入过多的精力，那些议而不决的话题则可以放在日程的最后来讨论，因为组员基本上已经没有什么精力来解决问题了。

界定一个可以解决的问题

有的时候，小组会发现自己无法解决问题，因为他们无法准确地界定自己的问题（Forsyth，2014；Tropman，2014）。组员可能无法找出合适的行动者、正确的系统或者导致问题出现的主要障碍。在问题解决的早期，小组需要试探性地、灵活地来界定问题，这样，当组员收集到数据后，还可以修改问题的定义。举例来说，考虑前面关于设置界限的例子。如果将问题定义为给墨西哥裔美国人提供的服务时间不够，则可能需要修改服务提供模式。如果将问题定义为缺乏有关墨西哥裔案主的知识和专业知识，则可能需要更多地了解墨西哥裔美国人。

要协助小组获得对某个问题的新认识，工作者可以利用在第十章中提到的重新界定的技术。我们来看看下面的案例。

356

案例　重新界定

在讨论给墨西哥裔美国人提供服务的问题的委员会中，某些组员不太相信，给这个人群提供的服务不足。工作者提请组员假设一下来到一个没人会讲英语的机构中，在那个社区中，居民和社会工作者基本上来自同一个族裔。这个练习鼓励那些持不同意见的组员重新考虑自己的想法，重新认识是否需要改进给墨西哥裔美国人提供的服务。

重新界定还可以通过关注问题的积极方面来进行。例如，导致焦虑可以被重新界定为小组改进某个情境的动力。这样，就可以提高组员解决问题的动力。

将问题具体化

357

小组要有效开展工作，非常关键的一点就是，需要清楚地界定、理解问题。在会议上第一次提出问题时，它们可能只是某种担心，而不是明确的问题。例如，委员会的委员可能说："我有一个感觉，我们有些员工可能在使用新的记录系统时有些困难。"在这句话中，很多术语都是非常模糊的，例如"感觉""有些员工"和"困难"。委员们对这些词的理解可能是完全不同的。组员可能会对这些术语产生疑问，工作者要协助他们澄清模糊不清的术语。例如，在上面提到的"有些员工"这个说法中，需要澄清的是，要明确指出社区团队中的三个人和日间治疗团队中的一个人都表达了这样的担心，他们说新的记录系统的填写所需的时间太多。另外，"填写所需的时间太多"也需要具体说明，这样小组就知道自己需要关心哪些问题了。例如，"填写所需的时间太多"可能是指"在 15 分钟内无法完成个案记录的填写"，或者指的是"要求收集的资料与处理当事人的问题毫不相干"。有的时候，任务小组的组员可能会发现，在没有收集足够的资料时，他们无法将问题具体化。运用批判性思维技巧来进行数据收集和分析，对解决问题是非常有益的（Gambrill，2009，2013）。

小组将问题具体化后，工作者需要用简明的语言来总结问题。最理想的情况就是，界定的问题需要用客观的术语，让所有的组员都能明白。简明的、可以观察的术语可以协助组员明确地认识到自己的处境。在总结时，工作者需要重申问题的界限、小组的权威和责任，这样组员才能明确自己在问题解决过程中，应该承担什么责任和角色。

案例　将问题具体化

工作者说，她注意到，有几个组员表示，他们觉得最近必须启用的新记录系统填写起来很困难。她请各组员就记录系统填写方面的问题提供尽可能具体的反馈。有几位组员发表了他们的意见。然而，因为这位工作者想要得到每个人的反馈，她在小组里四处走动，要求组员反映他们对新系统的体验。她把评论写在一个画架上，这样所有的组员都能看到她写在纸上的不同或相似的观点。在所有组员都有机会发表意见后，工作者指出，她自己不能改变新的记录系统，但她会把写下的所有意见反映给她的主管。她答应会把大家的担心和顾虑报告给主管，在下次小组活动时向小组汇报。在下次会议上，工作者告诉大家，她向主管报告了小组的反馈，主管将把他们所关心的问题提交给执行委员会，执委会准备召开会议专门讨论这个问题，主管已经邀请她参加会议，另外还要邀请一名员工参加。然后，该小组就开始讨论要推举哪位员工来代表他们参加执委会会议，并列出了代表在会议上可以提出的关于新记录系统的若干要点。

(二) 发展目标

问题解决环节中的第二个步骤就是设定目标。明确问题之后，就要考虑意向性的目标，因为它们有助于确定要收集的信息的范围。随着信息不断增加，经过不断修改的目标会变得更加清晰。在数据不断积累的基础上，会发展出新的目标。工作者和组员需要分享各自的观点，要确保每个组员的观点都能得到体现。

对目标的表述要尽可能简单明了。要把期望的改变陈述为客观的任务。例如，给墨西哥裔美国人增加服务时间这一目标可能包括：(1) 在未来六个月中，要给外展工作者提供八个小时的培训；(2) 在下一个财政年度中，要将墨西哥裔美国人接受机构服务的人数从现在的每月平均 3 人，增加到每月平均 15 人；(3) 在三个月内，将机构的服务手册翻译成西班牙语；(4) 在下一个财政年度初，印刷 400 册西班牙语-英语的双语服务手册。这样每个目标都很具体，通俗易懂。

小组工作者还可以采用其他原则，来协助小组发展有效的目标。这些原则罗列如下：

- 目标必须与小组的使命、总体目标和组员一致认可的价值观保持一致。
- 目标应该能够激发和吸引全体组员的投入、合作和配合。
- 目标要根据小组和组员现有的条件来制定，从而确保现实性和可行性。
- 目标是有时间限制的。
- 目标设定的过程需要建立一个支持性、鼓励性的氛围，以促进目标达成。

在目标设定完成时，组员应该清楚了解到自己需要完成什么任务以实现目标。工作者需要总结小组决定的目标，提醒每个组员在目标实现过程中的责任和角色。组员同时还要了解完成任务的时间要求，以及通过什么方式来向小组汇报自己的进展。

（三）收集数据

数据收集关乎激发新想法，获得可靠的证据。这个程序需要与数据分析和决策区分开，因为分析和评估会压制新思想的出现，影响获得无偏的数据。小组有时会做出一个仓促的、缺乏全面考虑的决定，这是因为小组没能认真考虑自己面临的情境、解决问题的方法，以及整理出各种解决问题的思路，就匆忙做出决定。

了解问题的历史，能够帮助小组全面、历史地看待问题的发展过程。将问题产生前后做一个比较，能帮助我们了解到产生问题的原因，找到可能的解决办法。在收集某个问题的历史性资料时，小组还会了解过去为了解决这个问题而采取的措施和方法。这个信息能够帮助我们避免重复过去的失败。

有助于小组建立一种鼓励组员分享信息、畅所欲言的氛围的条件罗列如下：

- 小组要接纳各种推测。
- 鼓励大家去寻找所有相关资料。
- 鼓励组员表达自己的观点。

- 真诚表达出欣赏不同观点。
- 通过评估来重新设界。
- 真诚、客观地表达沟通，没有控制他人的意图，平等参与小组，而非高人一等。

在小组中促进这种类型的沟通，会增加对问题的探索，并有助于提供高质量的解决方案。某些情况下，在讨论某个问题时，组员会感到自己一筹莫展。要激发组员发掘新的思路，应该鼓励他们：（1）灵活看待问题；（2）延伸信息收集和综合的渠道；（3）发现并填补某些空白；（4）换个角度来看问题，从而激发新的思路；（5）运用横向和纵向思维来考虑问题。

有两种问题解决的视角非常有用。一种视角是归纳和演绎的推论方式。在推论过程中，需要引用论据，直至得到解决办法。解决办法建立在事实基础之上，而这些事实是按先后顺序以系统的、线性的方式排列的。另一种视角是采用类比、比喻、相似、对比和反论的方式来处理信息。人们会用一种新的、创造性的方式将那些看上去有明显差异的事实、想法和观点整合在一起。例如，类比有助于我们在之前被认为是不同的事物之间找到相似之处。例如，在类比情况下发现的有用的解决方案，可能会被小组组员们用来尝试解决当前遇到的问题。

（四）发展计划

在计划阶段，工作者要求组员组织、分析和综合在问题探讨过程中发展出来的各种事实、观点和看法。在激励组员制定解决问题方案时，要让他们记住所有的信息是比较困难的。但是，如果将相关的信息和资料贴在信息板或者写在黑板上，就可以确保组员全面了解在小组讨论过程中涉及的信息资料。对这样的信息进行排序和分类，也是一个很好的方法。下面我们来看看一些具体的技巧。

- 将相关信息从不相关信息中挑出来。
- 将类似的信息综合起来。
- 找到不同信息之间的差异。
- 从不同的事实中找出相关的模式。
- 按照重要程度，对事实进行排序。

在组织信息过程中，要动员组员找出尽可能多的解决问题的办法。由于批评性和评价性的评论会影响产生创造性观点，工作者要提醒组员在发表自己的观点时，不要互相批评指责。

（五）选择最佳计划

等到所有组员都发表了自己的观点之后，小组要进行逐个审议。通过审议，可以澄清误解，确保全体组员都理解他人提出的建议。在审议每一个建议时，要鼓励组员讨论这样的问题，即如果我们采用了某个建议，在执行过程中会遇到什么障碍和挑战，如何来克服。在众多建议中进行选择时，需认真考虑全体组员一致认可的解决方案是否能真正解决问题。

在绝大多数情况下，小组会依靠自己组员的专长，来制定决策标准。一般的做法就是，让组员来评价某个建议的优点和缺点。把不同的建议综合起来，这样才能将优点最大化，将缺点最小化。组员在进行选择时，需要记住小组的使命、目标，以及自己对问题解决之后的理想状态的期望。组员可能还会考虑其他因素，例如实施某个计划时的得和失、在执行过程中大家所感受到的舒适和放松，以及替代解决方案的政治影响等。如果解决办法代价很大，或者它们会让执行者感到受到冒犯或者感到难受，那么，最有效的方案也未必是大家最希望的方案。

有时，小组会依赖专家来制定决策标准，如下面的案例所示。

案例　问题解决的决策标准

一个由州卫生部门组成的委员会负责选择了六个健康维护机构，并提供资助，为医疗服务不足的地区提供服务。委员会召集了一个保健服务专家小组，就向服务不足地区提供保健服务的重要问题，希望他们提出建议。专家小组帮助委员会制定了四项标准，用以判

360

断是否在国家医疗服务不足地区申请资金建立健康维护机构的项目。这些标准包括：（1）每1 000人中有多少名医生；（2）该地区家庭年收入低于12 000美元的家庭百分比；（3）该地区的婴儿死亡率；（4）该地区65岁以上人口的百分比。按照这些标准，该小组接着向卫生部门推荐了六个最符合标准的申请机构。

（六）实施计划

再好的决策如果得不到很好落实的话还是一文不值，任务小组要主动关注计划的执行情况。在问题解决的阶段，要及早听取那些会对方案执行产生重要影响的人的意见和建议。一旦方案确定下来，组员就要争取小组外的相关机构的支持。组员需要争取那些负责决定和落实的人的支持。例如，在上面提到的那个决定要改进给墨西哥裔美国人提供的外展服务的委员会，提出要培训员工、在社区中宣传服务计划等，这就需要得到下述部门或人员的支持：理事会、机构执行主任、负责提供外展服务的工作人员、负责宣传的部门、参与新的服务计划的工作人员以及墨西哥裔社区的领袖等。

要将实施方案分解成一个连续阶段，制定时间表也是重要的步骤。每个步骤都确定明确的目标，这样小组就可以获得阶段性的方案实施过程的反馈。要建立一个反馈渠道，这样整个小组就能够了解自己方案的有效性以及朝着目标前进的状况。听取反馈还可以克服一些障碍，将变化稳定下来，同时还可以应对不断改变的环境给自己带来的挑战。

落实计划还包括明确、联络和利用所需的各种资源。异质性小组在这个环境中可能就具有一定的优势，因为来自不同背景的组员可以给小组带来很多不同的资源。还有一点非常重要，那就是要让组员准备好应对反对意见。阻碍因素可能包括惯性、消极抵抗或者积极阻止某个计划的落实等。

在寻求他人的支持时，组员们可能还需要向人们宣传解决问题的新方法的价值。要激励人们在执行计划时彼此配合，这并不是一件容易的事。要运用说服、游说和其他策略，以获得大家对拟议解决方案的支持（Pyles，2013；Rothman，Erlich，& Tropman，2007）。克服惰性和阻力的策略将在下一章的最后进行描述。

案例

作为年度总结的一个部分，洛拉的督导对她带领的小组的工作进行了回顾。两年前，洛拉被任命为他们机构的长期规划委员会的主席。洛拉觉得自己作为该委员会的主席应该是非常尽心尽力的。洛拉居住在西弗吉尼亚州的一个叫布莱尔县的农村地区，这个长期规划委员会的成员来自该机构的不同部门，有管理层的人，有给当事人提供服务的部门的人，还有服务计划发展部门和财务部门的人。在她担任委员会主席期间，这个小组发挥了很好的功能。洛拉的督导发现她开展了几次活动，运用了各种方法，促使这个小组有效发挥功能，很好地实现了自己的目标。

洛拉每次都会花很多时间来准备委员会的每次会议。除了审议和监督分委员会的工作，她还要探讨下次会议的议题，准备会议日程，与委员们沟通和联系。洛拉希望自己在两次聚会之间的工作能够给所有的委员提供一个榜样。在评估了委员们在会议结束之后所开展的工作之后，洛拉的督导发现，洛拉以身作则，给全体委员树立了好榜样，为委员会制定了一个勤奋工作的规范。

每次委员会开会时的一个突出的方面，就是组员彼此之间分享各种信息。洛拉鼓励组员向其他委员们即时通报目前服务提供的情况和对开拓新服务的想法。在两次会议之间，洛拉都会随时与全体组员分享一些重要信息。每次会议开始时，组员都会彼此介绍最新信息，并提出很多新的建议。洛拉的督导向她指出，通过这个程序，这个委员会建立了一个高水平的沟通和互动模式。全体委员都对他们各自在小组中扮演的角色感到熟悉和自然。她的评估表明，这些因素培养了整个委员会的凝聚力，提高了委员们的工作效率。

洛拉还协助委员会建立了每月聚会的规定。她参与制定了日程安排，并带头挖掘信息、解决问题、做出决定。她还通过教组员一些工作技巧，例如积极倾听、恰到好处地提问、提供支持，来鼓励他们积极参与。她还使组员感到，组员的反馈和建议都得到了委员会的重视。洛拉还积极与机构管理者协商，确保委员会的商议会对机构的未来政策和服务计划产生重要影响。听到这个消息，委员们都感到自己非常了不起。

洛拉运用机构性技巧协助委员会提出解决问题的清晰思路，还帮助委员会制定标准的方法，来指导问题的解决。例如，在讨论如何争取新的资金，资助在本地学校中增加志愿者的外展服务时，委员会遵循了这样的步骤：明确问题、设定目标、收集数据、发展计划、选择和实施计划。通过多次的问题解决讨论，委员会学会了如何运用这个方法。在决策过程中，洛拉提出了具体的行动指南，引导大家如何操作。然后，经过反复讨论、修改，这些决策最后被委员会采纳了。在每次的重大决策之前，她还鼓励委员会制定决策标准和程序。尽管这样做需要很多时间，但洛拉采用的这些技巧有助于委员会的决策，因为这样的程序更加容易和系统化。洛拉还通过寻找委员们的共同兴趣，来协助委员会达成共识。共识的达成又反过来培养了委员们对委员会工作的投入和奉献。

洛拉还对委员会的工作进行了监督和评估。每次聚会中，她都会安排很多时间来讨论委员们取得的成绩。她还设计了一个调查表，以听取委员们对自己的领导技巧的评价和反馈，收集他们对如何改进小组的建议。洛拉将调查结果拿出来与委员们一同分享，将委员们的建议融入委员会的工作之中。

在过去的很长时间中，长期规划委员会一直存在着分歧和冲突。其中有几位委员的个性很强。还有些委员认为自己的部门应对未来的资金投入和实施有更多的发言权。洛拉当时面临的最大的困难就是如何面对和处理委员会中出现的冲突。她的督导发现，洛拉开始时对委员会的冲突感到非常不安。督导给她的建议是，要认真倾听冲突双方的讨论，保持中立，顶住压力，不能偏向任何一方。洛拉让委员会明白，某些分歧对小组讨论是具有建设性的。洛拉的督导建议说，她要协助委员会分清他们的冲突到底是实质性冲突还是情感性冲突，其中情感性冲突是将冲突个人化了。在不同的场合，洛拉都会协助委员会处理两种不同类型的冲突。当然，她还是非常努力，竭尽全力运用自己的倾听、调解、谈判和妥协的技巧。

洛拉的督导回顾委员会的成绩时发现，洛拉给小组提供了很多积极的思路，这才造就了委员会的成功运作。当洛拉得知自己运用自己的聪明才智和技巧，有效地带领了一个任务小组时，她感到非常骄傲。在她的不懈努力下，委员会发现了几个服务需求，制定了几个为西弗吉尼亚农村地区的居民提供服务的计划，并付诸实施。

四、小结

本章的重点是讨论任务小组有效进行过程中所需要的基本技术、程序和方法。任务小组在所有的社会服务机构中占据重要地位，服务机构每天都会举行很多会议，讨论提供什么样的服务、如何提供这些服务等。社会工作者和其他助人性专业人士常常被指定来担任员工委员会主席，或者来负责团队和其他任务小组。如果小组聚会组织得很好，组员就会成为满意度高的、凝聚力强的团队的一员，从而可以高效地实现自己的目标。相反，如果会议组织得不好，就会出现组员厌倦会议、消极应付、没有战斗力的情况。

在任务小组的工作阶段，工作者通常需要完成下列任务：（1）为小组聚会做准备；（2）协助组员分享信息；（3）鼓励组员积极参与小组的工作；（4）协助组员提出新的想法和信息；（5）处理冲突；（6）协助组员有效做出决定；（7）理解任务小组中的政治派别；（8）监督和评估小组；（9）解决问题。

问题解决是任务小组唯一的、最重要的功能。本章提出了一个六步问题解决模式：（1）明确问题；（2）发展目标；（3）收集数据；（4）发展计划；（5）选择最佳计划；（6）实施计划。在实践中，这些步骤有时候会重合，并且通过反馈渠道而互相联系在一起。在小组生命周期中，任务小组在发挥自己的功能，处理自己面对的问题时，会不断重复问题解决程序中的某些步骤。

任务小组：专业方法

本章讨论在小组中期如何协助有关机构和社区小组实现其目标，以及在此过程中所需要的专业方法和技术。本章先详细描述协助小型和大型机构小组完成其目标所需要的专业方法，然后讨论社区小组实现目标所需要的专业方法。简要介绍每种方法后，对实施该方法所需的程序、适用范围和有效性证据进行说明。

一、小型机构小组

（一）集思广益

集思广益可能是本章讨论的专业技术中大家最熟悉的技术。集思广益的最初目的是鼓励组员提出尽可能多的新观点。集思广益的构成要素，比如暂时停止对观点的评判，长期以来一直被当成非常有效的技术。但是，奥斯本（Osborn，1963）首先提出用来激发新的观点的系统规则，这就是我们后来说的"集思广益"。如今这个方法得到了广泛运用（例如，参见 Franz，2012；Harrington & Mignosa，2015；Levi，2014；Thompson，2014；Unger，Nunnally，& Willis，2013）。

集思广益的任务主要是激发创造性思维，而不是分析性或评价性思维。分析和评价会减弱人们激发新思想的能力。组员通常比较关心自己在小组中的地位，如果他们听到了对自己思想观点的批评性的评价，他们就不再愿意表达自己的观点了。分析和评价还可以被当成社会控制机制的重要组成部分。那些想继续表达自己观点的组员，一旦受到他人的激烈批评，就会感到自己受到了压制，可能就不再表达那些潜在的、创造性的但是又很具有争议性的观点。为了减少分析性和评价性思维，集思广益更多地鼓励组员自由表达自己的观点。

程序

集思广益包括明确问题、讨论问题的方方面面，针对问题的不同方面提出新观点和想法，并挑出最好的观点来进行讨论和落实（Basadur，Basadur，& Licina，2012；Deuja，Kohn，Paulus，& Korde，2014）。集思广益可以用在任何规模的小组中。目前还不清楚是否大型小组（超过 15 个人）会比小型小组更加容易激发新观点（Paulus，Kohn，Arditti，& Korde，2013）。整个过程最好在短时间内完成（15～30 分钟），当然时间越长可能越容易产生高质量的观点，因为前面提出的观点可能会为后来更好的想法提供基础（Kohn，Paulus，& Choi，2011；Paulus，Kohn，& Arditti，2011）。因此，组长鼓励组员延长观点产生期可以提升集思广益的效果（Franz，2012）。

- 提倡"自由漫谈"（freewheeling）。鼓励组员表达自己所有的想法，不管这些想法是什么。组员不要坚持那些自己认为是疯狂的、啰唆的或不言而喻的观点。
- 制止批评。在思想激发阶段，要求组员对那些在激发新思想过程中产生的各种观点，不要做任何的分析、评判和评价，组员也不要急于辩解或说明自己的观点。
- 保证一定的数量。在使用这种方法的过程中，好的想法随时都可能出现。
- 鼓励对不同观点进行综合、重组和改进。这项技术常被称为"免费搭车"，它要求全体组员根据已有的思想提出新的想法。组员可以综合或者对这些观点进行修正，然后提出如何对其他组员的观点进行改进。

在会议开始时，工作者要解释需要集思广益讨论的问题是什么，以及集思广益需要遵循的四个原则。最好用 10～15 分钟让组员热身，这有助于组员熟悉程序，并帮助他们学会不带批评地表达和听取意见。有研究表明，适应集思广益的方法，接受自由产生想法的培训，可以提高集思广益的效果（Paulus & Coskun，2012；Paulus，Kohn & Arditti，

2011）。即使有组员过去曾经运用过集思广益的方法，热身环节还是不可缺少的，因为它能给全体组员一个机会，来准备改变自己日常习惯的分析和评论他人观点的模式。在这个阶段，工作者可以做些示范，就程序安排提出一些建议，提高人们的创造力，减少阻碍。例如，当工作者担心语言或非语言的暗示可能会抑制组员思考时，要鼓励组员继续分享，或者是独立思考，安静地思考一下自己的新观点（Alencar，2012；De Dreu，Nijstad，Bechtoldt，& Baas，2011；Kahneman，2011；Paulus，Dzindolet，& Kohn，2011；Putnam & Paulus，2009）。

在集思广益过程中，组长或者协同组长可以将组员的观点写在一个大表格中，或者一个黑板上。在热身阶段，最好有个助手或者协同组长记录大家的观点，不然组长既要教组员如何记录观点，又要做示范，可能会感到手忙脚乱。记录观点时，最好尽可能多地记下发言者的原话。要将一些关键词提炼出来，可以将一些建议写在纸上或者黑板上。

小组中的互动模式是鼓励自由地表达观点，方法是邀请组员一次只提出一个想法，这样每个人就都有发言的机会。有的时候，小组已经提不出更多的新观点新思想，只能重复以前的观点。这时，工作者不要急于结束讨论，而是要将大家刚才提出的新观点逐一念给大家听，以激发新的想法，将组员的关注力放在探讨还没有解决的问题上，或者特别提出一到两个大家还希望能够探讨的问题，以获得更多的新思想。在整个过程中，工作者应该做到：（1）对大家的发言表现出很大的兴趣；（2）鼓励组员继续激发创造性想法；（3）协助小组阐述那些已经提出的观点（Unger，Nunnally，& Willis，2013）。

在完成了集思广益之后，工作者不要马上就让组员对提出的想法做出评论。等上一两天，让组员有时间来思考新的思路，以便不断丰富原来提出的观点，同时还可以让他们恢复到过去的那种"分析-评价性"的思维模式中。在会议结束前，工作者要确保组员不会因为自己提出了什么观点而受到指责。如果他们真的受到了指责，那么，以后就很难做到集思广益了。为了确保集思广益的有效性，福赛斯（Forsyth，2014）建议可以采用以下这些步骤：

- 严格执行前面提及的四个步骤。
- 密切关注每个组员提出的想法。
- 在同一次会议中同时使用小组和个人集思广益方法。
- 慢慢推进并提供休息时间。
- 在讨论后期要鼓励大家坚持，提高参与动机。
- 运用电子化集思广益软件来减少思路枯竭的问题。

适用范围

集思广益的方法在某些情况下非常有效。集思广益适用于某个小组中问题已经明确的情况。很多时候，在第十一章提及的问题解决模式里的"发展计划"中，也可以采用集思广益的方法。当小组要解决的问题已经非常明确时，集思广益的方法就特别适用（Paulus, Kohn, & Arditti, 2011；Kohn et al.，2011）。因此，小组组长可以考虑将大问题分解为若干个小问题，然后进行一系列的集思广益讨论（Baruah & Paulus, 2011；Deuja et al.，2014）。以下案例展示了如何在小组中使用集思广益来实现组织目标。

案例　在机构中集思广益

　　某个社会服务机构的理事会要招聘一位新的执行主任，理事会主席决定让前线的工作者也参与招聘的过程。他召集了一组来自不同部门的员工，运用集思广益的方法，讨论新来的主任应该具备什么样的素质。主席鼓励集思广益小组的成员们要开动脑筋，提出尽可能多的积极的建议，每个人都需要贡献一些创造性的想法。讨论结束后，理事会主席发现对执行主任的工作职责要求中，似乎还有些内容没有得到充分体现。于是，他要求大家继续提出新的想法。理事会主席根据员工在集思广益期间使用的挂图和列出的清单，准备了一个书面报告。书面报告被提交给了理事会审议。理事会决定成立一个小委员会来进行观点的梳理工作。小委员会研究了各部门员工在集思广益小组中提出的各种观点和想法，在理事会上，就理想中的新主任应该具备的素质做了一个汇报，并提出了建议。

干预

　　行为：恰当运用跨专业合作来实现有利的目标。

　　批判性思考问题：集思广益是一个非常有效的小组技术，在什么情况下使用最好？

　　如果小组希望收集到各种新想法，集思广益的方法也非常适用。当然，如果小组面临的是一个技术性的问题，需要系统的、有条理的思维，集思广益的方法就不适用了。集思广益方法背后的意涵是，一个问题有多种解决方法。虽然很多情况下小组面临的问题可以从不同的角度来解决，但是有些问题只有一个正确的解决办法。在这样的情况下，集思广益的方法就不适用了。

有效性

　　集思广益是一个非常有效的、收集新的观点和信息的方法（例如，参见 De Dreu et al.，2011；Forsyth, 2014；Kohn, Paulus, & Choi, 2011；Paulus & Brown, 2007；Paulus & Coskun, 2012；Paulus, Dzindolet, & Kohn, 2011；Paulus, Kohn, & Arditti, 2011）。有研究表明，集思广益小组的成员在参加小组前接受了相关的程序和运用培训之后，他们的满意度会提高，有效性也会提高（Ferreira, Antunes, & Herskovic, 2011；Paulus & Coskun, 2012；Paulus, Dzindolet, & Kohn, 2011）。还有研究表明，如果将观点分解成为不同的类别，针对每个类别开展不同的集思广益小组，效果会更好（Baruah & Paulus, 2011；Deuja et al.，2014）。另外，组前的热身活动也能帮助组员提高参与动机，愿意分享更多的新想法和观点（Baruah & Paulus，2008，2009；De Dreu et al.，2011；Paulus & Brown，2007）。因此，在开展集思广益的小组中，提高组员参与动机和有效性的技巧应该加入热身环节中。

集思广益能够在一个广泛的领域中，激发新的思想，因为它鼓励所有组员全身心地参与。这个方法还可以增强组员对小组的投入，并建立这样的信念，即所有的观点都是大家一致同意的。在小组中进行集思广益的其他优点罗列如下：

- 减少了对个别权威人物的依赖。
- 鼓励公开分享各自的观点。
- 高度竞争性的小组组员们会感到安全。
- 在短时间内能够获得最多的想法。
- 组员的想法可以立即呈现给大家。
- 想法都是来自小组内部，而不是外部强加的，这样可以提高责任感。
- 集思广益很有趣，且自我激励。

368

尽管集思广益具有上述优点，但也有些不足之处。要建立一种能自由表达观点的氛围是非常困难的。对于那些不习惯自由表达自己观点的组员来讲，他们在集思广益初期会感到不自在；集思广益的方法打破了常规，不允许组员提建议，而这些建议可能会带来公开的或者隐蔽的责罚。事实上，要改变这些习惯是很难的；有证据表明，在小组中，无论是在开始阶段，还是在中间的某个阶段，个体集思广益都比小组集思广益更加有效（Mullen，Johnson， & Salas，1991；Paulus & Nijstad，2003；Putnam & Paulus，2009）。

还有一些因素会降低集思广益的效能。例如，尽管热身阶段在集思广益过程中对后面组员的表现是非常关键的，但是，热身还是需要时间的，有时候小组中不一定会有足够的时间来进行热身。惯性可能也会干扰集思广益，因为这个技术需要改变普通小组的程序。工作者可能会觉得将这个方法强加给不情愿或者深表怀疑的组员不太合适，因为他们还没有尝到这个方法的甜头。尽管集思广益有很多好处，但是，要有效地运用这个方法，就必须让组员明白这个方法的用处，工作者也要在合适的场合运用。

（二）集思广益的不同方式

逆向集思广益

逆向集思广益是可以迅速全面地将某些行动的负面结果罗列出来的方法。可以这样向组员提问："这个想法可能会出现哪些错误？"当人们提出了很多观点，并逐步缩小到几个重要选择时，逆向集思广益是非常有用的。组员们开始用集思广益的方法来讨论采纳某个选择后的结果是什么。当小组意识到解决问题存在哪些潜在障碍时，工作者就可以引导组员讨论如何克服这些障碍。因此，逆向集思广益可以帮助小组提出最有吸引力的想法，并在决策者提出实施方案时准备好深思熟虑的回应。

连锁激发小组与头脑书写

连锁激发小组运用了泰勒、巴里和布劳克（Taylor，Berry，& Block，1958）以及邓内特、坎贝尔和约斯塔德（Dunnette，Campbell，& Joastad，1963）的研究成果，他们发现集思广益的方法运用在个体独立工作环境中，比运用在互动性小组中更加有效。在连锁激发小组中，每个人独立工作5～10分钟，然后列出各自的想法和建议的清单，接着，组员将自己的清单读给小组听。小组再用10分钟来讨论组员的想法，或者将他们的想法综合起来。与集思广益一样，大家在提建议时不要提出任何批评。等到所有的组员都报告完了自己的想法，小组再一起讨论评估各个想法的标准。要注意，小组需逐一对想法进行筛选，直到最后得到一个解决问题的办法。

这个方法能够让组员独立思考，提出自己的想法，不受其他组员的任何言语和非言语的评论的影响。同时，当每个组员汇报自己的想法时，这能够吸引全体组员的关注，这样组员就会感到自己的想法得到了众人的倾听、理解和重视。它给每个组员一个机会来听取其他组员给自己的建设性评论。连锁激发小组运用在5～8人小组中效果最好，因为提出新想法、集思广益和评论每个想法需要很多时间，而在大型小组中这是难以做到的。还有一个更加时髦的做法就是头脑写作，它要求组员们将自己在沉思中产生的想法写在清单上，传递给自己右边的组员（Scholtes，Joiner，& Streibel，2003；Franz，2012）。然后，这个组员再花几分钟的时间在这个想法上增加自己的想法，接着再将想法清单传递给自己右边的组员。这个方法不断重复，直到所有的成员都有机会在清单上写下自己的想法。这个过程还会有不同的表现形式，这包括：（1）将自己沉思产生的想法写到纸上，放在会议室桌子中间，请组员随机抽取一张纸，并在这张纸上写下自己的新想法；（2）运用便利贴写下自己的想法，贴在会议室墙上，请别人在上面添加自己的新想法（Levi，2014）。当所有的人都沉思完并有了新想法之后，才可以让小组来讨论、整合这些想法，给这些想法分类，并确定优先等级。

（三）焦点小组

焦点小组是针对某个服务或机构管理者感兴趣的话题，收集深度的质性信息的方法。其重点在于激励组员讨论某个主题，直到大家的观点得到全面理解，一致性观点和分歧得到明确为止。焦点小组的优势在于它可以运用小组互动，来探讨某些主题，发展出一些假设（Hennink，2014；Kamberelis & Dimitriadis，2013；Krueger，Richard，& Casey，

2015；Stewart & Shamdasani，2015）。它还可以用来在调查和研究过程中，澄清和丰富收集的数据。焦点小组常常与市场调查联系在一起，用来激发和了解人们对某些新老产品的看法和反响。但是，在社会科学领域，这个方法是在二战之后才被引入的，用来研究战争时期政治宣传的有效性（Merton & Kendall，1946）。此后，焦点小组就被一些健康机构和社会服务机构用来当成一种质性研究方法，就某些问题收集信息，用于评估案主对某些服务的满意度和看法。

程序

焦点小组会议通常由包含 6～12 人的半结构式小组访谈和讨论组成。会议的时间一般为 1～2 小时。工作者的任务就是要开展半结构式访谈，让小组聚焦话题，同时确保所有组员都有机会表达自己的想法。他们要温和地引导小组讨论发起者感兴趣的话题。工作者探究肤浅的答案，鼓励组员详细阐述自己的观点，并进行深入探索，同时当一个特定的话题穷尽时，要帮助小组继续前进。

艾克、库玛、利昂和达伊（Aaker，Kumar，Leone，& Day，2013）认为，成功的焦点小组需要具备四个要素：（1）有一个具体的日程；（2）招募和筛选合适的参与者；（3）在会议过程中有效地调节；（4）对结果进行清晰的、详细的分析和解释。计划议程首先要认真考虑小组的目的，以及需要讨论的话题。因为焦点小组就是需要鼓励组员深入讨论，所以要确保讨论聚焦，不能设计太多的话题。其次，工作者需要设计一系列相关的问题，来了解组员的回答。要讨论这些问题，需要准备一个讨论指南。这个指南是一个概要，从而能够确保包含了具体的需要讨论的问题。这个指南需要案主按逻辑顺序来制定，先从一般性问题入手，然后进入具体问题。尽管要包括所有的议题，但这个指南并不是一个严格的主持小组的模板。如果某个问题不能激发有用的、非重复性的信息，协调人就需要进入下一个问题，或者进行追问。同样，还要鼓励组员通过互动来激发新的有趣的想法。

仔细筛选参与者是决定焦点小组是否成功的要素。参加焦点小组的人，必须对讨论的话题感兴趣，并能提出自己的看法。他们应该具有某些相同的特点，这样大家在一起互动时会感到自在。要获得对某个问题的广泛的深入的理解，需要选择一些背景丰富、观点多元的人。因为那些过去参加过焦点小组的人可能会主导小组讨论，所以一般来讲，不要安排他们参加小组。还有，最好是邀请那些彼此不认识的人参加小组。如果亲属、朋友和邻居一起参加，他们常常会在熟悉的人的圈子里交谈，而不会与小组中其他的人交谈。还有，由于熟人在场，组员有时候不会表达自己的真实想法。

鉴于积极的、自由漫谈式的小组互动有助于不善言谈的组员表达自己内心深处的想法，焦点小组就需要有一个有效的领导者。这个领导者需要熟悉讨论的问题，并能敏锐地感觉到组员的语言和非语言需要。艾克、库玛、利昂和达伊（2013）提出，焦点小组的组

370

长应该具备这些能力：（1）很快建立信任关系；（2）认真倾听每个组员的观点；（3）表现出对每个组员的观点的兴趣；（4）不使用难懂的术语和行话，这些会让组员失去兴趣；（5）灵活使用讨论指南；（6）及时发现某个话题已经枯燥无味，或者在讨论该话题时出现了火药味；（7）知道运用什么样的话题能够维持小组讨论顺利进行；（8）运用小组动力关系，鼓励全体组员全身心投入，避免健谈的组员主导小组发言。

焦点小组能够激发出很多不同的评论和观点。要准备小组报告，对焦点小组会议进行质性分析，最好能够对小组过程进行录像或者录音。焦点小组会议的报告需要抓住小组中的主要观点，以及大家的共识。还有一个很好的办法，就是将组员的建议分类，从而将这些观点与焦点小组准备处理的问题联系起来。

适用范围

焦点小组可以运用在很多情况下，主要的适用领域包括：

- 对人们的思维和行为做出假设，然后在后来的定量研究中进行检验。
- 就某个议题获得深入的信息。
- 发展或评估为某个服务机构提供的服务或拟提供的服务的印象或看法。
- 克服沉默，获取个人的观点和看法。
- 获得信息，以发展出案主满意度问卷或其他类型的问卷。
- 对过去收集的数据或者别人的研究结果进行深入的分析和解释。

焦点小组特别适用于对参与者的态度和认知收集深入的数据（Krueger，Richard，& Casey，2015；Stewart & Shamdasani，2015）。我们来看看下面的案例。

案例 在社区中运用焦点小组

某个社区精神健康诊所的主任担心自己的诊所无法给非裔美国人提供有效的外展服务。在一个每周的行政例会上，他们决定办一个焦点小组，邀请非裔美国人的社区领袖参加，以探讨社区民众是如何看待健康中心及其服务的。在认真计划小组议程和结构化访谈指南后，焦点小组的组长协助小组组员明确自己对机构的看法，并详细说明了机构在给非裔美国人提供服务过程中的优势和不足。组长还准备了书面报告，总结了焦点小组的主要观点，提交给了行政委员会。焦点小组中获得的信息促使行政委员会制定了需求评估计划。这个计划的目标就是向行政委员会和机构的理事会提出建议，以改善机构给非裔美国人提供的服务。

虽然焦点小组获得的信息最有利于发展出某些假设，深入探讨某些问题，但是，要注意的是，在把这些信息运用到会影响很多个体的决策时，还是要比较小心。因为焦点小组的人数是有限的，从这里收集到的资料的代表性远不如一个设计完美的调查。

有效性

焦点小组是一种定性研究方法，因为它们丰富地描述了参与者对目标主题的态度和观点。它们可以产生新的见解和想法，支持或推翻被普遍接受的观念和根深蒂固的信念。它们也经常被用来帮助理解问题或明确问题的细微差别和界限，这样，社会工作者就可以更好地了解如何构建需求评估、深入的个人访谈、调查和其他定量方法，收集有关特定人群的更可靠的数据。焦点小组讨论比许多其他收集数据的方法更灵活。小组领导者可以对组员的特定评论进行调查，要求提供额外信息，并邀请他们进行详细阐述。另一个好处是，他们可以帮助参与者积极参与主办组织的工作，以改善小组工作和其他服务。

有时，焦点小组被认为是一种快速、廉价的收集数据的方式，但在招募参与者和分析来自这些小组讨论的大量数据时，可能需要花费大量的时间和费用（Rubin & Babbie，2014；Monette，Sullivan，DeJong，& Hilton，2014）。因此，小组工作者可以温和地指出焦点小组隐藏的成本和耗时的特点，以提醒组织的管理者。焦点小组的另一个缺点是，收集的数据可能不能推广到更大的目标人群。工作者可以通过指出参与焦点小组个人的特点以及小样本规模来提供帮助。从众、小组思维、风险转移，以及其他在第三章中讨论的群体动力学因素可能都会影响从焦点小组中获得的数据。因此，有领导团队经验的员工往往比其他员工更擅长领导焦点小组。同样重要的是，要认识到焦点小组的结果可能不是清晰的或可量化的，而且来自不同参与者的数据的尖锐差异可能难以解释（Rubin & Babbie，2014；Monette，Sullivan，DeJong，& Hilton，2014）。很多专家认为，焦点小组的有效性取决于组长协调引导小组讨论的能力（Aaker et al.，2013；Hennink，2014；Kamberelis & Dimitriadis，2013；Krueger，Richard，& Casey，2015；Stewart & Shamdasani，2015）。

尽管有这些限制，但如果做好了充分准备，选择一个技术全面的主持人，焦点小组就会是一个非常高效的方法，可用来针对健康和社会服务的服务对象，来收集有关他们想法和看法的质性资料。要深入了解如何主持焦点小组的信息，参见艾克、库玛、利昂和达伊（Aaker，Kumar，Leone，& Day，2013），亨宁克（Hennink，2014），坎贝雷利斯和季米特里亚季斯（Kamberelis & Dimitriadis，2013），克鲁格、理查德和凯西（Krueger，Richard，& Casey，2015），或者斯图亚特和沙姆达萨尼（Stewart & Shamdasani，2015）的著作。

（四）具名小组技术

"具名小组技术"（NGT）与传统的任务小组中用来解决问题的方法截然不同。这个技术是在20世纪60年代末由安德烈·德尔贝克和安德鲁·凡·德·芬发展出来的，他们当时

研究为本的实践

行为：运用并将研究证据转化过来以指导并改善实务、政策和服务提供。

批判性思考问题：具名小组技术（NGT）将小组互动降到了最低限度。具名小组技术中有哪些负面因素需要克服？

研究了在社会服务机构中的服务策划小组、委员会的运作以及其他商业和工业领域的激发想法和决策小组（Delbecq, Van de Ven, & Gustafson, 1986）。这个方法自从问世以来，就被广泛运用到健康、社会服务、工业、教育和政府机构中，以策划和管理各种计划（例如，参见 Andersen & Fagerhaug, 2000; Levi, 2014; Thompson, 2015）。

程序

具名小组技术的会议通常由 6～8 名组员组成。如人多，可以分成两个或多个次小组。该小组要求参与者写些东西，把大家的想法写在活动挂图上。小组组员围绕 U 形桌来入座，在 U 形桌的另一头，需要放一个活动挂图。需要的辅助材料包括活动挂图、粗头笔、胶条、索引卡片、工作单、铅笔等。下面是对具名小组技术程序的总结。

- 清晰地描述问题。
- 轮流记录组员提出的观点。
- 搭便车：从已经提出的观点中发展新观点。
- 进行系列讨论以澄清某些观点。
- 根据重要性来对观点做初步的排序。
- 选择高度关注的观点，并按关注程度来排序。
- 再就排序的观点进行讨论。

在运用具名小组技术之前，工作者应与资助机构合作制定一份关于所要讨论问题的明确声明。在小组的初期，工作者需要说明小组的目标。接着，工作者向组员发放画有竖线的白纸，上面写好了需要讨论的问题，把问题读给组员听。然后，要求组员用 5 分钟的时间将自己对问题的回答和想法写在纸上。组员只要将自己的观点和回答简单地写下即可，而不要与其他组员有任何的语言和非语言的沟通。为了让组员能够明确理解自己需要什么样的回答，工作者可以准备一些答案和观点，作为样本展示给大家看。当组员们都在埋头工作时，组长也要安静地写下自己的想法，要防止组员彼此之间交头接耳。

下一个步骤就是轮流记录下每个组员提出的观点。这些观点要罗列在一个活动挂图上，要让所有的组员都能看清楚。工作者要让每个组员一次表达一个观点，然后将其观点写在活动挂图上，就按照这样的方法，让全体组员轮流表达自己的观点。另外，还可鼓励组员采用搭便车的方法，也就是说，运用挂图上的观点来激发新的想法，并将这些观点放在挂图上。当组员提不出新的观点时，轮流发言就跳过这个组员，让下一位继续发言，直到每个人的观点都表达完为止。

要尽可能快地将组员的观点，用他们自己话记录下来。轮流发言时要简短，组员不要批评他人、详细阐述观点或者为自己的观点辩解。活动挂图上写完的纸张需要平放在桌上，这样全体组员都可以看到。

第三个步骤就是引导小组进行系列讨论，以澄清组员们刚刚提出的观点。根据挂图上的各个项目来进行逐条讨论 2～3 分钟。每个组员要对自己的观点简单说明背后的证据和逻辑。这时，组员可以自由表达自己是同意还是反对这个观点，并讨论其相对重要性，然后列出一个清单。尽管欢迎评论性的点评，但小组还是不应在某个观点上花费太多的时间，或者是就某个观点的优缺点进行长时间的争论。

第四个步骤就是对列在清单上的观点进行重要性排序。要求每位组员根据自己关注的重点，对大量的观点进行独立选择和排序。选出多少个观点需要根据清单的长度来确定，不过一般来讲，是原始观点数量的四分之一或者二分之一。组员们将自己的选择写在索引卡片上，并交给组长。组长要对每个观点得到组员支持的票数进行统计，这个过程能够帮助组员了解其他组员对不同观点的态度和排序情况。

接着，要求每个组员从经过筛选的清单中选 5 个最关心的观点。然后，每个组员可以为这些观点打分，5 分是最重要，1 分是最不重要。把每个观点的分数和排序情况写在卡片上，一个观点使用一张卡片。组长将卡片收集起来，然后根据卡片内容将这些观点排序，并写在一个活动挂图上。等到所有观点的分数都打好了，将所有分数相加，然后除以参加人数，就得出了每个观点的平均分。当总分出来后，如果某些观点明显是得分过高或者过低的情况，那么小组可能需要二轮投票。为了避免其被视为操纵小组过程的方式，我们建议，在运用具名小组技术之前，全体小组最好能够决定在什么样的情况下需要进行二轮投票。

适用范围

"具名小组技术"被用来"提高与服务计划相关的问题解决小组会议的理性、创造性和参与性"（Delbecq et al.，1986，p. 1）。它可以防止小组制止组员间的互动（Van de Ven & Delbecq，1971）。下面，我们来看看有哪些因素会压制小组互动。

- 长期以来只追求一种单一的思维模式。
- 组员依赖于其他组员来开展工作，也就是说人云亦云。
- 隐蔽性地评价那些公开和非公开表达的观点。
- 地位等级和差异阻碍了地位低的组员的参与。
- 小组中存在服从压力，例如组员只会在感到自己与他人能力相当时才会参与。
- 存在主导或健谈的组员。
- 没有收集相关资料和事实、认真探讨问题，就快速决策。

案例 具名小组技术

　　某个提供多元服务的社区机构正面临着一个严重危机。理事会责成执行委员会来处理紧缩和平衡预算问题，他们决定运用具名小组技术来获得建议看看如何节约开支。执行主任主持这个会议，首先，要求每个与会者独立思考，尽可能多地写下关于开源节流的想法。按照轮流发言的方式，每个人一次向小组汇报一个自己的想法，直到所有的观点都表达完并被记录在活动挂图上。接下来，执行主任带领小组简单讨论每个节约开支的建议的优缺点。然后，她让每个组员根据节约的价值，独立地给每个建议打分并排序。小组对这些排序进行简单的讨论，然后将那些排序比较靠后、分数不高的建议删除。同时，在这次讨论中，要求组员们将相关的、类似的建议合并起来。接下来，要求组员从中选出 5 个最重要的建议。这些建议再提交给机构的管理层来进行深入研究，看看他们是否会对经费管理产生重要影响。在下一次的理事会会议上，这些建议被提交上来进行讨论，最后成为平衡预算、恢复机构财政状况的一揽子计划中的一个重要组成部分。

有效性

375　　德尔贝克、凡·德·芬和古斯塔夫森（Delbecq, Van de Ven, & Gustafson, 1986）是在综合了非互动式具名小组和互动式问题解决小组的优点之后，才发展出了具名小组技术。具名小组技术的主要优点在于：（1）激发组员积极参与，因为它要求组员同时以沉默和互动的方式开展工作；（2）避免个性化的强势表达，可以让少数人表达自己的意见；（3）防止过早的、不成熟的决策；（4）结构化过程可以使所有成员参与，让他们觉得自己的观点和意见可以在解决方案中得到重视和体现（Van de Ven & Delbecq, 1971）。它还可以用来达成共识，因为每个组员都有平等的机会表达自己的观点，参与决策过程。具名小组技术对组员间的互动提供了一定的结构，因此也就减少了少数组员主导的可能性，从而可以充分利用全体组员的创造性和聪明才智。这反过来又有助于确保小组所做的任何决定都有广泛的支持基础。

　　具名小组技术是建立在多年来社会科学对任务小组研究发现的基础之上的。每个步骤中都包含了对这些研究结果的应用。德尔贝克、凡·德·芬和古斯塔夫森（1986）报告说，这些研究结果表明，有几个重要的程序提高了决策过程中判断的准确性。

- 让组员独立做出判断。
- 通过排序和打分的方式，从数学的角度来表达自己的判断。
- 运用数学平均的方式表现独立的判断，从而形成小组的决定。
- 让组员以匿名的方式做决定。

● 运用对初期判断的反馈，来进行最后的表决。

具名小组技术在其决策过程中采用了这些研究结果，它运用写在匿名索引卡上的各个判断进行独立打分和排序。同样，科学的证据成为具名小组技术每个环节的基础。依靠科学证据来发展的具名小组技术很显然是非常有效的。总体来看，实证的证据表明，具名小组技术在激发新思想、解决问题和达成共识方面，会比其他互动性小组更加有效（Toseland, Rivas, & Chapman, 1984；Van de Ven, 1974）；并且，组员更加满意自己参加运用具名小组技术的小组，而不是一些没有训练的小组（Kramer, Kuo, & Dailey, 1997）。

然而，具名小组技术也有自己的不足。这个方法比较烦琐，需要大量的时间（至少一到一个半小时）。这可能会给一些任务小组带来障碍，因为这些任务小组需要做出许多决定，必须在短时间内完成工作。因此，具名小组技术不适合于重要事项决策。在不需要高精度的常规决策中，它也不太常用。

还有一个看上去缺乏连续性但又很明显的不足，那就是具名小组技术具有一个高度结构化的小组过程，有些组员可能会对此感到不爽。有研究表明，具名小组技术的参与者们对小组的满意度，不如运用问题解决方式的非结构式小组的组员（Toseland, Rivas, & Chapman, 1984）。一开始时，组员可能会怀疑自己受到了操纵。具名小组技术的方方面面不但不能减少大家的疑心，反而会加重大家的疑心。例如，让工作者而不是组员来界定问题，让工作者或者一个有影响力的组员来影响小组的表决过程，他们会提出进行二轮投票，所有这些都让那些习惯了在解决问题和决策中具有很大自由度的组员感到受到了限制和操纵。虽然通过在决策过程的每一步都让所有成员参与来达成共识，但具名小组技术使用投票的方式来做出最终决定。因此，我们不建议使用这种方式来建立共识（Forsyth, 2014）。

（五）多属性效用分析

376

多属性效用分析（MAU）使用决策规则来确定问题属性之间的关系。源于这一过程的决策规则促使决策变得更理性和透明，使资助方和监督机构能够理解判断的依据。对于没有统计学背景的小组社会工作者来说，要理解多属性效用分析是比较困难的。尽管如此，我们还是在本章中介绍了它，因为它对于帮助小组做出合理的、理性的决定非常有效，特别是需要做出重要的政策决定时，或者是决策过程需要监督时，这个方法就会发挥作用。它特别关注选择背后的理由，会让组员充分表达它，这样就可以帮助组员避免冲突。此外，多属性效用分析也非常适合在虚拟会议中进行内部网和互联网决策，这在大型多站点组织中或需要跨部门决策时非常有效。虚拟会议很可能在未来十年变得更加普遍（见第七章）。

程序

运用多属性效用分析模式，首先要从要求组员独立思考开始，这要么是在组员与工作者之间的个别会议中进行，要么是在具名小组会议中进行——每个组员按照工作者提供的指示独立工作。这时，工作者需要向组员说清楚每个问题及其解决办法。例如，告诉组员，从他们的小组众多的求助者中，选拔出一名服务计划的助理主任。工作者要协助组员明确自己对问题的认识。特别是，工作者要帮助每个组员确定与做出一个决定相关的属性。如图 12.1 所示，组员可能会认为，要胜任服务计划助理主任，必须具备这些要素：(1) 一定的督导经验；(2) 相关的临床经验；(3) 一定程度的管理技巧；(4) 一定的发展新的、创新性的服务计划的能力。或者，这些属性也可以通过集思广益或者具名小组技术来获得。

工作者还要帮助每个组员将每个要素具体化，要确定：(1) 最低的选拔标准；(2) 影响决策的限制因素；(3) 每个要素的效用函数；(4) 每个要素的权重和附加的效用函数等。例如，组员可能需要决定一个服务计划的助理主任的最低标准是，至少有 3 年的督导经验，有 5 年的临床经验。组员们可能还会提出求职者需要有社会工作硕士学位或者工共管理硕士学位等要求。

某个属性的效用函数具体确定了这个属性与整个解决办法的关系，也就是说，一个属性与选择的某个解决办法的效用关系水平是怎样的。图 12.1 明确描述了某位组员在上面提到的四个属性中的效用函数。效用函数表明，督导经验越丰富，对求职者的满意度（选择某个特定求职者的效用）就越高，直到求职者有 10 年以上的督导经验，达到这个水平后，组员对求职者的满意度就会下降。因为超过这个水平，组员会认为，太多的督导经验就超过了这个职位的要求了。

针对临床经验这个属性，也会出现一个类似的效用函数，这个函数预期，对求职者的满意度会增加，直到他们的临床经验超过 15 年。至于管理技巧这个属性，也出现了一个直接的线性关系，即求职者在管理技巧和面谈上的得分越高，组员对该求职者的满意度就越高。在发展创新性服务计划方面，出现了一个弯曲的线性关系，也就是说，求职者在这个属性上表现出过高或者过低的分数，都不如那些表现出温和趋势的人受到欢迎。

图 12.1 还展现了组员给每个属性的权重。权重是将 100 分根据每个属性的重要性，按照一定的比例，分配在四个属性上。在图 12.1 中，管理技巧属性被加上了 40 分，使得它比临床经验高出了三倍的权重，而临床经验只有 10 分的权重。

建立最低标准、限制条件，以及属性及其权重和函数形式是组员决策规则的基础，该规则即小组组员如何运用某个问题的相关信息做出判断。组员会发展出自己的决策规则。当所有的组员完成了这个任务后，他们会彼此分享各自的决策规则。因此，工作者有必要将每个组员的决策规则，挨个贴在挂图上或者黑板上，这样组员就可以比较他们各自的决策规则。

限制条件=社会工作硕士或公共管理硕士学位
最低标准=3年督导经验，5年临床经验

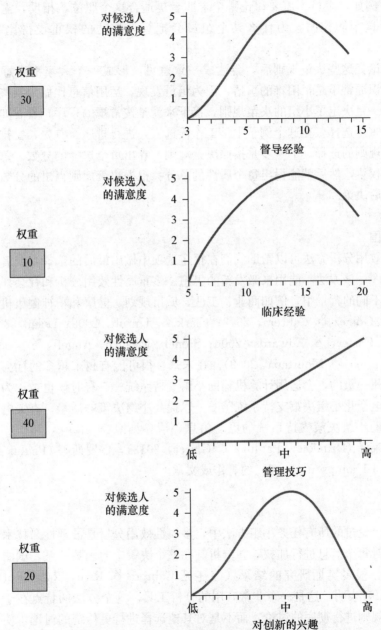

图 12.1　组员在决定助理项目主任的候选人时采用的规则

　　下一个步骤就是让组员讨论各自决策规则背后的逻辑关系。在这个非结构化的讨论阶段，唯一需要遵循的原则就是，要集中精力讨论每个选择的属性、权重和函数形式背后的理念。例如，组员不需要讨论哪个求职者更适合这个职位，相反，需要讨论在考虑求职者申请这个职位时，为什么某个组员会把管理技巧的权重设得比临床经验高出三倍。

　　组员讨论完这些决策规则后，会达成一致意见，形成一个大家都满意的小组决策规则。达成共识通常不是很困难的事情，因为组员发现，运用信息比做出某些特定的选择要容易得多。一旦决定了小组的决策规则，接下来就是按常规的程序，看看如何以决策规则为依据，对每个选择（在这个例子中是工作候选人）进行排序。首先，要排除那些不符合小组的决策规则的选择。下一步是按照决策规则，算出每个选择的分数。每个分数需要乘上该属性的权重，然后就能得出每个属性的总分。根据决策规则得出的分数最高的选择就是小组的最后决策。

适用范围

　　多属性效用分析方法可以帮助我们在很多选项中做出最后的选择，或者是对很多选择进行优先排序。该方法不能用来激发新的思想。多重属性效用分析和社会评价分析方法被广泛运用在不同的背景中，例如商业、工业、城市规划、健康和精神健康机构（例如，参见 Carretero-Gomez & Cabrera，2012；Clark & Unruh，2009；Dolan，2010；Peacock，Richardson，Carter，& Edwards，2006；Stoner，Meadan，Angell，& Daczewitz，2012；Weiss，Edwards，& Mouttapa，2009）。在未来，很可能有越来越多的社会服务机构，特别是国家和州一级的，会运用计算机辅助小组支持系统——有时候也被称为"电子化集思广益"或"电子化小组决策支持系统"——以提高小组决策的质量。有关电子化集思广益和计算机辅助小组决策支持系统的更多信息，请参见博赛（Bose，2015），德泽杜莱特、保罗斯和格莱泽（Dzindolet，Paulus，& Glazer，2012），保罗斯等（Paulus et al.，2013），或者汤普森（Thompson，2015）的著作或文章。

有效性

　　在本章讨论过的所有任务小组方法中，多属性效用分析是最理性和技术含量最高的方法。它通过对每个信息进行加权，并分析其在整个决策中的函数关系，试图对信息进行排序和系统化。很多实证研究的结果（综述见 Cabrera & Raju，2001；Roth，Bobko，& Mabon，2001）表明，这是一个非常有用的分析工具。这个方法的特点在于，它通过对每个人的决策规则进行彻底的讨论，而不是对其他选择进行更传统的讨论，使小组就如何使用信息来做出决策达成共识。多属性效用分析有助于消除组员为自己选择的替代方案辩护时经常发生的两极分化。一旦小组确定了某个决策规则，所有的选择都将根据该规则进行评级。可见，多属性效用分析是一种公正透明的方法。因为组员有机会影响决策规则，由小组做出的选择就反映了所有组员的投入；因此，当执行决定时，很可能会得到所有组员的合作和支持。

多属性效用分析的主要不足在于，这个方法比较烦琐，只适合于在多种明确的、成熟的建议和观点之间做选择。当在界定清晰的多种选择中做出决策并达成共识至关重要的时候，问题解决小组就可以选用这个方法。然而，为了运用多属性效用分析方法，工作者需要接受一定的培训，必须具备一定的理论和实务经验，从而可以带领小组制定决策规则。此外，多属性效用分析不适用于激发新思想，但是可以在用其他方法激发新的思想之后运用。

(六) 质量改进小组

尽管持续性质量改进（CQI）这一方法常常被运用在商业和工业中，但是，它现在也被广泛运用在社会服务、精神健康和健康机构中。小组在 CQI 中得到广泛使用。事实上，文献中充满了质量改进小组的许多不同名称，包括质量圈（QCs）、学习协作组、质量改进团队（QITs）、持续性质量改进工作小组和自我管理工作团队（例如，参见 Clark & Unruh, 2009; Davis et al. , 2012, 2014; Dresser et al. , 2009; Strating & Nieboer, 2013; Nadeem et al. , 2014; Nolan, 2014; Lewis, Packard, & Lewis, 2012; Murphy, 2015; Neck & Houghton, 2006; Patti, 2009; Paul, Smith, & Blumberg, 2010; Strating & Nieboer, 2013）。

质量圈是由来自同一部门的前线员工自愿组织起来的小组，通常选出一个组长，处理日常工作中面临的问题，并努力解决。其目的不仅是提高质量，还有防止员工与自己的工作过程和场所疏离。自我管理工作团队延伸了质量圈的概念，其做法是对自己应该承担的工作负全责，同时采用质量圈的方法来确保工作质量。它们通常与试图减少层级管理的组织有关。更多关于这些组织的信息，请参见内克和霍顿（Neck & Houghton, 2006）的著作。

> **干预**
>
> 行为：批判性地选择和运用干预方法，来实现实务目标，提高案主和选区代表的能力。
>
> 批判性思考问题：私营企业运用小组方法来解决问题。那么，运用社会工作中的任务小组可以解决他们的哪些问题呢？

与质量圈和自我管理工作团队不同，质量改进团队和持续性质量改进工作小组经常由来自组织不同层次和组织内不同部门的员工组成。组员通常是由管理部门选择的，需要组员有一个明确的身份标记。另外，这个团队实施的项目通常都是由管理部门选择和认可的。

学习协作组是相对较新的现象。它们可以出现在单个组织中，也可以包括来自其他组织的成员。其目的是通过分享和传播循证实践以及使用质量改进方法来改善日常护理。它

380

们有时在同一组织或跨组织的多个层次工作，以提高护理质量。例如，一个心理健康学习协作组可以举办研讨会，聚焦于不同心理问题的循证实践，也可以与关注物质滥用或发展性心理障碍的组织合作，为具有双重诊断的案主制定综合治疗方案。虽然学习协作组在心理健康和其他实践领域正在发展，但关于它们的组成、方法或有效性的信息仍然很少（例如，参见 Nadeem et al.，2014；Strating & Nieboer，2013）。由于我们对质量圈和质量改进团队有更多的了解，接下来将重点讨论这些小组。

程序

一般来讲，所有的持续性质量改进活动都要有个协调人。这个人的角色就是要确保：（1）提供培训；（2）当负责的员工生病或者请事假时有人能够替补；（3）每个圈子或团队都有自己的沟通方法，能够向管理层提供问题解决的建议。质量圈和质量改进团队通常由6～8名员工组成，他们定期开会（例如每周或每月开一次会），讨论自己部门或工作小组面临的问题，并提出解决办法。在质量圈中，由组员选出一名协调人；在质量改进团队中，协调人可能是被任命的。通常，协调人是中层管理者，是质量圈或质量改进团队与上层管理者之间的纽带。为了确保质量圈和质量改进团队能够顺利和有效运行，这个协调人需要接受小组动力学和领导技巧的培训。在每次开会的时候，协调人需运用小组动力关系、问题解决和集思广益等方法，来促进小组的深入讨论和对小组需要解决的问题的分析。

质量圈的运作基于核心原则，而不是具体的步骤或程序。下面列出了这些原则：
- 高层管理者支持。
- 承诺为质量圈中的组员提供集思广益、问题解决和信息技术方面的培训，以便收集循证程序。
- 质量圈中的组员是自愿参与的。
- 重点关注员工而不是管理层提出的问题。
- 前线员工选择自己的领导方式，并对质量圈有归属感。
- 重视数据为本的问题解决。
- 重视用一种对一线员工和管理层都有益的问题解决办法。

381

与质量圈不同的是，质量改进团队常常会使用以下质量改进的具体步骤：（1）了解有什么机会或存在的问题；（2）界定具体的改进目标；（3）设计策略来实现目标；（4）设计资料收集策略；（5）设计程序来运用资料；（6）决定项目如何管理。质量圈常被用来激发新的想法和改进工作环境，但是，质量改进团队强调的是系统的、数据为本的问题解决策略，以改进某个机构所提供的服务的质量。

适用范围

质量圈和质量改进团队的初衷是，改进服务质量或者是向消费者提供的产品的质量。

因此，质量圈和质量改进团队是给管理层和前线员工提供的两个方法，使他们能够以最有效的方式，来实现对提供高质量的健康和社会服务的承诺。

案例 质量改进团队

在某个向残障成年人提供服务的机构中，服务人员越来越感到，自己的服务对象通常需要来自不同机构提供的服务。因此，在协调服务计划时就出现了很多问题。在质量改进团队的会议上，员工们决定回顾一下几个服务案例，收集一些资料，来看看到底需要多少服务机构，目前的服务是怎样协调的。质量改进团队运用了这些资料，并在此基础上提出建议来设计一个新的个案管理系统。

此外，质量圈和质量改进团队还有几个优点：它们都鼓励员工来解决那些影响自己的工作满意度和工作表现的问题，都能协助员工获得一种强烈的控制感和自主感。作为回报，员工们会建立责任感和对工作的投入感。

有效性

许多学者声称，质量圈和质量改进团队是通过减少权力的垂直和水平划分来提高服务质量和员工的士气的（例如，参见 Harrington & Mignosa，2015）。尽管有这些主张，但关于质量改进团队在社会服务组织中的有效性的高质量的实证性研究成果还不是很多，甚至对于本部分提到的不同类型的质量改进团队的使用程度也知之甚少。因此，这是一个可以不断扩大研究，为实务提供支持的领域。

二、大型机构小组

（一）议会程序

议会程序是在大型任务小组中进行指导决策和问题解决的一个框架。这个程序的创建历史悠久，适用于很多不同的背景，可以满足不同的任务小组的需要。尽管有一些大家共同认可的规则，但是，到目前为止，还没有一个法律体系能够像议会程序这样得到了世界范围的接纳。

议会程序最初建立于 1321 年的英国议会。在此基础上，1801 年，托马斯·杰斐逊制定了《议会实践手册》供美国议会使用。1845 年，卢瑟·加兴（Luther Cushing）

编撰了一个手册，供民间以及立法机构和议会使用（Robert & Robert，2011）。今天，《罗伯特议事规则》是任务小组最常引用的系统的议事程序指南（Robert & Robert，2011）。

程序

在议会会议上，小组的活动取决于小组组员提出的动议。

● "特权动议"主要涉及整个小组会议的全部议程。它们可能与小组的利益没有关系，提出的动议包括延会和休会。

● "附带动议"关注的是与正在讨论的问题相关的程序性问题，相关的例子是议事顺序问题和信息问题等。

● "附属动议"协助处理和通过正在讨论的动议。附属动议包括提交讨论、延迟或修正动议。

● "主动议"涉及的是小组需要讨论的主要的、实质性的议题。当主动议提出的时候，就不会有未决的动议。主动议包括重新审议过去处理过的议题，以及继续一个提交讨论的议题。

提交讨论的所有动议都要遵循提交各种类型动议的程序。主席的责任就是确保大家遵守所有的规则和程序。在小组商议过程中，主席虽然需要保持中立，但还是可以从很多方面来影响小组工作的。在提交动议之前，主席要召集小组组员开会。在会议期间，主席需要严格用规则来规范问题讨论的程序，在主持会议时，需要按先后进行议程讨论，并明确每个问题讨论的时间分配。

《罗伯特议事规则》给议会程序提供了将动议按优先性排序的方法。表 12.1 展现了在某次会议中，每个动议的优先顺序。尽管主动议包含了议会会议中的核心问题，但是，它们的优先性不强，因为特权动议决定了所有的议程应该如何排列，附带和附属动议又是与主动议密切相关的。因此，这些动议的优先性高于主动议。要深入了解议会会议的情况，请参见《罗伯特议事规则》一书（Robert & Robert，2011）；要了解如何主持小组，让大家达成共识，可以参见《打破罗伯特议事规则》一书（Susskind & Cruikshank，2006）。

表 12.1　议会会议上提出动议的程序

动议的类型	动议的优先顺序	是否可以打断发言？	动议是否需要他人附议？	动议是否有争议？	动议是否需要修正？	动议投票
特权动议						
确定延会时间	1	否	是	否	是	多数同意
要求延会	2	否	是	否	否	多数同意
要求休会	3	否	是	否	是	多数同意

续表

动议的类型	动议的优先顺序	是否可以打断发言?	动议是否需要他人附议?	动议是否有争议?	动议是否需要修正?	动议投票
特权动议						
特权问题	4	是	否	否	否	主席决定
要求讨论事前决定的议题	5	是	否	否	否	不投票
附带动议						
秩序问题	6	是	否	否	否	主席决定
要求提供信息	6	是	否	否	否	不投票
要求再次投票	6	否	否	否	否	不投票
寻求主席决定	6	是	是	否	否	多数同意
反对考虑某个动议	6	是	否	否	否	2/3同意
要求中止规则	6	否	是	否	否	2/3同意
要求取消动议	6	是	是	否	否	多数同意
附属动议						
提交动议	7	否	是	否	否	多数同意
要求立即投票	8	否	是	否	否	2/3同意
结束/延续争议	9	否	是	否	否	2/3同意
搁置动议	10	否	是	是	是	多数同意
责成分委员会讨论动议	11	否	是	是	是	多数同意
修正动议	12	否	是	是	是	多数同意
搁置动议	13	否	是	否	否	多数同意
主动议	14	否	是	是	是	多数同意
重新考虑已经投票的动议	14	是	是	是	是	2/3同意
取消一个在议动议	14	否	是	是	是	2/3同意
重新考虑提交的动议	14	否	是	否	否	多数同意
设定一个讨论顺序	14	否	是	是	是	2/3同意

适用范围

议会程序可以提供一个清晰的结构来指导小组过程，因此可被运用于大型小组之中。议会程序的规则协助确保任务小组在讨论大量议题时的秩序性和有效性。程序性和有效性是根据一次讨论一个议题的规则得以实现的。规则保证了小组提出议题、处理议题和表决议题的方式。例如，在一个代表委员会的会议上，成员们来自很多不同的社会服务机构，就可以采用议会程序来确保代表们的互动能够按秩序进行。这样，很多组员都代表了不同机构的不同利益，会议就以一种正式的方式进行；按照结构化的方式，组员可以将自己感兴趣的议题、动议和议程提交大组讨论。

议会程序对于审议比较成熟的议程议题特别有用，这些议题需要整个工作组进行讨论和辩论，并相对迅速地做出决定。议会程序是一套正式的、技术上精确的规则，其使用范围非常广泛，但有压制直接性、开放性和生动性的倾向（Forsyth，2014）。因此，如果大任务组的分委员会需要进行集思广益或问题解决，这个方法就不适用了。

有效性

在西方社会，运用议会程序来协助做出重要决策具有悠久的历史，这足以证明它在为任务小组提供结构方面具有重要意义。它可以将任务小组的商讨局限在一次只讨论一个方案上，鼓励和促进讨论和争论，高效地处理各种动议。明确界定的规则可以促进小组有序和系统地讨论每个议程。在小组生命周期中一直保持一致性的规则，能够让组员相信，他们可以依靠完整的规则，确保在讨论敏感和有争议的问题时，每个人都可以得到公平、公正的对待。

议会程序还能保护少数人的权利。例如，它只需要两名组员来提出主动议，一个陈述动议，另一个附议。有些动议只要一个人提出就行了。每个组员都有相同的机会来参与。绝大多数人的权利也会得到保护，因为要开会就需要有法定的人数，并且在所有的决定中，采取的都是少数服从多数原则。

议会程序也有不足。那些熟悉议会程序的组员，可能会操纵整个会议。那些不熟悉议会程序的组员，可能不愿发言，或者不太确定什么时候、以什么方式提出动议。另一个限制是，在开会之前，有人可能会在会下获得一个私下约定，以获得组员对自己的观点的支持。私下约定可能会影响原来的日程安排，因为它是建立在公开的对提议的优缺点的讨论基础之上的。私下约定还可能会强化有影响力的组员的权威，他们会给那些支持自己提议的组员一些令人羡慕的奖励。

议会程序还有其他一些限制。这个程序鼓励争论，这样有时也会导致组员的观点出现两极分化。另外，组员常常会为自己的观点进行辩解，不会去试图理解不同观点背后的逻辑关系。也许议会程序最大的限制就是，它不适用于问题解决，特别是当问题非常复杂、模糊不清或者没得到大家的充分理解的时候。大型的任务小组在采用议会程序时，可能无法实现充分的互动、深入的沟通、必要的灵活性，从而无法探讨解决困难问题的各种可能性。大型任务小组应该在分委员会中采取问题解决方法，让分委员会向整个小组汇报解决的结果。这样，大型小组才能讨论提交的解决办法的优缺点，并根据少数服从多数原则做出决定。

（二）菲利普斯 66

"菲利普斯 66"是用来协助大型小组讨论的（Phillips，1948）。它最初指的是一项技术，该技术将大型小组或听众分成 6 人一组，每组给 6 分钟的时间来给讲者提出一个问题。后来这个方法得到发展，包含了很多用来促进大型小组中的沟通的途径。例如，可以要求大型小组的组员分成若干个次小组，讨论某个问题的不同方面。每个次小组要指定一名记录员，采用活动挂图或其他的方法来展示每个次小组讨论的情况。然后，记录员或者其他组员向整个大组报告自己小组讨论的结果。

程序

菲利普斯 66 的使用，要让组员清楚地了解自己需要做什么，因为一旦大型小组分成了各个次小组，小组结构的突然改变、大组对次小组的控制，都会给组员带来不适。如果小组不明确自己的方向，他们可能会不知所措，或者会与组长希望的进程背道而驰。

为了减少组员的困惑，工作者需要确保每个小组都很清楚自己的问题和任务是什么。工作者要用具体的语言来说明任务和目标。如果目标和任务宽泛而笼统，次小组就需要花费时间来重新界定和澄清，最后的结果可能与工作者的原来意向相差甚远。组员还需明确自己承担的具体任务是什么。他们必须清楚自己属于哪个次小组，小组的任务是什么，记录员的报告中应该包含哪些内容，小组讨论有多长时间，小组在什么时候和什么地方聚会，等等。

次小组的规模和讨论的时间，需要根据具体情况来确定。菲利普斯 66 的最初设计是 6 人小组讨论 6 分钟，这个设计可能在某些情况下适用，在另一些情况下就不适用了。一般来讲，至少需要 20~30 分钟，才能将大型小组分成若干个次小组，并完成各自的任务。各个次小组都需要分离开，这样，组员才能听清楚各自的发言，完成自己的任务。当然，如果在一个较大的会议室中，就要避免组员私下交谈。其他小组的活动和发出的各种声音会有一定的感染性，可能会刺激所有小组更加努力工作（Maier, 1963）。

在大型会议上，让每个次小组向大组汇报时，可能很单调，花费很多时间。对此，备选的方案包括限制每次汇报的时间为每组几分钟，让每个小组只汇报讨论的某个方面，每个小组提交一份书面报告，这样会后可以传阅。

菲利普斯 66 还可以与另一个叫作"想法记录"的方法合并使用（Moore, 1994）。当参与者被分成了不同的次小组后，给每个组员一张白纸，上面有一个引导性问题，组员将自己对该问题的回答写在纸上。大约 5 分钟后，组员将自己写的纸放在小组中心，每个组员从中抽出一张其他组员写的纸，然后，花上 5~10 分钟，将自己对该组员的想法提出自己的回应。这个程序不断重复，直到全体组员都对他人的想法一一做出了回应。组员继续写下自己对前面看到的想法的喜恶情况，并提出改进的建议。当这个程序结束后，组员找到自己最早写的那张纸，并读出自己的观点以及其他组员的回应。次小组的组员接下来要讨论从这种书面互动形式中发展出来的观点，然后，组长要对小组讨论的内容进行总结，并写在挂图上。当大组重新聚会时，次小组的组长就可以运用挂图上的信息来向大组汇报自己小组讨论的主要论点。

适用范围

尽管大部分问题解决活动都发生在小型小组中，但是，偶尔也会出现大型小组需要解决问题的情况，例如社会服务机构的员工小组或者代表大会等。议会程序并不适用于大型小组中对问题解决的讨论，因为在这个程序中，主席明确讨论中谁是主讲者。这个程序只适用于讨论提出的解决方案的优缺点，并对相关的方案进行投票。可以在大型小组中运用菲利普斯 66 进行问题解决的讨论。例如，在某个管理技术的在岗培训中，小组培训者要求大组分成次小组，并提出类似问题："优秀管理者有哪些特点？"次小组的组员们在规定的时间内，总结出一个对这个问题的答案清单，当大组重新聚合时，每个次小组报告自己对该问题的回答，这些资料被培训者用在启发性的教学中，以及后来的小组讨论中。

387 当某个组员发言时，要让全体组员都专心听讲是很困难的。另外，鼓励不善言辞的组员发表自己的观点，特别是当他们的意见是少数意见时，让他们发表观点是非常困难的。运用菲利普斯 66，工作者则可以吸引所有的组员来参加小组讨论。小组的规模小这一特点，也使不善言辞的组员比较容易表达自己的观点。另外，组员还可以选择参加自己感兴趣的小组。向大组汇报次小组讨论出来的观点这一做法，也保证了每位组员提出的建议都可被纳入某个问题解决过程中。总之，菲利普斯 66 的有效性在于可以突破议会程序的限制，特别适合于大型小组解决问题的需要。

有效性

菲利普斯 66 是一个实用的、常识性的程序，可以协助大型小组进行讨论和解决问题。很多研究都报告了运用这个方法的有效性（Gulley，1968；Maier，1963；Stattler & Miller，1968）。使用正确的话，菲利普斯 66 可以运用到很多情境中，当然，准备不足、指示不清楚或不具体、对程序的目标解释模糊，则会使大型小组的会议变得混乱无序。

三、与社区小组一起工作的方法

与社区小组一起工作，例如与社会行动小组、社会组织联盟和代表委员会等一起工作，需要用到本章提到的很多方法和技术。例如，社区小组常常需要运用集思广益和其他解决问题的方法，来启发新的想法，处理面临的问题。与社区小组一起工作，跟与其他类型的小组一起工作截然不同，因为社区小组的重点在于：（1）动员个人参与集体行动；（2）为小组及其组员进行能力建设，以促进社区改变；（3）规划和组织社会行动策略。本章下面的内容就将重点放在社区小组实践的这三个方面。

（一）动员的策略

无论是与社会行动小组，还是与联盟或者代表委员会一起工作，工作者的基本任务都是动员个体组员参与行动。工作者是催化剂，激发组员对社区问题的兴趣，鼓励组员共同协作（Hardina，2013；McKnight & Plummer，2015；Pyles，2013；Walls，2015）。在开展动员工作时，工作者需要明确自己工作的人群由哪些人组成，包括深受问题影响的个人、社区领袖、正式和非正式的社区小组和机构、大型社会机构等。例如，要动员某个联盟来反对家庭暴力，工作者要约见家庭暴力的受害者、妇女团体、家庭暴力庇护所的工作者、纠纷调解中心、警察局、家庭法庭、社会福利部门，以及教长、牧师和地方政治家。

在动员过程中，一个重要的步骤就是，熟悉社区居民是怎样看待社区小组准备处理的这些问题的（McKnight & Plummer，2015）。有效的方式就是首先与社区内的民间和宗教领袖和社区活跃分子座谈。这些人通常会提供各种信息，反映社区过去是如何看待这些问题的。当然，也要尽可能多地约见社区的居民。

麦克奈特和普卢默（McKnight & Plummer，2015）强调，开展动员之前，一定要了解社区的情况，这一点非常重要。与社区居民的面对面的接触可以帮助组建社区小组和组织，这样，每个组员会感到自己很有价值（Pyles，2013）。在与社区居民见面时，工作者不要告诉居民应该考虑什么问题，有效的做法是让居民自己来探讨他们自身的问题，并核对和确认他们提出的各种问题，告诉他们，他们提出的问题与其他居民提出的问题基本是一致的。这样，社区居民就开始建立一种意识，即这些问题是他们提出来的，而不是工作者提出来的，因此，这些问题应该通过集体行动来解决。哈迪那（Hardina，2013）认为，在进行一对一访谈后，与社区居民群体见面是有帮助的。哈迪那（Hardina，2013）还指出，可以通过许多不同的方式促进群体对话。例如，使用具名小组、焦点小组、研究小组、更大的社区论坛等来帮助动员社区居民。

随着工作者越来越熟悉社区的情况，工作者应该清楚地知道哪些个体、哪些社区小组和哪些机构愿意一起来处理提出的问题。要确定在多大程度上，个体、小组和机构可以协助社区动员，工作者还要评估这些人在社区权力结构中处于什么样的地位。工作者要考虑建立什么样的合作伙伴关系会促进或阻碍社区动员的工作。工作者应该与个人、社区领袖和机构建立广泛的合作伙伴关系。但是，工作者需要特别小心面对那些在社区中名声不好或者跟大多数人目标不一致的人，因为他们的参与可能会破坏社区动员工作。因此，认真分析社区的权力结构，对有效动员是非常重要的（Hardina，2013；Kuyek，2011）。

388

迈耶（Meyer，2013）指出，为了保留他们所拥有的，或者促进社区居民形成新的或不同的行为方式，社区成员乐于成为联盟的一部分。当自己生活中重要的东西处于危险之中时，社区成员就会积极地组建社会行动小组和联盟来保护他们所珍视的东西。若有机会为自己、家人和社区其他人创造更好的生活，社会行动小组和联盟的成员也会积极行动起来（Meyer，2013）。动员包括增强意识和赋权。与个体居民、社区领袖和正式或非正式机构一起工作时，工作者要提出一个或一组相关的问题，以获得公众的注意。意识的增强可以通过几个步骤来实现。

- 与社区居民见面。
- 向民间和宗教组织进行宣传。
- 在公众听证会上发表声明。
- 通过地方报纸、电台、电视台、网站，公开宣传这个问题。
- 示范表演、纠察和抵制等。

增强公众意识的目标是鼓励社区成员重新获得个人和社区的自豪感，并共同努力改善他们的社区。麦克奈特和普卢默（McKnight & Plummer，2015）指出，意识增强包括帮助社区居民认识到事情的现状不是命运或他们自身失败的结果，而是社会结构所致。有了这种新的认识，居民们就会积极挺身而出为自己社区的改变而行动。

动员居民起来行动，涉及协助居民理解，集体行动是有力量来反对不公平和不公正的现实的。协助居民公开表明自己对某些问题的态度，发泄自己的不满，有时能够解决个人的问题（Rubin & Rubin，2008）。但是，个人的行动往往容易被人们忽视和淡忘，或者容易受到权威人士的惩罚。因此，工作者的目标就是要协助个体理解凝聚个人力量的重要性，只要大家团结起来，就能形成有影响的力量，促进改变。

要实现这个目标，一个方法就是强调集体行动的动力。如果居民意识到自己需要奉献、可以有所作为、坚信小组的目标，就会积极参加社区小组。罗宾夫妇（Rubin & Rubin，2008）认为，工作者可以采用各种手段：物质奖励，例如加薪、更好的住房；精神奖励，例如小组的归属感；表达性奖励，例如表达不同的观点和看法而获得的兴奋感和满足感等。

动员居民起来行动，还包括依靠自己的力量，也就是说，参与行动计划，培养自己对社区的兴趣和积极参与社区事务（Hardina，2013；Pyles，2013；Rubin & Rubin，2008）。要做到依靠自己的力量，有效的方法就是要让社区居民意识到计划或行动很容易达成。例如，某个社会行动小组、某个联盟或者某个代表委员会可能会赞助支持某个论坛，邀请本地的政治家和媒体参加。同样，可以在某个购物中心举办一个"社区教育日"，在学校中组织一次宣讲会，或者在某个公共广场上举办一次聚会。当居民经历了这些活动，他们可能就会有兴趣组织后面的活动，例如社区调查，或者一个大型的游说活动，而这些活动需要更多的努力和资源。

（二）能力建设策略

"能力建设"意味着协助社区小组发展能力和资源，从而可以成功地处理一个或者若干个问题。社区发展和其他形式的社区工作，其实都具有能力建设的性质（Hardina，2013；Pyles，2013）。它们能够协助形成小组，邀请来自私营、自愿和公立机构的人员共同参与社会行动（McKnight & Plummer，2015；Pyles，2013）。这个社区发展的过程包括安置和链接社区资源，包括但不限于小组（Pyles，2013）。

> **评估**
>
> 行为：收集和组织数据，运用批判性思维来为案主和代表们解释信息。
>
> 批判性思考问题：小组是社区的重要组成部分。工作者如何帮助组员运用能力建设策略？

390

在协助组员收集资料和发展资源的过程中，工作者需扮演协调员的角色。能力建设的第一步就是，要帮助组员尽可能多地了解自己面临的问题。工作者需要鼓励组员就需要解决的问题互相分享信息，商讨实现目标的办法。

在很多情况下，工作者和组员对与某个问题相关的信息的了解是不够的。因而，工作者要鼓励组员首先去收集相关资料（Hardina，2013）。可以通过对主要信息提供者进行社区调查和焦点访谈的方式来收集原始资料。工作者还要鼓励组员去寻找公共档案和报告。我们来看下面这个案例。

案例　社区组织

来自一家大型家庭服务机构的几名工作者决定，他们要为减缓他们所服务的集水区的城市衰退做些事情。在与社区领导者和其他主要利益相关者进行了交谈后，工作者发现，有很多居民有兴趣组织邻里协会。工作者们召集了社区领导者、社区小企业主、其他主要利益相关者和感兴趣的居民开会，讨论如何开始。

社会行动小组决定收集数据，以便申请资金。他们决定：（1）查阅城建部门档案文件，收集违反建筑规范的数据；（2）查阅警察局记录，收集特定社区犯罪的数量和类型的数据；（3）查阅县办公室文件，收集财产所有权的数据；（4）查阅公共福利机构和当地社区发展机构文件，获得估算的贫困率和无家可归的人口数据。通过这种方式，社会行动小组开始建立数据库，用于向"联合之路"和地方基金会申请种子资金，以获得启动和维持一个充满活力的邻里协会所需的资源。

能力建设的第二步就是协助小组或联盟熟悉能够支持社区改变的结构。重要的一点是，需要明确哪些有影响力的人可以促进社区的改变，还要确定这些人需要向谁汇报工作进度。工作者还可以协助小组确定并联络一些民间组织和宗教组织，它们可能有兴趣加人，共同解决某些问题；要协助小组来分析阻碍改变的反对方的有利和不利因素；决定采用什么策略来改变反对方的想法（Hardina，2013）。例如，房东是最容易受到房客示威的影响，还是最害怕来自教会团体的压力，抑或是最容易接受房屋管理规范的严格约束？

第三步就是鼓励小组去影响地方政府。工作者可以引导组员发现谁是政策制定者，谁是官僚，谁会支持小组的活动，或者谁可能针对某个问题引入新的立法程序。工作者还可以协助小组根据掌握的资料，来明确表明自己对某个问题的立场。在可能的情况下，小组应该与立法和官僚机构建立合作伙伴关系，这样立法和官僚机构就会支持改革。罗宾夫妇（Rubin & Rubin，2008）指出，立法者喜欢那些能够让自己看上去更加活跃、具有创新性和效率的新观点。工作者可以通过在听证会上的演讲和游说的方法，来协助立法者和官僚将这些问题放入自己的议事日程中。

能力建设的第四步就是，协助小组将现有的资源列出清单，明确实现自己的目标还需要哪些资源。这样，通过鼓励组员充分运用自己的资源，来处理整个社区面临的问题，会让组员感到自己的能力得到了提高。例如，小组成员可能会发现他们需要法律咨询。他们能够找到愿意与小组一起工作的律师吗？同样，小组可能希望印刷一个事实宣传手册或者传单，以便用于游说。有商业或者社区组织愿意协助小组设计印刷这个手册吗？工作者的一个重要的角色就是，协助小组发现这些资源，以实现自己的目标。要更多了解能力建设的知识，请参考范伯格、邦腾博和格林伯格（Feinberg，Bontempo，& Greenberg，2008），马蒂西克、莫里-克罗斯和蒙西（Mattessich，Murray-Close，& Monsey，2008），迈耶（Meyer，2013），或者扎科桑·爱德华兹（Zakocs & Edwards，2006）的著作。

（三）社会行动策略

哈里森和沃德（Harrison & Ward，1999）认为，社会行动有两个核心特点。第一，它可以推动民众运用个人能力来采取行动，改善自己的处境。第二，社会行动建立在开放式的参与之上，人们在小组中集体协作，探讨各种社会问题，并采取行动来解决这些问题。自我管理和赋权是两个主要的因素。这里不会有指责受害者，或者关注缺点和问题等情况出现。相反，工作者会鼓励组员充分发挥自己的能力，协助他们为自己采取行动（参见 Pyles，2013）。社会行动的理念就是，相信深受某个问题困扰的人，是最适合说明自己的经历并决定解决办法的人。有一系列的社会行动策略可以用来协助社区小组实现自己的中期目标。策略包括政治倡导、谈判等，以及包含立法和法规诉讼的立法策略、资本为本的社区发展、直接行动、替代性社区和文化发展策略等（Hardina，2013；Pyles，2013；Rubin & Rubin，2008；Walls，2015）。

可以采用很多不同的政治行动方式，主要包括：

- 组织投票者的登记运动。
- 提名和组织对地方官员的游说。
- 发展和支持全民公决、提案和其他基层努力，以绕过立法者，力争使自己的提议直接进入投票阶段。
- 游说和倡导。
- 参与公开听证会。
- 监督官僚和监管机构遵守法律。

政治行动策略是用来让权威人士关注社区小组的目标的，而立法行动策略的使用是为了迫使政治家和官僚就某个社区组织或者社区联盟提出的问题采取行动。立法行动策略会有势不可挡和制约性的效果，但是，它们有时需要付出很大的代价和时间成本。有时，某个法律顾问提出要采取立法行动的威胁也会产生某些效果。更多的时候，立法行动还是需要专业人士的帮扶、大量的经费支持，以及极大的耐心。尽管社区组织的联盟以及全国性组织下属的社区组织也可以有效地运用立法行动策略，但是，政治行动策略和直接行动策略可能更受这些组织的欢迎。

直接行动策略包括集会、示威、游行、抗议、静坐、守夜、封锁、抵制、罢工以及许多其他形式的暴力和非暴力抗议。直接行动策略可以使组员宣泄自己的不满和愤怒情绪，但有时会产生反作用。负面的公众宣传、身体的伤害、放火和拖延工作等，可能都是负面结果。因此，直接行动策略在没有深思熟虑和充分准备的前提下，最好不要随便使用。只有确定政治行动和立法行动都不能实现自己的目标时，才可以采用这个策略。还要记住一点，威胁使用直接行动，其产生的威慑力与行动本身的威慑力是相同的。因此，如果一个社区组织经过认真考虑决定使用直接行动策略，那么，一个明智的方式就是，要向公众说明小组的意图、对手要避免直接行动会采取的具体步骤。

在他的教科书《反叛手册》中，阿林斯基（Alinsky，1971）提出了在不同行动策略之间做选择的若干实用性规则。例如，他说，要选择得到组员广泛支持的直接行动策略。他还说，所选择的策略要强调对手的弱点。这样，组织引起媒体广泛关注的集会，对那些特别担心自己负面媒体形象的对手来讲，就是致命的；而经济抵制对反抗一个受到股东提高自己利润的压力的公司来讲，也是非常有效的。

在选择社会行动策略时，有一个共识，就是要决定何时让社区小组开始采取这个策略。在早期要采用合作性和非侵入性策略，然后才能采取破坏性或冲突导向的策略。先要采用合作和谈判策略，然后才能采用冲突策略。合作意味着尝试给某个目标系统带来改变，工作者试图说服目标系统，改变会给所有各方带来最大利益。在谈判中，为了实现改变，工作者和目标系统双方都会丧失某些东西，同时也会得到某些东西。谈判的过程中应包含出于良好意愿的补偿性安排，这样双方都会做出一些让步，让对方满意。

如果合作和谈判都不能奏效，那么，小组可能就要被迫采取冲突策略。在任何情况下，工作者都要协助组员从建设性和符合职业伦理的角度，逐一运用这些策略。工作者需要认真警惕小组将冲突当做小组的第一个策略，可能因为大家认为这个策略能够最快奏效，或者组员希望实施个人报复。要了解开展社区小组工作的更多信息，请参见哈迪那（Hardina，2013），麦克奈特和普卢默（McKnight & Plummer，2015），派尔斯（Pyles，2013），沃尔斯（Walls，2015），以及威尔斯-威尔本（Wells-Wilbon，2016）的著作。

393 # 案例

有个为艾滋病外展服务协会提供资金支持的组织，对诺拉的研究和记录印象特别好，因此决定提供预算聘用四个人承担新设立的个案管理的工作。由于这个新的服务计划非常重要，诺拉希望机构内相关的群体都能就此发表意见。因此，她组织了一个临时委员会，参与者包括督导、服务计划主任、两名服务对象，来协助招聘和聘用选择工作。

在该委员会的第一次会议上，诺拉讨论了组建小组的宗旨以及如何落实自己的责任。她指出，小组要负责决定这些职位需要什么样的技能，还要对各位应聘者进行排序和打分。第一次会议期间，小组讨论了个案管理者应该承担的任务、活动以及服务内容。第一次会议结束时，大家提出了一个新雇员需要履行的潜在职责的范围。

一周之后，诺拉召集了小组的第二次会议。小组成员想要设计一个筛选候选人的程序，但是，还没有讨论出能够指导选择过程的指南。组员们提出了很多想法，但是小组似乎没有全部记录这些观点，诺拉建议小组小休一会儿。当组员们返回后，诺拉拿出一张活动挂图放在桌上，她建议，组员运用集思广益技巧来共同讨论该职位到底需要什么样的技能和特质。她解释说，在集思广益中，组员要尽可能多地提出自己的看法，不要考虑它们的重要性。换言之，组员们要开动脑筋来思考各种想法，而不要先去评价这些想法，直到思想激发阶段结束。组员每提出一个想法，都被写在挂图上，在集思广益环节结束时，诺拉提出了一系列的标准，然后，将它们排列成一个清单。她非常高兴，因为组员们提出了很多想法。

在明确了如何给应聘者打分后，小组现在面临的问题就是要将清单上的标准，按其重要程度来进行简化。诺拉建议采用具名小组技术中的某些要素来确定重要的标准。她组织小组组员来讨论各种标准，她让组员在纸上写下自己对各项标准的排序，从最重要到最不重要。在排序过程中，诺拉要求组员相互之间不要讨论。接下来，诺拉要求组员轮流提出自己排序最高的观点，直到每个组员汇报完自己排在前五名的观点。诺拉运用这个清单，并将这些标准分类。接着，她要求组员轮流与其他组员一起讨论自己的选择。根据这个讨论，诺拉请组员就整理过的清单进行投票，并将每个类别中的五个选择标上分值。然后，诺拉将所有的分值统计好，将排在前五位的选择当作组员共同决定的标准。这些标准包括与艾滋病病人一起工作的经验、对艾滋病知识的了解、对服务系统的了解、人际沟通技巧、发展新服务的创新性。小组一致同意，他们将运用这些标准来筛选应聘者，并给他们打分。小组会议结束时，根据标准他们发展出了一个职位要求，诺拉将这些要求登在两家地方报纸的广告版面上。

几个星期之后，诺拉又召集了小组来讨论他们接下来的工作。上次会议之后，这个职位的招聘启事已经刊登出去，机构收到了一些人的求职信。小组下一步的任务是筛选候选人，根据小组制定的标准来给他们打分。

开始时，组员没有制定出处理程序规则，他们热衷于评论这些候选人。诺拉建议小组运用一种更加科学的方法来指导程序。也就是说，采用多属性效用分析方法。这就要求小组回顾小组之前制定的标准，并将这些标准具体化，明确界定该职位的最低要求和最理想标准，然后根据决策标准来系统地给候选人打分。虽然某些组员在这个程序初期深表怀疑，但是，他们很快就发现，这种方法能够使自己更加系统地考察每个候选人。在结束的时候，组员们都能做到给候选人从高到低排序。为了确保大家能够就排序达成共识，最后一轮的讨论是围绕小组排序程序进行的。委员会的工作最后以向艾滋病外展服务协会的执行主任提交了一份报告，附加一个经过排序的候选人名单而告结束，这些人将接受进一步的面试，以获得该职位。

394

四、小结

工业、工商管理和社会服务机构总结出了很多方法，可用于任务小组在中期完成自己的任务。本章讨论了一些被广泛运用的方法：(1)集思广益；(2)逆向集思广益；(3)连锁激发小组；(4)焦点小组；(5)具名小组技术；(6)多属性效用分析；(7)质量圈；(8)质量改进小组。本章还介绍了运用在大型任务小组中的议会程序和菲利普斯66。

本章的第二部分描述了协助社区小组在中期实现自己目标的方法。这部分主要介绍了三种协助社区小组实现目标的方法：(1)动员个人参与集体行动；(2)为小组及其组员进行能力建设，以促进社区改变；(3)规划社会行动策略。

第十三章

结组工作

结组阶段其实是小组工作实务中非常重要的一环。但是自从《国际小组心理治疗期刊》在1996年出版了一期特刊后,针对小组结束阶段的文献就不多见了。小组工作者在结组阶段使用的技巧在一定程度上决定了整个小组过程是否成功,而且,工作者和组员对小组的后续印象就是在这个阶段形成的。如果工作者不能圆满地结束小组工作,那么原本可以取得成功和有效的小组工作就会被毁于一旦。

在结组阶段,小组工作成果得到巩固。在任务小组中,小组决策、报告、建议和整个小组的其他成果在结组阶段就完成了,接下来的任务就是要考虑,如何能最好地把小组工作成果付诸实施。在治疗小组的结组阶段，个体组员发生的变化被稳固下来，为小组结束后巩固这些成果的计划也被相应地制订了。在组员自我袒露水平高的小组的结组阶段，工作者要帮助组员处理因结束他们与工作者之间的关系而产生的情绪上的反应。同时，对工作者来说，他们也要处理好自己面对即将结束的小组而可能产生的情绪反应。本章将讨论在每次小组会议结束和整个小组结束时需要完成的工作任务和使用的工作技巧。

一、影响结组的因素

结组的方法有多种，采用何种方法结组主要取决于小组是开放式的还是封闭式的。在封闭式小组里，除非有非计划性结组的情况，否则所有组员都在同一时间结束小组工作。在这类小组里，工作者帮助所有组员应对因小组即将结束而产生的共同问题和情绪感受。相对来说，开放式小组的结组对工作者是一个更大的挑战。这类小组里，有些组员可能会对小组结束有情绪上的反应，而另外一些组员的反应可能与他们在小组刚开始时的反应是一样的。在开放式小组中，工作者要采取个别化的方法来帮助每一位组员处理他们的感受。但是，由于每一位组员都将最终经历与小组的分离，所以，工作者可以利用正在经历分离的组员的感受，去帮助那些将来也会经历类似感受的组员。

396

结组方法的多样性还取决于小组对组员的吸引力。如果小组对组员有很大的吸引力，那么组员可能会把结组看成是一个负面的事件。相反，如果组员认为小组活动很乏味，那么组员对结组就会感到如释重负。

此外，结组方式还取决于小组的类型，即是治疗小组还是任务小组。例如，在很多治疗性和支持性小组中，组员向小组袒露过很多关于自己个人生活的私密细节，他们放下自己的防范心理，在向小组分享困扰自己的问题、困难时，他们情感上变得很脆弱。在这类小组中，互助和互相支持随着组员间和组员与工作者间的关系的进一步加深而建立起来。成员们因此变得信任彼此，倚重工作者和同组成员对他们提供的治疗建议和方案。

二、结组的过程

在治疗性、支持性和成长小组中，结组工作可能会带来组员强烈的情绪反应，但是在教育性和社会化小组中，这种情况不太常见。

结束与对组员产生过重要影响的治疗小组的关系，和结束与任务小组的关系，有很大的区别。在任务小组中，组员的自我袒露水平通常相对较低，因为这类小组的任务是产生某种成果，例如产生一份报告或制订一个行动计划，因此组员通常期望尽快结组，这样他们就会有一种成就感或感到欣慰——他们的任务完成了。而且，由于他们没有必要放下自己的防御心理或向小组分享自己的个人问题，所以，在结组的时候他们的情绪反应并不强烈。此外，任务小组的组员有可能还会在其他委员会、小组或理事会中合作，因此任务小组的结束不会导致那种在治疗小组中出现的永别的感觉。

有关任务小组的文献的关注点主要是，领导者结束小组会议时使用的技巧，而不是结束整个小组工作时使用的工作技巧（Tropman，2014）。这与有关治疗小组的文献的关注点完全相反，后者关注的是整个小组的结组工作而不是单个小组会议的结束。

三、计划性结组和非计划性结组

在有时间限制的封闭式小组的开始阶段，工作者和组员决定小组会议的次数。而在其他小组的开始阶段，如果没有确定固定的小组会议次数，那么就会出现工作者不能控制的各种因素而造成小组结束，例如在住院或住宿式的情境下开展的小组中，某个组员何时出院等。在其他情境下，工作者要和组员讨论小组工作应该怎样结束。例如，工作者可以要求组员提前告知，这样工作者就会有时间整合组员已经取得的进步和计划未来的行动。这样还可以防止组员不告而别。

397

（一）组员退组

有时候，在小组计划结束的日期前，组员就不再参加小组了。这种非计划性的结组其实非常常见。文献回顾发现，有大约30%的小组是非计划性结组的（Barlow，2013；Burlingame，Strauss，& Joyce，2013）。

案例　提前退出小组

在某个由分居或离婚人士组成的小组里，有三位组员没有参加小组的第二次会议。当工作者跟他们联系时，发现其中一位组员住的地方离小组会议地点有40英里远，这位组员结束第一次小组会议后在大雾弥漫的乡间路上开车回家，他因此决定不再参加小组。另外一位组员工作上发生了意想不到的变化，他因此不得不在原定参加小组会议的时间去上班。而第三位组员的雇主接了工作者的联系电话，告诉工作者说这位组员的一个孩子发生了严重的事故。这位组员在两周后打来电话解释说："我一直奔波在医院和家之间，因为家里还有两个孩子需要我照顾。"

在治疗小组中，组员的参与是自愿性质的，所以有时候在小组的第一次或第二次会议后都会遇到组员人数减少的情况。经过第一轮的组员退出后，小组通常都会有几个稳定的核心组员坚持到小组结束。

在领导小组工作时，工作者有时候会反问自己："是不是因为我做了什么，才使得组员不愿继续参加小组了？"但在随后的跟进调查后，工作者通常会发现组员提前退出小组与自己的干预行为没有关系。

还有经验数据表明，工作者也无法控制某些非计划性

研究型实务

行为：将研究结果转化运用到实务工作中，以丰富和改进实务工作、政策和服务的提供。

批判性思考问题：组员经常会退出小组。研究结果为工作者提供什么样的建议才可能避免组员提前离组？

的结组发生。例如，对某戒烟小组治疗项目的评估结果显示，组员提前离组的原因各异（Toseland，Kabat，& Kemp，1983）。有几个组员是因为不满意小组或小组领导者，而其他几个组员认为小组讨论的问题与自己的经历不相干。尽管大家可能会认为，组员提前离组是因为小组干预治疗失败，但是通过对八个戒烟小组工作的评估发现，七个提前退组的组员中的一个，离组的原因是他认为自己已经不吸烟了，因此就不需要再参加这样的治疗小组。还有一个组员在跟进调查评估之前就离开了小组。因此，组员非计划性地离组可能是因为他们缺乏兴趣或参与动机，也可能是因为某些特别的生活事件或其他工作者不能运用工作技巧施加干预。工作者意识到这些非常重要。例如，特斯兰和同事们（Toseland，1997）发现，养老院的老人是否能参加小组活动很大程度上受到他们健康状况的影响。

亚隆（Yalom，2005）列出了可能造成组员提前离组的9个因素。他指出，有些组员提前离组可能是因为筛选小组组员的过程出现了失误，或是因为治疗技术操作失误（Yalom，2005）。下面就是他提出的9个因素。 *398*

- 外部因素，例如行程安排上的冲突和地理位置的变化。
- 小组中的突异分子，例如最有钱的组员、唯一未婚的组员或类似这样的组员。
- 无法建立组员间的亲密关系。
- 担心受到情绪的感染。
- 无法与工作者的时间同步。
- 同时参与个案咨询和小组治疗而引起的冲突。
- 早期出现的挑衅者。
- 对治疗的认知了解不足。

● 由次小组带来的冲突。

但是，有时候组员提前离组是因为他们对小组或小组领导者不满意。例如，在治疗小组和成长性小组中，对质是工作者要使用的一个治疗技巧，但组员在面对某个带有强烈情绪的问题时，会变得很愤怒，继而威胁不再参加小组。为了避免组员提前离组，巴罗（Barlow，2013）和沃尔什（Walsh，2010）建议，在筛选组员时，工作者要仔细进行组前访谈，选择那些能够从小组中受益的组员。然而，也不可能总是能将那些因为防御性强、易怒或冲动而可能会提前离组的组员筛出去。因此，一些工作者在与组员签订小组参与协议时都特别明确地提出，组员必须在他们离组前 2 周内告知小组，这样这些组员就会认真考虑自己是否要参与小组。

组前培训也是一个有效方法，可预防治疗小组组员提前离组（Barlow，2013；Burlingame，Strauss，& Joyce，2013；Mangione，Forti，& Lacuzzi，2007）。最常用的组前培训形式是，工作者和每一位组员见面，一起浏览小组的程序和方法步骤（可参见第六章）。组前培训还有其他多种形式，例如看或听某个类似小组的活动音频录像，旁观一个小组的活动，和已处在小组发展阶段的小组组员及工作者聊聊。派珀、德班恩、比安弗尼和加朗（Piper，Debbane，Bienvenu，& Garant，1982）发现，组前培训有效地减轻了组员的焦虑，发展了组员的人际关系，从而使组员提前离组的概率降低了13%～30%。过去二十年里，针对组前培训的效果，学者们还做了很多研究。他们的研究都表明，在减少组员在小组初期对小组的模糊认识和困扰等方面，组前培训确实发挥了很大的作用。对这些研究的总结，可参见巴罗（Barlow，2013）以及曼焦内、福地和拉克齐（Mangione，Forti，& Lacuzzi，2007）的著作。

399　　如果工作者花时间去研究组员离组的原因，他们的发现就可帮助降低下一个小组的组员离组率。例如，有时工作者会发现，在组员参加小组活动时为他们安排托儿服务，就会降低组员离组率；或者为组员提供参加小组活动的来往交通，也会产生这种效果。另外，小组工作者会发现，一些方法可以提高自己的技巧，以防止组员离组。例如，在使用对质方法时，要有温和、试探性的态度。有一个对 275 个小组工作者（也是美国小组心理治疗协会会员）的问卷调查，这 275 个小组工作者都参与过或正在带领长期小组工作。这个调查发现，在组员非计划性离组的原因清单上，排名最靠前（33%）的原因是，组员的干扰性行为导致工作者要求他们离开小组。排名第二位（29%）的原因是，组员的目的和小组的目的不相匹配从而被要求离开小组。还有其他原因，包括：组员威胁到小组工作（20%），组员不参与小组活动（19%），组员和其他组员之间的破坏性关系（16%），小组对组员发展没有帮助（18%）。但是我们要注意的是，这些发现其实是在一个反馈率非常低的问卷调查（11%的参与者回应了此问卷调查）基础上总结提出的，而且这些回应者中的一半工作者是私人执业者，他们领导的小组主要是长期小组（Mangione，Forti，& Lacuzzi，2007）。有时候，整个小组也可能会提前结组。就像个别组员提前离组的原因

各式各样，小组提前结组的原因也有很多。如果小组一开始组员就不多，然后在小组过程中又有几个组员提前离组，小组就不能有效发挥其功能而提前结组。其他原因还包括：小组资助机构不再提供支持；外界施压要求小组改变其功能目的，小组因做不到或不愿意而提前结组。

小组还可能因为自己内部功能失调而提前结组。例如，组内的沟通和互动模式分配不佳而导致次小组出现，或者某些组员成为替罪羊，或由某几个组员主导了小组活动。此外，小组可能对组员没有足够的吸引力，因此小组不能作为一个有凝聚力的组织而共同合作或发挥功能。如果某些组员不服工作者或其他组员的控制性行为，那么小组内形成的社会控制机制，包括规范、角色、地位等级和权力等就可能造成严重的紧张和冲突。缺乏必要的社会控制可能会给小组造成混乱，使小组变得漫无目的、放任自流，这最终将导致整个小组瓦解。还有一种情况是，组员不能在小组的价值观、应该关注的工作重点、合作方式和小组文化的其他方面达成共识。

工作者一旦发现小组有夭折的苗头，就要仔细地分析检查是什么因素造成这种情况。可以从小组策划阶段开始去寻找小组功能失效的原因。仔细地分析这些原因会帮助工作者避免在未来的小组中再遭遇同样的问题。

（二）工作者离组

我们发现，尽管很少有文献讨论工作者不得不结束他们的小组工作的案例，但是，导致工作者结束小组工作的最常见的原因可能是，学生在结束实习项目后离开，他们找到了新的工作或承担了不同的工作角色。在对两个工作者离组的案例研究中，隆、彭德尔顿和温特（Long，Pendleton，& Winter，1988）发现，工作者离组会造成对新的工作者的考验，还会导致小组过程和结构重组。

> **伦理和职业行为**
> 行为：在做伦理抉择时，要应用 NASW 伦理守则的标准、相关法律和法规、伦理决策模式、研究的伦理操作和符合当时状况的其他伦理守则。
> 批判性思考问题：有时组员会离开小组。在工作者启动结组过程时，他们要考虑哪些伦理问题？

为了降低因工作者离组而给正在进行的小组工作带来的干扰，可以采取几个步骤。
- 工作者要尽早告知组员自己什么时候会离组。
- 要告知组员自己离组的原因，鼓励组员们坦诚地分享对此的感受。
- 未完成的工作要在离组前完成。
- 要向小组介绍新的工作者，如果有可能，要和新工作者一起主持小组工作直到自己离组。

四、结束小组会议

谢德尔和克罗威尔（Scheidel & Crowell，1979）列举了在结束小组会议时，工作者通常要完成的四个任务：（1）结束小组会议工作；（2）安排下一次会议；（3）准备一份小组工作的总结或报告；（4）策划小组的下一步行动。在准备结束的时候，工作者应该尽力使小组按照日程安排进行，他们还要尽力保证日程安排上的所有事项和所有组员的问题都得到足够关注，但是小组不应该花费太多时间逐一讨论每一事项或每位组员的问题。为保证小组按照计划往前进行，工作者可以这样做：

- 让组员专注于讨论的主题。
- 限制每位组员发言的时间。
- 总结小组讨论过的内容。
- 每个主题被讨论后，要做个结束总结。

在结束此次小组时，工作者应尽力避免有新的问题出现或有新的事项要讨论。工作者要利用会议结束的时间来进行反思。这个反思过程要做到以下几点：（1）重点讨论此次会议；（2）回顾此次会议发生的事件，并发现它们对组员的意义；（3）分析小组讨论的重要意义；（4）仔细查看组员能从小组讨论中得到什么样的收获，探讨组员如何将获得的这些知识运用到他们自己的生活中。会议结束的时间还是明确那些尚未完成的工作的好时机，也是考虑以后的会议中要完成的目标的好时机（Birnbaum & Cicchetti，2000）。对已完成的任务和将来会议中应完成目标的讨论，将有助于保证小组工作的持续性。让组员参与制定未来小组会议的议程安排，并且使他们能够对自己的小组经历发表想法，这就是赋权组员（Birnbaum，Mason，& Cicchetti，2002）。它为组员提供了一个机会来表达他们是否满意，因在小组会议中完成的工作而获得的成就感，以及他们对小组如何发挥功能的看法。伯恩鲍姆和齐凯迪（Birnbaum & Cicchetti，2000）指出，在小组会议结束时，邀请组员发表一些不同的观点和看法，也非常有助于工作者开展更有效的小组工作。欢迎不同的观点和看法还会帮助组员及时表达不满和冲突，在他们的不满爆发前就把冲突解决掉。同时，听取不同观点和看法还会帮助组员对小组过程和小组会议的内容进行讨论。这样一来，组员对未来小组会议的内容和过程策划就会承担越来越多的责任。

尽管工作者尽力使会议有合理的安排，以保证在小组会议结束前有足够的时间来讨论所有重要的议题，但是正如舒尔曼（Schulman，2016）所指出的，有时候组员会在会议结束前提出"临门一脚"的问题。如果对这些问题的考虑和讨论可以推迟，那么最好等到下一次会议时经过全面讨论后再对其加以处理。如果对这些问题的讨论不能推迟，工作者就要咨询组员是否愿意让会议再持续一会儿以讨论这些问题。如果组员们不同意，工作者可以在小组结束后和有兴趣的组员在组外进行讨论。

在结束小组会议时，工作者还要帮助组员解决一些遗留的冲突。冲突的解决，能够使组员愉快地配合落实整个小组的决定。工作者还可以引导组员讨论他们在小组活动过程中发展的工作关系的优缺点，如果小组未来还会继续合作，这个环节就尤其重要。

在会议结束的时间里，工作者要协助小组策划后续的会议。在考虑是否还需要聚会的时候，就有必要回顾和总结小组工作。小组会议活动的总结会厘清哪些问题已经解决了，哪些问题还未解决。清楚地总结小组已取得的成绩是安排下一次会议的前提。这样的总结还可提醒组员，有哪些活动和任务需要在下次小组会议前完成，同时也能帮助工作者意识到还有哪些事项要安排在下次会议的议程中。

如果小组完成某一任务，那么会议的最后几分钟就可以用来确保所有组员都理解并赞同对此次会议做的口头或书面形式的总结。在这类小组中，要在会议过程中准备这样的总结报告一般效果不好。因此，会议结束前的几分钟可以用来列举和强调报告提出的主要结论，布置组员分别负责准备相关的报告内容，还可以建立一个机制，以便报告在提交前获得组员认可。

小组会议结束前的时间还可以用来计划未来的小组行动。然而，由于行动步骤的计划需要很长时间，这些计划通常在小组会议进行的过程中就已经制订完成了。在会议即将结束时，可以对这些计划进行总结，并由组员挑选任务或给组员指派任务。

工作者要协助组员保持他们的参与动机、对小组的热情投入和责任感，以此保证将他们同意承担的任务具体落实。为了帮助组员保持其参与动机，工作者应该对组员在组内的工作和他们在组外的表现给予高度赞扬。

工作者还可以提醒组员，他们积极完成自己承诺的任务会给他们带来什么样的好处。

五、结束整个小组

结束整个小组工作时，有很多任务要完成：

- 学习组员的经验。
- 保持已改变的行为，并将改变的影响扩展到其他方面。
- 降低小组对组员的吸引力，提高个体组员独立解决问题的能力。
- 帮助组员处理因结组引发的情绪问题。
- 规划未来。
- 进行转介。

● 评估小组工作。

本书第十四章将会讨论小组工作评估，本章则详细地介绍结束整个小组时要完成的其他所有任务，以及工作者有效地完成结组任务所需要的技术和技巧。在这些结组任务中，很多是同时进行的，所以完成各项任务的具体的先后顺序是由小组的性质和类型决定的。

（一）学习组员的经验

在小组的最后一次会议上，除了进行正式的小组评估程序，工作者还要为每一位组员提供机会，让他们对自己在小组中的表现做一个简短的总结。一种常见的方法是，小组组员轮流发言，每位组员都有机会说一说他们喜欢小组的哪些方面，他们学到了什么，他们将如何把自己所学的知识应用到以后的问题处理中。工作者还要鼓励组员，针对如何进一步改善小组工作发表看法，以及讨论同组成员之间如何学习彼此的经验。对个体组员来说，此时还是一个非常重要的时机，可以向那些为小组做出贡献的同组成员表达感谢。接下来是工作者发言，要对自己从每位组员身上学到的经验和他们对小组的贡献做一个总结。工作者还要为每位组员在小组中取得的进步做出肯定并切合实际的反馈，提醒他们自身的优势和应对问题的方法，以及如何将这些应用到日后的问题处理中。如果小组没有安排整体性的跟进调查活动，小组工作者则应该在结组后的一或两个月后，与组员安排个别性的跟进访谈，进一步了解他们对小组工作的看法，肯定他们在生活中的积极改变，并帮助他们处理在结组后可能出现的新的问题和困难。

（二）保持和扩展组员改变的成果

治疗计划制订并完成以后，工作者要确保治疗计划帮助组员获得的成长改变都能得到保持，并且这些行为变化还能带来他们生活中其他方面的变化。然而，对治疗性干预服务的结果评估发现，随着时间的推移，治疗性干预形成的积极效果很难持续下去。例如，在对两个为体弱年老者的照顾者提供的两个干预项目的服务评估中发现，小组干预刚刚结束时组员所表现出的某些积极变化在小组结束一年后都不复存在了（Labrecque, Peak, & Toseland, 1992; Toseland, 1990）。

而在为瘾君子提供的小组中，治疗性干预服务为组员带来的积极变化更难被坚持下来。例如，一个为烟民提供的治疗小组的评估结果发现，参加小组干预活动后 60% 的组员最初都成功戒烟，但是小组结束 3 个月后，只有 36% 的组员坚持了下来（Toseland, Kabat, & Kemp, 1983）。很多与其他成瘾习惯相关的干预项目，例如与吸毒、酗酒和暴食等习惯相关的干预项目，其评估研究也报告了类似的结果（Boyd-Franklin, Cleek, Wofsy, & Mundy, 2013; Chiauzzi, 1991; Marlatt, 1996; Marlatt & Barrett, 1994; Vaillant, 1995）。在为反社会行为人士（如青少年罪犯）和严重心理疾病患者提供的干预小组服务项目中也有同样的问题。无论是刚刚从业的工作者，还是经验丰富的工作者，都常常错误地认为，某些行为的改变可以被看作是组员的社会功能水平得到提高的一个重要指标，而这些工作者并不能确保，组员在某些行为上的改变会扩展到他们在其他相关的但没有接受过干预服务的行为上的变化。对各种类型的治疗性干预项目的评估结果显示，组员的某些行为在干预治疗后的变化，并不意味着在其他环境下他们会有类似行为的改变（Masters，Burish，Hollon，& Rimm，1987）。例如，父母学会了如何控制孩子发脾气，但这并不意味着父母引导孩子如何与同伴玩耍方面的能力也会提高。

　　尽管很多人在寻求小组服务时，只是希望工作者能帮助他们改变某些行为，但是大多数人在参加小组后都希望小组干预服务有助于他们的生活状况得到普遍性的改善。因此，工作者有必要帮助组员，把他们在小组内获得的成长变化带到他们生活中的其他各个方面。值得注意的是，除了罗斯（Rose，1989，1998）的研究之外，在小组工作研究领域中很少有与此相关的文献资料。几乎所有关于保持改变并将之扩展到生活其他各个方面的理论发展和临床实务工作，都是以行为矫正和学习理论的文献为基础的。这类文献表明，工作者可以做几件事，以帮助组员保持已改变的行为并将之扩展到生活的其他方面。

- 帮助组员处理相关情况。
- 帮助组员建立对自己能力的信心。
- 利用不同的情境和背景，帮助组员学习新行为。
- 利用自然产生的结果。
- 通过跟进活动来延长干预服务。
- 预防在缺乏同情心的环境下出现的行为倒退。
- 为组员提供一个可以在各种情况下使用的整合资料和解决问题的框架，以帮助他们独立地解决问题。

相关情况

　　为了实现长期的改变，并且使这些改变能发生在组员类似的生活情境中，小组干预中的问题和困难应该是与组员在日常生活中遭遇的问题相关的，并且是他们真实经历的体现。有时候，组员会被不相关的问题分散注意力，这就是一个信号，说明他们在回避难题和他们需要做出的改变。工作者要帮助组员把注意力重新引回到小组的中心议题上来。

　　此外还存在的情况是，小组讨论的干预情境可能非常具体而且高度个性化。尽管在制订治疗计划时，计划越具体越详细越好，但是，工作者还是要确保，与所有组员相关的情况都要包括在小组的干预计划中，这样组员才能做好准备以应对他们在未来生活中可能遇到的类似情况。

　　另外，虽然小组为组员提供了一个保护性的环境，他们可以在其中享受到同组组员和

404

工作者的支持、鼓励和理解，但是，小组还应该是这样一个场所：在小组中，组员可以讨论，离开小组后，自己的行为在组外的情境下会受到什么样的对待，他们彼此之间可以提供真诚的建议反馈。小组工作者应该鼓励组员在小组内尝试新的行为方式，但是不要让组员误以为他们在组外的情境下尝试新行为时还会得到同样的支持和鼓励。总之，小组也应该为组员提供支持性和爱护性的工作氛围，但是，小组要帮助组员们理解、应对在组外情境下他们可能会遇到的回应。

帮助组员建立自信

很多治疗小组花费大量的时间来讨论组员的问题和困难，以及他们处理问题的不恰当方法。尽管这样可以为组员的想法和感受提供发泄渠道，起到一定的治疗作用，但是就如李（Lee，2001）所指出的，治疗中有太多时间花在讨论组员的问题的负面影响上，而没有足够的时间为组员赋权和帮助他们建立自信。因此，李认为，强调负面的想法、感受和经历会强化组员的一种行为趋势，就是组员会持续地在组外情境下表达自己的负面问题。

随着小组发展，工作者应该鼓励组员寻找他们所遇到的困境的适应性替代方案。如果组员在小组中仍然陷于不良的行为表现不能自拔，并一直压抑表达自己的想法，那么组员就不太可能有自信，不会觉得自己有能力解决或处理他们日常生活中遇到的问题。尽管在治疗小组中不可能避免讨论组员的问题，或者讨论问题也是小组计划之中的，但是工作者应该帮助组员发现自己的能力，要鼓励组员运用自己的能力和资源去解决自己遇到的困境，以便为离开小组做好准备（Saleebey，2013）。项目活动、角色扮演和小组练习在帮助组员发现自己的优势、建立对自己有能力解决问题的信心等方面尤其有效。这个过程反过来又会帮助组员获得信心，相信离开小组后能继续发挥自己的社会功能。

案例　青少年小组

某青少年小组的工作者请她的组员们回忆某一个情境，就是他们害怕或担心自己的行为会出错，但是在真正地实施这些行为以后，他们发现自己做得很好。工作者邀请组员轮流来描绘这样的场景并告诉大家后来怎么样了。在每个组员发言后，工作者接着请组员们思考，他们从这样的经历中学到了什么，这样的经历会怎样帮助他们建立信心，相信自己有能力应对未来可能会遇到的困难。

利用各种情境和背景

保持并扩展新行为的另一个方面就是，帮助组员做好准备面对各种不同的情境，以防这些情境对他们保持自己的新行为造成干扰。虽然帮助组员为保持新行为做好准备是小组会议结束过程的一个重要任务，但这样的小组活动应该在组员参与小组后就开始，即使组员带到小组讨论中的问题或困难也许只局限于组员生活中的某一个情境或背景。例如，有沟通困难的某组员，在不同情境下和不同的人交流沟通时，通常会遇到不同的困难。由于不同组员在彼此的交流沟通中会有各种不同的回应，所以小组是一个帮助组员锻炼在不同情境下和其他组员交流沟通能力的理想的环境。班杜拉（Bandura，1977）的研究就明确指出，组员对多种交流沟通模式的运用会进一步扩大小组干预的效果。

在面对更复杂的情境前，可以运用角色扮演来练习应对那些简单的情境。但到底什么是简单的情境，什么是复杂的情境，这取决于个人的不同情况。因此，工作者要评估每位组员的需求，对不同的情境制定小组干预的一个等级分类，一旦组员展示了他们有能力应对小组中的各种情境，工作者就要鼓励他们在组外情境下再练习自己的新行为。

小组活动还可以模拟组员在组外可能遇到的情境。例如，在与同班同学社交困难的儿童小组中，工作者就可以鼓励这些孩子参加团体体育活动，合作在这样的体育活动中是关键。对长期精神病住院患者，工作者可以鼓励他们准备并参加小组的一次晚宴活动，以此锻炼他们的技能，帮助他们为即将入住社区做好准备。

利用自然产生的结果

一开始组员做出行为的改变通常很困难，但是如果行为改变带来积极的结果，这些变化就容易被保持并扩展。例如，体重减轻一开始可能会带来不适，但是很快便会因同伴们的赞美以及自己对体型感觉越来越满意而产生积极的结果。所以，为了帮助组员保持并扩展新的行为，工作者应该尽快帮助组员体验因为行为改变而产生的积极结果，并且使这样的积极结果维持尽可能长的时间。

案例 戒烟小组

在某戒烟小组中，一旦组员决定戒烟，工作者就鼓励他们去发现自己的家庭成员和朋友对这种决定会有什么反应。他们可以和家里人及朋友聊聊，自己也可以想想戒烟的好处。比如：（1）他们会省下买烟的钱；（2）他们再也没有难闻的口气；（3）他们的衣服、房间和车里再也不会有烟味儿；（4）食物在他们口中变得更美味；（5）他们在走路和爬楼梯的时候，肺活量会大增，元气和耐力也会提升；（6）他们再也不用住在充满致命的二手烟的房间里；（7）他们的生活质量会提升，活得更长久。工作者要鼓励组员，在有吸烟的冲动时想想戒烟的这些好处。在组员同意的前提下，工作者还可以和他们生活中重要的人物取得联系，请这些人在小组结束后继续监督组员保持戒烟的行为。工作者可以和组员一起讨论戒烟后会遇到的挫折和复吸的可能性，以及怎样再次戒烟等等。

提高利用自然产生的结果的概率的一种方法是，帮助组员关注行为改变带来的积极结果而不是消极结果。还有一种方法是，帮助组员改变环境，这样他们的新行为就更容易保持，并扩展到他们生活的其他方面。例如，在组员间可以建立一个好朋友的圈子，这样组员可以收到其他组员在组外情境下对他们新行为的积极反馈。组员还可以改变与朋友的交往方式、社交活动或家庭环境，这样他们就可以因为自己的新行为而收到积极的反馈。通过强调自然产生的积极结果并弱化消极结果，组员在小组中做出的最初的行为改变就会得到保持和扩展。

跟进活动

另外一个有助于保持和扩展小组干预结果的方法就是，为组员提供机会再次见面，以便在正式小组干预活动结束后进行跟进。例如，某门诊患者的心理治疗小组，小组干预时长是 12 周，组员每周聚会一次。小组干预结束后，小组工作者又提供了每月一次总计 6 次的跟进活动。在 6 次跟进活动结束后，又提供了 2 个季次的小组聚会，这时整个治疗计划才算完成。

跟进活动可以督促组员继续保持新行为，它们提醒组员，自从参加小组活动后他们的生活有了什么变化。组员还可以分享他们在保持新行为，努力将这些新行为扩展到新情境以及新的生活经历中所遇到的各种困难。

在跟进活动中，工作者一般不再向组员介绍新知识和新内容。但是，跟进活动可以为组员提供机会，使他们分享从上次会议以后自己的经历。可以鼓励组员讨论他们遇到的新问题，鼓励他们给小组其他组员介绍一下他们是怎么处理这些新问题的。总之，跟进活动的工作重点就是，帮助组员发现自己在小组干预过程中发展的应对技巧，使他们的新行为得以保持。

对那些在组后难以保持新行为的组员来说，跟进活动尤其有帮助。在跟进活动中，组员可以讨论某种旧问题复发时的情况，向工作者和其他组员咨询，怎样才能最好地应对这样的情况。因此，跟进活动就是为组员提供额外支持，常常可以帮助他们克服旧问题的短暂复发状况，以保持小组干预的积极结果。

自助小组的广泛盛行，部分原因是小组中存在着灵活的、开放式的和长期的组员关系，其实很多小组也应该培养这种组员关系。在自助小组中，一般有一小群组员会定期参加小组会议，而相当一部分组员只在需要的时候参加小组（Toseland & Hacker, 1982）。对那些定期参加小组的组员而言，在小组结束后偶尔参加后续的会议，会帮助他们保持新行为，并慢慢地减少对小组的依赖。

预防在缺乏同情心的环境下出现的行为倒退

尽管在小组干预过程中组员在组外所处的环境曾被认真仔细地讨论过，但是治疗小组所提供的支持、信任和分享的氛围在组员家庭或社区环境中几乎是不存在的。因此，工作者要帮助组员应对，在他们处于缺乏同情心的组外环境时可能会出现的行为倒退问题。罗斯（Rose，1989）认为，工作者领导其他小组的经验和组员参加其他小组的经验都会提供一个背景说明，以了解组员可能会在组外环境中遇到什么样的现实性的和典型的情况。在小组的最后几次活动中，组员要讨论如何应对这些情况，并且用模仿、角色扮演和演练以及指导的方式反复练习应对这些情况的技巧。

在组员的行为开始发生改变后，他们可能很快就会经历迫使他们行为发生倒退的情况，因此，要鼓励组员在小组活动中对自己经历的情况进行回顾，小组可以对此进行讨论。这样非常有助于组员发现是什么造成了自己行为的倒退，帮助组员计划如何避免这种情况再次发生，或如果发生这种情况要如何应对（Boyd-Franklin, Cleek, Wofsy, & Mundy, 2013）。这样，组员便有机会了解各种不同的情况以及外界可能会对他们的新行为做出什么样的反应，而且能够学习掌握在类似情况发生在自己身上时如何处理应对。

组员在日常生活中随时可能会遇到困难，但是小组工作者不可能总是在他们身边提供帮助，因此工作者应该告诉组员，如果遇到困难，如何联系值班的工作者，要告诉他们热线电话和其他 24 小时服务机构的联系信息。

对于吸毒、酗酒和有其他成瘾行为的组员来说，保持他们在治疗小组中习得的新行为是很困难的。这也说明，有必要为他们提供强化的干预治疗。强化由专业工作者提供的小组干预治疗的一个方法就是，把组员组织成自助小组。例如，酗酒者匿名小组通常每晚聚会或每周几次聚会，这就为他们提供了另外一个场所来消磨晚上的时间，他们就不会总将晚上的时间消磨在酒吧里或总是独自一人在家喝酒。这些小组会鼓励戒酒成功的组员与新成员建立较亲近的关系，让他们为新组员树立戒酒的榜样，并发展支持性的关系网络。类似的情况还有康复公司、单亲父母小组、家长匿名小组和赌博者匿名小组等，这些机构都会帮助组员解决其他问题和困难，帮助他们加入某些社交网络，以便他们在遇到困难时可以在这些网络中寻找帮助。在小组结束时，还可以制订安全计划和复发预防计划，并在组员家里的显著位置放置这些计划的提示牌和重要资源的联系信息，以便组员在小组结束后继续使用这些资源。

任务小组组员也可以从应对缺乏同情心的环境的准备工作中获益。计划、报告和任务小组的其他形式的工作成果，在被提交给组外人士评估时，都有可能会遇到质疑。如果小组的工作成果与某个项目或者整个机构或社会服务提供体系相冲突，或对它们有负面影

干预

行为：严格选择和实施干预措施，以实现实务工作目标，并增强案主和社区的能力。

批判性思考问题：缺乏同情心的环境通常被认为是旧问题复发和行为倒退的原因。工作者如何帮助组员降低这类环境的消极影响，以便维护小组干预的效果？

响，尤其可能会产生这种质疑。此外，如果小组策划书在被通过前必须经过几层审核，那么对它的质疑的情况也更容易出现（Tropman，2014）。因此，任务小组组员应该预料到在开展小组工作时可能会遇到的质疑挑战，并发展出应对策略。

帮助组员独立地解决问题

无论组员们在小组里讨论了多少种不同的情况，无论他们在小组里练习过多少次应对技巧，都不能够覆盖组员在组外可能遇到的所有情况。因此，在小组中，组员应该学习如何独立地解决自己的问题。这样才会慢慢地减少对后续干预服务的需求。组员解决问题的技巧的培训工作应该尽早开始，在小组结束前的最后几次小组活动中尤其要加大力度。

在小组干预治疗过程中，工作者应该通过建立组员对自己现有应对技巧的信心，并帮助组员发展和使用新的技巧，来支持组员独立地处理问题。工作者还应该将小组干预方法所蕴含的原则传授给组员。有时候，工作者认为这是社会工作的专业知识，不应该和案主分享，组员也可能不理解这些或不能正确使用所接受的信息，因此工作者并没有将治疗原则传授给组员。大多数自愿参加治疗小组的组员都很期待学习更多能应对自己的问题的技巧。例如，让果断力培训小组的组员阅读《你绝对正确》（Alberti & Emmons，2008），让父母培训小组的组员阅读《父母就是老师》（Becker，1971），或让减肥小组的组员阅读《肥胖世界里微乎其微的机会》（Stuart & Davis，1972），可以帮助组员学习解决问题的基本原则，以处理那些在小组中没有讨论到的情况。

某些治疗方法，例如阿尔伯特·埃利斯的理性情绪疗法（Ellis，1962，1992，2002；Ellis & Joffe-Ellis，2011），就鼓励工作者帮助组员理解治疗方法背后所蕴含的基本原则。使用其他治疗方法的工作者也应该考虑花时间向组员传授所用治疗方法的基本原则。在培训的时候，工作者要把专业术语转化为通俗易懂的语言，特别对那些母语不是英语的组员，更应该使用平白的语言。

让组员总结自己从小组中习得的知识，并归纳得出一般性原则，是另外一种帮助组员理解如何将学习到的专业原则应用到他们日后的现实生活中的有效方法。例如，在某个为夫妻开展的小组中，组员在总结自己的学习心得时，开始掌握沟通的一些基本原则：在沟通时要看着对方，表示自己正在认真地聆听对方讲话；对方的发言结束后，要对他们发言的核心内容做个小结，以保证自己理解了他们所传达的信息；要使用以"我"为主体的信息来传递自己的感受和想法。

（三）降低小组的吸引力

除了要帮助组员保持和扩展自己的新行为，小组工作者在小组结束阶段还应该帮助组员降低对小组的依赖性。要实现这个目标，工作者就要帮助组员学会依靠自己的能力处理问题的技巧，使用组外的资源以及支持服务。策划结组工作应该开始于工作者处理自己的、因结组而产生的对个体组员和整个小组的感受。特别是在支持性小组和治疗小组中，工作者与个体组员或整个小组建立了情感联结，这种现象非常常见。而且，工作者要谨记，不要培养组员对小组的依赖。他们要对自己的工作做一个仔细的评估，看看自己是否在小组活动过程中为组员提供了过度的保护性措施，或者自己是否有意无意地伤害了组员为在脱离小组的情况下发挥社会功能而付出的努力。工作者应该寻求督导咨询，以帮助检查反思自己的结组感受。

为确保组员能够为离开小组做好准备，工作者应该在计划结组前的最后几次会议（至少四次）上就开始和组员讨论结组工作。组员应该全面地参与到结组的计划准备工作中，而小组结束时的项目活动可以有效地发挥这样的作用（Nitza, 2014）。工作者要把自己对结组的项目活动的设计想法告知组员，听取他们的反馈，邀请他们就此发表更多意见。在设计结组的项目活动时，要考虑几个原则。

- 展示组员在小组中学习到的技巧，鼓励他们对此发表意见。
- 鼓励组员表达他们对其他组员和整个小组的感受。
- 关注未来的活动。
- 鼓励组员参加组外的活动。

例如，聚餐就是小组结束时经常开展的一项活动。聚餐可以鼓励个体组员和整个小组的参与。在聚餐过程中，组员通常会讨论他们在小组中的收获、他们对小组结束的感受以及他们未来的计划。

结组时通常还会有一个仪式，举办一些项目活动，例如举办派对或联欢会、颁发证书或请每位组员表达对其他组员的感谢或者写张小卡片表达祝福等等，都是标志小组结束的仪式。巴罗、布莱斯和爱德蒙兹（Barlow, Blythe, & Edmonds, 1999）开发了一系列可以在小组结束时使用的小组活动，包括进行积极评价、庆祝小组结束、总结取得的进步、反思取得的成绩、思考未来等。工作者可以创造性地举办这类活动，以帮助组员在小组结束后继续保持和扩展自己的新行为。下面就是一个很好的例子，可说明工作者是如何创造性地使用这类仪式和活动结束小组的。

工作者还可以使用其他一些方法降低小组对组员的吸引力。例如，鼓励组员总结自己在小组中取得的成绩，鼓励他们讨论为什么不再需要小组的帮助了。他们可以庆祝自己的成绩并谈谈他们的收获是什么。工作者应该表现得积极乐观，表扬组员的进步，和组员一起庆祝他们的成绩。工作者还要向组员表达自己对他们的信心，告诉他们，他们有意志、能力、优势和技巧来继续保持他们在小组中取得的成绩（Saleebey, 2013）。

410 ## 案例　保持改变

在某减肥小组里，在结组前的一次会议上，工作者邀请组员为自己写两封信，每封信包括这些内容：（1）他们对超重的感受；（2）减肥之后的良好感觉；（3）重申自己会为减肥而继续努力。这两封信将在小组结束后由工作者每隔三周邮寄给他们，提醒他们为减肥而做的承诺，以保持自己减肥的不懈努力。在最后一次会议上，工作者安排组员在一家餐馆见面，大家一起做一顿饭，以此巩固强化他们在小组里学到的营养知识。在进餐的时候，工作者邀请大家对整个小组工作做一个评估，并一起讨论未来他们会怎样调整自己的饮食习惯。

结组前的几次会议应该安排得频率低一些，会议时间稍微短一点，以便降低小组对组员的影响。工作者应该鼓励组员多参与组外的活动，这样可以把组员的时间和精力引到组外的环境中。鼓励组员参与志愿者活动就是一个非常好的方法，而且这类活动还会支持组员并帮助他们保持自己的新行为。鼓励组员参加自助小组，也是一个降低组员对小组的依赖的方法。

在任务小组中，降低小组对组员的吸引力并不是一个大问题。例如，在常务委员会里，委员一般有一定的任期，在任期结束时他们通常会因自己工作结束而感到很愉快。同样，在临时专案小组结束时，组员一般也非常高兴，因为他们完成了自己被交付的任务，小组也完成了使命。但是，在临时专案小组中，工作者一定要确保组员掌握了小组结束后需要采取的步骤，以跟进小组任务，确保小组最终胜利完成目标。因此，在这类小组的结束过程中，工作者应该鼓励和提醒组员进行跟进，以确保小组的任务成果。有时候，需要跟进活动，以便决定计划究竟如何实施，或者计划是否需要进行调整。

（四）处理结组引发的情绪

组员和工作者对结组的情绪取决于他们在小组中发展出来的关系，并受到下列因素的影响：小组是否有时限，小组开会的时间长短，小组工作的性质（例如，是任务小组还是社会情感性小组），组员间关系的亲密程度，以及结组时组员的成就感、获得的进步及任务完成感有多大（Germain & Gitterman，2008）。在回顾有关组员对结组的反应的研究文献后，福琼和同事们（Fortune，1987；Fortune，Pearlingi，& Rochelle，1992）总结指出，组员最强烈的反应就是积极的情绪、对建设性组外活动的积极态度，以及对治疗目标和过程的客观评估。

一个娴熟平稳的小组结束活动会给组员带来很多积极的情绪。

- 由于意识到自己有能力实现目标而产生的赋权感和能力感。
- 由于能够控制自己的生活而产生的独立感。
- 成功完成小组任务而产生的满足感和自豪感。
- 在小组互动过程中帮助其他组员而产生的自我价值感。
- 能够应对和解决问题的自信心。

411

当然，与此同时组员也可能会经历一些负面的结组情绪，其中最常见的反应就是否认（Levine，2012）。为了不表现出在结组后自己会想念工作者或其他组员，组员有时候会故意改变小组讨论的话题或者说自己很盼望结组，而对工作者的结组准备活动置之不理。其他常见的负面情绪还有失望、无助，感到被抛弃或被拒绝。组员可能会通过发怒或敌视的态度来表达这些情绪。还有可能发生的就是，他们的行为会倒退，呈现出他们刚进小组时呈现的症状或问题（Malekoff，2014）。其他的反应还包括对工作者的情感或心理依恋、情绪发泄、对小组工作成绩或工作者的工作技能进行诋毁等（Malekoff，2014）。

更常见的情况是，组员只是单纯地希望他们在小组内收获的温暖和支持性关系能够维持下去。因此，他们可能会在结组的时候产生失落感和伤感。组员还可能会质疑，在没有小组的帮助下自己是否有能力保持自己的新行为。

如上所述，工作者也难免会有一些结组情绪。

- 对组员的进步感到自豪，有成就感。
- 为自己的治疗干预技巧感到自豪。
- 因不再和组员一起工作而感到伤感、失落或纠结。
- 对组员的进步和独立应对问题的能力不确定或失望。
- 再次感到失落。
- 因为治疗服务的有效性而感到如释重负，或对此感到怀疑或者内疚。

工作者要意识到自己的结组情绪，才能全面地理解组员可能因此而经历的困难。如果工作者自己都不自知，他们就可能采取感情上回避的方式，或者他们也许会鼓励组员对小组的依赖而刻意延长小组的时间。工作者还可以通过与组员分享自己的情绪的方式，来帮助组员确认和表达自己的情绪和感受。

工作者应该在小组正式结束之前就开始准备结组工作。如果组员开始表现出离组情绪，工作者应该向组员说明，在这个阶段出现矛盾复杂情绪是很常见的，并且工作者要鼓励组员讨论这种情绪感受。

通过帮助组员逐渐地意识到他们的负面情绪、行为与结组过程之间的因果联系，工作者可以帮助组员处理这些情绪和行为。此外，工作者还可以鼓励组员讨论他们在小组中习得的应对能力和所取得的进步，这也会有效地处理组员的负面情绪和行为。要明确告诉组员，在小组结束后，工作者和资助机构会怎样帮助他们继续保持新行为。这些说明也会帮助组员为离组做好准备。

412

（五）规划未来

在有时间限制的小组里，某些组员可能希望续约以期获得更多的服务。在考虑提供新的服务的时候，工作者应该帮助组员搞清楚下列问题：（1）他们接下来的需求是什么；（2）他们希望达到什么目标；（3）新服务的期限；（4）对原始的服务合同做什么样的调整。如果组员明确需要新的服务，而且组员有很高的主动性实现额外的目标，或愿意主动完成原始合同中尚未完成的目标，那么工作者就可以与组员续签服务合同。有时候，所有的组员都表示有兴趣继续聚会。在这种情况下，工作者要和所有组员就这些新服务重新签订合同，或者鼓励组员在没有工作者参与的情况下，自己继续小组聚会。

工作者在鼓励组员独立组织聚会的同时，也要参与帮助组员组建自助小组。工作者可以通过发掘组员与生俱来的领导能力和提供他们所需要的资源，来帮助组员独立地组成小组继续相互提供帮助（Toseland & Coppola, 1985）。然而，很多新成立的自助小组并不能做到完全独立，他们更倾向于和工作者保持联系，接受工作者的指引和领导，一直到新小组能够稳定地开始正常的工作。目前有很多自助小组就是在专业工作者的支持下开展起来的（Toseland & Hacker, 1982）。即使在自助小组已经开始正常工作情况下，工作者也可以通过下面的方法继续为这些小组提供支持：（1）为维持小组的正常运转提供物质上的支持；（2）为小组介绍新的组员；（3）担任小组的顾问。

在极少的情况下，组员不愿意结束小组，因为他们不能以一种积极和负责任的方式终止小组工作。这类小组发展的文化可能鼓励组员对小组的依恋，而没有支持他们为应对组外的环境做好准备。如果这种情况发生，工作者要和组员一起探讨原因，并逐步帮助组员变得更加独立。具体方法有赋权和优势为本的小组练习，或者鼓励组员更多地参加组外的支持性活动。

有时，小组结束后，组员之间就不再有联系了。然而，工作者并不能确定组员以后就不再需要任何服务了。生活的变故、新的危机或旧问题的复发都可能会使组员重新寻求帮助。因此，工作者要和组员一起讨论，组员将来如果需要新的服务资源应该怎么办。在一些服务机构，工作者要告诉组员他们有开放服务政策，所以需要服务的组员可以直接联系工作者。而另外一些机构的服务政策规定，之前的组员如果需要新的服务，他们要像新组员一样申请服务。这些政策的说明就明确了当组员需要新的服务时工作者和服务机构的立场。

工作者要和每位组员一起制订未来的计划。计划应该包括小组结束后可获取的支持系统和资源信息。工作者还要告诉组员，自己对他们的能力非常有信心，鼓励组员使用自己的技巧、资源和优势来解决自己的需要，鼓励他们在组外环境下尝试在小组内习得的新知识和新技巧，并在小组内不断地开展能力建设活动和角色扮演活动，帮助组员建立主体意识和自信心。

在某些情况下，为组员未来所做的准备工作还可能会涉及他人的参与，即需要他人为组员继续提供干预服务。例如，在准备某儿童小组的结组工作时，工作者要联系儿童的父母，邀请他们监督孩子保持所取得的进步并规划所需要的新的服务。如果组员参加了其他机构的服务，例如个案咨询，那么工作者就应该联系组员的个案管理员或者主要负责的工作者，评估组员在小组中的成绩和规划下一步所需的服务。与之类似，在住宿式和住院式小组环境下，小组的结束并不意味着服务的终止。工作者应该和其他员工会面，可以以案例会议或团队会议的形式，汇报组员所获得的进展，策划新的服务以满足组员的未来需求。例如，在组员出院后，原来的小组有可能会转化成一个或多个新的小组。

工作者在规划新的服务时，还要把那些提前离组的组员的需求考虑进来。如果工作者不再对他们提供跟进随访，他们就会感到自己被抛弃了。因此，工作者要尽可能地继续跟进这些提前离组的组员。而跟进活动最主要的目标之一就是，鼓励提前离组的组员在需要的时候继续寻找新的服务。工作者要询问，这些组员如果继续参加新的小组活动会不会有什么困难，然后根据他们的困难提供解决方案。在这个过程中，工作者要确认组员参加新的小组活动的问题和困难，并把他们转介到那些能满足他们需求的资源和服务项目。

（六）转介

在小组的结组阶段，工作者会频繁地把组员和其他服务资源链接起来。在一些情况下，组员会被转介到同一机构的其他工作者那里，而在另外一些情况下，组员会被转介到另外一个机构。

> **干预**
>
> 行为：应用人类行为和社会环境的知识、人在情境中的理论以及其他多学科理论框架来解读组员和他们的生活环境。
>
> 批判性思考问题：工作者应该了解社会服务体系。在进行转介时，工作者应该做什么？

只有当工作者和组员经过评估后都认为组员需要新的服务和资源时，才需要转介。如果组员主动提出要寻求新的服务，也可以转介。如果组员不愿意寻求新的服务，但是工作者的评估结果认为，组员会从新的服务中受益，工作者也应该帮助组员探讨其不愿意接受转介的原因。

无论何时，工作者都要帮助组员学会使用非正式的和自然形成的帮助系统。如果这样的系统不存在，或者被认为不足以为组员提供支持，就要转介组员到专业性的服务资源系统。在做转介时，工作者要和组员一起讨论转介的原因，并回答组员的问题。工作者要注意，在转介前要了解组员是否之前就与这些资源有联系或他们是否听说过这些资源。组员对某资源的印象和体验经历会决定组员是否服从转介并使用这种资源服务。

为了做有效的转介，工作者应该熟知有哪些可以利用的社区资源。对自己经常转介的机构，他们还要有这个机构的联系人。工作者要对转介机构所提供资源的基本信息非常了解，并准确告知组员，例如对机构服务对象的资格要求、多久可以接受服务、机构办公时间、服务的类型等。组员得知这些信息后，就可以提前知晓，自己可能会在这个机构中获得什么服务，也会避免对机构有过高期望而得不到满足。但是，熟悉某地区的所有社区资源服务，对工作者来说可能是比较困难的任务，因此，工作者的机构应该有一份随时更新的资料，囊括社区的资源和服务信息。

在转介时，工作者要把转介机构的名字、联系人和机构地址写在卡片上，交给组员。某些情况下，在组员接触到转介资料前，工作者要填写关于转介服务的表格。一般来说，组员要在转介表上签名，这样他们在小组的资料才会被送到转介机构。如果组员不签名，他们的资料是不能被送到转介机构的。因为很多组员从来不会主动去联系转介资源和服务，所以工作者在转介时使用下列原则将会帮助组员有效地利用转介资源。

- 在组员和工作者在一起的时候，给转介机构联系人打电话。
- 强调组员符合转介机构的要求。
- 指导组员了解转介机构的服务流程。
- 如果需要，为组员提供交通。
- 仔细检查转介的各种影响因素，以确保不会因为组员的身体条件限制或其他原因而导致转介失败。
- 确保组员确实联系上了转介机构，并收到了他们所需要的信息或服务。

如果组员在转介机构没有得到他们需要的信息和服务，他们应该知道如何联系工作者。有严重身体残疾的组员可能需要帮助才能到达转介机构，在这样的组员第一次到转介机构时，工作者、志愿者或机构员工需要陪同他们一起。但是，还是可能会有各种原因导致转介失败。

- 转介机构改变了政策，例如，对服务对象的资格要求变得更加严格。
- 组员没有动力或不愿意被转介。
- 组员缺乏技巧去获取所需资源。
- 工作者提供给组员的信息有误，或者提供的帮助有限，使得组员无法联系转介机构。

跟进随访活动可以让工作者了解组员为什么没有得到他们需要的服务和资源。工作者因此也可以和组员一起计划，如何在将来获取所需的服务和资源。

案例

卡拉是一位为临终关怀工作者提供支持的小组的协调人，她非常了解组员的需要。她已经在这个小组服务两年了，为组员开展每周一次的小组活动。组员们可以在小组活动中讨论这份临终关怀工作带给他们的感受和压力。但是卡拉现在面临一个问题，机构新上任的执行主任尼克告诉她，因为资金的问题，她的小组不得不停止。尽管尼克坚持说他只能给一周的期限让卡拉告知组员结组这个事情，但是卡拉仍然努力协商，争取到了三周的时间。

卡拉仔细地衡量了小组目前的状况，不确定组员们对这个消息会有什么反应。作为临终关怀工作者，组员们每天都要面对自己的服务对象离开。而现在，他们要面对小组的结束和他们曾拥有的支持系统的解散。尽管组员之间有很强的凝聚力和互助的关系，但是卡拉仍然担心，结组会伤害到组员的工作士气，从而影响到他们为自己的病人提供好的服务。

卡拉列出了几个目标，希望这些目标能在下面三个小组活动中实现。首先，她计划把这个结组的消息以尽可能积极正面的方式告诉组员。考虑到组员需要时间去接受这样的消息，卡拉打算在下一次小组会议上告诉他们。她希望能帮助组员把他们在小组中习得的知识技巧保持下去，特别是那些能帮助他们应对工作压力的技巧。其次，她还想帮助组员减少他们对小组的依赖，慢慢不再把小组看成是唯一可获取的正式的支持系统，帮助他们寻找组外的支持资源和服务系统。最后，她还希望，组员能有时间评估小组工作的有效性。这些都是要在小组最后一次活动中完成的艰巨任务。

在下一次小组会议上，卡拉向小组通告了这个消息。当宣布这个消息时，她的口气听上去是非常具有支持性的，但是她还是清楚地说明了事实。尽管她对新上任的主任也有意见，但是她尽量控制了这种情绪，没有责怪他做的结组的决定。她希望这样能把某些组员的注意力引向更积极的方向，以便在接下来的三次小组活动中实现尽可能多的预定目标。但是，组员们却花了很多时间来消化结组的消息和他们自己的强烈反应。有几个组员表现得非常愤怒，其他人则感到很失落和伤感。有些组员表示，他们不确定如果没有小组的支持，自己是否能够处理工作上的压力。卡拉非常耐心地倾听着组员们发泄自己的情绪和感受。

后来组员开始慢慢地接受结组这个消息，卡拉提出几个建议帮助他们计划下一步。她邀请组员讨论小组是如何帮助他们的。一开始有些组员有抵触情绪，不愿意参加讨论，但是组员们还是谈到了他们参加小组所获得的成长和收益。有几个组员甚至还非常清楚地阐述说，在参加小组后，他们个人的变化对他们处理工作压力所带来的情绪问题非常有帮助。卡拉随之就用这场讨论的结果来鼓励组员们在小组结束后继续保持这些新变化。接着她建议组员做好准备，在下次小组会议上大家将会一起讨论如何在组外获取个人和情感上的支持性资源。组员接受了这个建议，然后这次会议就结束了。

在接下来的会议上，组员对结组的反应又一次表现出来：愤怒、失落、缅怀和沮丧。卡拉再一次耐心地等组员们发泄，然后慢慢抚平他们的情绪。她指出，从某种意义上来说，小组的结束过程象征垂死、死亡和缅怀的过程，这个过程和组员们日常的临终关怀工作非常相似。因此，她认为组员需要时间慢慢地处理自己因结组而产生的失落感。

在这次会议的后半段时间里，卡拉总结回顾了每位组员针对寻找组外资源提出的建议。最后小组得出结论，决定成立一个同伴系统，取代这个小组。组员们可以依靠这个系统，系统性地和同伴们沟通交流与工作相关的感受和经验。卡拉建议，这个支持系统应该鼓励组员有更多的独立性，更多地鼓励组员去积极寻找其他支持系统。她还强调指出，发展这样的同伴系统体现了组员有能力创造一种新方法来获取支持。因此，在这次小组会议结束时，她再次回顾了组员在上一次小组会议上分享的自己处理工作中的情绪问题的经验，反复强调说，这就表明他们拥有解决问题的能力和技巧。

而最后一次的小组会议完全出乎卡拉的意料。她以为，这最后一次会议气氛会很忧郁沉闷，因为组员间已经建立起亲密的关系，并且他们之前表现出各种负面的情绪。但是，在她进入小组会议室时，她看到组员们准备了巧克力蛋糕、饮料和一份包装精美的礼物。组员们纷纷表达了他们对卡拉支持性的和强有力的领导力的感激之情。卡拉对组员的赞美之词非常感动，她问组员们是否想先完成小组的既定讨论，然后大家再一起放松吃蛋糕。

组员们说现在他们已经接受了小组即将结束这个事实，他们不再生气，反而是有更多的伤感。然后大家开始谈到他们对小组活动最深刻的记忆，小组怎样帮助他们成长等。最后，卡拉请组员们完成一个简短的开放式问卷来评估小组工作的有效性。完成问卷后，组员们开始讨论未来的计划。总之，尽管最后这次小组活动进行得很顺利，但是对组员和工作者来说，它仍是一次苦乐参半的体验。

六、小结

结束阶段是整个小组过程中非常重要的阶段。在结组过程中，小组的工作成果得到巩固，整个小组活动的有效性得到进一步的强化。小组的结束可能是计划性的，也可能是非计划性的。而非常不巧的是，对很多自愿形成的小组来说，非计划性的结组非常常见。本章讨论了如何安排计划性的结组，以及如何处理组员提前离开小组的问题。

结组的过程各式各样，主要取决于小组的类型。在任务小组和治疗小组中，如果工作者不鼓励组员做自我袒露分享，组员间没有形成支持性的关系，结组通常不会带来强烈的情绪反应。而相反，在组员有高度的自我袒露分享，或者组员之间有彼此依赖，互相帮助解决个人问题的小组中，结组往往会伴随组员的强烈反应。影响结组的其他因素还有，小组是开放式的还是封闭式的，是短期的还是长期的，以及对组员是否有吸引力等。

　　结束小组会议的主要任务包括：（1）结束本次会议；（2）安排下一次会议；（3）对本次会议做一个总结或报告；（4）策划下次小组活动。而结束整个小组的主要任务包括：（1）保持组员在小组内习得的新行为并将之扩展；（2）评估小组工作；（3）降低小组对组员的吸引力，提高组员独立解决问题的能力；（4）帮助组员处理他们离组的情绪；（5）规划未来；（6）进行有效的转介。此外，本章还讨论了完成这些任务所需要的技巧和策略。

第十四章

小组评估

学习目标

- 理解评估在小组工作中的重要性
- 掌握设计评估的技巧来评估策划、发展和管理小组工作
- 掌握设计评估的技巧来评估小组工作实务的有效性和效率
- 了解适用于小组工作实务的评估方法

本章概要

为什么要评估？小组工作者的视角

评估方法

小组策划的评估

小组监督的评估

小组发展过程的评估

有效性评估和效率评估

评估测量工具

小结

    评估是一个收集关于小组的形成发展性、总结性或评估性信息的过程。工作者可以利用这些形成发展性信息来策划新的小组或整个小组服务项目，可以利用总结性信息来记录小组活动并跟踪小组和组员为实现目标而取得的成绩，而评估性信息可以用来确认工作者为帮助组员和小组实现他们的目标而提供的服务的有效性和效率。这三类信息对开展有效的小组工作实务非常关键。本章将主要讨论通过评估活动来收集和使用这些

信息。

工作者可以使用正式或非正式的手段措施来获取这些信息。在进行非正式评估的时候，工作者可能会邀请组员，在最后四次小组会议的每次会议结束前匿名填写一份由五个问题组成的书面进度表格。而在进行正式评估的时候，工作者可能分别在小组成立前、在小组进行过程中和小组结束后这三个阶段，利用提前准备好的可靠和有效的测量工具，系统性地收集信息。本章将探讨获取小组信息的多种方法，为工作者在某种情况下究竟该采取何种最有效的评估方法提供指导。

近年来，在社会工作和其相关专业领域中，要求开展问责制和循证实务的呼声越来越受到重视。很多审计和资助机构现在都要求，必须要评估检测小组是否遵循了专业操守，以及是否采用了及时的方式为案主提供服务。而且，越来越多的小组评估开始要求，不再仅仅根据参加的案主人数来测量和记录服务的有效性。为了使服务能够得到资金补偿，越来越多的管理型康复护理公司和其他资金资助单位要求工作者提供证明，以保证他们的服务是循证实务，并且是以最佳的证据为基础的（Barlow，2013；Boyd-Franklin，Cleek，Wofsy，& Mundy，2013），而这类证据正是通过评估研究总结得出的。

尽管工作者在尽力满足问责制的要求时通常会遇到各种各样的困难、障碍，但是对评估实务的要求还是慢慢地形成了规模。这些障碍可能包括：第一，工作者通常会认为，评估信息缺乏相关性，无法进一步提高他们认为已经实现了的小组成果。在治疗小组中，工作者在收集组员对小组服务的满意程度的信息时，一般会从组员那里得到语言的和非语言的第一手意见反馈信息。在任务小组中，工作者通常会认为自己知道小组是否实现了自己的目标，因为组员和机构的工作人员或者小组服务的其他受益人直接为他们提供了意见反馈。而从这些渠道获得的信息通常会使工作者认为没有必要再进行额外的评估。第二，在很多实务情境下，因为有严格的时间限制，所以会要求工作者在同样的或缩减的资源条件下提供更多的服务。康复护理公司的经理尽力把案主接受服务的小时数变得最大化，这样工作者就可以向公共和私立的健康保险公司申报更多的工作小时数，或增加因履行已被公共或私立机构资助的合同义务的工作时间。同时，对文卷案档的需求也大大增加，常常迫使工作者在满足案主日益增长的需要的同时疲于应付"文字工作"的要求。第三，在某些社会服务环境下，工作者还没有电脑、数据库或其他工具来协助他们评估自己的工作实务，也没有循证实务指南。第四，在日常实务工作中，小组工作者经常面对的个体案主，其问题非常复杂，并且这些问题涉及身体、心理和社会等多个方面和层面。而工作者可得的经验数据可能与这些问题不相关或者无助于解决这些问题，而且工作者常常也不知道该如何评估这些复杂的案例。

尽管存在这些困难、障碍，但是目前还是取得了令人兴奋的成果。比如：（1）在社会服务机构，电脑和其他多种链接到互联网的设备已经非常普及；（2）具有用户友好界面的电子报告系统正在不断地研发中；（3）循证实务指南、治疗手册和经实践检验的课程的数

418

量和获取途径在不断增加；（4）学者在不断地开发和改善简单易用的数据库，服务于循证的和研究型的实务工作。例如，抑郁症治疗实务指南就指明，最有效的治疗方法就是药物疗法和心理疗法的结合（American Psychiatric Association，2013），而且工作者还可以使用认知行为疗法、行为激活疗法和问题解决疗法等循证治疗方法，帮助组员解决抑郁的困扰。

要求开展问责制和循证的小组工作实务的呼声，为建立一个更大的实务数据库奠定了基础，巴罗（Barlow，2013），伯林盖姆、施特劳斯和乔伊斯（Burlingame, Strauss, & Joyce，2013），伯林盖姆、惠特科姆和沃德兰（Burlingame, Whitcomb, & Woodland，2014），麦高恩（Macgowan，2008）和其他几位学者的文献回顾指出，小组工作研究在过去十年里不断发展壮大。目前，很多研究论文开始讨论这样的问题，即小组工作在解决什么样的问题方面是最有效的工作方法（例如，参见 Barlow，2013；Burlingame, Strauss, & Joyce，2013）；而且，关于如何为新的案主人群定制循证干预方法的研究也已经开始（Chen, Reid, Parker, & Pillemer，2012）。此外，越来越多的网络资源可以用来发现循证的和有研究成果支持的小组工作干预方法（例如，参见 Johnson，2008；Macgowan，2008）。总之，循证的小组工作实务不仅包括已有的最佳实践证据，还包括批判性思维和临床专业知识，以及案主的需求、价值观和偏好（Kazdin，2008）。博伊德-富兰克林、克里克、沃夫西和芒迪（Boyd-Franklin, Cleek, Wofsy, & Mundy，2013）从实务工作者的角度对循证实务进行了详尽的讨论。

一、为什么要评估？ 小组工作者的视角

当对自己的小组工作进行评估时，工作者应该考虑到他们可能需要什么资源来进行评估。例如，估计他们的机构是否支持他们的评估工作，这一点就很重要。同时还一定要考虑自己什么时候有时间进行评估。把可利用资源和时间以及合适的评估方法结合起来，这对评估工作而言非常重要。

（一）开展评估的原因

除了要满足机构、资助单位、监管部门及其他组织的要求，工作者通常还希望能收到他人对自己领导的小组工作的意见反馈。小组工作评估的

> **研究型实务**
>
> **行为**：应用研究得出的证据成果，并将之转化到指导和改善实务工作的开展、政策的制定和服务的提供中。
>
> **批判性思考问题**：小组工作者负责尽可能提供最有效的服务。那么，循证实务如何能改善小组工作服务的提供？

益处有很多，主要包括如下一些。

- 评估能够满足工作者的求知欲，并消除对自己提供的小组工作干预的有效性这方面的专业性顾虑。
- 评估得出的信息能帮助工作者提高他们的领导技巧。
- 评估可以向机构、赞助单位或社会证明某小组或某小组工作方法的有效性。
- 工作者可以评估个体组员的进展，并了解掌握整个小组是否完成了既定的目标。
- 评估使参与评估的组员和其他人有机会表达他们对小组的满意或不满之处。
- 通过评估，工作者可以获得信息知识，并且将之分享给那些服务于相似目标并处于相似情境下的小组工作者同行。
- 工作者可以将他们日常操作的非正式的建立假设和检验假设的过程变得系统化。
- 评估可以检测小组工作服务的成本效益。

（二）机构的鼓励和支持

为了评估自己的小组工作，工作者应该首先预估他们的工作机构是否愿意为他们的评估工作提供资源。有些机构几乎不会或者根本不会支持评估工作，机构的准则、同行的压力或机构管理的趋向都暗示工作者，有比评估更重要的工作需要完成。还有一些情况下，沉重的工作负担也限制了工作者开展评估的能力。

如果得不到机构管理者的积极鼓励和支持，工作者就只能依赖自己的主动性来开展小组评估了。而如果机构提供支持，它们可以为工作者提供各种评估的机会，比如把评估工作作为工作者的工作职责之一，给他们时间开展评估，鼓励他们在日常职工会议上讨论分享评估工作，还可以与大学建立合作关系，以促进和提高循证的小组工作实务。

机构不应要求工作者填写一些他们根本不会用到的表格和记录单，而且这些文件被收集上来后他们也不会再看到了，相反，机构应该帮助工作者建立和推行信息系统，供工作者用于评估他们的工作。一个精心设计的信息和评估系统不仅可以为实务工作者提供信息反馈，还会为机构管理者提供数据资料。

420

（三）时间上的考虑

工作者应该考虑自己有多少时间可以用来开展评估工作。大部分工作者在开展小组工作时会收集一些自己领导的小组的信息，如果这些信息是在正确的方式下收集的，那么它们通常可以作为评估的基础信息。这样，除了需要花些时间在原有的信息收集系统上做一些调整，就不需要再花更多的时间了。

还有另外一种情况，就是工作者想收集一些平时收集不到的信息。在这种情况下，工作者应该进行估算，收集、整理和分析这些额外的信息需要花费多少时间。然后，他们可以在评估需要的时间和他们有多少时间做评估之间做一个比较，再判断评估是否可行。

小组工作者还要想清楚，他们收集评估信息的目的和价值是什么。如果他们有充足的理由，他们就有可能说服他们的机构给予他们充分的时间开展评估，或允许他们把评估工作的部分内容纳入他们日常的工作中。如果工作者是在开发一个创新性的服务项目，而这个项目又能服务于机构设立的首要目标，机构的支持就显得更重要了。

（四）选择收集信息的方法

在确定了评估需要多少时间以后，工作者应该在结合所需要的信息和可获得的时间的基础上，考虑选择什么样的评估方法比较好。本章将讨论几种主要的评估方法。此外，工作者还需要决定，针对某种评估方法，他们应该使用什么样的信息收集工具。小组工作者通常使用的几种主要信息收集工具，列举如下：

- 进度记录笔记。
- 工作者的自我报告，或对组员和其他参与者的个人访谈信息资料。
- 问卷。
- 小组工作的分析报告或其他材料。
- 小组会议录音和录像资料。
- 观察性的编码示意图。
- 角色扮演或体内性能测试。
- 信度和效度量表。

这些信息收集工具可以和我们将要讨论的所有评估方法一起使用。但是，某些测量工具通常在某一种评估方法中使用得更频繁。例如，进度记录笔记常常用于测量性评估方法中，而信度和效度量表常常用于有效性和效率评估中。

二、评估方法

421

工作者会开展四种类型的小组评估工作：（1）策划；（2）监督；（3）发展；（4）有效性和效率。而且，他们可以运用多种不同的评估方法获取小组过程和结果的信息资料。但是，选择何种研究方法不仅取决于时间和可获取的资源等因素，还受到工作者的工作目标的限制。例如，如果工作者是在开展一个新的小组工作或开发一个新的小组工作服务，那么数据库检索（Barlow，2013；Johnson，2008；Macgowan，2008）或参与式行动研究方法（Chevalier & Buckles，2013；Lawson，Caringi，Pyles，Jurkowski，& Bozlak，2015；Schneider，2014）可能就是好的选择。如果要评估小组的有效性，就可能选择使用对照组设计或单个案设计的研究方法（Barlow，2013；Forsyth，2014；Macgowan & Wong，2014）。

　　无论采用何种评估方法，工作者都可以通过评估获得他人对自己的实务工作的意见反馈。工作者不应该把实务评估工作看成是无用的行政管理要求，不要因为需要尽可能多地进行访谈收集资料而认为它们是负担和压力，相反，工作者应该把评估看作是帮助自己提高工作效率和获得新的可以共享的知识的一个途径。

三、小组策划的评估

　　小组策划的评估这一论题在小组工作文献里鲜少被提及。在这一节，我们主要讨论两种重要的评估方法：(1) 为计划开始的小组收集项目活动信息、技术数据和资料；(2) 进行需求评估，确定开展此类小组的可行性。

（一）获取项目活动信息

　　了解以前开展的类似的小组工作的信息，会使工作者受益匪浅。工作者可以从同事或者开展过类似小组工作的其他机构那里获取这样的信息。同时，他们还可以通过下列途径获得项目活动信息。
- 研究过去干预类似问题的小组的工作记录。
- 参加工作坊和学术会议，与同行分享小组工作领域最新的发展动态。
- 使用计算机或手动搜索的程序，对相关的期刊和著作进行文献回顾。
- 阅读以前的小组会议的会议记录。
- 阅读理解资助机构的规则。
- 阅读了解过去的任务小组的小组会议操作程序。
- 了解其他机构或其他任务小组是如何完成类似的目标和任务的。
- 参加干预此类问题的小组的会议。
- 了解小组的任务和职责。

　　近年来，随着网络电子化数据库的普及，图书馆的文献检索越来越容易，不再需要花费更多时间做文献检索。与小组社会工作非常相关的两个数据库是社会工作摘要附籍（Social Work Abstracts Plus）和心理学文献库（PSYCLIT）。医疗健康服务情境下的小组工作数据库有医学文献库（MEDLINE），学校小组社会工作数据库有教育学文献库（ERIC），法院系统小组工作数据库有全国犯罪司法文献资料服务（NCJRS，National Criminal Justice Reference Service）。在所有这些提到的数据库中都可以检索到期刊文章。要检索书籍，可以使用 World Cat 数据库。如果没有办法使用这些数据库，那么可以使用谷歌和谷歌学术检索，这是非常方便易得的数据检索工具。

（二）需求评估

工作者还会发现，提前掌握一些准备参加自己的新小组的组员的信息，也是非常有帮助的，就像下面的案例所展示的那样。这些信息可能包括：（1）这些准组员参加小组的意愿；（2）参与的动机；（3）他们协助小组实现其目标的能力。在治疗小组中，工作者可能会开展一个需求评估，他们会咨询其他工作者，问他们所服务的案主是否适合参加自己的小组，或者他们的案主是否要求过某些他们不能满足的小组服务等。

> **实务的多样性和差异性**
>
> 行为：把自己当作学生，把自己的案主和社区看作是处理他们自己问题的专家。
>
> 批判性思考问题：评估社区需求非常重要。工作者如何评估处于某个文化社区的小组的需求？

从服务于多重目标的社区需求评估中获得的信息，也可以帮助工作者了解自己的准组员。社区中的联系人或联系机构也可以帮助联系到准组员。工作者如果确定了谁将会成为自己小组的组员，就可以通过见面、电话或信件的形式直接联系这些人。特斯兰（Toseland，1981）详细地介绍了联系新组员的方法。

在一些任务小组里，组员的身份是由选举、指派或因个人在机构中的地位而产生的。小组策划的评估可以让工作者熟悉管理常务委员会的机构章程规则，以及管理临时任务小组的形成和运作的所有的规则规范。策划评估还有助于工作者收集信息和评估某些组员在实现小组目标方面可以发挥什么样的作用（Tropman，2014）。例如，某董事会可能会邀请律师、会计、资金筹募者和其他能够帮助董事会实现目标的成员加入。更多关于开展策划评估的讨论，请见罗西、弗里曼和利普西（Rossi，Freeman，& Lipsey，2004）的著作。

案例　评估小组的需求

为了评估未成年父母的一个支持性小组，工作者首先检索了由几个政府机构进行的几项研究，这些机构包括当地的卫生部门和州立的儿童与家庭服务部门。研究数据显示，未成年父母在当地社区的比例非常高，且呈快速增长趋势。接着工作者进行了"关键线索人"的访谈，采访了社区领导者和几个当地社会服务机构的主任。这些访谈获得的信息证明了开始的研究数据发现。此外，有几个受访者表示，他们可以介绍几个未成年父母参加小组。工作者给他们发了几份问卷，以期调查了解有多少人会参加这个小组，以及这些准组员是否有兴趣参加、参加的动机是什么。

四、小组监督的评估

监督指的是，跟踪记录小组组员和小组的进展情况。第八章讨论的对小组过程的监督就是一种评估工具，但是监督也可以用来评估小组的实务。在小组工作的文献中，对监督方法的研究讨论要远远多于对其他任何类型的评估方法的研究讨论。在本章讨论的评估程序中，监督是要求最低而且最灵活的评估程序。它有助于为过程评估或结果评估收集信息。

监督方法

监督过程的第一步是，决定要收集什么样的信息。例如，为心理失调的案主提供的治疗小组的工作者可能想监督，个体组员在《精神疾病诊断和统计手册》描述的 5 个方面，在整个小组过程中发生的改变（American Psychiatric Association，2013）。如果某个工作者负责主持某个大型公共福利机构内部的一个跨部门的委员会，这个工作者就可能想监督个体委员会委员任务完成的程度。

不管小组工作者决定收集什么样的信息，他们首先必须清楚自己如何定义信息，这样才能采用合适的方法监督收集信息。如果对信息的概念理解很模糊或不具体，那么就不能准确地收集信息。

监督过程的下一步是，决定如何收集关于这些需求的信息。信息收集的方式包括：做问卷调查，要求组员提供口头反馈，小组观察，对小组活动进行书面记录、录音或录像等。

在治疗小组中，组员可能要记录有关他们自己或其他组员的行为的信息。自我监督的方法包括：（1）记录注意力不集中的行为出现的次数；（2）把某行为或任务开始前、进行中、结束时发生的事情列一个清单、表格或做个日记；（3）在自我定位的量表上记录自我感觉状态。在第八章，我们已经讨论过这些常用的监督方法。正如接下来的部分所要阐述的，在监督的过程中，收集信息既是工作者的任务，也是组员的任务。

由小组工作者实施的监督

监督小组进展最容易的方法之一就是记录每次小组会议期间的小组活动。记录的方式是会议结束后尽快做笔记（Garrett，2005）。工作者可以用过程记录的方法或总结记录的方法监督。过程记录就是以叙事的方法一步步地描写小组的发展过程。它有助于工作者分析会议期间小组的互动。然而，这种方法非常耗时，因此有经验的小组工作者很少采用这一方法。但是，在培训和督导新上岗的工作者时，使用这种方法会比较有效，它可为受训者提供丰富的小组活动细节，并为他们提供机会反省小组会议的过程和互动。而总结记录耗时较少，而且更有选择性。与过程记录相比，它更突出监督记录的重点，着重记录发生在小组中的那些关键事件，并在每次会议结束后，使用一连串的开放式问题来监督小组的进展。图14.1就是一个总结记录的例子，这个表格记录了为寄养父母开办的家庭生活教育小组的一次小组会议。

无论是使用总结记录还是过程记录的方法，工作者都要在会议结束后尽快地把会议上发生的事情记录下来，这样小组活动才有可能记录得更准确。总结记录所采用的开放式问题，意思表达要尽量明确，这样工作者对每个小组的记录才会有连贯性。要尽量避免那些会产生歧义的模糊问题。总结记录所需要花费的时间取决于工作者要回答问题的数量和分析每个问题所需要的时间。下面这个案例就演示了如何使用小组记录表格。

案例　使用总结记录的方法

在一个为寄养父母开办的家庭生活教育小组中，小组工作者打算系统地分析小组是否实现了其工作目标。在每周一次的小组会议结束后，工作者都会使用一个小组记录表格记录这样的内容：哪些组员参加了此次会议，小组目标以及目标的任何改动，为实现目标而开展的活动，小组互动的质量。此外，她还记录了自己对小组本周在实现小组的整体目标方面所取得的进展的分析。几次小组会议后，她又回顾了这几次会议的总结记录，以确保小组是在为实现其目标而运作。在对每周会议记录分析的基础上，工作者认为，组员显然学到了很多关于家庭生活的知识技巧，但是他们之间没有建立有效的互助关系。基于这样的结论，工作者开展了更多的项目活动，以便为组员提供更多的机会建立亲密和互助的关系。

总结记录方法中的开放式问题有时候不能够充分地聚焦或定义所记录的信息，尤其是当工作者希望从所有组员那里收集类似的信息的时候。因此，总结记录方法的功能并不是把小组工作者的活动与小组的具体目标及结果联结起来。

小组名称：_____　　开始日期：_____

工作者名字：_____　　结束日期：_____

小组会议编号：_____　　会议日期：_____

参加会议组员：_____

缺席组员：_____

_____

小组目标：_____

_____

本次小组会议的目的：_____

_____

为实现本次会议目的而开展的小组活动：_____

_____

工作者对本次小组会议活动的分析：_____

_____

未来小组会议的计划：_____

_____

图 14.1　小组记录表格

　　记录系统，例如问题为导向的记录系统（Kane，1974），却可以解决这个问题，即把小组活动与小组目标及结果联结起来。在问题为导向的记录系统里，小组干预的问题被明确地定义出来，小组目标也被确定下来，信息的收集和记录是在与每个具体的问题都相关的基础上完成的。这个系统能够使工作者展示，为完成某个目标的小组干预活动是如何与这个被干预的问题的评估联结起来的。

　　目前很多国家的电子医疗记录系统都在使用这个问题为导向的系统（例如：Uto，Iwaanakuchi，Muranaga，& Kuamoto，2013）。小组会议的音频和视频记录也可以替代总结记录的方法，以改善实务工作，正如下面的案例所示。

案例　提高共同领导小组的技巧

　　邦妮和弗莱德共同带领一个新的就业技能培训小组，这个小组是为那些新出院的精神病患者提供的治疗项目的一部分。他们决定将这个就业技能培训小组工作全程录像。在获得组员的书面同意后，他们对每次会议活动都进行了录像，并在每次会议结束后回看这些录像，接着进行讨论。这样的记录回顾和讨论帮助他们明确了如何在接下来的小组会议中提高自己的领导技巧。

尽管做记录资料回顾很花时间，但是工作者还是愿意使用音频或视频记录资料来获取对他们领导小组能力的反馈信息。音频和视频记录的优点是，它们记录的信息是准确和未经过编辑的。在治疗小组中，可以回放音频或视频中某些部分的内容，以便组员即时提供反馈意见。有经验证明，这是一种非常有力的干预手段，对组员的变化非常有帮助。此外我们还发现，心理教育小组的组员通常非常高兴拥有这些音视频，这样他们就能够在家里温习小组会议上的内容。

在教育小组和其他小组中，DVD 可以用来向小组展示什么是恰当的行为，并点评什么是不恰当的行为。使用 DVD 机录制视频资料，对那些以提高技巧或改变行为模式为目的的小组活动非常有效，例如角色扮演活动。视频资料可以帮助组员回顾他们在角色扮演中的行为，讨论是否可以选择其他行为模式。例如，某果断力培训小组的组员，可以在视频中看到在某个需要他们做出决断回应的情况下自己的行为表现。他们会分析在做决断时自己的音调、面部表情、身体姿态、语言回应等。而且，CD 和 DVD 为工作者永久性保存小组资料提供了可能，他们可以将这样的资料分享给自己的组员、自己的专业督导，或用于教学中的工作坊。

对小组活动进行录音或录像也有一些缺点。一旦活动被录音或录像记录下来，组员就很难把他们的发言从这些录音或录像资料中抹去。这也许会阻碍组员间建立起信任关系。工作者也可能会发现，有时候录音或录像资料提供的高度还原的细节信息其实是没有必要的，或他们根本不需要这样的信息。但他们不得不花费大量的时间去回顾音视频资料中那些不相关的信息，以期筛选出有用的信息，而这些信息本来是可以很快地通过简洁的总结记录的方法获取的。然而，如果工作者希望以一种完整准确的方式监督小组的互动模式，或者他们需要有一份完整的小组会议记录副本，那么音视频的记录方法就是最好的选择。

有时候，工作者希望获得一份详尽、准确的小组过程资料以供研究之用，此时，专业化的编码系统就是他们所需要的。音视频的录制者可以使用编码系统来发现小组互动的频率或类型，以及小组的特性（例如凝聚力）。在小组过程工具的综合文献回顾中，学者们对编码系统做了详细的论述（Barlow, 2013；Macgowan, 2008；Sandano, Guyker, Delucia-Waack, Cosgrove, Altaber, & Amos, 2014；Schwartz, Wald, & Moravec, 2010）。

> **研究型实务**
>
> 行为：利用实务经验和理论为科学研究提供数据信息。
>
> 批判性思考问题：自我监督是一种在会后收集组员行为数据的方法。工作者如何帮助组员开发自我监督的措施？

在任务小组中，会议记录可以作为记录小组活动的资料，它们常常是记录小组程序的正式资料。会议记录是由工作者指派的或由组员选举的某个组员在会议过程中做的笔录，可能是机构的工作人员、小组秘书或他人定期地做这样的会议记录，但有时候组员也可以做这样的工作。

一般来说，在每次会议开始前，组员都会收到上次会议的会议记录，如果需要做任何修改，必须在这次会议上获得组员通过。

由组员实施的监督

治疗小组的组员是最常使用监督的群体，个体组员在小组会议结束后会记录自己的行为，然后在下次小组会议上做汇报。图 14.2 就展示了自我监督的过程。在这个过程中，工作者和组员一起决定下列问题：（1）收集什么信息；（2）什么时候收集信息；（3）收集多少信息；（4）怎样收集信息；（5）什么时候组员应该将收集的信息汇报给小组以作分析。在这些问题得到讨论并得到答案后，工作者就会点评每位组员的监督计划。

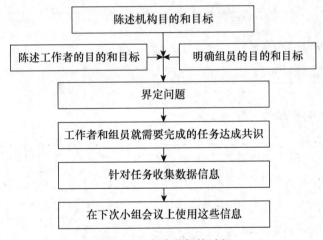

图 14.2 自我监督的过程

组员可以在每次会议结束前监督小组进展，或在小组的整个过程中不定期地进行监督。组员可以利用简短的问卷或口头与工作者讨论小组的工作进展。这种形式的监督可以鼓励组员提供周期性的反馈信息，便于工作者以此来提高自己在小组工作中的实务水平。

工作者也可以从自我监督过程中受益。组员与工作者分享自己对小组进展的想法观点，以及如何改善小组工作的意见，这些都会赋予组员自信，让他们认为自己可以对小组工作进展有所控制并影响小组工作进展，从而增加他们对小组目标的进一步认识和理解。而且，如果组员相信他们的观点、意见有价值，受到尊重，并被接受，他们就更有可能对自己的小组参与感到满足。下面，我们来看一个例子。

案例 对某个单亲父母小组工作进展的监督

在某个为单亲父母开办的教育小组中，工作者邀请每位组员在每次会议结束前的5分钟里填写一张对本次小组活动进行评估的表格。这张表格由两部分问题组成，即采用李克特量表的简单封闭式问题和开放式的、以收集组员的满意度等定性数据信息为目的的问题（见图14.3）。在小组的整个发展过程中，每间隔几次小组活动，工作者还会就组员对从小组中所学知识的有用性的打分进行评级，以及他们对小组和工作者的满意度做定量分析。收集来的信息显示，组员对所学知识的评价和他们对小组及工作者的满意度都呈稳定上升的趋势。而关于每次活动中最喜欢和最不喜欢的内容的数据显示，组员对工作者邀请来的某些客座讲师不满意，但是喜欢那些可以让他们有机会练习儿童管理技巧的活动。

小组提供的关于儿童发展方面的知识信息是否有助于你理解你的孩子的行为？			
4	3	2	1
非常有帮助	有一定的帮助	有一点帮助	根本没有帮助

你认为哪些知识信息对你最有帮助？ _____
_____

请为此次小组活动领导的有效性打分。

4	3	2	1
非常有效	有一定的效果	有一点效果	根本没有效果

你认为在本次小组会议中对小组最有帮助的是什么？ _____
_____

你认为对小组最无用的内容是什么？ _____
_____

总体来讲，你对今天的小组活动的满意度如何？

4	3	2	1
非常满意	比较满意	有一点满意	根本不满意

补充说明： _____
_____

图14.3 小组会议的评估表

　　对小组工作进展的口头形式的评估不是一种永久性的记录资料。如果工作者、组员或机构希望保存书面形式的评估资料，那么可以选择使用一种评估表格，这种表格里包括封闭式的固定分类的答案选项和开放式的评估问题。图 14.3 是用于某个单亲父母小组中的一次会议的评估表格，里面包含了几个容易理解的封闭式和开放式问题。封闭式问题采用李克特量表的形式，要求组员以有序分级的方式给出自己的观点。因为所有组员使用的都是相同的量值，所以他们每个人给出的答案可以相互比较。而开放式问题使每一个组员能够提供他们自己独特的观点、想法，所以他们的答案可能会有相当大的区别。

　　在任务小组中，组员常常用口头方式报告自己的进展。尽管这样的报告一般不被看作是评估的手段，但是它仍然是工作者和组员监督小组工作进展的一种重要方式。在任务小组结束的时候，记录小组工作成果的会议纪要、文件和最后的报告以及其他材料都可以作为评估小组是否有效的信息数据。

　　在治疗小组中，评估小组工作成果的一个重要指标是，小组是否完成了在本周内需要完成的相关任务等，比如个体组员与小组签订的协约是否完成，或者工作者是否解决了某个问题或帮助组员使某种行为发生了改变。还有一个指标就是，在小组会议活动之余的任务是否完成。罗斯（Rose，1989）将这称为"小组互动的成果"，他认为，这种任务完成的比例是评估小组是否成功的一个重要指标。

五、小组发展过程的评估

　　评估小组工作实务的第三种方法是发展性评估，这能帮助工作者为新的小组工作项目做准备，发展新的小组工作方法或完善现有的小组工作项目。托马斯（Thomas，1978）称之为发展性研究，这与在商业和工业中使用的研究类似。它可以使小组工作实务工作者开发和测试新的小组工作服务项目。

　　发展性评估包括对新小组使用的干预方法进行开发、测试、评估、调整和再评估几个步骤。在要求工作者使用一种连续性的方式来评估自己的服务项目，从而使他们需要反复提供相同的或类似的小组服务项目的时候，工作者就非常倾向于使用发展性评估方法。由此可以看出，如果小组提供的是连续性的小组服务项目，工作者就会采用发展性评估方法。

　　与监督评估方法相比，发展性评估方法更复杂，不如监督评估方法那样容易操作，需要工作者认真地思考、计划和设计。下面我们来看看一个发展性评估的过程包括哪些步骤。

- 发现问题和需求是什么。
- 收集和分析相关的数据信息。
- 开发新的服务项目或方法。
- 评估这个新项目或方法。

● 依据获取的数据信息对这个新项目或方法进行调整。

430　　　如图 14.4 所示，在开展和评估新的服务项目时，这个过程可能会重复好几次。尽管发展性评估方法要求工作者认真地思考计划，工作者需要付出大量时间和精力，但是它确实改善了服务项目和方法，从而使小组工作实务变得更有效、更令案主满意。

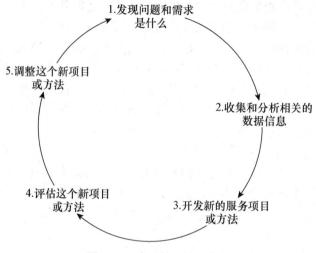

图 14.4　发展性评估的步骤

　　在开发和评估一个新的服务项目或一个新的小组方法时，工作者可以根据这个项目或方法的类型和评估的情境来选择采用什么样的研究设计方法。

　　单一系统方法和个案研究方法对发展性评估尤其有效。尽管准实验设计方法在发展性评估中也经常被采用，但在本章中，我们讨论的方法都是与小组的有效性和效率的评估相关的，因为在评估小组结果的过程中也经常会采用这些评估方法（Thyer，2012）。

（一）单一系统方法

　　单一系统方法（通常也被称为单个案设计方法）是用来在一定的时间范围内收集某单一系统的数据（例如某个小组）进行评估的方法。因为单一系统方法经常被用于收集关于某个新的干预措施的信息数据，而较少被用于评估一个小组工作服务的有效性，所以在做发展性评估时会使用到单一系统方法。如果单一系统方法收集的信息发现，新的干预措施是有效的，工作者就可以评估这个干预措施在更大的范围内的有效性或效率，这一点我们将在本章的稍后部分进行讨论。

　　通过单一系统方法收集的信息，是关于某单个个体组员或某单个整体小组的信息。这种方法是把某干预措施实施前、实施过程中、结束后这三部分的数据信息收集起来，然后进行比较。干预措施实施前的数据信息通常被称为"基线"数据信息。

　　如图 14.5 所示，干预后收集的数据信息会出现水平面或斜面的变化。我们可以观察
干预前和干预后获得的数据信息并进行比较，来看这些变化是如何影响工作者所测量的内
容的。

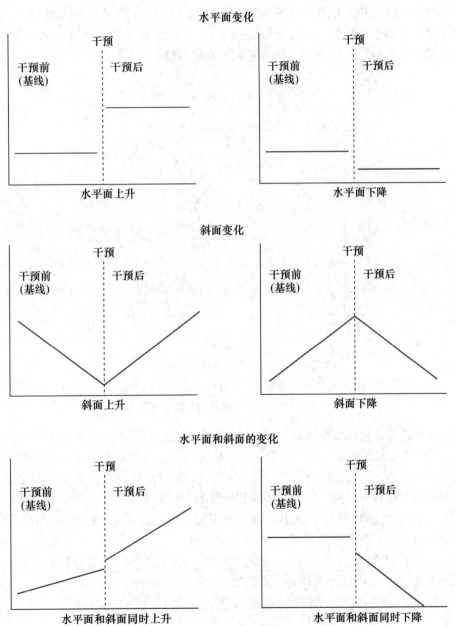

图 14.5　小组干预后基线数据的变化

　　例如，基线数据显示，在干预前，组员基本上只和工作者交流，而他们之间很少说话。工作者随之就进行了干预，和小组一起讨论面对的问题，鼓励组员之间更频繁地交流，表扬那些主动与他人沟通交流的组员。

　　干预之后，组员和工作者之间的沟通次数减少了，而组员间的沟通增加了。图 14.6 就显示了这个干预后的趋势。而这个图展示的单一系统方法通常也被称为 AB 设计，其中 A 是干预前的基线时段，而 B 是干预后的数据收集时段。

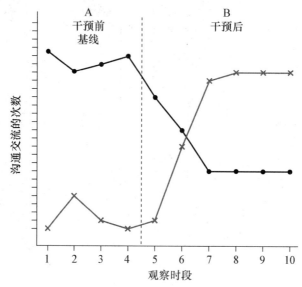

图 14.6　单一系统评估的图示数据

　　单一系统方法还包括多重基线、撤销、逆向和变化标准等设计（Macgowan & Wong，2014；Smith，2012；Wong，2010）。对小组工作者来说，操作这些类型的单一系统方法要比基线—干预式的 AB 设计复杂得多，但是它们比 AB 设计在评估实务工作成果上更加有效。特别是当工作者有时间、精力、兴趣和资源来检测某个新的或某个备选的干预服务的有效性时，这些类型的评估方法尤其有效。更多关于单一系统方法的讨论，请查看下列学者的著作：布鲁姆、费舍尔和奥姆（Bloom，Fisher，& Orme，2009），克拉托赫韦尔和莱文（Kratochwill & Levin，2010），马坦尼（Mattaini，2010），麦高恩和王（Macgowan & Wong，2014），莫内特、苏利文、德容和希尔顿（Monette，Sullivan，DeJong，& Hilton，2014），纽金特（Nugent，2010），王（Wong，2010）。

（二）个案研究方法

个案研究是建立在对某个案例的准确的描述、细致精准的观察记录和仔细具体的分析基础上的。个案研究是由那些对定性研究方法感兴趣的研究人员发展起来的。因为小组工作者通常已经习惯了详细地记录和分析自己的工作，所以对某些小组工作者来说，这些定性研究方法比定量、单一系统的研究方法更具有吸引力。

与单一系统方法一样，个案研究方法是建立在对单个案例的深入分析的基础上的，因此，在数据的内在和外在的效度方面，通过这些方法收集的资料可能就不如通过经典的对照组设计收集的数据那样高。但是，个案研究方法的优势在于，它们能够详细生动地描述小组的过程和程序，而且它们比对照组设计更容易在实务中使用。

个案研究方法包括参与式和非参与式观察、个案比较、民族志、焦点小组和叙事方法（Flyvbjerg，2011；Kamberelis & Dimitriadis，2013；Krueger，Richard，& Casey，2015；Marshall & Rossman，2011；Padgett，2008；Stewart，2014；Stewart & Shamdasani，2015；Smith，2012；Wells，2011）。下面这个案例就展示了运用个案研究方法的过程。

案例　运用个案研究方法

某位小组工作者在策划开办一个为心脏病患者服务的身心健康小组时发现，亲自到社区中其他机构开办的几个康复小组体验对自己的计划很有帮助。她得到机构的允许后，观察了医院和非医院环境下几个小组的活动，并得到许可用 DVD 记录其中的某些活动过程。在运用个案研究方法分析录像资料和她自己的小组观察笔记后，她认为，大部分小组不仅为组员提供了重要的知识信息，而且在组员间培养了一种强烈的"普遍性"意识，就是帮助组员意识到，他们遭遇的问题并不罕见，也不是他们独自面对的问题。她还发现，这些小组的组员是彼此重要的支持资源。后来，她把这些信息用来帮助开发设计自己的新小组。

小组工作者在运用个案研究方法来设计酗酒者小组时，计划把自己设计的小组项目和由酗酒者匿名协会或当地政府举办的类似酗酒者小组项目做个比较。把这三个项目进行比较，再加上工作者为收集某些特定的信息而设计的问卷，应该可以为他的小组项目提供新的思路。此外，工作者还计划通过焦点小组的方法，访谈每个小组的组员以了解发现每个小组项目的优点和缺点，然后用这些小组的特点来评估小组的有效性。这个详细过程请见图 14.4。

小组工作者可能还计划在任务小组中运用个案研究方法。例如，为了了解治疗团队会议中讨论的案主的进展情况，某小组工作者可能计划使用非参与式观察的方法，来比较其他几个日间精神康复机构所使用的各种方法。

434　　单一系统方法和个案研究方法都有助于工作者不断地扩展和提升自己的实务工作能力。为了严格地使用这些方法，工作者要花足够的时间来设计和实施评估方法，收集那些用常规方法收集不到的数据信息。在组织和开展发展性评估时，工作者必须要决定，为了开发新的项目或改善服务，是否还需要收集更多的信息。

（三）参与式行动研究方法（PARS）

参与式行动研究方法是一种开发和监督小组的方法，它是建立在小组工作者和社区利益相关者之间的合作关系基础之上的。参与式行动研究团队的所有成员是平等的，每个人都有权利对小组工作服务的发展和具体实施提出自己的看法。运用参与式行动研究方法的小组工作者要遵循以下三个基本原则：（1）让所有的利益相关者都参与到对问题和目标的界定中，以及对小组工作服务解决问题的方式的界定中；（2）开展服务的同时，尽可能收集最高质量的服务反馈信息；（3）运用这些反馈信息不断提高实务环境下的服务质量。为了尽可能获得最高质量的反馈信息，工作者可以邀请一位研究人员一起参与，使用各种各样的定性和定量研究方法。工作者与所有参与的研究人员、被服务的对象、小组的资助方及其他各利益相关者，享有同等的发表自己看法的权利。因为参与式行动研究方法的重点在于，使小组工作的服务对象和其他所有的利益相关者能全面参与到信息收集的过程中，所以，它和社会工作的专业价值观是一致的。但是和其他评估方法一样，参与式行动研究方法也面临各种困难，例如获取社区利益相关者的积极和全面的参与比较困难，特别是如果没有资金支持，这些机构或个人参与可能就会是一个难题。然而，这种方法非常适用于以服务对象为中心的社会工作服务模式。当工作者在策划小组服务时，或者鼓励社区成员参与到社会行动和联合小组中时，或者评估小组服务项目带来的影响时，参与式行动研究方法可能就是一个非常好的选择。更多关于这个方法的讨论，请参见下列作者的著作：谢瓦利埃和巴克尔斯（Chevalier & Buckles，2013），劳森、卡林吉、派尔斯、尤尔科夫斯基和博兹拉克（Lawson, Caringi, Pyles, Jurkowski, & Bozlak，2015），麦立夫（McNiff，2013），施耐德（Schneider，2014）。

六、有效性评估和效率评估

有效性评估的重点是，小组在多大程度上实现了自己的目标。有效性评估使工作者有机会收集到大家对小组工作方法和已实现目标的有效性的反馈意见。而效率评估则是把小组的某项目服务的收益和它的成本进行比较，它把小组的成果进行货币化，然后把这个货币化的费用与小组运行的成本加以比较。

有效性评估和效率评估需要依据实验和准实验设计方法，采用可信和有效的测量工具，并按照统计程序，来确定某个干预服务对任务小组或治疗小组的成果的有效性。与本章中讨论的其他评估方法相比，有效性评估和效率评估灵活性小，技术上更复杂，具体操作难度更大。由于在评估中所采用的方法的本质特点，以及操作这些方法时必须遵循的准确性和严格性，在开展有效性评估和效率评估时，工作者需要一个灵活宽松和合作的环境。资助机构必须愿意为评估活动提供必要的资源和技术支持。

有个比较容易操作的评估结果的方法是"目标达成量表"（goal attainment scaling）（Kiresuk & Sherman，1968；Kiresuk，Smith，& Cardillo，1994；Turner-Stokes，2009）。运用这个方法，工作者可以以个体组员或整体小组的形式收集关于小组目标完成情况的资料。图 14.7 就是一个目标达成量表的样本。

度量水平	焦虑	抑郁	食欲不振
		不同问题	
1. 最不希望出现的结果	自我评价每日出现四次焦虑情绪	自杀	拒绝吃任何食物
2. 不太希望出现的结果	自我评价每日出现三次焦虑情绪	一次或多次企图自杀	一日一餐
3. 希望出现的结果	自我评价每日出现二次焦虑情绪	没有自杀企图，讨论抑郁情绪	一日两餐
4. 比较希望出现的结果	自我评价每日出现一次焦虑情绪	没有自杀企图，讨论抑郁原因	一日三餐
5. 最希望出现的结果	自我评价每日没有一次焦虑情绪	没有自杀企图，确认抑郁的两个原因	一日三餐外加零食
权重	5	25	5
目标达成分数	4	3	3
加权后的目标达成分数	20	75	15

图 14.7 目标达成量表的示例

组员和工作者要一起合作开发能够测量问题的每个度量水平的结果的工具。例如，某小组在评估抑郁这个问题的结果后发现，它的最坏结果是自杀。类似地，小组也发现，解决食欲不振这个问题的最佳方式是一日三餐外加零食。当问题的每个度量水平都被确定后，就可以开发出测量这些水平的量表，用这样的量表作为工具来测量达成的目标。例如在图 14.7 的例子中，方框中的目标显示的就是已达成的目标。像焦虑这个问题，结果就是每日对自己的焦虑情绪的评价。如果自我评价认为，每日出现一次焦虑情绪，这样的结果就被给了 4 分。

如图 14.7 所示，评估者可以为不同的度量水平赋予不同的权重，这样的话，更重要的目标会在整体评估工作中得到更多的关注。在焦虑问题上，权重是 5，目标达成分数 4 乘以权重 5，得到加权后的目标达成分数 20。而在抑郁问题上，尽管目标达成的分数是 3，但是它的权重是 25，所以加权后的目标达成分数就是 75。那么抑郁问题上的目标达成分数就比焦虑问题上的目标达成分数高很多。把每个度量水平上的目标达成分数相加，就得到个体组员或整体小组的目标达成的总分。

尽管目标达成量表受到一些方法论学者的批评（Seaberg & Gillespie, 1977），但是在进行效率评估时，它仍然是小组工作者经常使用的一个重要测量工具。

目标达成量表的一个变化的形式是紧迫问题清单（Toseland, Labrecque, Goebel, & Whitney, 1992；Toseland et al., 2001；Toseland, McCallion, Smith, & Banks, 2004），它已被多次成功地运用在评估小组治疗的有效性的研究中。在接案访谈过程中，预备参加小组的准组员要描述他们希望小组干预什么样的问题。这些问题和其他几个被公认会影响到干预对象的问题，加起来就构成了紧迫问题的一个清单。在小组会议开始前和小组即将结束时，组员会针对每个紧迫问题给自己带来的压力程度，以及他们应对这些问题的有效性进行打分。然后，把这些问题的所有分数加起来，用来评估组员在压力程度和应对问题的有效性上的变化。

有效性评估需要依靠实验和准实验设计方法来确定小组是否完成了目标。一个真实验设计会使用随机方法来分配参与者进入治疗组和对照组。针对某个具体的结果变量，对治疗组和对照组进行比较，以测量这两组参与者之间的差异。而在准实验设计中，参与者并不是被随机地分配到治疗组和对照组中的（Thyer, 2012）。此外，随机地分配参与者组成治疗组和对照组，这种做法在现实的实务环境中通常很难操作。因此，即使准实验设计方法可能造成偏差，这种方法还是常常被用在有效性评估中。因为在影响待测结果变量的重要变量上，非随机分配的参与对象之间很可能有巨大差别。

在小组研究性项目中，开展充分的有效性评估是尤其困难的。为了对实验设计方法收集的信息进行有效的统计分析，针对每个参与对象的信息收集必须是独立完成的，不受其他对象的任何影响。研究者在测试小组治疗的有效性时，有时会假设每个小组组员都是一个分析单位。然而，在小组环境下，个体组员之间并不是相互独立的，因为他们会相互影响。例如，在组员们填写问卷的时候，有一个人推着剪草机从窗前走过，分散了所有组员的注意力。类似地，在填写问卷时，组员的答案不可能是完全不受其他组员的影响的，就像剪草人会影响所有组员一样。所以，如果在评估治疗抑郁的小组效果时遇到这样的问题，可以采用一种解决方法，就是把所有的评估测量工具在组外的环境下单独地交到每个组员手里，请他们填写以收集数据。但是，如果评估的内容是小组过程的有效性，例如凝聚力，那么组员的观察记录就是相互影响的，因为凝聚力以相似的方式影响到同一小组的所有组员。解决这个问题的唯一方法就是，运用小组层面的数据资料，把小组看成是分析单位，而不是把个体组员当作分析单位。

对例如凝聚力和领导力等小组层面的现象感兴趣的研究者经常会违反独立观察的要求。塔斯卡、伊林、奥格洛尼兹克和乔伊斯（Tasca，Illing，Ogrodniczuk，& Joyce，2009）就曾指出，有些统计程序，例如方差分析（ANOVA），就不足以抵消研究者的这种违规行为的影响，而这种违规行为会导致对小组程序的有效性的严重高估。鉴于我们会利用相当多的分析单位来对小组层面的现象进行统计对比，小组实务工作的有效性评估就需要测量相当数量的小组。然而，在实务环境下，因为受到资源、小组参与者和小组领导者能力的限制，对大量的小组进行评估通常是非常困难的。鉴于此，学者们提出了以小组为分析单位的方法（Bonito，2002；Brower，Arndt，& Ketterhagen，2004；Magen，2004；Tasca，Illing，Ogrodniczuk，& Joyce，2009）。

效率评估非常复杂且耗时。但是，如果工作者想知道自己的项目是否具有成本效益，效率评估就是非常有用的工具。例如，某非营利健康机构聘用了一名小组工作者来开展一个戒烟小组项目。小组项目结束后，工作者做了一个有效性评估，发现60％的组员成功戒烟了。工作者还收集了关于项目成本和有烟民雇员的雇主的成本的资料，这些资料为效率评估提供了基础。

图14.8展示了工作者的成本核算，表明如果按照50％的成功戒烟率计算，从小组结束的那年开始，小组项目每年可以为雇主节省174美元。如果这个雇员一直保持戒烟状态，雇主的这种节约就可以一直持续下去。因为本戒烟小组项目的成功率是60％，所以，如果雇主的长期雇员参加了这个戒烟项目，雇主每年在这些雇员身上节省的成本会超过每人174美元。在非营利健康机构说服大雇主们为自己的长期雇员提供戒烟项目服务的时候，这样的成本信息就非常有用。

有效性评估的具体办法在巴比（Babbie，2015），弗雷泽、里奇曼、加林斯基和戴（Fraser，Richman，Galinsky，& Day，2009），所罗门、卡瓦诺和德莱恩（Solomon，Cavanaugh，& Draine，2009），以及罗西、弗里曼和利普西（Rossi，Freeman，& Lipsey，2004）的著作中都有深入细致的描述。德拉蒙德、斯科尔夫、托伦斯、奥布莱恩和斯托达特（Drummond，Sculpher，Torrance，O'Brien，& Stoddart，2005），以及莱文和麦克尤恩（Levin & McEwan，2001）等学者的著作则详细地描述了效率评估的具体方法。小组工作者要对这些方法有基本的了解，这样才能评估自己实务工作的效率，才能对那些关于小组工作方法和服务项目的有效性和效率的学术研究中所使用的研究方法进行批判性的反思。

437

438

雇主每年在每位吸烟员工身上的花费	
保险：	
健康保险	320.00
火险	20.00
员工事故赔偿险	0.00
死亡和残疾险	35.00
其他：	
生产率	189.00
缺勤	110.00
吸烟对其他非吸烟员工的影响	140.00
吸烟的总花费	$814.00
参加戒烟小组的每位员工的花费：	
参加戒烟小组的花费	$140.00
员工参加小组的时间花费	200.00
每位员工的总花费	$340.00
每位成功戒烟员工的总花费（以成功率50%为基准）	$680.00
可为雇主节约的花费	
吸烟的总花费	$854.00
参加戒烟小组的总花费	−680.00
	$174.00

图 14.8　戒烟小组的效率评估

七、评估测量工具

前面讨论的评估方法的四种大致分类，为工作者提供了一个框架，工作者可以使用这个框架收集数据资料，以便为策划、监督、开发小组工作实务以及预评估这些实务工作的有效性和效率提供依据。在使用这些方法时，工作者可以对各种测量工具进行选择，以便为有效的评估工作收集必要的信息资料。目前，研究者们已经开发了大量的测量工具以评估小组工作实务。某些测量工具专门侧重于评估整个小组的特质，而有些工具则被用来评估某小组中组员的

> **伦理和职业行为**
>
> 行为：遵守伦理规范，合理地使用技术来提高实务工作成果。
>
> 批判性思考问题：小组服务应该接受评估。那么，《美国社会工作者协会伦理守则》（*NASW Code of Ethics*）中的哪些部分要求专业社会工作者要评估他们的实务工作呢？

变化。选择什么样的测量工具取决于下列因素：（1）评估工作的目标；（2）准备采用的测量工具的特点；（3）资料收集的形式；（4）要测量什么样的变量。

（一）选择测量工具

在选择使用什么样的测量工具时，第一个也是最重要的步骤是确定评估的目标是什么。需要什么信息，谁会使用这些信息，收集的信息将用来做什么，弄清这些问题，可以帮助工作者选择恰当的测量工具。例如，如果工作者有意收集某小组组员对小组服务的满意度的反馈信息，工作者可能更关心的是组员在提供反馈信息时是否会遇到困难，而不是担心测量工具的信度和效度。工作者可能还会担心，组员对评估工作的反应是怎样的，以及进行评估所需要的时间，特别是在只有非常有限的小组时间来进行评估的时候。

对于可以控制所收集信息的质量的测量工具，工作者应该非常熟悉它们的两个特点：信度和效度。信度指的是某测量工具每次以相同的方式被用来测量同样的现象时保持一致性的程度。所以，一个有信度的测量工具是具有一致性的。在测量相同的变量时，这个工具每次测量的结果是一样的。效度指的是用于资料收集的测量工具测量出它计划测量的结果的程度。有效度的测量工具可以真实地代表被测量的变量。理想的状态是，小组工作者能够运用有效度和信度的现成的测量工具。如果有这样的测量工具，工作者就不需要急匆匆地开发自己的测量工具了，更何况自己的测量工具还可能在效度和信度上比现成的工具逊色不少。

开发有效度和信度的测量工具需要相当多的时间。工作者应该确定自己需要的测量工具的准确性和客观性要达到什么样的水平，要确定需要多少时间来开发和验证一个测量工具。关于开发有效度和信度的测量工具的更多讨论，请参看拉奥和辛哈莱（Rao & Sinha-ray，2007）或者萨尔金德和拉斯马森（Salkind & Rasmussen，2007）的著作。

在选择恰当的测量工具的时候，还有一个需要考虑的问题，就是要确定什么样的数据信息收集形式对工作者来说最有用，对组员来说最方便。数据可以通过访谈组员的形式收集，可以通过问卷调查的书面形式收集，也可以通过录音或录像的形式收集。究竟什么数据收集方式对工作者最有帮助，这取决于数据将怎样被使用，以及组员在多大程度上愿意并能够配合数据收集的过程。例如，在评估针对儿童、老年人和残疾人开展的小组服务时，对某些组员来说，录像和录音的数据收集方式可能就比填写书面问卷的方式方便得多。

工作者还必须确定怎样测量某个特定属性或概念。例如，在确定了评估的目标是测量某小组的有效性以后，工作者就必须确定，是否要收集关于个体组员的行为、认知或者情感上的变化的数据。在任务小组中，工作者就想既测量小组任务完成的程度，又测量完成的任务或取得的成果的质量和数量。

在进行评估时，对被测量的特定属性进行多重测量通常是有帮助的。例如，在测量戒毒者小组的有效性时，工作者可能需要测量组员的毒品吸入量的减少、自我观念的改变，以及对吸毒后果的认识的转变等。多种测量工具，包括血液检验、态度量表和有关吸毒信息的问卷，可以帮助工作者测量小组在帮助组员戒毒成功这方面的有效性。

（二）测量工具的类型

在小组工作者评估自己小组的组员所获得的成果时，有多种多样的具有效度和信度的测量工具可供他们挑选使用（Corcoran & Fischer，2013；Kramer & Conoley，1992；Sandano et al.，2014；Simmons & Lehmann，2012），其中包括自我报告型测量工具、观察型测量工具和测量小组互动结果工具。本书下面着重介绍这三种在小组工作评估中经常被使用的测量工具。

自我报告型测量工具

在小组工作评估中运用最广泛的测量工具可能就是书面和口头的自我报告，即组员要对某个现象给予书面或口头的回应反馈。尽管自我报告型测量工具可以测量任何现象，但是这种类型的工具在测量个人现象时尤其有效，比如信念和行为这些不能被观察型测量工具直接测量到的现象。小组工作者还可以开发自己的自我报告型测量工具用于某些特殊的情境中，在这样的情境中一般没有现成的自我报告型测量工具可用。然而，开发一个有信度和效度的自我报告型测量工具却不是容易的事情。幸运的是，有大量已被公开发表的自我报告型测量工具可供工作者选择使用，包括测量焦虑、抑郁、果断力、自我概念和控制感等的工具。小组工作者们特别喜欢使用的测量工具有六种：（1）小组氛围量表（Silbergeld，Koenig，Manderscheid，Meeker，& Hornung，1975）；（2）亨普希尔的小组维度指标（Hemphill，1956）；（3）希尔互动矩阵（Hill，1977）；（4）亚隆的有效因子量表（Lieberman，Yalom，& Miles，1973；Stone，Lewis，& Beck，1994）；（5）治疗因素量表（Lese & MacNair-Semands，2000）；（6）小组参与度量表（Macgowan，2000）。

小组氛围量表（GAS）一般用来测量治疗小组的心理社会环境。它包括 12 个分量表：（1）攻击；（2）服从；（3）自治；（4）秩序；（5）归属；（6）参与；（7）洞察力；（8）实用性；（9）自发性；（10）支持；（11）多样化；（12）清晰度。每个分量表又包含 10 个正误选项。GAS 量表的效度和信度已经得到了验证（Silbergeld et al.，1975）。

亨普希尔的小组维度指标测量的是小组的 13 个特质：（1）自治；（2）控制；（3）灵活性；（4）享乐风格；（5）同质性；（6）亲密性；（7）参与；（8）渗透性；（9）两极化；（10）效力；（11）稳定性；（12）满意度；（13）黏合度。这个量表包括 150 个选项，组员在从非常正确到绝对错误之间的 5 分量表中提供自己的反馈。

希尔互动矩阵包括 72 个选项，由小组领导者、组员或小组观察者以自我报告的形式对小组过程提供自己的反馈。这个量表旨在在两个维度上区分小组互动的类型：小组讨论的内容以及小组中所开展工作的级别和类型。

亚隆的有效因子量表是一个被广泛采用、包含 14 个选项的量表。它测量治疗小组的 12 个治疗维度：(1) 利他主义；(2) 情感净化；(3) 凝聚力；(4) 存在性；(5) 家庭重现；(6) 指导；(7) 希望；(8) 身份鉴别；(9) 人际关系输入；(10) 人际关系输出；(11) 自我理解；(12) 普遍化。斯通、路易斯和贝克（Stone，Lewis，& Beck，1994）报告了这个量表的一些心理测量学属性。

治疗因素量表最初包括 99 个选项，用于测量亚隆的治疗因子（Yalom，2005）。治疗因素清单包括 11 个分量表，分别测量下列因子：(1) 利他主义；(2) 情感净化；(3) 凝聚力；(4) 原生家庭群体的矫正措施；(5) 发展社会化的技巧；(6) 存在性的因素；(7) 模仿行为；(8) 传递信息；(9) 灌输希望；(10) 人际学习；(11) 普遍化。这个量表已经不断地被修订，目前它只包括 19 个选项（Sodano et al.，2014），而且对这个量表的研究还在持续（例如 Kivlighan & Kivlighan，2014）。

小组环境量表（GES）是测量小组状况的另外一个量表（Moos，1986）。GES 有 90 个正误选项，测量三个领域：关系、个人成长和系统维护/系统变化。关系领域测量的是凝聚力、领导者支持和表达能力。个人成长领域测量的是独立性、领导者支持和表达能力。系统维护/系统变化领域测量的是秩序和组织、领导者控制和创新。已经有 148 个任务小组和治疗小组使用了这个量表，这足以证明它的效度和信度（Moos，1986）。

麦高恩（Macgowan，2000）还开发了小组参与度量表（GEM），它可以测量 7 个领域：(1) 出勤；(2) 贡献；(3) 和工作者的关系；(4) 和组员的关系；(5) 签约；(6) 努力解决自己的问题；(7) 努力解决他人的问题（Macgowan & Levenson，2003）。GEM 有 37 个选项，采用 5 分量表，1 代表很少/根本没有时间，5 代表大部分时间或所有时间。这个量表的心理测量学属性是在几个研究项目的结果基础上被总结发现的（Macgowan，1997，2000；Macgowan & Levenson，2003；Macgowan & Newman，2005）。

观察型测量工具

自我报告型测量工具是建立在报告者的准确记忆基础上的，但是观察型测量工具依赖独立客观的观察者通过现场或播放录音录像来收集资料。尽管观察型测量工具不像自我报告型测量工具那样容易受到主观偏见的影响和出现信息被曲解的现象，但是在实务中，观察型测量工具不如自我报告型测量工具受欢迎，因为使用观察型测量工具，需要一个或多个有经验的受过训练的观察者来参与数据收集。观察者把不同的小组互动编码为相互排斥的类别，即在每个观察阶段，只记录一个观察内容，而且这个观察内容只能被编入一个类别里。

用于测量小组的最著名的观察型测量工具是贝尔斯的互动过程分析量表（Bales，

1950）。这个量表的观察指标包括 12 类，每个组员都由一个数字代表，这样就可以编码他们的互动。例如，如果组员 1 在向组员 4 传递信息互动，或组员 3 向组员 1 发出信息互动，那么他们之间的互动就被标注为 1—4 或 3—1。如果观察者训练有素，那么贝尔斯的互动过程分析量表就是非常有效的测量小组互动的工具。

贝尔斯（Bales，1980）以及贝尔斯、科恩和威廉逊（Bales, Cohen, & Williamson，1979）还开发了多层次小组系统评价图。在第八章我们已经讨论过，多层次小组系统评价图是一种分析组员隐性和显性行为的方法。用这个测量工具，可以勾画出一个三维的图形或小组组员互动的现场图。通过这个现场图，组员可以分析他们与他人互动的方式，来提高小组实现其目标任务的能力。在第八章中，我们介绍了一个运用多层次小组系统评价图测量小组功能的案例。总之，作为一种评估工具，多层次小组系统评价图可以用来测量影响到组员在社会情感和任务方面的小组行为的几个变量。

还有其他观察型测量工具也可以用来评估小组过程中的变化。例如，我们在第八章中详细讨论的莫雷诺（Moreno，1934）提出的用于测量社会选择和社会偏好的量表，每位组员按照某些维度给其他组员排序，例如他们更喜欢和哪位组员合作，或者他们和其他组员关系的亲密程度等，以此来评估组员间的关系。

测量小组互动结果的工具

工作者可以采用一种简单直接的方法来测量小组互动的结果。在任务小组中，小组工作的结果通常是有形的，例如，小组形成了一份书面报告，这份报告指导如何向案主提供服务。而对某一代表委员会的工作结果的评估，依据的可能是在小组的月例会中执行的议程项目的数量。在这两种情况下，小组互动的结果都可用于评估目的。在治疗小组中，小组互动的结果也是非常有效的测量。罗斯（Rose，1989）提出，可测量的小组互动的结果包括行为变化、在小组会议中拟定的要在会后完成的任务数量和实际完成的任务数量。

在工作者评估自己的实务工作时，可供选择的评估测量工具很多：从由工作者自己开发的、只包含几个开放式问题的、用于收集服务质量反馈的问卷，到复杂的、要求训练有素的观察者来操作的观察型测量工具都有。工作者可根据评估设计和期望收到的信息来开发或选择使用什么样的测量工具。

尽管选出合适的测量工具和开展有效的评估非常耗时，但是这种付出是非常值得的，因为合适的测量工具和有效的评估会改善服务，并有利于开发新的服务项目。

案例

鲍勃告诉自己的学生要随时监督和评估他们的小组实务工作，但是他也知道，他们会面对实务者常常遇到的难题，就是提供小组服务的日常工作需求使他们很难有时间和资源来开展正式的小组评估工作。但是，令他惊讶的是，他之前的一个学生莫林向他汇报了一个好消息，她的项目得到了 5 000 美元的研究资助，用来对她的减少暴力的小组工作进行评估。而且，州教育部门指出，如果经过评估，她的项目是成功的，她可以申请更多的资助来开展更多的小组服务和评估项目。莫林希望鲍勃能在项目设计方面给她提供指导。

莫林的减少暴力小组的目标是，帮助小学生了解学校环境中的暴力类型，并帮助他们认识非暴力的行为方式。小组活动中包括一系列关于暴力的标准化课程这样的教育性内容，也包括成长性的内容，如培训组员学习如何应对愤怒的同伴。

和鲍勃交谈后，莫林决定在评估中采用阿肯巴赫儿童行为列表（Achenbach Child Behavior Checklist）（Achenbach，1991）作为测量工具，因为这个测量工具被很多研究者检测过，他们认为这个工具在心理测量学属性方面具有效度和信度。尽管这个量表有两种版本，即家长版和教师版，但是莫林决定只采用家长版，因为她担心教师太忙没有时间为每位参与小组的学生填写这个表格。因此，她又设计了一个简短的问卷，旨在收集教师对学生的课堂表现的意见反馈。

莫林还决定采用部分交叉对照组设计来评估小组的效果。她从备选名单中挑选部分学生组成一个新的实验组，然后将备选名单中余下的学生组成对照组。在部分交叉对照组设计中，实验组完成干预服务后，对照组就开始接受干预服务。

尽管这个评估设计可以针对小组的有效性收集到很好的信息，但是它牵扯到几个伦理问题。第一，莫林必须要得到两个小组中学生组员的家长的书面同意。第二，莫林必须要和学生家长以及学校管理人员讨论，并就为什么使用对照组提供合理的解释。保密性和自愿参加的原则也是难题。经过与学生、家长和学校管理人员讨论协商，莫林终于获得他们的同意可以开展研究项目。

为了确保实验组和对照组的对等性，莫林随机地选择备选名单中的学生进入实验组或对照组。在两个小组成立后，她请两个小组的学生家长填写儿童行为量表。这个量表作为一个组前测量，为干预项目提供重要的基线数据。然后她请教师们填写了她自己开发的简短的问卷，并对这样的数据信息进行了三角测量。接下来，莫林在实验组开始了干预服务。在小组结束的时候，她再一次请两个小组的学生家长填写了儿童行为量表，也邀请教师再次填写了那个问卷。她把前后收集的两个小组的数据进行了对比，发现实验组的学生在量表上的得分有了较大提升，而对照组的学生得分基本没有变化。把对照组的分数作为第二个组前测量的数据，她又开始为对照组开展减少暴力的小组活动。这个小组结束时，组员在量表上的得分也比他们参与小组前得到了显著的提升。

参与小组的学生的家长报告的暴力行为事件变得更少了，尤其是在学校环境下的暴力事件几乎没有了。教师们也反馈说，参加这个小组的学生能够更好地控制自己的愤怒情绪，并学会了使用更积极的手段处理教室里发生的争端。

莫林花了很长时间来准备这个项目的最终报告。她记录了自己的研究调查结果，并记录了针对这个小组的干预措施的特点和规律。学校的管理者对她的评估工作非常满意。带着一种自豪感和感激之心，莫林给自己的研究导师寄了这个报告的复印件，并附上了一封感谢信。后来她得知，自己的研究报告被州教育部门的审核委员会列为资助减少校园暴力的新项目的重要参考文献。

八、小结

评估是实务工作者收集自己小组工作实务的信息和反馈意见的方法。在目前这样强调问责制的时代，在项目服务的选择受到资金限制的条件下，评估方法对实务工作者来说是战胜困难的有效工具。本章讨论了小组工作者挑选适合他们的实务环境的评估方法的理由和基础。

在考虑是否需要评估自己的实务工作时，工作者经常会面临两难处境。他们必须确定，服务案主的工作责任与开发和开展评估是不是一致的。本章还讨论了在不同实务情境下使用的各种评估方法的优缺点。

评估方法大致有四类：（1）小组策划的评估；（2）小组监督的评估；（3）小组发展过程的评估；（4）有效性评估和效率评估。实务工作者把这些方法与各种评估工具结合使用，以期开发、检验和采用更有效的小组工作方法。这些评估方法也可以与工作者积累的实务经验（也称为实践智慧）相结合，以改善小组工作方法，这样才能满足多样化的实务环境中各种各样的服务需求。

小组工作实务标准
——小组社会工作促进协会（国际专业组织）

目　标

这些标准代表了小组社会工作促进协会的观点，系统介绍了专业有效的小组社会工作实务所必需的价值观、知识和技能，旨在指导小组社会工作实践。

导　言

下列标准反映了小组社会工作的核心概念，以及社会工作者在从事小组工作实务时必须具备的独特的视角。从设计上看，这些标准是通用的而不是具体的，是描述性的而不是指令性的。它们适用于小组社会工作者在各种实践环境中遇到的各类小组。这些小组包括治疗、支持、心理教育、任务和社区行动小组等。这些标准很大程度上借鉴了美国社会工作者协会的伦理守则、社会科学中的小组理论、关于个人和环境的知识、小组社会工作实践的根源、当前的小组工作实践以及实践研究。因此，它们是建立在实践智慧、小组工作实践的理论和经验证据之上的。它们强调对小组过程的理解和使用，以及组员之间互相帮助以实现小组目标。工作者的角色，正如在标准中所阐述的，反映了社会工作专业的一般价值观，以及与小组社会工作相关的独特特征。

标准概览

不同的社会工作实践视角为小组社会工作者的实践提供了广泛的价值基础和知识基础。第一部分讨论与小组工作实践相关的核心价值观和知识。第二部分到第五部分叙述小组工作实践从准备到结束的每个阶段所需的知识和小组工作者的主要任务及技能技巧。这些部分的结构也围绕着这样一种理解，即小组会随着时间的推移而变化和发展，因此要求小组工作者的任务也要发生变化。例如，某些小组工作者的行动会推动小组组员进入新的小组开展工作；小组工作者的其他行动可能会让已经建立信任关系的组员团结互助，实现小组目标。因此，随着小组的发展，工作者的任务的性质也将发生变化。

这些标准中描述的阶段和相关的任务都是实践指南。它们代表了从实践、理论和研究中获得的智慧。然而，每个小组都是独特的，小组工作者必须恰当地使用这些标准，使其适合于每个小组及其特定的组员。

第六部分讨论小组社会工作实践的伦理考虑。

第一部分　核心价值观和知识

小组工作者需要了解小组工作的历史，以及小组工作者在面对每个历史时代所带来的挑战时不断演变的观点。在这一演变过程中，下面的价值观成为小组工作实践的核心内容。

A. 核心价值观

1. 尊重人和人的自主性

人人生而平等，每个人都应该受到尊重，被有尊严地对待。在小组讨论中，任何人，无论是小组工作者、组员还是机构主任，都不能比他人享有更多的特权。在小组中，小组工作者要帮助每一个组员欣赏其他组员对小组的贡献，这样，每个人的想法都能被大家倾听和重视。这个原则意味着，承认鉴于工作者在服务机构中的位置和自己的专业特长，可能会对小组产生重要影响。这就要求工作者谨慎地、公开透明地运用自己的影响力。

这个原则的意义在于要尊重并高度重视多样性的方方面面，例如文化、种族、性别、性取向、身体和心理能力以及年龄。

2. 营造一个公平社会

小组提供了一个创造和践行平等与自治的民主原则的机会，小组工作者应该使用他/她的知识和技能来进一步推动公平社会建设。工作者要时刻铭记不断追求建立一个公正和民主的社会，一个确保其所有成员的基本需求都得到满足的社会。要在合适的时候，将这个价值观传递给组员，当组员表达这个价值观时，要不断进行强化。

B. 核心知识

有一些特殊的知识领域可以使小组工作者更有效地为小组服务。这包括对我们职业的历史和使命的了解，因为它影响着与穷人、少数族裔和其他被剥夺公民权的人合作的小组工作。理解什么时候选择使用小组工作实践是很重要的。践行专业使命所需的技能来自我们的价值观和知识，这些都需要专门的教育训练。

1. 关于个体的知识

a. 利用生物-心理-社会的观点和"人在情境中"的观点，探讨个人成长和行为的本质。影响个体和小组的力量是小组工作需求评估和干预的重要因素。这包括要在小组和社区的情境中来看待组员。

b. 家庭、社会、政治和文化环境会影响组员的社会认同、互动方式、担心、机会以及潜能的实现。

c. 组员互助和改变的能力。

d. 组员超出小组推动社区中的社会变革的能力。

e. 能力为本的评估。

f. 小组工作者在关注组员忧虑的同时强调组员的优势，工作者还要理解影响个体组员对服务的需求和行动能力的保护因素及风险因素。

g. 工作者要欣赏和理解组员们基于文化、种族、性别、年龄、身心能力、性取向的差异性，以及自己与组员之间存在的各种差异，所有这些都会影响到自己的实践。

2. 小组知识和次小组行为

a. 工作者要认识到小组是一个独立于个体组员之外的明确的实体，小组有自己的动力关系、文化和其他的社会条件。

b. 工作者要认识到，小组是由多重互助关系构成的，因此，组员可能彼此互助，实现个人目标和小组目标。这就是常说的"互助性"。

c. 当组员对小组产生"主人翁"意识，每个组员对小组做出了贡献并得到认可时，小组中的民主过程才得以实现。

d. 组员和小组得到赋权，可以代表自己、代表小组行动时，小组才真正开始发展起来。

e. 小组可以发展出让组员同心协力共同努力的目标。这些目标会促进个体组员的发展、小组的发展，甚至会推动社会变革。

f. 组员以及整个小组可以推动社会环境改变。

g. 小组的发展阶段会影响整个小组过程的改变。

h. 小组过程和小组结构包含了小组中出现的各种互动关系，并赋予小组生命历程以意义。这些关系包括角色、规范、沟通、情感表达以及互动模式的性质等。这些因素塑造并影响了每个组员的行为，以及小组的发展，同时还决定了小组是否能够实现自己的目标、以何种方式实现自己的目标。组员需要逐步认识到小组过程和小组结构是如何塑造并影响组员的行为和小组的发展过程的。

i. 小组的建立是为了实现不同的目标和目的（例如解决教育问题、完成任务、实现个人改变、采取社会行动等），这会影响工作者的工作方式，以及小组如何实现自己的目标，工作者与组员之间、组员与组员之间、小组与资助机构之间的约定。

3. 小组工作者功能的知识

a. 工作者要推动组员和小组的自治。

b. 工作者要帮助组员选择实现个人和小组目标的手段。

c. 工作者的评估和干预要具有灵活性、敏感性和创造性。

d. 工作者要清楚地了解小组发展阶段和相关的小组特点、组员的行为和任务，工作者要完成每个阶段的工作所需要完成的任务、掌握需要掌握的技能。

e. 小组工作实务必须建立在已有的知识和研究基础之上，要充分体现当代的实务原则。

f. 工作者有责任通过个人观察持续监测和评估小组完成目标的情况，并收集信息以评估结果和过程。工作者在评估过程中要邀请组员参与。这意味着组员要积极参与到对整个小组的结果评估中。工作者要系统地评估小组目标的实现情况。工作者要全面了解小组工作的评估方法，以及测量或其他确定小组和个人目标完成情况的方法。工作者要运用所有的证据来判断不同小组中某些干预的有效性。

g. 工作者需要对小组的过程和结果做完整的记录，同时要确保资料的保密性。

h. 工作者要积极支持小组工作的研究，通过专业学术会议、教育和研讨的方式，来传播关于有效实务的知识和方法。

i. 工作者要坚守与社会工作实务相关的职业伦理和法律规定，特别是与小组工作实务相关的伦理和法律。在小组实务工作中，要坚持避免任何伤害组员的行为。

j. 工作者要积极参与反思性实务，要评估自己的实务，寻找督导和咨商，以不断提高自己的实务水平。

第二部分　小组准备阶段：策划、招募和新小组的组建

A. 任务和技巧

a. 工作者要根据组员、工作者和机构的认知，来识别潜在组员的期望和需求。

b. 工作者要得到机构的支持，同时也要得到小组的认可。

c. 工作者要确定小组的类型、结构、过程和规模，确保这些因素有利于小组目标的实现。

d. 工作者要开展外展工作，并招募潜在的组员。

e. 根据伦理要求和机构规定，工作者要得到潜在组员或相关人员的同意。

f. 工作者要澄清潜在小组组员的目标和对小组工作的期望，要运用这些信息来评估有希望加入小组的组员是否会投入小组目标的实现中。工作者要协助组员明确自己的目标，确保这些目标是可以实现的。

g. 工作者要确定合适的聚会地点和时间，要让组员感到舒适、安全，易于参加小组。

h. 工作者要以合适的方式让组员准备参加小组。具体方法要根据小组实现个人目标或者实现机构和社区任务目标的程度来确定。工作者在确定组员参与小组时的感受和反应时，要具有同理心。

i. 工作者要知道如何根据小组的构成原则，选择合适的组员参加某个小组，尽管这个原则可能并不适用于一些任务小组，因为在任务小组中，组员的确定是由其他组织做出的。

j. 工作者要明确说明小组的宗旨，该宗旨要充分反映组员的需求、机构的使命和目标。要做到这一点，需要与组员合作。

k. 工作者要充分考虑到潜在的情境性、环境性和社会性因素可能对小组的影响。

l. 为了促进组员的改变，工作者在合适的时候要同非组员说明小组的过程和目标，例如其他机构的职员、相关的社区组织、父母或转介机构等。

m. 工作者要考虑小组的内容问题、小组活动、所需资源和设备等。

n. 工作者要了解推动小组进程所需要的方法（例如，小组过程笔记、正式和非正式评估等）。

o. 每次聚会结束后，工作者要与协作者（如果有的话）一起做简单回顾和策划，安排固定的咨商或督导。如果有协作者，他们需要一起讨论一下彼此之间在方法、风格和沟通上的异同之处。

B. 所需知识

a. 机构的使命和功能以及它们是如何影响小组工作服务的发展和特点的。

b. 可能会阻碍小组工作服务开展的社会和机构性障碍。

c. 如何评估社区和机构情境对小组的影响。

d. 与小组构成相关的问题（例如，性别、教育、社会经济地位、之前参加小组的经验、职业、种族、民族、年龄和面临的问题等）。

e. 文化因素对潜在组员生活的影响，对他们参与小组互动、与其他组员关系、与机构和工作者关系的影响。

f. 多元性对小组实现其目标的影响。

g. 小组工作者采用的理论方法，以及如何选择最合适的和最有效的方法来开展小组工作。

h. 与小组结构相关的问题（例如，小组规模、聚会时长、小组持续的时间、聚会地点、开放式还是封闭式小组、资源、设备和交通等）。

i. 人类发展与生命周期因素对潜在组员的需求、能力和小组目标的影响。

j. 小组类型，例如任务小组、治疗小组、心理教育小组和它们对个人、机构和社区需求的适用性。

k. 与小组内容相关的问题，例如讨论过程和有目的地运用活动、模拟活动等，包括内容如何受小组发展过程、组员能力和小组目标等因素的影响。

l. 约定程序，包括明确和澄清小组目标，实现小组目标所需要的行为标准和规范，这些都需要由潜在组员、工作者和机构共同商定。

m. 招募程序，例如社区外展和转介程序。

n. 如何发现和开发小组正常运作所需要的资源。

o. 记录工作者的干预、小组过程和小组工作服务的小组监督和评估程序（例如，小组过程记录、前测和后测工具、问卷等）。

p. 为了提高小组工作服务质量，要重视咨商和督导。

第三部分 小组工作开始阶段

A. 任务和技巧

1. 任务：建立初期的约定

工作者和组员要合作建立工作初期的约定，包括明确需要完成的任务、要实现的目标和小组工作的过程。工作者要了解社区以及机构对小组的支持和态度、小组的目标和过程，清楚知道自己和组员的角色。要清楚地知道保密的重要性和局限性。工作者要帮助组员了解和澄清个人目标和小组目标。工作者要协助组员将自己的个人目标与小组目标有机联系起来。工作者要鼓励组员全力以赴参与小组，积极听取他们对小组进程的反馈。工作者在与被强制参与小组的组员开展工作时，要采用一些特别的技巧，要了解小组动力关系对这些被强制参与小组的组员会产生怎样的影响。

2. 任务：培育小组凝聚力

工作者要与组员和整个小组建立信任关系。工作者还要协助组员彼此之间建立关系，以推动小组凝聚力的产生。工作者要强调组员间的相似性，帮助组员建立关联，鼓励组员与组员之间进行沟通。

3. 任务：制定参与规范

工作者要协助小组制定参与规范，这样才能确保安全和信任的建立，培育工作文化，鼓励互助。工作者要积极示范这些规范，必要时要指导组员建设性参与小组活动。工作者要理解不同心理、社会文化和环境因素可能对这些规范产生的影响。工作者要推动小组探讨非建设性规范的负面影响。工作者要示范如何尊重社会文化差异，促进自治和自决，鼓励组员的赋权。

B. 所需知识

a. 理解自己的小组中出现的社区、机构、小组和组员之间的动态互动关系。

b. 掌握与组员发展、社会心理、临床需求相关的理论和循证实务，以及这些信息对开始小组的指导意义。

c. 小组类型、采用的技术和方式，在小组开始阶段可能对小组产生的功能性影响。

d. 小组发展早期的特征和需求，以及相关的技巧。与某些特殊情形相关的知识也是需要的，例如与被强制参与小组的组员开展工作、替代之前的工作者、在先有的小组中接受新组员等情形。

第四部分　小组工作中期

A. 小组任务和工作者技巧/行动

1. 任务：协助小组朝着个人目标和小组目标前进

当小组目标成为焦点时，例如在任务小组和社区小组中，工作者要鼓励组员运用自己的技巧来实现小组目标。

技巧/行动

a. 加强个人担忧/需求与小组目标之间的联系。

b. 提供有计划的思路和活动，支持小组目标实现，协助组员实现个人和小组目标。

c. 评估小组是否朝着个人和小组目标前进。

d. 发现小组和组员实现自己目标面临的困难和障碍。

e. 如果障碍与个体组员的具体需求有关，那么，在合适的时候，要在组外给组员提供单独的服务。

f. 确保小组关注了所有组员的特殊需求（例如生理的、认知的、语言的和文化的需求）。

g. 协助组员参与问题解决、选择和决策过程，参与评估决策的潜在后果。

h. 与小组一起总结每次聚会。

i. 与小组一起策划下一步行动。

j. 必要的话，与组员再次约定，以协助他们实现个人和小组目标。

2. 任务：关注小组动力关系/过程

技巧/行动

a. 支持组员建立互助系统。

b. 澄清和解释组员与组员之间、组员与工作者之间、小组和组外系统之间的沟通模式。

c. 示范并鼓励组员与组员之间、组员与工作者之间进行坦诚沟通和反馈。

d. 回顾小组价值观和规范。

e. 协助组员明确并表达情感。

f. 协助组员感知语言和非语言沟通。

g. 协助组员调解组内矛盾。

h. 协助组员与其他组员建立关联，必要时，这种关联会持续到小组结束之后。

i. 运用赋权工具协助组员建立对小组的"主人翁"意识。

3. 任务

a. 协助组员发现和获取组外资源。

b. 整合知识、技巧以及小组工作者、组员和组外的资源。

c. 确保工作者要采用最好的实务技巧来协助小组发展。

技巧/行动

a. 根据文献、工作人员和机构的经验以及其他专业知识来源，使用适合服务人群的小组方法，完成相关任务。

b. 运用记录技术来监测领导技巧和小组过程。

c. 获取并使用督导。

B. 所需知识

a. 小组动力关系。

b. 角色理论及其在组员彼此关系、组员与工作者之间关系中的应用。

c. 沟通理论及其在小组中、小组与组员之间的语言和非语言互动中的应用。

d. 小组中的问题解决过程。

e. 小组中的冲突解决。

f. 组织理论。

g. 社区理论。

h. 发展理论。

i. 评估理论和方法。

j. 多元性的影响：阶级、种族、性别、性取向和能力状态。

k. 小组与其环境之间关系的知识。

l. 小组处理具体问题的知识。

m. 自我意识。

第五部分　小组工作结束阶段

A. 任务和技巧

a. 提前帮助组员为结组做准备。

b. 在直接实践小组中，要帮助组员明确自己通过参与小组活动有哪些收获和改变。在任务小组中，组员可以讨论自己通过参与小组学到了什么，这些可能会对他们以后参与任务小组有益。这一任务包括要考虑小组目标的实现会如何推动机构或社区功能的正常发挥。

c. 讨论小组对组外系统（例如家庭、机构和社区）的影响。

d. 讨论这段时间小组的发展状况。

e. 发现并讨论组员对结组的直接和间接的反应。

f. 与小组分享工作者自己对结组的情绪。

g. 协助组员分享结组时对彼此的、对工作者的情绪。

h. 系统地评估个人和小组目标实现的成就。平时就要常规性地、系统地评估小组经验，而不要放在结束阶段突然开始。

　　i. 必要的话要协助组员与其他机构和服务计划取得联系。

　　j. 协助组员将学到的新知识和技巧运用到日常生活中。

　　k. 鼓励组员就工作者角色和小组中的行为提供反馈。

　　l. 协助组员在组外应用学到的新知识和技巧。

　　m. 为机构、组员和需要转介的情况，准备小组的记录资料。

B. 所需知识

　　a. 与结组相关的小组动力关系。这些会因为小组类型（例如，长期—短期、开放—封闭、单次活动—多次活动等）的不同而不同。如果一个组员退组或者工作者离组，但小组还要继续，或者进来一名新的工作者，就可能会出现新问题。

　　b. 维持和促进组员成长的正式和非正式资源。

　　c. 过去生活中遭遇过生离死别的组员和工作者对离组产生的影响。

　　d. 机构政策与在小组结束之后依然与小组和组员保持联系的工作者相关。

　　e. 不同形式的评估——正式的、非正式的，评估测量手段——定量的和定性的。

第六部分　伦理考虑

　　一般来讲，国家和地区性的社会工作组织都会制定伦理守则，社会工作者必须遵循这些守则。例如，按照美国社会工作者协会（NASW）的伦理守则，美国的小组社会工作者要了解并遵循社会工作专业的伦理规定。整个伦理守则的内容非常重要，当然，某些条款是专门针对小组社会工作的。同样，加拿大社会工作者必须遵循加拿大社会工作者协会的伦理守则（2005）。小组社会工作促进协会期望的是，在世界各地，无论在哪里开展实务，社会工作者都要遵循与自己实务地点相关的伦理守则，只要这一伦理守则维护所有人的尊严。还有一些社会工作伦理守则，可能是针对某些具体国家的。在小组工作背景中，要充分考虑每个需求，只要能够反映小组工作独特情境的，都可以对守则做出修订和增补。

A. 符合伦理的小组社会工作实务要素

　　a. 了解并运用最佳实务来反映目前的实务技术水平，了解与小组社会工作实务相关的研究发现。

　　b. 与潜在组员进行知会同意的基本讨论，解释小组工作可以为组员个人和整个小组提供什么，需要组员和小组做什么。

　　c. 最大限度地增加组员的选择，尽可能地减少组员或工作者的强迫过程。强调组员的自决和小组赋权。

　　d. 与组员讨论隐私和保密的重要性、限制和意义。

　　e. 帮助小组维护其成立的目的，允许在双方同意的情况下进行变更。

　　f. 在小组目标范围内帮助每个组员，包括必要时提供单独会议。

g. 澄清决策过程。

h. 说明如何选择组员，如何排除组员。

i. 保留小组记录，将它们保存在安全的地方。

B. 使用新技术时的伦理问题

随着新技术的使用，例如基于电子通信技术，工作者需要关注一些伦理问题、实务技术和对这些技术的评估。下面就是针对电子通信技术使用的说明：

各种类型的小组实践都越来越多地采用了技术设备，例如计算机和电话设备。专业协会要评估这些技术的有效性和伦理问题。

某些问题，例如组员间的互动、决策、小组结构、互助特别是保密问题需要特别关注。

工作者需要具备掌握新技术和知识的能力，不仅包括技术应用，还要包括沟通技术。

很显然，这些技术可能会对所有人寻找资源特别有帮助，同样，对专业内部分享实务信息，包括新出现的方法，也非常有益。工作者在应用这些技术时，需要考虑到要用合适的伦理守则来指导自己，并对与工作相关的过程进行记录。

注　释

1. 在这个标准中，术语"小组社会工作""工作社会小组"和"小组工作"是互相交换使用的。

2. 在美国社会工作者协会的伦理守则中，本标准得到批准的时候，具体章节包含序言和伦理原则 1.01，1.02，1.05，1.06，1.07，2.06，3.02，3.07，3.09 和 4.01 的内容。

参考文献

National Association of Social Workers（approved 1996，revised 1999）Code of Ethics for Social Workers，Washington，DC：NASW.

Canadian Association of Social Workers/Association Canadienne des

Travaille uses Sociaux（2005）Code of Ethics，Ottawa. CASW/ACTS.

January 2006，first printing

July 2006，second printing

小组通知

初为父母者支持小组

您是一位有 6 个月到 2 岁的婴幼儿的家长吗？我们诚挚地邀请您参加一个支持小组。这个小组将讨论组员共同关心的问题，例如婴儿照顾、夫妻如何分担家务、孩子管教和育儿资源等问题。

资助方

格林威治社区精神健康中心

纽约格林威治坎布里奇大街 49 号

(212) 246 - 2468

小组组长

注册临床社会工作者、临床主任乔治·奥克斯利

社会工作学士、临床社会工作者玛莉贝丝·卡罗尔

组员

欢迎所有有 6 个月至 2 岁婴幼儿的父母参加。

时间

3 月、4 月、5 月，每周四晚上 7：30—9：30。

育儿服务

父母们可以把孩子一起带过来，哈德森中心社区学院的实习生将提供育儿服务。

费用

三个月的小组收费为每人 90 美元，可以按月交付。

详情请致电奥克斯利先生或卡罗尔女士：（212）246 – 2468。

青年中心兴趣聚会

我们诚挚地邀请约翰逊维尔、波茨敦和瓦利福尔斯地区的居民共同讨论在这些社区中建立一个青年中心的计划。讨论的议题包括服务收费标准、筹款、服务需求以及对服务的支持。

资助方

伦斯勒社区服务委员会

聚会地点

约翰逊维尔消防站

时间

3 月 25 日星期四晚上 7：00—9：00

更多详情

请致电注册临床社会工作者金姆·科赛尔：（212）241 – 2412。
聚会提供茶点。

小组计划书提要

——治疗/任务小组

摘要

简要总结小组的要点

目标

简单介绍小组目标

小组如何开展工作

工作者的工作介绍

资助机构

机构的名称和使命

机构的资源（设施、财务和员工情况）

机构的地域和人口信息

组员要求

小组的特定人群

为什么选择这样的人群

招募

使用什么方式招募

小组构成

接受和拒绝组员的标准

规模，开放式还是封闭式小组，人口特征

小组导入

具体使用的程序

协议

聚会的次数、频率、持续时间和每次聚会时间

环境

聚会场所安排（房间、场所和材料）

财务安排（预算、费用和收入）

特殊安排（育儿服务、交通）

治疗小组计划书样本

青少年离所小组

儿童庇护所

摘要

这是一份有关青少年社交技巧培训小组的组员离开儿童庇护所回归社区的计划书。

目标

本小组将与每位组员讨论他们回归社区后希望做些什么，小组将强化在庇护所中青少年已经学习到的社交技巧，并帮助他们学习一些新的技巧，协助他们与父母、兄弟姐妹、老师和雇主们更好地相处。在教授社交技巧中，将会采用角色扮演、行为演练、强化等方式。

资助机构

儿童庇护所是一个给越轨青少年提供治疗的住宿机构，主要的服务对象就是那些有违法行为而不能与父母同住的男性青少年。大约有 200 名男孩住在 15 个单栋住宅中。这个机构占地面积为 200 英亩①，还有一个学校。员工与男孩的比例是 1∶4，负责直接照顾的员工包括儿童保护工作人员、社会工作者、护理人员、心理学家、精神病学家和牧师。

组员

每个月大约有 10 名男孩会离开庇护所，这个离所小组的组员是在未来三个月内计划离所的孩子。

---

① 1 英亩约为 4 046.9 平方米。——译者注

招募

鉴于这个小组反映了庇护所要开设的新服务，准备邀请每个住所中的家长作为志愿者来进行组员的招募。我们将印刷张贴招募通知，让每个家长都了解相关信息。此外，还要与老师和社会工作者联系，让他们推荐准组员。

小组构成

小组将由 6～8 名年龄在 12～14 岁的、将在未来三个月内离开庇护所的男孩组成。此外，第一个小组只招募那些将会与自己的亲生父母或亲戚同住的儿童，而不招募那些出去后与寄养家庭一起居住或集体居住的儿童。小组是封闭的，不会增加任何新组员，因为社交技巧的培训应该是渐进式的。

导入

组长要与每位组员面谈，在面谈中，组员要观看一个有关儿童心理治疗的录像，然后针对录像内容进行讨论，以决定小组以什么样的方式来运作。

环境

小组的理想场所是庇护所内学校的诊断教室，需要有录像设备，这样组员们可以录像，并观看自己的表现。还需要有一笔预算来支付以下费用（120 美元）：外出旅游、制作图表，以及罗列和展示个人和小组进展等的材料。附加的费用包括（60 美元）两盘彩色录像带。还要有一些特殊的安排，这样每个组员在每周一下午小组活动结束后，可以有一些娱乐活动。

任务小组计划书样本

将研究成果运用到缓刑工作中的工作小组

摘要

这个计划书的目标在于建立一个跨机构的工作小组，来探讨如何将研究和研究程序运用到三个县的缓刑办公室的工作中。工作小组将起草一份报告，就如何将研究成果运用到缓刑工作中提出建议。

目标

本小组的目标就是研究如何将研究成果运用到缓刑工作中。小组将开会讨论一份针对三个县的缓刑办公室工作人员的调查结果，这个调查是研究缓刑工作者在多大程度上运用发表的研究成果来指导自己的实践，以及在多大程度上将研究与自己的本职工作结合起来。本小组的召集人是锡耶纳学院的注册社会工作者罗伯特·里瓦斯。

资助机构

本工作小组的资助机构是三个县的缓刑机构联盟。洛克威尔县缓刑办公室提供聚会场所。三个县的缓刑办公室分摊所有的开销。

组员

每个县的缓刑办公室将提名三位代表参加会议，以确保各县代表数量一致。

招募

将给各县缓刑办公室主任发信，在时事通讯上也会刊登一条通知，让三县联盟的成员们都能接到通知。同时，还会要求各县的办公室主任写一封提名信，派遣三个人参加工作小组。

小组构成

工作小组要求各县从以下类别中各提名一个代表：缓刑管理者、缓刑督导（或高级官员）和缓刑官。工作小组要包括九名机构代表，两名来自当地大学的代表。所有的组员都必须具备相应的研究方法的知识。这是一个封闭式小组，在得到组长的许可之后，感兴趣的组员还可以参加某个专题会议。

导入

小组事先要拿几份研究报告阅读，准备讨论。小组组长要单独联络组员，了解他们的想法，形成小组日程。

协议

工作小组每月聚会一次，共六次。每次聚会将持续三个小时，时间是每月第四个星期四的上午 9：00—12：00。小组聚会结束后一个月内准备起草一份有关如何运用研究成果的初步报告。

环境

洛克威尔县缓刑办公室将提供员工会议室，里面有桌椅和黑板，供工作小组使用。洛克威尔县还提供复印服务，每个县将负责支付三分之一的费用（最高限度为每个县 30 美元）。此外还需要 100 美元用来准备和发放小组的最后报告和建议（由三县联盟负责发放）。每个县的缓刑办公室主任要负责给工作小组成员支付交通补贴（1 英里 25 美分）。

参考文献

第一章

Abramson, J. (1989). Making teams work. *Social Work with Groups, 12*(4), 45–63. doi:10.1300/J009v12n04_04

Abramson, J. S. (2002). Interdisciplinary team practice. In A. R. Roberts & G. J. Greene (Eds.), *Social workers' desk reference* (pp. 44–50). New York, NY: Oxford University Press.

Abramson, J. S., & Bronstein, L. R. (2004). Group process dynamics and skills in interdisciplinary teamwork. In C. D. Garvin, L. M. Gutierrez, & M. J. Galinsky (Eds.), *Handbook of social work with groups* (pp. 384–399). New York, NY: Guilford Press.

Association for the Advancement of Social Work with Groups, Inc. (2013). Standards for social work practice with groups, second edition. *Social Work with Groups, 36*(2–3), 270–282. doi:10.1080/01609513.2012.759504

Barlow, S. (2013). *Specialty competencies in group psychology.* New York, NY: Oxford University Press.

Bell, J. (1981). The small group perspective: Family group-therapy. In E. Tolson & W. Reid (Eds.), *Models of family treatment* (pp. 33–51). New York, NY: Columbia University Press.

Bergeron, L. G., & Gray, B. (2003). Ethical dilemmas of reporting suspected elder abuse. *Social Work, 48*(1), 96–105. doi:10.1093/sw/48.1.96

Berlastsky, N. (2015). *Gangs.* Fenington Hills, MI: Greenhaven Press.

Boyd, N. (1935). Group work experiments in state institutions in Illinois. In *Proceedings of the National Conference of Social Work* (p. 344). Chicago, IL: University of Chicago Press.

Boyd-Franklin, N., Cleek, E., Wofsy, M., & Mundy, B. (2013). *Therapy in the real world.* New York, NY: Guilford Press.

Brown, L., Feinberg, M., Shapiro, V., & Greenberg, M. (2015). Reciprocal relations between coalition functioning and the provision of implementation support. *Prevention Science, 16*(1), 101–109. doi:10.1007/s11121-013-0447-x

Bruner, M., & Spink, K. (2011). Effects of team building on exercise adherence and group task satisfaction in a youth activity setting. *Group Dynamics, Theory, Research, and Practice, 15*(2), 161–172. doi:10.1037/a0021257

Burlingame, G., Fuhrium, A., & Mosier, J. (2003). The differential effectiveness of group psychotherapy: A meta-analytic perspective. *Group Dynamics: Theory, Research, and Practice, 7*(1), 3–12. doi:10.1037/1089-2699.7.1.3

Burlingame, G., MacKenzie, K., & Strauss, B. (2004). Small group treatment: Evidence for the effectiveness and mechanisms of change. In M. J. Lambert (Ed.), *Bergin and Garfield's handbook of psychotherapy and behavior change* (5th ed., pp. 647–696). Hoboken, NJ: Wiley.

Burlingame, G., Strauss, B., & Joyce, A. (2013). Change mechanisms and effectiveness of small group treatments. In M. J. Lambert (Ed.), *Bergin and Garfield's handbook of psychotherapy and behavior change* (6th ed., pp. 640–689). Hoboken, NJ: Wiley.

Burlingame, G., Whitcomb, K., & Woodland, S. (2014). Process and outcome in group counseling and psychotherapy. In J. Delucia-Waack, C. Kalodner, & M. Riva (Eds.), *Handbook of group counseling & psychotherapy* (2nd ed., pp. 55–68). Thousand Oaks, CA: Sage Publications.

Callen, J., Klein, A., & Tinkelman, D. (2010). The contextual impact of nonprofit board composition and structure on organizational performance: Agency and resource dependence perspectives. *Voluntas, 21*(1), 101–125.

Chen, M., & Rybak, C. (2004). *Group leadership skills.* Belmont, CA: Brooks/Cole.

Cheung, M. (2014). *Therapeutic games and guided imagery* (Vol. II). Chicago, IL: Lyceum.

Conrad, W., & Glenn, W. (1976). *The effective voluntary board of directors: What it is and how it works.* Chicago, IL: Swallow Press.

Corey, M., Corey, G., & Corey C. (2014). *Groups: Process and practice* (9th ed.). Belmont, CA: Brooks/Cole.

Council on Social Work Education. (2015). Educational Policy and Accreditation Standards. Alexandria Virginia, CSWE.

Dolgoff, R., Harrington, D., & Loewenberg, F. (2012). *Ethical decisions for social work practice* (9th ed.). Belmont, CA: Brooks/Cole.

Drews, A., & Schaefer, C. (2010). *School-base play therapy* (2nd ed.). New York, NY: Wiley.

Fallon, A. (2006). Informed consent in the practice of group psychotherapy. *International Journal of Group Psychotherapy, 56*(4), 431–454. doi:10.1521/ijgp.2006.56.4.431

Feinberg, M., Bontempo, D., Greenberg, M. (2008). Predictors and level of sustainability of community prevention coalitions. *American Journal of Preventive Medicine, 34*(8), 495–501. doi:10.1016/j.amepre.2008.01.030

Forsyth, D. R. (2014). *Group dynamics* (6th ed.). Belmont, CA: Wadsworth Cengage Learning.

Gitterman, A., & Shulman, L. (Eds.). (2005). *Mutual aid groups, vulnerable populations, and the life cycle* (3rd ed.). New York, NY: Columbia University Press.

Glassman, U., & Kates, L. (1990). *Group work: A humanistic approach.* Newbury Park, CA: Sage Publications.

Gort, M., Broekhuis, M., & Regts, G. (2013). How teams use indicators for quality improvement – A multiple-case study on the use of multiple indicators in multidisciplinary breast cancer teams. *Social Science & Medicine, 96,* 69–77. doi:10.1016/j.socscimed.2013.06.001

Greenberg, M., Feinberg, M., Meyer-Chilenski, S., Spoth, R., & Redmond, C. (2007). Community and team member factors that influence the early phase functioning of community prevention teams: The PROSPER project. *Journal of Primary Prevention, 28*(6), 485–504. doi:10.1007/s10935-007-0116-6

Gruenfeld, D. (Ed.). (1998). *Research on managing groups and teams, Vol. 1.* Stamford, CT: JAI Press.

Hackman, J. R. (2002). *Leading teams: Setting the stage for great performances.* Boston, MA: Harvard Business School Press.

Haines, R. (2014). Group development in virtual teams: An experimental reexamination. *Computers in Human Behavior, 39*(C), 213–222. doi:10.1016/j.chb.2014.07.019

Hardina, D. (2013). *Interpersonal social work skills for community practice.* New York, NY: Springer Publishing Company.

Hare, A. P., Blumberg, H. H., Davies, M. F., & Kent, M. V. (1995). *Small group research: A handbook.* Norwood, NJ: Ablex.

Harpine, E. (2008). *Group intervention in schools.* New York, NY: Springer Publishing Company.

Heinemann, G. Z., & Zeiss, A. (2002). *Team performance in health care: Assessment and development.* New York, NY: Kluwer Academic/Plenum Publishers.

Howe, F. (2002). *Fund-raising and the nonprofit board member* (3rd ed.). Washington, DC: National Center for Nonprofit Boards.

Howell, J., & Griffiths, E. (2016). *Gangs in America's communities.* Thousand Oaks, CA: Sage Publications.

Hughes, S., Lakey, B., Bobowick, M., & National Center for Nonprofit Boards (U.S.). (2007). *The board building cycle: Nine steps of finding, recruiting, and engaging nonprofit board members* (2nd ed.). Washington, DC: Board Source.

Hyde, B. (2013). Mutual aid group work: Social work leading the way to recovery-focused mental health practice. *Social Work with Groups, 36*(1), 43–58.

Jaskyte, K. (2012). Boards of directors and innovation in nonprofit organizations. *Nonprofit Management & Leadership, 22*(4), 439–459. doi:10.1002/nml.21039

Kirschenbaum, H. (2013). *Values clarification in counseling and psychotherapy.* New York, NY: Oxford University Press.

Kivlighan, D. M., & Tarrant, J. M. (2001). Does group climate mediate the group leadership-group member outcome relationship? A test of Yalom's hypotheses about leadership priorities. *Group Dynamics: Theory, Research, and Practice, 5*(3), 220–234. doi:10.1037/1089-2699.5.3.220

Klein, A. (1972). *Effective group work.* New York, NY: Associated Press.

Klein, C., Diaz Granados, D., Salas, E., Le, H., Burke, S., Lyons, R., & Goodwin, G. (2009). Does team building work? *Small Group Research, 40*(2), 181–222. doi:10.1177/1046496408328821

Konopka, G. (1983). *Social group work: A helping process* (3rd ed.). Englewood Cliffs, NJ: Prentice Hall.

Kosters, M., Burlingame, G., Nachtigall, C., & Straus, B. (2006). A meta-analytic review of the effectiveness of inpatient group psychotherapy. *Group Dynamics: Research, Theory, and Practice, 10*(2), 146–163. doi:10.1037/1089-2699.10.2.146

Kurtz, L. F. (2004). Support and self-help groups. In C. D. Garvin, L. M. Gutierrez, & M. J. Galinsky (Eds.), *Handbook of social work with groups* (pp. 139–159). New York, NY: Guilford Press.

Kurtz, L. F. (2014). *Recovery groups.* New York, NY: Oxford University Press.

Kyrouz, E., Humphreys, K., & Loomis, C. (2002). A review of research on the effectiveness of self-help mutual aid groups. In B. J. White & E. Madara (Eds.), *The self-help sourcebook: Your guide to community and online support groups* (7th ed., pp. 193–217). Denville, NJ: St. Clare's Health Services.

Lakin, M. (1991). Some ethical issues in feminist-oriented therapeutic groups for women. *International Journal of Group Psychotherapy, 41*(2), 199–215.

Lasky, G. B., & Riva, M. T. (2006). Confidentiality and privileged communication in group psychotherapy. *International Journal of Group Psychotherapy, 56*(4), 455–476. doi:10.1521/ijgp.2006.56.4.455

LeCroy, C. (2008). (Ed.). *Handbook of evidence-based treatment manuals for children and adolescents* (2nd ed.). New York, NY: Oxford University Press.

Lemieux-Charles, L., & McGuire, W. (2006). What do we know about health care team effectiveness? A review of the literature. *Medical Care Research Review, 63*(3), 263–300.

Levi, D. (2014). *Group dynamics for teams* (4th ed.). Thousand Oaks, CA: Sage Publications.

Levine, J. (2012). *Working with people: The helping process* (9th ed.). Boston, MA: Allyn & Bacon.

Macgowan, M. J. (2008). *A guide to evidence-based group work.* New York, NY: Oxford University Press.

MacKenzie, K. R. (1990). *Introduction to time-limited group psychotherapy.* Washington, DC: American Psychiatric Press.

MacKenzie, K. R. (1996). Time-limited group psychotherapy. *International Journal of Group Psychotherapy, 46*(1), 41–60.

Maguire, L. (1991). *Social support systems in practice: A generalist approach.* Silver Spring, MD: National Association of Social Workers Press.

McKnight, J. S., & Plummer, J. M. (2015). *Community organizing: Theory and practice.* New York, NY: Pearson.

McRoberts, C., Burlingame, G. M., & Hoag, M. J. (1998). Comparative efficacy of individual and group psychotherapy: A meta-analytic perspective. *Group Dynamics: Theory, Research and Practice, 2*(2), 101–117. doi:10.1037/1089-2699.2.2.101

McWhirter, P., & Robbins, R. (2014). Group therapy with native people. In J. Delucia-Waack, C. Kalodner, & M. Riva (Eds.), *Handbook of group counseling & psychotherapy* (2nd ed., pp. 370–382). Thousand Oaks, CA: Sage Publications.

Meyer, C. J. (2013). A new perspective on coalitions: What motivates membership? *Group Dynamics: Theory, Research, and Practice, 17*(2), 124–135. doi:10.1037/a0031346

Miller, G. A. (2012). *Group exercises for addiction counseling.* Hoboken, NJ: Wiley.

Misurell, J., & Springer, C. (2013). Developing culturally responsive evidence-based practice: A game-based group therapy program for child sexual abuse (CSA). *Journal of Child and Family Studies, 22*(1), 137–149. doi:10.1007/s10826-011-9560-2

Mondros, J., & Wilson, S. (1994). *Organizing for power and empowerment.* New York, NY: Columbia University Press.

Nash, M. (2011). *Developing language and communication skills through effective small group work* (3rd ed.). New York, NY: Routledge.

Newstetter, W. (1948). The social intergroup work process. In *Proceedings of the National Conference of Social Work* (pp. 205–217). New York, NY: Columbia University Press.

Norcross, J., Campbell, L., Grohol, J., Santrock, J., Selagea, F., & Sommer, R. (2013). *Self-help that works* (4th ed.). New York, NY: Oxford University Press

Pelletier, S. (2012). High-performing committees: What makes them work? *Association of Governing Boards of Universities and Colleges, 20*(3), 5–15.

Penarroja, V., Orengo, V., Zornoza, A., & Hernandez, A. (2013). The effects of virtuality level on task-related collaborative behaviors: The mediating role of team trust. *Computers in Human Behavior, 29*(3), 967–974. doi:10.1016/j.chb.2012.12.020

Perkins, D. F., Feinberg, M. E., Greenberg, M. T., Johnson, L. E., Chilenski, S. M., Mincemoyer, C. C., & Spoth, R. L. (2011). Team factors that predict to sustainability indicators for community-based prevention teams. *Evaluation Program Planning, 34*(3), 283–291. doi:10.1016/j.evalprogplan.2010.10.003

Powell, T. (1987). *Self-help organizations and professional practice.* Silver Spring, MD: National Association of Social Workers Press.

Putnam, R. D. (2000). *Bowling alone: The collapse and revival of American community.* New York, NY: Simon & Schuster.

Pyles, L. (2013). *Progressive community organizing: A critical approach for a globalizing world* (2nd ed.). New York, NY: Routledge.

Ramirez, C. (2014). *Teams: A competency-based approach.* New York, NY: Routledge.

Ratts, M., & Pedersen, P. (2014). *Counseling for multiculturalism and social justice: Integration, theory, and application* (4th ed.). Alexandria, VA: American Counseling Association.

Reamer, F. G. (2001). *The social work ethics audit: A risk-management tool.* Washington, DC: NASW Press.

Reamer, F. G. (2006). *Ethical standards in social work: A review of the NASW Code of Ethics* (2nd ed.). Washington, DC: NASW Press.

Riessman, F. (1965). The "helper" therapy principle. *Social Work, 10,* 27–32.

Roback, H., Moore, R., Bloch, F., & Shelton, M. (1996). Confidentiality in group psychotherapy: Empirical findings and the law. *International Journal of Group Psychotherapy, 46*(1), 117–135.

Roback, H., Ochoa, E., Bloch, F., & Purdon, S. (1992). Guarding confidentiality in clinical groups: The therapist's dilemma. *International Journal of Group Psychotherapy, 42*(1), 81–103.

Rokeach, M. (1968). *Beliefs, attitudes and values: A theory of organization and change.* San Francisco, CA: Jossey-Bass.

Rose, S. (1998). *Group therapy with troubled youth.* Thousand Oaks, CA: Sage Publications.

Rose, S. D. (2004). Cognitive-behavioral group work. In C. D. Garvin, L. M. Gutierrez, & M. J. Galinsky (Eds.), *Handbook of social work with groups* (pp. 111–135). New York, NY: Guilford Press.

Rose, S., & LeCroy, C. (1991). Group treatment methods. In F. Kanfer & A. Goldstein (Eds.), *Helping people change* (4th ed., pp. 422–453). New York, NY: Pergamon Press.

Rothman, J. C. (2013). *From the front lines: Student cases in social work ethics* (4th ed.). Boston, MA: Allyn & Bacon Pearson Education.

Saksa, J., Cohen, S., Srihari, V., & Woods, S. (2009). Cognitive behavior therapy for early psychosis: A comprehensive review of individual vs. group treatment studies. *International Journal of Group Psychotherapy, 59*(3), 357–383. doi:10.1521/ijgp.2009.59.3.357

Scholtes, P., Joiner, B., & Streibel, B. (2003). *The team handbook* (3rd ed.). Madison, WI: Oriel Incorporated.

Shulman, L. (2016). *The skills of helping individuals, families, groups and communities* (8th ed.). Itasca, IL: F. E. Peacock.

Slavson, S. R. (1945). *Creative group education.* New York, NY: Association Press.

Slavson, S. R. (1946). *Recreation and the total personality.* New York, NY: Association Press.

Smith, A. (1935). Group play in a hospital environment. In *Proceedings of the National Conference of Social Work* (pp. 372–373). Chicago, IL: University of Chicago Press.

Smokowski, P. R., Rose, S. D., & Bacallao, M. L. (2001). Damaging experiences in therapeutic groups: How vulnerable consumers become group casualties. *Small Group Research, 32*(2), 223–251. doi:10.1177/104649640103200205

Springer, C., Misrell, J., & Hiller, A. (2012). Game-based cognitive-behavioral therapy (GB-CBT) group program for children who have experienced sexual abuse: A three-month follow-up investigation. *Journal of Child Sexual Abuse, 21*(6), 646–664. doi:10.1080/10538712.2012.722592

Staples, L. H. (2004). Social action groups. In C. D. Garvin, L. M. Gutierrez, & M. J. Galinsky (Eds.), *Handbook of social work with groups* (pp. 344–383). New York, NY: Guilford Press.

Steinberg, D. (2014). *A mutual-aid model social work with groups* (3rd ed.). Oxford, UK: Routledge.

Strozier, R. (1997). Group work in social work education. What is being taught? *Social Work with Groups, 20*(1), 65–77. doi:10.1300/J009v20n01_06

Sue, D. W., & Sue, D. (2013). *Counseling the culturally diverse: Theory and practice* (6th ed.). New York, NY: Wiley.

Toseland, R., & Hacker, L. (1982). Self-help groups and professional involvement. *Social Work, 27*(4), 341–347.

Toseland, R., & Hacker, L. (1985). Social workers' use of groups as a resource for clients. *Social Work, 30*(3), 232–239.

Toseland, R., Ivanoff, A., & Rose, S. (1987). Treatment conferences: Task groups in action. *Social Work with Groups, 10*(2), 79–94. doi:10.1300/J009v10n02_08

Toseland, R., Palmer-Ganeles, J., & Chapman, D. (1986). Teamwork in psychiatric settings. *Social Work, 31*(1), 46–52.

Toseland, R., Rossiter, C., Peak, T., & Smith, G. (1990). Comparative effectiveness of individual and group interventions to support family caregivers. *Social Work, 35*(3), 209–219.

Toseland, R., & Siporin, M. (1986). When to recommend group treatment: A review of the clinical and research literature. *International Journal of Group Psychotherapy, 36*(2), 171–201.

Tropman, J. (2014). *Effective meetings: Improving group decision-making* (4th ed.). Thousand Oaks, CA: Sage Publications.

Tropman, J., & Harvey, T. (2009). *Nonprofit governance: The why, what, and how of nonprofit boardship.* Chicago, IL: University of Chicago Press.

Waldo, C. (1986). *A working guide for directors of not-for-profit organizations.* New York, NY: Quorum Books.

Walls, D. (2015). *Community organizing.* Cambridge, UK: Polity Press.

Walsh, J. (2010). *Psychoeducation in mental health.* Chicago, IL: Lyceum Books.

White, B. J., & Madara, E. (Eds.). (2002). *The self-help sourcebook: Your guide to community and online support groups* (7th ed.). Denville, NJ: St. Clare's Health Services.

Whittingham, M., & Capriotti, G. (2009). The ethics of group therapy. In J. Allen, E. Wolf, & L. Vandecreek (Eds.), *Innovations in clinical practice: A 21st century sourcebook* (pp. 173–188). Sarasota, FL: Professional Resources Press.

Wilson, G. (1976). From practice to theory: A personalized history. In R. W. Roberts & H. Northen (Eds.), *Theories of social work with groups* (pp. 1–44). New York, NY: Columbia University Press.

Winer, M., & Ray, K. (2009). *Collaboration handbook: Creating, sustaining, and enjoying the journey* (2nd ed.). St. Paul, MN: Amherst Wilder Foundation.

Yalom, I. (2005). *The theory and practice of group psychotherapy* (5th ed.). New York, NY: Basic Books.

Yang, E., Foster-Fishman, P., Collins, C., & Ahn, S. (2012). Testing a comprehensive community problem-solving framework for community coalitions. *Journal of Community Psychology, 40*(6), 681–698. doi:10.1002/jcop.20526

Zakocs, R., & Edwards, E. (2006). What explains community coalition effectiveness? A review of the literature. *American Journal of Preventive Medicine, 30*(4), 351–361. doi:10.1016/j.amepre.2005.12.004

第二章

Addams, J. (1909). *The spirit of youth and the city streets.* New York, NY: Macmillan.

Addams, J. (1926). *Twenty years at Hull House.* New York, NY: Macmillan.

Alissi, A. S. (2001). The social group work tradition: Toward social justice in a free society. *Social Group Work Foundation Occasional Papers,* Paper 1. Retrieved from: http://digitalcommons.uconn.edu/sw_op/1

Allport, F. (1924). *Social psychology.* Boston, MA: Houghton Mifflin.

American Association of Group Workers. (1947). *Toward professional standards.* New York, NY: Association Press.

Anderson, J. (1979). Social work practice with groups in the generic base of social work practice. *Social Work with Groups, 2*(4), 281–293. doi:10.1300/J009v02n04_03

Antony, M. M., & Roemer, L. (2011). *Behavior therapy.* Washington, DC: American Psychological Association.

Asch, S. (1952). *Social psychology.* Englewood Cliffs, NJ: Prentice Hall.

Asch, S. (1955). Opinions and social pressures. *Scientific American, 193*(5), 31–35. doi:10.1038/scientificamerican1155-31

Bales, R. (1950). *Interaction process analysis: A method for the study of small groups.* Reading, MA: Addison-Wesley.

Bales, R. (1954). In conference. *Harvard Business Review, 32,* 44–50.

Bales, R. (1955). How people interact in conference. *Scientific American, 192*(3), 31–35. doi:10.1038/scientificamerican0355-31

Bales, R., Cohen, S., & Williamson, S. (1979). *SYMLOG: A system for the multiple level observations of groups.* New York, NY: The Free Press.

Balgopal, P., & Vassil, T. (1983). *Groups in social work: An ecological perspective.* New York, NY: Macmillan.

Bandura, A. (1977). *Social learning theory.* Englewood Cliffs, NJ: Prentice Hall.

Barlow, S. (2013). *Specialty competencies in group psychology.* New York, NY: Oxford University Press.

Beck, J. (2011). *Cognitive therapy: Basics and beyond* (2nd ed.). New York, NY: Guilford Press.

Bieling, P. J., McCabe, R. E., & Antony, M. M. (2006). *Cognitive-behavioral therapy in groups.* New York, NY: Guilford Press.

Bion, W. (1991). *Experiences in groups and other papers.* London: Routledge.

Blau, P. (1964). *Exchange and power in social life.* New York, NY: Wiley.

Bowman, L. (1935). Dictatorship, democracy, and group work in America. In *Proceedings of the National Conference of Social Work* (p. 382). Chicago, IL: University of Chicago Press.

Boyd, N. (1935). Group work experiments in state institutions in Illinois. In *Proceedings of the National Conference of Social Work* (p. 344). Chicago, IL: University of Chicago Press.

Boyd, N. (1938). Play as a means of social adjustment. In J. Lieberman (Ed.), *New trends in group work* (pp. 210–220). New York, NY: Association Press.

Brackett, J. (1895). The charity organization movement: Its tendency and its duty. In *Proceedings of the 22nd National Conference of Charities and Corrections* (p. 86). Boston, MA: G. H. Ellis.

Breton, M. (1994). On the meaning of empowerment and empowerment-oriented social work practice. *Social Work with Groups, 17*(3), 23–37. doi:10.1300/J009v17n03_03

Breton, M. (1995). The potential for social action in groups. *Social Work with Groups, 18*(2/3), 5–13. doi:10.1300/J009v18n02_02

Breton, M. (1999). The relevance of the structural approach to group work with immigrant and refugee women. *Social Work with Groups, 22*(2–3), 11–29. doi:10.1300/J009v22n02_03

Brill, N. (1976). *Team-work: Working together in the human services.* Philadelphia, PA: J. B. Lippincott.

Brown, L. (1991). *Groups for growth and change.* New York, NY: Longman.

Buckman, R., Kinney, D., & Reese, A. (2008). Narrative therapies. In N. Coady & P. Lehmann (Eds.), *Theoretical perspectives for direct social work practice* (pp. 369–400). New York, NY: Springer Publishing Company.

Burlingame, G. (2010). Small group treatments: Introduction to special edition. *Psychotherapy Research, 20*(1), 1–7. doi:10.1080/10503301003596551

Burlingame, G., Strauss, B., & Joyce, A. (2013). Change mechanisms and effectiveness of small group treatments. In M. J. Lambert (Ed.), *Bergin and Garfield's handbook of psychotherapy and behavior change* (6th ed., pp. 640–689). Hoboken, NJ: Wiley.

Cartwright, D. (1951). Achieving change in people. *Human Relations, 4*(4), 381–392. doi:10.1177/001872675100400404

Cartwright, D., & Zander, A. (Eds.). (1968). *Group dynamics: Research and theory* (3rd ed.). New York, NY: Harper & Row.

Cohen, M. B., & Mullender, A. (1999). The personal in the political: Exploring the group work continuum from individual to social change goals. *Social Work with Groups, 22*(1), 13–31. doi:10.1300/J009v22n01_02

Conyne, R. (Ed.). (2010). *The Oxford handbook of group counseling.* New York, NY: Oxford University Press.

Cooley, D. (1909). *Social organization.* New York, NY: Charles Scribner's Sons.

Cox, E. (1988). Empowerment of the low income elderly through group work. *Social Work with Groups, 11*(4), 111–119. doi:10.1300/J009v11n04_10

Cox, E., & Parsons, R. (1994). *Empowerment-oriented social work practice with the elderly.* Pacific Grove, CA: Brooks/Cole.

Coyle, G. (1930). *Social process in organized groups.* New York, NY: Richard Smith.

Coyle, G. (1935). Group work and social change. In *Proceedings of the National Conference of Social Work* (p. 393). Chicago, IL: University of Chicago Press.

Coyle, G. (1937). *Studies in group behavior.* New York, NY: Harper & Row.

Coyle, G. (1938). Education for social action. In J. Lieberman (Ed.), *New trends in group work* (pp. 1–14). New York, NY: Association Press.

Delucia-Waack, J., Kalodner, C., & Riva, M. (Eds.). (2014). *Handbook of group counseling & psychotherapy* (2nd ed.). Thousand Oaks, CA: Sage Publications.

Dluhy, M. (1990). *Building coalitions in the human services.* Newbury Park, CA: Sage Publications.

Douglas, T. (1979). *Group process in social work: A theoretical synthesis.* New York, NY: Wiley.

Early, B. (1992). An ecological-exchange model of social work consultation with the work group of the school. *Children and Schools, 14*(4), 207–214. doi:10.1093/cs/14.4.207

Ellis, A. (1992). Group rational-emotive and cognitive-behavior therapy. *International Journal of Group Psychotherapy, 42*(1), 63–82.

Empey, L., & Erikson, M. (1972). *The Provo experiment: Impact and death of an innovation.* Lexington, MA: Lexington Books.

Ephross, P. H., & Vassil, T. (2005). *Groups that work* (2nd ed.). New York, NY: Columbia University Press.

Fatout, M., & Rose, S. (1995). *Task groups in the social services.* Thousand Oaks, CA: Sage Publications.

Feldman, R., & Wodarski, J. (1975). *Contemporary approaches to group treatment: Traditional, behavior modification and group-centered.* San Francisco, CA: Jossey-Bass.

Feldman, R., Caplinger, T., & Wodarski, J. (1983). *The St. Louis conundrum: The effective treatment of antisocial youth.* Englewood Cliffs, NJ: Prentice Hall.

Follett, M. P. (1926). *The new state: Group organization, the solution of popular government.* New York, NY: Longmans, Green.

Forsyth, D. R. (2014). *Group dynamics* (6th ed.). Belmont, CA: Wadsworth Cengage Learning.

Freud, S. (1922). *Group psychology and the analysis of the ego.* London: International Psychoanalytic Press.

Garvin, C. (1997). *Contemporary group work* (3rd ed.). Boston, MA: Allyn & Bacon.

Germain, C., & Gitterman, A. (2008). *The life model of social work practice* (3rd ed.). New York, NY: Columbia University Press.

Gitterman, A., & Shulman, L. (Eds.). (2005). *Mutual aid groups, vulnerable populations, and the life cycle* (3rd ed.). New York, NY: Columbia University Press.

Glassman, U., & Kates, L. (1990). *Group work: A humanistic approach.* Newbury Park, CA: Sage Publications.

Granvold, D. (2008). Constructivist theory and practice. In N. Coady & P. Lehmann (Eds.), *Theoretical perspectives for direct social work practice* (pp. 401–428). New York, NY: Springer Publishing Company.

Gummer, B. (1991). A new managerial era: From hierarchical control to "collaborative individualism." *Administration in Social Work, 15*(3), 121–137. doi:10.1300/J147v15n03_08

Gummer, B., & McCallion, P. (Eds.). (1995). *Total quality management in the social services: Theory and practice.* Albany, NY: State University of NY, University at Albany, School of Social Welfare, Professional Development Program of Rockefeller College.

Hare, A. P. (1976). *Handbook of small group research* (2nd ed.). New York, NY: Free Press.

Homans, G. (1950). *The human group.* New York, NY: Harcourt Brace Jovanovich.

Homans, G. (1961). *Social behavior: Its elementary forms.* New York, NY: Harcourt Brace Jovanovich.

Jennings, H. (1947). Leadership and sociometric choice. *Sociometry, 10*(1), 32–49. doi:10.2307/2785559

Jennings, H. (1950). *Leadership and isolation* (2nd ed.). New York, NY: Longman.

Johnson, D., & Johnson, F. (2013). *Joining together: Group theory and group skills* (11th ed.). Boston, MA: Pearson Education.

Kaduson, H. G., & Schaefer, C. E. (2015). *Short-term play therapy for children* (3rd ed.). New York, NY: Guilford Press.

Kalodner, C., Coughlin, J., & Seide, M. (2014). Psychoeducational and counseling groups to prevent and treat eating disorders and disturbances. In J. Delucia-Waack, C. Kalodner, & M. Riva (Eds.), *Handbook of group counseling & psychotherapy* (2nd ed., pp. 484–494). Thousand Oaks, CA: Sage Publications.

Kauff, P. (2012). Psychoanalytic group psychotherapy. In J. Kleinberg (Ed.), *The Wiley-Blackwell handbook of group psychotherapy* (pp. 13–32). Chichester, England: Wiley-Blackwell.

Kazdin, A. (2013). *Behavior modification in applied settings* (7th ed.). Long Grove, IL.: Waveland Press.

Keller, T., & Dansereau, F. (1995). Leadership and empowerment: A social exchange perspective. *Human Relations, 48*(2), 127–146. doi:10.1177/001872679504800202

Kellner, M. H. (2001). *In control, a skill-building program for teaching young adolescents to manage anger.* Champaign, IL: Research Press.

Kiesler, S. (1978). *Interpersonal processes in groups and organizations.* Arlington Heights, IL: AHM.

Klein, A. (1953). *Society, democracy and the group.* New York, NY: Whiteside.

Klein, A. (1970). *Social work through group process.* Albany: School of Social Welfare, State University of New York at Albany.

Klein, A. (1972). *Effective group work.* New York, NY: Associated Press.

Klein, R. H., Bernard, H. S., & Singer, D. L. (Eds.). (2000). *Handbook of contemporary group psychotherapy: Contributions from object relations, self psychology, and social systems theories.* Madison, CT: International Universities Press.

Kleinberg, J. (Ed.). (2012). *The Wiley-Blackwell handbook of group psychotherapy.* Chichester, England: Wiley-Blackwell.

Knottnerus, J. (1994). Social exchange theory and social structure: A critical comparison of two traditions of inquiry. *Current Perspectives in Social Theory,* (Suppl. 1), 29–48.

Konopka, G. (1949). *Therapeutic group work with children.* Minneapolis: University of Minnesota Press.

Konopka, G. (1954). *Group work in the institution.* New York, NY: Association Press.

Langelier, C. A. (2001). *Mood management: A cognitive-behavioral skills building program for adolescents: Leader's manual.* Thousand Oaks, CA: Sage Publications.

Lawson, H. A., Caringi, J. C., Pyles, L., Jurkowski, J., & Bozlak, C. (2015). *Participatory action research.* New York, NY: Oxford University Press.

Lazell, E. W. (1921). The group treatment of dementia praecox. *Psychoanalytical Review, 8,* 168–179. Retrieved from: https://archive.org/details/psychoanalyticr04usgoog

Leahy, R. (1996). *Cognitive therapy: Basic principles and applications.* Northvale, NJ: Jason Aronson.

LeBon, G. (1910). *The crowd: A study of the popular mind.* London: George Allen & Unwin Ltd.

LeCroy, C. (2008). (Ed.). *Handbook of evidence-based treatment manuals for children and adolescents* (2nd ed.) New York, NY: Oxford University Press.

Lee, J. (2001). The empowerment group: The heart of the empowerment approach and an antidote to injustice. In J. Parry (Ed.), *From prevention to wellness through group work* (2nd ed., pp. 290–320). New York, NY: Columbia University Press.

Leszcz, M. (1992). The interpersonal approach to group psychotherapy. *International Journal of Group Psychotherapy, 42*(1), 37–62.

Leszcz, M., & Malat, J. (2012). The interpersonal model of group psychotherapy. In J. Kleinberg (Ed.), *The Wiley-Blackwell handbook of group psychotherapy* (pp. 33–58). Chichester, England: Wiley-Blackwell.

Levi, D. (2014). *Group dynamics for teams* (4th ed.). Thousand Oaks, CA: Sage Publications.

Lewin, K. (1946). Behavior as a function of the total situation. In L. Carmichael (Ed.), *Manual of child psychology* (pp. 791–844). New York, NY: Wiley. doi:10.1037/10756-016

Lewin, K. (1947). Frontiers in group dynamics. *Human Relations, 1*(1), 2–38. doi:10.1177/001872674700100103

Lewin, K. (1948). *Resolving social conflict: Selected papers on group dynamics.* New York, NY: Harper & Row.

Lewin, K. (1951). *Field theory in social science.* New York, NY: Harper and Row.

Lewin, K., Lippitt, R., & White, R. (1939). Patterns of aggressive behavior in experimentally created "social climates." *Journal of Social Psychology, 10*(2), 271–299. doi:10.1080/00224545.1939.9713366

Lippitt, R. (1957). Group dynamics and the individual. *International Journal of Group Psychotherapy, 7*(10), 86–102.

Macgowan, M. J., & Pennell, J. (2001). Building social responsibility through family group conferencing. *Social Work with Groups, 24*(3–4), 67–87.

Maloney, S. (1963). *Development of group work education in social work schools in U. S.* Unpublished doctoral dissertation, Case Western Reserve University, School of Applied Social Science, Cleveland, OH.

Marmarosh, C., Dunton, E., & Amendola, C. (2014). *Groups: Fostering a culture of change.* Thousand Oaks, CA: Sage Publications.

Marsh, L. C. (1931). Group treatment of the psychoses by the psychological equivalent of the revival. *Mental Hygiene, 15,* 328–349.

Marsh, L. C. (1933). An experiment in group treatment of patients at Worchester State hospital. *Mental Hygiene, 17,* 396–416.

Marsh, L. C. (1935). Group therapy and the psychiatric clinic. *Journal of Nervous & Mental Disorders, 82,* 381–393. doi:10.1097/00005053-193510000-00002

McCaskill, J. (1930). *Theory and practice of group work.* New York, NY: Association Press.

McGrath, J. (1984). *Groups: Interaction and performance.* Englewood Cliffs, NJ: Prentice Hall.

McGrath, J., Arrow, H., & Berdahl, J. (2000). The study of groups: Past, present, and future. *Personality and Social Psychology Review, 4*(1), 95–105.

Middleman, R. (1980). The use of program: Review and update. *Social Work with Groups, 3*(3), 5–23. doi:10.1300/J009v03n03_02

Middleman, R. (1982). *The non-verbal method in working with groups: The use of activity in teaching, counseling, and therapy* (Enlarged Ed.). Hebron, CT: Practitioners Press.

Middleman, R., & Wood, G. (1990). Reviewing the past and present of group work and the challenge of the future. *Social Work with Groups, 13*(3), 3–20. doi:10.1300/J009v13n03_02

Mills, T. (1967). *The sociology of small groups.* Englewood Cliffs, NJ: Prentice Hall.

Mondros, J., & Wilson, S. (1994). *Organizing for power and empowerment.* New York, NY: Columbia University Press.

Moreno, J. (1934). *Who shall survive?* Washington, DC: Nervous and Mental Diseases.

Mullender, A., & Ward, D. (1991). *Self-directed groupwork: Users take action for empowerment.* London: Whitney & Birch.

Newstetter, W., Feldstein, M. J., & Newcomb, T. M. (1938). *Group adjustment: A study in experimental sociology.* Cleveland, OH: School of Applied Social Sciences, Western Reserve University.

Nixon, H. (1979). *The small group.* Englewood Cliffs, NJ: Prentice Hall.

Nosko, A., & Breton, M. (1997–1998). Applying strengths, competence and empowerment model. *Groupwork, 10*(1), 55–69.

Olsen, M. (1968). *The process of social organization.* New York, NY: Holt, Rinehart & Winston.

Papell, C. (1998). Thinking about thinking about group work: Thirty years later. *Social Work with Groups, 20*(4), 5–17. doi:10.1300/J009v20n04_02

Papell, C., & Rothman, B. (1962). Social group work models: Possession and heritage. *Journal of Education for Social Work, 2*(2), 66–77.

Papell, C., & Rothman, B. (1980). Relating the mainstream model of social work with groups to group psychotherapy and the structured group approach. *Social Work with Groups, 3*(2), 5–23. doi:10.1300/J009v03n02_02

Parsons, R. (1991). Empowerment: Purpose and practice principle in social work. *Social Work with Groups, 14*(2), 7–21. doi:10.1300/J009v14n02_02

Parsons, T. (1951). *The social system.* New York, NY: Free Press.

Parsons, T., Bales, R., & Shils, E. (Eds.). (1953). *Working papers in the theory of action.* New York, NY: Free Press.

Pernell, R. (1986). Empowerment and social group work. In M. Parnes (Ed.), *Innovations in social group work* (pp. 107–118). New York, NY: Haworth Press.

Piper, W., Ogrodniczuk, J., & Duncan, S. (2002). Psychodynamically oriented group therapy. In F. W. Kaslow & J. J. Magnavita (Vol. Ed.), *Comprehensive handbook of psychotherapy. Volume 1: Psychodynamic/object relations* (pp. 457–479). New York, NY: Wiley.

Putnam, R. D. (2000). *Bowling alone: The collapse and revival of American community.* New York, NY: Simon & Schuster.

Pyles, L. (2013). *Progressive community organizing: A critical approach for a globalizing world* (2nd ed.). New York, NY: Routledge.

Raczynski, K., & Horne, A. (2014). Psyhoeducational and counseling groups for bullying. In J. Delucia-Waack,

C. Kalodner, & M. Riva (Eds.), *Handbook of group counseling & psychotherapy* (2nd ed., pp. 495–505). Thousand Oaks, CA: Sage Publications.

Redivo, M., & Buckman, R. (2004). T.E.A.M. program. *Journal of Systemic Therapies, 23*(4), 52–66. doi:10.1521/jsyt.23.4.52.57842

Redl, F. (1942). Group emotion and leadership. *Psychiatry, 5*(4),573–596. doi:10.1521/00332747.1942.11022422

Redl, F. (1944). Diagnostic group work. *American Journal of Orthopsychiatry, 14*(1), 53–67. doi:10.1111/j.1939-0025.1944.tb04850.x

Reid, K. (1981). *From character building to social treatment: The history of the use of groups in social work.* Westport, CT: Greenwood Press.

Reid, W. J. (1997). Research on task-centered practice. *Social Work Research, 21*(3), 132–137. doi:10.1093/swr/21.3.132

Richmond, M. (1917). *Social diagnosis.* New York, NY: Russell Sage Foundation.

Riess, H., & Dockray-Miller, M. (2002). *Integrative group treatment for bulimia nervosa.* New York, NY: Columbia University Press.

Roethlisberger, F., & Dickson, W. (1939). *Management and the worker.* Cambridge, MA: Harvard University Press.

Roethlisberger, F., & Dickson, W. (1975). A fair day's work. In P. V. Crosbie (Ed.), *Interaction in small groups* (pp. 85–94). New York, NY: Macmillan.

Roffman, R. (2004). Psychoeducational groups. In C. D. Garvin, L. M. Gutierrez, & M. J. Galinsky (Eds.), *Handbook of social work with groups* (pp. 160–175). New York, NY: Guilford Press.

Rose, S. (1989). *Working with adults in groups: A multi-method approach.* San Francisco, CA: Jossey-Bass.

Rose, S. (1998). *Group therapy with troubled youth.* Thousand Oaks, CA: Sage Publications.

Rose, S. D. (2004). Cognitive-behavioral group work. In C. D. Garvin, L. M. Gutierrez, & M. J. Galinsky (Eds.), *Handbook of social work with groups* (pp. 111–135). New York, NY: Guilford Press.

Rose, S., & Edleson, J. (1987). *Working with children and adolescents in groups.* San Francisco, CA: Jossey-Bass.

Rutan, J. (1992). Psychodynamic group psychotherapy. *International Journal of Group Psychotherapy, 42*(1), 19–36.

Rutan, J., Stone, W., & Shay, J. (2014). *Psychodynamic group psychotherapy* (5th ed.). New York, NY: Guilford Press.

Schermer, V., & Rice, C. (2012).Towards an integrative intersubjective and relational group psychotherapy. In J. Kleinberg (Ed.), *The Wiley-Blackwell handbook of group psychotherapy* (pp. 59–88). Chichester, England: Wiley-Blackwell.

Schilder, P. (1937). The analysis of ideologies as a psychotherapeutic method, especially in group treatment. *American Journal of Psychiatry, 93,* 601–615.

Schwartz, W. (1966). Discussion of three papers on the group method with clients, foster families, and adoptive families. *Child Welfare, 45*(10), 571–575.

Schwartz, W. (1976). Between client and system: The mediating function. In R. Roberts & H. Northen (Eds.), *Theories of social work with groups* (pp. 171–197). New York, NY: Columbia University Press.

Schwartz, W. (1981, April). *The group work tradition and social work practice.* Paper presented at Rutgers University, School of Social Work, New Brunswick, NJ.

Schwartzberg, S., & Barnes, M. (2010). The functional group model. In J. Kleinberg (Ed.), *The Wiley-Blackwell handbook of group psychotherapy* (pp. 139–168). Chichester, England: Wiley-Blackwell.

Shaw, C. (1930). *The jack roller.* Chicago, IL: University of Chicago Press.

Shaw, M. (1976). *Group dynamics: The psychology of small group behavior.* New York, NY: McGraw-Hill.

Sheldon, B. (2011). *Cognitive-behavioural therapy: Research and practice in health and social care* (2nd ed.). Abingdon, England: Routledge.

Shepard, C. (1964). *Small groups: Some sociological perspectives.* San Francisco, CA: Chandler.

Sherif, M. (1936). *The psychology of social norms.* New York, NY: Harper & Row.

Sherif, M. (1956). Experiments in group conflict. *Scientific American, 195*(5), 54–58. doi:10.1038/scientificamerican1156-54

Sherif, M., & Sherif, C. (1953). *Groups in harmony and tension: An introduction of studies in group relations.* New York, NY: Harper & Row.

Sherif, M., White, J., & Harvey, O. (1955). Status in experimentally produced groups. *American Journal of Sociology, 60,* 370–379. doi:10.1086/221569

Shils, E. (1950). Primary groups in the American army. In R. Merton & P. Lazarsfeld (Eds.), *Continuities in social research* (pp. 16–39). New York, NY: Free Press.

Shulman, L. (2016). *The skills of helping individuals, families, groups and communities* (8th ed.). Itasca, IL: F. E. Peacock.

Singh, C., & Salazar, C. (2010). The roots of social justice in group work. *Journal of Specialists in Group Work, 35*(2), 97–104. doi:10.1080/01933921003706048

Slavson, S. R. (1939a). *Character education in a democracy.* New York, NY: Association Press.

Slavson, S. R. (1939b). Democratic leadership in education. *The Group, 2,* 1–2.

Slavson, S. R. (1940). Group psychotherapy. *Mental Hygiene, 24,* 36–49.

Smith, A. (1935). Group play in a hospital environment. In *Proceedings of the National Conference of Social Work* (pp. 372–373). Chicago, IL: University of Chicago Press.

Steinberg, D. (2014). *A mutual-aid model social work with groups* (3rd ed.). Oxford, UK: Routledge.

Stouffer, S. (1949). *The American soldier, combat and its aftermath.* Princeton, NJ: Princeton University Press.

Syz, H. C. (1928). Remarks on group analysis. *American Journal of Psychiatry, 85,* 141–148.

Taylor, N., & Burlingame, G. (2001). A survey of mental health care provider and managed care organization attitudes toward, familiarity with, and use of group psychotherapy. *International Journal of Group Psychotherapy, 51*(2), 243–263. doi:10.1521/ijgp.51.2.243.49848

Taylor, R. (1903). Group management. *Transactions of the American Society of Mechanical Engineers, 24,* 1337–1480.

Thibaut, J., & Kelley, H. (1959). *The social psychology of groups.* New York, NY: Wiley.

Thrasher, F. (1927). *The gang.* Chicago, IL: University of Chicago Press.

Toseland, R., & Rivas, R. (1984). Structured methods for working with task groups. *Administration in Social Work, 8*(2), 49–58. doi:10.1300/J147v08n02_05

Toseland, R., Naccarato, T., & Wray, L. (2007). Telephone groups for older persons and family caregivers. *Clinical Gerontologist, 31*(1), 59–76. doi:10.1300/J018v31n01_05

Trecker, H. (1956). *Group work in the psychiatric setting*. New York, NY: William Morrow.

Trecker, H. (1980). Administration as a group process: Philosophy and concepts. In A. Alissi (Ed.), *Perspectives on social group work practice* (pp. 332–337). New York, NY: Free Press.

Triplett, N. (1898). The dynamogenic factors in pacemaking and competition. *American Journal of Psychology, 9*(4), 507–533. doi:10.2307/1412188

Tropman, J. (2014). *Effective meetings: Improving group decision-making* (4th ed.). Thousand Oaks, CA: Sage Publications.

Tropp, E. (1968). The group in life and in social work. *Social Casework, 49*, 267–274.

Tropp, E. (1976). A developmental theory. In R. Roberts & H. Northen (Eds.), *Theories of social work with groups* (pp. 198–237). New York, NY: Columbia University Press.

Velasquez, M., Maurer, G., Crouch, C., & DiClemente, C. (2001). *Group treatment for substance abuse: A stages-of-change therapy manual*. New York, NY: Guilford Press.

Vinter, R. (Ed.). (1967). *Readings in group work practice*. Ann Arbor: Campus Publishing.

Vorrath, H. H., & Brendtro, L. K. (1985). *Positive peer culture* (2nd ed.). Chicago, IL: Aldine.

Walsh, J. (2013). *Theories for direct social work practice* (3rd ed.). Belmont, CA: Wadsworth Cengage Learning.

Wasserman, H., & Danforth, J. (1988). *The human bond: Support group and mutual aid*. New York, NY: Springer Publishing Company.

Waterman, J., & Walker, E. (2009). *Helping at-risk students: A group counseling approach for grades 6–9* (2nd ed.). New York, NY: Guilford Press.

Weissman, H. (Ed.). (1969). *Individual and group services in the mobilization for youth experiment*. New York, NY: Association Press.

Wender, L. (1936). The dynamics of group psychotherapy and its application. *Journal of Nervous & Mental Disorders, 84*, 54–60. doi:10.1097/00005053-193607000-00005

Western, D. (2013). *Gender-based violence and depression in women: A feminist group work response*. New York, NY: Springer Publishing Company.

White, J. R., & Freeman, A. (Eds.). (2000). *Cognitive-behavioral group therapy for specific problems and populations*. Washington, DC: American Psychological Association. doi:10.1037/10352-000

Whyte, W. (1943). *Street corner society*. Chicago, IL: University of Chicago Press.

Wyss, D. (1973). *Psychoanalytic schools: From the beginning to the present*. New York, NY: Jason Aronson.

Yalom, I. (2005). *The theory and practice of group psychotherapy* (5th ed.). New York, NY: Basic Books.

Yan, M. C. (2001). Reclaiming the social in social group work: An experience of a community center in Hong Kong. *Social Work with Groups, 24*(3/4), 53–65.

Yuki, M., & Brewer, M. (Eds.). (2014). *Culture and group processes*. New York, NY: Oxford University Press.

第三章

American Foundation for the Blind. (n.d.). *Statistical Snapshots*. Retrieved October 26, 2015, from http://www.afb.org/info/blindness-statistics/2

Anderson, J., & Carter, R. W. (2003). *Diversity perspectives for social work practice: Constructivism and the constructivist framework*. Boston, MA: Allyn & Bacon.

Asch, S. (1952). *Social psychology*. Englewood Cliffs, NJ: Prentice Hall.

Asch, S. (1955). Opinions and social pressures. *Scientific American, 193*(5), 31–35. doi:10.1038/scientificamerican1155-31

Asch, S. (1957). *An experimental investigation of group influence*. Paper presented at the Symposium on Preventative and Social Psychiatry, Walter Reed Army Institute of Research, Washington, DC.

Back, K. (1951). Influence through social communication. *Journal of Abnormal and Social Psychology, 46*(1), 9–23. doi:10.1037/h0058629

Bales, R. (1950). *Interaction process analysis: A method for the study of small groups*. Reading, MA: Addison-Wesley.

Bandura, A. A. (1997a). *Self-efficacy: Exercise and control*. New York, NY: Freeman.

Bandura, A. A. (1997b). *Self-efficacy in changing societies*. New York, NY: Cambridge University Press.

Barker, V., Abrams, J., Tiyaamornwong, V., Seibold, D., Duggan, A., Park, H., & Sebastian, M. (2000). New contexts for relational communications in groups. *Small Group Research, 31*(4), 470–503. doi:10.1177/104649640003100405

Budman, S., Soldz, S., Demby, A., Davis, M., & Merry, J. (1993). What is cohesiveness? An empirical examination. *Small Group Research, 24*(2), 199–216. doi:10.1177/1046496493242003

Burlingame, G., McClendon, D., & Alonso, J. (2011). Cohesion in group therapy. *Psychotherapy, 48*(1), 34–42. doi:10.1037/a0022063

Burnes, T., & Ross, K. (2010). Applying social justice to oppression and marginalization in group process: Interventions and strategies for group counselors. *The Journal for Specialists in Group Work, 35*(2), 169–176. doi:10.1080/01933921003706014

Carletta, J., Garrod, S., & Fraser-Krauss, H. (1998). Placement of authority and communication patterns in workplace groups. *Small Group Research, 29*(5), 531–559. doi:10.1177/1046496498295001

Cartwright, D. (1968). The nature of group cohesiveness. In D. Cartwright & A. Zander (Eds.), *Group dynamics: Research and theory* (3rd ed., pp. 91–109). New York, NY: Harper & Row.

Coyle, G. (1930). *Social process in organized groups*. New York, NY: Richard Smith.

Coyle, G. (1937). *Studies in group behavior*. New York, NY: Harper & Row.

Dion, K., Miller, N., & Magnan, M. (1971). Cohesiveness and social responsibility as determinants of group risk taking. *Journal of Personality and Social Psychology, 20*(3), 400–406. doi:10.1037/h0031914

Elliott, H. (1928). *Process of group thinking*. New York, NY: Association Press.

Evans, C., & Dion, K. (1991). Group cohesion and performance. *Small Group Research, 22*(2), 175–186. doi:10.1177/1046496491222002

Festinger, L. (1950). Informal social communication. *Psychological Review, 57*(5), 271–282. doi:10.1037/h0056932

Forsyth, D. R. (2014). *Group dynamics* (6th ed.). Belmont, CA: Wadsworth Cengage Learning.

Galinsky, M., & Schopler, J. (1977). Warning: Groups may be dangerous. *Social Work, 22*(2), 89–94. doi:10.1093/sw/22.2.89

Galinsky, M., & Schopler, J. (1989). Developmental patterns in open-ended groups. *Social Work with Groups, 12*(2), 99–114. doi:10.1300/J009v12n02_08

Garland, J., Jones, H., & Kolodny, R. (1976). A model of stages of group development in social work groups. In S. Bernstein (Ed.), *Explorations in group work* (pp. 17–71). Boston, MA: Charles River Books.

Gibson, A. (1999). *Project-based group work facilitator's manual: Young people, youth workers, and projects*. Bristol, PA: Jessica Kingsley Publications.

Gray-Little, B., & Kaplan, D. (2000). Race and ethnicity in psychotherapy research. In C. R. Snyder & R. Ingram (Eds.), *Handbook of psychological change* (pp. 591–613). New York, NY: Wiley.

Gully, S., Devine, D., & Whitney, D. (1995). A meta-analysis of cohesion and performance: Effects of level of analysis and task interdependence. *Small Group Research, 26*(4), 497–520. doi:10.1177/1046496495264003

Hare, A. P., Blumberg, H. H., Davies, M. F., & Kent, M. V. (1995). *Small group research: A handbook*. Norwood, NJ: Ablex.

Hartford, M. (1971). *Groups in social work*. New York, NY: Columbia University Press.

Hearing Loss Association of America. (n.d.). *Basic facts about hearing loss*. Retrieved October 26, 2015, from http://hearingloss.org/content/basic-facts-about-hearing-loss

Henry, S. (1992). *Group skills in social work: A four-dimensional approach* (2nd ed.). Itasca, IL: F. E. Peacock.

Hohman, M. (2012). *Motivational interviewing in social work practice*. New York, NY: Guilford Press.

Hopps, J., & Pinderhughes, E. (1999). *Group work with overwhelmed clients*. New York, NY: Free Press.

Hornsey, M., Dwyer, L., Oei, T., & Dingle, G. (2009). Group processes and outcomes in group psychotherapy: Is it time to let go of "cohesiveness"? *International Journal of Group Psychotherapy, 59*(2), 267–278. doi:10.1521/ijgp.2009.59.2.267

Janis, I. (1972). *Victims of group think*. Boston, MA: Houghton Mifflin.

Kiesler, S. (1978). *Interpersonal processes in groups and organizations*. Arlington Heights, IL: AHM.

Klein, A. (1972). *Effective group work*. New York, NY: Associated Press.

Kleinberg, J. (Ed.). (2012). *The Wiley-Blackwell handbook of group psychotherapy*. Chichester, England: Wiley-Blackwell.

Levi, D. (2014). *Group dynamics for teams* (4th ed.). Thousand Oaks, CA: Sage Publications.

Lewin, K. (1947). Frontiers in group dynamics. *Human Relations, 1*(1), 2–38. doi:10.1177/001872674700100103

Lieberman, M., Yalom, I., & Miles, M. (1973). *Encounter groups: First facts*. New York, NY: Basic Books.

Macgowan, M. J. (2000). Evaluation of a measure of engagement for group work. *Research in Social Work Practice, 10*(3), 348–361. doi:10.1093/acprof:oso/9780195183450.001.0001

Macgowan, M. J. (2008). *A guide to evidence-based group work*. New York, NY: Oxford University Press.

MacKenzie, K. R. (1994). Group development. In A. Fuhriman & G. M. Burlingame (Eds.), *Handbook of group psychotherapy* (pp. 223–268). New York, NY: Wiley.

Matsukawa, L. A. (2001). Group therapy with multiethnic minorities. In W. Tseng & J. Streltzer (Eds.), *Culture and psychotherapy: A guide to clinical practice*. Washington, DC: American Psychiatric Publishing Inc.

Milgram, S. (1974). *Obedience and authority*. New York, NY: Harper and Row.

Miller, W., & Rollnick, S. (Eds.). (2013). *Motivational interviewing: Helping people for change* (3rd ed.). New York, NY: Guilford Press.

Moscovici, S. (1985). *The age of the crowd: A historical treatise on mass psychology*. New York, NY: Cambridge University Press.

Moscovici, S. (1994). Three concepts: Minority, conflict, and behavioral styles. In S. Moscovici, M. Faina, & A. Maass (Eds.), *Minority influence* (pp. 235–251). Chicago, IL: Nelson-Hall.

Moscovici, S., & Lage, E. (1976). Studies in social influence: III. Majority versus minority influence in a group. *European Journal of Social Psychology, 6*(2), 149–174. doi:10.1002/ejsp.2420060202

Moscovici, S., Lage, E., & Naffrechoux, M. (1969). Influence of a constant minority on the responses of a majority in a color perception task. *Sociometry, 32*(4), 365–380. doi:10.2307/2786541

Mullen, B., & Cooper, C. (1994). The relationship between cohesiveness and performance: An integration. *Psychological Bulletin, 115*(2), 210–227. doi:10.1037/0033-2909.115.2.210

Napier, R., & Gershenfeld, M. (1993). *Groups: Theory and experience* (5th ed.). Boston, MA: Houghton Mifflin.

Newcomb, T. M. (1943). *Personality and social change*. New York, NY: Dryden.

Northen, H. (1969). *Social work with groups*. New York, NY: Columbia University Press.

Pepitone, A., & Reichling, G. (1955). Group cohesiveness and the expression of hostility. *Human Relations, 8*(3), 327–337. doi:10.1177/001872675500800306

Pescosolido, A. T. (2001). Informal leaders and the development of group efficacy. *Small Group Research, 32*(1), 74–93. doi:10.1177/104649640103200104

Pescosolido, A. T. (2003). Group efficacy and group effectiveness: The effects of group efficacy over time on group performance and development. *Small Group Research, 34*(1), 20–42. doi:10.1177/1046496402239576

Pooler, D., Qualls, N., Rogers, R., & Johnson, D. (2014). An exploration of cohesion and recovery outcomes in addiction treatment groups. *Social Work with Groups, 37*(4), 314–330. doi:10.1080/01609513.2014.905217

Prapavessis, H., & Carron, A. (1997). Cohesion and work output. *Small Group Research, 28*(2), 294–301. doi:10.1177/1046496497282006

Prochaska, J., DiClimente, C., & Norcross, C. (1992). In search of how people change. *American Psychologist, 41*(4), 1102–1114. doi:10.1037/0003-066X.47.9.1102

Sarri, R., & Galinsky, M. (1985). A conceptual framework for group development. In M. Sundel, P. Glasser, R. Sarri, & R. Vinter (Eds.), *Individual change through small groups* (2nd ed., pp. 70–86). New York, NY: Free Press.

Schachter, S. (1959). *The psychology of affiliation*. Stanford, CA: Stanford University Press.

Schiller, L. (1995). Stages of development in women's groups: A relational model. In R. Kurland & R. Salmon (Eds.), *Group work practice in a troubled society* (pp. 117–138). New York, NY: Haworth Press.

Schopler, J., & Galinsky, M. (1990). Can open-ended groups move beyond beginnings? *Small Group Research, 21*(4), 435–449. doi:10.1177/1046496490214001

Seashore, S. (1954). *Group cohesiveness in the industrial work group*. Ann Arbor: University of Michigan Press.

Shaw, M. (1964). Communication networks. In L. Berkowitz (Ed.), *Advances in experimental social psychology* (Vol. 1, pp. 111–149). New York, NY: Academic Press.

Shaw, M. (1976). *Group dynamics: The psychology of small group behavior.* New York, NY: McGraw-Hill.

Sherif, M. (1936). *The psychology of social norms.* New York, NY: Harper & Row.

Silver, W. B., & Bufiano, K. (1996). The impact of group efficacy and group goals on group task performance. *Small Group Research, 27*(3), 345–472. doi:10.1177/1046496496273001

Smith, P. (1978). Group work as a process of social influence. In N. McCaughan (Ed.), *Group work: Learning and practice* (pp. 36–57). London: George Allen & Unwin.

Smokowski, P. R., Rose, S. D., & Bacallao, M. L. (2001). Damaging experiences in therapeutic groups: How vulnerable consumers become group casualties. *Small Group Research, 32*(2), 223–251. doi:10.1177/104649640103200205

Smokowski, P. R., Rose, S. D., Todar, K., & Reardon, K. (1999). Post-group casualty-status, group events and leader behavior: An early look into the dynamics of damaging group experiences. *Research on Social Work Practice, 9*(5), 555–574. doi:10.1177/104973159900900503

Spink, K., & Carron, A. (1994). Group cohesion effects in exercise classes. *Small Group Research, 25*(1), 26–42. doi:10.1177/1046496494251003

Stockton, R., Rohde, R., & Haughey, J. (1992). The effects of structured group exercises on cohesion, engagement, avoidance, and conflict. *Small Group Research, 23*(2), 155–168. doi:10.1177/1046496492232001

Sue, D. W., & Sue, D. (2013). *Counseling the culturally diverse: Theory and practice* (6th ed.). New York, NY: Wiley.

Thibaut, J., & Kelley, H. (1954). Experimental studies of group problem-solving process. In G. Kindzey (Ed.), *Handbook of social psychology* (Vol. 2, pp. 735–785). Reading, MA: Addison-Wesley.

Thibaut, J., & Kelley, H. (1959). *The social psychology of groups.* New York, NY: Wiley.

Toseland, R., Decker, J., & Bliesner, J. (1979). A community program for socially isolated older persons. *Journal of Gerontological Social Work, 1*(3), 211–224. doi:10.1300/J083V01N03_04

Trecker, H. (1972). *Social group work: Principles and practices.* New York, NY: Association Press.

Tropman, J. (2014). *Effective meetings: Improving group decision-making* (4th ed.). Thousand Oaks, CA: Sage Publications.

Tuckman, B. (1965). Developmental sequence in small groups. *Psychological Bulletin, 63*(6), 384–399. doi:10.1037/h0022100

Wech, B., Mossholder, K., Steel, R., & Bennett, N. (1998). Does work group cohesiveness affect individuals' performance and organizational commitment? A cross-level examination. *Small Group Research, 29*(4), 472–494. doi:10.1177/1046496498294004

Wheelan, S. (1994). *Group processes: A developmental perspective.* Boston, MA: Allyn & Bacon.

Widmeyer, W., & Williams, J. (1991). Predicting cohesion in a coacting sport. *Small Group Research, 22*(4), 548–570. doi:10.1177/1046496491224007

Worchell, S. (1994). You can go home again: Returning group research to the group context with an eye on developmental issues. *Small Group Research, 25*(2), 205–223. doi:10.1177/1046496494252004

Yalom, I. (2005). *The theory and practice of group psychotherapy* (5th ed.). New York, NY: Basic Books.

Yuki, M., & Brewer, M. (Eds.). (2014). *Culture and group processes.* New York, NY: Oxford University Press.

第四章

Alimo-Metcalfe, B., & Alban-Metcalfe, R. (2001). The development of a new transformational leadership questionnaire. *Journal of Occupational and Organizational Psychology, 74*(1), 1–27. doi:10.1348/096317901167208

Avolio, B., Walumbwa, F., & Weber, T. (2009). Leadership: Current theories, research, and future directions. *Annual Review of Psychology, 60,* 421–449. doi:10.1146/annurev.psych.60.110707.163621

Aronson, H., & Overall, B. (1966). Treatment expectations of patients in two social classes. *Social Work, 11,* 35–41. doi:10.1093/sw/11.1.35

Bandura, A. A. (1995). *Exercise of personal and collective efficacy in changing societies.* New York, NY: Cambridge University Press. doi:10.1017/CBO9780511527692.003

Bandura, A. A. (1997b). *Self-efficacy in changing societies.* New York, NY: Cambridge University Press.

Barlow, S. (2013). *Specialty competencies in group psychology.* New York, NY: Oxford University Press.

Barlow, C., Blythe, J., & Edmonds, M. (1999). *A handbook of interactive exercises for groups.* Boston, MA: Allyn & Bacon.

Bass, B. M. (1985). *Leadership and performance beyond expectations.* New York, NY: Free Press.

Bass, B. M. (1998). *Transformational leadership: Industry, military, and educational impact.* Mahwah, NJ: Erlbaum.

Bass, B. M., & Avolio, B. J. (1990a). The implications of transactional and transformational leadership for individual, team, and organizational development. In R. W. Woodman & W. A. Passmore (Eds.), *Research in organizational change and development.* Greenwich, CT: JAI Press.

Bass, B. M., & Avolio, B. J. (1990b). *Manual for the multifactor leadership questionnaire.* Palo Alto, CA: Consulting Psychologists Press.

Bass, B. M., & Avolio, B. J. (1993). Transformational leadership: A response to critiques. In M. M. Chemers & R. Ayman (Eds.), *Leadership theory and research: Perspectives and directions.* San Diego, CA: Academic Press.

Bauman, S. (2010). Group leader style and functions. In R. Conyne (Ed.), *The Oxford handbook of group counseling* (pp. 325–345). New York, NY: Oxford University Press.

Bednar, K., & Kaul, T. (1994). Experimental group research: Can the cannon fire? In A. Bergen & S. Garfield (Eds.), *Handbook of psychotherapy and behavior change* (4th ed., pp. 631–663). New York, NY: Wiley.

Brabender, V., & Fallon, A. (2009). *Group development in practice.* Washington, DC: American Psychological Association.

Brown, N. (2010). Group leadership teaching and training: Methods and issues. In R. Conyne (Ed.), *The Oxford handbook of group counseling* (pp. 346–369). New York, NY: Oxford University Press.

Browning, L. (1977). Diagnosing teams in organizational settings. *Group and Organization Studies, 2*(2), 187–197. doi:10.1177/105960117700200205

Burlingame, G., Whitcomb, K., & Woodland, S. (2014). Process and outcome in group counseling and psychotherapy. In J. Delucia-Waack, C. Kalodner, & M. Riva, (Eds.), *Handbook of group counseling & psychotherapy* (2nd ed., pp. 55–68). Thousand Oaks, CA: Sage Publications.

Chemers, M. M. (2000). Leadership research and theory: A functional integration. *Group Dynamics: Theory, Research, and Practice, 4*(1), 27–43. doi:10.1037/1089-2699.4.1.27

Chen, M., & Rybak, C. (2004). *Group leadership skills*. Belmont, CA: Brooks/Cole.

Davis, F., & Lohr, N. (1971). Special problems with the use of co-therapists in group psychotherapy. *International Journal of Group Psychotherapy, 21*(2), 143–158.

Davis, I. (1975). Advice-giving in parent counseling. *Social Casework, 56*(6), 343–347.

Dienesch, R. M., & Liden, R. C. (1986). Leader-member exchange model of leadership: A critique and further development. *Academy of Management Review, 11*, 618–634. doi:10.2307/258314

Dies, R. (1994). Therapist variables in group psychotherapy research. In A. Fuhriman & G. M. Burlingame (Eds.), *Handbook of group psychotherapy* (pp. 114–154). New York, NY: Wiley.

Egan, G. (2013). *The skilled helper* (10th ed.). Pacific Grove, CA: Brooks/Cole.

Emrick, C. D., Lassen, C. L., & Edwards, M. T. (1977). Non-professional peers as therapeutic agents. In A. Gurman & A. Razin (Eds.), *Effective psychotherapy: A handbook of research* (pp. 120–161). New York, NY: Pergamon Press.

Etzioni, A. (1961). *A comparative analysis of complex organizations on power, involvement and their correlates*. New York, NY: Free Press.

Ewalt, P., & Kutz, J. (1976). An examination of advice giving as a therapeutic intervention. *Smith College Studies in Social Work, 47*(1), 3–19. doi:10.1080/00377317609516494

Forsyth, D. R. (2014). *Group dynamics* (6th ed.). Belmont, CA: Wadsworth Cengage Learning.

Fortune, A. (1979). Communication in task-centered treatment. *Social Work, 24*(5), 390–397. doi:10.1093/sw/24.5.390

French, J., & Raven, B. (1959). The bases of social power. In D. Cartwright (Ed.), *Studies in social power*. Ann Arbor: Institute for Research, University of Michigan.

Galinsky, M., & Schopler, J. (1981). Structuring co-leadership in social work training. *Social Work with Groups, 3*(4), 51–63. doi:10.1300/J009v03n04_08

Garvin, C. (1997). *Contemporary group work* (3rd ed.). Boston, MA: Allyn & Bacon.

Gelso, C., & Harbin, J. (2007). Insight, action, and the therapeutic relationship. In L. G. Castonguay & C. E. Hill (Eds.), *Insight in psychotherapy* (pp. 293–311). Washington, DC: American Psychological Association.

Germain, C., & Gitterman, A. (2008). *The life model of social work practice* (3rd ed.). New York, NY: Columbia University Press.

Gitterman, A., & Shulman, L. (Eds.). (2005). *Mutual aid groups, vulnerable populations, and the life cycle* (3rd ed.). New York, NY: Columbia University Press.

Goldstein, H. (1983). Starting where the client is. *Social Casework, 64*(5), 267–275.

Goldstein, H. (1988). A cognitive-humanistic/social learning perspective on social group work practice. *Social Work with Groups, 11*(1–2), 9–32. doi:10.1300/J009v11n01_02

Graen, G., & Schiemann, W. (1978). Leader-member agreement: A vertical dyad linkage approach. *Journal of Applied Psychology, 63*(2), 206–212. doi:10.1037/0021-9010.63.2.206

Hare, A. P., Blumberg, H. H., Davies, M. F., & Kent, M. V. (1995). *Small group research: A handbook*. Norwood, NJ: Ablex.

Harel, Y., Shechtman, Z., & Cutrona, C. (2011). Individual and group process variables that affect social support in counseling groups. *Group Dynamics: Theory, Research, and Practice, 15*(4), 297–310. doi:10.1037/a0025058

Heap, K. (1979). *Process and action in work with groups*. Elmsford, NY: Pergamon Press.

Joyce, A., Piper, W., & Ogrodniczuk, J. (2007). Therapeutic alliance and cohesion variables as predictors of outcome in short-term group psychotherapy. *International Journal of Group Psychotherapy, 57*(3), 269–296. doi:10.1521/ijgp.2007.57.3.269

Karakowsky, L., & McBey, K. (2001). Do my contributions matter? The influence of imputed expertise of member involvement and self-evaluations in the work group. *Group Organization & Management, 26*(1), 70–92. doi:10.1177/1059601101261005

Kaul, T., & Bednar, R. (1994). Pretraining and structure: Parallel lines yet to meet. In A. Fuhriman & G. M. Burlingame (Eds.), *Handbook of group psychotherapy* (pp. 155–188). New York, NY: Wiley.

Kivlighan, D., & Kivlighan, M. (2014). Therapeutic factors: Current theory and research. In J. Delucia-Waack, C. Kalodner, & M. Riva (Eds.), *Handbook of group counseling & psychotherapy* (2nd ed., pp. 46–54). Thousand Oaks, CA: Sage Publications.

Kivlighan, D. M., & Tarrant, J. M. (2001). Does group climate mediate the group leadership-group member outcome relationship? A test of Yalom's hypotheses about leadership priorities. *Group Dynamics: Theory, Research, and Practice, 5*(3), 220–234. doi:10.1037/1089-2699.5.3.220

Kottler, J. A., & Englar-Carlson, M. (2015). *Learning group leadership: An experiential approach* (3rd ed.). Thousand Oaks, CA: Sage Publications.

Lewin, K., & Lippitt, R. (1938). An experimental approach to the study of autocracy and democracy: A preliminary note. *Sociometry, 1*, 292–300. doi:10.2307/2785585

Lewin, K., Lippitt, R., & White, R. (1939). Patterns of aggressive behavior in experimentally created "social climates." *Journal of Social Psychology, 10*(2), 271–299. doi:10.1080/00224545.1939.9713366

Lieberman, M., & Golant, M. (2002). Leader behaviors as perceived by cancer patients in professionally directed support groups and outcomes. *Group dynamics: Theory, Research and Practice, 6*(4), 267–276. doi:10.1037//1089-2699.6.4.267

Lonergan, E. C. (1989). *Group intervention* (3rd ed.). Northvale, NJ: Jason Aronson.

Luke, M. (2014). Effective group leadership skills. In J. Delucia-Waack, C. Kalodner, & M. Riva (Eds.), *Handbook of group counseling & psychotherapy* (2nd ed., pp. 107–119). Thousand Oaks, CA: Sage Publications.

Luke, M., & Hackney, H. (2007). Group coleadership: A critical review. *Counselor Education and Supervision, 46*(4), 280–293. doi:10.1002/j.1556-6978.2007.tb000032.x

Marmarosh, C., Dunton, E., & Amendola, C. (2014). *Groups: Fostering a culture of change*. Thousand Oaks, CA: Sage Publications.

Marshall, W., & Burton, D. (2010). The importance of group processes in offender treatment. *Aggression and Violent Behavior, 15*(2), 141–149. doi:10.1016/j.avb.2009.08.008

Mayer, J., & Timms, N. (1970). *The client speaks: Working class impressions of casework*. New York, NY: Atherton Press.

McClane, W. (1991). The interaction of leader and member characteristics in the leader-member exchange model of leadership. *Small Group Research, 22*(3), 283–300. doi:10.1177/1046496491223001

Middleman, R. (1978). Returning group process to group work. *Social Work with Groups, 1*(1), 15–26. doi:10.1300/J009v01n01_03

Middleman, R., & Wood, G. (1990). Reviewing the past and present of group work and the challenge of the future. *Social Work with Groups, 13*(3), 3–20. doi:10.1300/J009v13n03_02

Miles, J., & Kivlighan, D. (2010). Co-leadership similarity and group climate in group interventions: Testing the co-leadership, team cognition-team diversity model. *Group Dynamics: Theory, Research, and Practice, 14*(2), 114–122 doi:10.1037/a0017503

Nixon, H. (1979). *The small group.* Englewood Cliffs, NJ: Prentice Hall.

Nosko, A., & Wallace, R. (1997). Female/male co-leadership in group. *Social Work with Groups, 20*(2), 3–16. doi:10.1300/J009v20n02_02

Ogrodniczuk, J., Joyce, A., & Piper, W. (2007). Effect of patient dissatisfaction with the therapist on group therapy outcomes. *Clinical Psychology and Psychotherapy, 14*(2), 126–134. doi:10.1002/cpp.526

Okech, J. E. (2008). Reflective practice in group co-leadership. *The Journal for Specialists in Group Work, 33*(3),236–252. doi:10.1080/01933920802196138

Okech, J. E., & Kline, W. B. (2006). Competency concerns in group co-leader relationships. *The Journal for Specialists in Group Work, 31*(2), 165–180. doi:10.1080/01933920500493829

Paquin, J., Kivlighan, D., & Drogosz, L. (2013). Person-group fit, group climate and outcomes in a sample of incarcerated women participating in trauma recover groups. *Group Dynamics: Theory, Research, & Practice, 17*(2), 95–109. doi:10.1037/a0032702

Piper, W. (1994). Client variables. In A. Fuhriman & G. M. Burlingame (Eds.), *Handbook of group psychotherapy* (pp. 83–113). New York, NY: Wiley.

Pyles, L. (2013). *Progressive community organizing: A critical approach for a globalizing world* (2nd ed.). New York, NY: Routledge.

Reid, W. J. (1997). Research on task-centered practice. *Social Work Research, 21*(3), 132–137. doi:10.1093/swr/21.3.132

Reid, W. J., & Shapiro, B. (1969). Client reactions to advice. *Social Service Review, 43*(2), 165–173.

Riva, M. (2014a). An overview of current research and best practices for training beginning group leaders. In J. Delucia-Waack, C. Kalodner, & M. Riva (Eds.), *Handbook of group counseling & psychotherapy* (2nd ed., pp. 120–133). Thousand Oaks, CA: Sage Publications.

Riva, M. (2014b). Supervision of group counseling. In J. Delucia-Waack, D. Gerrity, C. Kalodner, & M. Riva (Eds.). *Handbook of group counseling & psychotherapy* (pp. 370-382). Thousand Oaks, CA: Sage Publications.

Rivas, R., & Toseland, R. (1981). The student group leadership evaluation project: A study of group leadership skills. *Social Work with Groups, 4*(3/4), 159–175.

Rose, S. (1989). *Working with adults in groups: A multi-method approach.* San Francisco, CA: Jossey-Bass.

Sarason, I., & Sarason, B. (2009). Social support: Mapping the construct. *Journal of Social and Personal Relationships, 26*(1), 113–120. doi:1177/0265407509105526.

Saleebey, D. (Ed.). (2013). *The strengths perspective in social work practice* (6th ed.). Boston, MA: Pearson, Allyn & Bacon.

Shulman, L. (2014). Unleashing the healing power of the group. In J. Delucia-Waack, C. Kalodner, & M. Riva (Eds.), *Handbook of group counseling & psychotherapy* (2nd ed., pp. 120–133). Thousand Oaks, CA: Sage Publications.

Shulman, L. (2016). *The skills of helping individuals, families, groups and communities* (8th ed.). Itasca, IL: F. E. Peacock.

Smith, M., Tobin, S., & Toseland, R. (1992). Therapeutic processes in professional and peer counseling of family caregivers of frail elderly. *Social Work, 37*(4), 345–351.

Smokowski, P. R., Rose, S. D., & Bacallao, M. L. (2001). Damaging experiences in therapeutic groups: How vulnerable consumers become group casualties. *Small Group Research, 32*(2), 223–251. doi:10.1177/104649640103200205

Sosik, J., & Jung, D. (2002). Work group characteristics and performance in collectivistic and individualistic cultures. *Journal of Social Psychology, 142*(1), 5–23. doi:10.1080/00224540209603881

Stockton, R., Morran, K., & Chang, S. (2014). An overview of research and best practices for training beginning group workers. In J. Delucia-Waack, D., Kalodner, & M. Riva (Eds.), *Handbook of group counseling & psychotherapy* (2nd ed., pp. 146–149). Thousand Oaks, CA: Sage Publications.

Tasca, G., & Lampard, A. (2012). Reciprocal influence of alliance to the group and outcome in day treatment for eating disorders. *Journal of Counseling Psychology, 59*(4), 507–517.

Thorndike, R. (1938). On what type of task will a group do well? *Journal of Abnormal and Social Psychology, 33*(3), 409–413. doi:10.1037/h0062321

Toseland, R. (1995). *Group work with the elderly and family caregivers.* New York, NY: Springer Publishing Company.

Toseland, R. (2009). *Instructors manual and test bank for Toseland and Rivas.* Boston, MA: Allyn & Bacon.

Toseland, R., Rivas, R., & Chapman, D. (1984). An evaluation of decision making in task groups. *Social Work, 29*(4), 339–346.

Tropman, J. (2014). *Effective meetings: Improving group decision-making* (4th ed.). Thousand Oaks, CA: Sage Publications.

Trotzer, J. (2010). Personhood of the leader. In R. Conyne (Ed.), *The Oxford handbook of group counseling* (pp. 287–307). New York, NY: Oxford University Press.

Ward, D. (2014). Effective processing in groups. In J. Delucia-Waack, C. Kalodner, & M. Riva (Eds.), *Handbook of group counseling & psychotherapy* (2nd ed., pp. 84–94). Thousand Oaks, CA: Sage Publications.

Wright, M. (2002). Co-facilitation: Fashion or function? *Social Work with Groups, 25*(3), 77–92. doi:10.1300/J009v25n03_06

Yalom, I. (2005). *The theory and practice of group psychotherapy* (5th ed.). New York, NY: Basic Books.

Yukl, G. (2012). *Leadership in organizations* (8th ed.). Upper Saddle River, NJ: Prentice Hall.

第五章

Abernethy, A. (2012). A spiritually informed approach to group psychotherapy. In J. Kleinberg (Ed.), *The Wiley-Blackwell handbook of group psychotherapy* (pp. 681–706). Chichester, England: Wiley-Blackwell.

Akinsulure-Smith, A. (2009). Brief psychoeducational group treatment with re-traumatized refugees and asylum seekers. *Journal for Specialists in Group Work, 34*(2), 137–150. doi:10.1080/01933920902798007

Appleby, G., Colon, E., & Hamilton, J. (2011). *Diversity, oppression, and social functioning: Person-in-environment assessment and intervention* (3rd ed.). Boston, MA: Allyn & Bacon.

Aponte, J., Rivers, R., & Wohl, R. (2000). *Psychological interventions and cultural diversity* (2nd ed.). Boston, MA: Allyn & Bacon.

Atkinson, D., & Lowe, S. (1995). The role of ethnicity, cultural knowledge, and conventional techniques in counseling and psychotherapy. In J. Ponterotto, J. Casas, L. Suzuki, & C. Alexander (Eds.), *Handbook of multicultural counseling* (pp. 387–414). Thousand Oaks, CA: Sage Publications.

Barlow, S. (2013). *Specialty competencies in group psychology.* New York, NY: Oxford University Press.

Brown, A., & Mistry, T. (1994). Group work with mixed membership groups: Issues of race and gender. *Social Work with Groups, 17*(3), 5–21. doi:10.1300/J009v17n03_02

Brown, B. M. (1995). A bill of rights for people with disabilities in group work. *Journal for Specialists in Group Work, 20*(2), 71–75. doi:10.1080/01933929508411328

Burnes, T., & Ross, K. (2010). Applying social justice to oppression and marginalization in group process: Interventions and strategies for group counselors. *Journal for Specialists in Group Work, 35*(2), 169–176. doi:10.1080/01933921003706014

Burwell, N. (1998). Human diversity and empowerment. In H. W. Johnson, et al. (Eds.), *The social services: An introduction* (5th ed., pp. 357–370). Itasca, IL: Peacock Press.

Crethar, H., Torres, R., & Nash, S. (2008). In search of common threads: Linking multicultural, feminist, and social justice counseling paradigms. *Journal of Counseling and Development, 86*(3), 269–278. doi:10.1002/j.1556-6678.2008.tb00509.x

D'Andrea, M. (2004). The impact of racial-cultural identity of group leaders and members: Theory and recommendations. In J. L. Delucia-Waack, D. A. Gerrity, C. R. Kalodner, & M. T. Riva (Eds.), *Group counseling and psychotherapy* (pp. 265–282). Thousand Oaks, CA: Sage Publications.

D'Andrea, M. (2014). Understanding racial/cultural identity development theories to promote effective multi-cultural group counseling. In J. Delucia-Waack, C. Kalodner, & M. Riva (Eds.), *Handbook of group counseling & psychotherapy* (2nd ed., pp. 196–208). Thousand Oaks, CA: Sage Publications.

Davis, L., Galinsky, M., & Schopler, J. (1995). RAP: A framework for leadership of multiracial groups. *Social Work, 40*(2), 155–165. doi:10.1093/sw/40.2.155

Davis, L., & Proctor, E. (1989). *Race, gender and class: Guidelines for practice with individuals, families and groups.* Englewood Cliffs, NJ: Prentice Hall.

Debiak, D. (2007). Attending to diversity in group psychotherapy: An ethical imperative. *International Journal of Group Psychotherapy, 57*(1), 1–12. doi:10.1521/ijgp.2007.57.1.1

Delucia-Waack, J., Kalodner, C., & Riva, M. (Eds.). (2014). *Handbook of group counseling & psychotherapy* (2nd ed.). Thousand Oaks, CA: Sage Publications.

Devore, W., & Schlesinger, E. (1999). *Ethnic-sensitive social work practice* (5th ed.). Boston, MA: Allyn & Bacon.

Diaz, T. (2002). Group work from an Asian Pacific Island perspective: Making connections between group worker ethnicity and practice. *Social Work with Groups, 25*(3), 43–60. doi:10.1300/J009v25n03_04

dickey, l., & Loewy, M. (2010). Group work with transgendered clients. *Journal for Specialists in Group Work, 35*(3), 236–245. doi:10.1080/01933922.2010.492904

Diller, J. (2015). *Cultural diversity: A primer for the human services* (5th ed.). Belmont, CA: Wadsworth.

Dinges, N., & Cherry, D. (1995). Symptom expression and use of mental health services among ethnic minorities. In J. Aponte, R. Rivers, & J. Wohl (Eds.), *Psychological interventions and cultural diversity* (pp. 40–56). Boston, MA: Allyn & Bacon.

Earley, P. R., & Randel, A. (1997). Self and other: "Face" and work group dynamics. In C. Granrose & S. Oskamp (Eds.), *Cross-cultural work groups: An overview* (pp. 113–133). Thousand Oaks, CA: Sage Publications.

Ellis, S., Simpson, C., Rose, C., & Plotner, A. (2014). Group counseling services for people with disabilities. In J. Delucia-Waack, C. Kalodner, & M. Riva, (Eds.), *Handbook of group counseling & psychotherapy* (2nd ed., pp. 264–276). Thousand Oaks, CA: Sage Publications.

Finn, J., & Jacobson, M. (2008). *Just practice: A social justice approach to social work* (2nd ed.). Peosta, IA: Eddie Bowers.

Flores, M. (2000). La familia Latina. In M. Flores & G. Carey (Ed.), *Family therapy with Hispanics: Toward appreciating diversity.* Boston, MA: Allyn & Bacon.

Forsyth, D. R. (2014). *Group dynamics* (6th ed.). Belmont, CA: Wadsworth Cengage Learning.

Garland, J., Jones, H., & Kolodny, R. (1976). A model of stages of group development in social work groups. In S. Bernstein (Ed.), *Explorations in group work* (pp. 17–71). Boston, MA: Charles River Books.

Goto, S. (1997). Majority and minority perspectives on cross-cultural interactions. In C. Granrose & S. Oskamp (Eds.), *Cross-cultural work groups: An overview* (pp. 90–112). Thousand Oaks, CA: Sage Publications.

Gray-Little, B., & Kaplan, D. (2000). Race and ethnicity in psychotherapy research. In C. R. Snyder & R. Ingram (Eds.), *Handbook of psychological change* (pp. 591–613). New York, NY: Wiley.

Green, J. (1999). *Cultural awareness in the human services: A multi-ethnic approach* (3rd ed.). Boston, MA: Allyn & Bacon.

Hays, P. (2007). *Addressing cultural complexities in practice: Assessment, diagnosis, and therapy* (2nd ed.). Washington, DC: American Psychological Association.

Hays, P., Arredondo, S., Gladding, R., & Toporek, R. (2010). Integrating social justice in group work. *Journal for Specialists in Group Work, 35*(2), 177–206.

Hogan-Garcia, M. (2013). *The four skills of cultural diversity competence: A process for understanding and practice* (4th ed.). Belmont, CA: Wadsworth.

Holmes, L. (2002). Women in group and women's groups. *International Journal of Group Psychotherapy, 52*(2), 171–188. doi:10.1521/ijgp.52.2.171.45495

Horne, S., Levitt, H., Reeves, T., & Wheeler, E. (2014). Group work with gay, lesbian, bisexual, transgender, queer, and questioning clients. In J. Delucia-Waack, C. Kalodner, & M. Riva, (Eds.), *Handbook of group counseling & psychotherapy* (2nd ed., pp. 253–263). Thousand Oaks, CA: Sage Publications.

Johnson, D. W. (2014). *Reaching out: Interpersonal effectiveness and self-actualization* (11th ed.). Boston, MA: Allyn & Bacon.

Koss-Chioino, J. (2000). Traditional and folk approaches among ethnic minorities. In J. Aponte, R. Rivers, & J. Wohl (Eds.), *Psychological interventions and cultural diversity* (2nd ed., pp. 149–166). Boston, MA: Allyn & Bacon.

Kurtz, L. F. (2014). *Recovery groups.* New York, NY: Oxford University Press.

Lev, A. I. (2009). The ten tasks of the mental health provider: Recommendations for revision of the World Professional Association for Transgender Health Standards of Care. *International Journal of Transgenderism, 11*(2), 74–99. doi:10.1080/15532730903008032

Lum, D. (2004). *Social work practice and people of color: A process-stage approach* (5th ed.). Belmont, CA: Brooks/Cole.

Lum, D. (Ed.). (2005). *Cultural competence, practice stages, and client systems.* Belmont, CA: Brooks/Cole.

Lum, D. (Ed.). (2011). *Culturally competent practice: A framework for understanding diverse groups and justice issues* (4th ed.). Sacramento, CA: Thomson, Brooks/Cole.

Mallon, G. (2008). (Ed.). *Social work practice with lesbian, gay, bisexual, and transgender people* (2nd ed.). New York, NY: Routledge.

Maznevski, M., & Peterson, M. (1997). Societal values, social interpretation, and multinational teams. In C. Granrose & S. Oskemp (Eds.), *Cross-cultural work groups: An overview* (pp. 61–89). Thousand Oaks, CA: Sage Publications.

McGrath, P., & Axelson, J. (1999). *Accessing awareness & developing knowledge: Foundations for skill in a multicultural society* (3rd ed.). Pacific Grove, CA: Brooks/Cole.

McLeod, P., Lobel, S., & Cox, T. (1996). Ethnic diversity and creativity in small groups. *Small Group Research, 27*(2), 248–264. doi:10.1177/1046496496272003

McRoy, R. (2003). Cultural competence with African Americans. In D. Lum (Ed.), *Culturally competent practice: A framework for understanding diverse groups and justice issues.* Sacramento, CA: Thomson Brooks/Cole.

McWhirter, P., & Robbins, R. (2014). Group therapy with native people. In J. Delucia-Waack, C. Kalodner, & M. Riva (Eds.), *Handbook of group counseling & psychotherapy* (2nd ed., pp. 370–382). Thousand Oaks, CA: Sage Publications.

Misurell, J., & Springer, C. (2013). Developing culturally responsive evidence-based practice: A game-based group therapy program for child sexual abuse (CSA). *Journal of Child and Family Studies, 22*(1), 137–149. doi:10.1007/s10826-011-9560-2

Moreno, C. L., & Guido, M. (2005). Social work practice with Latino Americans. In L. Doman (Ed.), *Cultural competence, practice stages, and client systems* (pp. 88–111). Belmont, CA: Thomson Brooks/Cole.

Nystrom, N. M. (2005). Social work practice with lesbian, gay, bisexual, and transgender people. In L. Doman (Ed.), *Cultural competence, practice stages, and client systems* (pp. 203–229). Belmont, CA: Thomson Brooks/Cole.

Orasanu, J., Fischer, U., & Davison, J. (1997). Cross-cultural barriers to effective communication in aviation. In C. Granrose & S. Oskamp (Eds.), *Cross-cultural work groups: An overview* (pp. 134–162). Thousand Oaks, CA: Sage Publications.

Parrillo, V. (2014). *Strangers to these shores: Race and ethnic relations in the United States* (11th ed.). Boston, MA: Allyn & Bacon.

Pearson, V. (1991). Western theory, Eastern practice: Social group work in Hong Kong. *Social Work with Groups, 14*(2), 45–58. doi:10.1300/J009v14n02_04

Pillari, V. (2002). *Social work practice: Theories and skills.* Boston, MA: Allyn & Bacon.

Pinderhughes, E. B. (1995). Empowering diverse populations: Family practice in the 21st century. *Families in Society, 76*, 131–140.

Pure, D. (2012). Single-gender or mixed-gender groups: Choosing a perspective. In J. Kleinberg (Ed.), *The Wiley-Blackwell handbook of group psychotherapy.* Chichester, England: Wiley-Blackwell.

Ratts, M., Anthony, L., & Santos, K. (2010). The dimensions of social justice model: Transforming traditional group work into a socially just framework. *Journal for Specialists in Group Work, 35*(2), 160–168. doi:10.1080/01933921003705974

Ratts, M., & Pedersen, P. (2014). *Counseling for multiculturalism and social justice: Integration, theory, and application* (4th ed). Alexandria, VA: American Counseling Association.

Ritter, K. (2010). Group counseling with sexual minorities. In R. Conyne (Ed.), *The Oxford handbook of group counseling.* New York, NY: Oxford University Press.

Rivera, E., Fernandez, I., & Hendricks, A. (2014). Psychoeducation and counselling with Latinos/as In J. Delucia-Waack, C. Kalodner, & M. Riva, (Eds.), *Handbook of group counseling & psychotherapy* (2nd ed., pp. 242–253). Thousand Oaks, CA: Sage Publications.

Rothman, J. C. (2008). *Cultural competence in process and practice: Building bridges.* Boston, MA: Allyn & Bacon Pearson Education.

Saleebey, D. (Ed.). (2013). *The strengths perspective in social work practice* (6th ed.). Boston, MA: Pearson, Allyn & Bacon.

Schiller, L. (1995). Stages of development in women's groups: A relational model. In R. Kurland & R. Salmon (Eds.), *Group work practice in a troubled society* (pp. 117–138). New York, NY: Haworth Press.

Schiller, L. (1997). Rethinking stages of development in women's groups: Implications for practice. *Social Work with Groups, 20*(3), 3–19. doi:10.1300/J009v20n03_02

Schriver, J. (2011). *Human behavior and the social environment* (5th ed.). Boston, MA: Allyn & Bacon.

Shea, M., Cachelin, F., Uribe, L., Striegel, R., Thompson, D., & Wilson O. (2012). Cultural adaptation of a cognitive behavior therapy guided self-help program for Mexican American women with binge eating disorders. *Journal of Counseling & Development, 9*(3), 308–318. doi:10.1002/j.1556-6676.2012.00039.x

Smith, L. C., & Shin, R. Q. (2008). Social privilege, social justice, and group counseling: An inquiry. *The Journal for Specialists in Group Work, 33*(4), 351–366. doi:10.1080/01933920802424415

Steen, S., Shi, Q., & Robbins, R. (2014). Group counseling for African Americans: Research and practice considerations. In J. Delucia-Waack, C. Kalodner, & M. Riva (Eds.), *Handbook of group counseling & psychotherapy* (2nd ed., pp. 370–382). Thousand Oaks, CA: Sage Publications.

Sue, D. W., & Sue, D. (2013). *Counseling the culturally diverse: Theory and practice* (6th ed.). New York, NY: Wiley.

Walters, K., Longres, J., Han, C., & Icard, D. (2003). Cultural competence with gay and lesbian persons of color. In D. Lum (Ed.), *Culturally competent practice: A framework for understanding diverse groups and justice issues* (pp. 310–342). Sacramento, CA: Thomson Brooks/Cole.

Watson, W., Johnson, L., & Merritt, D. (1998). Team orientation, self-orientation, and diversity in task groups: Their connection to team performance over time. *Group & Organization Management, 23*(2), 161–188. doi:10.1177/1059601198232005

Weaver, H. (1999). Indigenous people and the social work profession: Defining culturally competent services. *Social Work, 44*(3), 217–225. doi:10.1093/sw/44.3.217

Weine, S., Kulauzovic, Y., Klebic, A., Besic, S., Mujagic, A., Muzurovic, J., Spahovic, D., Sclove, S., Pavkovic, I., Feetham, S., & Rolland, J. (2008). Evaluating a multiple-family group access intervention for refugees with PTSD. *Journal of Marital and Family Therapy, 34*(2), 149–164. doi:10.1111/j.1752-0606.2008.00061.x

Western, D. (2013). *Gender-based violence and depression in women: A feminist group work response.* New York, NY: Springer Publishing Company.

Williams, O. (1994). Group work with African-American men who batter: Toward more ethnically sensitive practice. *Journal of Comparative Family Studies, 25*(1), 91–103.

Yuki, M., & Brewer, M. (Eds.). (2014). *Culture and group processes.* New York, NY: Oxford University Press.

第六章

Barlow, S. (2013). *Specialty competencies in group psychology.* New York, NY: Oxford University Press.

Blouin, J., Schnarre, K., Carter, J., Blouin, A., Tener, L., Zuro, C., & Barlow, J. (1995). Factors affecting dropout rate from cognitive-behavioral group treatment for bulimia nervosa. *International Journal of Eating Disorders, 17*(4), 323–329. doi:10.1002/1098-108X(199505)17:4<323::AID-EAT2260170403>3.0.CO;2-2

Brabender, V., & Fallon, A. (2009). *Group development in practice.* Washington, DC: American Psychological Association.

Burlingame, G., Cox, J., Davies, R., Layne, C., & Gleave, R. (2011). The group selection questionnaire: Further refinements in group member selection. *Group Dynamics: Theory, Research, and Practice, 15*(1), 60–74. doi:org/10.1037/a0020220

Burnes, T., & Ross, K. (2010). Applying social justice to oppression and marginalization in group process: Interventions and strategies for group counselors. *Journal for Specialists in Group Work, 35*(2), 169–176. doi:10.1080/01933921003706014

Conyne, R. (Ed.). (2010). *The Oxford handbook of group counseling.* New York, NY: Oxford University Press.

Coulson, N., & Greenwood, N. (2011). Families affected by childhood cancer: An analysis of the provision of social support within online support groups. *Child Care Health and Development, 38*(6), 870–877. doi:10.1111/j.1365-2214.2011.0136.x

Forsyth, D. R. (2014). *Group dynamics* (6th ed.). Belmont, CA: Wadsworth Cengage Learning.

Fukkink, R., & Hermanns, J. (2009). Children's experiences with chat support and telephone support. *Journal of Child Psychology and Psychiatry, 50*(6), 759–766. doi:10.1111/j.1469-7610.2008.02024.x

Galinsky, M., & Schopler, J. (1989). Developmental patterns in open-ended groups. *Social Work with Groups, 12*(2), 99–114. doi:10.1300/J009v12n02_08

Glueckauf, R. L., & Ketterson, T. U. (2004). Telehealth interventions for individuals with chronic illness: Research review and implications for practice. *Professional Psychology: Research and Practice, 35*(6), 615–627. doi:10.1037/0735-7028.35.6.615

Glueckauf, R. L., & Loomis, J. S. (2003). Alzheimer's caregiver support online: Lessons learned, initial findings and future directions. *NeuroRehabilitation, 18*(2), 135–146. Retrieved from: http://iospress.metapress.com/content/etxhn7tpn46dy-2qr/?p=f02026fc736c4929a230992af5e4d623&pi=5

Glueckauf, R. L., & Noel, L. T. (2011). Telehealth and family caregiving: Developments in research, education, policy and practice. In R. Toseland, D. Haigler, & D. Monahan *Education and support programs for caregivers* (pp. 85–106). New York, NY: Springer Publishing Company.

Glueckauf, R. L., Nickelson, D., Whitton, J., & Loomis, J. S. (2004). Telehealth and healthcare psychology: Current developments in telecommunications, regulatory practices, and research. In R. G. Frank, A. Baum, & J. L. Wallander (Eds.), *Handbook of clinical health psychology: Models and perspectives in health psychology* (Vol. 3, pp. 377–411). Washington, DC: American Psychological Association.

Glueckauf, R. L., Pickett, T. C., Ketterson, T. U., Loomis, J. S., & Rozensky, R. H. (2003). Preparation for the delivery of telehealth services: A self-study framework for expansion of practice. *Professional Psychology: Research and Practice, 34*(2), 159–163. doi:10.1037/0735-7028.34.2.159

Golkaramnay, V., Bauer, S., Haug, S., Wolf, M., & Kordy, H. (2007). The exploration of the effectiveness of group therapy through an internet chat as aftercare: A controlled naturalistic study. *Psychotherapy and Psychosomatics, 76*(4), 219–225. doi:10.1159/000101500

Haas, L., Benedict, J., & Kobos, J. (1996). Psychotherapy by telephone: Risks and benefits for psychologists and consumers. *Professional Psychology: Research and Practice, 27*(2), 154–160. doi:10.1037/0735-7028.27.2.154

Haberstroch, S., & Moyer, M. (2012). Exploring an online self-injury support group: Perspectives from group members. *Journal for Specialists in Group Work, 37*(2), 113–132. doi:10.1080/01933922.2011.646088

Janis, I. (1982). *Groupthink* (2nd ed.). Boston, MA: Houghton Mifflin.

Keats, P., & Sabharwal, V. (2008). Time-limited service alternatives: Using the therapeutic enactment in open group therapy. *Journal of Specialists in Group Work, 33*(4), 297–316. doi:10.1080/01933920802424357

Kelleher, K., & Cross, T. (1990). *Teleconferencing: Linking people together electronically.* Norman: University of Oklahoma Press.

Kiesler, S. (1978). *Interpersonal processes in groups and organizations.* Arlington Heights, IL: AHM.

LeCroy, C. (Ed.). (2008). *Handbook of evidence-based treatment manuals for children and adolescents* (2nd ed.). New York, NY: Oxford University Press.

MacNair-Semands, R. (2002). Predicting attendance and expectations for group therapy. *Group Dynamics, Theory, Research, 6*(3), 219–228. doi:10.1037/1089-2699.6.3.219

Maheu, M., Whitten, P., & Allen, A. (2001). *E-Health, telehealth, and telemedicine: A guide to start-up and success.* San Francisco, CA: Jossey-Bass.

Martindale-Adams, J., Nichols, L., Burns, R., & Malone, C. (2002). Telephone support groups: A lifeline for isolated Alzheimer's disease caregivers. *Alzheimer's Care Quarterly, 3*(2), 181–189.

McKenna, K. Y. A., & Bargh, J. (1999). Causes and consequences of social interaction on the Internet: A conceptual framework. *Media Psychology, 1*(3), 249–269.

McKenna, K. Y. A., & Bargh, J. (2000). Plan 9 from cyberspace: The implications of the Internet for personality and social psychology. *Personality and Social Psychology Review, 4*(1), 57–75. doi:10.1207/S15327957PSPR0401_6

McKenna, K. Y. A., & Green, A. S. (2002). Virtual group dynamics. *Group Dynamics: Theory, Research, and Practice, 6*(1), 116–127. doi:10.1037/1089-2699.6.1.116

McKenna, K. Y. A., Green, A. S., & Gleason, M. E. J. (2002). Relationship formation on the Internet: What's the big attraction? *Journal of Social Issues, 58*(1), 9–31. doi:10.1111/1540-4560.00246

Merchant, N. M., & Yozamp, C. J. (2014). *Groups in community and agency settings.* Thousand Oaks, CA: Sage Publications.

National Board For Certified Counselors (NBCC) (2012). *Policy regarding the provision of distance professional services.* Retrieved from: http://www.NBCC.org.

Nickelson, D. (2000). Telehealth, health care services, & health care policy: A plan for action in the new millennium. *New Jersey Psychologist, 50*(1), 24–27.

Oei, T. K., & Kazmierczak, T. (1997). Factors associated with dropout in a group cognitive behaviour therapy for mood disorders. *Behavior Research and Therapy, 35*(11), 1025–1030. doi:10.1016/S0005-7967(97)00060-0

Oravec, J. (2000). Online counseling and the Internet: Perspectives for mental health care supervision and education. *Journal of Mental Health, 9*(2), 121–135. doi:10.1080/09638230050009122

Owen, J., Goldstein, M., Lee, J., Breen, N., & Rowland, J. (2010). Use of health-related online support groups: Population data from the California health interview survey complementary and alternative medicine study. *Journal of Computer-mediated Communication, 15*(3), 427–446. doi:10.1111/j.1083-6101.2010.01501.x

Page, B. (2010). Online groups. In R. Conyne (Ed.), *The Oxford handbook of group counseling* (pp. 520–533). New York, NY: Oxford University Press.

Postmes, T., Spears, R., & Lea, M. (1999). Social identity, normative content, and "deindividuation" in computer-mediated groups. In N. Ellemers, R. Spears, & B. Doosje (Eds.), *Social identity: Context, commitment, content* (pp. 164–183). Malden, MA: Blackwell Publishers.

Postmes, T., Spears, R., Sakhel, K., & de Groot, D. (2001). Social influence in computer-mediated communication: The effects of anonymity on group behavior. *Personality and Social Psychology Bulletin, 27*(10), 1243–1254. doi:10.1177/01461672012710001

Riper, H., Spek, V., Boon, B., Conjin, B., Kramer, J., Martin-Abello, K., & Smit, F. (2011). Effectiveness of e-self-help interventions for curbing adult problem drinking: A meta-analysis. *Journal of Medical Internet Research, 13*(2), e42. doi:10.2196/jmir.1691

Riva, M. T., Lippert, L., & Tackett, M. J. (2000). Selection practices of group leaders: A national survey. *Journal for Specialists in Group Work, 25*(2), 157–169. doi:10.1080/01933920000411459

Rooney, R. (2009). *Strategies for work with involuntary clients* (2nd ed.). New York, NY: Columbia University Press.

Rosswurm, M., Larrabee, J., & Zhang, J. (2002). Training family caregivers of dependent elderly adults through on-site and telecommunications programs. *Journal of Gerontological Nursing, 28*(7), 27–38.

Schopler, J., & Galinsky, M. (1984). Meeting practice needs: Conceptualizing the open-ended group. *Social Work with Groups, 7*(2), 3–21. doi:10.1300/J009v07n02_02

Schopler, J., & Galinsky, M. (1990). Can open-ended groups move beyond beginnings? *Small Group Research, 21*(4), 435–449. doi:10.1177/1046496490214001

Schopler, J., Galinsky, M., & Abell, M. (1997). Creating community through telephone and computer groups: Theoretical and practice perspectives. *Social Work with Groups, 20*(4), 19–34. doi:10.1300/J009v20n04_03

Shulman, L. (2016). *The skills of helping individuals, families, groups and communities* (8th ed.). Itasca, IL: F. E. Peacock.

Siegel, J., Dubrovsky, V., Kiesler, S., & McGuire, T. (1986). Group processes in computer-mediated communication. *Organizational Behavior and Human Decision Processes, 37*(2), 157–187. doi:10.1016/0749-5978(86)90050-6

Smith, T., & Toseland, R. (2006). The evaluation of a telephone caregiver support group intervention. *Gerontologist, 46*(5), 620–629. doi:10.1093/geront/46.5.620

Smokowski, P. R., Galinsky, M., & Harlow, K. (2001). Using technologies in groupwork, Part II: Technology-based groups. *Groupwork, 13*(1), 6–22.

Spek, V., Cuijpers, P., Nyklicek, I., Riper, H., Keyzer, J., & Pop, V. (2007). Internet-based cognitive behaviour therapy for symptoms of depression and anxiety: A meta-analysis. *Psychological Medicine, 37*(3), 319–328. doi:10.1017/S003329706008944

Spek, V., Nyklicek, I., Cuijpers, P., & Pop, V. (2007). Predictors of outcomes of group and internet-based cognitive behavior therapy. *Journal of Affective Disorders, 105*(1–3), 137–145. doi:10.1016/j.jad.2007.05.001

Stein, L., Rothman, B., & Nakanishi, M. (1993). The telephone group: Accessing group service to the homebound. *Social Work with Groups, 16*(1/2), 203–215.

Tasca, G., Ramsay, T., Corace, K., Illing, V., Bone, M., Bissada, H., & Balfor, L. (2010). Modeling longitudinal data from a rolling therapy group program with membership turnover: Does group culture affect individual alliance? *Group Dynamics: Theory, Research, & Practice, 14*(2), 151–162. doi:10.1037/a0018778

Toseland, R., & Rizzo, V. (2004). What's different about working with older people in groups? Journal of Gerontological Social Work, 44(1/2), 5–23. doi:10.1300/1j083v44n01_02

Toseland, R., Naccarato, T., & Wray, L. (2007). Telephone groups for older persons and family caregivers. *Clinical Gerontologist, 31*(1), 59–76. doi:10.1300/J018v31n01_05

Tourigny, M., & Hebert, M. (2007). Comparison of open versus closed group interventions for sexually abused adolescent girls. *Violence and Victims, 22*(3), 334–349. doi:10.1891/088667007780842775

Tropman, J. (2014). *Effective meetings: Improving group decision-making* (4th ed.). Thousand Oaks, CA: Sage Publications.

Turner, H. (2011). Concepts for effective facilitation of open groups. *Social Work with Groups, 34*(3–4), 246–256. doi:10.1080/01609513.2011.558822

Weinberg, H. (2001). Group process and group phenomena on the Internet. *International Journal of Group Psychotherapy, 51*(3), 361–378. doi:10.1521/ijgp.51.3.361.49881

Wiener, L. S., Spencer, E. D., Davidson, R., & Fair, C. (1993). Telephone support groups: A new avenue toward psychosocial support for HIV-infected children and their families. *Social Work with Groups, 16*(3), 55–71. doi:10.1300/J009v16n03_05

Yalom, I. (2005). *The theory and practice of group psychotherapy* (5th ed.). New York, NY: Basic Books.

第七章

Bales, R. (1950). *Interaction process analysis: A method for the study of small groups*. Reading, MA: Addison-Wesley.

Bales, R. (1955). How people interact in conference. *Scientific American, 192*(3), 31–35. doi:10.1038/scientificamerican0355-31

Barlow, S. (2013). *Specialty competencies in group psychology*. New York, NY: Oxford University Press.

Bauer, M. M., & McBride, L. (2003). *Structured group psychotherapy for bipolar disorder: The life goals program* (2nd ed.). New York, NY: Springer Publishing Company.

Bieling, P. J., McCabe, R. E., & Antony, M. M. (2006). *Cognitive-behavioral therapy in groups*. New York, NY: Guilford Press.

Edelwich, J., & Brodsky, A. (1992). *Group counseling for the resistant client: A practical guide to group process*. New York, NY: Lexington Books.

Egan, G. (2013). *The skilled helper* (10th ed.). Pacific Grove, CA: Brooks/Cole.

Forsyth, D. R. (2014). *Group dynamics* (6th ed.). Belmont, CA: Wadsworth Cengage Learning.

Frank, J. (1961). *Persuasion and healing: A comparative study of psychotherapy*. New York, NY: Schocken Books.

Fuhriman, A., & Burlingame, G. (1994). Group psychotherapy: Research and practice. In A. Fuhriman & G. M. Burlingame (Eds.), *Handbook of group psychotherapy* (pp. 3–40). New York, NY: Wiley.

Garland, J., Jones, H., & Kolodny, R. (1976). A model of stages of group development in social work groups. In S. Bernstein (Ed.), *Explorations in group work* (pp. 17–71). Boston, MA: Charles River Books.

Garvin, C., Guiterrez, L., & Galinsky, M. (2004). *Handbook of social work with groups*. New York, NY: Guilford Press.

Gitterman, A., & Shulman, L. (Eds.). (2005). *Mutual aid groups, vulnerable populations, and the life cycle* (3rd ed.). New York, NY: Columbia University Press.

Glassman, U., & Kates, L. (1990). *Group work: A humanistic approach*. Newbury Park, CA: Sage Publications.

Goldstein, A. P. (2001). *Reducing resistance: Methods for enhancing openness to change*. Champaign, IL: Research Press.

Hays, S., Strosahl, K., & Wilson, K. (2011). *Acceptance and commitment therapy* (2nd ed.). New York, NY: Guilford Press.

Levi, D. (2014). *Group dynamics for teams* (4th ed.). Thousand Oaks, CA: Sage Publications.

Linehan, M. (1993). *Cognitive-behavioral treatment of borderline personality disorders*. New York, NY: Guilford Press.

Linehan, M. (2015). *DBT skills training manual*. New York, NY: Guilford Press.

LeCroy, C. (Ed.). (2008). Handbook of evidence-based treatment manuals for children and adolescents (2nd ed.) New York, NY: Oxford University Press.

Levine, B., & Gallogly, V. (1985). *Group therapy with alcoholics: Outpatient and inpatient approaches*. Newbury Park, CA: Sage Publications.

Lynch, T., & Cuper, P. (2010). Dialectical behavior therapy. In N. Kazantzis, M. Reinecke, & A. Freeman (Eds.), *Cognitive and behavioral theories in clinical practice*. New York, NY: Guilford Press.

Macgowan, M. J. (2008). *A guide to evidence-based group work*. New York, NY: Oxford University Press.

Maxwell, H., Taswca, G., Gick, M., Ritchie, K., Balfour, L., & Bissada, H. (2012). The impact of attachment anxiety on interpersonal complementarity in early group therapy interactions among women with binge eating disorder. *Group Dynamics: Theory, Research, & Practice*. 16(4), 255–271. doi:10.1037/a0029464

McKay, M., Gopalan, G., Franco, L., Dean-Assael, K., Chacko, A., & Jackson, J. (2011). A collaboratively designed child mental health service model: Multiple family groups for urban children with conduct difficulties. *Research on Social Work Practice*, 21(6), 664–674. doi:10.1177/1049731511406740

McKay, M., & Paleg, K. (Eds.). (1992). *Focal group psychotherapy*. Oakland, CA: New Harbinger.

McKay, M., Wood, J., & Brantley, F. (2007). *The dialectical therapy skills workbook*. Oakland, CA: New Harbinger Publications.

Miller, W., & Rollnick, S. (Eds.). (2013). *Motivational interviewing: Helping people change* (3rd ed.). New York, NY: Guilford Press.

Munzer, J., & Greenwald, H. (1957). Interaction process analysis of a therapy group. *International Journal of Group Psychotherapy*, 7, 175–190.

Neacsiu, A. D., Bohus, M., & Linehan, M. M. (2014). Dialectical behavior therapy: An intervention for emotion dysregulation. In J. J. Gross (Ed.), *Handbook of emotion regulation* (2nd ed., pp. 491–507). New York, NY: Guilford Press.

Paquin, J., Kivlighan, D., & Drogosz, L. (2013). Person-group fit, group climate and outcomes in a sample of incarcerated women participating in trauma recover groups. *Group Dynamics: Theory, Research, & Practice*, 17(2), 95–109. doi:10.1037/a0032702

Pearson, V. (1991). Western theory, Eastern practice: Social group work in Hong Kong. *Social Work with Groups*, 14(2), 45–58. doi:10.1300/J009v14n02_04

Passi, L. (1998). *A guide to creative group programming in the psychiatric day hospital*. New York, NY: Haworth Press.

Prochaska, J., DiClimente, C., & Norcross, C. (1992). In search of how people change. *American Psychologist*, 41(4), 1102–1114. doi:10.1037/0003-066X.47.9.1102

Rooney, R. (2009). *Strategies for work with involuntary clients* (2nd ed.). New York, NY: Columbia University Press.

Rooney, R. H., & Chovanec, M. (2004). Involuntary groups. In C. D. Garvin, L. M. Gutierrez, & M. J. Galinsky (Eds.), *Handbook of social work with groups* (pp. 212–226). New York, NY: Guilford Press.

Rose, S. (1989). *Working with adults in groups: A multi-method approach*. San Francisco, CA: Jossey-Bass.

Rose, S. (1998). *Group therapy with troubled youth*. Thousand Oaks, CA: Sage Publications.

Saleebey, D. (Ed.). (2013). *The strengths perspective in social work practice* (6th ed.). Boston, MA: Pearson, Allyn & Bacon.

Schimmel, C., & Jacobs, E. (2011). When leaders are challenged: Dealing with involuntary members in groups. *The Journal for Specialists in Group Work*, 36(2), 144–158. doi:10.1080/01933922.2011.562345

Schwartz, W. (1971). On the use of groups in social work practice. In W. Schwartz & S. Zalba (Eds.), *The practice of group work* (pp. 3–24). New York, NY: Columbia University Press.

Shapiro, J., Peltz, L., & Bernadett-Shapiro, S. (1998). *Brief group treatment for therapists and counselors*. Florence, KY: Wadsworth.

Shulman, L. (2014). Unleashing the healing power of the group. In J. Delucia-Waack, C. Kalodner, & M. Riva (Eds.), *Handbook of group counseling & psychotherapy* (2nd ed., pp. 120–133). Thousand Oaks, CA: Sage Publications.

Shulman, L. (2016). *The skills of helping individuals, families, groups and communities* (8th ed.). Itasca, IL: F. E. Peacock.

Steinberg, D. (2014). *A mutual-aid model social work with groups* (3rd ed.). Oxford, UK: Routledge.

Tropman, J. (2014). *Effective meetings: Improving group decision-making* (4th ed.). Thousand Oaks, CA: Sage Publications.

Trotter, C. (2015). *Working with involuntary clients: A Guide to Practice* (3rd ed.). New York, NY: Routledge.

Walsh, J. (2010). *Psychoeducation in mental health*. Chicago, IL: Lyceum Books.

Waltz, T., & Hays, S. (2010). Acceptance and commitment therapy. In N. Kazantzis, M. Reinecke, & A. Freeman (Eds.), *Cognitive and behavioral theories in clinical practice*. New York, NY: Guilford Press.

Welo, B. K. (2001). *Tough customers: Counseling unwilling clients* (2nd ed.). Upper Marlboro, MD: Graphic Communications.

White, J. R., & Freeman, A. (Eds.). (2000). *Cognitive-behavioral group therapy for specific problems and populations*. Washington, DC: American Psychological Association. doi:10.1037/10352-000

Yalom, I. (1983). *Inpatient group psychotherapy*. New York, NY: Basic Books.

Yalom, I. (2005). *The theory and practice of group psychotherapy* (5th ed.). New York, NY: Basic Books.

第八章

Achenbach, T. (1997). *Child behavior checklist*. Burlington, VT: University Medical Education Associates.

American Psychiatric Association. (2013). *Diagnostic and statistical manual of mental disorders* (5th ed.). Arlington, VA: American Psychiatric Publishing.

Anderson, N., & West, M. (1998). Measuring climate for work group innovation: Development and validation of the team climate inventory. *Journal of Organizational Behavior, 19*(3), 235–258.

Bales, R. (1980). *SYMLOG: Case study kit*. New York, NY: Free Press.

Bales, R., Cohen, S., & Williamson, S. (1979). *SYMLOG: A system for the multiple level observations of groups*. New York, NY: Free Press.

Barlow, S. (2010). Evidence bases for group practice. In R. Conyne (Ed.), *The Oxford handbook of group counseling* (pp. 207–230). New York, NY: Oxford University Press.

Barlow, S. (2013). *Specialty competencies in group psychology*. New York, NY: Oxford University Press.

Bloom, M., Fisher, J., & Orme, J. (2009). *Evaluating practice: Guidelines for the accountable professional* (6th ed.). Boston, MA: Allyn & Bacon.

Budman, S., Demby, A., Feldstein, M., Redondo, J., Scherz, B., Bennett, M., Koppenall, G., Daley, B., Hunter, M., & Ellis, J. (1987). Preliminary findings on a new instrument to measure cohesion in group psychotherapy. *International Journal of Group Psychotherapy, 37*(1), 75–94.

Budman, S., Soldz, S., Demby, A., Davis, M., & Merry, J. (1993). What is cohesiveness? An empirical examination. *Small Group Research, 24*(2), 199–216.

Carless, S. D., & De Paola, C. (2000). The measurement of cohesion in work teams. *Small Group Research, 31*(1), 71–88. doi:10.1177/104649640003100104

Chapman, C., Baker, E., Porter, G., Thayer, S., & Burlingame, G. (2010). Rating group therapist interventions: The validation of the group psychotherapy intervention rating scale. *Group Dynamics: Theory, Research, and Practice, 14*(1), 15–31. doi:10.1037/a0016628

Corcoran, J., & Walsh, J. (2015). *Mental health in social work*. Boston, MA: Pearson.

Corcoran, K., & Fischer, J. (2013). *Measures for clinical practice and research: A sourcebook* (5th ed.). (Vol. 1, Couples, Families, and Children & Vol. 2, Adults). New York, NY: Oxford University Press.

Cox, M. (1973). The group therapy interaction chronogram. *British Journal of Social Work, 3*, 243–256. Retrieved from: http://bjsw.oxfordjournals.org/content/3/2/243.full.pdf+html

Crano, W., & Brewer, M. (1973). *Principles of research in social psychology*. New York, NY: McGraw-Hill.

Delucia-Waack, J. (1997). Measuring the effectiveness of group work: A review and analysis of process and outcome measures. *Journal for Specialists in Group Work, 22*(4), 277–293. doi:10.1080/01933929708415531

Forsyth, D. R. (2014). *Group dynamics* (6th ed.). Belmont, CA: Wadsworth Cengage Learning.

Fuhriman, A., & Barlow, S. (1994). Interaction analysis: Instrumentation and issues. In A. Fuhriman & G. M. Burlingame (Eds.), *Handbook of group psychotherapy* (pp. 191–222). New York, NY: Wiley.

Fuhriman, A., Drescher, S., Hanson, E., Henrie, R., & Rybicki, W. (1986). Refining the measurement of curativeness: An empirical approach. *Small Group Behavior, 17*(2), 186–201. doi:10.1177/104649648601700204

Fuhriman, A., & Packard, T. (1986). Group process instruments: Therapeutic themes and issues. *International Journal of Group Psychotherapy, 36*(3), 399–525.

Gambrill, E. (2009). *Critical thinking for helping professionals: A skills-based workbook*. New York, NY: Oxford University Press.

Garvin, C. (1997). *Contemporary group work* (3rd ed.). Boston, MA: Allyn & Bacon.

Gazda, G., & Mobley, J. (1981). INDS-CAL multidimensional scaling. *Journal of Group Psychotherapy, Psychodrama and Sociometry, 34*, 54–73.

Goldfried, M., & D'Zurilla, T. (1969). A behavioral-analytic model for assessing competence. In C. D. Spielberger (Ed.), *Current topics in clinical and community psychology* (Vol. 1, pp. 151–196). New York, NY: Academic Press.

Hill, W. (1965). *Hill interaction matrix* (Rev. ed.). Los Angeles, CA: Youth Studies Center, University of Southern California.

Hopwood, C., & Bornstein, R. (Eds). (2014). *Multimethod clinical assessment*. New York, NY: Guilford Press.

Horwitz, A., & Wakefield, J. (2007). *The loss of sadness: How psychiatry transformed normal sadness into depressive disorder*. New York, NY: Oxford University Press.

Horwitz, A., & Wakefield, J. (2012). *All we have to fear: Psychiatry's transformation of natural anxieties into mental disorders*. New York, NY: Oxford University Press.

Johnson, J., Pulsipher, D., Ferrin, S., Burlingame, G., Davies, D., & Gleave, R. (2006). Measuring group processes: A comparison of the GCQ and the CCI. *Group Dynamics, Theory, Research, and Practice, 10*(2), 136–145. doi:10.1037/1089-2699.10.2.136

Johnson, L., & Yanca, S. (2010). *Social work practice: A generalist approach* (10th ed.). Boston, MA: Allyn & Bacon.

Joyce, A., MacNair-Semands R., Tasca, G., & Ogrodniczuk, J. (2011). Factor structure and validity of the Therapeutic Factor Inventory – Short Form. *Group Dynamics: Theory, Research, and Practice, 15*(3), 201–219. doi:10.1037/a0024677

Kirk, S., Gomory, T., & Cohen, D. (2013). *Mad science: Psychiatric coercion, diagnosis and drugs*. New Brunswick, NJ: Transaction Publications.

Kirk, S., & Kutchins, H. (1999). Making us crazy. *DSM: The psychiatric bible and the creation of mental disorders* (2nd ed.). London: Constable.

Kirst-Ashman, K., & Hull, G. (2012). *Understanding generalist practice* (6th ed.). Belmont, CA: Brooks Cole.

Kottler, J. A., & Englar-Carlson, M. (2015). *Learning group leadership: An experiential approach* (3rd ed.). Thousand Oaks, CA: Sage Publications.

Lese, K., & MacNair-Semands, R. (2000). The therapeutic factors inventory: Development of a scale. *Eastern Group Psychotherapy Society, 24*(4), 303–317. doi:10.1023/A:1026616626780

Levi, D. (2014). *Group dynamics for teams* (4th ed.). Thousand Oaks, CA: Sage Publications.

Macgowan, M. J. (2008). *A guide to evidence-based group work*. New York, NY: Oxford University Press.

Macgowan, M. J., & Levenson, J. S. (2003). Psychometrics of the group engagement measure with male sex offenders. *Small Group Research, 34*(2), 155–160.

Macgowan, M. J., & Newman, F. (2005). Factor structure of the group engagement measure. *Social Work Research, 29*(2), 107–118. doi:10.1093/swr/29.2.107

MacKenzie, K. R. (1983). The clinical application of a Group Climate measure. In R. R. Dies & K. R. MacKenzie (Eds.), *Advances in group psychotherapy: Integrating research and practice* (pp. 159–170). New York, NY: International Universities Press.

MacKenzie, K. R. (1990). *Introduction to time-limited group psychotherapy*. Washington, DC: American Psychiatric Press.

Malekoff, A. (2014). *Group work with adolescents* (3rd ed.). New York, NY: Guilford Press.

Moos, R. H. (1986). *Group environment scale manual* (2nd ed.). Palo Alto, CA: Consulting Psychologists Press.

Moreno, J. (1934). *Who shall survive?* Washington, DC: Nervous and Mental Diseases.

Newhill, C. (2015). *Interventions for serious mental disorders*. Boston, MA: Pearson.

Ramirez, C. (2014). *Teams: A competency-based approach*. New York, NY: Routledge

Reder, P. (1978). An assessment of the group therapy interaction chronogram. *International Journal of Group Psychotherapy, 28*(2), 185–194.

Rubin, H., & Rubin, I. (2008). *Community organizing and development* (4th ed.). New York, NY: Macmillan.

Selltiz, C., Wrightsman, L., & Cook, S. (1976). *Research methods in social relations* (3rd ed.). New York, NY: Holt, Rinehart & Winston.

Shulman, L. (2016). *The skills of helping individuals, families, groups and communities* (8th ed.). Itasca, IL: F. E. Peacock.

Silbergeld, S., Koenig, G., Manderscheid, R., Meeker, B., & Hornung, C. (1975). Assessment of environment-therapy systems: The group atmosphere scale. *Journal of Consulting and Clinical Psychology, 43*(4), 460–469. doi:10.1037/h0076897

Sodano, S., Guyker, W., Delucia-Waack, J., Cosgrove, H., Altabef, D., & Amos, B. (2014). Measures of group process, dynamics, climate, behavior, and outcome: A review. In J. Delucia-Waack, C. Kalodner, & M. Riva (Eds.), *Handbook of group counseling & psychotherapy* (2nd ed., pp. 159–177). Thousand Oaks, CA: Sage Publications.

Spielberger, C., Gorsuch, R., Lushene, R., Vagg, P., & Jacobs, G. (1983). *Manual for the stait-trait anxiety inventory*. Palo Alto, CA: Consulting Psychologists Press.

Strauss, B., Burlingame, G., & Bormann, B. (2008). Using the CORE-R battery in group psychotherapy. *Journal of Clinical Psychology: In Session, 64*(11), 1225–1237. doi:10.1002/jclp.20535

Toseland, R., Rossiter, C., Peak, T., & Hill, P. (1990). Therapeutic processes in support groups for caregivers. *International Journal of Group Psychotherapy, 40*(3), 279–303.

Ward, D. (2014). Effective processing in groups. In J. Delucia-Waack, C. Kalodner, & M. Riva (Eds.), *Handbook of group counseling & psychotherapy* (2nd ed., pp. 84–94). Thousand Oaks, CA: Sage Publications.

第九章

Akinsulure-Smith, A. (2009). Brief psychoeducational group treatment with re-traumatized refugees and asylum seekers. *Journal for Specialists in Group Work, 34*(2), 137–150. doi:10.1080/01933920902798007

Bandura, A. (1977). *Social learning theory*. Englewood Cliffs, NJ: Prentice Hall.

Barlow, S. (2010). Evidence bases for group practice. In R. Conyne (Ed.), *The Oxford handbook of group counseling* (pp. 207–230). New York, NY: Oxford University Press.

Barlow, S. (2013). *Specialty competencies in group psychology*. New York, NY: Oxford University Press.

Beck, J. (2011). *Cognitive therapy: Basics and beyond* (2nd ed.). New York, NY: Guilford Press.

Black, B. M., Weisz, A. N., Mengo, C. W., & Lucero, J. L. (2015). Accountability and risk assessment: Members' and Leaders' Perspectives about Psychoeducational Batterers' Group. *Social Work with Groups, 38*(2), 136–151. doi:10.1080/01609513.2014.923363

Blatner, H. (1996). *Acting-in: Practical applications of psychodramatic methods* (3rd ed.). New York, NY: Springer Publishing Company.

Bowen, S., Chawla, N., Marlatt, A. G. (2011). *Mindfulness-based relapse prevention for addictive behaviors: A clinician's guide*. New York, NY: Guilford Press.

Boyd-Franklin, N., Cleek, E., Wofsy, M., & Mundy, B. (2013). *Therapy in the real world*. New York, NY: Guilford Press.

Burlingame, G. (2010). Small group treatments: Introduction to special edition. *Psychotherapy Research, 20*(1), 1–7. doi:10.1080/10503301003596551

Burlingame, G., Strauss, B., & Joyce, A. (2013). Change mechanisms and effectiveness of small group treatments. In M. J. Lambert (Ed.), *Bergin and Garfield's handbook of psychotherapy and behavior change* (6th ed., pp. 640–689). Hoboken, NJ: Wiley.

Burlingame, G., Whitcomb, K., & Woodland, S. (2014). Process and outcome in group counseling and psychotherapy. In J. Delucia-Waack, C. Kalodner, & M. Riva (Eds.), *Handbook of group counseling & psychotherapy* (2nd ed., pp. 55–68). Thousand Oaks, CA: Sage Publications.

Cooley, L. (2009). *The power of groups: Solution-focused group counseling in schools*. Thousand Oaks, CA: Corwin.

Corvo, K., Dutton, D., & Chen, W. (2008). Toward evidence-based practice with domestic violence perpetrators. *Journal of Aggression, Maltreatment, and Trauma, 16*, 111–130.

Courtois, C., & Ford, J. (2013a). *Treatment of complex trauma: A sequenced, relationship-based approach*. New York, NY: Guilford Press.

Courtois, C., & Ford, J. (Eds.). (2013b). *Treating complex traumatic stress disorders: An evidence-based guide*. New York, NY: Guilford Press.

Crenshaw, D. A., Brooks, R., & Goldstein, S. (Eds.). (2015). *Play therapy interventions to enhance resilience*. New York, NY: Guilford Press.

Crenshaw, D. A., & Stewart, A. L. (Eds.). (2015). *Play therapy: A comprehensive guide to theory and practice*. New York, NY: Guilford Press.

Edelwich, J., & Brodsky, A. (1992). *Group counseling for the resistant client: A practical guide to group process.* New York, NY: Lexington Books.

Ellis, A., & Joffe-Ellis, D. (2011). *Rational emotive behavior therapy.* Washington, DC: American Psychological Association.

Fall, K., & Howard, S. (2012). *Alternatives to domestic violence: A homework manual for battering intervention groups* (3rd ed.). Philadelphia, PA: Taylor & Francis.

Franklin, C., Trepper, T. S., Gingerich, W. J., & McCollum, E. E. (Eds.). (2012). *Solution-focused brief therapy: A handbook of evidence-based practice.* New York, NY: Oxford University Press.

Gondolf, E. W. (2011). The weak evidence for batterer program alternatives. *Aggression and Violent Behavior, 16*(4), 347–353. doi:10.1016/j.avb.2011.04.011

Glassman, U., & Kates, L. (1990). *Group work: A humanistic approach.* Newbury Park, CA: Sage Publications.

Greene, G. J., & Lee, M. Y. (2011). *Solution-oriented social work practice: An integrative approach to working with client strengths.* New York, NY: Oxford University Press.

Hamberger, L. K., Lohr, J. M., Parker, L. M., & Witte, T. (2009). Treatment approaches for men who batter their partners. In C. Mitchell & D. Anglin (Eds.), *Intimate partner violence: A health-based perspective* (pp. 459–472). New York, NY: Oxford University Press.

Herman, K., Rotunda, R., Williamson, G., & Vodanovich, S. (2014). Outcomes from a Duluth model batterer intervention program at completion and long term follow-up. *Journal of Offender Rehabilitation, 53*, 1–18. doi:10.1080/10509674.2013.861316

Hohman, M. (2013). *Motivational interviewing in social work practice.* New York, NY: Guilford Press.

Joyce, A., Piper, W., & Ogrodniczuk, J. (2007). Therapeutic alliance and cohesion variables as predictors of outcome in short-term group psychotherapy. *International Journal of Group Psychotherapy, 57*(3), 269–296. doi:10.1521/ijgp.2007.57.3.269

Kaduson, H. G., & Schaefer, C. E. (2015). *Short-term play therapy for children* (3rd ed.). New York, NY: Guilford Press.

Kastner, J. W., & May, W. (2009). Action-oriented techniques in adolescent group therapy. *Group, 33*(4), 315–327.

Kazantzis, N., Reinecke, M., & Freeman, A. (2010). *Cognitive and behavioral theories in clinical practice.* New York, NY: Guilford Press.

LeCroy, C. (Ed.). (2008). *Handbook of evidence-based treatment manuals for children and adolescents* (2nd ed.). New York, NY: Oxford University Press.

Lefley, H. (2009). *Family psychoeducation for serious mental illness.* New York, NY: Oxford University Press.

Macgowan, M. J. (2008). *A guide to evidence-based group work.* New York, NY: Oxford University Press.

McKay, M., Gopalan, G., Franco, L., Dean-Assael, K., Chacko, A., & Jackson, J. (2011). A collaboratively designed child mental health service model: Multiple family groups for urban children with conduct difficulties. *Research on Social Work Practice, 21*(6), 664–674. doi:10.1177/1049731511406740

Miller, G. A. (2012). *Group exercises for addiction counseling.* Hoboken, NJ: Wiley.

Mills, L. G., Barocas, B., Ariel, B. (2013). The next generation of court-mandated domestic violence treatment: A comparison study of batterer intervention and restorative justice programs. *Journal of Experimental Criminology, 9*(1), 65–90. doi:10.1007/s11292-012-9164-x

Miller, W., & Rollnick, S. (Eds.). (2013). *Motivational interviewing: Helping people for change* (3rd ed). New York, NY: Guilford Press.

Muroff, J., Underwood, P., & Steketee, G. (2014). *Group treatment for hoarding disorder: Therapist guide.* New York, NY: Oxford University Press.

Nason-Clark, N., & Fisher-Townsend, B. (2015). *Men Who Batter.* New York, NY: Oxford University Press.

Newhill, C. (2015). *Interventions for serious mental disorders.* Boston, MA: Pearson.

Norcross, J., Campbell, L., Grohol, J., Santrock, J., Selagea, F., & Sommer, R. (2013). *Self-help that works* (4th ed.). New York, NY: Oxford University Press

Rapp, C., & Goscha, R. (2012). *The strengths model: A recovery-oriented approach to mental health services* (3rd ed.). New York, NY: Oxford University Press.

Riessman, F. (1965). The "helper" therapy principle. *Social Work, 10*(2), 27–32.

Rooney, R. (2009). *Strategies for work with involuntary clients* (2nd ed.). New York, NY: Columbia University Press.

Rooney, R. H., & Chovanec, M. (2004). Involuntary groups. In C. D. Garvin, L. M. Gutierrez, & M. J. Galinsky (Eds.), *Handbook of social work with groups* (pp. 212–226). New York, NY: Guilford Press.

Rutan, J., Stone, W., & Shay, J. (2014). *Psychodynamic group psychotherapy* (5th ed.). New York, NY: Guilford Press.

Saleebey, D. (Ed.). (2013). *The strengths perspective in social work practice* (6th ed.). Boston, MA: Pearson, Allyn & Bacon.

Saunders, D. G. (2008). Group interventions for men who batter: A summary of program descriptions and research. *Violence and Victims, 23*(2), 156–172. doi:10.1891/0886-6708.23.2.156

Schimmel, C., & Jacobs, E. (2011). When leaders are challenged: Dealing with involuntary members in groups. *Journal for Specialists in Group Work, 36*(2), 144–158. doi:10.1080/01933922.2011.562345

Seligman, L. (2014). *Selecting effective treatments* (4th ed.). San Francisco, CA: Jossey-Bass.

Shulman, L. (2016). *The skills of helping individuals, families, groups and communities* (8th ed.). Itasca, IL: F. E. Peacock.

Substance Abuse and Mental Health Services Administration. (2012). *Substance abuse treatment: Group therapy inservice training.* HHS Publication No. (SMA) SMA-11-4664. Rockville, MD: Substance Abuse and Mental Health Services Administration. Retrieved from: http://store.samhsa.gov/shin/content//SMA12-3991/SMA12-3991.pdf

Trotter, C. (2015). *Working with involuntary clients: A guide to practice* (3rd ed.). New York, NY: Routledge.

Tuten, L. M., Jones, H. E., Schaeffer, C. M., & Stitzer, M. L. (2012). *Reinforcement-based treatment for substance use disorders.* New York, NY: Springer Publishing Company.

Wagner, C., & Ingersoll, K., with Contributors. (2013). *Motivational interviewing in groups.* New York, NY: Guilford Press.

Walsh, J. (2010). *Psychoeducation in mental health.* Chicago, IL: Lyceum Books.

Webb, N. (2015). *Play therapy with children and adolescents in crisis* (4th ed.). New York, NY: Guilford Press.

Wenzel, A., Liese, B. S., Beck, A. T., & Friedman-Wheeler, D. G. (2012). *Group cognitive therapy of addictions.* New York, NY: Guilford Press.

White, B. J., & Madara, E. (Eds.). (2002). *The self-help sourcebook: Your guide to community and online support groups* (7th ed.). Denville, NJ: St. Clare's Health Services.

Yeager, K., & Roberts, A. (2015). *Crisis intervention handbook* (4th ed.). New York, NY: Oxford University Press.

第十章

Antony, M. M., & Roemer, L. (2011). *Behavior therapy*. Washington, DC: American Psychological Association.

Bandura, A. (1977). *Social learning theory*. Englewood Cliffs, NJ: Prentice Hall.

Barlow, D. H., Rapee, R. M., & Perini, S. (2014). *10 steps to mastering stress: A lifestyle approach* (Updated Ed.). New York, NY: Oxford University Press.

Barlow, S. (2013). *Specialty competencies in group psychology*. New York, NY: Oxford University Press.

Bauer, M. M., & McBride, L. (2003). *Structured group psychotherapy for bipolar disorder: The life goals program* (2nd ed.). New York, NY: Springer Publishing Company.

Beck, J. (2011). *Cognitive therapy: Basics and beyond* (2nd ed.). New York, NY: Guilford Press.

Bell, A. C., & D'Zurilla, T. J. (2009). Problem-solving therapy for depression: A meta-analysis. *Clinical Psychology Review, 29*(4), 348–353. doi:10.1016/j.cpr.2009.02.003

Berlatsky, N. (2015). *Gangs*. Fenington Hills, MI: Greenhaven Press.

Bernstein, D. B., Borkovek, T., & Hazlett-Stevens, H. (2000). *New directions in progressive relaxation training: A guidebook for helping professionals*. Westport, CT: Praeger.

Bieling, P. J., McCabe, R. E., & Antony, M. M. (2006). *Cognitive-behavioral therapy in groups*. New York, NY: Guilford Press.

Bien, T. (2006). *Mindful therapy: A guide for therapists and helping professionals*. Boston, MA: Wisdom Publishing.

Blatner, H. (1996). *Acting-in: Practical applications of psychodramatic methods* (3rd ed.). New York, NY: Springer Publishing Company.

Bowen, S., Chawla, N., & Marlatt, A. G. (2011). *Mindfulness-based relapse prevention for addictive behaviors: A clinician's guide*. New York, NY: Guilford Press.

Boyd-Franklin, N., Cleek, E., Wofsy, M., & Mundy, B. (2013). *Therapy in the real world*. New York, NY: Guilford Press.

Breshears, E., & Volker, R. (2013). *Facilitative leadership in social work practice*. New York, NY: Springer Publishing Company.

Brown, K. W., Creswell, J. D., & Ryan, R. M. (Eds.). (2015). *Handbook of mindfulness: Theory, research, and practice*. New York, NY: Guilford Press.

Burlingame, G. (2010). Small group treatments: Introduction to special edition. *Psychotherapy Research, 20*(1), 1–7. doi:10.1080/10503301003596551

Burlingame, G., MacKenzie, K., & Strauss, B. (2004). Small group treatment: Evidence for the effectiveness and mechanisms of change. In M. J. Lambert (Ed.), *Bergin and Garfield's handbook of psychotherapy and behavior change* (5th ed., pp. 647–696). Hoboken, NJ: Wiley.

Burlingame, G., Strauss, B., & Joyce, A. (2013). Change mechanisms and effectiveness of small group treatments. In M. J. Lambert (Ed.), *Bergin and Garfield's handbook of psychotherapy and behavior change* (6th ed., pp. 640–689). Hoboken, NJ: Wiley.

Burlingame, G., Whitcomb, K., & Woodland, S. (2014). Process and outcome in group counseling and psychotherapy. In J. Delucia-Waack, C. Kalodner, & M. Riva, (Eds.), *Handbook of group counseling & psychotherapy* (2nd ed., pp. 55–68). Thousand Oaks, CA: Sage Publications.

Chacko, A., Gopalan, G., Franco, L., Dean-Assael, K., Jackson, J., Marcus, S., & McKay, M. (2014). Multiple family group service model for children with disruptive behavior disorders: Child outcomes at post-treatment.

Journal of Emotional and Behavioral Disorders, 23(2), 67–77. doi:10.1177/1063426614532690

Craske, M. G. (2010). *Cognitive-behavioral therapy*. Washington, DC: American Psychological Association.

Davis, M., Eshelman, E., & McKay, M. (2008). *The relaxation and stress reduction workbook* (6th ed.). Oakland, CA: New Harbinger.

DiGiuseppe, R. (2010). Rational-emotive behavior therapy. In N. Kazantzis, M. Reinecke, & A. Freeman (Eds.), *Cognitive and behavioral theories in clinical practice* (pp. 115–147). New York, NY: Guilford Press.

Dimeff, L., & Koerner, K. (Eds.). (2007). *Dialectical behavior therapy in clinical practice*. New York, NY: Guilford Press.

Dimidjian, S., Martell, C. R., Herman-Dunn, R., & Hubley, S. (2014). Behavioral activation for depression. In D. H. Barlow (Ed.), *Clinical handbook of psychological disorders: A step-by-step treatment manual* (5th ed., pp. 353–393). New York, NY: Guilford Press.

Dobson, K. (2010). *Handbook of cognitive-behavioral therapies* (3rd ed.). New York, NY: Guilford Press.

Duffy, T. (2008). Psychodrama. In A. Strozier & J. Carpenter (Eds.), *Introduction to alternative and complementary therapies* (pp. 129–152). New York, NY: Haworth Press

Ellis, A. (1962). *Reason and emotion in psychotherapy*. Secaucus, NJ: Lyle Stuart.

Ellis, A., & Joffe-Ellis, D. (2011). *Rational emotive behavior therapy*. Washington, DC: American Psychological Association.

Feldman, R., Caplinger, T., & Wodarski, J. (1983). *The St. Louis conundrum: The effective treatment of antisocial youth*. Englewood Cliffs, NJ: Prentice Hall.

Forse, M. D., & Degenne, A. (1999). *Introducing social networks*. Thousand Oaks, CA: Sage Publications.

Forsman, A. K., Nordmyr, J., & Wahlbeck, K. (2011). Psychosocial interventions for the promotion of mental health and the prevention of depression among older adults. *Health Promotion International, 26*(S1), i85–i107. doi:10.1093/heapro/dar074

Forsyth, D. R. (2014). *Group dynamics* (6th ed.). Belmont, CA: Wadsworth Cengage Learning.

Freeman, A., Pretzer, J., Fleming, J., & Simons, K. (2004). *Clinical applications of cognitive therapy* (2nd ed.). New York, NY: Plenum.

Gelso, C., & Harbin, J. (2007). Insight, action, and the therapeutic relationship. In L. G. Castonguay & C. E. Hill (Eds.), *Insight in psychotherapy* (pp. 293–311). Washington, DC: American Psychological Association.

Gopalan, G., Chacko, A., Franco, L., Dean-Assael, K. M., Rotko, L. E., Marcus, S. M., & McKay, M. (2014). Multiple family groups for children with disruptive behavior disorders: Child outcomes at 6-month follow-up. *Journal of Child and Family Studies*. doi:10.1007/s10826-014-0074-6

Greenberg, L. S. (2015). *Emotion-focused therapy: Coaching clients to work through their feelings* (2nd ed.). Washington, DC: American Psychological Association.

Gross, J. J. (Ed.). (2014). *Handbook of emotional regulation* (2nd ed.). New York, NY: Guilford Press.

Harris, R. (2009). *ACT made simple*. Oakland, CA: New Harbinger.

Hayes, S., Strosahl, K., & Wilson, K. (2011). *Acceptance and commitment therapy* (2nd ed.). New York, NY: Guilford Press.

Heimberg, R. B., & Becker, R. (2002). *Cognitive-behavioral group therapy for social phobia*. New York, NY: Guilford Press.

Howell, J., & Griffiths, E. (2016). *Gangs in America's communities.* Thousand Oaks, CA: Sage Publications.

Joyce, A., MacNair-Semands, Tasca, G., & Ogrodniczuk J. (2011). Factor structure and validity of the Therapeutic Factor Inventory- Short Form. *Group Dynamics: Theory, Research, and Practice, 15*(3), 201–219. doi:10.1037/a0024677

Joyce, A., Piper, W., & Ogrodniczuk, J. (2007). Therapeutic alliance and cohesion variables as predictors of outcome in short-term group psychotherapy. *International Journal of Group Psychotherapy, 57*(3), 269–296. doi:10.1521/ijgp.2007.57.3.269

Kabat-Zinn, J. (2002). *Guided mindfulness meditation.* (4 CD set running time 2¾ hours) Boulder, CO: Sounds True.

Kazdin, A. (2013). *Behavior modification in applied settings* (7th ed.). Long Grove, IL: Waveland Press.

Kivlighan, D., & Kivlighan, M. (2014). Therapeutic factors: Current theory and research. In J. Delucia-Waack, C. Kalodner, & M. Riva (Eds.), *Handbook of group counseling & psychotherapy* (2nd ed., pp. 46–54). Thousand Oaks, CA: Sage Publications.

Kazantzis, N., Reinecke, M., & Freeman, A. (2010). *Cognitive and behavioral theories in clinical practice.* New York, NY: Guilford Press.

Lazarus, J. (2000). *Stress relief & relaxation techniques.* Oakland, CA: New Harbinger Publications.

Lese, K., & MacNair-Semands, R. (2000). The therapeutic factors inventory: Development of a scale. *Eastern Group Psychotherapy Society, 24*(4), 303–317. doi:10.1023/A:1026616626780

Linehan, M. (2015). *DBT skills training manual.* New York, NY: Guilford Press.

Lynch, T., & Cuper, P. (2010). Dialectical behavior therapy. In N. Kazantzis, M. Reinecke, & A. Freeman (Eds.), *Cognitive and behavioral theories in clinical practice* (pp. 218–243). New York, NY: Guilford Press.

Mahoney, M. J. (1974). *Cognitive and behavior modification.* Cambridge, MA: Ballinger Books.

Mahoney, M. J. (Ed.). (1995a). *Cognitive and constructive psychotherapies: Theory, research and practice.* New York, NY: Springer Publishing Company.

Mahoney, M. J. (Ed.). (1995b). *Constructive psychotherapy.* New York, NY: Guilford Press.

Martell, C., Dimidjian, S., & Lewinsohn, P. (2010). Behavioral activation therapy. In N. Kazantzis, M. Reinecke, & A. Freeman (Eds.), *Cognitive and behavioral theories in clinical practice* (pp. 193–217). New York, NY: Guilford Press.

McHenry, B., & McHenry, J. (2015). *What therapists say and why they say it: Effective therapist responses and techniques* (2nd ed.). New York, NY: Routledge.

McKay, D., Abramowitz, J. S., & Taylor, S. (Eds.). (2010). *Cognitive-behavioral therapy for refractory cases: Turning failure into success.* Washington, DC: American Psychological Association.

McKay, M., Wood, J., & Brantley, F. (2007). *The dialectical therapy skills workbook.* Oakland, CA: New Harbinger Publications.

Meichenbaum, D. (2014). *Cognitive-behavior modification: An integrative approach.* New York, NY: Springer-Verlag.

Moreno, J. (1946). *Psychodrama* (Vol. 1). Boston, MA: Beacon Press.

Norcross, J. C. (Ed.). (2011). *Psychotherapy relationships that work: Evidence-based responsiveness* (2nd ed.). New York, NY: Oxford University Press.

Norcross, J. C., & Beutler, L. E. (2014). In D. H. Barlow (Ed.), *Clinical handbook of psychological disorders: A step-by-step treatment manual* (5th ed., pp. 617–639). New York, NY: Guilford Press.

Neacsiu, A. D., Bohus, M., & Linehan, M. M. (2014). Dialectical behavior therapy: An intervention for emotion dysregulation. In J. J. Gross (Ed.), Handbook of emotion regulation (2nd ed., pp. 491–507). New York, NY: Guilford Press.

Nezu, A., Nezu, C., & D'Zurilla, T. (2010). Problem-solving therapy. In N. Kazantzis, M. Reinecke, & A. Freeman (Eds.), *Cognitive and behavioral theories in clinical practice* (pp. 76–114). New York, NY: Guilford Press.

Norcross, J. C., & Beutler, L. E. (2014). Evidence-base relationships and responsiveness for depression and substance abuse. In D. H. Barlow (Ed.), *Clinical handbook of psychological disorders: A step-by-step treatment manual* (5th ed., pp. 617–639). New York, NY: Guilford Press.

Ogrodniczuk, J., Piper, W., Joyce, A., Lau, M., & Sochting, I. (2010). A survey of Canadian Group Psychotherapy Association members' perceptions of psychotherapy research. *International Journal of Group Psychotherapy, 60*(2), 159–176.

Piet, J., & Hougaard, E. (2011). The effect of mindfulness-based cognitive therapy for prevention of relapse in recurrent major depressive disorder: A systematic review and meta-analysis. *Clinical Psychology Review, 31*(6), 1032–1040. doi:10.1016/j.cpr.2011.05.002

Reinecke, M., Dattilio, M., & Freeman, A. (2006). *Cognitive therapy with children and adolescents* (2nd ed.). New York, NY: Guilford Press.

Roemer, L., & Orsillo, S. M. (2014). An acceptance-based behavioral therapy for generalized anxiety disorder. In D. H. Barlow (Ed.), *Clinical handbook of psychological disorders: A step-by-step treatment manual* (5th ed., pp. 206–236). New York, NY: Guilford Press.

Rogers, H., & Maytan, M. (2012). *Mindfulness for the next generation: Helping emerging adults manage stress and lead healthier lives.* New York, NY: Oxford University Press.

Rose, S. (1989). *Working with adults in groups: A multi-method approach.* San Francisco, CA: Jossey-Bass.

Rutan, J., Stone, W., & Shay, J. (2014). *Psychodynamic group psychotherapy* (5th ed.). New York, NY: Guilford Press.

Segal, Z., Williams, M., & Teasdale, J. (2013). *Mindfulness-based cognitive therapy for depression* (2nd ed.). New York, NY: Guilford Press.

Segal, Z. V., Williams, M. G., Teasdale, J. D., & Kabat-Zinn, J. (2012). *Mindfulness-based cognitive therapy for depression: A new approach to preventing relapse* (2nd ed.). New York, NY: Guilford Press.

Seligman, M. (1975). *Helplessness: On depression, development, and death.* San Francisco, CA: W. H. Freeman.

Sheldon, B. (2011). *Cognitive-behavioural therapy: Research and practice in health and social care* (2nd ed.). Abingdon, England: Routledge.

Shulman, L. (2016). *The skills of helping individuals, families, groups and communities* (8th ed.). Itasca, IL: F. E. Peacock.

Smucker, M., Dancu, C., & Foa, E. (1999). *Cognitive behavioral treatment for adult survivors of childhood trauma: Imagery rescripting and reprocessing.* Northvale, NJ: Jason Aronson.

Stahl, B., & Goldstein, E. (2010). *A mindfulness-based stress reduction workbook.* Oakland, CA: New Harbinger Publications.

Sundquist, J., Lilja, A., Palmer, K., Memon, A. A., Wang, X., Johansson, L. M., & Sundquist, K. (2014). Mindfulness group therapy in primary care patients with depression, anxiety, and stress and adjustment disorders: Randomised controlled trial. *British Journal of Psychiatry, 206*(2), 128–135. doi:10.1192/bjb.bp.114.150243

Swenson, C., Witterholt, S., & Bohus, B. (2007). Dialectical behavior therapy on inpatient units. In L. Dimeff & K. Koerner (Eds.), *Dialectical behavior therapy in clinical practice* (pp. 69–111). New York, NY: Guilford Press.

Tropman, J. (2014). *Effective meetings: Improving group decision-making* (4th ed.). Thousand Oaks, CA: Sage Publications.

Trotter, C. (2015). *Working with involuntary clients: A Guide to Practice* (3rd ed.). New York, NY: Routledge.

Tuten, L. M., Jones, H. E., Schaeffer, C. M., & Stitzer, M. L. (2012). *Reinforcement-based treatment for substance use disorders.* New York, NY: Springer Publishing Company.

Verhofstadt-Deneve, L. (2000). The "Magic Shop" technique in psychodrama: An existential–dialectical view. *International Journal of Action Methods: Psychodrama, Skill Training, and Role Playing, 53*(1), 3–15.

Wagner, C., & Ingersoll, K., with Contributors. (2013). *Motivational interviewing in groups.* New York, NY: Guilford Press.

Waltz, T., & Hayes, S. (2010). Acceptance and commitment therapy. In N. Kazantzis, M. Reinecke, & A. Freeman (Eds.), *Cognitive and behavioral theories in clinical practice.* New York, NY: Guilford Press.

Watzlawick, P., Weakland, J., & Fisch, R. (1974). *Change: Principles of problem formation and problem resolution.* New York, NY: W. W. Norton.

Wenzel, A. (2013). *Strategic decision making in cognitive behavioral therapy.* Washington, DC: American Psychological Association.

Wenzel, A., Liese, B. S., Beck, A. T., & Friedman-Wheeler, D. G. (2012). *Group cognitive therapy of addictions.* New York, NY: Guilford Press.

White, J. R., & Freeman, A. (Eds.). (2000). *Cognitive-behavioral group therapy for specific problems and populations.* Washington, DC: American Psychological Association. doi:10.1037/10352-000

Wright, J., Basco, M., & Thase, M. (2006). *Learning cognitive behavior therapy: An illustrated guide.* Washington, DC: American Psychiatric Publishing.

Yalom, I. (2005). *The theory and practice of group psychotherapy* (5th ed.). New York, NY: Basic Books.

Yost, E., Beutler, L., Corbishley, M., & Allender, J. (1985). *Group cognitive therapy: A treatment approach for depressed older adults.* Elmsford, NY: Pergamon Press.

Young, J. E., Rygh, J. L., Weinberger, A. D., & Beck, A. T. (2014). Cognitive therapy for depression. In D. H. Barlow (Ed.), *Clinical handbook of psychological disorders: A step-by-step treatment manual* (5th ed., pp. 275–331). New York, NY: Guilford Press.

第十一章

Bales, R. (1954). In conference. *Harvard Business Review, 32*, 44–50.

Bales, R. (1955). How people interact in conference. *Scientific American, 192*(3), 31–35. doi:10.1038/scientificamerican0355-31

Barsky, A. (2014). *Conflict resolution for the helping professions.* New York, NY: Oxford University Press.

Berlatsky, N. (2015). *Gangs.* Fenington Hills, MI: Greenhaven Press.

Ephross, P. H., & Vassil, T. (2005). *Groups that work* (2nd ed.). New York, NY: Columbia University Press.

Fisher, R., Ury, W., & Patton, B. (2012). *Getting to yes: Negotiating agreement without giving in* (3rd ed.). London, England: Random Business Books.

Forsyth, D. R. (2014). *Group dynamics* (6th ed.). Belmont, CA: Wadsworth Cengage Learning.

Franz, T. M. (2012). *Group dynamics and team interventions: Understanding and improving team performance.* Malden, MA: Wiley-Blackwell.

Freud, S. (1922). *Group psychology and the analysis of the ego.* London, England: International Psychoanalytic Press.

Gambrill, E. (2009). *Critical thinking for helping professionals: A skills-based workbook.* New York, NY: Oxford University Press.

Gambrill, E. (2013). *Social work practice: A critical thinker's guide* (3rd ed.). New York, NY: Oxford University Press.

Gummer, B. (1987). Groups as substance and symbol: Group processes and organizational politics. *Social Work with Groups, 10*(2), 25–39. doi:10.1300/J009v10n02_04

Hare, A. P., Blumberg, H. H., Davies, M. F., & Kent, M. V. (1995). *Small group research: A handbook.* Norwood, NJ: Ablex.

Hohman, M. (2013). *Motivational interviewing in social work practice.* New York, NY: Guilford Press.

Howell, J., & Griffiths, E. (2016). *Gangs in America's communities.* Thousand Oaks, CA: Sage Publications.

Hughes, S., Lakey, B., Bobowick, M., & the National Center for Nonprofit Boards (U.S.). (2007). *The board building cycle: Nine steps of finding, recruiting, and engaging nonprofit board members* (2nd ed.). Washington, DC: Board Source.

Janis, I. (1972). *Victims of group think.* Boston, MA: Houghton Mifflin.

Jehn, K. C., & Chatman, J. (2000). The influence of proportional and perceptual conflict composition on team performance. *International Journal of Conflict Management, 11*(1), 56–73. doi:10.1108/eb022835

Kahnman, D. (2011). *Thinking fast and slow.* New York, NY: Free Press.

Levi, D. (2014). *Group dynamics for teams* (4th ed.). Thousand Oaks, CA: Sage Publications.

LeBon, G. (1910). *The crowd: A study of the popular mind.* London, England: George Allen & Unwin Ltd.

Maier, N. (1963). *Problem-solving discussions and conferences: Leadership methods and skills.* New York, NY: McGraw-Hill.

Pyles, L. (2013). *Progressive community organizing: A critical approach for a globalizing world* (2nd ed.). New York, NY: Routledge.

Robert, H., & Robert, S. (2011). *Robert's rules of order newly revised* (11th ed.). Philadelphia, PA: Da Capo Press.

Rothman, J., Erlich, J., & Tropman, J. (Eds.). (2007). *Strategies of community intervention* (5th ed.). Itasca, IL: F. E. Peacock.

Salas, E., Tannenbaum, S. I., Cohen, D. J., & Latham, G. (Eds.). (2013). *Development and enhancing teamwork in organizations.* San Francisco, CA: Jossey-Bass.

Schuman, S. (Ed.). (2010). *The handbook for working with difficult groups: How they are difficult, why they are difficult and what you can do about it.* San Francisco, CA: Jossey-Bass.

Stoner, J. (1968). Risky and cautious shifts in group decisions: The influence of widely held values. *Journal of Experimental Social Psychology, 4*(4), 442–459.

Susskind, L., & Cruikshank, J. (2006). *Breaking Robert's rules: The new way to run your meeting, build consensus, and get results.* New York, NY: Oxford University Press.

Thompson, L. L. (2015). *Making the team: A guide for managers* (5th ed.). Upper Saddle River, NJ: Pearson Education, Inc.

Tropman, J. (2014). *Effective meetings: Improving group decision-making* (4th ed.). Thousand Oaks, CA: Sage Publications.

Tropman, J., & Harvey, T. (2009). *Nonprofit governance: The why, what, and how of nonprofit boardship*. Chicago, IL: University of Chicago, IL Press.

第十二章

Aaker, D., Kumar, V., Leone, R., & Day, G. (2013). *Marketing research* (11th ed.). New York, NY: Wiley.

Alencar, E. (2012). Creativity in organizations: Facilitators and inhibitors. In M. Mumford (Ed.), *Handbook of organizational creativity* (pp. 87–111). London, UK: Academic Press.

Alinsky, S. (1971). *Rules for radicals*. New York, NY: Random House.

Andersen, B., & Fagerhaug. T. (2000). The nominal group technique. *Quality Progress, 33*(2), 144. Retrieved from http://asq.org/quality-progress/2000/02/one-good-idea/the-nominal-group-technique.html

Baruah, J., & Paulus, P. B. (2008). Effects of training on idea generation in groups. *Small Group Research, 39*, 523–541. doi:10.1016/j.jesp.2011.04.007

Baruah, J., & Paulus, P. B. (2009). Enhancing creativity in groups: The search for synergy. In E. A. Mannix, M. A. Neale, & J. A. Goncalo (Eds.), *Research on managing groups and teams* (Vol. 12, pp. 29–56). Bingley, UK: Emerald Group Publishing Limited.

Baruah, K., & Paulus, P. (2011). Category assignment and relatedness in the group ideation process. *Journal of Experimental Social Psychology, 47*(6), 1070–1077. doi:10.1016/j.jesp.2011.04.007

Basadur, M., Basadur, T., & Licina, G. (2012). Organizational development. In M. Mumford (Ed.), *Handbook of organizational creativity* (pp. 667–703). London, UK: Elsevier.

Bose, U. (2015). Design and evaluation of a group support system supported process to resolve cognitive conflicts. *Computers in Human Behavior, 49*, 303–312. doi:10.1016/j.chb.2015.03.014

Cabrera, E. F., & Raju, N. S. (2001). Utility analysis: Current trends and future directions. *International Journal of Selection and Assessment, 9*(1/2), 92–102. doi:10.1111/1468-2389.00166

Carretero-Gomez, J. M., & Cabrera, E. F. (2012). An empirical evaluation of training using multi-attribute utility analysis. *Journal of Business and Psychology, 27*(2), 223–241. doi:10.1007/s10869-011-9241-6

Clark, H. B., & Unruh, D. K. (Eds.). (2009). *Transition of youth & young adults with emotional or behavioral difficulties: An evidence supported handbook*. Baltimore, MD: Brookes Publishing Company.

Davis, M. V., Mahanna, E., Joly, B., Zelek, M., Riley, W., Verma, P, & Fisher, J. S. (2014). Creating quality improvement culture in public health agencies. *American Journal of Public Health, 104*(1), e98–e104. doi:10.2105/AJPH.2013.301413

Davis, M. V., Vincus, A., Eggers, M., Mahanna, E., Riley, W., Joly, B., & Bowling, M. J. (2012). Effectiveness of public health quality improvement training approaches: Application, application, application. *Journal of Public Health Management and Practice, 18*(1), e1–e7. doi:10.1097/phh.0b013e3182249505

De Dreu, C. K. W., Nijstad, B. A., Bechtoldt, M. N., & Baas, M. (2011). Group creativity and innovation: A motivated information processing perspective. *Psychology of Aesthetics, Creativity, and the Arts, 5*(1), 81–89. doi:10.1037/a0017986

Delbecq, A., Van de Ven, A., & Gustafson, D. (1986). *Group techniques for program planning: A guide to nominal group and delphi processes*. Middleton, WI: Green Briar Press.

Deuja, A., Kohn, N. W., Paulus, P. B., & Korde, R. M. (2014). Taking a broad perspective before brainstorming. *Group Dynamics: Theory, Research, and Practice, 18*(3), 222–236. doi:10.1037/gdn0000008

Dolan, J. G. (2010). Multi-criteria clinical decision support: A primer on the use of multiple-criteria decision-making methods to promote evidence-based, patient-centered healthcare. *The Patient: Patient-Centered Outcomes Research, 3*(4), 229–248. doi:10.2165/11539470-000000000-00000

Dresser, K. L., Zucker, P. J., Orlando, R. A., Krynski, A. A., White, G., Karpur, A., & Unruh, D. K. (2009). Collaborative approach to improving quality in process, progress, and outcomes: Sustaining a responsive and effective transition system. In H. Clark & D. Unruh (Eds.), *Transition of youth and young adults with emotional or behavioral difficulties: An evidence-supported handbook* (pp. 291–321). Baltimore, MD: Brookes Publishing Company.

Dunnette, M., Campbell, J., & Joastad, K. (1963). The effect of group participation on brainstorming effectiveness for two industrial samples. *Journal of Applied Psychology, 47*(1), 30–37. doi:10.1037/h0049218

Dzindolet, M. T., Paulus, P. B., & Glazer, C. (2012). Brainstorming in virtual teams. In C. N. Silva (Ed.), *Online research methods in urban and planning studies: Design and outcome* (pp. 138–156). Hershey, PA: IGI Global.

Feinberg, M., Bontempo, D., & Greenberg, M. (2008). Predictors and level of sustainability of community prevention coalitions. *American Journal of Preventive Medicine, 34*(8), 495–501. doi:10.1016/j.amepre.2008.01.030

Ferreira, A., Antunes, P., & Herskovic, V. (2011). Improving group attention: An experiment with synchronous brainstorming. *Group Decision and Negotiation, 20*, 643–666. doi:10.1007/s10726-011-9233-y

Forsyth, D. R. (2014). *Group dynamics* (6th ed.). Belmont, CA: Wadsworth Cengage Learning.

Franz, T. M. (2012). *Group dynamics and team interventions: Understanding and improving team performance*. Malden, MA: Wiley-Blackwell.

Gulley, H. (1968). *Discussion, conference and group process* (2nd ed.). New York, NY: Holt, Rinehart & Winston.

Harrington, H. J., & Mignosa, C. (2015). *Techniques and sample outputs that drive business excellence*. Boca Raton, FL: Productivity Press.

Harrison, M. W., & Ward, D. (1999). Values as context: Groupwork and social action. *Groupwork, 11*(3), 89–103.

Hardina, D. (2013). *Interpersonal social work skills for community practice*. New York, NY: Springer Publishing Company.

Hennink, M. M. (2014). *Focus group discussions: Understanding qualitative research*. New York, NY: Oxford University Press.

Kahnman, D. (2011). *Thinking fast and slow*. New York, NY: Free Press.

Kamberelis, G., & Dimitriadis, G. (2013). *Focus groups: From structured interviews to collective conversations*. New York, NY: Routledge.

Kohn, N. W., Paulus, P. B., & Choi, Y. (2011). Building on the ideas of others: An examination of the idea combination process. *Journal of Experimental Social Psychology, 47*, 554–561. doi:10.1016/j.jesp.2011.01.004

Kramer, M., Kuo, C., & Dailey, J. (1997). The impact of brainstorming techniques on subsequent group processes. *Small Group Research, 28*(2), 218–242. doi:10.1177/1046496497282003

Krueger, R., Richard, A., & Casey, M. (2015). *Focus groups: A practical guide for applied research* (5th ed.). Thousand Oaks, CA: Sage Publications.

Kuyek, J. (2011). *Community organizing: A holistic approach.* Black Point, Nova Scotia: Fernwood Publishing Company.

Levi, D. (2014). *Group dynamics for teams* (4th ed.). Thousand Oaks, CA: Sage Publications.

Lewis, J. A., Packard, T. R., & Lewis, M. D. (2012). *Management of human service programs* (5th ed.). Belmont, CA: Brooks/Cole.

Maier, N. (1963). *Problem-solving discussions and conferences: Leadership methods and skills.* New York, NY: McGraw-Hill.

Mattessich, P., Murray-Close, M., & Monsey, B. (2008). *Collaboration: What makes it work?* (2nd ed.). Saint Paul, MN: Amherst H. Wilder Foundation.

McKnight, J. S., & Plummer, J. M. (2015). *Community organizing: Theory and practice.* New York, NY: Pearson.

Merton, R., & Kendall, P. (1946). The focused interview. *American Journal of Sociology, 51*(6), 541–557. doi:10.1086/219886

Meyer, C. J. (2013). A new perspective on coalitions: What motivates membership? *Group Dynamics: Theory, Research, and Practice, 17*(2), 124–135. doi:10.1037/a0031346

Monette, D., Sullivan, T., DeJong, C., & Hilton, T. (2014). *Applied social research.* Belmont, CA: Brooks/Cole.

Moore, C. (1994). *Group techniques for idea building.* Thousand Oaks, CA: Sage Publications.

Mullen, B., Johnson, C., & Salas, E. (1991). Productivity loss in brainstorming groups: A meta-analytic integration. *Basic and Applied Social Psychology, 12*(1), 3–23. doi:10.1207/s15324834basp1201_1

Murphy, B. (2015). Quality improvement. In S. Patole (Ed.), *Management and leadership – A Guide for clinical professionals* (pp. 75–90). New York, NY: Springer.

Nadeem, E., Olin, S. S., Hill, L. C., Campbell, L., Hoagwood, K. E., Horwitz, S. M., & McCue, S. (2014). A literature review of learning collaboratives in mental health care: Used but untested. *Psychiatric Services, 65*(9), 1088–1099. doi:10.1176/appi.ps.201300229

Neck, C. P., & Houghton, J. D. (2006). Two decades of self-leadership theory and research: Past developments, present trends, and future possibilities. *Journal of Managerial Psychology, 21*(4), 270–295. doi:10.1108/02683940610663097

Nolan, T. (2014). *The essential handbook for highly effective managers.* Indianapolis, IN: Dog Ear Publishing.

Osborn, A. (1963). *Applied imagination: Principles and procedures of creative problem solving* (3rd ed.). New York, NY: Charles Scribner's Sons.

Patti, R. J. (Ed.). (2009). *The handbook of human services management* (2nd ed.). Thousand Oaks, CA: Sage Publications.

Paul, S., Smith, P. K., & Blumberg, H. B. (2010). Addressing cyberbullying in school using the quality circle approach. *Australian Journal of Guidance & Counseling, 20*(2), 157–168. doi:10.1375/ajgc.20.2.157

Paulus, P. B., & Brown, V. R. (2007). Toward more creative and innovative group idea generation: A cognitive-social-motivational perspective of brainstorming. *Social and Personality Psychology Compass, 1*(1), 248–265. doi:10.1111/j.1751-9004.2007.00006.x

Paulus, P. B., & Coskun, H. (2012). Group creativity. In J. M. Levine (Ed.), *Group processes* (pp. 215–239). Amsterdam, The Netherlands: Elsevier.

Paulus, P. B., Dzindolet, M. T., & Kohn, N. W. (2011). Collaborative creativity: Group creativity and team innovation. In M. D. Mumford (Ed.), *Handbook of organizational creativity* (pp. 327–357). New York, NY: Elsevier.

Paulus, P. B., Kohn, N. W., & Arditti, L. E. (2011). Effects of quantity and quality instructions on brainstorming. *Journal of Creative Behavior, 45*(1), 38–46.

Paulus, P. B., Kohn, N. W., Arditti, L. E., & Korde, R. M. (2013). Understanding the group size effect in electronic brainstorming. *Small Group Research, 44*(3), 332–352.

Peacock, S., Richardson, J., Carter, R., & Edwards, D. (2006). Priority setting in health care using multi-attribute utility theory and programme budgeting and marginal analysis (PBMA). *Social Science & Medicine, 64*(4), 897–910. doi:10.1016/j.socscimed.2006.09.029

Phillips, J. (1948). Report on discussion 66. *Adult Education Journal, 7*, 181–182.

Putnam, V. L., & Paulus, P. B. (2009). Brainstorming, brainstorming rules and decision making. *Journal of Creative Behavior, 43*(1), 29–40. doi:10.1002/j.2162-6057.2009.tb01304.x

Pyles, L. (2013). *Progressive community organizing: A critical approach for a globalizing world* (2nd ed.). New York, NY: Routledge.

Robert, H., & Robert S. (2011). *Robert's rules of order newly revised* (11th ed.). Philadelphia, PA: Da Capo Press.

Roth, P. L., Bobko, P., & Mabon, H. (2001). Utility analysis: A review and analysis at the turn of the century. In N. Anderson, D. S. Ones, H. K. Sinangil, & C. Viswesvaran (Eds.), *Handbook of industrial, work & organizational psychology* (Vol. 1, pp. 363–384). Thousand Oaks, CA: Sage Publications.

Rubin, H., & Rubin, I. (2008). *Community organizing and development* (4th ed.). New York, NY: Macmillan.

Rubin, A., & Babbie, E. R. (2014). *Research methods for social work* (8th ed.). Belmont, CA: Brooks/Cole.

Scholtes, P., Joiner, B., & Streibel, B. (2003). *The team handbook* (3rd ed.). Madison, WI: Oriel Incorporated.

Stattler, W., & Miller, N. (1968). *Discussion and conference* (2nd ed.). Englewood Cliffs, NJ: Prentice Hall.

Stewart, D., & Shamdasani, P. (2015). *Focus groups: Theory and practice* (3rd ed.). Los Angeles, CA: Sage Publications.

Stoner, J. B., Meadan, H., Angell, M. E., & Daczewitz, M. (2012). Evaluation of the parent-implemented communication strategies (PiCS) project using the Multiattribute Utility (MAU) approach. *Educational Assessment, Evaluation and Accountability, 24*(1), 57–73. doi:10.1007/s11092-011-9136-0

Strating, M. H., & Nieboer, A. P. (2013). Explaining variation in perceived team effectiveness: Results from eleven quality improvement collaboratives. *Journal of Clinical Nursing, 22*(11–12), 1692–1707. doi:10.1111/j.1365-2702.2012.04120.x

Susskind, L., & Cruikshank, J. (2006). *Breaking Robert's rules: The new way to run your meeting, build consensus, and get results.* New York, NY: Oxford University Press.

Taylor, D., Berry, P., & Block, C. (1958). Does group participation when using brainstorming facilitate or inhibit creative thinking? *Administrative Science Quarterly, 3*(1), 23–47. doi:10.2307/2390603

Thompson, L. L. (2015). *Making the team: A guide for managers* (5th ed.). Upper Saddle River, NJ: Pearson Education, Inc.

Toseland, R., Rivas, R., & Chapman, D. (1984). An evaluation of decision making in task groups. *Social Work, 29*(4), 339–346.

Unger, R., Nunnally, B., & Willis, D. (2013). *Designing the conversation: Techniques for successful facilitation*. Berkeley, CA: New Riders.

Van de Ven, A. (1974). *Group decision making and effectiveness: An experimental study*. Kent, OH: Kent State University Press.

Van de Ven, A., & Delbecq, A. (1971). Nominal versus interacting group processes for committee decision-making effectiveness. *Academy of Management Journal, 14*(2), 203–212. doi:10.2307/255307

Walls, D. (2015). *Community organizing*. Cambridge, UK: Polity Press.

Weiss, J. W., Edwards, W., & Mouttapa, M. (2009). The puzzle of adolescent substance initiation. In J. W. Weiss & D. J. Weiss (Eds.), *A science of decision making: The legacy of Ward Edwards* (pp. 439–450). New York, NY: Oxford University Press.

Zakocs, R., & Edwards, E. (2006). What explains community coalition effectiveness? A review of the literature. *American Journal of Preventive Medicine, 30*(4), 351–361. doi:10.1016/j.amepre.2005.12.004

第十三章

Alberti, R., & Emmons, M. (2008). *Your perfect right* (9th ed.). San Luis Obispo, CA: Impact Press.

Bandura, A. (1977). *Social learning theory*. Englewood Cliffs, NJ: Prentice Hall.

Barlow, C., Blythe, J., & Edmonds, M. (1999). *A handbook of interactive exercises for groups*. Boston, MA: Allyn & Bacon.

Barlow, S. (2013). *Specialty competencies in group psychology*. New York, NY: Oxford University Press.

Becker, W. (1971). *Parents are teachers*. Champaign, IL: Research Press.

Berne, E. (1961). *Transactional analysis in psychotherapy*. New York, NY: Ballantine Books.

Birnbaum, M. C., & Cicchetti, A. (2000). The power of purposeful sessional endings in each group encounter. *Social Work with Groups, 23*(3), 37–52. doi:10.1300/J009v23n03_04

Birnbaum, M. M., Mason, S., & Cicchetti, A. (2002). Impact of purposeful sessional endings on both the group and the practitioner. *Social Work with Groups, 25*(4), 3–19. doi:10.1300/J009v25n04_02

Boyd-Franklin, N., Cleek, E., Wofsy, M., & Mundy, B. (2013). *Therapy in the real world*. New York, NY: Guilford Press.

Budman, S., Simeone, P., Reilly, R., & Demby, A. (1994). Progress in short-term and time-limited group psychotherapy: Evidence and implications. In A. Fuhriman & G. M. Burlingame (Eds.), *Handbook of Group Psychotherapy* (pp. 319–339). New York, NY: Wiley.

Burlingame, G., Strauss, B., & Joyce, A. (2013). Change mechanisms and effectiveness of small group treatments. In M. J. Lambert (Ed.), *Bergin and Garfield's handbook of psychotherapy and behavior change* (6th ed., pp. 640–689). Hoboken, NJ: Wiley.

Chiauzzi, E. J. (1991). *Preventing relapse in the addictions: A biopsychosocial approach*. New York, NY: Pergamon Press.

Ellis, A. (1962). *Reason and emotion in psychotherapy*. Secaucus, NJ: Lyle Stuart.

Ellis, A. (1992). Group rational-emotive and cognitive-behavior therapy. *International Journal of Group Psychotherapy, 42*(1), 63–82.

Ellis, A., & Joffe-Ellis, D. (2011). *Rational emotive behavior therapy*. Washington, DC: American Psychological Association.

Fieldsteel, N. D. (1996). The process of termination in long-term psychoanalytic group therapy. *International Journal of Group Psychotherapy, 46*(1), 25–39.

Fortune, A. (1987). Grief only? Client and social worker reactions to termination. *Clinical Social Work Journal, 15*(2), 159–171. doi:10.1007/BF00752909

Fortune, A., Pearlingi, B., & Rochelle, C. (1992). Reactions to termination of individual treatment. *Social Work, 37*(2), 171–178. doi:10.1093/sw/37.2.171

Germain, C., & Gitterman, A. (2008). *The life model of social work practice* (3rd ed.). New York, NY: Columbia University Press.

Labrecque, M., Peak, T., & Toseland, R. (1992). Long-term effectiveness of a group program for caregivers of frail elderly veterans. *American Journal of Orthopsychiatry, 62*(4), 575–588. doi:10.1037/h0079385

Lee, J. (2001). The empowerment group: The heart of the empowerment approach and an antidote to injustice. In J. Parry (Ed.), *From prevention to wellness through group work* (2nd ed., pp. 290–320). New York, NY: Columbia University Press.

Levine, J. (2012). *Working with people: The helping process* (9th ed.). Boston, MA: Allyn & Bacon.

Long, K., Pendleton, L., & Winter, B. (1988). Effects of therapist termination on group processes. *International Journal of Group Psychotherapy, 38*(2), 211–223.

Malekoff, A. (2014). *Group work with adolescents* (3rd ed.). New York, NY: Guilford Press.

Mangione, L., Forti, R., & Lacuzzi, C. (2007). Ethics and endings in group psychotherapy: Saying good-bye and staying well. *International Journal of Group Psychotherapy, 57*(1), 25–40.

Marlatt, G. (1996). Taxonomy of high-risk situations for alcohol relapse: Evolution and development of a cognitive-behavioral model. *Addiction, 91*(supplement), S37–S49.

Marlatt, G., & Barrett, K. (1994). Relapse prevention. In M. Galanter & H. D. Kleber (Eds.), *The American Psychiatric Press textbook of substance abuse treatment* (pp. 285–299). Washington, DC: American Psychiatric Press.

Masters, J., Burish, T., Hollon, S., & Rimm, D. (1987). *Behavior therapy: Techniques and empirical findings* (3rd ed.). San Diego, CA: Harcourt Brace Jovanovich.

Meichenbaum, D. (2014). *Cognitive-behavior modification: An integrative approach*. New York, NY: Springer-Verlag.

Nitza, A. (2014). Selecting and using program activities. In J. Delucia-Waack, C. Kalodner, & M. Riva, (Eds.), *Handbook of group counseling & psychotherapy* (2nd ed., pp. 95–106). Thousand Oaks, CA: Sage Publications.

Piper, W., Debbane, E., Bienvenu, J., & Garant, J. (1982). A study of group pretraining for group psychotherapy. *International Journal of Group Psychotherapy, 32*(3), 309–325.

Rose, S. (1989). *Working with adults in groups: A multi-method approach*. San Francisco, CA: Jossey-Bass.

Rose, S. (1998). *Group therapy with troubled youth*. Thousand Oaks, CA: Sage Publications.

Saleebey, D. (Ed.). (2013). *The strengths perspective in social work practice* (6th ed.). Boston, MA: Pearson, Allyn & Bacon.

Scheidel, T., & Crowell, L. (1979). *Discussing and deciding: A deskbook for group leaders and members*. New York, NY: Macmillan.

Shulman, L. (2016). *The skills of helping individuals, families, groups and communities* (8th ed.). Itasca, IL: F. E. Peacock.

Stuart, R., & Davis, B. (1972). *Slim chance in a fat world*. Champaign, IL: Research Press.

Toseland, R. (1990). Long-term effectiveness of peer-led and professionally led support groups for family caregivers. *Social Service Review, 64*(2), 308–327. doi:10.1086/603765

Toseland, R. (1995). *Group work with the elderly and family caregivers.* New York, NY: Springer Publishing Company.

Toseland, R., & Coppola, M. (1985). A task-centered approach to group work with the elderly. In A. Fortune (Ed.), *Task-centered practice with families and groups* (pp. 101–114). New York, NY: Springer Publishing Company.

Toseland, R., Diehl, M., Freeman, K., Manzanares, T., Naleppa, M., & McCallion, P. (1997). The impact of validation therapy on nursing home residents with dementia. *Journal of Applied Gerontology, 16*(1), 31–50. doi:10.1177/073346489701600102

Toseland, R., & Hacker, L. (1982). Self-help groups and professional involvement. *Social Work, 27*(4), 341–347.

Toseland, R., Kabat, D., & Kemp, K. (1983). An evaluation of a smoking cessation group program. *Social Work Research and Abstracts, 19*(1), 12–20. doi:10.1093/swra/19.1.12

Toseland, R., Labrecque, M., Goebel, S., & Whitney, M. (1992). An evaluation of a group program for spouses of frail, elderly veterans. *Gerontologist, 32*(3), 382–390. doi:10.1093/geront/32.3.382

Tropman, J. (2014). *Effective meetings: Improving group decision-making* (4th ed.). Thousand Oaks, CA: Sage Publications.

Vaillant, G. (1995). *The natural history of alcoholism revisited.* Cambridge, MA: Harvard University Press.

Walsh, J. (2010). *Psychoeducation in mental health.* Chicago, IL: Lyceum Books.

Yalom, I. (2005). *The theory and practice of group psychotherapy* (5th ed.). New York, NY: Basic Books.

第十四章

Achenbach, T. (1991). *Manual for the child behavior checklist: 4–18 and 1991 profile.* Burlington, VT: University Associates in Psychiatry.

American Psychiatric Association. (2013). *Diagnostic and statistical manual of mental disorders* (5th ed.). Arlington, VA: American Psychiatric Publishing.

Bales, R. (1950). *Interaction process analysis: A method for the study of small groups.* Reading, MA: Addison-Wesley.

Bales, R. (1980). *SYMLOG: Case study kit.* New York, NY: Free Press.

Bales, R., Cohen, S., & Williamson, S. (1979). *SYMLOG: A system for the multiple level observations of groups.* New York, NY: Free Press.

Barlow, S. (2013). *Specialty competencies in group psychology.* New York, NY: Oxford University Press.

Bloom, M., Fisher, J., & Orme, J. (2009). *Evaluating practice: Guidelines for the accountable professional* (6th ed.). Boston, MA: Allyn & Bacon.

Bonito, J. (2002). The analysis of participation in small groups: Methodological and conceptual issues related to interdependence. *Small Group Research, 33*(4), 412–438. doi:10.1177/104649640203300402

Boyd-Franklin, N., Cleek, E., Wofsy, M., & Mundy, B. (2013). *Therapy in the real world.* New York, NY: Guilford Press.

Brower, A. M., Arndt, R. G., & Ketterhagen, A. (2004). Very good solutions really do exist for group work research design problems. In C. D. Garvin, L. M. Gutierrez, & M. J. Galinsky (Eds.), *Handbook of social work with groups* (pp. 435–446). New York, NY: Guilford Press.

Burlingame, G., Strauss, B., & Joyce, A. (2013). Change mechanisms and effectiveness of small group treatments. In M. J. Lambert (Ed.), *Bergin and Garfield's handbook of psychotherapy and behavior change* (6th ed., pp. 640–689). Hoboken, NJ: Wiley.

Burlingame, G., Whitcomb, K., & Woodland, S. (2014). Process and outcome in group counseling and psychotherapy. In J. Delucia-Waack, C. Kalodner, & M. Riva, (Eds.), *Handbook of group counseling & psychotherapy* (2nd ed., pp. 55–68). Thousand Oaks, CA: Sage Publications.

Chen, E., Reid, M., Parker, S., & Pillemer, K. (2012). Tailoring evidence-based interventions for new populations: A method for program adaptation through community engagement. *Evaluation Health Profession, 36*(1), 73–92. doi:10.1177/0163278712442536

Chevalier, J., & Bukles, D. (2013). *Participatory action research: Theory and methods for engaged inquiry.* New York, NY: Routledge.

Corcoran, J. (2011). *Mental health treatment for children and adolescents.* New York, NY: Oxford University Press.

Corcoran, K., & Fischer, J. (2013). *Measures for clinical practice and research: A sourcebook* (5th ed.). (Vol. 1, Couples Families and Children & Vol. 2, Adults). New York, NY: Oxford University Press.

Drummond, M., Sculpher, M., Torrance, G., O'Brien, B., & Stoddart, G. (2005). *Methods for the economic evaluation of health care programmes* (3rd ed.). Oxford, UK: Oxford University Press.

Flyvbjerg, B. (2011). Case study. In N. Denzin & Y. Lincoln (Eds.), *The Sage handbook of qualitative research* (4th ed., pp.301–316). Thousand Oaks, CA, Sage Publications.

Forsyth, D. R. (2014). *Group dynamics* (6th ed.). Belmont, CA: Wadsworth Cengage Learning.

Fraser, M., Richman, J., Galinsky, M., & Day, S. (2009). *Intervention research: Developing social programs.* New York, NY: Oxford University Press.

Garrett, K. (2005). School social workers' evaluations of group work practices. *Children and Schools, 27*(4). 247–252. doi:10.1093/cs/27.4.247

Hemphill, J. (1956). *Group dimensions: A manual for their measurement.* Columbus, OH: Monographs of the Bureau of Business Research, Ohio State University.

Hill, W. (1977). Hill interaction matrix (HIM): The conceptual framework, derived rating scales, and an updated bibliography. *Small Group Behavior, 8*(3), 251–268. doi:10.1177/104649647700800301

Johnson, J. (2008). Using research-supported group treatments. *Journal of Clinical Psychology: In session, 64*(11), 1206–1224. doi:10.1002/jcplp.20532

Kamberelis, G., & Dimitriadis, G. (2013). *Focus groups: From structured interviews to collective conversations.* New York, NY: Routledge.

Kane, R. (1974). Look to the record. *Social Work, 19*(4), 412–419. doi:10.1093/sw/19.4.412

Kazdin, A. (2008). Evidence-based treatment and practice: New opportunities to bridge clinical research and practice and improve patient care. *American Psychologist, 63*(3), 146–159.

Kiresuk, T., & Sherman, R. (1968). Goal attainment scaling: A general method for evaluating comprehensive community mental health programs. *Community Mental Health Journal, 4*(6), 443–453. doi:10.1007/BF01530764

Kiresuk, T., Smith, A., & Cardillo, J. (1994). *Goal attainment scaling: Applications theory and measurements.* Hillsdale, NJ: L. Erlbaum Associates.

Kivlighan, D., & Kivlighan, M. (2014). Therapeutic factors: Current theory and research. In J. Delucia-Waack, C. Kalodner, & M. Riva (Eds.), *Handbook of group counseling & psychotherapy* (2nd ed., pp. 46–54). Thousand Oaks, CA: Sage Publications.

Kramer, J., & Conoley, J. (1992). *Eleventh mental measurement yearbook.* Lincoln, NE: Buros Institute of Mental Measurements.

Kratochwill, T., & Levin. J. (2010). Enhancing the scientific credibility of single-case intervention research: Randomization to the rescue. *Psychological Methods*, *15*(2), 124–144. doi:10.1037/a0017736

Krueger, R., Richard, A., & Casey, M. (2015). *Focus groups: A practical guide for applied research* (5th ed.). Thousand Oaks, CA: Sage Publications.

Lawson, H. A., Caringi, J. C., Pyles, L., Jurkowski, J., & Bozlak, C. (2015). *Participatory action research*. New York, NY: Oxford University Press.

Lese, K., & MacNair-Semands, R. (2000). The therapeutic factors inventory: Development of a scale. *Eastern Group Psychotherapy Society*, *24*(4), 303–317. doi:10.1023/A:1026616626780

Levin, H. M., & McEwan, P. (2001). *Cost-effectiveness analysis: Methods and applications*. Thousand Oaks, CA: Sage Publications.

Lieberman, M., Yalom, I., & Miles, M. (1973). *Encounter groups: First facts*. New York, NY: Basic Books.

Macgowan, M. J. (1997). A measure of engagement for social group work: The groupwork engagement measure (GEM). *Journal of Social Service Research*, *23*(2), 17–37. doi:10.1300/J079v23n02_02

Macgowan, M. J. (2000). Evaluation of a measure of engagement for group work. *Research in Social Work Practice*, *10*(3), 348–361. doi:10.1093/acprof:oso/9780195183450.001.0001

Macgowan, M. J. (2008). *A guide to evidence-based group work*. New York, NY: Oxford University Press.

Macgowan, M. J., & Levenson, J. S. (2003). Psychometrics of the group engagement measure with male sex offenders. *Small Group Research*, *34*(2), 155–160. doi:10.1177/1046496402250498

Macgowan, M. J., & Newman, F. (2005). Factor structure of the group engagement measure. *Social Work Research*, *29*(2), 107–118. doi:10.1093/swr/29.2.107

Macgowan, M. J., & Wong, S. (2014). Single-case designs in group work: Past applications, future directions. *Group Dynamics*, *18*(2), 138–158. doi:10.1037/GDN00003

Magen, R. (2004). Measurement issues. In C. D. Garvin, L. M. Gutierrez, & M. J. Galinsky (Eds.), *Handbook of social work with groups* (pp. 447–460). New York, NY: Guilford Press.

Marshall, C. R., & Rossman, G. (2011). *Designing qualitative research*. (5th ed.). Thousand Oaks, CA: Sage Publications.

Mattaini, M. (2010). Single-system studies. In B. Thyer (Ed.), *The handbook of social work research methods* (pp. 241–273). Thousand Oaks, CA: Sage Publications.

McNiff, J. (2013). *Action research: Principles and practice* (3rd ed.). Milton Park, Abingdon, England: Routledge.

Monette, D., Sullivan, T., DeJong, C., & Hilton, T. (2014). *Applied social research*. Belmont, CA: Brooks/Cole.

Moos, R. H. (1986). *Group environment scale manual* (2nd ed.). Palo Alto, CA: Consulting Psychologists Press.

Moreno, J. (1934). *Who shall survive?* Washington, DC: Nervous and Mental Diseases.

Nugent, W. (2010). *Analyzing single system data*. New York, NY: Oxford University Press.

Padgett, D. (2008). *Qualitative methods in social work research: Challenges and rewards* (2nd ed.). Thousand Oaks, CA: Sage Publications.

Rao, C., & Sinharay, S. (2007). *Psychometrics*. Amsterdam, The Netherlands: Elsevier North-Holland.

Rose, S. (1989). *Working with adults in groups: A multi-method approach*. San Francisco, CA: Jossey-Bass.

Rossi, P., Freeman, H., & Lipsey, M. (2004). *Evaluation: A systematic approach* (7th ed.). Thousand Oaks, CA: Sage Publications.

Salkind, N., & Rasmussen, K. (2007). *Encyclopedia of measurement and statistics*. Thousand Oaks, CA: Sage Publications.

Sandano, S., Guyker, W., Delucia-Waack, J., Cosgrove, H., Altaber, D., & Amos, B. (2014). Measures of group process, dynamics, climate, behavior, and outcome: A review. In J. Delucia-Waack, C. Kalodner, & M. Riva (Eds.), *Handbook of group counseling & psychotherapy* (2nd ed., pp. 159–177). Thousand Oaks, CA: Sage Publications.

Schneider, J. (2014). *Participatory action research from A to Z: A comprehensive guide*. Bonita Springs, FL: Principal Investigators Association.

Schwartz, J., Wald, M., & Moravec, S. (2010). Assessing groups. In R. Conyne (Ed.), *The Oxford handbook of group counseling* (pp. 245–259). New York, NY: Oxford University Press.

Seaberg, J., & Gillespie, D. (1977). Goal attainment scaling: A critique. *Social Work Research and Abstracts*, *13*(2), 4–9. doi:10.1093/swra/13.2.4

Silbergeld, S., Koenig, G., Manderscheid, R., Meeker, B., & Hornung, C. (1975). Assessment of environment-therapy systems: The group atmosphere scale. *Journal of Consulting and Clinical Psychology*, *43*(4), 460–469. doi:10.1037/h0076897

Smith, J. (2012). Single-case experimental designs: A systematic review of published research and currect standards. *Psychological Methods*, *17*(4), 510–550. doi:10.1037/a0029312

Solomon, P., Cavanaugh, M., & Draine, J. (2009). *Randomized controlled trials: Design and implementation for community-based psychosocial interventions*. New York, NY: Oxford University Press.

Stewart, A. (2014). Case study. In J. Mills & M. Birks (Eds.), *Qualitative methodology: A practical guide* (pp. 145–160). London, England: Sage Publications.

Stewart, D., & Shamdasani, P. (2015). *Focus groups: Theory and practice* (3rd ed.). Los Angeles, CA: Sage Publications.

Stone, M., Lewis, C., & Beck, A. (1994). The structure of Yalom's Curative Factors Scale. *International Journal of Group Psychotherapy*, *44*(2), 239–245.

Tasca, G., Illing, V., Ogrodniczuk, J., & Joyce, A. (2009). Assessing and adjusting for dependent observations in group treatment research using multilevel models. *Group Dynamics: Theory, Research, & Practice*, *13*(3), 151–233. doi:10.1037/a0014837

Thomas, E. (1978). Generating innovation in social work: The paradigm of developmental research. *Journal of Social Services Research*, *2*(1), 95–115. doi:10.1300/J079v02n01_08

Thyer, B. (2012). *Quasi-experimental research designs*. New York, NY: Oxford University Press.

Toseland, R. (1981). Increasing access: Outreach methods in social work practice. *Social Casework*, *62*(4), 227–234. doi:10.1177/002087288803100103

Toseland, R., Labrecque, M., Goebel, S., & Whitney, M. (1992). An evaluation of a group program for spouses of frail, elderly veterans. *Gerontologist*, *32*(3), 382–390.

Toseland, R., McCallion, P., Smith, T., & Banks, S. (2004). Supporting caregivers of frail older adults in an HMO setting. *American Journal of Orthopsychiatry*, *74*(3), 349–364. doi:10.1037/0002-9432.74.3.349

Toseland, R., McCallion, P., Smith, T., Huck, S., Bourgeois, P., & Garstka, T. (2001). Health education groups for caregivers in an HMO. *Journal of Clinical Psychology, 57*(4), 551–570. doi:10.1002/jclp.1028

Tropman, J. (2014). *Effective meetings: Improving group decision-making* (4th ed.). Thousand Oaks, CA: Sage Publications.

Turner-Stokes. L. (2009). Goal attainment scaling (GAS). *Clinical Rehabilitation, 23*(4), 362–370. doi:10:1177/02692155081011742

Uto, Y., Iwaanakuchi, T., Muranaga, F., & Kumamoto, I. (2013). Development of the electronic patient record system based on problem oriented system. *Studies in Health Technology and Informatics, 192*, 1036. doi:10.3233/978-1-61499-289-9-1036

Wells, K. (2011). *Narrative inquiry*. New York, NY: Oxford University Press.

Wong, S. E. (2010). Single-case evaluation designs for practitioners. *Journal of Social Service Research, 36(3),*248–259. doi:10.1080/01488371003707654

主题词索引

（索引中的页码为英文原书页码，即本书边码）

　　我是 1997 年开始教授社会工作本科专业的"小组工作"课程，那个时候基本上没有教材，每次上课只能给学生复印很多参考资料，资料来源主要是我国香港、澳门地区出版的教材和培训手册，当然，还有一些英文资料。学生们在阅读港台资料时，常常因为繁体字而感到苦恼，有心的学生居然还做了一个繁体字和简体字的对照表。但是，看英文资料对本科生来讲，也非易事。2002 年开始，中国社会工作教育协会开始组编社会工作主干课程教材，我有幸被委派负责《小组工作》教材的编写。我们组成了一个编写团队，经过一年多时间的写作，2003 年底出版了《小组工作》，这本教材成为国内比较受欢迎的本科教材。为了进一步配合小组工作课程教学，我也开始带领自己的团队进行教材、教参建设工作。2004 年起，我与中国人民大学出版社合作，先后出版了《小组工作手册——女性成长之路》（2004）、《小组工作案例教程》（2007）、《青少年小组游戏——治疗师手册》(2007)。2009 年翻译了特斯兰和里瓦斯主编的《小组工作导论》第五版和配合这个教材的《学生手册》。这样就初步完成了"小组工作"这门课程的系统教材建设：有编写的教材，有小组活动游戏，有实务手册，有实务案例汇编，有翻译教材，还有专门的学生学习手册。

　　特斯兰和里瓦斯是美国著名的小组工作专家，他们主编的《小组工作导论》一直是美国大学社会工作专业运用最为广泛的教材之一。概括来看，第五版的特点主要有四个：第一，理论教学贯穿于方法之中；第二，围绕小组过程来展开相关知识；第三，将小组工作运用到机构和社区中；第四，课堂教学与课后学习合二为一。第五版出版后，成为国内很多学校"小组工作"课程的辅助教材。

　　2018 年《小组工作导论》（第八版）出来之后，中国人民大学出版社的编辑又联系了我，希望能够翻译出版新的版本。我拿到样书后，认真阅读了一下，发现新版本有很多修订和新增内容，有必要进行翻译出版。与第五版相比，第八版有以下几个突出特点：

第一，实务案例大幅度增加，让干巴巴的实务原则和方法变得非常形象生动。这是作者们根据使用本教材的老师和学生、匿名评审专家以及读者的建议进行增补的。

第二，增补了很多最新的研究成果，确保任务小组和治疗小组能够有足够的证据和研究的支持。这一点读者可以从参考文献中看出。

第三，不断扩大小组的使用范围，让小组工作方法走进了机构管理和社区服务中，特别是理事会、质量监控等领域。这样的安排一方面强调了小组工作的专业性，另一方面也强调了小组工作在其他领域的可拓展性，为读者拓宽应用领域提供了指引。

第四，增加了远程小组的内容。随着高科技的发展，线上服务越来越受到重视，第八版增加了如何主持远程小组（电话小组和网络小组）的内容，这对小组工作的线上服务提供了很好的指导和启发。

由于时间比较紧，我邀请我的同事冯杰参与了部分翻译工作。她在加拿大获得了MSW学位，目前在加拿大一个社会服务机构工作，有很好的实务经验和扎实的英语功底。冯杰负责第一至四、七、十三章的翻译，其余章节和全书的校对工作由我负责，我们基本上沿用了第五版的术语和一些词语的译法。

本书的适合读者群主要包括社会工作本科学生、非社工本科专业的社会工作专业硕士学生、专业服务机构中的一线社工和机构管理者、社会工作实务研究者等。

本书在翻译过程中得到了我的研究生宋昱樘的协助，她帮助完成了插图和一些表格的绘制。我要特别感谢浙江师范大学的校领导和法政学院的同人们，他们给我提供了一个平和、宽松的学术环境，让我可以专心投入翻译工作。我还要感谢中国人民大学出版社人文分社潘宇社长的大力支持、盛杰编辑的高效工作，她们的帮助让本书能够尽快出版。

最后，我要感谢我的先生徐赳赳、女儿徐梦加、女婿胡亮羿以及外孙胡景之，他们给予我无条件的关爱和全力的支持，让枯燥的翻译工作充满了乐趣。

刘梦

2021 年 5 月

于浙江师范大学丽泽花园

Authorized translation from the English language edition, entitled An Introduction to Group Work Practice, 8e, 9780134058962 by Ronald W. Toseland, Robert F. Rivas, published by Pearson Education, Inc., Copyright © 2017, 2012, 2009 by Pearson Education, Inc., or its affiliates.

All rights reserved. No part of this book may be reproduced or transmitted in any form or by any means, electronic or mechanical, including photocopying, recording or by any information storage retrieval system, without permission from Pearson Education, Inc.

CHINESE SIMPLIFIED language edition published by CHINA RENMIN UNIVERSITY PRESS CO., LTD., Copyright © 2023

本书中文简体字版由培生教育出版公司授权中国人民大学出版社在中华人民共和国境内（不包括中国香港、澳门特别行政区和中国台湾地区）独家出版发行。未经出版者书面许可，不得以任何形式复制或抄袭本书的任何部分。本书封面贴有 Pearson Education（培生教育出版集团）激光防伪标签。无标签者不得销售。

图书在版编目（CIP）数据

小组工作导论：第八版/（美）罗纳德·W. 特斯兰
(Ronald W. Toseland)，（美）罗伯特·F. 里瓦斯
(Robert F. Rivas) 著；刘梦译. --北京：中国人民
大学出版社，2023.1
（社会工作经典译丛）
ISBN 978-7-300-31184-5

Ⅰ.①小… Ⅱ.①罗…②罗…③刘… Ⅲ.①社会工
作-研究 Ⅳ.①C916.2

中国版本图书馆 CIP 数据核字（2022）第 200284 号

"十五"国家重点图书出版规划项目
社会工作经典译丛
主编　隋玉杰　副主编　范燕宁
小组工作导论
（第八版）
［美］　罗纳德·W. 特斯兰（Ronald W. Toseland）
　　　　罗伯特·F. 里瓦斯（Robert F. Rivas）　　著
刘　梦　译
Xiaozu Gongzuo Daolun

出版发行	中国人民大学出版社		
社　址	北京中关村大街 31 号	邮政编码	100080
电　话	010 - 62511242（总编室）	010 - 62511770（质管部）	
	010 - 82501766（邮购部）	010 - 62514148（门市部）	
	010 - 62515195（发行公司）	010 - 62515275（盗版举报）	
网　址	http://www.crup.com.cn		
经　销	新华书店		
印　刷	涿州市星河印刷有限公司		
规　格	185 mm×235 mm　16 开本	版　次	2023 年 1 月第 1 版
印　张	33.5 插页 2	印　次	2023 年 1 月第 1 次印刷
字　数	696 000	定　价	128.00 元

版权所有　　侵权必究　　印装差错　　负责调换

Pearson

尊敬的老师:

您好!

为了确保您及时有效地申请培生整体教学资源,请您务必完整填写如下表格,加盖学院的公章后传真给我们,我们将会在 2-3 个工作日内为您处理。

请填写所需教辅的开课信息:

采用教材			□中文版 □英文版 □双语版	
作 者		出版社		
版 次		**ISBN**		
课程时间	始于　年　月　日	学生人数		
	止于　年　月　日	学生年级	□专 科　　□本科 **1/2** 年级 □研究生　□本科 **3/4** 年级	

请填写您的个人信息:

学 校				
院系/专业				
姓 名		职 称	□助教 □讲师 □副教授 □教授	
通信地址/邮编				
手 机		电 话		
传 真				
official email(必填) **(eg:XXX@ruc.edu.cn)**		**email** **(eg:XXX@163.com)**		
是否愿意接受我们定期的新书讯息通知: □是　　□否				

系 / 院主任:＿＿＿＿＿＿（签字）

（系 / 院办公室章）

＿＿年＿＿月＿＿日

资源介绍:

--教材、常规教辅（PPT、教师手册、题库等）资源:请访问 **www.pearsonhighered.com/educator**;
（免费）

--MyLabs/Mastering 系列在线平台:适合老师和学生共同使用;访问需要 Access Code;
（付费）

100013　北京市东城区北三环东路 **36** 号环球贸易中心 D 座 **1208** 室
电话: (8610)57355003　　传真: (8610)58257961

Please send this form to:郭笑男（Amy）**copub.hed@pearson.com**/Tel:5735 5086

出教材学术精品　育人文社科英才

中国人民大学出版社读者信息反馈表

尊敬的读者：

感谢您购买和使用中国人民大学出版社的＿＿＿＿＿＿＿＿一书，我们希望通过这张小小的反馈卡来获得您更多的建议和意见，以改进我们的工作，加强我们双方的沟通和联系。我们期待着能为更多的读者提供更多的好书。

请您填妥本表后，寄回或传真回复我们，对您的支持我们不胜感激！

1. 您是从何种途径得知本书的：
   ❏书店　❏网上　❏报刊　❏朋友推荐

2. 您为什么决定购买本书：
   ❏工作需要　❏学习参考　❏对本书主题感兴趣
   ❏随便翻翻

3. 您对本书内容的评价是：
   ❏很好　❏好　❏一般　❏差　❏很差

4. 您在阅读本书的过程中有没有发现明显的专业及编校错误，如果有，它们是：＿＿＿＿
   ＿＿＿＿＿＿＿＿＿＿＿＿＿＿＿＿＿＿＿＿＿＿＿＿＿＿＿＿＿＿＿＿＿＿＿＿＿＿＿
   ＿＿＿＿＿＿＿＿＿＿＿＿＿＿＿＿＿＿＿＿＿＿＿＿＿＿＿＿＿＿＿＿＿＿＿＿＿＿＿

5. 您对哪些专业的图书信息比较感兴趣：＿＿＿＿＿＿＿＿＿＿＿＿＿＿＿＿＿＿＿＿＿
   ＿＿＿＿＿＿＿＿＿＿＿＿＿＿＿＿＿＿＿＿＿＿＿＿＿＿＿＿＿＿＿＿＿＿＿＿＿＿＿

6. 如果方便，请提供您的个人信息，以便于我们和您联系（您的个人资料我们将严格保密）：
   您供职的单位：＿＿＿＿＿＿＿＿＿＿＿＿＿＿＿＿＿＿＿＿＿＿＿＿＿＿＿＿＿＿
   您教授的课程（教师填写）：＿＿＿＿＿＿＿＿＿＿＿＿＿＿＿＿＿＿＿＿＿＿＿
   您的通信地址：＿＿＿＿＿＿＿＿＿＿＿＿＿＿＿＿＿＿＿＿＿＿＿＿＿＿＿＿＿＿
   您的电子邮箱：＿＿＿＿＿＿＿＿＿＿＿＿＿＿＿＿＿＿＿＿＿＿＿＿＿＿＿＿＿＿

请联系我们：

电话：(010) 62515637

传真：(010) 62510454

E-mail：gonghx@crup.com.cn

通信地址：北京市海淀区中关村大街 31 号　100080

中国人民大学出版社人文出版分社